U1004994

泰州文獻

第四輯

鳳凰出版社

ISBN 978-7-5506-2263-0
9 787550 622630 >

圖書在版編目（CIP）數據

古松精舍課餘瑣聞、一松軒詩稿、犀庵賦鈔等 /
（清）宫元溱，（清）錢桂森等撰. -- 南京 : 鳳凰出版社，
2015.10
（泰州文獻）
ISBN 978-7-5506-2263-0

Ⅰ. ①古… Ⅱ. ①宫… ②錢… Ⅲ. ①中國文學－古
典文學－作品綜合集－清代 Ⅳ. ①I214.91

中國版本圖書館CIP數據核字(2015)第292953號

責任編輯	王　劍
裝幀設計	姜　嵩
出版發行	鳳凰出版傳媒股份有限公司
	鳳凰出版社(原江蘇古籍出版社)
	發行部電話025－83223462
出版社地址	南京市中央路165號　郵編:210009
出版社網址	http://www.fhcbs.com
印　　刷	揚州文津閣古籍印務有限公司
	揚州市開發區鴻揚路22-2號(6幢)　郵編:225009
開　　本	889毫米×1194毫米　1/16
印　　張	34.75
版　　次	2015年10月第1版　2015年10月第1次印刷
標準書號	ISBN 978-7-5506-2263-0
定　　價	540.00圓

(本書凡印裝錯誤可向承印廠調換,電話:0514－87969255)

《泰州文獻》工作委員會

主　任
藍紹敏　陸志鵬

常務副主任
盧佩民

副主任
戴勝利　王學鋒　張培成　佘江涛

委　員（按姓氏筆畫为序）
丁少華　方標軍　成愛君　季春芳　周興安
查學斌　姜小青　奚愛國　陳士宏　黄林華
曹茂良　曹學賦　許大才　張國祥　萬永良
程榮穩　鄒祥龍　費振鐘　劉　玲　劉仁前
劉宏鳴　潘時常　薛金林　顧維中

《泰州文獻》編纂委員會

主　編

盧佩民

副主編

黄林華　姜小青

執行主編

成愛君　費振鐘

編　委（按姓氏筆畫为序）

王　飛　王　劍　王正奎　卞惠興　朱長順　全　勤

李文華　李明官　吴　迪　吴小晴　吴雙林　汪　政

沈　俊　林世田　莫其康　倪培翔　徐一清　徐同華

高　峰　陳　立　黄　靖　曹學林　常　康　張　定

張永龍　劉仁前　劉春龍　潘浩泉　薛　飛　謝冬榮

竇立成　顧寄南

《泰州文獻》學術指導委員會

（按姓氏筆畫为序）

江慶柏　金良年　茅家琦　華學誠　徐　雁　畢飛宇

程章燦　楊九俊　魯國堯　劉玉才　顧　農

總序

泰州古稱海陵，漢初（公元前一一七年）置縣，晋末（公元四一一年）設郡，南唐（公元九三七年）建州，始稱泰州。

泰州濱江近海，物阜民豐。漢唐以來，糧鹽並舉，商貿繁榮，爲溝通南北的重要港口城市。

泰州素爲文教昌明之邦。唐初立州學，北宋建貢院，明清開學政試院，産出大批科舉優秀人才。

泰州自古人文薈萃。走進泰州的，從范仲淹、富弼、陸佃，到孔尚任、吴讓之、蔣春霖，都留下深遠影響。走出泰州的，從張懷瓘、胡瑗、施耐庵、王艮，到李清、吴嘉紀、柳敬亭、黄龍士、李鱓、鄭燮、劉熙載、李詳、梅蘭芳、高二適，都在各自領域爲中國文化作出巨大貢獻。

泰州遺存的文獻也很豐富。僅據《江蘇藝文志》所載，便有二千七百餘種，涵蓋經、史、子、集的方方面面。其中，尤以明清時期爲夥，占到百分之九十九以上。這當中不排除由於種種原因，致使元以前的一些著述湮没無聞，但明清兩代，確是泰州文化的繁盛期。在這些文獻中，如《書斷》（張懷瓘）、《水滸傳》（施耐庵）、《王心齋先生遺集》（王艮）、《宗子相集》（宗臣）、《陋軒詩集》（吴嘉紀）、《板橋全集》（鄭燮）、《藝概》（劉熙載）、《李審言文集》（李詳）、《黄龍士先生棋譜》等，在中國文化史上都有重要地位和深遠影響。

與此同時，對鄉邦文獻進行整理的也代不乏人。自宋至清，周氏（周麟之等）、宫氏（宫偉鏐等）、陳氏（陳應芳等）、徐氏（徐鳴柯等）等都曾致力其事，爲泰州留下了許多寶貴的文化財富。清嘉道間，鄉人夏荃編輯《海陵文徵》二十卷、附録十二卷，《海陵詩徵》十卷。民國初年，曾任江蘇省省長的鄉人韓國鈞歷經十餘年編成《海陵叢刻》計二十三種六十六册。

二〇一一年九月召開的中共泰州市第四次代表大會，提出了建設文化名城的任務。爲此，中共泰州市委、泰州市人民政府決定編纂《泰州文獻》。這是泰州有史以來對本土文獻最大規模的整理和彙編。它對於保存、利用、研究和開發泰州的歷史文化，尋繹泰州獨特的地方文化價值，爲泰州文化建設提供歷史人文資源，意義重大。

爲了保證編纂工作的順利進行，市委、市政府專門成立了工作委員會、編纂委員會和學術指導委員會。工作委員會由市委、市政府領導和相關部門負責同志組成，負責對編纂工作的領導和協調。編纂委員會由相關專家、學者組成，具體負責《泰州文獻》的編纂出版工作。學術指導委員會由江慶柏、魯國堯、程章燦、茅家琦、華學誠、徐雁、金良年等國内知名文史專家組成，負責對編纂工作的指導和把關。

編纂工作按如下幾個步驟進行：（一）進行文獻調查，建立文獻檔案；（二）精選有代表性、有學術價值的作品影印出版，選目由編纂委員會和學術指導委員會共同審議確定；（三）編輯出版《泰州文獻總目》。

《泰州文獻》分爲四輯：

第一輯『官修舊志』，收録泰州地區現存所有官修地方志。

第二輯『地方史料文獻』，收録泰州地區歷代重要的筆記和史料。按内容又可分爲史地類：收録有關泰州歷史地理方面的著作，包括小志、專志、雜志等；政情類：收録有關泰州政治、經濟等方面的著作；文教類：收録有關文化、教育、圖書館等方面的著作。

第三輯『家族文獻』，收録泰州地區重要的家譜、家傳、家集與名人年譜。按内容又可分爲家乘傳記類：擇要收録泰州家族譜牒中的譜序、家規、家訓、箴言、族約、族記、祠田記、塋田記、雜記、著述等資料；家族總集類：以家族姓氏筆畫爲序。

第四輯『泰州文存』，收録泰州地區作者的詩文著作及其他代表性著作。按内容又可分爲學術論著類：收録泰州作者的經史雜著；文集類：收録泰州作者的詩文集；地方總集類：收録泰州作者的詩文合集。考慮到《水滸傳》、《封神演義》（《辭海》云『一説陸西星作』）、《檮杌閑評》（學界多謂李清所作）等小説流傳甚廣，版本豐富，故不再收録。其他如堪輿、術數類著作，泰州人撰泰州地區以外的地方志、地理志類著作，一般性的彙編、摘鈔類著作，亦不予收録。

《泰州文獻》原則上收録現轄區内的作家作品。但從尊重歷史出發，泰州學派創派人物、明代思想家、哲學家王艮，平民詩人吴嘉紀等人，歷史上均屬於泰州地區，對泰州地區具有深遠的文化影響，他們的作品亦予收録。

前人給我們留下了豐厚的文化遺産，我們既要加以珍視和傳承，更要在前人的基礎上，創造出無愧於今天這個偉大時代的新篇章。這是我們更重要的使命，讓我們爲之努力。

《泰州文獻》編纂委員會

二〇一三年十月十八日

凡例

一、《泰州文獻》（以下簡稱《文獻》）分爲《官修舊志》、《地方史料文獻》、《家族文獻》和《泰州文存》四輯。

二、《文獻》收録範圍原則上爲現行政轄區内作者的著述和與泰州有關的重要著述，但考慮到歷史上曾屬於泰州地區的人物，如泰州學派的代表人物王艮、平民詩人吴嘉紀等對泰州文化深具影響，對他們的作品亦予收録。

三、所收著作成書年代限於一九四九年以前。

四、《文獻》所收著作，以學術價值、使用價值較高爲原則，適當兼顧版本價值。

五、《文獻》以影印方式出版。如有蠹損、殘缺、漫漶不清處，原則上以相同版本予以補配，以保證完整、清晰。

六、《文獻》對所收每種著作均撰寫提要，置於該著作前面，以方便讀者瞭解作者生平、主要内容、學術價值等。

七、《文獻》除保留所收著作原有頁碼外，均新編頁碼，每册頁碼自爲起訖。

八、《文獻》最後一册編有書名索引和作者索引，以方便讀者使用。

目録

古松精舍課餘瑣聞

（清）宫元溱 撰

《古松精舍課餘瑣聞》，清宫元溱撰，據泰州圖書館藏清宫元溱輯《宫氏一家稿》鈔本影印。

宫元溱有《濟世妙義》，已著録。

本書爲宫元溱所撰醫書，收録古代醫書、小説及自己聽及之各種傳聞和醫方等，又有《梅花神數》三十二數和《林文忠公戒煙斷癮兩方總論》。

（周　忠）

古松精舍課餘瑣聞

新安汪機治症虛寒不起。用四君子湯加黃耆紫草多效。間有枯萎而死者。自咎用藥之不精。思之至忘寢食。忽悟曰。白朮燥濕。茯苓滲水。宜症漿之不行也。乃減去二味。加官桂糯米以助其加。因名保元湯。

丹溪曰。葉先生患痢後甚逼迫。正合承氣症。予曰。氣口脉虛。形雖實而面色黃白。必過飽傷胃。與參朮陳芍十餘帖。三日後胃氣稍完。再與承氣湯二帖而安。

一婦性躁味厚。暑月因怒而病呃。作則舉身跳動。昏不知人。其人形氣俱實。乃痰因怒鬱。氣不得降。非吐不可。以參蘆半兩逆流水煎服。吐頑痰數碗。大汗昏睡而安。

千金方云。有人病牙齒長出口。艱於飲食者。名髓溢。用服白朮而愈。

夷堅志云。有士人遊西湖。遇一女子。明艷動人。重幣求之不得。又五年重尋舊遊。悵然空返。忽遇女子。士欣然並行過旅館。留半歲將議偕逝。女曰。向自君去。憶念之苦。感疾而亡。今非人也。

泰州市圖書館藏書

但君浸陰氣深。當暴瀉。宜服平胃散。以補安精血。士驚惋曰。藥味皆平。何得取效。女曰。中有蒼朮除邪氣。乃為上品也。

南陽文氏值亂逃壺山。飢困。有人教餌朮。遂不飢。數十年後歸家。顏色更少。氣力轉健。朮一名山精。一名山薑。導仙錄曰。子欲長生。當服山精。子欲輕翔。當服山薑。

有人虐使婢。婢逃入山。拔草根食之甚美。久食不飢。夜宿樹下。見草動疑為虎。上樹避之。及曉而下。凌空若飛鳥。家人採薪見之。告其主。設網捕不得。或曰。此豈有仙骨。不過服食靈藥耳。遂設酒饌於路。果來食之。食訖遂不能去。擒而詢之。指所食之草。乃黃精也。

台州獄吏憫一重囚。囚感之云。吾七犯死罪。遭刑拷。肺皆損傷。得一方。用白及末。米飲日服。其效如神。後囚凌遲。剖開胸。見肺間竅穴數十。皆白及填補。色猶不變也。

唐時有人膊上生瘡如人面。能飲酒食物。亦無他苦。遍投諸藥。悉受之。至貝母瘡乃顰眉。灌之數日成痂而愈。

夏英公病泄。醫以虛治不效。霍翁曰。此風客於胃也。飲以藁本湯而愈。蓋藁本能除風濕也。

談藪云：張知閤久病瘧熱，時如火，年餘骨立。醫用茸附諸藥，熱益甚。孫琳投以小柴胡湯，三服脫然。琳曰：此名勞瘧，熱從髓出，加以剛劑，氣血愈虧，熱有在皮膚、在藏府、在骨髓之不同，在骨髓者非柴胡不可，若得銀柴胡，只須一服，南方者力減，故三服乃效也。

宋張詠進豨薟表云：其草金稜銀線，素莖紫荄，對節而生，頗同蒼耳。臣喫百服，眼目清明，即至千服，鬚髮烏黑，筋力輕健，效驗多端。

傳曰：一人手足不遂數十年，遇新羅僧曰：得一藥可治。入山求之，乃威靈仙也。服之而愈。

唐時有何首烏者，祖名能嗣，父名延秀。能嗣五十八，尚無妻子，服此藥七日而思人道，娶妻連生數子。延秀服之，壽百六十歲。首烏又服之，壽百三十歲，髮猶烏黑。李翱為立何首烏傳。

明嘉靖初，方士邵應節進七寶美髯丹，世宗服之，連生皇子，遂盛行於世。方用赤白首烏各一斤，黑豆拌九蒸晒，茯苓半斤，乳拌；當歸、枸杞、兔絲各半斤，俱酒浸；牛膝半斤，酒浸，同首烏第七次蒸至第九次，破故紙四兩，黑芝麻炒，蜜丸，並忌鐵器。

有産婦血悶而死，名醫陸氏以紅花數十斤煮湯，寢婦於上而薰之，湯冷再加，半日而蘇。

本事方：一人冷氣入陰囊，腫滿疼痛，煎大薊汁服立瘥。

一婦舌脹滿口，以蒲黄頻掺，比曉乃愈。又宋度宗舌脹滿口，御醫用蒲黄、乾薑末等分，搽之愈。

昔有人患癥癖，死，遺言開腹取之，得病塊如石，文理五色，削成刀柄，因刈三稜，柄消成水，乃知此藥可療癥癖。

衍義曰：一婦患臍腹二陰遍生濕瘡，熱痒而痛，出黄汁，二便澁，用鰻鱺、松脂、黄丹之類塗之，熱痛愈甚。其婦嗜酒，喜食魚蝦發風之物，乃用馬齒莧四兩研爛，入青黛一兩和塗，熱痛皆去，仍服八正散而愈。此中下焦蓄蘊風熱毒氣，苦不出，當作腸風内痔。婦不能禁酒物，果仍發痔。

時珍曰：一婦腸結，年幾六十，服養血潤燥藥，曰泥膈，服硝黄藥，則若罔知。如此三十餘年，其人體肥，膏粱而多鬱，日吐酸痰，乃寬。此乃三焦氣滯。有升無降。津液皆化為痰。不能下潤腸腑。非血燥也。潤劑留滯。硝黃入血。不能入氣。故無效。用牽牛為末。皂角膏丸。纔服便通。又外甥素多酒色。病二便不通。脹痛呻吟七晝夜。用通利藥不效。予思此乃濕熱之邪在經。道壅隧路。病在二陰之間。故前阻小便。後阻大便。病不在大腸膀胱也。用楝實茴香穿山甲諸藥。倍牽牛。三服而平。

張子和曰。一婦病風癎。初一二年一作。後漸日作。甚至一日數作。求死而已。值歲大飢。採百草食。見野草若蔥。採蒸飽食。覺不安。吐膠涎。數日約一二斗。汗出如洗。甚昏困。後遂輕健如常人。以所食蔥訪人。乃憨蔥苗。即藜蘆是矣。

李時珍曰。和王妃年七十。中風不省。牙關緊閉。先考太醫吏目月池公診視。藥不得入。不獲已。打去一齒。濃煎藜蘆湯灌之。少頃噫氣。遂吐痰而甦。

宋歐陽文忠患暴下。國醫不能愈。夫人云。市有藥三文一帖。甚效。公不肯服。夫人雜他藥進之。一服而愈。問其方。乃車前子為末。米飲下二錢。

丹溪治許白雲。屢用瓜蒂梔子苦參藜蘆等劑吐之不透。後用附子尖和漿水與之。始得大吐膠痰數桶。

老學庵筆記。予族弟少服兔絲子。凡數年。飲食倍常。血氣充盛。忽因浴見背腫。隨視隨長。乃大疽也。適值金銀花開。飲至數斤。腫遂消。兔絲過服。尚能作疽。以此知金石藥不可不戒。

康祖左乳病癰。又臆間生核。痛楚半載。禱張王。夢授以方。薑汁製香附為末。每服二錢。米飲下。遂愈。

凡心口一點痛。俗言心氣痛。非也。乃胃脘有滯。或有蟲。及因怒因寒而起。以良薑酒洗七次。香附醋洗七次。焙研。因寒者。薑二錢附一錢。因怒者。附二錢。薑一錢。寒怒兼者。每錢半。米飲加薑汁一匙。鹽少許服。初梁緄患心脾痛。夢神授此方。

一婦產後口渴氣喘。面赤有斑。大便泄。小便秘。用行血利水藥不效。用杜牛膝濃煎膏。飲下血一桶。小便通而愈。

劉裕小字寄奴。微時曾射一蛇。明日見童子林中搗藥。問之。答曰。吾王為劉寄奴所傷。合藥傅之。裕曰。王何不殺之。童曰。寄奴王者。不可殺也。叱之不見。乃收藥回。每遇金瘡傅之立愈。

一老人年八十四。夜能細書。詢之。云得一奇方。每年九月二十三日。桑葉洗目一次。永絕昏暗。

嚴州有僧。每就枕汗出遍身。比旦衣被皆透。二十年不能療。監寺教採帶露桑葉。焙乾為末。空心米飲下二錢。數日而愈。

王善夫病便閉。腹堅如石。腿裂出水。飲食不下。治滿利小便藥遍服不效。東垣曰。此奉養太過。膏粱積熱。損傷腎水。致膀胱乾涸。小便不化。火又逆上而為嘔噦。難經所謂關則不得小便。格則吐逆者。內經所謂無陰則陽無以化也。遂處以北方大苦寒之劑。黄柏知母各一兩。酒洗焙研。桂一錢為引。名滋腎丸。每服二百丸。少焉前陰如刀刺火燒。溺出牀下成流。腫脹遂消。

昔湖陽公主難產。方士進瘦胎飲。用枳殼四兩。甘草二兩。五月後日服一錢。潔古改以枳朮。名束胎丸。寇宗奭明其不然。蓋孕婦全賴血氣以養胎。血氣充實。胎乃易生。彼公主奉養太過。氣實有餘。故可服之。若槩施則誤矣。

吾鄉金正希先生嘗語人曰。人之記性。皆在腦中。今人每記憶往事。必閉目上瞪而思索之。此即凝神於腦之意也。不經先生道破。人皆習焉而不察矣。

一婦因大恐而病。愈後目張不瞑。錢乙曰。目系內連肝胆。恐則氣結。胆橫不下。郁李潤能散結。隨酒入胆。結去胆下。而目瞑矣。

寇氏曰。一婦年四十餘。躭飲無度。多食魚蟹。積毒在藏。日夜二三十瀉。便與膿血雜下。大腸連肛門甚痛。用止血痢藥不效。用腸風藥益甚。蓋腸風有血無膿也。服熱藥腹愈痛。血愈下。服冷藥注瀉食減。服温平藥則若不知。年餘待斃。或教服人參散。樗皮人參各一兩。為末。空心温酒或米飲下二錢。遂愈。

柳子厚纂救死方云。得脚氣。夜半痞絕。脇塊如石。昏困且死。鄭洵美傳杉木湯。食頃大下。塊散氣通。方用杉木節一升。橘葉一升。無葉以皮代。大腹檳榔七枚。連子搥碎。童便二升。煮分二服。若一服得快利。即停後服。

蔡中丞苦痰飲。率十日一發。頭痛背寒。嘔酸不食。得一方。茯苓吳茱萸湯泡七次。等分蜜丸。名吳仙丹。前後痰方無及此者。

千金方。有人冷氣入陰。囊腫滿。川椒擇淨。帛裹着丸囊。厚半寸。須臾熱氣大通。日再易。腫即消。梅師用桂末塗亦良。

危氏神授丸。川椒炒出汗為末。米飲下三錢。有人病傳尸勞。遇異人傳此方。服至二斤。吐出蟲。如蛇而安。

周崇逐賊被傷。血出不止。敷花蕊石散不效。軍士李高用紫金藤散掩之。血止痛定。明日結痂無瘢。曾救萬人。紫金藤即降真香之最佳者也。

時珍曰。一婦年六十餘。溏泄五載。犯生冷油膩肉食。即作痛。服升澁藥瀉反甚。脉沉而滑。此乃脾胃久傷。積冷凝滯。法當以熱下之。用蠟匱巴豆丸五十粒。服二日不利而愈。自是每用治泄痢。愈者近百人。

楊勔得異疾。每發語。腹中有小聲應之。久漸聲大。有道士曰。此應聲蟲也。但讀本草。取不應者治之。讀至雷丸不應。服之而愈。

范純佑女喪夫發狂。夜斷窗櫺。登桃樹食花幾盡。自是遂愈。以能瀉痰飲滯血也。

梁莊肅公血痢。陳應之用烏梅胡黃連灶下土等分為末。茶調服而愈。曾魯公血痢百餘日。國醫不能療。應之用鹽梅肉研爛。合臘茶入醋服。一啜而安。

泊宅篇曰。莫强中食已輙胸滿不下。百治不效。偶家人合橘皮湯。嘗之似有味。連日飲之。一日坐廳事。覺胸中有物墜下。目瞪汗濡。大驚扶歸。腹疼痛。下數塊如鐵彈。臭不可聞。自此胸次廓然。蓋脾之冷積也。半年服藥不知功。乃在橘皮。方用橘紅一斤。甘草鹽各四兩。煮乾點服。名二賢散。蒸餅丸。名潤下丸。治痰時有驗。

有人三世病反胃。得一方。柿乾同乾飯日日食。不飲水。遂愈。

昔有患足痹者。趁舟。見舟中一袋。以足倚之。比及登岸。足已善步矣。詢袋中何物。乃木瓜也。

有大僚舟過金陵。愛木瓜芳馥。購數百顆置之舟中。舉舟人皆病溺不得出。醫用通利藥罔效。迎鄭奠一視之。鄭聞四面皆木瓜香。笑謂諸人曰。撤去此物。溺即出矣。不必用藥也。于是盡投江中。頃刻溺皆如舊。

泊宅編。有仕宦病消渴。醫謂不過三十日死。亟棄官歸。途遇一醫。令致北梨二担。食盡則瘥。宦如其言。食及五六十枚。而病即愈矣。

楊吉老介醫術甚著。一士有疾厭厭不聊。往謁之。楊曰。汝症熱巳極。氣血全消。三年當以疽死。不可為也。士不樂而退。聞茅山一道士。醫術通神。但不肯以技自名。乃衣僮僕之服。詣山拜之。願執役席下。道士喜留。祇事左右。歷兩月久。覺其與常隸別。扣所從來。再拜謝過。始以實告。道士笑曰。世間那有醫不得的病。試診脉。又笑曰。吾亦無藥與汝。便可下山。買好梨日食一顆。梨盡取乾者泡湯。和滓食之。疾自當平。士人如戒。經一歲復見吉老。顏貌腴澤。脉息和平。驚曰。君必遇異人。士人以告。楊衣冠焚香。望茅山設拜。蓋自咎其學之未至也。

一婦肺熱久嗽。身如火炙。肌瘦將成勞。以枇杷葉、款冬花、紫菀、杏仁、桑皮、木通等分。大黄減半。蜜丸。櫻桃大。食後夜卧。各含化一丸。未終劑而愈。

東坡集云。楊顈臣病消渴。日飲水數斗。飯亦倍進。小便頻數。服消渴藥。病日甚。延張肱診之。笑曰。君幾誤死。取麝香當門子以酒濡作十許丸。枳椇子煎湯吞之。遂愈。問其故。肱曰。消渴消中皆脾弱腎敗。土不制水而成。今顈臣脾脉極熱。腎脉不衰。當由酒菓過度。積熱在脾。所以多食多飲。飲多洩不得不多。非消非渴也。麝香壞酒菓。枳椇能勝酒。故假二物以去其酒菓之毒

洪邁有痰疾。晚對。上諭以胡桃三枚、薑三片。卧時嚼服。即飲湯復嚼桃薑如前數。静卧必愈。邁如旨服。旦而痰消嗽止。

洪輯幼子病痰喘。夢觀音大士。令服人參胡桃湯。服之而愈。明日剥去皮。喘復作。仍連皮用。信宿而瘳。蓋皮能斂肺也。

一人病血淋。痛脹欲死。李時珍以髪灰二錢。藕汁調服。三日而愈。

白霜糖。以蔗汁煑之。別名石蜜。唐大曆間有鄒和尚始傳造法紫砂糖功用畧同。

薛立齋治一婦人。喪子乳脹。幾欲成癰。单用麥芽一二兩。炒煎服立消。其破血散氣如此。

仲景治婦人藏燥症。悲傷欲哭。狀若神靈。用大棗湯。大棗十枚小麥一升。甘草一兩。每服一兩。亦補脾氣。

汪昂嘗病腹中啾唧。經兩月。有友人見招。飲以蘆稷燒酒。一醉而積痾暢然。性之中和。又可見矣。

宋仁宗患痄腮。道士贊能取赤小豆四十九粒。咒之。雜他藥傅之而愈。中貴任承亮親見。後任自患惡瘡。傅永投以藥立愈。問之。赤小豆也。承亮始悟道士之咒僞也。後過豫章。見醫治脇疽甚捷。任曰。莫非赤小豆耶。醫驚拜曰。用此活三十餘口。願勿復宣以洩吾術。

一市民誦觀音經甚誠。出行。折一足。哀叫菩薩。夢僧授一方。綠豆粉。新銚炒紫色。井水調厚敷。紙貼。杉木扎定。其效如神。

醫餘云。有傷粽子成積。用麯末少加木香。鹽湯下。數日口中聞酒香。積遂散。

昔有人病。夢紅裳女子引入宮殿。小姑歌云。五靈樓閣曉玲瓏。天府由來是此中。惆悵悶懷言不盡。一丸萊菔火吾宮。一道士云。此犯大麥毒也。女子心神。小姑脾神。醫經載萊菔制麵毒。遂以藥併萊菔治之。果愈。

王荊公患偏頭痛。搗萊菔汁。仰卧。左痛注右鼻。右痛注左鼻。或兩鼻齊注。數十年之患。一注而愈。

有人避難入石洞中。賊燒烟薰之。口含萊菔一塊。烟不能毒。嚼汁擂水飲之亦可。

類編云。一女子病齁喘不止。遇道人教服瓜蒂七枚。爲末調服其汁。即吐痰如膠粘。三進而病如掃。

胡玉少卿多惡夢。遇推官胡用之。胡曰。昔嘗患此。有道士教戴靈砂而驗。遂解髮中絳囊授之。即夕無夢。

豐城尉家有猫子死腹中。啼叫欲絶。醫以硝灌之。死子即下。後有一牛亦用此法得活。本用治人。治畜亦驗。

時珍曰。一士病目漸生翳。珍以羌活勝濕湯加減。而以磁石丸佐之。兩月而愈。

虞雍公道中冒暑泄痢。連月。夢至仙居。延之坐。壁有詞云。暑毒在脾。濕氣連脚。不泄則痢。不痢則瘧。獨煉雄黄。蒸餅和藥。甘草作湯。食之安樂。別作治療。醫家大錯。如方服之遂愈。

夷堅志云。唐與正亦知醫。能以意治病。吴巡檢病不得溲。卧則微通。立則不能涓滴。屢用通藥不效。唐問其平日自製黑錫丹常服。因悟曰。此必結砂時硫飛去。鉛不淨。鉛砂入膀胱。卧則偏重。猶可溲。立則正塞水道。故不通。取金液丹三百粒。分十服。瞿

麥湯下鉛得硫則化水道遂通

汪訒庵有母舅童時亦病溺濇服通淋藥罔效老醫黄五聚視之曰此乃溺管竅小故溺時艱難非淋症也以牛骨作丸塞於皮端竅漸展開勿藥而愈

有人脚肚生一瘡久遂成漏百藥不效自度必死一村人見之曰此鱔漏也以石灰温泡薰洗覺痒即是也洗不數次遂愈

一人病笑不休用鹽煅赤煎沸飲之而瘳經曰神有餘則笑不休神心火也用鹽水制火也一婦病此半年張子和亦用此法而愈

浙西將軍中蚓毒每夕蚓鳴于體一僧教以鹽湯浸身數次毒解遂愈

昔有病小便閟者衆不能瘥張子和易以急流之水煎前藥一飲而溲

宋徽宗食冰太過病脾疾國醫不效召楊介進大理中丸上曰服之屢矣介曰疾因食冰臣請以冰煎此藥是治受病之源也徽宗服之而痊

宋神宗皇子病瘛瘲國醫不能治召錢乙進黄土湯而愈帝問其故對曰以土伏水水得其平風自止矣

睽車志夏侯宏捉得一小鬼問所持何物曰殺人以此矛戟中心腹者無不輒死宏曰治此有方否鬼曰以烏雞薄之即瘥

丹溪治林德方咳而咯血謂其肺壅非吐不可血耗非補不可惟倒倉二法兼備服之果愈又治蕭伯善便濁滑精亦用倒倉而愈

許文懿公病心痛用燥藥靈丹艾灸雜治數年不效自分為廢人丹溪先以防風通聖散下其積滯而病稍趣思食然兩足難移次年行倒倉法節節應手復生子活十四年

臨海林兄久嗽吐紅發熱消瘦衆以為廢人諸方不應丹溪脉之兩手弦數日輕夜重計無所出時冬月也治以倒倉法而安次年生子

祖台之志怪云昔有人與奴皆患心腹痛病奴死剖之得一鱉尚活以諸藥投口中不死有人乘白馬觀之馬溺墮鱉而鱉縮遂以灌之即化成水王乃服馬溺而愈

張大仲備急方云。昔患反胃。奉敕調治。竟不能療。一衛士云。服驢尿極驗。遂服二合。只吐一半。再服二合。食粥便定。時宮中患反胃者五六人。同服之。一時俱瘥。

婦人傷寒初愈。即與交接。毒中男人。名陰易。若女人與傷寒男子交者。名陽易。活人有鼠矢湯。

衛生歌云。鴈行有序犬有義。黑魚拱北知臣禮。人無禮義反食之。天地鬼神皆不喜。楊拱醫方秘要云。除夕黃昏時。取大黑鱧魚一尾。小者二三尾。煮湯浴兒。遍身七竅俱到。能免出痘。不可嫌腥而以清水洗去也。如不信。留一手或一足不洗。遇出痘時。不洗處痘必多。此乃異人所傳。不可忽視。

有病瘵者。相染已死數人。乃取病者釘之棺中。棄于流水。永絕傳染。漁人異之。開視。見一女子尚活。取置漁舍。多食鰻鱺。病愈。遂以為妻。

有婦人項下忽腫一塊。漸延至頸。偶刺破。出水一碗。瘡久不合。有道人曰。此蟻漏也。緣飯中誤食蟻得之。用穿山甲燒存性為末。傳之立愈。

梅花神數

邵康節先生演定梅花數。以便決疑。遇有不決之事。可以預決。使人趨吉避凶。誠心求之。甚有應驗。必須淨手焚香。虔誠禱祝。勿以為嬉戲而褻也。問事一卜。為定吉凶。昭著有焉。莫能勉強。若再三瀆。則不應矣。起法用錢五文。合手內搖數次。隨手擺出一二三四五。依後式擺定。看何位是字。何位是背。照圖查看詩句。

擺錢次位

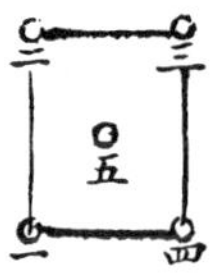

白為字　解斷吉凶
黑為背　無不靈驗

○○ ○○ ○○　第一數　大吉　此數百事如意

紫雲香駕拂微風。士女歡呼萬國同。羽騎將臨持袂拂。棲鸞樹杪出行宮。其純陽之數。喜臨門。孕婦生男利合婚。買賣求財皆得利。增光閭里稱人心。

求財得利　交易亨通　功名必得　風水安吉
官事有理　移居平安　婚姻和合　謀事成就
行人有信　謀望東北　失物西南　病患無妨
錢財遂意　田蚕十分　六畜興旺　事事皆吉

○○⊕○○　第二数　上吉　此数占之上吉

江城五月落梅花。且盡芳樽戀物華。綵仗紅旌繞香閣。鶴鸞鳴瀨滿時沙。其二 松柏青青耐歲寒。時人莫作等閒看。生意求謀皆可遂。家中人口保平安。

春夏吉利　秋冬平穩　婚姻和合　人口平安

求財七分　行人信至　尋人北方　求謀東南

訟事和平　謀事可成　六甲生男　占醫有方

病患即愈　諸凡大吉

○⊕⊕⊕○　第三数　下下　此数凡事不吉

青雀西飛意未回。不堪惆悵滿離悲。新愁舊恨多難說。懷抱何時得好開。其二 憂愁有悔入門來。多少閒非掃不開。若要稱心多作福。猶如枯木暫時挨。

病人有怪　急宜求禱　家宅不利　謹防小人

六甲生女　且有驚恐　見官不吉　失物難尋

功名不遂　行人有阻　求財不得　謀望不成

六畜不旺　凡事不順

○⊕⊕○⊕　第四数　下下　此数諸事不吉

東風回首不堪悲。黃鳥無聲夜慘淒。莫怪天涯栖不穩。空留騷客詠江蘺。其二 口舌交加不得安。求官謀望盡艱難。病人淹滯婚難合。家道宜修且耐煩。

失物不見　婚姻難合　家宅不安　遷居改變

謀望不成　行人有阻　功名不就　六畜不旺

取討防氣　買賣不利　諸事小心

○⊕⊕○○　第五数　中吉　此数諸事順遂

一去揚州楊子津。白雲如絮草如茵。雷聲忽送千峯雨。江界平分兩岸春。其二 福星相照永無憂。財利功名任意求。自有貴人相接引。也無煩惱也無愁。

功名可就　求財必得　婚姻和合　失物可尋

向西北方　六甲生男　病人即愈　官事宜和

○○
⊕
○⊕

第六数　上吉　此数重重喜慶大吉

截灣衝去片帆通。棹影飄搖玉浪中。今日却逢行樂處。
一枝長戟六鈞弓。〻其如雨錢財用不窮。增新換舊好家風。
諸事稱心皆遂意。生涯得意喜重〻。

行人在路　是非消散　疾病即愈　官事無碍
貴人可解　風水可用　求財七分　諸凡如意

○⊕
⊕
○○

第七数　上吉　此数好運來臨

魚行細浪分沙嘴。日照香塵逐馬蹄。正是清明好天氣。
埜巾還伴綠楊隄。〻其霧卷雲消月正圓。花開雨後更新鮮。
福星高照多吉慶。好是枯荷又結蓮。

求財五分　宜向東北　六甲生男　病者即愈
婚姻和合　行人有信　口舌消散　家宅平安
六畜可養　諸事可行　交易可就　官事得理

○○
⊕
⊕○

第八数　中吉　此数小心而行必有利益

莫歎生平性所之。紅亭綠酒惜分歧。焚香獻瑞金三尺。
泮水芳林錦萬枝。〻其淹蹇時乖運未通。天涯走遍總成空。
清閒且守陽和到。共破春光花木紅。

待時而動　訟事有理　不致拖累　調和為上
求財東方　空手難就　婚姻不合　功名可許
病患見凶　西北祭禱　可以轉吉　六甲生男
提防口舌　行人不至

○⊕
○
○○

第九数　下下　此数須步步小心

春思於今未易量。濁醪閒把送韶光。玉璫緘札何由達。
回首東風一斷腸。〻其黑雲遮日不分明。花正開時着雨傾。
雙手欲擎天上月。無如足下不生雲。

求財不得　家宅防失　小人不足　流言不及
口舌是非　婚姻不成　功名不就　病人有鬼
解送方吉　行人來遲　六甲生女　求謀可望
失物難追　生意可做

第十数　中吉　此数求謀遂意

田頭更望柳絲絲　野戍花深去馬遲　好友於今還對酒
庾公愛月快吟詩　其憂變為喜凶成吉　功名有就貴人提
正是洞房花燭夜　果然金榜挂名時
功名可就　謀事有望　婚姻和合　求財東南

第十一数　下下　此数謹慎小心

王孫誰肯一相憐　滿腹憂愁壟上眠　江客不堪頻北望
此中辛苦過流年　其出林猛虎勢難當　雖受驚來却不妨
病人有鬼行人阻　不見官非沒下場
疾病難愈　急宜祈禱　家宅不安　六甲生男
恐有虛驚　官事有虧　功名不就　求財有失
謀望難成　謹防小人

第十二数　上吉　此数事事稱心

東風已綠瀛洲草　舞雪佳人玉一團　便擬乘槎應去得
五陵衣馬自輕肥　其金榜標名意氣揚　腰金衣紫喜還鄉
一門吉慶多增福　和氣融融閭里光
功名有就　求財必得　謀望稱心　家宅平安
官事有理　貴人扶持　病人即愈　行人立至
失物可尋　出門大利　買賣可做　六甲生男

第十三数　下下　此数凡事不利

東望家鄉真可憐　綠波無路萬千千　憂心似火還燒鬢
初月如弓未上弦　其花正開時一雨空　行船又遇打頭風
病人有祟當求禱　理屈當官定主凶
功名不就　病人有鬼　訟事不利　行人無信
失物難尋　家宅不安　六甲生女　求財無益
生意守舊　六畜不旺　田蠶半收　婚姻有變

〇⊕ 〇 〇⊕ 第十四数　中吉　此数困龍得水枯木逢春

薇花拂拂露涓涓。城上憑臨北斗懸。祇道笙歌匝斗牛。
鳳凰楼上帶天泉。淇久旱逢霖萬物新。功名水到自渠成。
謀為動作皆如意。官訟清明不受驚。

交易大吉　謀望遂心　貴人扶持　官事得理
家宅平安　六甲生男　婚姻和合　求財必得
失物南方　作事稱心

〇⊕ 〇 ⊕⊕ 第十五数　上吉　此数凡事如意大吉

笑倚東風仗轆轤。指揮重畫五城圖。胸中別有安邊計。
報國攄忠大丈夫。淇月到中秋分外明。人逢泰運倍精神。
弄璋且喜身康健。任爾求謀盡快心。

功名遂心　求財十分　家宅吉慶　病人即愈
行人有信　失物立見　六甲生男　謀望必成
官事有理　田蚕有收　六畜大旺　風水安吉

⊕⊕ 〇 〇⊕ 第十六数　下下　此数凡事不利

梦裏還家不當歸。白蘋紅蓼意多違。沒緣衣食相驅遣。
海潤天空音信稀。淇白虎臨頭少吉昌。家中作事有災殃。
雖還舊愿病難愈。顛倒陰陽不降祥。

病人有鬼　門庭不安　人口多災　功名不就
謀望不成　婚姻難合　六甲生女　求財不得
失物難尋　風水有變

⊕⊕ 〇 ⊕〇 第十七数　下下　此数凡事大凶

淒淒遊子若飄蓬。渭水悠悠事總空。對此不堪鄉外想。
却教離恨怨東風。淇風急船頭浪逆排。是非口舌定多災。
無端煩惱平空起。門户從天降禍來。

功名不就　官事見刑　謀望不成　病難脱身
陰鬼相侵　六甲生女　更有虛驚　求財無望
行人有阻　交易無利

○⊕
○
⊕⊕

第十八数　中吉　此数謀定即行須有決斷

萬卷詩書最喜觀。五更三點月光寒。共來百粤文身地。
日暮吹笳入塞闋。二其　少年及第甚榮昌。衣錦飄然返故鄉。
光耀門庭人共羨。一堂和氣樂非常。

功名可得　求謀有望　家宅平安　官事宜速
行人即至　失物立見　六甲生男　婚姻可就
小人口舌　病人反覆　出入小心　作事宜慎

⊕⊕
○
○○

第十九数　上吉　此数財喜双全

南園春草正相宜。銀燭金罇映醉眉。舊識平陽佳麗地。
年〻歲〻樂豐盈。二其　忽然平地得黄金。福至災消事可成。
骨肉歡承多吉慶。門庭和氣永安盈。

求財十分　功名成就　婚姻和合　家宅平安
人口平安　行人即至　失物立見　官事有理
行船順風　六甲生男　買賣大利　求謀遂心
宜向東南　六畜興旺

○⊕
○
○⊕

第二十数　中下　此数口舌小心

悠悠旅舍没塵埃。無奈離情久更乖。萬里關山何日盡。
自休自了自安排。二其　大海撈針不可尋。水中捉月亦虛名。
勸君謹守須安分。若用機謀枉費心。

求財有失　見官不利　功名不就　失物不見
病體纏綿　謀望不遂　小人口舌　家宅宜改
六甲生女　甲午月日　一定可驗　田蚕欠收

○⊕
○
⊕○

第二十一数　下中　此数多凶少吉凡事小心

異國光陰惱客情。感時心緒却難平。誰人更唱陽關曲。
萬里歸心對月明。二其　朱雀來臨百事憂。是非口舌定多愁。
登山涉水君須慎。守舊修心莫妄求。

求財不得　官事不利　功名不就　失物難尋
行人不來　婚姻難合　謀事無成　家宅不安
六甲生女　田蚕欠收　六畜可養　交易不成

○⊕ ⊕○ ○⊕ 第二十二数 上吉 此数凡事順遂吉慶

俯窺京室畫圖中〇 碧水澄潭映遠紅〇 細草偏承回輦處〇
天長地久萬年豐〇二其似錦如花氣象開〇 黄金美玉滿庭階〇
榮華富貴從天降〇 瑞草融和及第來〇
求財八分 買賣稱心 行人即至 功名有就
家宅平安 失物不遠 婚姻和合 謀望遂心
孕生貴子 行船順利 田蚕豐收 訟事有理
貴人相助 六畜大旺

○○ ⊕⊕ ⊕○ 第二十三数 上吉 此数百事大吉

江上春來景物妍〇 誰人醉舞拂賓筵〇 紫薇花盛東風暖〇
鳥弄歌聲似管絃〇二其崑山美玉是奇珍〇 瑞靄祥光繞戶庭〇
動作求謀皆遂意〇 中天月滿正光明〇
功名有就 求財必得 田蚕有收 六甲生男
婚姻和合 失物即見 訟事有理 家宅平安
行人立至 疾病即愈 六畜大旺 交易大利

⊕⊕ ⊕⊕ ○○ 第二十四数 上上 此数稱心大吉

千家山郭靜朝暉 玉殿香花入紫薇〇 借問欲栖珠玉樹〇
仙人楼上鳳凰飛〇二其神龍出水湧潮來〇 趁得風雲顯大才〇
名利兩般皆遂意〇 百年基業此時開〇
求財有分 買賣有利 功名有就 謀望稱心
田蚕十分 風水吉利 行人有信 失物立見
出行大利 病患全愈 六甲生男 作事大吉

○⊕ ○⊕ ○⊕ 第二十五数 下下 此数大凶凡事不利

巢邊群鳥動悲歌〇 囊乏偏遭病折磨〇 白首相逢征戰後〇
教人無奈別離何〇二其屋漏更遭連夜雨〇 破船又遇頂頭風〇
當官訟事難求勝〇 萬水千山信不通〇
功名不就 求財不得 失物難尋 病人有鬼
家宅不安 灾患口舌 六畜不旺 行人有阻

○⊕⊕ ○⊕⊕ 第二十六数　中吉　此数百事有成

江涵秋影雁初飛○　携酒同來上翠微○　舞袖飄然迎客至○
北山疎雨點朝衣○二其　春至鳴雷百物生○　蛟龍飛躍有聲名○
求謀動作皆如意○　家宅平安事事亨○
求財必得　功名有就　家宅平安　買賣得利
風水有碍　訟事有理　田蚕有收　六甲生男

⊕⊕○ ⊕⊕○ 第二十七数　中吉　此数凡事可行行人不利

南園春草正相宜○　仙侶同舟晚更移○　萬里東風逢泰運○
六龍齊整駕朝曦○二其　福星相照吉祥多○　愁中更有笑呵呵○
水路前程俱可往○　來人有阻尚蹉跎○
買賣稱心　謀望有益　家宅平安　功名有就
六甲生男　田蚕半收　六畜平平　行人不至
官事不利　病患可愈

⊕⊕○ ⊕⊕○ 第二十八数　下下　此数諸事不吉

一朝消散似浮雲　葉落東西路遠分○　風色蒼蒼多有恨○
人生何處不離羣○二其　善惡同羣定有殃○　虎狼相伴自然傷○
家門分擾多陰祟○　官事條條口舌長○
失物不見　功名難就　家宅不安　病難立愈
行人不至　求財有失　官事宜和　婚姻有變
六甲生女　田蚕失收　出門不利　六畜不旺

⊕⊕○ ⊕⊕○ 第二十九数　下下　此数凡事不利

故園楊柳今摇落○　塞上風雲接地陰○　跨馬出郊時極目○
萬方多難此登臨○二其　烏鴉繞樹覺聲哀○　蔽日濃陰撥不開○
縱退災星還少吉○　行商有阻不歸來○
婚姻不合　功名不就　求財不得　家宅不安
陰人有禍　訟事有刑　失物不見　行人有阻
六甲生女　買賣虧本　出行不利　須防有失

○⊕⊕ ⊕⊕⊕ 第三十数　大吉　此数功名遠大凡事大吉

為君書報啓金華。閶道回看上苑花。獨有鳳凰池上客。
宮花朶朶壓烏紗。淇雁塔題名姓字香。鵬飛萬里好聲揚。
笙歌隨處如心樂。凡事營謀揔吉祥。
功名有就　求財十分　家宅興隆　謀望可成
訟事消散　婚姻和合　田蚕六分　失物必見
六畜平安　買賣倍利　六甲生男　病宜祈福

⊕⊕ ○ ⊕⊕ 第三十一数　上吉　此数名利兼全大吉

黄山舊繞漢宮斜。天下車書只一家。瑶台含露星辰滿。
重海高樓照曙霞。淇富貴榮華不用愁。功名萬里可封侯。
如松如柏長青日。滾滾財源似水流。
功名上達　求財必得　婚姻和合　六甲生男
田蚕大收　官事即散　病恙立愈　失物可見
行人立至　家宅平安

⊕⊕ ⊕⊕ ⊕⊕ 第三十二数　下下　此数純陰不吉

門掩荒山夜色深。碧雲初断信沈沈。松林遠近千秋塚。
白帝城高急暮砧。淇数極純陰多澁滯。利名兩字不能昌。
心中妄動將來恨。謹守方能免禍殃。
功名不就　家宅不安　人口不利　求財無益
失物難尋　六甲生女　買賣失利　病患祈保
尋人不見　婚姻不合　田蚕失收　六畜不旺
官事有刑　行人有阻

林文忠公戒煙斷癮兩方總論

人之喉管有二。食管以主飲食。下達二腸。氣管以主呼吸。周通五臟。氣管本屬清虛。不受一粒半滴之物。若誤入其中。即時咳逆。必出之而後快。而煙乃無形有氣之物。故可吸入呼出。往來於五臟。雖其氣已去。而其味仍留。但人之所以得生者。胥藉胃間所納穀氣。循環於經絡。以培養其精神。今食煙之人。其臟腑慣得煙氣以尅穀氣。故常人一日不食五穀則飢而憊。食鴉片煙者。視五穀猶可緩。若對時不吸煙。則癮到憊甚。此無他。正氣為邪氣所制也。本草所載生煙。即今之旱煙。其氣辛。故只於入肺。若鴉片煙出於外洋。其性毒而淫。其味濇而滯。其色黑而入肝腎。故一吸而能透於筋絡骨髓之中。一呼又能達於肢體皮毛之杪。徧身內外上下無處不到。是以食纔下咽。自頂至踵均覺舒暢。遂溺其中。內而臟腑經絡。外而耳目手足。皆必得此煙氣而後安。一旦無之。腎先告乏。故呵欠頻作。肝因而困。故涕淚交流。肺病則痰涎並生。心病則痿輭自汗。必至是時而起者。脾主信也。彼溺乎其中者。大受其困矣。然溺而知戒。不過困於一時。溺而不戒。則直循以身命。以煙氣尅穀氣。引邪奪正。其能久乎。果其戒之。並癮之輕者與體之壯者。即勿藥亦可斷。茲專為受癮深而氣體弱者立前後兩方。一曰忌酸丸。一曰補正丸。忌酸丸。即以煙灰和藥為之。緣初戒時不能遽絕。故以灰代煙也。重用附子者。取其走而不守。能通行十二經。佐之以柴胡左旋。升麻右提。沈香之直達下焦。四者相合。則徹乎上下表裏。頃刻而週於一身。故吸煙之人。中氣無不傷者。中氣傷則不能化精而血衰。故用參芪以補肺氣。白朮以補脾氣。陳皮木香以利諸氣。皆所以安其中也。中氣既固。再有當歸連柏以涼血生血。且連柏能殺附子之毒。以生一源之水。制二相之火。氣血兩虛之人。保無昏暈。非天麻不能止。用甘草者。不但可以補中。兼可益血並和諸藥也。此方氣血兩補。而藥味不離寒熱並用。而於理不悖。是以煙癮不起。諸病不作。且有沈木二香。氣息芬芳。藉附子以行之。薰蒸於五臟。吞至數日後。若再取煙吸之。不獨臟氣與之扞格。即鼻孔聞之已嫌其臭矣。補正丸。即忌酸丸之方減去黃芪木香附子煙灰。其餘藥味分兩均皆比。比凡戒煙者先吞忌酸丸。至三五日後。每日減忌酸丸一粒。即加以補正二丸。減二丸。即加四丸。如此遞推。互相加減。至忌酸丸減盡。再專服補正丸。十日或半月後。連補正丸亦不用服。而癮自斷矣。此方歷試歷驗。具有神效。緣有補中益氣之葯。日減自煙之一丸。以去邪癮。日增補正之二丸。以助正氣。正氣一足。邪無所容。即使至重之癮。照法行之。不過畧多數日。未有不斷絕者。全身命以保餘生。懔國法而免刑戮。所有方葯。開列於左。

不曰戒煙。而曰忌酸。蓋既用煙灰吞服之後。若與味酸之味同食。則令人腸斷而死。故以忌酸名。

西洋參五錢。　炒白朮三錢。　全當歸二錢。　川黄柏四錢。

川雅連四錢。　炙黄芪三錢。　炙甘草二錢五分。　廣陳皮三錢。

春柴胡二錢五分。　鎊沈香二錢。　廣木香二錢。　明天麻二錢。

綠升麻一錢五分。

共為細末。入生附子七錢。米泔水浸。石臼中搗如泥。入灰兩攪匀。與前葯末同糊為丸。如小桐子大。約計平時有一分癮者。每日所服之丸。須有煙灰一厘二毫為度。必於飯前吞下。否則不驗。起初一二日多吞幾丸。令其微有醉意。則有煙亦不思食矣。至三五日後。再為加減。

補正丸方見前加減內。如癮重者。一料不除。即多服兩料。癮無不斷者。

附加減法。　紅白痢。加黄芩白芍。　夢遺。加龍骨牡蠣。若諸痛。重加木香。再加元胡。　咳嗽。加紫菀款冬花炙杷葉。甚咳者。加杏仁阿膠。　熱痰。加貝母麦霜。　寒痰。加半夏南星。若自覺下焦有火。加知母黄柏。　眩暈。加丹皮菊花。　小便短欠。加茯苓澤瀉。　水瀉。加茯苓苡仁。如身體不虛。去洋參黄芪。加沙參。無眩暈者。不用天麻。　氣短不足。加蚧尾。　喘。加破故紙。

以上或入葯。或煎湯送四物飲。

附四物飲。　紅糖一斤。　生甘草八兩。　川貝母八錢。

煙灰四錢。　用清水十餘碗。入銅鍋內煎成三四碗。愈厚愈妙。每早及臥時。用開水和服。

宋徽宗寵妃病痰嗽。面腫不寐。李防禦治之。三日不效。當誅李技窮憂泣。忽聞市人賣嗽藥一文一帖。吃了今夜得睡。色淡碧李市之。恐藥擴悍先自試。覺無害。遂併三帖為一以進。妃服之是夕寢安嗽止。而腫亦消。帝大悅。賜直萬金。李不知其方。懼得罪。伺得市人重價求之。乃蚌殼煅粉少加青黛也。以淡虀水加麻油数滴調服。

熊彥誠病前後不通。腹脹如鼓。衆醫莫措。遇一異人曰。此易耳。奉施一藥。即脫靴入水。探得一大螺。曰。事濟矣。以鹽和殼搗碎。帛繫臍下一寸三分。曾未安席。砉然暴下。歸訪異人。無所見矣。

董守約以脚氣攻注。或教搗数螺。帛繫兩股。便覺冷氣趨下至足。既而亦安。

有人食烏梢蛇。渾身變黑。漸生鱗甲。見者驚縮。鄭奠一令日服晚蚕砂五錢。盡一二斗。久之乃退。

醫學綱目云。王元珪虛而滑精。屢與加味四物湯吞河間秘真丸及真珠粉丸。不止。後用五倍子一兩。茯苓二兩。丸服。遂痊。

鄭贊寰曰。汪御章年十六。常患尿血。屢醫不效。予以白蠟加入涼血滋腎藥中。遂止。

宋丞相王郇公小腹切痛。備治不效。用附子硫黃之類亦不瘉。張駙馬取婦人油頭髮燒灰研篩。酒服二錢。其痛立止。

崔行功小兒方云。胞衣宜藏天德月德吉方。深埋緊築。若為猪狗食。令兒顛狂。螻蟻食。令兒瘡癬。烏鵲食。令兒惡死。棄火中。令兒瘡爛。近社廟井灶街巷。皆有所忌。此亦銅山西崩洛鐘東應自然之理。今人以之炮炙入藥。雖以人補人。然食其同類。獨不犯崔氏之戒乎。

大司寇三川劉公。患卒倒不省人事。口眼相引。手足戰掉。一醫作風治。一醫作痰火治。俱罔效。余胗六脉沈數。氣口緊盛。此非風非痰火。乃氣夾食也。其家人忽悟曰。適正食之際。被惱怒所觸。遂致如此。用行氣香蘇散加木香青皮山查。一服即瘥。雲林暇筆

桑環川劉前溪素與龔子才友善。年俱近五旬。而桑多慾。劉嗜酒。其脉左右俱微。人迎盛。右脉滑大。時常手足酸麻。肌肉蠕動。此氣血虛而風痰盛也。子才謂其三年內俱有癱瘓之患。二君宜謹慎。因勸其服藥以免後患。桑然其言。每年製搜風順氣丸。

延齡固本丹各一料。後果無恙。劉不聽。愈縱飲無忌。未及三年。果中風卒倒。癱瘓卒倒。語言蹇澁。求治於龔。曰悔不聽君言。致有今日。願君竭力救我殘喘。則再造之恩也。龔以養榮湯加減。并健步虎潛丸。二藥兼服。年餘始愈。

劉太尹素有疾。兩臂頑麻。兩目流淚。服搜風化痰藥。痰愈甚。臂反痛不能伸手指俱攣。子才曰。麻屬氣虛。誤服前藥。肝火熾甚。肝血乾涸。筋無所養。虛而攣耳。法當補脾肺。滋腎水。則風自息。熱自退。痰自清。遂用六味丸。補中益氣湯。不三日而痊。

有人傷寒頭疼。發熱憎寒。身痛口渴譫語。日久不出汗。醫以大梨一箇。生姜一塊。同搗取汁。入童便一碗。重湯煮熱。服之汗出如水。即愈。

太守雲亭劉公。患傷寒發熱。面紅唇赤。面壁蜷卧。諸醫以小柴胡湯解毒湯之類。數劑弗效。復診六脉浮大無力。此命門無火也。以人參附子湯。一服立愈。三服全安。

一老嫗年七旬。患傷寒。初起頭疼身痛。發熱憎寒。諸醫以藥發散。數劑弗效。淹延旬日。漸而飲食不下。昏沈不省。口不能言。服不能開。咽喉有微氣。似欲絕之意。諸醫潛退。一家彷徨。別醫察之。即以人參五錢。煎湯徐徐灌之。須臾稍省。欲飲水。又煎渣服之。頓愈。又踰十年而卒。夫人參回元氣於無何有之鄉。果有起死回生之效。信哉不誣。

萬曆丙戌春。大梁屬瘟疫大作。士民多斃。其症閭巷相染。甚至滅門。初起頭疼身痛。憎寒壯熱。頭面頸項赤腫。或從耳根上起。咽喉腫痛。昏憒等症。此乃冬應寒而反熱。人受不正之氣。至春發為瘟疫。至夏發為熱病。名曰大頭瘟。大熱之症也。當時發一秘方。名二聖救苦丸。用牙皂以開關竅而發其表。大黃以瀉諸火而通其裏。一服即汗。一汗即愈。真仙方也。全活不可勝數。但人禀之稍壯者。百發百中。其虛弱者。先以人參敗毒散。輕者即愈。如未愈。用牛蒡芩連湯。可收全效。

春末夏初。頭疼脚軟。食少體倦。口苦舌乾。五心煩熱。胸膈不寬。脉數無力。形如虛怯。症屬元氣不足。血虛陰虧。是名注夏。宜用參歸益元湯。兼補陰丸藥。用洋參五分。當歸一錢。白芍一錢。熟地一錢。白茯苓一錢。五味子十粒。廣皮一錢。大麥冬一錢。酒炒黄柏七分。酒炒知母七分。甘草三分。右挫一劑。引用大棗一枚。
烏梅一箇。炒米一撮。水煎服。隨症加減。另行斟酌。
五瘟丹。治四時瘟疫流行。傷寒發熱。并諸瘧熱痢。方用黄連屬火。戊癸之年為君。黄柏屬水。丙辛之年為君。黄芩屬金。乙庚之年為君。甘草屬土。甲己之年為君。紫蘇香附屬木。丁壬之年為君。以上各一兩。以值年藥為君者倍一兩。六味皆生用。於冬至日為末。用錦紋大黄三兩。濃煎湯去渣。熬成膏和前藥末為丸如彈子大。朱砂雄黄末為衣。再貼金箔。每服一丸。冷水磨服。
有婦人因暑月廚房熱極。遂出當風處脱衣乘涼被風吹。即頭疼身痛。發熱惡寒。草醫不識。誤認為寒。用附子理中湯一服下咽。立時不語。口中無氣。唇口青紫。心頭微温。舉家哭泣。細診六脉洪大而數。此熱症也。而誤用熱藥。以燒酒噴胸前。將鏡撲之。更將新汲水入蜜。將雞翎沃入其口數次。少頃病人即伸舌探水。以益元湯灌下即活。
李北川仲夏患腹痛吐瀉。兩手足。捫之則熱。按之則冷。其脉輕診則浮。重診則微細。此陰寒之症也。急服附子理中湯不應。仍服至四劑而愈。
太府劉公。患因勞役太過。發熱憎寒。頭疼身痛。口乾作渴。嘔吐惡心。一醫以羌活湯。一醫以藿香正氣散。俱弗效。愈增酸困。手足無處着落。心慌神亂。晝夜不寐。坐卧不安。湯水不入。聞藥亦吐。按其六脉洪數。氣口緊盛。此内傷元氣也。以補中益氣湯加遠志。酸棗仁。竹茹。麥冬。一服即熟睡。半夜而醒。曰。良醫也。藥用當而通神。不知病之何所去也。次早又進一服。全愈。
侍御及溪周公。患虛損。目不敢閉。閉則神魂飄散。無所知覺。口不敢言。言則氣不接。飲食不思。昏昏沈沈。診其六脉虛微。此元氣虛弱。心神虛損也。先以朱砂丸一服。稍安。後以補中益氣湯加遠志。茯神。酸棗仁。白芍。生地。麥冬。連前數劑。漸次就愈。
一男子患因房勞後吃紅柿十數枚。又飲涼水數碗。少頃又食熱麪數碗。心腹大痛。診其脉象沈微而氣口稍大。此寒熱相搏而致也。以附子。乾姜。肉桂。枳實。山查。神曲。莪术。香附。一服立止。後渾身發熱。又以小柴胡湯一劑而安。
有人臘月賭食羊肉數斤。被羊肉冷油凍塞胸膈。不止。脹悶欲死諸醫掣肘診其六脉皆有急用黄酒一大罎温熱入大缸內令患人坐於中衆手輕輕亂拍胸腹背心令二人吹其耳又將熱燒酒灌之次服萬億丸得吐瀉而愈

一儒者體肥仲夏患痰喘用二陳芩連桔梗痰喘益甚加桑皮杏仁瓜蔞盜汗氣促加貝母枳殼不時發熱飲食漸減脉大而無力此由脾肺虛寒用八味丸以補土母用補中益氣湯以接中氣而痊

有男子飲食素少忽痰壅氣喘頭搖目劄揚手擲足難以候脉視其面色黄中見青此肝木乘脾土如小兒慢驚之症先用六君子柴胡升麻而愈繼用補中益氣湯加半夏而痊

張秋官面赤作渴痰甚頭暈此乃腎虛水泛為痰用六味丸加減調理而愈

周藩海陽王崑湖公患痰嗽喘熱左足腫痛日輕夜重每年發一二次已經三十年遍治弗效診其左脉微數右脉弦數此血虛有濕痰也以四物湯加蒼术黄柏木瓜檳榔木通澤瀉空心服以治下元以茯苓補心湯臨臥服以治上焦各三服而愈後以神仙飛步丸空心服清氣化痰丸臨臥服各一料永不發

有儒者每至春咳嗽用參蘇飲之類乃愈後再發仍用前藥反喉瘖左尺洪數而無力此屬腎經陰火刑尅肺金以六味丸料加麥冬五味子炒山梔以補中益氣湯而愈

定西侯蔣公患上氣喘急其脉寸口洪滑此痰滯胸膈也先服稀涎散三錢更以熱水頻頻飲之則嗌而吐其痰如膠內有一長條裹韭菜一根全愈

有路姓年近五十身體肥大飲食倍常患月餘每行動即喘診其六脉皆濇此死症也衆以為妄後逾月果中痰卒

一婦人瘧後形體骨立發熱惡寒自汗盜汗胸膈痞滿日飲米湯少許服參术藥益脹臥牀半年矣此由陽氣虛寒用大劑補中益氣加附子一錢二劑諸症漸退飲食漸進又二劑全愈

大司寇春岡劉公年近古稀患痢膿血腹痛諸醫弗效診其六脉微數此肥甘太過內有積熱當服酒蒸大黄一兩清利之公以衰老恐不能堪惟滋補平和之劑可也再四寬釋公意始從遂服之逾日而安

通府竹峯何公患痢赤白。晝夜無度。遍身搔痒。心中煩燥。診其六脉大數。人迎偏盛。此風邪熱毒也。以人參敗毒散。去人參。加荊芥、防風、黄連。二服即愈。又診六脉仍前大數。蓋數則心煩。大則病進。將來必有痰喘之患。恐致不起。後逾月果如其言。

有人痢後兩足浮腫。胸膈脹滿。小便短少。用分利之劑。遍身腫兼氣喘。按兩足浮腫。脾氣下陷也。胸膈脹滿。脾虛作痞也。小便短少。肺不能生腎也。身腫氣喘。脾不能生肺也。用補中益氣加附子而愈。半載後因酒色勞倦。面目浮腫。小便短少。仍服前藥頓愈。

梁太府因患頭暈嘔吐。聞藥即嘔。諸醫措手。急以伏龍肝為末。水丸塞兩鼻孔。用保中湯以長流水入膠泥攪澄。煎候溫頓服之而安。

信陵府桂臺殿下夫人。患因性氣不好。一怒即便嘔吐。胸膈不利。煩燥不眠。腹痛便閉。食下即吐。已經八日。心慌喘急。症勢垂危。後事已備。舉家哭泣。診其六脉虛微。此血虛胃弱。氣鬱痰火也。以二陳湯。加姜連、酒芩、炒梔、當歸、酒芍、香附、竹茹、白术。入竹瀝姜汁。二服即痊。

管藩相夫人。患因氣鬱生火。每至夜半不寐。口乾煩渴。吐粘痰。必欲茶水漱口。舌上赤黑皮厚。胸痞嘈襍。飲食少思。診其兩寸洪數。兩尺空虛。右氣口盛。此上盛下虛。血虛氣鬱有火也。以四物湯加生地、黄連、麥冬、知母、貝母、花粉、元參、梔子、桔梗、枳實、青皮、甘草。數劑奏效。又以六味地黄丸。加生地、麥冬、知母、元參、花粉、貝母、五味子、黄連。一料全愈。

周賓崇親家。患因氣惱。得咽喉噎塞。如有所碍。胸膈痞悶。時吐痰唾。耳若蟬鳴。頭目不清。診其六脉沈數。丹溪曰。下手脉沈。便知是氣。以清火豁痰丸服之而安。

春元李河山。患腹左一塊。數年不愈。後食柳餅過多。得腹脹滿悶。診其六脉洪數。氣口緊盛。以藿香正氣散數劑弗效。又易行濕補氣養血湯。二十餘劑始安。醫囑曰。病雖愈而體未復原。務要謹守。勿犯禁戒。逾數月。李乃曰。凡有病皆天與也。不在服藥。不在謹守。若當時顏子亞聖。豈不能保養。何短命死矣。我今保養半年。未見何如。豈在保養服藥者哉。渠遂放肆無忌。未經數月忽患痢赤白裏急後重痛不可忍晝夜無度渠自製大黄一劑數下勿效復求診治按其六脉洪數先以調中理氣湯二劑又以補中益氣湯加白芍黄連微效渠欲速效遂易他醫其醫不審病原數患内傷鼓脹之疾輒用下藥不愈又易一醫又下之前後約三十餘度元氣愈憊而下脱肛門痛如刀割腹脹如鼓然醫不知元氣下陷陷深則痛愈深當大補元氣升提爲主非百劑不可今以素損元氣者欲速效豈可得也嗟夫醫者不補而反瀉病者不慎而欲速安得不死也信兩誤耳

有僕人五月間病熱口渴唇乾譫語診其脉細而遲用四君子加黄芪當歸芍藥熟附子進一服熱愈甚狂言狂走或曰附子差矣復診其脉如舊仍增附子進一大服遂汗出而熱退脉還四至矣

一婦人夏間病熱初用平調氣血兼消熱和解之劑服二三劑不應熱愈甚舌胎焦黑膈間有火嗽水不嚥診其脉兩手皆虚微而右手微甚六七日内譫語撮空循衣摸牀惡症俱見後用四物湯加黄芩人參白朮陳皮麥冬知母熟附子服之一二時汗出而熱退次日復熱再服仍退又次日復發知其虚極也遂連進十服皆加附子而安

有男子發熱煩渴頭痛誤行發汗喘急腹痛自汗譫語用十全大補湯加附子治之熟睡喚而不醒及覺諸症頓退再劑而痊

太學劉誠齋乃郎年十八歲患虚勞咳嗽痰喘面赤自汗晝夜不能倒卧痰不絶口如此旬日命在須臾一家徬徨諸醫措手診其六脉微數乃陰虚火動之症令其五更將壯盛婦人乳汁一鍾重湯煮温作三四口服之至天明服河車地黄丸少頃將大小米入山藥蓮肉紅棗胡桃肉煮稀粥食之午晌又煎清離滋坎湯二劑加竹瀝童便姜汁少許頻頻服之服至午又進前粥碗許加白雪糕食之過半晌又照前藥二劑頻服至晝將晚又進前粥碗許又煎前藥二劑夜間睡則藥止醒則即服如此三晝夜藥不住口火乃漸息方得卧倒以後減却前藥一半過半月病減十之六七每日止服湯藥一劑調理數月而愈此症危急至甚非用此法救之若照尋常日服一二劑者幾致不起夫一杯之水不能救輿薪之火正此之謂也今後患此症者當

照此服藥。醫者當照此治之。未有不愈者也。其有脾胃虛弱已作瀉者。不在此例。

有男子吐血。遇勞即作。余以為勞傷肺氣。血不歸元。與補中益氣湯。加麥冬、五味、山藥、熟地、茯神、遠志。服之而愈。

有人咳嗽吐血。熱渴痰盛。盜汗遺精。此乃腎水虧損。用六味丸料。加麥冬、五味。以壯水而愈。後因勞怒。忽紫血成塊上湧。先用花蕊石火煅存性為末三錢。童便、黃酒溫熱調服以化之。又用獨參湯以補之。仍用前藥調理。遂愈。後每勞則咳嗽。有痰吐血。脾肺腎三脉皆洪數。用補中益氣湯加貝母、茯苓、山茱萸、山藥、麥冬、五味子。與前藥間服之而愈。

一儒者素善飲。不時便血。或在糞前。或在糞後。食少體倦。面色痿黃。此乃脾氣虛而不能統血。以補中益氣湯加吳茱萸、黃連三十餘劑。永不再發。

有一婦人六月惡寒之極。怕風。雖穿棉襖。亦不覺熱。此火極似水也。六脉洪數。小水赤少。以皮硝五錢。溫水化服而解。

大學士中元高公患頭目眩暈。耳鳴眼黑。如在風雲中。目中溜火。一醫以清火化痰。一醫以滋補氣血。俱罔效。診其六脉洪數。此火動生痰。以酒蒸大黃末三錢。茶下。一服即瘥。蓋火降則痰自消矣。

熊槐年六十餘。身體胖大。因診其脉。下手即得五至一止。驚曰。休矣。渠曰。連日微覺頭暈。別無恙也。何故出此。願賜教焉。因曰。越十日。用藥。相晒而退。少頃聞中痰。見其症必不可治。令以香油灌之。踰十日果卒。

有小兒周歲。從臬上仆地。良久復甦。發搐吐痰沫。服定驚化痰等藥。遇驚即復作。畢姻後。不時發而難愈。形氣俱虛。面色痿黃。服十全大補、補中益氣二湯而愈。

王大參嗣君年十八歲。患癇。每發即仆地吐涎。不省人事。少頃復生。或一月一發。或兩月發四五次者。七年遍醫弗效。診其六脉滑數。人迎緊盛。此氣血虛而有風痰壅併也。以追風祛痰丸加人參、當歸、黃連各一兩。安神丸二藥兼服。未及半年而痊。後有數人。俱同此治。

一小兒十五歲。御女後。復勞役考試。失意。患癇症三年矣。遇勞則發。用十全大補湯加味歸脾湯之類。更以紫河車生研如膏。入蒸糯米飯為丸。如梧子大。每服百丸。日三五服而痊。後患遺精盜汗發熱。仍用前藥。及六味丸而愈。此方治癇不拘男女老幼皆效。

有人得病之初。便譫語。或發狂。六部無脉。然切大指之下寸口之上。却有動脉者。此謂之鬼脉。乃邪祟為之也。不須服藥。但宜符咒治之。或從俗送鬼神亦可。

陳桂林秀才。患夜夢遺精。每月一二次。或三五次。遺後神思昏沈。身體困倦。診其六脉微濇無力。此陰虛火動之症。以辰砂既濟丸。加紫河車、龍骨服之。數月奏效。奈其數患於不能謹守。因口占俚語一章以戒之曰：

培養精元貴節房　更除塵累最為良　食惟半飽宜清淡
酒止三分勿過傷　藥餌隨時應勉進　功名有分不須忙
幾行俚語君能味　便是長生不老方

朱工部勞則遺精。齒牙即痛。用補中益氣加半夏、茯苓、芍藥，并六味地黃丸。漸愈。更以十全大補加麥冬、五味而痊。

李司馬莖中作痛。小便如淋。口乾唾痰。此因精降而火敗。用補中益氣湯、六味地黃丸而愈。

男子莖中痛出白津。小便閉時作癢。用小柴胡加山梔、澤瀉、炒黃連、木通、膽草、茯苓。又兼六味丸而痊。

一男子年六十七歲。因氣惱。左邊上中下有三塊。時動而脹痛。喜揉。揉即散去。心痞作嘈。食下胃口覺塞。夜卧不寧。小便澁。大便八日不通。一醫以大承氣湯。一醫以化滯丸。一用猪膽導法。一用蜜導法。俱不效。診其六脉弦數有力。此血不足氣有餘。積熱壅實。以大黃末三錢、皮硝五錢、熱燒酒調服。打下黑糞。其硬如石。數十條。如前又一服。又打下糞彈盆許。遂安。後以四物湯加桃仁、紅花、酒蒸大黃、黃連、梔子、三棱、莪朮、枳殼、青皮、木通、甘草。十數劑而愈。

有男子患痔。膿血淋漓。口乾作渴。晡熱便血。自汗盜汗。此肝腎陰虛也。不信。仍服四物湯、黃柏、知母之類。食少嘔瀉。乃用補中益氣湯。加茯苓、半夏、炮姜。脾胃漸醒。後用六味丸。朝夕兩服。月餘諸症悉退。

侍御西泉杜公患頭痛如刀劈不敢移動懼風怕言語耳鳴目
中溜火六脉緊數有加以酒九蒸九晒大黄為末三錢茶調服
一劑遂愈
劉毅齋逢怒則兩太陽作痛先用小柴胡湯加茯苓山梔後用
六味丸以救腎水永不再發
譚侍御每頭痛必吐清水不拘冬夏吃姜便止作中氣虛寒用
六君子湯加當歸黄芪木香炮姜而瘥
商儀部勞則頭痛作陽虛不能上升以補中益氣湯加蔓荊子
而痊
有儒者因飲食勞役及惱怒眉髮脱落此由勞傷精血陰火上
炎所致用補中益氣加麥冬五味及六味地黄丸加五味眉髮
頓生如故
一男子年二十頂髮脱盡用六味地黄丸不數日髮生寸許兩
月復舊
李少宰耳如蟬鳴服四物湯耳鳴益甚此為三足陰虛五更服
六味丸食前服補中益氣湯頓愈
黎司馬因怒耳鳴吐痰作嘔不食寒熱脇痛用小柴胡湯合四
物湯加山梔茯神陳皮而瘥
有男子面白鼻流清涕不聞香臭三年矣此肺氣虛用補中益
氣加麥冬山梔而愈
鄭秋官過飲舌本强腫言語不清此脾虛濕熱用補中益氣湯
加神麯麥芽乾葛澤瀉而痊
有膏梁之人患舌痛敷服皆消腫之藥舌腫勢急刺其舌尖及
兩旁出紫血杯許腫消一二更服犀角地黄湯一劑翌早復腫
脹仍刺出紫血杯許亦消一二仍復前湯良久舌大腫又刺出
黑血二杯許腫漸消忽寒熱作嘔頭痛作暈脉浮洪而數此邪
雖去而真氣愈傷以補中益氣倍用參芪歸术四劑而安
毛崇伯齒牙作痛胃經虛熱用補中益氣加熟地丹皮茯苓芍
藥數帖尋愈
楊考功齒動作痛屬脾胃虛弱陰火熾甚用補中益氣加酒炒
黑黄柏四劑又服用加減八味丸諸症頓愈
王侍御齒摇齦露喜冷飲食此胃經濕熱先用承氣湯以退火

次用清胃散以調理。而齒固。繼用六味丸以補腎而痊。

一男子內熱晡熱。牙痛齦潰。常取小蟲。此足三陰虛火。足陽明經濕熱。先用桃仁承氣湯一劑。又用六味丸而愈。

有儒者日晡兩目緊澁不開。礙難瞻視。此元氣下陷。用補中益氣。倍加參芪數劑全愈。

給事張禹功目赤不明。服祛風散藥。反畏明重聽。脉大而虛。此因勞心過度。飲食失節。以補中益氣湯加茯神、酸棗仁、山藥、山茱萸、五味子、頓愈。又勞役復甚。用十全大補湯兼以前藥漸愈。醫者不理脾胃及養血安神。治標不治本。槩用辛涼苦寒之劑。損傷血氣。促成內障之症。是不明正理也。

有人兩眼角時出烟霧。此肝火也。以柴胡黃連等分。大劑水煎。臨卧頻頻服之。數劑乃痊。

孫押班治都。潘元從幕一日喉閉。孫以藥半錢吹入喉中。少頃吐出膿血。立愈。潘詣孫謝曰。大急之患。非明公不能救。濟人之急。非妙藥不能療。贈金百兩。願求秘方。以濟非常之急。孫曰。用猪牙皂、白礬、黃連各等分。置新瓦上。焙乾為末。即授以方。不受所贈。

一舉子三場畢。忽咽喉腫閉。不省人事。喘促痰湧。汗出如水。肢體痿軟。脉浮大而數。此飲食勞役。無根虛火上炎。用補中益氣加肉桂一劑頓甦。

李判府咽喉腫痛。口舌生瘡。此上焦風熱。先用荊防敗毒散二劑。喉痛漸愈。又以元參升麻湯。口舌遂愈。

有婦人頸項結核。寒熱頭痛。脇乳脹痛。內熱口苦。小便頻數。症屬肝火血虛。用四物湯加柴胡、山梔、膽草而愈。又用加味逍遙散而安。

有男子咳吐膿痰。胸腹膨脹。兩寸與右關脉皆洪數。此火不能生土。而土不能生金也。用桔梗湯為主。佐以補中益氣湯而痊。

進士中宸何公夫人患經行胃口作痛。憎寒發熱。一醫以四物湯加官桂、香附服之。即吐血而痛愈甚。診其六脉洪數。乃鬱火也。以山梔一兩。姜汁炒黑色。一服立愈。

一教諭年五十一歲。因酒色過飽。胃脘作痛。每食後其氣自兩肩下及胸次至胃口。痛不可忍。令人將手重按痛處。蹦時忽響動一聲痛遂止。如此八年。肌瘦如柴。診其六脉微數。氣口稍大有力。以神祐丸一服下之。其痛如失。後以參苓白术散。調理復原而痊。

一人跌腰作痛。用定痛等藥不愈。氣血日衰。面目黧色。蓋腰為腎之府。雖曰閃傷。實腎經虛弱所致。遂用杜仲、補骨脂、五味子、山茱萸、蓯蓉、山藥。空心服。又以六君子加當歸、白术、神麴各二錢。水煎。食遠服。不月而痊。

有男子房勞後發怒。風府脹悶。兩脇脹痛。此乃色慾損腎。怒氣傷肝。用六味丸料加柴胡、當歸一劑而安。

太僕晴巖張公。每患天陰。則遍身痛如錐刺。已經數年。診其左脉微數。右脉洪數。乃血虛有濕熱也。以當歸拈痛湯加生地、白芍、黃柏。去人參。數劑而痊。

一婦人遍身作痛。筋骨尤甚。不能屈伸。口乾。目赤。頭眩。痰壅。胸膈不利。小便赤短。夜間殊甚。遍身作癢如蟲行。此屬肝腎氣虛而熱也。用六味丸料加山梔、柴胡而愈。

有婦人兩足發熱。兩腿作痛。日晡熱甚。此由肝腎血虛。用加味逍遥散、六味丸料五十餘劑。諸症悉愈。

陳大尹兩腿酸軟。或赤或白。足跟患腫。或痒或痛。或如無皮。或如皴裂。日晡至夜。脹痛焮熱。用補中益氣湯加八味丸料。補其肝腎而安。

有儒者脚心發熱作癢。以滚湯浸漬。而出水。肌體骨立。作渴吐痰。此脾腎虛而水泛為痰也。服補中益氣湯、六味丸。年餘元氣復而諸症愈。

趙雪山患因房勞後五更起早。忽感其寒。疝氣腫痛。憎寒戰慄。脉象微而無力。以五積散加吳茱萸、小茴香。又以蟠葱散。俱不效。後以艾灸之。將患人兩脚掌相對。以帶子綁住兩中指合縫處。以艾炷麥粒大。灸七壯。痛止神效。

船戶患小腸疝氣腫痛不可忍。又病兩眼腫痛。眵淚隱澁。兩寸脉洪數。兩尺脉微。此上盛下虛之症。若用涼藥治眼。則疝痛愈增。若用熱藥治疝。則眼痛愈盛。諸醫措手莫之能愈。乃以木香金鈴丸空心頓服。以治下焦之虛寒。以退血散臥時服。以治上焦之風熱。各三服均愈。

趙雪山患因房勞後五更起早忽感其寒作疝氣腫痛不可忍憎寒戰慄脉象微而無力以五積散加吳茱萸小茴香又以蟠葱散俱不效後以艾灸之將患人兩脚掌相對以帶子綁住兩中指合縫處以艾炷麥粒大灸七壯痛止神效 重

有婦人晡熱肢體疲倦食少無味月經不行或鼻衄或血崩半載矣或用順氣清熱等劑不應更加寒熱且時欲作嘔此由鬱怒虧損脾胃濕火錯經妄行而然耳遂朝用補中益氣湯夕用六味丸各數劑半載而痊

一婦人經行遇怒其經即止甚則口噤筋攣鼻衄頭痛痰氣搐搦瞳子上視此肝火熾甚以小柴胡湯加熟地山梔鈎藤等藥乃安

有婦人多怒經行旬餘方止後又淋瀝無期肌體倦瘦口乾内熱盗汗如洗日晡熱甚皆由肝脾虧損無以生發元氣用補中益氣湯加茯神遠志酸棗仁麥冬五味丹皮龍眼肉以治之諸症就愈

有婦人經行感冒風邪晝則安靜夜則譫語此熱入血室也用小柴胡湯加生地治之頓安但内熱頭暈用補中益氣湯加蔓荆子而愈後因怒惱寒熱譫語胸脇脹痛小便頻數月經先期此肝火血熱妄行用加味逍遥散加生地黄而愈

魏憲副寵夫人患逆經吐血不止六脉微濇有力此血虚火盛也以四物湯去熟地用生地一兩酒蒸大黄一兩同煎入童便服之服後血止經通矣

徐憲副如夫人患經閉人皆擬有孕乃七八個月漸覺黄瘦腹中左右有塊如鼓發熱面赤不思飲食六脉微濇此血枯氣鬱也以四物湯加香附牡丹皮白术之類十劑數服又加桃仁紅花又數服方與四炒枳殼丸三四服打下血塊始愈

一婦人胃氣素弱為哭母咳嗽吐血發熱盗汗經水三月不行此為悲則傷肺思則傷脾遂朝服補中益氣湯加桔梗貝母知母夕用歸脾湯六味丸而愈

有婦人久患瘧瘧作則經不行形虚脉大頭痛懶食大便泄瀉小便淋瀝口乾唇裂内熱腹脹蓋由久瘧正氣已虚陰火獨旺用補中益氣湯治之尋愈惟不時頭痛乃加蔓荆子而痛止又

兼六味地黄丸而經行

一婦人崩漏面黄或赤。時覺腰間臍下痛。四肢困倦。煩熱不安。其經行先發寒熱。兩脇如束。此乃脾胃虧損元氣下陷相火濕熱下迫所致。用補中益氣湯加防風、芍藥、炒黑黄柏。兼服歸脾湯而愈。

有女子漏下惡血。月經不調。或暴崩不已。多下水漿之物。或白帶脱漏不止。皆因飲食不節。勞倦所傷。或素有心氣不足。致令心火乘脾。必怠惰嗜臥。困倦乏力。氣短氣急。蓋脾主滋榮週身者也。脾胃一虚。而心火乘之。故漏下月水不調也。况脾胃為氣血陰陽之根蒂也。當除濕去熱。引風氣上伸。以勝其濕。又經云。火鬱則發之。遂用補中益氣湯去陳皮、人參、白朮。加蒼朮、藁本、防風、羌活、獨活、蔓荊子。

一婦人頭暈吐痰。胸滿氣喘。得食稍緩。苦於白帶二十餘年。諸藥不應。此氣虚而挾痰飲也。痰飲愈而帶自愈矣。遂朝用六君子湯。夕用六味丸。不月而愈。

一婦人帶下。四肢無力。夫四肢者土也。此脾胃虚弱。濕痰下注。以補中益氣、歸脾二藥治之而痊

有婦人年踰六十。內熱口乾。勞則頭暈吐痰帶下。或用化痰行氣。前症益甚。飲食愈少。肢體麻木。改服祛風化痰。肢體常麻。手足或冷或熱。日漸消瘦。此屬脾氣虚弱。不能生肺。祛風之劑復損諸經也。治當先滋化源。遂用補中益氣湯加茯苓、半夏、炮姜。二十餘劑。脾氣漸復。飲食漸加。諸症頓愈。

婦人為哭母吐血咳嗽。發熱盜汗。經水不行。此症悲傷肺。思傷脾。朝服補中益氣加桔梗、貝母、知母。夕服歸脾湯送下六味丸而愈。

女子懷抱素鬱。胸滿食少。吐血面赤。用六味丸及歸脾湯加山梔、貝母、芍藥而愈。

一婦素勤苦。冬初咳嗽發熱。吐血盜汗。遍身作痛。或寒熱往來。用化痰降火之藥。口噤筋攣。此血本不足。而藥復損之耳。乃用八味丸為主。加以補中益氣、麥冬、五味、山藥。年餘而愈。

有婦人患勞嗽。不時發熱。或時寒時熱。或用清熱之劑。其熱益甚。盜汗口乾。兩足如炙。遍身皆熱。昏憒如醉。良久熱止方甦。或

晡熱至旦方止。此陰血虛而陽氣弱也。朝用六味丸一料。夕用十全大補湯。月餘諸症稍愈。更兼以補中益氣。兩月全愈。

劉小亭年四十無子。患陽事痿弱。精如水冷。診其兩寸皆洪。兩尺沈微無力。此真元衰憊。乃斲喪過度所致也。以固本健陽丹加人參、附子、枸杞子、覆盆子各二兩。製一料。服盡覺下元氣暖。如前又製一料。服至半料乃止。果孕生一子。渠甚悅。遂成莫逆焉。後傳之於劉柏亭。劉敏庵。俱服之。皆生子。

妊婦下血。服涼血之藥。下血益甚。食少體倦。此脾氣虛而不能攝血也。治用補中益氣湯而愈。後因怒而寒熱不清。其血仍下。此由肝火太旺。陰血沸騰。用加味逍遙散兼補中益氣湯。血止。胎安。飲食如常。

妊婦下血。發熱作渴。食少體倦。此屬脾氣虛而肝火所侮。用四君子湯加柴胡、山梔。血止。因怒復作。用六君子加柴胡、山梔、升麻而安。

妊婦懷胎六月。體倦嬾食。面黃晡熱。而胎不長。因勞欲墜。此脾氣不足也。用八珍湯倍加參、朮、茯苓三十餘劑。脾胃漸健。胎安而長矣。

妊婦墮胎。昏憒不時。吐痰。自用養血化痰之劑。愈加昏憒。不省人事。自汗發搐。痰涎壅盛。彼以為中風。欲用祛風化痰。醫曰。此乃脾氣虛寒所致。遂用十全大補湯加炮姜三十餘劑。尋愈。

妊婦因怒吐血。兩脇脹痛。小便淋濇。此怒而血蓄於上。隨火而出也。用小柴胡湯合四物湯四劑。血止。用六君子湯安胎飲調理而安。

有婦人經閉八月。肚腹漸大。面色或青或黄。用胎症之藥不應。察其面青脉濇。寒熱往來。肝經血病也。此鬱怒傷脾肝之症。非胎也。不信。仍用治胎散不驗。乃用加味歸脾、逍遙二藥各二十餘劑。諸症稍愈。彼欲速效。別服通經丸。下血昏憒。自汗惡寒。手足俱冷。嘔吐不食。用人參、炮姜二劑漸愈。又用十全大補湯五十餘帖而安。

劉尚書寵夫人有孕。患惡阻。嘔吐不止。飲食不下。心中煩燥。頭目眩暈。諸醫以和脾胃之藥、二陳湯、藿香正氣散、保生湯之類。遍投罔效。診其左脉微數。氣口洪數。此血虛氣盛有火也。若不養血則火不降。火不降則嘔不止。以茯苓補心湯。加姜汁炒黄連、竹茹二服全愈。

有婦每懷孕至三月必墮。不肯服藥。乃以四五年老母雞煮湯。入紅穀小黄米煮粥食之。不數次而胎固。至月滿而生男。

趙都運夫人。每臨產。則子腸先出。然後産子。其腸不收。名曰盤腸生。穩婆以醋水半盞。默然噀産婦面。其腸自收。

産婦畧聞音響。其汗如水而昏憒。諸藥到口即嘔。此爲脾氣虚敗。用參附末爲細丸。時合三五粒。隨液咽下。乃漸加之至五錢許。却服參术湯而痊。

産婦陰脱腫痛。脉象滑數。時欲作膿。用十全大補湯而膿成。又數劑而潰。但小便頻數。患處重墜。此元氣虚而下陷也。用補中益氣湯尋愈。

一産婦生門不閉。發熱惡寒。用十全大補。加五味數劑。而熱退。更用補中益氣湯加五味數劑。生門乃閉。

産婦血崩。因怒其血如湧。仆地口噤目邪。手足搐搦。此肝經血耗生風。用六味丸一料。諸症悉退。但食少晡熱。佐以四君子加柴胡、丹皮而愈。

有婦人産後泄瀉。面目浮腫。四肢痿弱。喘促惡寒。此屬脾肺虚寒。用六君子加羗活、官桂而泄瀉愈。又用補中益氣。而脾胃健。浮腫消。

一産婦泄痢腹痛。日久不痊。形體骨立。内熱晡熱。自汗盗汗。口舌糜爛。咳吐痰涎。脉按洪大。重按全無。此命門火衰。脾土虚寒。不能攝痰歸元。用八珍丸補火以生土。用補中益氣湯補肺以生金。諸恙遂安。

一産婦牙關緊閉。腹痛脊强。角弓反張。四肢抽搐。兩目連劄。此血去過多。元氣虧損。陰火熾盛。内風潛煽。用十全大補湯加炮姜一劑而甦。數劑而安。

産婦筋攣臂軟。肌肉抽掣。皆屬氣血兩虚。用十全大補而痊。

有婦人與鬼交通。其狀不欲見人。如有對晤。時獨言笑。時或悲泣。脉象遲伏。或見雀啄。或來綿綿。不知度數。而顏色不變。此由臟腑空虚。神不守舍。宜灸鬼哭穴。以病人兩手拇指相竝。用線扎緊。當合縫處半肉半甲之間。灼艾灸七壯。若果是邪祟。病者即乞求免。

婦人素多鬱悶，陰內痛痒，不時出水，飲食少思，肢體倦怠，用歸脾湯加丹皮、山梔、芍藥、柴胡、甘草治之而安。

婦人病愈後，小便出屎，此陰陽失於傳送，名大小腸交也。先用五苓散二劑而愈，又用補中益氣湯調理全痊。

婦人陰中寒冷，小便澄清，腹中亦冷，飲食少思，大便不實，下元虛寒，治以八味丸，月餘，飲食漸加，大便漸實，又月餘而痊。

婦人每與交接，出血作痛，此肝火尅土，脾弱不能攝血，用補中益氣、濟生歸脾二湯而愈。若出血過多而見他症，但用前藥調補肝脾。

婦人陰中挺出一條五寸許，悶痛重墜，水出淋瀝，小便澁滯，夕與龍膽瀉肝湯分利濕熱，朝與補中益氣湯升補脾氣，諸症漸愈，再與歸脾加山梔、茯苓、川芎、黃柏，間服調理而痊。後因勞役或怒，氣下部濕痒，小便不利，仍用前藥即愈。亦有赤腫者，亦有生諸蟲物者，皆用此治法。

婦人小便自遺，或時不利，日晡益甚，此肝熱也。陰氣不能約制，用六味丸料加白朮、酒炒黃連七分、知母五分，數劑諸症悉愈。若誤用分利之劑，愈損真陰，必致不起。

婦人有孕，小便不利，小腹腫脹，幾致於殞，用八味丸一服，小便淋瀝，再以前丸之料加車前子一劑，即利，小腹頓寬。

妊婦無故自悲，用大棗十枚、甘草、小麥各三兩，分三劑，水煎服而愈。後復患，又以前湯佐以四君子加山梔而安。

一婦人身顫振，口妄言，諸藥不效，此為鬱怒所致。詢其故，蓋為素嫌其夫而含怒久矣，投以小柴胡湯稍可，又用加味歸脾湯而愈。

一婦患驚悸怔忡，無寐，自汗盜汗，怠惰嗜臥，飲食不甘，用歸脾湯而愈。至年餘，懷抱鬱結，患前症，兼衄血便血，仍用前湯，諸恙自愈。

一婦人忽昏憒發譫語，自云為前某賴某人銀兩，其神責我，將爾起解往城隍理問。兩腳踝膝臀處皆青腫，痛不可忍，口稱苦楚。次日方甦，痛尚不止，用金銀藤兩許，水煎服即愈。

有女子年二十歲，未婚，每見男子即咬住不放，後昏倒，陰戶流

出冷精頃閒即醒其厥陰肝脉弦尺寸皆數乃陰盛思男子不可得也今其父母用梘痛責因思痛而失慾也後服抑陰丸等藥而愈

一小兒潮熱發搐痰涎上壅手足指冷申酉時左腮青色隱白用補中益氣湯調補脾肺次用六味丸滋養肝腎而痊

有小兒三歲因驚搐搦發熱痰盛久服抱龍丸等藥面色或赤或青此心肝二經血虛風熱生痰也用六味丸滋腎生血用六君子加柴胡升麻調補脾胃而安

一小兒傷食發丹服發表之劑手足搐搦服抱龍丸目瞤痰盛此乃脾胃虧損而變慢驚也無風可祛無痰可逐只宜温補胃氣遂用六君子加附子一劑而愈

小兒搐搦痰涎自流或用驚風之藥益甚視其面色黄白用六君子補中益氣而愈

小兒五歲因看會見裝鬼臉被驚嚇兩眼黑珠翻向裏白珠番向外視物微露一線諸醫不能治求治於雲林問此子曾出痘否對曰未俟出痘疹可治逾月痘疹盛行其子發熱似有將出之貌乃治以綿胭脂將水泡出汁漫火熬成膏塗兒兩眼胞上下一日塗兩次直至痘疹收靨後其眼復舊

一小兒四肢消瘦肚腹脹大不能行步頗能飲食作渴發熱去後臭穢此脾臟傷也用異功散肥兒丸調理而愈

小兒面色痿黄眼胞微腫作渴腹脹飲食少思腹中一塊或移動小便澄白大便不調此脾疳之患用四君子湯加山梔蕪荑兼肥兒丸而痊

小兒尿濁如米泔以江南做酒小麯炒為末酒調下三服愈

小兒八歲患傷寒頭疼身痛發熱口乾面赤無汗諸醫以傷寒治之百藥罔效已經旬日袖手待斃乃以龍腦安神丸一服後汗出如雨即生

小兒外感風邪服表散之劑汗出作喘此邪氣去而脾肺虛也用異功散而汗喘止再劑而乳食進

小兒沈默昏倦肢冷驚悸其紋如弓向裏此屬胃氣虛而外感寒邪也先用惺惺散以解外邪調胃氣諸症頓愈但手足逆冷又用六君子湯調補元氣而安

一小兒傷寒嘔吐。發熱面赤。服消食清熱之劑。飲食已消。熱若未退。此為胃經虛寒。用六君升麻柴胡四劑而痊。

一小兒十四歲。傷食發熱。服消食丸。胸腹膨脹。發熱作瀉。此脾氣復傷也。先用四君子加升麻、柴胡。飲食漸進。次用補中益氣湯而愈。後因勞心發熱少食。用四物湯升麻柴胡而安。

小兒傷食發熱抽搐。嘔吐喘嗽。乃屬脾肺虛。氣虛有熱。用六君子。加炒黑黃連梔子而愈。

小兒傷食腹脹。胸滿有痰。用異功散而痊。後復傷食腹脹作痛。或用藥下之。痛即止。而脹益甚。更加氣粗。此脾胃氣傷而及於肺也。遂用六君子湯加桔梗調補而痊。

小兒停食服通利之劑。腹脹作嘔。此脾胃復傷也。用補中益氣湯而愈。

小兒傷食發熱面赤。抽搐嘔吐。氣喘唾痰。此飲食傷脾肺氣虛弱所致。用六君子湯炒黑黃連、山梔各二分。一劑頓愈。

一小兒飲食後即瀉。先用六君子升麻神麯山查而止。又用五味異功散加升麻而痊。後吐瀉腹痛。用保和丸二服。又用異功散。調補脾氣而安。

小兒傷食腹脹。作瀉。四肢浮腫。小便不利。先用五苓散加木香。旬餘諸症漸退。又用五味異功散為主。佐以加減腎氣丸。又旬日二便調和。飲食漸進。浮腫旋消。乃以異功散調理而安。

小兒因驚久瀉。面色青黃。此為肝木勝脾土也。朝用補中益氣湯。夕用五味異功散加木香。母子俱服而愈。

一小兒數歲間。每停食。輒服峻利之藥。後肚腹膨脹。嘔吐泄瀉。先用六君子湯。諸症漸愈。又用補中益氣湯而安。

一小兒腹脹。飲食後即瀉。手足逆冷。此脾氣虛寒也。先用人參理中丸。後用六君子湯而愈。

一小兒吐瀉乳食。色白不化。露睛氣喘。此脾肺不足。形病俱虛也。先用異功散加桔梗柴胡。頓愈。再用補中益氣湯而安。

一小兒因驚腹脹吐瀉。先用六君子加柴胡、木香。治之稍可。又以五味異功散而愈。後因驚搐痰甚。或用鎮驚化痰之藥。倦怠不食而泄瀉益甚。先用異功散加木香鈎藤。四劑而愈。

小兒面黃肌瘦。泄瀉無度。腹脹如鼓。不思飲食。百藥不效。乃用好白朮。酒磨濃汁。以溫酒調。空心服。二三日即愈。

小兒久痢。裏急後重。手足並冷。此胃氣虛寒下陷也。用補中益氣湯。加木香、補骨脂、倍升麻、柴胡。而愈。

祝由科治瘧疾不愈咒曰　吾從東方來。路逢一池水。

水裏一條龍。九頭十八尾。問伊食甚的。只喫瘧疾鬼。

右咒念一遍。吹在果子上。共念七遍。在上。令病人於五更雞犬不聞時。面東而立。吞訖。於靜室中安睡。忌食瓜菓葷肉熱物。此法十治八九。無藥之處。可以救人。果子宜用棗栗最妙。

延生第一方。小兒初生臍帶脫落。取置新瓦上。用炭火四圍燒至烟將盡。放在地上。用瓦盞蓋之。存性。研為細末。預將透明朱砂為極細末。水飛過。臍帶若有五分。朱砂用二分五厘。另用細生地、當歸身。煎濃汁一二蜆殼。調和前兩味。抹小兒上腭間及乳母乳頭上。一日之內。至晚吞盡。次日大便遺下濁穢之物。終身永無瘡疹。十分妙法也。

泰州市圖書館藏書

一松軒詩稿

（清）錢桂森 撰

《一松軒詩稿》二卷，清錢桂森撰，據上海圖書館藏中國書店一九九四年影印本影印。

錢桂森，初名桂枝，字辛伯，號犀庵。清江蘇泰州人。道光三十年（一八五〇）年成進士。入翰林。累遷内閣學士兼禮部侍郎。晚年引疾歸，後主江寧鍾山書院、揚州安定書院、泰州胡公書院講席等。

本書在錢桂森生前未能刊梓，卒後，其門人徐世昌得寫本，於一九三五年刊印出版。錢桂森清末有名於時，達官名流多出其門，海内奉爲文章宗匠。其詩頗足珍惜，紀遊懷人諸篇，尤爲出色，如《青岡驛舟渡》：『濕雲飛雨落空冥，湖水蒼茫接洞庭。一片風帆無着處，君山天外數峰青。』

（周　忠）

一松軒詩稿

門下士徐世昌敬題

退畊堂刊印

一松軒詩稿序

夫碎琴灘上惘真賞之云亡聆篴山陽愴勝游之弗嗣知音之契曷世靡渝矧迺望高馬帳遇託龍門話名場之沆瀣二宋兼收假頭地而峥嶸大蘇竊比感深山木已隔鱣堂刦换谷陵忽逢蠹稿煳心光於昆圃猶是凌雲迴夢影於蓬池恍如立雪是則公文不滅或待桓譚以傳白首追思倍軫陳留之痛者爾泰州錢辛伯先生詞苑崇班文壇碩望歲壬午與友梅弟同舉京兆試並出先生房始執弟子禮桃李之門方盛棣華之榜初開朱衣撮合若證三生青眼逢迎謬推二妙迨丙戌試禮部余兄弟又同出支芰卿先生房友梅珠遺余獲竽濫遂抛白紵及侍金門接清言於賓榻頻坐春風叩定本於禮堂方劬晚日洛都祭酒望若靈光皖水迴軺旋聞歸隱議鉏之談猶習著蠶之咎俄占過閭必軾老矣詎忘藏山有書宗然誰問每懐晒遇恐負平生曩有晚晴簃詩滙之輯排比者百餘卷蒐采者六千家惟師遺篇終從闕佚蕭允徧交於異代何湯失訪於本師衙疚門牆非伊朝夕朱小汀學士同隸先生門籍比出示一松軒詩稿二篇盖戊戌春海王村閱攤所得零丁掇拾存李嶠之良金塗乙斕斑識宗欽之斷錦其間蜀郵西指

迷茫乘霧之江沛驛南征蹩躠阻氷之寺傳車所歷足攷山川行笈偶收都闕風土又如杏闈聯唱莲羽翁王槐寺題襟追駿潘尹游處萃一時之雋涂抹存大雅之遺亦足激揚遐芬忝徵軼乘雖劫灰晚出窺筦者猶有餘思而元氣中含嘗鼎者以爲至味矣嗟乎先生官同薪積迹類匏懸抗霞肆而孤騫騁雲逵而屢蹶諫院題名之日倉卒迴翳宮僚雅集之年悽惶退鷁褎道何憎於三黜驚人豈悔於一鳴迨於花磚領直寢迫桑榆芰服還山坐拋歲月名心已盡浮世何論而是編者畧存斷爛夂委蟫炱精神偶寄韓悲白樂之遺煙墨半消海綠桑紅之後不謂王城寥落廛市漂零適逢問字之賢重念傳衣之雅斠其殘蝕文蔚爾而彌昭誦其芳馨風穆如而宛接保之勿失若有天焉傳以其人詎非數哉詩乘既刊窨於增補爰耴寫本亟付剞人溯驥旆之夙附邈矣胥塵緬龍槧之餘輝珍茲鱗爪悲絲殘淚若見蕭襟看劍長歌具聆孤憤異日茂陵求稿會期秘府之重收當年澠水侍談詎料荒莊之僅在書質小汀同此幽哽乙亥八月門下士徐世昌謹序

一松軒詩稿卷上

泰州　錢桂森　辛伯

送賈迪之刺史 致惜 知麻哈州

紫雲觴管憶清遊檀板金尊互唱酬已是無聊偏惜別最難爲客況經秋西風斷雁飄紅葉南浦斷驄感白頭欲倚班騅歌一曲湘絃多半帶離愁

渺渺江湖半夕陽淡煙哀草劇蒼芒故園飛燕空尋壘層峽啼猿幾斷腸神劍光埋秋月白征衫塵漬暮雲黃揭來無限銷魂事付與臨岐淚數行

累葉貂蟬列上台翩翩公子綰符來張堪定有雙岐瑞龐統終非百里才燕樹斷雲餘縹渺黔山落日重徘徊牂牁江上春波漲珍重雙魚尺素裁

自慚蹤跡等飄萍匣鏡摩挲鬢欲星薄倖儘教贏杜牧疎狂未敢傲劉伶官心早共春雲淡鄉味何堪旅夢醒百種思量誰與訴秋風蕭瑟暮山青

秋夜偕尹杏農 耕雲 潘伯寅 祖蔭 賈湛田 致恩 飲龍樹寺伯寅歸有期矣杏農詩以贈之和成四律

九市笙竽八斗塵偶從方外乞閒身西山雲樹歸襟袖北海尊罍集主賓萬葦低摇秋似水一觴高引月如輪霜天說有南飛雁振觸離心獨愴神

文字磋磨亦夙緣玉堂金殿舊聯翩追隨酒榼詩牌裏放浪琴心劍膽邊戕見論交如我輩不堪多故值中年且須痛飲深杯緑卧讀離騷與問天

黄葉蕭蕭鐵馬鳴舞衫歌扇復何情尊前知己晨星少笛裏懷人秋月明高會忽增離別感長途應厭鼓鼙聲遥憐此日江南路豺虎跳梁不可行

阜雕風急暮蛩哀孤館淒涼百感来五夜乍聞雞腷膊千金誰市馬虺隤請纓辜負終軍願射策消磨庾信才甚欲随君鞍馬去重携杯酒弔蘇臺

王秋卿太守桂取陶徵君三徑就荒松菊猶存句意繪圖徵詩奉題五章即用徵君飲酒詩原韻

世路嶔奇險日暮欲何之榮悴各有数百年能幾時廢徑結斗室宵塄即寓兹抗志懷軒黄與物無猜疑陶然手一尊既醉還復持

繞籬種幽菊貢我物外情白雲時去来好鳥呼其名牽蘿補屋漏弱草緑堦生雞犬任所適不使冠蓋驚即此是桃源佳境随心成

孤松挺層麓上有懸瀑飛濤聲滿天際冽冽秋風悲瀟然動遐想四顧忘所依長嘯空谷間暮随閒雲歸人生寄旅耳浮名何戚哀誓從赤松子長與簪纓違

城南有敝廬息影空塵喧避俗餐煙霞識達心自偏狂歌出金石曠覽窮溪山野叟話桑麻樵牧相往還醉讀離騷經高卧無與言

闢此絶俗境隱君傑出英平陂歷世變夷險洞物情鯁亮固招妒融豫胡獲傾青萍爲屈抑夜夜牀頭鳴謝爾殷勤意浩蕩終吾生

詠史八首

三邊烽羽急奔馳豕突很奔任所之銅馬夜呼闗月冷石鯨秋動海雲悲中原飛将思廉李祕府元臣識吕伊衮衮諸公皆柱石敢令黄屋獨憂危

七載軍儲未易充早銷氛祲樹奇功龜龍九府泉刀竭鐙火千家杼柚空薏苡明珠歸上将蒲萄美酒入深宫瘡痍未減脂膏畫坐使三軍化鶴蟲

将星連夜墮沅湘玉節銀弧氣不揚充國精兵原矍鑠子儀單騎恐倉皇豈無勝算擒元濟僅有孤軍扼豫章馬革微軀何足惜最憐大樹易凋傷

淮南諸将鎮重闗霸上羣兒唱凱還雅管投壺祭征虜圍棋折屐謝東山蜺旌晝掩金尊燦虎帳宵沈鐵弩閑曉拜緑章陳捷奏昆陽連夜血衣殷

債師羸将獲安旋豺虎餘生尚靦然執法早應誅馬謖

論恩未忍刖龐涓軍容慘淡歸三輔詔語寛宏落九天帝澤如春仁育物聖明賞罰自無偏

東南財賦控江流枉矢餘氛貫斗牛千里艨艟排巨浪萬艘秔稻阻神州頗聞桴鼓鳴京口幾見降旛出石頭暫喜天倉紅粟轉樓船飛渡海門秋

諫書朝上五雲邊爲惜宸遊籲九天柘館層樓開十二蓬山鈞樂奏三千免冠竟赦朱雲死賜筯先褒宋璟賢內使近聞宣鹵簿六鰲迴馭出甘泉

翠管銀罌覲紫宸籌邊醻爵令紛綸麞頭作吏原無種羊胃封侯太不倫天府未聞充楮幣朝簪空恨亂砆珉應憐故紙鑽營者長作蓬蒿徑裏人

無題二首

紫府歸雲散碧霄蓬萊宮闕影迢迢但憑青鳥通言語無復黃姑慰寂寥玉盌漿寒麟擗脯銀潢水淺鵲填橋傳聞此夕瑶臺上甲煎沈香徹夜燒

威鳳靈芝上界天九枝鐙下别經年真珠閬苑三千履爛錦妝臺五十絃洞口青龍原有種山頭白鶴豈無緣劉郎去後花如火迴首天台更可憐

送李研卿編修應田之南河學習

黃河東走三萬里秋風頻年大波起蛟龍怒鬥馮夷宮陽侯潰流飛淮濟　聖皇手詔賜河臣斫竹負薪臨瓠子諭遣詞臣作從事嶺南李君與其使君才佼佼馬不羈文章青蓮詩玉溪讀書日破五千卷點竄蜚佗窮炎羲往年奏賦含薰殿潑墨如金筆如劍深叢傲兀蹲孤羆石渠金馬空羣彥以此騰踏翰墨場掇拾緋紫如探囊胡乃牛刀急小試蓬萊回首煙蒼茫表淯自昔號繁盛冠蓋喧闐塞通徑公子華筵列錦屏美人舞袖熒妝鏡長官意氣森縱橫賓從雜遝如秋蠅歲糜帑金数百萬日事粉飾欺朝廷西風怒濤激危岸鐵石圻裂黿鼉腥此時大吏各束手但以浩劫歸蒼冥長江晝夜驚烽燧況復淮南喉吻地雷塘烏鵲千種愁江花瑟縮無生意我家老屋江之湄薄田半頃不得歸燕臺日夕送行客坐使霜露沾人衣與君握手重太息魚鱗戢戢生瘡痍願君寄書道相憶首和東坡河復詩

灞橋口占

攀破陽關笛幾枝行人從此更相思青青楊柳深深水終古曾無情盡時

馬嵬雜詠十二首

驛館荒涼馬不前鵑聲啼破雨如煙漁陽亂後霓裳在再請君王譜一篇

六軍不發奈卿何悃悵人間別恨多妬煞雙星太奚落
年年猶自渡銀河

忍淚甘爲蜀道行翠華西去更何情可憐宛轉投繯日
不敢軍前哭一聲

淋鈴苦雨太無情笛裏猶傳哀怨聲嗚咽咸陽城下水
可能流淚到華清

零落梨花雨一枝空留羅韈繫相思最憐此後紅塵到
扶笑無人啖荔支

絳宮朱戶不歸來白草黃沙滿地哀誰信玉顏漂没後
尚留零粉墮紅埃（近冢地生白屑土人謂爲貴妃粉）

比翼連枝事渺茫只餘遺念付香囊芳魂倘許隨鸚鵡
知否前頭問上皇

密誓生生願太癡他生那得此生知君王也被多情誤
淒斷清平絕妙詞

撩亂謠天萬斛愁金釵鈿合苦綢繆驪山宮女知多少
幾度西風也白頭

豈無兒女並從戎底事兜鍪指後宮死一蛾眉能救主
美人何必竟無功

廣寒宮闕總成塵往事何緣記會真不及漢皇能重色
甘泉重見李夫人

天寶宮中遺事多泰陵風雨泣銅駝延秋門外萋萋草
豈獨淒涼長恨歌

瀘州寓舍寄懷都中友人

西風吹冷瀘江雨使我離愁生萬縷飢餐渴飲醉即休
寂寞荒寮卧空甒往時蹴踏長安市文讌縱橫錯賓主
金尊北海酣春晴綺席南樓喧夜午瑤箋檀板易消磨
睥睨黃金等塵土得錢一笑送酒家貧死不令豪氣阻
須臾分手出都門門外淒風動平楚鐵撥鶯殘蛺蝶飛
銀蚪怒作蛟龍舞無情萍水尚依依以漆投膠況吾汝
陽關幾疊不成聲此景此情猶記取丈夫意氣輕四方

少年熱淚羞兒女翻然一躍跨征鞍萬里山川歸仰俯
飛泉百丈懸巔崖峭壁千尋插晶宇驅遣峯巒入圖畫
噓吸雲霞共呑吐天梯石棧飽遊歷頓使嶔崎生肺腑
平生觀覽不到處献謠貢奇皆目覩紛紛羽檄馳牂牁
天半烽煙迫鼙鼓奉使虛隨博望槎補天空淬吴剛斧
秋雨秋風不可聽古寺蕭條促羈旅破壁鐙青蝙蝠飛
空堦月黑蛩螢語我生作客二十年絕似空梁窺飢鼠
明知蕉鹿亂真幻爭奈茅狙輕喜怒繫而不食獨何爲
有耳如聾目如瞽遥思天末多故人酒綠鐙紅月三五
鄉心無奈寄鱸魚愁思憑誰訴鸚鵡一身聚散能幾何

滿地江湖竟如許何當投筆繼班生誓埽層巖白額虎

悲平陽歌

朔風吹空戰血腥荒村十里無人行剃榛塞路覆焦土炊煙寥落如晨星麏麚竄集狐兔走雨夜時見枯燐青我聞野叟語前年賊薄城城中羸卒二百人欲守不足戰不能官長呑聲撫陴哭倉卒驅民類鷫逐黃昏城頭啼白烏東門炬光徹天燭汾水赤流三百里碧血橫露草頭綠儂家城西偏家有兩兒俱力田大兒從軍江南死小兒零丁殊可憐老妻不及走與兒俱虜焉我聞此語淚盈把狂歌不盡百憂寫承平日久兵力寡如此堅城半日下城亡與亡誠足多荼毒奈此蒼生何叟聞輒咨嗟此論毋乃苛君不見明日旄頭西北趨四城洞開官廨虛（次日賊遂襲洪洞）

早發羅江

帶夢著征鞭寒江欲曙天峯高猶積雪（途中望雲華山白石磷磷綿亙數十里土人謂積雪也山在三百里外）村遠漸成煙宿雨曉仍滑野花秋更妍何當歸去後詩酒忽殘年

涪江早發大霧

秋風蕭瑟霜葉飛曉鐘初動晨光微涪江江上波澌澌扁舟喚渡羣馬嘶江中密霧如雨絲煙耶雲耶杳莫知

山光城影空依稀覿面不見鬚與眉我思楚粤烽[illegible]軍家撓變恒在斯兵法制勝貴出奇爲將尤重因于卧龍先生王者師赤壁借矢十萬枝嗟今五載兵力疲魚鱗戢戢生瘡痍紛紛諸將爭雄雌乘時運策誰會之侍郎隻手定指揮（謂曾國藩）軍門摧折殊可悲（謂塔齊布）天心豈不厭亂離胡乃喪此英雄姿我家破椽江之湄燕雀在堂吁可危有田二頃胡不歸輕行萬里曾奚爲荒雞羸馬天一涯徒令寒霧沾人衣

梓潼道中

送險亭邊路（亭在縣北十里亭畔有陂去平來坊北行則反是矣）縈迂蜀棧開霧蒸雲氣上泉帶雨聲來樹短疑人立坡危礙馬迴崎嶇都歷遍不復憚崔嵬

乞兒歎

生兒未盈尺已作行乞人哀鳴雜歌哭綺語如夙馴得食遺阿翁一錢亦足珍顛連久鮮告況茲幼稚羣我思世俗見佛說信轉輪倘謂降百殃緣其宿世因幻化誰憶識變滅隨風塵天罰毋乃苛慘此孩抱倫不如速朽愈免使長酸辛嗟哉紈袴子裘馬相鮮新白骨滿路衢朱門日金尊亦有英雄士一飯哀王孫

九日宿武連驛

白魚紫蟹爲誰供佳節偏於異地逢秋色漸隨行客老
鄉懷還甚去年濃千林脫葉雙蓬鬢萬里論心一酒鍾
欲折茱萸無插處涔然獨上最高峯

棧中晚行

千盤峻嶺迭巡上九折危坡屈曲通淺碧溪泉星錯落
淡黃崖壁月朦朧乍明乍滅山村火輕煖輕寒秋夜風
我馬虺隤行不得歸心迢遞逐飛鴻

觀音堂夜雨

蒼莽墨雲鋪泉聲鎮夜麤客心和雨碎秋夢逐山孤破
寂詩囊檢澆寒酒榼沽平明萬峯頂積雪更崎嶇

紫栢山謁留侯祠

層崖翳黃葉中有百丈泉飛濤濺林薄絕巘號鷲湍拾
級入幽徑崇祠峙其巔衆綠入窗隙萬籟鳴檐端異鳥
時啁啾浮雲爭往還何事訪赤松此境非塵寰
子房昔事韓三世食其祿報恩在雪讐生死輕一粟小
忿倘云忍大義安可辱博浪雖誤擊祖龍氣已伏及其
佐沛公志在殪秦鹿漢鼎既天授韓祚不可復功成更
奚戀高遊託辟穀荊豫固弗惜長生豈所欲所以論留
侯不僅重知足
高帝喜嫚罵踞洗輒見士忌刻實性成牢籠僞爲耳淮
陰求假王早欲置之死倘不遂其請齊畔蓋久矣飛鳥
尚未盡良弓惡可委胡爲臨布越轉以侯雍齒功高固
易震酬庸實無以保終貴見幾哲人古有幾
趣銷六國印子房第一籌運策帷幄中洽如水石投得
君如彼專萬全盡代謀四皓雖入侍艷處方擁仇牝雞
禍已胎履霜豈無憂計不早及此坐使呂亂劉惜哉定
漢功終媿曲逆侯

山行

雞冠淺紫豆花紅雨後清泉脈脈通秋色欲隨斷馬去
一鞭攙入亂雲中

詠蠅三十韻

蓬勃肆毒螫螟螣蝕嘉穀容蝣潰巨防弔蛩具湯沐物
有害於人乃謀殲其族絡緯促秋織熠燿照宵讀稱蜂
供蜜課眠蠶期繭熟苟有一長取物志亦足錄利害既
兩泯爭情戢蠻觸便須遊無何離人立於獨嗟蠅爾何
爲蠢然蠓蚋屬雕筵日追隨飽肆利饞逐附驥矜騰驤
止棘恣讒譖智類蜣轉丸勇遜螳搏軸蟻附爭慕羶蛾
飛甘赴燭麾之旋復來穢污及面目徒令座客憎對此
輒顰蹙惡如照壁蝎避如當路蝮肌痒如刺蚝毛起如
見蝎如畏蝨嗜膚如憎蝟反腹如杜蠹含沙如辟蝨齧

木鷲心鄭客文怵耳凉州曲嗟蝇爾何爲賈禍在貪黷
揮汗慮塵拂附熱懼湯沃蛛蝥網遮邏顛當盖翻覆朔
風動庭宇萬象變炎燠號寒滋凌競語氷增觳觫坯户
鲜蟄藏堕地每雌伏生等蜉蝣微朽較蟪蛄速僵卧空
蛇憐羽化誰羸祝嗟蝇爾何爲依人適自促胡不翔寥
廓飈去一飽足

杜村道中

千絲垂柳緑鬖鬖萬頃陂塘鏡影涵便欲挐舟採蓮去
好風吹夢到江南（磁州城北陂塘十餘里水田萬頃垂楊兩岸荷花蒲池緑影紅香沁心貽目葦花瑟瑟隨風動揺絶似江鄉風景不圖於北地得之旅館壁有杜氏輔庭題句云平堤十里界菱蒲楊柳風来拂面柔絶似江南好煙景藕花香裏過磁州）

港口驛萬年庵向有董華亭尚書書歇心處亭額
吳文恪士玉題詩百餘年来和作林立邑人刊諸
餘録紀之今燬於兵燹遺蹟蕩然惟諸餘録尚存
寺僧乞詩書此答之

昔年吟眺處遺躅不堪論腐草埋亭石荒煙鎖寺門文
章灰浩劫星斗暗孤村僦[illegible]僧寮下空堦月色昏
江上仍烽火田間事甲兵（邑中團練甚盛）旌旗昏日影鉦鼓壓
泉聲高樹愁雲滿荒郵宿薛生雙溪橋下過憂動淚縱
橫

青岡驛舟渡

溼雲飛雨落空冥湖水蒼茫接洞庭一片風帆無着處
君山天外数峯青

一松軒詩稿卷上終

一松軒詩稿卷下

泰州　錢桂森　辛伯

壬戌分校禮闈次坡公監試呈諸試官韻同王少鶴學士拯趙沅青侍御樹吉翁叔平殿撰同龢作

朝廷重設科養士振天廩文藝覘器識風教丗所稟璵璠貢上都豐歲穀宜稔邇來風力薄魯酒不可飲剽盜拾滯穗塗抹絢餘瀋大雅久不作淄澠亂流品經訓日荒穢畚畚委荆荏我　皇宣光哲實學勵研審扶持艱難時需才迫尤甚峩峩三千士各織機上錦懷馨雜資菉韞璞隱沙磣騏驎行地上要駕或跉踸報　國求文章塵海苦淒凛走少謬通籍細流寡寸淰曹瞀等塞豆荒落比隕椹諸公盡豪俊下風但斂衽追隨壁上觀擐甲視其朕致用在通經此義期共諗雉圃鮮根柢失味類饐餒便當饜匡董勿但咀庾沈　聖恩及譎臣媿奮忘寐寢珊瑚思網羅珪瑁藉雕鎪擿埴欲索塗心盲口逾噤迴首辛苦年柝聲警宵枕

再疊前韻述懷兼呈少鶴沅青叔平

早歲迫仕宦豢食縻餼廩廣眉徇時好便𥢆艱異稟浮沈京華春歘忽逾十稔昔厠諫官列自酌甗泉飲仗馬立不鳴默念汗如瀋憒瞀奈耳食顛倒玉石品雷霆震閶闔讋慄先内荏　朝廷寬大恩祕書許重審歲月崢嶸去樗散玆更甚嬾婦弄空杼終歲鮮尺錦竊顧朽鈍姿未甘委泥磣駑馬倘十駕跛鼈亦踔踸中原半瘡痍戎馬氣冽凛長星亙宵天鯨牙動波淰宫中奏雲門淮夷食我椹委蛇罷戰鬥信義格左袵羣公持安危　天子詔罪朕在廷紛獻替嘉謀競来諗小臣中腸熱飢呼不得餧抱璞或嗤鄭免胄但趨沈瑣闈掄才地搜攬廢食寢暇從諸老吟冀可汚錯鎪大風吹黃塵餘寒使人噤初月卧簷端清暉落孤枕

七月二日聽經龍泉寺恒兒死十四日矣詩以哭之

薄植竟如此天心不可知聪明催命短艱苦授經遲豈汝早才盡悲余胡数奇文章有知遇頫死得賢師今年春甫受古文業於上元許海秋先生兒死先生爲遴其文梓之

黃卷青鐙地相隨未五年余自壬子赴都散館遂未旋里戊午夏迎堂上来京兒始隨北上驚心方一病分手遂重泉卞訣翻如夢沈思倍可憐琅琅聲在耳追憶獨潸然

骨肉曾無幾凋殘況異鄉離鸞方破鏡歸燕又空梁弱子生猶小中年鬢已蒼何堪哀淚洒淒斷九迴腸

地下能依母聊紓失恃哀奈余形弔影空自淚成灰況

有重闈老因之百念摧魂兮知痛否中夜一歸来

回里

不見十餘載相逢暗慘傷親朋半衰老村郭各淒涼郊塞仍多壘流亡每異鄉此邦猶聚族何以荅蒼蒼

留别鄉中諸子

揚帆出西浦揮手意難勝世亂輕離别家貧重友朋雲低天潑墨風急水生稜北望燕山樹葱葱幾萬層

發清江浦

疎星淡流雲曙色起天半輕飔下林表薄霧吹欲斷我行及茲晨高矚動遐歎戎馬方縱横鬢髮早零亂豺虎

路食人原野色慘澹屢聞詔書下非法禁摧算哀哉賢司牧口惠目未瞰谿壑供爪牙搜括恣鍊鍛錐刀析毫毛膏血吮骨骴坐使本實撥斯民委塗炭天閽高九重微波隔河漢手無寸柄鐵鋤此肓膈患勞勞蟣蝨臣隱憂積暮旦仰視天宇清太白光爛爛

江南曲

君去江南秋復春羅幃如水鏡如塵渡江欲問君消息無限煙波愁殺人

羊叔子故里

典午人才幾鉅公清談廟略誤江東千秋勛業歸裘帶

半畝祠堂泣雨風棋墅高懷遺謝傅綸巾前事惜隆中巘陽山色荆門水無限淒涼兩地同

次日復得一章

荆樊形勢控江流制勝中原第一州百二河山歸轉軸萬千貔虎鎮輕裘論功特冠東西晉扼險須爭上下游往事思量倍惆悵不堪烽燼落吳頭

早發巘陽

龍拏虎攫硬盤空千里岡巒一徑通直北星垣環斗極大東山色俯龜蒙荒村散亂晨雞寂故壘摧殘戰馬雄稍喜王師休熟麥不須征騎太悤悤

泰安聞齊河北有警

烽煙滿天地何處著微軀岱色自今古征人長道途斷雲村舍冷初月夜窗孤辜負遊山屐奚囊一字無

過雄縣

稍聞豺虎息縱横破曉征騑越次行捲地風沙迷驛路卧波蘆葦動秋聲閒吟到處留鴻爪殘夢先人入鳳城料得倚閭慈母望山山水水計郵程

榆發旅邸見尹杏農庚申九月二十五日出都題壁詩憮然有感

故人天末去倏忽已三年感氣輕河洛長歌别趙燕淒

涼看劍飲辛苦枕戈眠聞說雙蓬鬢星星不似前

六飛巡幸日遷客倦歸時抗疏曾無分和戎竟不移任吟發孤憤幽咽寄哀思敗壁摩挲處酸風動地吹

今世宣光聖崇賢禮數寬推心策良佐同力濟艱難豈有君才老偏傷暮景寒天涯謫臣淚悽愴向人彈

癸亥冬阻氷濟甯僑居鐵塔寺孫少沂年丈式曾招飲即席賦呈兼呈莫少茳同年崇高

征帆破朔雪短景迫歲杪峻坂折馳轡陰崖阻歸鳥修途輕險艱久客重朋好文人懷葛民軒然五雲表風流前輩尊提唱詩格老春風入戶牖宿草振枯槁諸郎白

眉秀推誠豁襟抱誼兼昆弟親懷與星月皎煮茗延夕香圍鑪失寒曉開筵酌醇醪自酉戔及卯頓忘遠役苦足使儉腹飽廣文謂少茳同年河洛英識量深以窈雲翮當摩霄霜蹄苦縶皁俯仰輕時輩磨鍊期遠造傾蓋若舊歡覿面恨不早嗟余摴散姿蹩躠厠蓬島諫垣鳴秋蟬珉玉瞶顛倒區區臣心苦蕩蕩主恩浩斂翼戒橫騖息心事幽討何期憂患集急霜委庭草崢嶸歲月盡惆悵骨肉少蕭條行路難孤舟卧廢堡津梁涉夷險節候變涼燠異鄉促殘臘遊子悲遠道相知得親故終幸所遇巧荒寮寒鐙青古寺破屋小高吟四無鄰門外雪如縞何當歸舊山江湖跡空埽

題徐東園畫竹横幅

君昔畫石如畫虎君今畫竹如畫龍短長疏密各有態淋漓變幻不可蹤生綃倏作動摇勢穿煙破月来清風毫端咫尺具千畝枝枝葉葉皆天工紙窗竹屋無人夜似有秋聲入耳中

濟甯客中亡妻生日

相見無緣夢亦稀中年鸞鵠忍分飛荒城急雪天如墨殘臘孤舟骨未歸地下有兒能伴寂客中無淚可供揮園蔬村醲聊相薦曠野淒涼半落暉

過微山湖

扁帆下平湖蕩漾涉萬頃中流無波瀾水底見藻荇微風動浮渌散亂鷗鷺影斷續分山村縱横錯漁艇近岸数十家新翠上梅杏早春正融豫塵海苦羈馽媿乏買藥資湖山逐清景

題孫少沂年丈秋林詩思圖小照

西風蕭摵霜葉摧深黄浅翠荒林隈高空秋氣丟四涯詩情妙與秋俱来秋林老人謫仙才寒郊瘦島非其儕泰岱高峯憑徂徠下視蒙嶅如纖埃戴侯工詩畫復佳貌公神似輕形骸翛然一鶴長風排高松孤絶蒼山崖

我聆公論披襟懷藹如春風噓凍荄任城古月圓戕田
城東酒樓森崔巍南池池水清湝湝至今遺跡叢蒿萊
天公白戰方喧豗銀臺玉闕紛瓊瑰何當提壺相追陪
拂拭竹笠蕪芒鞵開軒坐石埽緑苔青春芙蓉新撥醅
對雪便卧糟邱臺論詩讀畫亦快哉百歲悠悠付劫灰

和均答孫少沂年丈除夕 癸亥

兩兩風風迫曉征蕭條關塞滯歸程異鄉昆弟聯床夜
積雪湖山縱酒情隔院松杉摇塔影極天星火淡鐙聲
經幡禪榻摩挲處猶勝荒郵躑躅行
自慚鸞座客頻来辛苦羊求徑屢開老輩風流覩杖屨
早春詩句入壺杯籃輿綽有陶公興玉樹争傳謝氏才
堪羨鵷鸞成五色絳雲深淺護三台

題謝笙舫 祖勳 望雲圖小照

海嶠千里雲游子一寸心白雲有卷舒寸心無淺深心
如雲中月千里相追尋身如雲底帆隨波自浮沈浩浩
閩海涯蒼蒼泰山岑慈烏集大屋雛鳳棲高林飛鳴得
所依歡笑牽衣襟所願出山雲霨爲三日霖持以報春
暉優游長好音

題吳春海 鴻恩 歲寒登岱圖

天風冽冽刺肌骨岱頂長松森百尺屋椽箕斗苙角寒

積雪等山斷行客吳侯當此獨豪健欲凌絕頂覩日出
夜闌寂聽無人聲但聞飛瀑激危石須臾靜埽浮雲根
山煙蒼蒼海波赤俯視晴空齊魯小獨立混茫天地窄
吳侯西来峩眉巔相如逸才子雲筆詩囊早已飽嵩華
遊屐更擬踏溟渤平生任道堅且勇盛氣百盈無一竭
即今目苦輕萬仞不使奇觀交臂失媿我年時走泰陰
輒以疎慵憚凿峯山靈應笑不如君負此紀遊詩一册

邗江舟中

出門未旬日頗動故園思蚤歲别離熟頻年彫喪悲岸
花春落驟村鳥暮歸遲倚棹看明鏡星星戕鬢絲

晚泊瓜步望金山

亂後青山在江流日夜東潮平乾坼岸風定穩歸篷倒
水懸孤塔撐天起斷虹昔年吟望處煙樹欝葱葱

江上贈别友人

緑鬢長爲客青山舊識君煙沈銜嶺日風引度江雲短
榻身如寄孤篷酒半醺不堪離别感嗚咽對斜曛

渡燕子磯江口

船與青山相送迎帆隨歸鳥各縱横江呑落日沈雲氣
風捲叢蘆撼雨聲叱咤蛟鼉趨大壑盤拏龍虎抱堅城
舊遊十五年前地觸眼悽然旅客情

水西門夜泊

峻堞連山起扁舟獨夜登天垂抱城水人語隔船鐙斜月迎歸棹疏星補斷營十年征戰地到此氣飛騰

金陵舟中

頻年烽火夜連營鐵鎖銷磨白下城別後山川留幻相亂餘鷄犬帶愁聲烏衣門巷遷流盡青簡勳名次第成曾是玉簫金管地秦淮煙月不分明

秦淮感舊

垂楊門巷綠絲絲憶昨朱欄碧瓦時春入展裙飛彩襪夜寒星月落璚巵綺羅光動鸞凰點絃管風停燕雀遲今日珠簾蕭瑟盡夕陽衰草不勝悲

古意

君心似井水妾心如轆轤玉虎牽長絲百尺青珊瑚手持金絡索繫以雙明珠朝朝入井底棄置無須臾水深汲不盡臨井空踟躕

團團天上月清清池面波相印各皎潔明鏡不可磨君如水上鷗隨波自逶迤妾如月中花對影空婆娑豈無流雲翳清輝戀君多願持明月心隨君度江河圓缺會有期長別當如何

遺懷

病嬾惟高臥銷愁獨苦吟江山兵燹恨風雨別離心倚劍春杯淺繙書夜漏深乞憐慚不慣吾欲謝華簪

月夜望清涼山

清涼山樹綠參天劫火摧殘十二年獨有翠微亭上月夜深長伴石城圓

金陵行呈湘鄉相國師五十韻

丑年建巳月維舟金陵道飢驅事奔走長途失昏曉晨棹披雲根暝帆破煙杪荒村廬舍稀獨夜星月皎咫身一劍長放眼三山小此邦喪亂乆銅馬恣紛擾金碧委榛莽鋒鏑膏肝腦十載悲陸沈千里惕原燎赫赫湘鄉公巍然閣中老光芒照六合經緯彌大造力挽狂瀾清誓捧白日皦枝撐天柱折旋斡坤軸倒令弟中丞伯忠憤壓朋僚追風逸足騰垂天俊翮矯苦心持艱難勠力厲征討去年六月交肉薄堅壁搗赤日懸中天火雲爍旟旐軍中喑戰馬城頭絕飛鳥主將誓死攻三軍銳牙爪志奪百雉雄力折萬騎慓令嚴鼓鼙勇謀定士氣飽蝥弧奮先登欃槍期畢埽水怵黿鼉驕陸讋狐兔狡俘其名王歸捷書慰蒼昊惟公指揮定乃使天塹保卒成郊祁功遠與郭李紹扶持中興業樹立百世表即今干戈後原野邑枯槁黎元含瘡痍多難等集蓼危如藥膏

肓艱如護襁褓四海況多壘雜遝兵革遶空山走豺虎都市集蠻貊搆廈需異人辛勤濟時了楩柟杞梓材庭實羅楚寶如公一門傑麒麟當代少走昔通籍初詞華竊丹縹射策趨明光龍門資品藻春風入巖壑披拂及小草遂令樸樕資亦得厠蓬島泰山拳石微滄海一粟藐浮沈京華春建立苦不早主恩媿拾遺臣志厭梯巧動業負遭逢鬢髮惜懷抱所懼終瓠落未甘任梅摽默念青雲客厚禄多舊好翩翩掇顯仕奕奕登上考顧慙鷗鳥性終伏駑馬阜感嘆空腸熱乞憐羞尾掉漂搖江上舟偃仰崖谷杳長嘯天宇空乘風入浩渺

歸舟

綠柳坡塘煙外水黄梅時節雨中舟歸裝賸有新詩本半寫江南六代愁

題董雲卿雲鶴圖小照

人生百年如轉轂萬事紛紛鳥過目董侯静者智有餘能以未來覘禍福吁嗟乎蝍蛆凝黠鷄蟲爭世上雨雲手翻覆何當便築糟邱臺與君痛飲春醅綠

題趙漁亭晉軓室詩稿

吾邑徵詩家國初吳陋軒仙裳與孝威先後相騰騫海宇方承平當軸爭禮賢風騷盛壇坫儒宿羅賓筵幽蘭采空谷明珠搜重淵往往韋布士名動卿相尊大雅漸陵替古音就沉淪僻陋笑曹檜剽盜傷隨陳翛翛漁亭老卓犖追古先氷雪漱齒牙竹石生肺肝峭比山壁立浩如水瀾翻琳瑯燦金薤錦纈碎蜂蝉怪變造乎澹使人忘辛艱卷中樂府詞接迹風人篇高義侔文昌清言儷香山觀書小章句論事窮人天獨得懲勸旨黙察治忽端匪惟屈宋艷沿泝漢魏源直具南董筆補綴志乘殘輶軒采太史遺佚蒐稗官足供石室儲謳歌被管絃惜哉老伏櫪窮愁坐青氊欷歔戎馬後蹀躞江淮間嘯歌海東隅秋霜冒華顛低首魯靈光掩卷增喟歎

醉歌行

男兒黑頭不金張勞生四十空徬徨鬢毛忽忽成老蒼負此七尺身昂藏卻憶少年遊俠場輕裘快馬意氣揚黄金在手劍在床讀史慨慕原與嘗胸中奇氣隘八荒頗疑青紫如探囊石渠陰祕巢鸞凰蓬萊仙闕遥相望青藜夜燭雲錦裳天風颭颭歸袖香西臺老柏森秋霜手抉銀漢焚綠章休命屢荷天子光區區蟣蝨一寸腸亦願披瀝輸天漿貢之御廚置帝傍寒蟬鼓翼不自量肴朱成碧尤荒唐赫然雷霆震九閶六曹集議中書堂薄譴獨揺天語祥小臣聞命喜且狂所媿駑馬走太行

蹩躠不逐千乘黄潢廷苦飢執戟郎冷官浮沈卧欲偃六月一息鵬翼翔雖有肺腑無由將明星睒睒張天狼城頭孤鼠紛跳梁書生戎馬皆龍驤關中都尉多爛羊我力無以當螳螂學劍不成吁可傷夂事筆硯誠倀倀不然買屋南山陽十頃罷亞八百桑斗室坐擁百縹緗蓬門静夜聲琅琅疏糲亦足使我康俯仰於世無炎涼胡爲蹙蹙騁四方只今雀鼠偷太倉高秋哀雁謀稻粱進退兩策俱皇皇如鷹臂韝驥縶韁泰山青青淮水長春風且假燕莹裝會須餽我千里糧彈鋏歸去河無魴吁嗟乎人生旦夕歸北邙雙丸欻忽馳風檣弱質不敵

蒲柳強碌碌乃作半額妝富貴磨滅名弗彰坐與蜉蝣同存亡何似散髮滄浪黒貂可换碧玉觴白魚紫蟹終吾鄉青鞵布襪随徜徉戛来澒洞不可忘仰天大醉歌慨慷嗚乎吾意其悽惶

寓懐

蒼蠅附騏驥女蘿施高松託身偶得所聲譽忽已隆士因知己伸女爲悦已容所媿竊末光折腰苦迎逢鸒鳩搶枋榆蒲柳凋秋風一旦失所依烜赫移初終丈夫貴自立君子持固窮

幽蘭扇芳春叢菊馨素秋茂豫各有時越分安可求人生百年内歳月非遼遒去日苦飆忽来日方阻修胡爲急朝暮羽翼如蜉蝣願結松栢知勿貽蒲柳羞

蠶以繭自縛象以齒自焚利用豈不貴炫美多隕身桂柏作柱梁焉能赦斧斤櫟社甘擁腫雨露滋輪囷華不如樸堅巧不如拙純輪曠雖異材支離自天真

蟻穴潰巨防蠹喙仆修柱敗裂豈在多積漸由細故淼淼江河深涓涓細流注巍巍泰山岑纍纍卷石聚墜葉不再青墨絲不再素勿輕毫釐差致釀千里誤

俗目貴燕石俗耳貴巴歈豈惟聡明蔽實亦嗜好殊崇岡委荆璧華筵濫齊竽真龍鮮獨好僞鹿乃衆諛何怪

媚俗人争作躁進圖桃李大道傍蘭蕙空山隅感應随所召鑒賞安可誣

峩峩青雲第朱門碧瓦潃翩翩紈袴子銀馬金貂裘雕筵列綦笋錦帶腰吴鉤睥睨視時輩意氣無與儔天運有代謝滄海成田疇今日種瓜人昔日東陵侯

森森承明廬珥筆多舊歎飛黄紫霄際聯翩青雲端倏忽數載間升沈各異觀擯散仍故我零落嗟微官升斗豈足戀但思蔽飢寒飁鼠期腹滿鷦鷯楽巢安微物尚知足人生胡妄干

游鱗戀故淵翔羽懐舊巢萬族各棲息我生獨漂摇朝

帆江漢濱暮轍燕趙郊局促走四方中心日勞勞勞勞豈得已故里無儔茅枯𤋮泣河干鷩鳥繞林梢但使營数椽歸将理蓬蒿

秋風滅庭柯密葉日以腓修條乃孤生孤生亦奚爲人生骨肉歡少聚多别離況復東逝波一去歸無時素月日東匿白日西馳感此摧肺肝坐令髮齒危迢迢泉下路生死不相知但識生者苦焉知死者悲安得鴻都客一致慇懃詞

東張仲逸雲上並寄黄笛生荔袁子文錦

士生古人後著作良獨難下筆皆古人勦説非所安下

筆無古人譾陋不足觀欲脫古人迹而擷古人神拔幟自樹立此詣誠艱辛既需天事優復賴人力殫堂奥必盡歷乃能軼藩籬規矩必熟運乃能神方圓往往畢世功不成一家言吾邑有隽才巨擘推張顛翱翔九霄鶴坐嘯孤山猿傲兀小時輩黽勉希古賢荒雞風雨夜青鐙手殘編狂歌出金石新語供經綸或載問字酒復有黄與袁黄子八斗才江河壯波瀾健筆扛萬牛清思湧層泉自謂一瓣香敬爲涪州薫袁子青雲器外粟中粹温月印止水波玉出藍田煙老成半衰謝新知共盤桓磊磊二三輩亦足張吾軍嘗於此事中辟隘辟師傳如

泝黄河流未覩崑崙源又如陟岱華階級窮躋攀稍擬摹叔敖漫思學邯鄲頗患舌本枯未覺乳臭乾里巷寡輪鞅布襪相往還漉酒秋月夕啜茗春風晨放眼觀古今高論窮朝昏頗得朋友樂密證翰墨緣素心豈在多餘子徒紛紛聚散不可知驪駒行在門青青邗江水渺渺燕山雲後來兩地心追憶恐傷魂清時方需才諸君盡殊倫相期各努力块㟳超風塵

舟中晚眺

短棹沿堤穩孤城抱水彎樹邀歸鳥急帆枕落潮閒斜日煙中寺層雲雨後山敧篷望不極新柳出柴關

白芍藥四首和王小汀

不與尋常色相同鼠姑花後鴂聲中未須紅萼翻華省底事黄樓列上公供養氷霜歸近侍埽除脂粉殿東風從知婪尾深杯裏玉腋瓊蘇百不空

露紅煙紫不須誇小碧闌干漠漠遮合把瑶琚贈離别肯污顔色逐鉛華瓊枝璧葉揚州路玉骨氷心宰相花一例梢頭看薗栗未知清夢落誰家

名園寂寞劉郎譜古寺蕭條傳老圃六一座中珠鬘落七千朶外雪肌膚晶盤篆合金爲帝素被薫濃玉作盂今日豊瑩晴雪裏風流得似昔人無

嬾從金屋買胭脂爛錦叢中縞袂姿十里珠簾山谷句
滿城煙絮蜿巖詞春留恨綠愁紅外人在疎煙淡月時
卻恐華顛感霜雪簪花時節鬢絲絲

一松軒詩稿卷下終

犀庵賦鈔

（清）錢桂森 撰

《犀庵賦鈔》，清錢桂森撰，據泰州圖書館藏鈔本影印。

錢桂森有《一松軒詩稿》，已著録。

本書收録錢桂森所撰賦作。錢桂森官翰林，又任内閣學士兼禮部侍郎等。本書所載賦，内容多爲歌詠升平、贊頌聖明等。錢氏才華過人，詩文雍容典贵，本書賦篇亦頗可觀，《人情爲田賦》鋪陳以人情爲聖主之田的主旨，《四月清和雨乍晴賦》描繪春天美景，值得細細品味。

（周　忠）

焚香告天賦（自以自公退食一爐香為韻）

錢桂森

泰州市圖書館藏書

趙清獻志懍淵冰。辨嚴義利。省惕夫三知。防厥四偶。焚膏而繼晷。士早香薰。等告善以揚旌。民惟天視。在我后情殷選卷。望久切夫旁求。豈微臣職備垂紳。訟敢疎於內自。夫其歷膺顯秩。永奏膚功。冰心勵夫雪潔。鐵面戒夫雷同。繼富范以登朝。特參宸誥。並歐韓而議政。共協寅衷。片念直孚夫紫極。寸懷早格夫蒼穹。固已香惹層霄。紀鴻猷而嘉汝。預識天儲名宿。開麟閣以延公。然使獻替稍疎。防閑偶昧。任忒諂夫鵷濡位有慚慚於鰲戴。天命不足畏。神弗冀其格思。謂天心自可欺。室莫虞其相在。將歌雲頌日。瑞僅侈夫賡颺。恐補過盡忠。職每慚於進退。公乃瑤几安排。金屏拂拭。麝鼎煙霏。猊鑪霧織。鶴守林巖。琴眠花側。念扑自虎榜書名。豸臺供職。知錦里而勵清廉。贊綸扉而期正直。冀除朋黨。早絕攀援。亟斬佞臣。弗辭彈劾。作吏在繽紛香案。竊默矢夫丹忱。瞻威於咫尺天顏。敢貽羞夫素食。所期心地光明。情由因靜。壹清鑒淵淵。新銘日日。奉心花一瓣。埽地開函。陳諫草千言。避人拈筆。媿美於武襄文正。前事堪師。乞靈於藝祖太宗。明神幸質。愧君恩之未報。高深奚裨於九重。儻於帝謂之能通。補救或期於萬一。況其時君多聖主。臣盡名儒。承累朝之培植。得賢相之漸濡。果其精神誠默達。忠悃潛孚。外靖邊陲。戢夏兵之猖獗。內除新法。闢周禮之拘迂。藉氤氳之上格。冀沕穆之遙符。庶當年勳懋旗常。馨香在德。待異日思酬覆載天地為鑪。方今官方肅穆。吏治循良。冰壺品勗。玉尺才量。小臣幸依鰲禁。忝列鴛行。五夜捫心。撫據材而增悚。三霄拜手。禪蓮炬以呈祥。瞻

峻德於

龍飛。尚採謨猷之告。薄微名於驥附。願留姓字之香。

金帶圍賦（以嘉名異品盛事美談為韻）

錢桂森

天開首輔。人應名花。堂輝畫錦。品殿春華。金綻黃而裹露。帶圍紫以烘霞。卜他年之治燮梅羹。生材不偶。看此日奇呈藥圃。降種維嘉。昔韓魏公之守廣陵也。蕭樓畫永。蜀阜春晴。雷塘樹影。月榭簫聲。杜少陵梅開東閣。謝太傅棠蔭西城。當窗外紅稠。已是花饒富貴。任階前綠滿。何嘗草羨科名。乃有奇葩忽呈佳瑞。蕚解絲黏。英垂粉膩。盤柳綫以縈黃。束苔衣而染翠。開從亭午。春已逾三。報自園丁。枝還數四。曾聞此品祥符赤舄之占。更待何人兆叶黃扉之異。魏公乃瓊宴高張。瑤卮暢飲。延嘉客以羣歡。集同僚而細審。薰香而戔箋已裁。瑤摘豔而袍曾奪錦。招來玉署。想拖青衣紫之班。譜入珠宮。勝鏤翠雕紅之品。然而三絕雖成。四難未併。適太傅之來遊。與斯花而掩映。綬接挑緋。圭連桐淨。霓裳揮楊柳之幢。雲綺豔芙蓉之鏡。入座而芳生劍珮。相得益彰。躋堂而會集冠裳。於斯為盛。由是名園娛勝地。芸管花披。麴塵香醉。如擎玉樹。聚一室之璆琳。恍入瑤臺。聽衆仙之歌吹。爾際花看金谷。等長安走馬之人。何時名覆金甌。有秘閣圖麟之事。迨乎瑞應三台。望隆百揆。東觀鳴鸞。西台列豸。作羣英之領袖。槐閣風清。昭雅度於紳纓。薇垣露紫。從此勳隆兩宋。楓廷共贊太平章。至今堂溯四并。梓里猶傳其盛美。況復

禁林春暖。

太液波涵。

恩昭茂育。

德召和甘。莫金湯之鞏固。廣帶礪之包函。瞻

黼黻於

鸞綸。願效星雲之頌。肅簪裾於鷺序。祇聽風月之談。

百穀仰膏雨賦 以百穀之仰膏雨如為韻

錢桂森

百穀仰膏雨賦以如百穀之仰膏雨焉為韻秧疇綠後，麥隴黃初。生機灌溉，大塊吹噓。溯魯相拜師之始，值晉侯錫宴之餘。謂小邦之事大邦，情殷望歲；譬下尺之生上尺，願切隨車。醲膏流召伯之棠，曰肅時若；甘雨沛郇侯之黍，厥孚交如。原夫穀之有百也，圖並蠶桑，種分燕麥。勤穡事於辛祈，肇田功於甲坼。職方區五土之宜，太宰重三農之責。稼擁雲黃，秔翻雪白。當爾耕之亦服，耦具十千；盼我稼之既同，慶登三百。然而孰厚滋培，誰殷茂育。機何由暢，寅生氣何由占酉熟。因乎地利，土或判其肥磽；證以天時，歲亦分於金木。苟象弗占夫離畢，未能貽我來牟；恐望難洽夫豐亨，誰其俾爾戩穀。有膏雨焉，聲輕潤物，澤溥知時。桃花紅落，梅子黃垂。雲低潑墨，烟密颺絲。德可師稱，叶五風之瑞；霖惟汝作，符三日之期。播種而耰，則苗浡然興矣；因材而篤，故天栽者培之。其仰之也，澤盼滋濡，恩叨長養。思大造之生成，冀化工之摩盪。山青半郭，黛溼於油；水綠三篙，波平似掌。惟豐年之多稌黍，四體胥勤；若大旱之望雲霓，萬民共仰。無何潤林石鬖痕，染溪毛風喧。麥浪響雜，松濤草黏。茵而似沐，波皺麴以如醪。攜酒人來，鶯聽北陌；扶犁客至，犢叱東皋。儲才同舟楫之資，應占解；蕃蕪犀材鼓舞，瑞乃求夫萬千；效更挾夫三五。既優既渥既霑，雨笠易得經綸之象，何慮屯膏？所由氣懋禾塍，芳縈蔬圃。萬彙蕃蕪，犀材鼓舞。瑞乃求夫萬千，效更挾夫三五。既優既渥既霑既雲，足上天普慶夫同雲，實穎實栗實方實苞，而地旁流夫化雨。況復風清舜陛，露湛堯天。沛恩膏於夏甸，敷時雨於春田。業懋夫引恬引養，祥徵夫有幹有年。三階平則風雨時，固其所也；五穀熟而民人育，又何加焉。

人情為田賦以人情者聖王之田也為韻　　錢桂森

古帝王陳常時夏。布澤熙春。養性禾於庶類。培心地於羣倫。既莠稂之必辨。亦道路之同遵。力田乃有秋。徽(息)荒於一二日。民情大可見。宏立達於億兆人。原夫人之有情也。畢箕各異。寒暑難平。結德鄰而易忽。擇仁里而宜明。疆界每區。夫彼此域畛。常慮其縱橫。繹農功罔越之言。是亦為政。觀樹德務滋之象。乃若其情。若夫田也者。地判肥磽。賦分上下。黍膏雨於遙疇。草偃風於平野。方粒我以相貽。豈芸人而自捨。及日至而皆孰矣。乃心之所同然。苟苗長而或揠之。有秀而不實者。徒觀夫情欲無愆。情思悉正。防情胥峻其規。閑情必端其衍。豈知孰非美稗。美必歸仁。敏似蒲盧。道先立政。若農服田力穡。須懍夫不菑不畬。惟后通德類情。乃徽夫曰肅曰聖。聖王乃嚴茲畔越。慎彼川防。潤溥西周之麥。蔭分南國之棠。秕在粟而莠在苗。鋤其非種。風宜春而雨宜夏。彰厥有常。宣德達情。亶聰明作元后。分田制產。衆歸往之謂王。其禮耕也。以執中為畔岸。其義種也。以方外為鎡基。其學耨也。以遺型為矩矱。其仁聚也。以安宅為藩籬。刕樂歌之悉協。更情理之咸宜。惟民因物有遷。淳然與矣。故天生材而篤。栽者培之。所由羣懷肅若。衆志恬然。感生成之有自。識噓植之無偏。情發乎中止乎禮。四端待擴。田弗肯播。矧肯穫。雜念胥掃。戒比蹊牛。須謹範圍於道岸。懍同馭馬。當勤培植於心田。我

皇上學懋深宮。

恩周廣廈。紀農事於夏正。譜康功於豳雅。凡萬姓之雍熙。悉

一人之甄治。瞻

教澤於陶情。淑性鼓之舞之。頌

仁聲於鑿井耕田。悠也久也。

四月清和雨乍晴賦 以題為韻　　錢桂森

桃隖春殘麥塍秋至林遠啼鳩峰明滴翠清陰籠細雨之天和氣靄朝晴之地記昨夜秧苗茁處霧溼千重喜連朝楝子吹來風番廿四當夫黃熟梅炎紅繁花窟陰展山腰痕添石髮藥闌之炎旭未烘薇院子之涼颸漸歇風景和融詩懷清越可是輕寒輕煖時聞布穀之聲宜雨宜晴卻稱含櫻之月夫其遥青若接衆綠齊生草黏茵滑苔染階平郎使漬雲不散宿霧常橫亦復蘭池挹爽槐館移情聽林外之鶯聲天光黯淡指村邊之犢影水色澄清抑或逢庚晝永卓午晴多暉蒸鏡檻影射簾波水浮綠以皺鴨峰皴青而點螺亦足動遊懷於岸柳瞻麗景於池荷雖風輕雲淡之餘未經雨潤而水秀山明之境倍覺晴和然而檢點芸窗徘徊竹隖或涼燠之多偏非陰晴之互補賞雨而春仍待買景未必其清妍烘晴而扇不停揮氣或殊夫和煦語原嬉鵲時豈值夫新晴聲縱聽鸝佳未逢夫既雨何如清氣凌晨和光藻夏方路溼夫煙林旋輝生夫月榭挹清芬於翰墨香篆微縈迎和旭於窗紗簾鉤半下郭外之山光欲滿遠闉排初天邊之雲影遥烘奇峰起乍迨乎訟階螢化柳院蜩鳴煙冒絲而纔埽霞散綺而逾明未若此清華日永和暢風輕古寺泉聲繪夏山之欲雨小闌花韻弄午日之初晴況乎

鼇禁春深

龍池煙護

蓬壺待漏以趨鳧

楓陛聯英而綴鷺小臣玉署簪毫

鸞坡獻句才愧晴川

澤沾

雨露沐

恩波於清宴羣賡就

日之歌覘瑞景於和甘竊效凌雲之賦

麥秋至賦以孟夏之月農乃登麥為韻

錢桂森

梅鳩紅肥秧田緑淨藥圃霞蒸櫻闌日映近麥秀之天光紀秋成于月令憶前度苗抽雨碧春已逾三計此番浪捲雲黃夏纔紀孟當夫候轉葭灰春回芽𠇍始生亥以根榮繼壯寅而氣化清風開柘館之陰靈雨税桑田之駕影纔覆雉誰聽布穀𠀤清晨鄁正眠蠶未報分秧於初夏俄而香縈筍經爽挹蘭池栗留喚處餅餌香時祥開九穗秀挺双歧剛逢芍藥紅翻風其吹女遥指櫻桃紫熟日以暄之夫以歲之有秋也玉露方溥金商未歇碧減溪毛翠零山骨占酉熟以豐收詠由庚而秀發待值歡盈百室好償東作之功豈其令屆重離漫擬西成之月而麥則秋光預透秋信先逢共瓜生而疊疊偕葽秀以重重楝子風中清陰正鬱菜花叢裡香氣偏濃當冬至以初生貽牟乃粒值日至而皆熟力穡惟農乎時雉隴紛收鱗原薄採燕穗芒分鴉鋤影在識打麥之頻勞比迎秋之有待可是乍晴天氣几寍共拂夫薰兮儼同其穫光陰錢鎛雇歌夫序乃迫乎納禾芳圃刈稻遥塍倉箱積累秸秷頻仍芽檐樂溥蔀屋歡騰回思宿麥風抽氣識四時之備益幸嘉禾露被豐占萬寶之登是蓋物兆豐穰民饒菑積瑞徵夫有幹有年慶溢夫爾田爾宅茂蔭瞻乎

上林清波挹乎

太液巳幸花磚測晷叨

恩寵於紅綾還期麴醴儲才獻

天珍於碧麥

義路禮門賦（以夫義路也禮門也為韻）

錢桂森

稽名言於亞聖得正軌於先儒惟義方之必懍亦禮度之毋踰若大路然實無偏而無黨得其門者宜亦步而亦趨為古今上下所共由是誠美矣統賢否智愚而並入不亦善夫原夫義也者中正銘心廉隅勵志周行胥準夫直方捷徑弗貪其便利苟道其所道莫嚴失鵠之防將歧又有歧不少尋羊之地何以明趨避於斯人範馳驅於大義若夫禮也者經曲胥昭準繩悉家諭戶曉之能通亦聖域賢關之足慕使其昧厥繩趨矜夫詭遇恐造車而每難合轍徒致慨於負牆欲入室而本未升堂誰導余以先路且夫周道非難識也而背焉者實多客宅非難居也而入焉者或寡鶩爰緣之路志涉紛紜開便益之門事多苟且感於歧路義利莫辨其從違狃於專門官禮亦資其虛假豈知三王之道路其如示諸斯乎儻窺數仞之牆不可階而升也惟君子慎厥藩籬固其根柢集義而崖岸自分守禮而閈閎日啟卜幽人之坦坦方有脊而有倫勖成性之存存豈無方而無體其揆一也須知義以種而禮以耕與民由之不外制事義而制心禮由是里緣智擇鄰以德尊情田無虞其越畔道岸更懍夫為藩義本惠仁識遂廬之不遠禮原賅樂知軌物之常存培心地於公平胥斯世而遵周之路戒面牆於履蹈繼前賢而遊聖之門

皇上治煥飛龍

道嚴馭馬

端嚮往於寰區

溥帡幪於廣廈

蕩平正直敬義既懍夫危微

光大含宏典禮悉昭夫風雅

示康莊於八表舞之蹈之瞻

閶闔於九天高也明也

三月桃花水下時賦 以題為韻

錢桂森

煙霏霧密緑戰紅酣波平舍北春老江南挹香老風於萬樹印織月兮千潭浪湧桃花谿畔則痕添一一歌傳桃葉渡頭之波折三三則有野艇浮沈輕舠出没碧皺溪毛青黏石髮吹犢笛以犂雲野挂漁蓑而卧月時也一水如銀萬花滿窟天外之片帆飛去夢欲盟鷗江干之一棹歸來魚爭買鱖其或馬嘶南浦驪唱東皋結離情於贈藥縈别思於投桃也猩紅兩岸野鴨緑三篙江總魂銷悵春光之似水汪倫情重顧歸信之如濤又或芳郊踏翠繡陌簪花依名園而策蹇泛畫舫以浮家時也酒濃漲雨綺密蒸霞流觴於曲水晴初偶鬧絃管放棹在武陵深處閒話桑麻别有憶客萍鄉懷人梓里簪錦浪兮双鴛修瑶函於尺鯉時也蒡翦袍緋瀾迴鞾紫可是天臺再到香栽去後之花只愁槎客難尋不辨春來之水復若永巷鶯春長門鎖夜玉匣塵埋銀鈎月亞鸚避鏡以無言燕窺簾而不下時也古塢紅飛香潭碧瀉只盼御溝處處題紅葉以流來莫教人面年年向東風而笑罷未若蓬宧摘句芸館裁詩鸚鵡洲前十里五里鴛鴦湖畔三枝兩枝時也波明似鏡蕊豔於脂陶彭澤松徑猶存笑洞口問津之客王右軍蘭亭初禊記山陰修禊之時是皆覽物抒懷緣情寫素水無春而不波時屢閲而易故芳訊頻疑仙源幾誤何來双槳盪將天上之船無那一條流向人間之路好趁探花時節移根通

太液之波莫隨逝水光陰撫景續仲文之賦

慎修思永
祖誥傳思永
璇齊炳
御題
皇躬廑抱蜀
帝德慎修齊不息同天健維新仰
日躋
恭居宬拱北
敬勝合銘西
至治根
誠正
深心儼命提有恆嚴億載無逸念廑黎贊贊臣工亮孜孜古訓稽
奎章昭
履信
宸賞愜濂溪
魚躍鳶飛

道本頭頭是魚鳶證妙機臨淵看牣躍撥霧覩雄飛龍化心常壯鸞翔願豈違水中天浩蕩雲外路霏微察理金牛在觀形喻馬非鯤鵬原亙變鶼鰈各相依潛見俱象高深此見機
聖功宏愛育
茂對遍
皇畿
執中含穌
位育三才貫中穌萬里函危微昭允執光大卜兼合星拱辰居北風薰慍解南會歸惟極建保合與天參有守嚴山立無私擴海涵識非膠柱謬味似飲醪履蹈羣情洽剛柔妙義探
皇脩臻粹美
帝澤八方覃
歲豐仍節儉
敢恃三年蓄矜言歲屢豐節宣仍守舊儉約必圖終酉熟方占夢寅清倍責躬用宜防過小德乃慎乎中羔革絲垂素豚蹄粟護紅艱難憐物力簡樸振民風保泰持盈意臨深履薄

東郎令

霄旰暢圖匱道攸同

兵氣銷為日月光

奏凱歸來後天河盡洗兵戈鋋銷氣谿日月現光明百勝元戎壯重華上界清文章輝吏部千羽格蠻荆詩早櫜弓詠宜祥合璧呈雙輪騰瑞彩萬騎靜囂聲偃伯占師吉銘勳慶武成

聖朝方耀德復旦劭歌賡

青山常對捲簾時

曾被重簾隔山光半窈冥時將雙押捲常對數峰青螺髻皺千點蝦鬚透庭眉鉤初挂月鬟黛便零星好鳥頬相戲閒雲未肯停蔚藍開面目新緑入窗櫺莫為留香篆偏教礙翠屏

蓬壺欣可接拾級到

天廷

長夏江村事事幽

入夏江鄉裏光陰又一番長年勤事事幽趣遍村村緑柳三間屋黄梅半畝園山僧吟竹院野老話柴門鷗夢魚舟冷牛歸牧笛喧麥風涼簟氣秧雨漲犁痕遠水時迴護閒雲自吐呑勞農廑

帝念秋實沐

醲恩

分秧及初夏

一自清和過分秧事便虛欲教秋亦有須及夏之初麥隴雲黄後桑田水緑餘卻逢梅雨潤好趁楝風噓碧插針芒細青排土脈疏試聽泥滑滑莫謂候徐徐儻俟鳴蜩至何勞策馬如劭農廑

帝念玉粒裕

天儲

衆心成城

徒恃城垣固仍虞外患侵成功先得衆上策在攻心意氣戈鋋壯肝腸壁壘森靈犀方一寸威雉宄千尋白戰原無鐵丹忱直斷金但教胸有竹全仗旅如林同德書稽古修文頌自今壼臺方偃伯

聖治八埏欽
動静交養
聖學端蒙養
皇猷協泰（交）中和須漸致動静不相淆舉趾身為度齋心義是巢鳶
魚能啟悟衾影莫貽嘲物我形俱化陰陽理互包知仁山水
德闔闢地天交培育功須粹偏私見勿膠
宸修參健順近
日侍
螭坳
水木清華
清貴神仙第高華翰墨林蓬瀛躋上界水木滌煩襟秀浥三
篙浪濃添百尺陰煙雲開異境風月助土長吟蒼翠原如畫
塵埃総不侵自
天多雨露何地比蕭森明淨開生面幽閒證素心
澄懷邀
睿賞常沐

聖恩深
水流雲在
有本皆如水無心卻似雲長流真活潑自總（在）氤氲妙具淵淵
體徐成縵縵文光明憑月印舒卷任風薰洗眼曾相遇移情
兩不分落花時逐浪歸鳥亦依雇觀海尋源廣為霖待澤殷
宸懐通俯仰
茂對洽
堯勳
櫻筍廚
菜秀瓜生外佳名錫百廚紅看櫻甫獻青愛筍兼需脫口含
桃乍凝心咒竹無麥風涼處是梅雨綻時俱鶯嘴香仍膩貓
頭味最腴寒宜漿啖蔗鮮合藪參蒲歸籠珠千琲清班玉壺
天珍呈蓮莆
賜宴
聖恩濡
首夏猶清和

猶覺春華在吟情首夏添清光流曲徑和氣透疎簾涼與渾
難定陰晴或乍簾兼楝風時蕩漾秧雨正廉纖窗小開三面
衫輕稱一褲碧曾含麥潤黃未藻梅炎雅句徵靈運
奎章補德潛
蝸蚴今珥筆更沐
聖恩霑
大法小廉
大小從公日和衷志莫違法原臣所執廉亦國之肥令肅三
臺严防嚴一介非笏紳傳正直篤盡慎纖微臺聳烏司憲冊
輕鶴伴歸忠肝侔鐵石峻骨戒脂韋正己收羣策同寅弼
萬幾旁官方澄
聖世熙陔仰
天威
殿前作賦聲摩空
直欲摩空起廷前試萬言賦聲淩朵殿詩句記高軒捧闕心
先切拈毫氣已吞酣吟翻嶽瀆狂顧窄乾坤金石齊敲戛都
京細討論九霄雲響遏三峽水源噴雪月輝詞藻煙霞埽墨
痕簪毫邀
乙覽
特擢荷
醲恩
天上玉堂森寶書
風月人間少瑯嬛寶氣森天邃書似海堂上玉為林地想雙
龍守詩曾五鳳吟西清輝竹帛東壁燦球琳石笈蟠螭壁瑤
階馬鑄金芸緗光艷艷色藜照沈沈祇許羣仙讀難從下界尋
彤廷方
授簡珥筆獻奇琛
莊敬日强
素志莊嚴久冊書敬義偕自强徵面壁惟日惕心齋寅畏神
常肅申夭氣自佳九容閑手足百體固筋骸臨衆冠裳飭頤
情律度諧又新君子德不息
聖人懷周誥圖無逸箕疇福孔皆

皇脩恭壽仰復旦煥
天階
夏雨生衆緑
未到迎梅節。郊原緑尚稀。衆山開夏景。一雨暢生機。小院聽鳩喚。前谿覩鷺飛。秧針穿水活。苔篆入簾肥。潑黛皴千點。排青送四圍。滿天蕉補幄。匝地柳成幃。濃碧新痕是。嫣紅舊態非。
御園雲
闓澤奚事句吟草
知人安民
人品昭三宅民情仰六官夔龍知勿爽鳩鳫化須安離照冰懸鏡咸和石奠磐薰蕕防錯雜稼穡念艱難大智推心腹深仁浹肺肝法廉衡鑒準耕鑿地天寬日省餐羞素星從悃獻
丹臬颺逢
盛世
朝野盡騰歡
政如農功
政績傳東里論功本似農力田崇禮義越畔戒横縱蒐稗仁須熟蒲盧道易從以時方可使非種斷難容疆井先疇服鎡基利器鎔藴崇芟草蔓耕鑿驗花封長豈苗能助言惟莠勿庸樹人欣百獲常沐
聖恩濃
臥聽村村打麥聲
高臥柴門小村村聽有聲人家方打麥物候正含櫻五嶽遊懷暢千疇曉氣清比鄰都踴躍剎椽不分明秋老鱗原接宵深蝶夢驚偶聞泥滑滑疑是木丁丁梅雨紅先綻秧風緑漸生雙歧今獻瑞
賞兼愜
皇情
敷奏以言
喜起颺言日賡賡協舊庸敷陳邀乙覽奏對矢寅恭韜鐸形同設芻蕘量並容阿諛防觸豸出納聽咨龍石自投淵受繩常引木從違聽矇瞍備拜善禹皋逢德已宣三謨應獻

九重
聖朝無闕事贊
治樂時雍
翠綸桂餌
妙喻雕龍擅論文比羨魚翠綸觀僅飾桂飾計翻疎制本伊
緡結香宜乃糗儲芝屏偏舞雀蘭櫂忽歌漁刷羽雲鈿似鈎
心月斧如忘筌情定左緣願終虛珊網搜羅處珠囊潤色餘
聖朝崇實學簪珥拜
丹除
夏扈趣耘
聽罷春耕趣新音布穀聞扈官方紀夏鱗隰又催耘綠喚梅
林雨黃鋤麥隴雲一聲初送煖千耦各依犀草宅休教蔓秧
疇尚待分有年期我粒非種戒人芸伯趙司應並候殭力倍
勤良苗需
帝澤懈解慍愜
南薰

守口如瓶
防意兼防口兢兢紀座屏持躬須有守捫舌卻如瓶鼎説期
能解卮言戒不經恥殊罍似罄孚冀缶盈庭論偶同封謐情
難等建瓴冰心原可鑑金背總常銘運甓功曾坊懸河議早
停甄陶歸
聖德
綸綍布
彤廷
春色先從草際歸
萬卉無消息春光尚未歸梅梢留晚節草際得先機舊雨經
年別香風此日霏燒痕猶隱約花信總睽違陳迹尋鴻印芳
期盼燕飛定知寒去早仍恐近看非夜齒黏初覺裙腰望半
稀待逢紅紫遍
上苑麗韶暉
政貴有恒
分尹東郊日敷施在有恒政毋更旦暮法貴守高曾稼穡思

無逸車書久則徵健同天不息明比日初升授產蹷情洽綏
猷至道凝萬幾釐允執一德矢丕承敬怠書宜凜羲軒(治)可仍
皇圖綿億兆
聖澤愜林烝

水彰五色
五色原無色全憑得水彰丹青俱可染黑白詎終藏其本皆
如是於他自有光筆香揮錦繡花影落文章定許難藍能出
誰云涅不妨事應參後素理可悟中黃滴露頻研墨披雲為
織裳
皇躬昭黼黻就
日効賡颺

德輶如毛
至德誰能擬輶如拔一毛研心同細髮察物及纖毫重豈齊
輿羽輕毋等弁髦成文噬豹鄰析理藉牛刀莫憚求疵劾須
煩洗髓勞池清看鳳翥風順許鴻翔休使皮同相誰誇目不
逃有倫欽
帝治維嶽祝
嵩高

老去漸於詩律細
年少耽吟久推敲律未知老來方入細此去漸能詩鬢已霜
千縷心如髮一絲課功同習坎立法比行師馬齒頻增後牛
毛畫析時揣摩經歲月敲擊到毫釐身世已潼寄襟懷庾鮑
期
蓬瀛今染翰綺歲侍
彤墀

楓落吳江冷
楓葉蕭蕭下吳頭浪影搬落花同二月冷信逗三江淡白迷
蘆岸紛紅墜蓼矼夕陽鴉點點秋水雁雙雙寒雨連前渡涼
雲壓半艭有時漁火襯何處寺鐘撞鐘阜明山色胥濤靜石
淙奚如培
禁籞
聖澤正鴻龐

淮南木落楚山多
未落淮南木渾難辨楚山幾經飄翠黛多見擁螺鬟小隱招
人住平明送客還半村黄葉裏萬嶂白雲間橘浦千頭化蓮
峰四面環洞庭波乍起湘水竹全斑露比春花鈌烘餘夕照殷
勝遊
蓬島近韶景悦
天顔
美哉禹功
幸免其魚患何人創乃功鴻謨追有夏駿烈紀司空鑄鼎金
銷牧陳疇範畀洪神書求白馬父蠱幹黄熊水别條南北田
分賦上中儻非三壤定誰使九河通德冠王猷懋勳承帝運
隆
聖朝修禹績漸被萬方同
滿山寒葉雨聲來
忽訝瀟瀟雨從來從萬壑疊巒那知山影瘦卻是葉聲寒雪
冷入誰埽天空夜未闌千岩摇落木一氣吼層瀾陣豈歸鴉

急音疑旅旅雁酸但聞秋瑟瑟不見露溥溥楓岸新霜飽松濤
老幹蟠何如
瓊島近
茂對愜
宸觀
山深四月始聞鶯
底事春歸後流鶯語不紛千山深獨絶四月始徐聞問竹疑
無徑遷喬未有羣疎簾遲聽雨仙洞静封雲萬柳天全奪雙
柑酒乍醺俗塵從莫到物候便逡分舞燕時尋壘啼鳩已趣
耘
上林先得路鳴
盛和
南薫

泰州市圖書館藏

禮園遺詩

（清）吴寶儉　撰

《禮園遺詩》一卷，清吴寶儉撰，據上海圖書館藏清光緒刻本影印。

吴寶儉，清江蘇泰興人。存義次子。有異才。官湖北府同知。

本書收録吴寶儉所撰七律《四十初度述懷》十八首。吴寶儉，貴宦子弟，自負其才，抑鬱不得志，所作詩亦多身世之感，讀來頗爲感人：『不爲鱸魚且漫歸，年年長負故山薇。三湘愁鬢青尊暮，萬里緇塵白雁飛。海國波濤回望合，梁園詞賦壯心違。亦知簿領非吾事，寂寞滄江舊釣磯。』

（周　忠）

題辭

綺思如雨氣如虹夢想鈞韶樂未終長吉才奇天故奪
歐陽名滿謫因叢騎鯨浩蕩朝仙闕賦鵩蒼凉泣鬼雄
宦跡十年江漢冷蕭蕭落葉水流東

秀水沈景修蒙未稾

四十初度述懷

十二萬年中有我若爲生日是今朝側身天地容醒醉
放眼江湖入寂寥俠想漸隨雲共散鬱哀都與夢同消
前塵影事分明在試仿揚雄反客嘲

洱海陸山侍宦游戟光烽影悉淹留狠朧夜識金銀氣
鼙鼓聲寒雁鶩秋壞石黃雲蒙詔壘朔風涼雨異鄉愁
徽南文藻今寥落懷古空登寫韻樓丙辰丁巳間侍先公督滇學居圍城中年餘

又度蠶叢石徑來鐃歌一唱上之回更從蜀道千盤險
親見潼關四扇開刺草戈鋋驚旅夢郵亭花月足詩材
春風吹綠東華路惆悵經過郭隗臺侍先公驛路改道秦蜀

簡書持節浙西東再侍軺車別轅紅轉益老人兒女累甲子先公奉命督浙學是年爲寶儉娶婦又二姊歸於季氏
劇憐心事馬牛風冬聞補行鄉試寶儉薦而未售趨庭嘉話傳詩禮報國冰操勵始終二百
年來誰得似白蘇祠畔祀吳公浙人士感先公之德於西湖立祠歲時祭祀二百餘年所無也

麻衣如雪拜江陰先公棄養寶儉與三弟奉母居揚州倚何悔餘丈調護孤兒
意最深料簡弟兄身外物扶持慈母病中心翦燈爲說
金根事丈於寶儉期許甚至常謂名父之子勿墮家聲煑茗同聯石鼎吟愁絕
西州門外路禮園回首一沾襟

當代徒聞盛風雅憐才誰復並濠州（謂芍子年丈見余詩招入幕府）愛人直擬三千佛顧我驚呼第一流白髮談詩班獨坐碧蕪尋夢起春愁感恩知己文人事除卻千秋未敢酬（箴丈相愛異於衆人時寶儉年少疏狂蓋不止醉吐車茵而已感激之心未嘗一日釋也）

一夜西風送短橈白門疏柳正蕭蕭極天芳草團秋色終古斜陽咽暮潮十部笙歌豪士賦萬重煙月玉人簫漫郎身是清寒骨未許天香入袖飄（四度南闈惟癸酉科與管才叔姜穎生劉叔裴潘蘊輝諸君及家瀚濤弟文酒之讌盛極一時）

揭揭驅車復　帝城郎官新入笑書生誰從洛下求名士忽覺江東有步兵挾策縱橫談表餌解衣磅礴見公卿登高一擲傷心淚更卷風沙作怒聲（乙亥以部郎入應鄉試會擬防海備邊自强三策上之當道是科又落第遂改官楚北）

二

牢落青霜一劍孤榜花從此謝狂奴待迎楚國新司馬長揖高陽舊酒徒鄧禹笑人甘寂寂屈原泥我醉烏烏三鑽六慎非難事只是名心淡已無

不須西笑望長安人說詩人大耐官猶把文章壓同輩更邀題品重儒冠涼波秋影蒹葭老城闕春陰棨戟寒爲報當時同學道本來風味是吳酸（到省後考試翁玉甫中丞取列一等一名其甄別留省考語日學問優長留心吏治）

長柄胡盧應自然□桑海水各因緣已拚數骨隨人熱

正恐才名有□憐卻爲養生留小病懶看多感入中年酒闌燈灺香銷處黯黯春心託杜鵑

緤馬髟纓轉饟來黃埃如斗向燕臺頹雲兩戒垂兵氣落日中原感伯才汲渚波光明驛騎大行山色照深杯平生自許旗亭唱天外黃流一綫迴

三度春明接詠觴薊門煙樹曉蒼蒼看花淚濺今明月貰酒人知舊肅霜天際雲迷鳴玉館夢中秋老鬱金堂十年六度桑乾水亦覺幽州是故鄉

不爲鱸魚且漫歸年年長負故山薇三湘愁鬢青尊暮萬里緇塵白雁飛海國波濤回望合梁園詞賦壯心違亦知簿領非吾事寂寞滄江舊釣磯

三

兩京風俗重循良誰爲清時策富强臥閣幾人疑汲黯行縉十載薄弘羊轉輸粟溢三軍飽平準書成百姓忘慙愧　九重褒寵詔長披肝鬲向青蒼

坐閱浮雲幻五奇怕持笑面學韡皮憐才黃祖眞傲倖比事紅兒有涕洟（二語皆本事）倚醉看懷金勸盞不平誰作玉彈惎讕言耳白兼名謗覽鏡潛窺轉自疑（相者陳潞塵相余耳白於面當名滿天下謗亦隨之此歐陽公謂東坡語也不才詎足當此）

莽蕩關河日未斜晴川楊柳不勝雅坐中高閣春無路愁外青山夢□涯□夜單衣歌白石畫圖□淚□桃花

諸十一遲菊[illegible]白桃化便面題云本來天[illegible]人[illegible]等差上瑤池種錯被八乎[illegible]命花令詩之痛哭使人一[illegible]

堪慰舊　賜書猶壓五車

短髮飄蕭百慮侵浮雲西北結曾陰苦飢雛鳳求新實反哺慈烏惜故林一偈待參清淨慧百年終負去來今坐中漫奏南飛曲閒託蠻箋爲寫心

禮園吳寶儉稾

禮園太守泰興吳少宰和甫先生仲子先生視學浙江獻方自閩歸從游問業禮園冠年跌宕不樂治舉場文字好爲詩歌亦不肎竟學先生則命獻可弟畜之先生謝病歸獻挐舟送之石門後二年梁木其壞猶與禮園揚州相見君以貲郎改湖北府同知入官

勤恁上官皆器異之君則忽忽不自得嘗治鹽權商民親之又能抗豪彊也大府露章薦達晉階將治郡矣遽病卒臨終灑然端坐而絕遺文散落方四十生日時賦七言律十八章回曲隱軫有身世之感以君門才不登甲乙科從仕十年所志不副伊鬱之故殆不自知戴君同卿少宰所舉優行貢生哀君之年感君之文傳寫前詩俾獻低回讀之不勝玉樹長埋之痛矣刻布人閒必有曠世相感者譚獻識

鐵珊小草

（清）費文彪 撰

《鐵珊小草》二卷，清費文彪撰，據上海圖書館藏清光緒六年刻本影印。

費文彪，字炳章。清江蘇泰州人。錫午子。恩貢生。苦心力學，以文學知名。

費文彪平生致力於舉業，至晚年始寄情於詩歌。卒後，親友從其晚年詩作三百餘首中，選取百餘首，編成本集，上下二卷。詩歌内容廣泛，感懷身世，論述古今，抒寫心情，留連光景等。亦録其好友黄荔、葛澐唱和詩數首。葛澐序云：費文彪詩作自寫胸臆，不介介於唐宋。讀此集中詩作，頗見其性情爲人。一些寫景詩頗爲動人，如《春日郊行》：『偶向芳郊步，始知春色繁。緑楊多近水，紅杏不離村。人語臨溪碎，鶯聲隔樹喧。淡煙飛漠漠，歸路已黄昏。』

（周　忠）

鐵珊小艸

鄮稽王繼香覲耑

光緒庚辰三月開雕

黃序 一

序

世稱高達夫五十為詩余謂非五十始著
意於詩也其平居浸淫書史鈎貫百家
鬱然有得於中一旦攄其所積行乎其所
不得不行故能蜚名成業焯然足以傳世而
行遠譬之江河導其源疏其流渾渾沌沌
放而為廣川洪河千里一碧蓋其蓄也深
故其出也不匱如老蘇為文晚出以驚世
非五十以前毫於詩未有聞也吾邑費所經
鐵珊於余二十以長而余前鐵珊學詩咸豐
初君館於鄉所居傍曰拳石山房去余家
不二十里余間過之過輒集之輒詩同輩
四三人据几蜩縮鳥之作蒼蠅聲遇所得
意則叫譟雜沓旁若無人君獨淡然不顧

上海市歷史文獻圖書館藏

間強々詩亦詩々輒工及君歸而雲散風流鄉々論詩者寥々矣憶同治初余與君如郡城舟次談藝良得及郡同遊平山堂梅花嶺諸處憑弔於殘山賸水間哆然自得如狂如癎君間哂余而不余厭也其後君館於南台環溪與壚間五七年蹟甚疏葛孝廉水雲余兩人文字契也一日走告

黃序　二

余鐵珊比好詩々且工余喜劇思函書索其詩粹々未及而君遽歸道山矣自是水雲數道君詩索余序會其事墳如在山手其遺草屬編輯將鋟之梨嗟乎士窮愁著書仰面屋梁劇肝鉥腎疲畢生之精力以成一編方其字鍛句鍊視千秋如旦暮乃往々朝露未晞音塵遽滅一二殘編

斷簡已如腐草溼螢奄然萎化其朋友昆弟輩又坐視其澌滅以盡而不為之所良可惜已鐵珊性沈靜不攖心世務嗜讀書早工舉子業既乃學為詩矣意必有鬱然得於中一旦攄其所積不能自已者設何以寬閒歲月剔抉洮汰磨々於舟堅其檝施其帆檣行廣川洪河中潆洄容與雖未知於高遠夫

黃序　三

何如要必有蘄乎其至者乃學之未久而天蘄之至可惜已詩之存者二百章後經趙丈漁亭暨水雲刪次戢少之余引劉眘虛詩僅而傳解之嗟乎鐵珊之詩具在讀乎詩如見鐵珊矣獨念余雖前鐵珊學詩而鬱茫如故從彭蠡絕潢孤帆莫駛乃嘵々然序乎詩發為高論既而惜益自媿已乙亥

花朝同里晚弟黃蕊譔

黃序　四

吾友費君炳章少工制舉業不恒作詩間作詩亦不存芘々名場者垂三十年々既艾橐筆走四方乃本其性情所得一寄々於詩蓋將藉詩以存其人因人以存其事故其詩率自寫胸臆不介々於唐宋雖於古作者不知何似而君家春暉草堂一集可以繼武矣先是存詩不多三數年間乃得若干卷易簀時手授其從弟砥山曰吾生平不得志於時存此數卷是即吾之志事也損如瓚若皆溺於時文弟素能詩其謀所以永吾詩者吾將責諾於子砥山受之不敢忘爰錄副本質之鄉先輩一二能詩者删存十之四五命余校勘余衰病不耐聲律

萬序　一

轉房之黄君荻生黄君羅塘知名士於詩不爲町畦與余爲古文詞交又嘗與炳章相房和以訂炳章之詩於炳章之品之遇之才發而爲炳章之詩者其必有合也已編既成索序於余之爲述其緣起歸之在山俾次於簡端姻世愚弟葛澐水雲氏謹識

葛序　二

五十始學詩自比唐高適吉光片羽存珍之如拱璧詩叟趙漁亭披閲何太刻再三搜求之平淡中繩尺君家春暉堂中和以爲則子美繼審言即此存詩脉我讀鐵珊草點勘事朱墨咳唾親舊闈性情快新得鄉筆復懷人涼月上牕槅俉寐不能忘葛君往昔側　弟澐又題

鐵珊小草

海陵費文彪炳章

上海市歷史文獻圖書館藏

雜詩

蔦蘿與松柏。厥性迥不同。一賦柔肥質。一具霜雪容。松柏挺然立。蔦蘿焉敢抗。附麗一以堅。蔦蘿出其上。松柏自蒼然。垂垂且相讓。

浮萍隨波流。兔絲罥林樾。浮萍語兔絲。離合無常節。昨宵明月圓。今宵有微缺。春風幾時還。涼飆忽已發。兔絲斷有時。浮萍自纜結。願作合歡花。相逢長愛悦。

妾如楊柳枝。轉側恆相隨。君如楊白花。飄泊無常期。楊花多飄泊。楊枝嗟別離。君既化浮萍。妾亦容顔衰。不怨妾憔悴。怨君忘故枝。

皎皎天上月。湛湛井中水。明月照井水。光輝潔如洗。明月有圓缺。東西無定止。井水有淺深。波瀾誓不起。願持井水心。隨月相逶迤。圓缺會有時。光輝照連理。　古心古節古色古香純從三百篇十九首得來　蓬生

過野田莊弔家此度先生

歷盡蠶叢別有天峨岷西望渺如煙浮家漢水殘
春艇賣卜成都舊跛仙高蹈肯隨鴻博試名山解
識寓公賢我來欲訪遺民墓萩萩淸風過野田
處士風期自足千古此詩足與漁洋茗生兩作並傳漁亭

題黃蓬生塡詞圖

不見黃生久披圖認未真尋君思縮地介我益懷
人吹笛坐花影塡詞空俗塵何時看畫壁同賭酒
千巡 淸空絕塵僕亦題兩絕句瞠乎後矣漁亭

詠物四首

何處久埋藏斑斕辨銅色若對秦宮人一見定相
識 古鏡

摩挲長不厭肉好亦精美兩字變篆文眞人兆白
水 古錢

上有梅花斷下有雷氏銘莫怪不上絃彈之無人
聽 古琴

舊伴都化龍此物獨鏽澀疑是荆卿魂匣中陰雨
泣 古劍

轂日過繆湘芷先生廢祠

湘花湘草悟前身不信頭陀此夙因江左名齊十
五子楚南俊拔一千人豪情賭酒空羣輩妙手探
花占好春太息餘園風雅盡荒祠重過淚霑巾
豪邁絕倫起尤超脫漁亭

讀吳陋軒詩書後

閱盡滄桑鍛鍊精不求聞達重公卿能傳陶杜真
衣鉢自得風騷古性情僻處海隅終卻掃孤吟盛
世竟知名零珠斷璧珍希代把卷公前一告成 [illegible]
夏退庵先生刻陋軒詩續

春日郊行

偶向芳郊步始知春色繁綠楊多近水紅杏不離
村人語臨溪碎鶯聲隔樹喧淡煙飛漠漠歸路已
黃昏 晚唐佳境遂生

在山弟以哭兒詩見寄依韻酬之

到手明珠不自持書來痛詠悼兒詩名花結子嗟
何日香草宜男又一時生本鍾愁如杜宇春偏惹
恨到將離剛兒雅有池塘句好夢除君更屬誰

寓齋感懷寄塤如璜若兩弟

旅雁叫空汀，離羣爲謀食。謀食非能已，聚飛苦難得。嗟余昆弟間，謀生計太拙。嫁衣爲人忙，饑軀不遑恤。咫尺便天涯，可望不可即。漠漠羅塘雲，皎皎邗江月。人生無百年，年年悵離別。我返弟未來，弟歸我又出。別時各一方，聚日翻如客。燈前自照影，雙鬢已成雪。悔不事躬耕，出入同作息。把酒話桑麻，此樂永無極。

悼亡

黔婁無事不艱辛，荆布相依豈厭貧。一紙虛名空望我，十年奇疾太磨人。青春已共窮愁日，白首依然落拓身。惆悵斯飢歸季女，風前老淚更霑巾。

先大父詩集梓成感賦

幕府詩人聚，聯吟著萬言。全文嗟已失，賸稿幸猶存。校正頻刊誤，搜羅敢憚煩。一生心血在，家學重淵源。

村居晚眺

村東屋數椽，終日此閒住。前後編竹籬，隙地種蔬具。好鳥弄圓吭，春風自來去。同志三五人，讀書永朝暮。心賞不在奇，妙義貴善悟。閒來步門前，夕陽隱煙樹。野曠寂無人，頗得靜中趣。隔澗菜花黃，水鳥破煙度。愛此遠塵囂，澹焉行吾素。

詩境在陶孟之間　水雲

書鄧孝威先生詩後

慎墨堂中宏搜羅，詔旨特膺鴻博科。大哉京師人文藪，尚書龔合肥座上詞客多。開筵劇演息夫人，不言不笑桃花春。羣公賦詩方蝟縮，先生下筆如有神。千古艱難惟一死，原詩句不覺主人額有泚。罷席不歡可奈何，如棒當頭雷貫耳。君不見同時錢牧齋，宏獎風流誰與儕。可憐傾國傾城貌，兩朝人物遭譏詣。吁嗟乎，尚書威望不足道，一失足成千古。詰合肥常熟遥相望，先生吾邑杜黃岡，人之多言亦可畏，嘻笑怒罵皆文章。

賊退同蓬生過梅花嶺

巍巍梅花嶺，名勝成千古。烈烈忠臣魂，衣冠葬斯土。我昔拜公祠，石刻徧牆宇。豈料癸丑春，紅巾驅豺虎。城北一炬消，無復存遺礎。營壘斷續閒，月黑

聞軍鼓卽今過此地野花紅無主新建復何年單
書仍旁午公有裔孫在攀數典無忘祖

附和作　黄荔

前輩在左山一見定千古前生文文山再世殉
抔土孤臣等劫灰遺像肅祠宇蕪城屢判榛殘
穴掘豺虎剔蘚看舊碑掃石坐遺礎緬昔誓師
時軍心一泣鼓灑血上梅花丹心耿故主忠魂
夜夜歸香冷出月午鉅典特褒忠宏惟我
聖祖

康山草堂

有明康武功才華迥出類一至劉瑾門專救李北
地緣此遭淪落中雪無人議淪落老江南草堂詩
酒寄酒酣抱琵琶錯雜出奇致中有慷慨聲似訴
平生志負心彼何人吾自行吾義後來有公評詎
爲賢者累人傑地乃靈名山足仰企至今蜀岡路
流風猶未墜

附同作　黄荔

殘峰一角稱幽尋不聽琵琶感倍深豈以權宜
墮氣節最難城市得山林才人放浪疑流下詞
客飄零合陸沈欲覓酒闌了鬢影蒼苔如髮滿
碑陰

述懷

弱齡失怙恃孤露良可悲兩弟年更幼朝夕自相
依丁單門戸弱所願早生兒生兒苦不育只在周
晬時幸而姪成行其中多英姿在我爲猶子祖視
同孫枝先祀苟有託不至悲餒而

登靖海樓

高城樓閣瞰東偏刁斗森嚴憶在年依舊承平風
景好倚闌斜日上墟煙（前見承平尚當善後景中有補正於言外得之遂生）

懷狄衡堂

君家溧陽縣僕居海陵鄉南北隔千里天合聚一
方兩情特相契一日奚能忘君昔館下河秋風一
葦杭旦暮輒聚首杯酒成歡場今君復遠行有懷
中心藏見面復何日徒勞引領望君軀善自保海
風最淒涼毋爲鬱鬱居神采宜飛揚鷗鷺幸無恙

終隨鸞鳳翔，惓惓故人懷。尺素恆寄將，仰首望飛
鴻，煙水空茫茫。
情真語摯，最似香山。結筆寫入空際。送行者自崖而返，君自此遠矣。蓬生

洪忠宣祠

爲迎二聖銅窮邊，竟許全忠敵亦賢。雪窖魂銷歸
北地，風波獄起又南天。孤臣報國言何激，宰相和
戎意太堅。終古巋然兩祠宇，淒涼忠武復忠宣。

祖龍

祖龍愚黔首，大索天下書。盡以畀炎火，毋乃愚之

愚。咸陽付一炬，宮殿成邱墟。咄咄焚書時，此火種
厥初。

題黃仙裳先生戴笠小像爲蓬生作

數典不忘祖，舍公奚與歸。眼前漁父笠，心上餓夫
薇。露引新桐乳，公有桐引樓悠然堂集 風高大布衣。悠然遺
響在，一蓬白雲飛。用意深微，措詞婉約，先逸老拜賜多矣。蓬生

書李將軍傳後

將軍年少久知名，射虎威聲振北平。過眼榮華看
衛霍，到頭功業歎韓彭。數奇無復封侯夢，老憊難
堪出塞行。莫向灞陵修舊怨，窮遭胯下亦恆情。
慷慨任氣，收亦侘傺無聊之語。漁亭

海陵述古

海陵瀕海濱，古屬廣陵郡。秦漢六朝間，斯文未啟
運。南唐改州治，風會日以盛。炎宋三百年，查周兩
著姓。科第與人材，史冊足徵信。起家由辟薦，卓哉
胡安定。巍巍食兩廡，至今光邑乘。
有明繼元興，人文益蔚起。卓卓儲柴墟，學業光青
史。得謚曰文懿，一代重褒美。羔羊素絲風，流被諸

君子。所以文昭後，理學嗣未已。心齋稱大儒，天下
仰宗旨。最後一老遺，陋軒詩教啟。
國初繆司寇，久噉才子名。定庵宮中丞，亦擅著作
聲。同時相輝映，兼有俞與陳。極盛難爲繼，於今二
百春。俞氏宸翰樓，繆氏清響園。草堂春雨社，遺
蹟皆荆榛。我亦生茲鄉，悵望徒酸辛。
山林有傑作，緊惟鄧與黃。蕭蕭桐引樓，皦皦慎墨
堂。曠代數逸才，兩家相頡頏。孝威本寓籍，楚材晉
用亘。嚴苦敵陋軒，此道歸仙裳。歸然杜來閣獻壇

坫開羅塘我題藏笠像懷古心徬徨

冬日偶題

嚴冬景物自然新空谷幽居亦可人竹葉搖風偏灑脫梅花著雪倍精神山林大有閒中味几硯長隨老去身愛絕杜陵詩句好草堂吟咏足生春

不著一字自然清淺 木雲

樵薪歎

天生萬木供人用也須十載培梁棟樗櫟棄之不足憐杞梓楩楠合矜重貧家買樹連巖阿冬來入

山施斧柯連根帶幹歸爨下材與不材摧挫多吁嗟取材非大匠櫟社有靈氣彫喪就中縱有青琴資蔡邕不遇空惆悵

感物撫懷與老杜古柏行可謂雙煙一氣 衡堂

戲題凌章甫我我圖

古今著我須臾耳人海光中幻泡似我爲我兮爾爲爾彼非我兮我非彼我我周旋何日止恆言求我勝求人我求我兮非一身我外有我相依因此酬彼酢罷精神認影迷頭嗟苦辛是知有我無一可不如無我脫纆鎖既無我矣我何所圖畫之我擲何夥章甫對我一笑哆我謂章甫言非左十二萬年大轉輪請君自想誰爲我

信手拈來皆成妙諦鄉世丈王子勤告余擬作駢語展紙數四迄無下筆處然余亦有作元之又元人非想非非想天更不知作何禪語也 蓬生

三月三日同人招集碧雲館看牡丹

碧雲館裏開花筵微雨著花花更鮮比似朱唇得酒暈天香國色酬神仙共說今年花事早我道花遲花較好花開既遲落亦遲不然富貴徒草草舉酒問花花不知吟詩玩花須及時請各帽簷簪一

朵莫待無花空折枝主人薄醉杯在手笑勸諸君飲一斗不須檀板與金樽花如解語歌進酒主客唱酬各盡歡單衫半倚朱闌干明年花發朱闌在舉座同看亦大難

流連風景與會最佳花如解語當驗然一笑也 木雲

蔡殿卿招同王樵山耕齋昆仲會飲即席贈句兼簡平三

難得羣賢集一堂連朝折簡意難忘雙蓮我已驚宜髮五斗君能洗爛腸春酒熟時頻會飲好花開處共聞香尊前忽憶柴墟客吟就新詩孰寄將

江村

策杖尋幽偶出門，悠然新綠滿江村。花能解語偏難得，草爲長除自不存。野老性情多古淡，暮春天氣半寒温。眼前色相皆增感，且把香醪酌一樽。

看籠中白頭鳥戲作

小鳥不知愁，儼然一羽族。如何初長成，顛毛已如玉。生小入牢籠，那解怨春風。春風既不怨，甘作白頭翁。我是白頭人，汝乃白頭鳥。人豈鳥不如，知止定宜早。

一小題耳，獨物可以見道，得大學引綿蠻詩句之旨。此才酷似歐北。蓬生

同曹雨亭碧雲館再看牡丹

前日看花君未來，今日君來花盛開。花神約略解人意，勒待君來同舉杯。碧雲館裏朱闌繞，一樣精神比前好。十分開足替花愁，飄零明日如蓬葆。主人聞言贊名花，花開十日無敧斜。歐紫鞓紅各相鬬，諸君玩賞非虛誇。酒酣促坐重翦燭，笑嗤濃豔豐於肉。我無彩筆賦清平，富貴場中描不俗。

齋中遣懷和在山贈韻卻寄

燈前惆悵感華年，往事回頭倍黯然。立志也曾羞絳灌，知音何處覓成連。江山助興添新詠，人物闕懷理舊篇。待得清秋同步月，流泉自鼓不須絃。

附原作　　文溶

落拓青衫五十年，白頭作客倍淒然。才華老去高常侍，春草愁生謝惠連。佳節藉歸成聚首，行囊最富是新篇。相逢只恐相離速，重整琴徽一撫絃。

大雨連旬夜感有作

喜雨詩成雨未休，連宵翻變喜爲憂。家常已覺薪如桂，夢醒渾疑屋是舟。兩鬢飄蓬爲客老，一燈如水照人愁。稻粱我亦謀生計，等是征鴻望有秋。

格律深穩，情與景合。蓬生

夏日園居

閒數新荷放幾枝，賞花剛趁乍涼時。四圍雜樹濃陰好，真箇行天午不知。

幽人趣味野人風，煮茗泥鑪細火紅。好是碧梧高柳際，一琴眠在綠陰中。

江天雲樹望依依，出谷鶯聲聽已稀。正是閒情無

著處斜陽影裏一蟬飛

何必讙呼雜缶箏也無紘索感離情晚來牧笛兼樵唱當作吳歌子夜聲

南越王

蠻夷大長號如何割據英雄數趙佗乘勢聊分秦土地識時不覬漢山河一生保境稱尊老千里開邊養士多從此高臺常北向南中應唱百年歌

環溪秋夜

客舍棲遲夢不成秋衾如水薄寒生西風落盡庭柯葉一夜蕭蕭直到明

庭前菊

庭前幾叢菊灌溉閱昏曉地同根亦同天意難了了今年花發遲去年花開早捲簾問花枝遲早究誰好

附和作　葛澐

西風搖瘦枝白露挹清曉蒼然秋色來浮華妄已了美人媚幽獨好花忌開早天留晚節香秋容澹逾好

黃荔

白露發華滋黃金綴秋曉東籬寄亦佳南山望未了魏公晚節香陶令歸期早捲簾對瘦人交情澹彌好

詠古蹟囘首同人用由庚集原題

片石如羊萬古留先生曾此策孫劉周郎亦是無雙士一任曹瞞壓上游　狠石

酒邊橫槊亦英雄烏鵲南飛唱未終八十萬人同一炬更誰輕覷大江東　赤壁

兩家協力拒曹兵歸妹如何釁又生千載蟂磯嗚咽水至今猶作不平聲　蟂磯

雄才如虎猘兒誇才定江東禍已加一髮中原遺恨在空亭愁對夕陽斜　虔亭

附和作　黃荔

淚捲前朝怒未降酒邊風月落船窗都將折戟沈沙恨隨著東流入大江　赤壁

望夫石畔水濺濺此去魂應化杜鵑一片江潮磯不得至今和淚入西川　蟂磯

一卷抱冰雪，空庭生積寒。風聲酸似箭，月魄滿如丸。有酒今宵足，無錢明日難。嬌兒差解詠，偷把近詩看。

情景逼真，家常語，御非老手不能道。遂生

冬夜飲

梅花窗外發，美酒席上斟。有酒不飲花相笑，有花不賞非知音。青州一從事，孤山一主人。舉酒屬花花如雪，對花酌酒酒盈樽。酒香花香十指出，但覺一氣相氤氳。且飲且醉梅影動，老鶴一聲天地春。

興會淋漓，酒氣拂拂從十指出，結句尤高。漁亭

登岳阜

斗大一城角，累土爲高邱。湖水何湯湯，樹木何修修。歲久氣脈疏，矗天嵐光浮。豁然足遊覽，眺望城四周。隔江羅遠山，拱揖西南陬。緬昔岳忠武，孤軍屯江州。柴墟復退保，森然營壘稠。吾城未守禦，士馬何曾留。威靈所至處，草木生清秋。矧在忠義士，道與天地侔。豈惟重手澤，石刻書法遒。我來拜遺像，懍然憂國憂。一朝鑄大錯，忠憤無時休。潮水何湯湯，樹木何修修。再拜呼岳爺，蒼天真悠悠。

訪德香閣故址感作

吾州德香閣，向在西橋西。結構傍河干，垂楊覆水湄。閣外多梅花，斜枝壓簷低。名流每讌集，觴詠爭賦詩。漁洋有佳句，風流人欽遲。至今百餘年，樓閣無從窺。朱闌一以朽，紅萼空相思。疇昔盛文雅，彈指傷興衰。流水澹無語，遠煙迷一畦。斜暉映古木，照見寒鴉棲。

歲暮書懷

江村寂寞又殘年，客被寒生釀雪天。白鶴能吟如

我病，蒼松竟老有誰憐。愁纏理緒千絲亂，醉到忘懷萬事捐。還爲梅花問消息，關心最是綺窗前。

過環溪口號

陰霾無際日沉西，轆轆車聲滑滑泥。我有詩懷隨載轉，滿天風雪過環溪。

到家

作客經三月，家貧事可知。窮恩從僕散，失學聽兒嬉。薪米勞心緒，風塵驗鬢絲。綺窗梅半放，似要主人詩。

在山弟與江曉峰雅故曉峰殁集同人爲梓其遺稿予感而賦此

少小能文足慰親鬓花一現究何因生前才氣原難閟死後交情更見真收拾珠璣勞舊友得鋟棃棗亦詩人卷中無限飄零感從此泉臺莫愴神漁洋論詩絕句君看少谷山人死衹有平生王子衡計甫草讀之痛哭流涕此又一重小公案也能不泫然淚生

謁王心齋先生祠

心齋先生生海東千秋絕學一悟中讀書不出孔

與孟事物名理相貫通陽明忽創良知學遠求指授驚頑慵西江一見道明敏析疑辨難安肯窮宦遊京師返鄉里後學誘敵如振聾子弟亦列名臣傳理學相紹傳家風我謁公祠生敬仰安定之後復有公可知生才不域地克自振拔皆英雄陋軒老我亦生斯里先生稱大賢同一自任意遂生

除夕

凜凜寒從朔吹生蕭然餽歲少逢迎劇憐民力彫殘甚半晌纔聞爆竹聲

催租人去橐無錢還對梅花手一編小酌屠蘇看刻漏再遲三刻是明年

門人蔡映齊
阮宣傳
萬景清
倪肇魁
王維翰
戈汞平
邵汝霖
孔憲洙
曹士俊校字

鐵珊小草上卷終

鐵珊小草

海陵費文彪炳章

雜感

盜跖以壽終英雄以冤死幾謂蒼蒼天顛倒竟如此豈知古豪傑所志在勳名功業苟克建自顧不虛生縱或抱冤死乃載大福去揆諸逝者心冤抑不必訴天壤幾奇傑遭讒斃其身功言兩未就有時而必伸婦孺識孤忠返已惟一是此正令終者姓名光青史

柳枝詞

春風催柳柳色青離人攀折無限情年年人閒管離別豈知飛絮先飄零何如荒村河畔好馬嘶不到車塵少此柳長大空十圍無愁無怨垂垂老卻顧長亭攀折枝爲誰綰別傷懷抱

春日客中苦雨

春色年年負故園杏花時節又江村鄉心惱亂紛紛雨未到清明已斷魂

戲贈在山弟

出山不可急在山不可淹出山與在山其中有道焉我弟少年盛風雅豈甘局促居人下但恐出山攖俗塵一邱一壑空藏寫何如在山能自持白雲白石詞香山次山詩吟風弄月隨天機董書萬卷無停披山中清趣自領之奚事勞勞利名馳我更爲君進一辭出山水常濁在山水常清白圭一玷難磨濯惟有太璞完其貞不然君何取以在山名

附得炳章兄書並見贈詩一章作此酬答　文溶

相去不百里兩地長相思花晨與月夕各各成新詩前日君書來榮名以相期今日君書來守身以相規要我出山去寄我在山詞在山爲遠志遠志不可知出山爲小草小草奚能爲泉水有清濁白璧無瑕疵在山而出山君其無我嗤

憶金陵謝雨生茂才

西風白下舊停驂翦燭何時更快談燕子不來門巷遠夕陽山外望江南　風神諧美情韻絕佳僕亦有贈金陵謝客詩云夕陽語燕烏衣第小雨聽鶯白袷衫較此覺凝重矣遂生

盧忠烈公墓

山川鍾毓產奇才。文武兼資命獨裒。眼底經綸難展布。胸中兵甲起疑猜。滁陽擴臂藏荊棘。蒿水甘心沒草萊。話到武陵無限恨。英風烈烈墓門來

明妃

一曲琵琶訴別離。出宮翻幸妾逢時。玉顏零落知多少。不待昭陽總不知

楊妃

一騎紅塵罷舞餘。漁陽鼙鼓太模糊。霓裳三疊都驚破。尚記清平舊曲無

遣懷

閱歷纔知境不同。心隨境轉更難窮。酒逢歡樂豪無敵。詩到窮愁句易工。時有烏聲鳴上下。忽來雲氣漾西東。廟廊那識山林趣。竹裏烹茶沸火紅

宿村寺

寂寂禪林別有天。一燈風雨對愁眠。五更殘夢依稀在。臥聽鐘聲到枕邊（頗近唐賢　漁亭）

燕子磯

陡絕燕子磯。金陵此門戶。帆檣江上來。浪激如鳴鼓。覽勝更尋幽。懸崖壁峭古。旁有空中樓。鐵索仍盤桓。其下十八洞。洞洞歷險阻。欲遊心先駭。中恐伏蛇虎。登磯入古梵。題壁詩滿廡。老僧坐禪牀。不管風波苦。忽聞欸乃聲。漁唱入煙渚（收筆煙波無際　遂生）

登清涼山

客中無事好遊宴。蹇驢破帽遊不倦。清涼山倚城北隅。一路風花千萬變。我到山前直上山。佛殿僧寮看已徧。問何士女多如雲。乃知佛誕（時七月晦）香花

薦。山峰絕頂翠微亭。登之恍如天外見。微坐清風徧體涼。熱客到此難留戀。遠望青天萬里空。一片江光搖匹練

喜晤狄衡堂即時告別悵然有作

淡雅如君少。相交離亂中。懷思長渺渺。見面太匆匆。文教開江北。幽居樂海東。河梁今又賦。天末望飛鴻

采石磯懷古

金亮敗盟不顧後。雄兵百萬東南走。立馬吳山第

一峰枚舉諸將復何有顯忠新帥猶未來劉錡病已回京口宋人斂師保江南建康全憑采石守虞君奉敕來犒師敗軍倉皇無人受賞以金帛鼓衆心授以旗鼓驅孽醜以一當百敵披靡鼓聲雷震蛟龍吼嗚呼朝廷養兵三十年大功乃出儒生手

江上

北固山前好放舟海門東望路悠悠金焦兩點浮江面晝夜奔流下潤州

月滿船頭快舉杯江天遺迹緬雄才六朝人物漂

流盡賸有寒潮去復來

再謁史公祠爲華樓使君作

邗上偶羇留復謁公祠宇深喜使君賢家聲紹祖武助貲乞大吏經營畀工若正殿極崔巍峩峩瞻庭柱其旁多隙地亦復成廊廡幽然曲徑通黃花澹一圖雜樹頗成陰遥與梅嶺伍梅嶺補千株歲寒花應吐即此慰忠靈庶以妥神主念自粵賊平江表久安堵興復首寺觀於義究何取惟公正氣存千秋宜肅俎幸賴使君才舊制重規撫徘徊不能去邈然坐懷古

夜泊仙女廟

百里揚州路宵深泊小舠秋風剛獵獵江水自滔滔翦燭敲詩穩當關榷稅勞欲尋沽酒處霜月一天高 詩律深穩更冷雋 漁亭收

我衰

老伴漁樵亦宿因蕭然物外見天真甕無旨酒難成醉室有藏書不算貧小酌寒泉尋澹趣招呼明月證前身我衰百事都隨遇竊慕無懷以上民

流水今日明月前身詩境如是 衡堂

詠明王珍

友諒擊殺徐壽輝玉珍絕諒不東歸竊據東西兩川地公然帝制敢自爲偏安半壁獲傳世子昇已立明加師一朝生降面縛至卒與陳理同遷之遠徙東海亦何罪可憐兩稱均無知飄流異域孤臣淚回首中原萬里悲吁嗟乎當年割據空爾爲

處境

人生有順境遇之不宜早人生有逆境當之怕逢

老少年席豐厚性真易汨沒晚年遭困窮形神苦勞役在天本無私在人貴有識萬事惟一理乘除有定則其初能刻苦其終自閒適

讀北宋紀

沂公下謂豈無端權變機宜國始安一語皇堂移絕地至今想見拔丁難

紛紛新法苦煩兗相國經猷孰敢言難得流民圖一幅憂時翻屬鄭監門

司馬當朝困始蘇中原父老正歡呼如何洛蜀先

分黨得免奸人抵隙無

宦豎開邊爵進王權奸蠹國屢平章從知宰相分公媪不信河山屬汴梁

吳宮曲

張吳創業國蘇州巍巍高建齊雲樓明師並力來爭隘常州一失吳宮愁愁絕金閶城莫保黃葉西風空自憫深心獨有劉夫人積薪樓下不驚擾一朝城破軍聲囂齊雲樓火沖天高闔宮子女同灰燼巾幗鬚眉愧足豪厥後士誠拌一死閉口不飲

建業水功雖無成志可矜雙雙俠烈誰堪比姑蘇宮殿又荒涼轉瞬銅駝荆棘藏行人懷古空憑弔遺迹從何問戰場

西湖偶題

天晴策蹇快閒遊一望臨湖半畫樓好是湖心亭畔立水光山色上簾鉤

爲訪仙蹤處士家崎嶇石磴日西斜裏湖水色濃於酒愛絕孤山一盞茶

登君山

驪馬崇岡石徑開蒼茫煙樹足徘徊遠天孤鶩時無有終古寒潮日往來人物六朝悲逝水江山一覽快銜杯回頭笑指春申墓戰國於今幾劫灰

終古句健　紹衛堂

丹陽行弔張統帥

人生大節惟一死百戰無成竟如此憶昔狂寇據金陵十二年來苦用兵功成八九城垂陷長圍一潰衆軍驚潰止丹陽勢不敵泣望援軍相協力援軍不至可奈何敵指空嗟人誤國君不見國能殉

難在孤城將軍野戰旁無人八百背嵬軍潰盡仰天一哭孤君恩橋下水流急如許橋頭立馬復何語心如白水肯受污此是將軍畢命所吁嗟乎國有權奸無英雄疇昔封侯夢已空將軍死後仍嗚咽千載滔滔水向東

泰興道中

莫問舟車便郵程約略同溪環江水曲路斷小橋通麥隴鴉團雪蒲帆燕趁風客心驚歲晚歸思大匆匆

鐵珊小草　下卷　九

述意

五十年始衰車行苦犖确頗頓半日閒不覺微疾作飲食漸澹微神思亦落寞纏綿近半月勿藥終不霍白晝難自遣新詩且咀嚼

客夜對月有懷

屈指離家日於今近廿年諸兒皆長大老我已華巔松菊荒三徑桑榆守一氈何時歸故里舉室月同圓

柴墟懷古

退保軍難撼臨江鼓角鳴秖今餘戰壘猶自號官營天地成忠氣村墟仰大名前朝遺座在永永奉神明（岳廟神椅係宋時遺物）古刹十年功先生學已充文章韓吏部奏疏陸宣公品望前朝重科名隔代崇惟憐讀書處不見碧紗籠（儲文懿讀書於此故集名柴墟）

枕上聞柝

旅館冬殘夜何人擊柝行驚心憑一枕搔首到三更託迹身如寄還家夢不成客愁難自遣無那此聲聲

鐵珊小草　下卷　十

寄內

風塵潦倒苦勞薪家室支持仗一身椎髻半生恆累汝平頭百歲尚依人米鹽日計都緣儉虀薛天寒肯耐貧料得禦冬多旨蓄客中何事更煩神

冬至感懷

頻年蹤迹寄他鄉又見吹葭轉一陽鏡裏衰顏悲馬齒窗前過隙歎駒光名成白首談何易書對青燈味正長試向梅花問消息天涯愁見月昏黃

情與景合如對冷蕊疏枝令
人清絕撲去俗塵五斗遂生

深思

天命誰能五十知此生閱歷耐深思屢驚烽燧家無恙頻度凶荒食有資荆樹孔懷歡對酒梅花入夢快吟詩關心後顧奚奢願一縷書香好護持

行路難爲仙屏作

行路難行路難蜀道千盤不得上行人望之思飛翰行路難行路難瞿塘三峽不得下行人見之畏急湍豈知蜀道雖高可叱馭瞿塘雖險能揚帆人

生險夷無定所咫尺之地發永歎駕舟一葉離城三里朔雪微飄寒風陡起冰衾無可設濁酒無從熱艙中煙火絕渾身冷似鐵危坐中宵天慘黑行路之難有誰識

出門

一生慣行役出門有何忌況我爲鮮民内顧更無累臨歧卻踟躕似有難言事子弟已及冠書册恐廢棄倘能自親師朝夕資瞻記客中亦怡然可以安夢寐堂堂七尺軀望汝成大器窮通雖有命得

失詎無意念之心徬徨箕裘那可墜歲月任駸駸努力繼先志

野園

園居闢三弓四圍環雜木樹木計十年叢薄成林谷當春衆葉披紙窗上新綠清氣生肺肝奇書大可讀彷彿杜陵詩牽蘿補茅屋幽人獲此居庶以遠塵俗

寄懷葛水雲姻丈

相逢不厭酒杯頻豪氣全除白髮新屈指誰爲天

下士賞心空望眼中人窮愁詩興都應減冷淡交情更覺真手把一經傳小謝何須京洛問緇塵

附和炳章見懷之作兼寄黄荻生　葛澐

取次郵筒贈答頻老來格律轉增新江邊舊夢尋漁父天下奇才出酒人入道尚多妻子累言愁倍覺友朋真詩成更屬黄雙井爲我煎除五斗塵

附水雲賜示和炳章之作依韻酬之

黄荔

三家旗鼓去來頻各自爭奇壁壘新席帽不離窮措大布衣終少僞通人老專詩律高常侍狂有淸名賀季真徑欲騷除歸隊伍馬頭猶見甚囂塵

讀史

秦皇滅六國侈然肆無忌大起阿房宮傳家只二世隋文繼周起節儉以爲治廣乃狩江都再傳無尺地兩朝異作用同爲天所棄乃知天眷德奢儉

其餘事

南朝陳後主麗華藏金屋擒虎絕江來井中甘受辱及至李後主文翰委心腹曹彬下江南入汴爲臣僕兩君殊好尚家國等傾覆金陵王氣銷先後同結局

村居漫成

曉起窗前聽鳥鳴一犂雨後看春耕醒時理自杯中悟醉後詩多枕上成寂寂園林偏有致閑閑花草豈無情我生才調嘗無幾何必高言擁百城

掃墓作

一年一掃墓先壟草離離翦棘宜今日封阡待幾時寸腸隨轉轂雙鬢已成絲獨立斜陽久蒼茫無盡思

范公祠

憂先天下憂樂後天下樂二語方古人此心禹稷若大任在布衣兵農與禮樂餘恩及鄉井事事有條約峩峩范公墳悠悠范公隄海隅蒙利澤建祠祀西溪吾州有祠祀向來苦窪低近得鄉校議上

告刺史知棄彼比邱庵爲公香火祠爲民捍大患祀之禮則宜山高而水長千載有餘思

起結最超忽漁亭

野望

野田犖确偶閒遊麥隴風高滿目秋劇喜平原無障礙隔江山色望中收

自遣

客裏對芳華離懷觸緒加有詩多即景無夢不還家蠶學三眠柳蜂歸兩股花偶然來舊雨把酒話

粢麻。

初夏有感

客遊幾日便回舟。滿目黃雲已麥秋。舊雨有誰來館舍。新秧正好插田疇。不時寒暖多生疾。每念鄉關易惹愁。寂寂蕭齋枕肱臥。夢隨煙水逐羣鷗。

寄贈黃荻生

十年蹤迹等風煙。雲樹蒼茫意渺然。一水相望難縮地。有才如許合通天。君試秋闈通天臺表賦爲一時傳誦每疑狂士多無賴。但作詞人亦可憐。忽憶舊盟拳石在。玉

梅花下遂聲圓。

附次和炳章見贈之作並柬葛水雲

黃　荔

幾許吟懷一縷煙。仙家縮地事茫然。心香我屬黃山谷。手筆君疑白樂天。書遠卻隨新雁到。才微秪得故人憐。倘逢句漏求砂客。爲報燒丹火未圓。

詠古

書授黃石公。遊從赤松子。報讎功已成。神仙最知止。張留侯

江夏首追操。渭南終困懿。三分非不知。討賊乃吾事。諸葛武侯

半部事藝祖。半部相太宗。深謀藏金匱。不在論語中。趙韓王

古誼若龜鑑。忠肝如鐵石。報國雖無成。仁義乃安宅。文信國

正統已北狩。景泰又南遷。功罪兩難定。奇冤當問天。于忠肅

搆兵有高黃。誤國有馬阮。大廈一木支。松柏傲歲晚。史忠正

五月一日作兼寄塤如

光陰草草近端陽。行李蕭條擬束裝。但覺歸心才輾轉。頻教詩思亦微茫。半生客裏鶯花老。千載壺中日月長。歸去定逢蒲酒熟。石榴紅處共飛觴。

伯氏吹塤仲氏篪。偏嗟歸計不同時。一家骨肉團圞少。百里音書慰問遲。長日琴棊聊自遣。短檠風雨有誰知。從茲結夏聯吟社。拄杖看雲繫我思。

斟酌所喜逢夏日野處恣脫略科頭而跣足高懷
自落落絕勝冠蓋途揮汗事酬酢

讀唐稗史書後

大唐天子最風流朝臣賦詩拔其尤上官昭儀才
無匹主試不須外廷求昆明池上鸞聲食樓下詩
呈樓上閱頃刻落紙蛺蝶飛塗抹俱出昭儀筆披
沙揀金過目疾一紙題名標甲乙舉朝屬目目二
人光輝自顧生顏色宋之問沈佺期堂堂兩鬚眉
鬚眉若非巾幗賞焉得一時人稱奇吁嗟乎蒙恩

特拔心原快恩師宜向昭儀拜爭奈欲拜拜無門
天上人間有限界只今女子作試官千秋佳話唐
人傳

中秋次在山韻

一年最好是中秋難得雲消月上樓童穉嬉遊真
自得弟兄歡聚總相投且看兔魄生輝滿不許驪
歌動別愁佳節正逢禾大熟眼前瓜果倍清幽

附原作　文溶

擓衣隨步快登樓雨氣全消月色幽百歲光陰

將歸寄在山

風雨離懷困一隅他鄉兄弟兩踟躕室非異處偏
難聚詩有同聲幸不孤老與自慚康樂減清才得
似惠連無篇成徊趁車先發幾許愁心挂轆轤
收沈攀雄有古意水雲

儲文懿公祠

卓卓儲柴墟挺生海陵郡春秋捷兩元不以功名
喜讀破萬卷書孳孳猶不已及至官兩京風度人
難擬侃侃建正言章奏載青史豈好諫諍名所陳

皆國是經綸不世才文章餘事耳列之文苑傳公
志豈在此我今謁公祠芳徽深仰止後起諸英賢
何者堪繼美

園居二首

荒圃多雜木亦復多叢竹好鳥時和鳴悠揚而往
復吟聲雜鳴聲兩兩相斷續我吟鳥不知鳥鳴我
耳熟人鳥日相親白雲護茅屋

園樹久成林宛然見叢薄養性以待時栽培非妄
作一草與一木一邱與一壑此中有經濟毋乃費

纔過半一年時節又中秋桂花開向誰家好樽
酒情宜我輩投只恐西風太蕭瑟教人容易動
離愁

秋興

颯颯金風吹紛紛木葉落化機所到處園林增蕭
索天運有循環無復而不剝轉瞬春風來花開仍
灼灼惟人獨不然少年如華蕚大者爲松栝小者
爲葵藿植根有淺深天心無厚薄珍重愛春華流
光易銷鑠髮白無童顏齒脫難大嚼逝者如斯夫

古人多寂寞

如皋

海陵東去路放棹白邗溝窮海三秋盡荒城百雉
留笙歌成末俗風雅景前修水繪荒園在臨溪羨
白鷗

通州道中望狼山欲遊不果

揚州之東五百里平地無山山特起五山環峙壯
海門就中惟有狼山尊山高絕頂觀日出千奇萬
狀口難述當前豈忍交臂失此事欲問三生石憶

昔過無錫山靈若我迎大風阻舟不得行今日出
崇川山靈如我訝大風揚帆不得住乃知人生遇
合本無常天風浩浩水蒼蒼乘醉卧遊覺亦好對
客且傾千壺觴

遊仰山亭口占

紫狼山色送青來祇道山亭豁達開爭奈仰山山
不見此間何不起樓臺

望見神峰煙雨合離自是遊山佳境讀此詩請下一轉語漫占絕句云白雲無際滿平皋未免遊人首重搔解識文章遮字訣想山心比見山高遂生

寄在山

東亭還往意何如爲覓新詩買棹居過眼帆檣風
定後賞心歌嘯月來初吟成霞采生花筆掣得雲
囊劈錦書好把佳篇付南雁夜深高詠水窗虛

附　鐵珊小草多寄贈在山之作孔懷雅誼良足
移情點訂之餘輒次其字時乙亥五月客
窗坐雨翦燈屬稿殊草草也

黃　荔

池塘孤對夢何如卷裏新詩半索居小閣月明

人去後野航潮定雁來初山中白木依爲命江上青峰勤著書我亦鴒原思並影一燈同坐夜窗虛

鎮國公

貶天子進國公名不正言誰從如宣府幸大同宸濠伺閒興兵戎守仁擒之不論功鄱陽親戰血流紅侍臣惟有江彬忠南巡遊幸樂無窮漁於積水滅頂凶負疾仍居戎幕中宸濠戮觀軍容大内入豹房終彌留輔導屬東宮入廟何顔見孝宗

讀明史有感閣部事

半壁金陵勢已危上遊況復擅興師廟堂只覺西防急戎馬誰深北顧悲四鎮兵譁時已去孤城獨守厦難支可憐一把忠臣淚灑上梅花血滿枝

交際篇贈高佩蘭（樸老先尤哀鹽衛堂）

古人以心交生死不負託今人以勢交肝膽仍隔膜嗟嗟求友生高君獨磊落戎馬起家聲志乃在邱壑所居兩地睽素未通履錯秋風忽萍一見卽歡躍性情喜樸誠語言重然諾詢知君家世椿萱俱矍鑠諸郎文武才交輝聯棣萼昆仲與竹林一門安耕鑿㫌出內行完友誼故不略相愛益相親舉杯邀共酌平生閱人多人情多涼薄意氣得如君庶幾古人若

奇士行贈楊培之

楊子意氣高於虹十年落拓江之東千金散盡等閒事矯矯俠骨嶙能同青衫一襲不得志良醫折肱難爲功潦陽狄君潦倒士（謂蘅塘）一見相識稱八

中賤子曾遭風鶴警全家寄託如飛蓬感君高義足千古誰謂今人無古風如君奇才嗟不偶舉首問天天夢夢

詠史三章同人分賦

夷吾伯業壯山河時未逢兮奈若何肯把黃金讓知己眼前鮑叔不恆多

交誼誰能死不違奸雄舉動近今稀故人有女嗟流落拚得千金贖與歸

附和作　葛澐

不是貪夫亦淺人黃金多予感均親可知推解
尋常事麥且連舟粟指囷

黃　荔

競說奸瞞念故交黃金不惜贖嬌嬈如何腹痛
乖前約銅雀春深想二喬

自述

靑氈世守意如何對酒心情欲放歌觴豆言歡無
芥蔕塤篪吹老尙諧和一門雍睦規模好萬軸琳
瑯檢校多占得人閒眞樂境此生何敢說蹉跎

再登靖海樓

眞率語是鐵翁本色異於餖飣家數　木雲

傑閣臨東城巋然奠海宇乘輿此登眺高瞻易懷
古昔日梅花千萬樹憑闌大好題詩處法曹一去
八百秋高風回首猶堪溯莫道種梅時代久數十
年前尙花藪是誰補植百本梅植自錢塘少府手
每到花時冷香稠傾城士女來淸遊花香鬢影入
瑤席冷吟人在樓上頭遡來樓外復何有不獨憑
闌人易朽滿目荒涼怨六朝蒼蒼古木蕭蕭柳我

來平眺江南山白雲盡處飛鳥還君不見斜陽影
裏鴉歸樹城市山林是此閒

喜晤顧湘三

鷗鷺本同羣有時東西飛東西不一路見面恆苦
稀昨君返里閭過我慰渴飢相見動顏色稍稍叙
別離坐久商舊學篋中出鄙詞甘苦君能道一字
足吾師性情素相投奚患意見歧望君飄蕭髮晧
君冰雪姿知君猶健飯衡門樂棲遲安得無賦別
風雨長追隨

我昔

我昔遊武林吳山豁遠眺縱觀錢塘潮臨風發長
嘯返棹入西湖異境領淸妙歸然鄂王祠神采倍
光耀踰嶺入孤山山水更幽奧老鶴不歸來夕陽
散餘照惜哉倉猝閒靈隱迹未到

我昔過姑蘇金閶遊人衆列肆盡朱樓喧闐成一
閧山塘七里閒沸湖管絃動尋勝登虎邱仙人餘
石洞鶴磵水已枯靑松白雲滃歸程入荒庵老僧
具淸供夜半楓橋鐘愁心天外送

我昔泊無錫留人風厥大船頭九龍山山靈若期會拾級到山椒泉流清可愛隨身具瓶鉢一勺滌肝肺茶罷登山巔江天渺圖畫傍晚復歸舟木葉下蓬背江子聽秋午睡醒煮茗作清話

晚年

晚年情緒太無聊一點青燈對寂寥懶爲雞鳴重起舞懷人空感雨瀟瀟

鐵珊小草下卷終

男　楠　梻校字

跋

先大父春暉草堂一集稿藏於家數十年梓行時伯兄炳章實校讐之所以承先志也今兄下世存詩三百餘首其詩卒感懷身世論述古今攄寫性情留連光景且皆晚年近作經鄉先輩暨吟社諸君子論定擇其尤者百餘首釐為二卷先付之梓董其成者巽齋叔父仲兄塤如任筆墨者從弟在山而助録貲者則及門諸弟子也近余移講席邗江偕梅溪姪應于氏聘不得親其事曾不若受業家塾時搦管論文拈題分韻各述其胸中抱負為可樂也嗚乎春草池塘情懷如昨秋風庭院謦欬無聞撫此遺編曷勝痛悼爰綴數語以誌顛末受業同懷弟文琥謹跋

文伯公遺著

（清）丁涣撰

《文伯公遺著》二卷，清丁涣撰，據上海圖書館藏民國十九年鉛印本影印。

丁涣（一八三〇—一九〇九），字文伯，一字濟卿。清江蘇泰縣人。諸生。

本書卷首有韓國鈞等題詞，張孝若等序，王金吾撰傳，丁涣遺墨，卷上詩，卷下文、賦、聯，卷末有附刊同人和詩，丁年同等撰事略、跋。丁涣一生在鄉設館，教習後生，爲當地德高望重的賢達之士。卒後，其孫年同、年甲整理遺稿，印行於世。丁涣詩文有名於其鄉，湯鳴陵序言『其詩性情流露，得梅聖俞窮愁益工之概，其文回環往復，盡歐陽永叔陰柔之美』。集中一些詩歌描繪鄉村生活，如詩如畫，如『自喜柴門静，幽居近水鄉。路傍抽早稻，花外適餘香。活色明前浦，清芬到曲廊。穗看飛白點，屋不羡黄堂。緑野桑陰外，紅橋柳蔭傍。移時歌實栗，大有報君王。』（《柴門臨水稻花香》）文以書信、祭文等爲主，也有《戒賭》、《禁邪教》等論文，義正詞嚴，令人慑服。卷首傳等言其居鄉極有聲望，爲人調停解訟，倨傲不遜之兒童遇其輒斂迹，觀諸文，亦有同感。

（周　忠）

丁文伯先生遺著
葉楚傖敬署

丁文伯先生遺著

文伯公遺著　題詞

題詞

浣季何人採國風，香山詞賦晚尤工。一篇流露真情性，烱烱都歸平淡中。

海陵風雅幾塵埃，誰是衙官屈宋才。留得栝椿遺澤在，何年華表鶴歸來。　奉題

文伯先生遺集　韓國鈞止叟草

文伯公遺著　題詞

鼎墜鐙昏亥餕孤（本事），青氈白鈑老蘇蒲。劫灰冷後送書出，爲道路爲人楷模。

繩武羨丁侯二難，滄江風雨守叢殘。蠹餘緒半閲名教，要作先儒語錄看。

敬題

文伯先生遺著

上海朱壽朋稿於潤州

敬題文伯先生遺集
山中情緒思家意萬木蕭中一[illegible]深
之有幽人悲獨步不論今古自成吟
生來風雅繼中華[illegible]有香
詠句新翻詞賦學[illegible]時秀句已[illegible]
後學[illegible]題

君家三世[illegible]
我有識[illegible]人也序[illegible]日一編風[illegible]
絕塵[illegible]
誰傳[illegible]東海[illegible]
在名山石室中
[illegible]文伯先生遺集題
[illegible]

題詞

文伯丁先生海陵東北鄉之讀書巨子也學有淵源譽蜚庠序奈運蹇不售卒以一衿終老而先生力學不輟風雨名山日以詩文自娛晏如也先生家本寒素頻年以舌耕自給終身樸實勤儉不肯妄費一錢所得館穀之餘除薄治田廬爲子孫計恒擇族黨中之最貧者而分潤之蓋隱然有古君子風焉傳云明德之後必有達人其文孫二長觀辰司鐸本鄉小學次冠羣職省垣農礦廳皆後起之英也目睹先生之嘉言懿訓不忍其湮沒不彰爰相與搜集遺稿彙輯成篇付諸剞劂以揚先烈而饗後學先生之名得賢孫而不朽矣憶（叔）先大父筠山公亦稍有著作與先生先後知名于世先生有孫而著作傳（叔）自愧無狀不能爲先大父收拾遺墨刊布于世以博身後之名讀先生遺著能不赧然汗下乎謹撰一律殊愧鳴鷄拜綴數言以達鄙意

海陵耆宿舊文雄手把詩書一卷終勤儉不妨歌葛履功名曾喜入芹宮詞林傑出雲中鶴塵跡勾留雪裏鴻遺著流傳能壽世儒生豈必盡冬烘

落拓青衫五十年一年一度意悠然心香我屬黃山谷手筆公疑白樂天收拾珠璣勞後起得饑梨棗訂新編門閭喜有麟孫大慚愧先人美在前

東台後學世愚姪劉鈜謹撰

壯歲悼亡甘寂寞鬢絲禪榻老吟身還將一卷噓餘事清滿乾坤勁逼人

（墨）詩興淋漓狂潑墨揮毫落紙健於秋襟期聊寫陶元亮獨放黃花一出頭（咏菊著有遺刊）

（仲尼）陋軒不作風騷歎二百年來此嗣音綽有詒謀傳硯訓孫枝挺秀毓雙丁（冠羣暨觀辰）

摟箋拔吟珍祖澤先人遺墨重搜書（此集爲觀辰甫蒐錄存）錦不如

鄉後學沈世德本淵敬題

序

此海陵丁文伯先生平撰著之所都也先生既歿之二十年其文孫冠羣昆仲手錄付印印成以書抵余請爲之敘余讀之其詩言近指遠文古趣盎然蓋出入唐宋之間見生所爲叙知稿多散佚窮生昆仲搜檢之力所獲僅此可惜也雖然海陵比方苦匪所至焚刦余方慮匪氛不靖人且保生命財產之不遑何有於先世之文字其不至散佚無存者鮮矣又或子孫不知珍守而恝置之久而蠹蛀鼠嚙蕩然無餘亦未可知而先生手澤猶存更得文孫葺殘篇蒐斷簡成是二卷刊布而永之不亦幸矣乎生竟父未竟之志傳祖遺傳之作生亦尤可賢也已是爲叙

南通張孝若謹叙

海陵之北濱水之鄉有詩人焉曰丁先生文伯余不獲親見其人而其文孫冠羣則余門下士也與其伯氏觀辰裒集先生古近體詩分爲二卷並附雜著若干其詩各體皆工清而腴質而雅近體無戱𠹭之音古體無聱牙之語信乎其爲詩人也或疑先生懷才不遇僅以一衿老宜若有抑鬱不平之氣流露于言外者余竊謂詩有詩心亦有詩骨詩之清在心清者不得而濁之也詩之秀在骨秀者不得而俗之也倘使先生少年得志其發爲詩歌必有如昌黎所謂和聲鳴盛者然然吾謂詩人之詩終不以彼易此再觀辰兄弟所叙先生事略嘉言懿行美不勝收意先生爲人其必竺厚而寬仁者也不然則畜德而有令望者也不然則恂恂長者不得罪于鄉黨州閭者也不然則急人之急憂人之憂有古睦婣任恤之風者也之數美者余不及知而第于其文孫所叙事略彷彿其一二吾姑以先生爲詩人也今又知先生爲隱君子也詩曰君子有穀詒孫子觀辰兄弟其勉旃是爲序

世愚姪譚慶藻謹撰

序

余家于浙距江蘇泰縣丁先生文伯之居千有餘里且生也晚未獲睹先生之顏色而親聆其議論惟近數年來先生之仲孫冠羣從余遊時舉先生之嘉言懿行以告始畧知其梗概焉今觀先生遺著雖卷帙無多而事親之孝律己之嚴治家之道處世之方均昭然若揭嗚呼以抑揚吟咏之辭寓温柔敦厚之教若先生者殆即昔人所稱德行兼備之君子也可以風勵薄俗矣彼具有奇節瑰行者固難能可貴而終身致力詩書不矜才不使氣不棄舊而憐新不見利而忘義如先生者亦至不易得余故樂爲之序以告今之有心世道者

中華民國十九年三月浙江桐鄉陸費執謹序

序

海陵丁先生文伯爲清季名諸生與先君有同案誼熙幼年即習聞庭訓謂先生學有本源詩才絕俗且安貧樂道與物無爭洵晚近高士匪獨以文詞著也今讀先生遺著知先生於詩固純以情性勝者大輿舒立人先輩有云人無根柢學問不可以爲詩無眞性情即能爲詩亦必不工先生惟性情過人故其作詩也言近指遠脫口如生令讀者人人都解方諸古人詩與香山相近而先生學之醇品之端情之正並時時於詩稿中見之是先生之詩固可傳先生之名要不必以詩傳也如徒以詩人目先生則猶淺之乎視先生矣時

民國庚午春三月東臺後學沈慶熊頓首拜撰

時則宿雨初霽薄寒中人寂寞家居悄然生感迺有跫然造門肅然請謁者則居忘私村之丁生觀辰也手其先大父遺集乞序於予予維伊大父文伯先生爲吾鄉先輩矩矱前賢模範後進惜未及親瞻丰采斯爲憾爾第披卷讀之觀其因境抒詠託物寫懷彌篤於倫常親於故舊性情之溫厚有流露於楮墨間者其深得風人之旨趣乎其足挽風化之衰頹乎孝思彌永春暉戀寸草之心苦況能甘白雪飫寒梅之味尤非邃於學者不能也惟念吾兄少蘅先生其拳拳於先人遺著本擬編次考訂付諸梓人乃賫志以終而觀辰昆仲竟能成迺父未竟之志揚先祖大雅之音尤爲今人所難得者矣明德有後不其然乎是爲序

中華民國十九年國曆三月　日　　世愚姪高玉樹拜稿

昔人云詩言志又曰詩以道性情故觀其詩而其人之品可知文伯丁先生古君子也余生也晚不獲與先生共處一堂相與上下其議論而識其文孫觀辰昆仲皆恂恂儒雅克紹家學今年春觀辰以先生遺箸見示盥讀一過知先生之於詩不斤斤求工於字句而信手拈來都成妙諦蓋得古人清韻爲多又觀觀辰昆仲所爲敘知先生孝友嚴正爲一鄉所矜式壽八旬遺命廢除一切俗例是其敦品勵學神明湛然不僅以文字之末見重當世也嗟夫人有竭畢生精力著書盈寸不遇傳人而湮沒不彰者不知凡幾觀辰昆仲獨惓惓於先世遺箸手錄而刋布之以垂永久所謂數典不忘者非歟而二子倜乎遠矣

民國十九年四月邑後學徐炳華謹撰

余自患足疾頻年杜門罕接人事庚午春二月聞足音跫然而喜延客通姓名則爲忘私村丁君觀辰余門下丁生冠羣之兄也冠羣自中學畢業後來城輒過訪甚親余余亦愛其謹愿純篤今見觀辰純粹過於其弟兩人者皆異於今之所謂人材矣觀辰袖出詩稿見示因言其先祖文伯公以同治元年補邑諸生筆耕自給年三十五而鰥以憐惜子女故誓志不再娶卒年八十康强壽考此册生平所撰述也余先君子亦以同治元年遊庠與先生同案觀辰又言嘗受業于余叔月秋先生之門冠羣又與余有師弟之誼世誼稠疊顧未獲接見先生光儀今讀其詩情摯語樸想見其爲人蓋北鄉隱君子也吾邑北鄉爲澤國菰蒲野水彌望十數里蝸廬鷗舍隨波隱見生其間者或數十年無聞人余常泛舟下河臨流嗟嘆每用以爲怪既而思之非盡其地之不靈也人之所賴以傳於後者厥有二端一則朋舊之推崇一則著述之流布若夫誦蒹葭而致慨于道阻則朋舊之稱道者

稀又或前人雅擅文詞而子孫爲耕氓鼠銜蟲嚙之餘尋其遺文零落已盡則著述之流傳者少當其荒溪老屋咿唔吟嘯備歷人世難堪之困苦用以自淬厲亦豈不私心希冀後世有述焉而竟不可得儒生身後之名似天有意靳之而不肯予非事之無如何者歟先生素履貞節委心淡泊而觀辰尊人少蘅兄能珍守先人遺著錄而藏之觀辰兄弟又增葺零篇斷簡彙而刻之先生地下之靈當掀髯一笑而亦使世之君子知水鄉寂寞中未嘗無人又使著述無傳並其姓氏湮晦泯然長逝之通人隱德因以慰藉于萬一不尤幸矣乎觀辰請序于余分屬通家不獲以不文辭思緒蕪雜乃觸引無窮之感焉世愚姪高炳華

余弱冠負笈他鄉對於鄉先輩素少親炙近與丁君年甲共事於蘇省農鑛廳得見其大父文伯先生遺著盥誦之餘覺字裏行間充滿儒者氣象豈淵源於吾鄉心齋先生之學說歟何其似也先生之文之字之詩之賦已早有海內博雅及知先生者之品評鎮平學識譾陋何敢妄贊一詞惟當此新潮激盪舊學荒蕪得此一卷於閒靜中讀之殊覺太羹味永素琴聲清另有一番境地噫開元法曲尙在人間白髮宮人誰談天寶憮今思昔不禁感慨係之矣

民國十九年十一月邑後學侯鎭平謹跋

文伯公余之先族兄也幼而聰穎善屬文擅詩才敦品立行爲一鄉冠余生也晚未能親及門墻得霑時雨至今尙有遺憾公晚年辭館家居以吟咏自娛時與人唱和著作甚多惟留稿絕少經少衡姪搜錄餘著珍藏其孫覲辰冠羣彙集斷簡付梓則公之詩文可以傳矣然公之事略可傳者不僅詩文已也公之遺行堪爲一鄉模範者綦多茲略舉其大者言之(一)公弟兄四人早經分居後公稍富有餘均貧寒公常分多潤寡毫無吝色鄉里至今猶稱道之(二)公當晚年家雖小康粗衣糲食習以爲常成爲家範現鄉里知覲辰冠羣之樸素可欽殊不知伊等有乃祖之遺風也(三)公素惡邪教易簀時口述遺言逝後免除僧道垂爲家訓此種見解方之古儒亦無多讓余與公居同里誼同族其遺行知之綦詳故筆之於書以爲之序

族弟丁念祖謹譔

序

文伯丁老先生澤業師也生平正直積學多年爲江北老名宿啓廸後生循循善誘書法淸秀士林中嘖嘖稱羨詩尤工有中唐以上風惜澤及門時未能領會今讀先生遺著始知本正大之氣發爲詩歌溫厚和平寄託遙深言語內德行存焉先生懿行甚多澤所略知者先生鄉三月三日舊有一會迎神演戲勞民傷財經先生禁止始絕先生家僅中人產時出館穀所餘分給弟昆俾無憂凍餒宗族鄉黨受惠者孔多積善餘慶先生有孫二皆知名士一品學兼優施教於鄉一卒業農大宣勞於國所謂明德之後必有達人者非耶先生德建名立搢紳先生必有代爲作傳以顯揚令德昭垂後世者先生絕不僅以詩傳然即以詩論未始不可以名世古人有三不朽若先生者其庶幾矣澤親炙先生久知之深故敢表而出之以俟當世之採風者

中華民國十九年庚午四月　　受業門人張福澤敬識

先伯祖文伯公以學行名於鄉里家君嘗從之遊公之二孫覲辰冠羣齒長於富富兄弟四人又皆先後受其教育三數年沾溉良多說者謂富父子兄弟之粗解文義由公家啓之也公天資過人又劬學故造詣特深今讀其遺著詩可直逼晚唐而其秉浩然之氣發爲文章眞脫胎於孟韓二氏者惜著述多散佚今雖極力搜檢僅僅獲此恐未能饜士林之望然吉光片羽彌足珍貴後之人讀公之詩若文而想念公之爲人而因以正風俗端人心則公之遺澤固千百世而不斬也頃與伯兄覲辰共事小學日睹其手鈔公之遺著卒卒鮮暇仲兄冠羣服務省垣復函促再三今已鈔寫完竣行付梓矣兩兄謂富不可無言嗚呼富復何言遭家不造母弟希良薄有文名變生不測謦耗飛來痾沉客路氣絕家園曩昔弟兄頗有志鑽研文字欲追鄉先輩之遺緒今而後無復與富相磨礪者吾心其灰矣然若兩兄之身名俱泰近復謀刋先人著作爲此盛德之業固猶私幸吾宗大有人也

民國十九年國曆五月　　姪孫年富沐手拜譔

序

泰州學派不顯於海內間有㠯經術窺古人微言大義吟咏發思古幽情而孝友世其家者多湮沒不彰可悲也夫自胡瑗安定㠯經術大張旗鼓於天下未幾紹響逮王艮心齋服膺王學援釋入儒流風彌永其鈎玄提要樹之風聲著之簡冊附庸蔚爲大國信有徵焉乾嘉而還泰學寖聲肰踵極則通剝極則復旁搜遠紹諸君子餘緒㠯曾湘鄉顧亭林近取諸身而上溯胡王窮追漢儒之行優遊水鄉嗣響海隅是先太師文伯公私淑胡王爲一人也其詩性情流露得梅聖俞窮愁益工之槪其文回環往復盡歐陽永叔陰柔之美其崇儒排佛則自王學入而不必自王學出其處己律人一準經術行有不得則反求諸身胡學之旨也琴曩遊其文孫覲辰昆仲兩先生之門循循善誘知行合一於㠯知公培植后進之深而泰州學派將復振於道喪文弊之秋矣今睹太師遺著足㠯啓迪後昆矜式里閭鍼砭世道人心故條其學術流別發其微而爲之序云

中華民國十九年秋東臺後學世再晚湯鳴陵敬序于無錫國專尊經閣

丁文伯公傳

公姓丁氏諱渙字文伯一字濟卿江蘇泰縣人清同治元年應院考名列前茅遂遊泮宮生平好爲古文上追八家下法桐城又好詠詩有李杜之遺風唯其詩文皆法乎古而於八比文則反不求工故累困於鄉試公一生雖未克直上青雲而其詩文之高超則遠非館閣中人所能及昔人嘗謂有應世之文有傳世之文應世之文利於科甲易於仕進其文過時即湮沒而不彰傳世之文不利於科甲不易於仕進其文則膾炙人口千古不朽公之文殆傳世之文歟公天性孝友終身慕父母歲時祭祀必述其嘉言懿行夫婦相敬如賓伉儷彌篤故中年喪偶即守義不再娶館穀所入雖不豐然猶分給諸弟宗族鄰里之有困阨者必量力救濟其治家謹嚴子侄之言語舉動不敢違禮且力戒爭訟鄉鄰有爭執不決者得公片言無不折服而自相和解即桀驁不馴之兒童遇公輒斂迹恭而有禮風俗由是敦厚公之設教也循循善誘及門弟子之遊庠者甚衆四方慕公之名爭禮聘之迄公晚年收入較豐畧事家人生產猶時以知足爲戒又出其餘貲廣購書籍年七十餘博覽無間寒暑蓋以爲產業之多不如書籍之多以產業遺子孫不如以書籍遺子孫公有子曰少衡克紹箕裘爲一鄉之望有孫二長曰覲辰設教於家鄉次曰冠羣出仕於省垣皆篤學之士能守公之遺訓能繼公之遺志者今搜集公之殘篇斷簡付諸剞劂以光潛德可謂賢矣公年八旬逝世且遺囑勿用僧道楮幣則其識見尤非尋常人所能及其萬一也

民國十九年十月安陽王金吾敬譔

文伯公遺墨

涼秋九月菊花大放同人分韻索詩率酬一

拙信口狂言不揣冒昧錄

呈

諸大吟壇兩政並希

郢和

種得名花小苑東疏疏落落瘦秋工品來霜徑三分

淡腕白襯起寒窗半面紅嗜色有知何得淡以寬

六朝不攝因從前多少爭春者到此終當

拜下風

開盡棠梨落盡荷星霜常度暗銷磨

寂寞為爭晚節也得傲自留幽香不在多但願秋

深常作伴須窮到底為何個中識得天然

趣樽酒頻傾學放歌

濟卿主人草

畫芳、枚予耀拜讀

文伯公遺著卷上

男丁少蘅集錄 孫年同 甲 編印

詩

五古

贈芰塘老宗兄

秋菊有佳色不與衆芳伍君抱倜儻才於世非無補當路翦荊榛乘時勳名豎蕣非采無遺桃李門墻樹歸老廠華筵開緘序舊譜蔚爲家乘光樗櫟安足數胡乃老蓬蒿塵視簪與組斗米嬾折腰拈花嘯秋圃松軒下竹籬邊其中別有天咋非今是眞個地行仙

壽胞叔佩芳

憶昔垂髫時依依侍講席親口授詩書永朝復永夕既長歷艱辛同作他鄉客歲時一相逢如入芝蘭室時世感滄桑頭顱幾許白天佑老成人康强尤似昔懷抱活人心錙銖無顧惜誼重車裘輕眼寬天地窄婚嫁了生平含飴多閒適茅舍酒盈樽海屋籌添策倒地學萊歌期頤壽一百

題某醫士畫像

天地本自寬何苦多勞碌我愧轅下駒戀戀十脡肉馬齒漸加長羊毫日以禿强作嫁衣裳時新樣不熟披圖挹芝顏獨存眞面目三徑闢蓬蒿四圍雜花竹有琴信手彈有書教子讀煮茗廉讓泉撲去塵幾斛濟世具婆心歧黃撐滿腹我俗情君醫靈丹試一服

輓堂叔母

猶憶廿年前家庭多變故老母痛終堂靈椿摧大樹先後二月間呼天泣難訴神魂苦顛倒宛如墮雲霧幸賴老年人既復且我顧春雨勸芸田秋風催納賦經史細探求毋徒摘章句訓誨著殷勤精神徵强固偕老祝期頤聊爲仲孺慕奈何邇來年古稀才共度耆老天不遺悲歌傳薤露今年歲在子星昏沈寶婺機杼冷萱堂瑤池會又赴閭里哭同聲慈顏難再晤吁嗟乎福全德備能幾人口碑絡頌無

朝暮積善由來食報深焚黃定許表阡墓所惜遊子客金陵母病奄奄挽難住賓鴻幾日遞書遲一棹歸來泣歧路

秋夜

秋夜何寂寂偶爾林間步明月照荆扉涼風拂高樹獨尋幽徑行行入溪路路轉見蓬廬高人此間住稚子引我入握手喜良晤深談適幽情清吟得佳趣吟罷返空林蘭襟濕涼露

癸酉鄉試訓子

我今到江南有言須切記法帖朝朝臨經書日日背文理戒荒疏講章看仔細少小不多年愼勿貪游戲倘不學正經歸來作大氣家法不能容鞭撻增羞愧念我多病身終年不適意境遇太艱難醫藥非容易所賴爾成人努力承吾志及早取功名出人一頭地顯親揚名聲光前裕後世爾母在九泉歡笑定破涕

五律

冬日即事

補裘　袂短詩難袖彌縫卒歲謀線啣慈母乞布憶女兒收貲酒無從典吹毛未敢求倘來朋友共豈不願輕裘

糊窗　牖戶欣如故綢繆好過冬雲來山淡遠月到玉玲瓏曝背平分日升堂不許風齊家無脫略閒隙早梅紅

掃雪　一箒出門去匆忙三徑開地難容日上履不碍珠來隔店涎垂酒巡簷笑索梅兩三兒女戲獅子向生堆

烘硯　石冷人能熱人通即運通文章增火候生世笑冬烘鐵有磨穿日天無負苦功寒窗須努力解凍待東風

呵筆　開口漫吟哦霜毫喚奈何書空徒咄咄不笑且呵呵熱極冰難釋心平氣自和淋漓多得意神化妙於呵

煮冰　獨有冰心我敲冰煮問誰嗜宜除惡習飮合順天時世味嘗都厭家常謝不知寄聲毋再凍再凍火還炊

釀酒　寒積茶難遣家貧酒自醅從前宜細取待後忌生開蜂蜜封纔得花香逼不來何時家釀熟小飲約朋儕

翦梅　乍見何無禮高扳笑不材片雲童子荷明月美人來香護書千卷寒消酒一杯幾生修得到再拜百花魁

曝背　我愛黃綿襖恩光日日新自居門外漢眼冷世間人把臂誰知已迎曦別有春藐躬天眷佑未敢怨清貧

圍爐　我頗嫌銅臭家常不擁爐閒嘗杯在手不定衆生膚送炭憐寒士趨炎笑鄙夫如何頭已禿到老火難除

大水歸舟

一望杳無際扁舟獨我行浪掀船凸起水濶藻横生老樹鷩鷗匿空房宿鳥鳴片帆風定候蓬背夕陽明

五言應制

故園歸去又新年

久客關山外光陰幾變遷偶然歸故里又是過新年村指寒雲塢人銜暮雪天誰家爭翦綵有客快揚鞭舊俗符應換宜春句喜聯畫堂娛采服西席別寒毡婦進屠蘇酒兒爭壓歲錢離懷今且釋聚處樂陶然

桃花源裏人家

指點花開處桃源景物賒此中無俗客個裏有人家紅雨樓頭墜青帘洞口斜世幾忘漢魏身已老烟霞谷口留樵跡溪邊隱釣槎時平無逸士何苦習桑麻

誰種桃千樹春來遍着花却疑迷客路驀見有人家綠樹前村合青溪一棹斜烟還迷屋角雨直墜簷牙世外衣冠古山中歲月賒此間如可到相與話桑麻

蓬門今始爲君開

絕少良朋至蓬門掩幾回爲君千里至令我一番開地僻蝸留砌庭空鵲噪槐紅

應沿徑掃綠尚滿堦堆白屋塵封憤蒼苔屐印纔止因勞物色頓爾闢蒿萊入座添新侶娛情倒舊醅此中堪小憩相待月明回

細數落花因坐久

滿院香風動閑庭遍落花數來頻入細坐久喜無譁屈指縈書幌關心過酒家春隨流水遠人對夕陽斜箕踞情偏永參差計不差移時歸興發月影滿窗紗

閑看兒童捉柳花

小立垂楊岸飛花舞半空捉來團稚子看去盡兒童細髻梳偏巧輕羅撲最工問年曾幾許如雪擬多同去恐隨流水吹還怕晚風夕陽攜手返嬉戲小樓紅

柴門臨水稻花香

自喜柴門靜幽居近水鄉路傍抽早稻花外適餘香活色明前浦清芬到曲廊穗看飛白點屋不羨黃堂綠野桑陰外紅橋柳蔭傍移時歌實栗大有報君王

馬工枚速

待詔金門日才堪二子兼馬工文熟鍊枚速韻輕拈手段眞精緻心思不滯淹賦推園令妙諸豈署郎嫌杼柚皆絲繡鋒機勝箭銛驪珠先探得有客在風簷

相如完璧

連城思趙璧千載慕相如將去謀先定歸時怒尚餘瑾瑜徒望爾鼎鑊不愁予勢已傾函谷才堪寄簡書強鄰空設餌故國快驅車遊士邯鄲重勳名駕望諸

五絕

病中口占

莫道病魔侵風寒薄未深寸衷餘痼疾何處覓金針

枵腹人知久今何積若多自慚疎洗滌未必病來磨

絕少河魚食翻成腹疾新染羹猶釀疾肉食問何人

忍痛強起步回身又自猜滓渣如此盡清光果大來

良藥原苦口無如速效難防微悔不早徒自問靈丹

縱非醫國手同是活人心珍重參苓朮良方抵萬金

不必使君子休言國老方將軍才有令瞬息起膏肓

主人偏愛客藥餌不辭勞古誼今猶見分金未足高

久客思田里況逢多病身故園書到日駭煞白頭人

料得回輪日嬌癡巷口迎匆匆扶入室委曲問分明

館中偶成

竹徑凉颸入芸窗日影遲偶然高枕處便是到家時

七古．

詠古

高帝當年巡岳東親祀昊天來登封長絙飛梯轆轤上典禮百職遙相從高文典册細磨礱取示玉璣光熊熊世遠不聞有缺畫地天自是靈氣鍾巍巍石壁撑青空呼吸直與帝座通侍臣燔柴天廟下再拜稽首自從容至今洞口聞疎鐘方壇

綿亘少臣工幾傳只餘巨壁在石梯生蘚文且同

七律

客中三十初度

還佛何年過老禪自憐風雨困青氈探囊愧乏江郎筆挾策深慚祖逖鞭每爲羈愁成獨痞敢因時事強爭妍多情最是天邊月夜夜穿窗伴我眠

行年三十一無成旅次何堪節序更爲逐蠅頭謀菽水敢塗鴉字博功名青雲有路悲千里黑髮無聞誤半生我欲問天天不應埋頭還自剔寒檠

屈指飄蓬已十年西風又到九秋天炎凉大抵多推擅造化由來有變遷三徑黃花徵夙契（公誕日在九月下旬故云）一壺濁酒訂新緣今朝正值初生日弧矢還應念以前

世業蕭條數十年散將遭遇溯從前持家賴得山妻儉課讀還欽母氏賢（公父頻年遠出母督殷勤課讀）正好新朝多雨露何期鄉國起烽烟客途到此無他事遙祝椿萱壽八千

遙望庭幃淚點紛承歡愧我早離羣（公年未二十即遠館他鄉）劬勞未得涓埃報兄弟何堪彼

此分異日顯揚徒夢幻半生蹤跡等浮雲高堂況有家公祖白髮雙雙悵夕曛

拭去浮靡始見眞西風吹徹異鄕人窮依蓬蓽思先澤坐晤詩書料夙因有命何妨身暫屈無才爲得志常伸卅年消息從玆晤滿臂淸光月一輪

咏菊

此花素不愛春陽鴻雁聲高徑便黃冒雨詎嫌秋已老傲霜占得夜來光好將瘦影扶籬下試采寒英插鬢旁怪煞金飈又多事染丹楓葉映鱸堂

模糊醉眼睡纔醒粉本憑誰點綴成千百花中稱傲骨兩三枝上寫秋情移來栗里香偏永思入陶園夢與淸凋跡蕭籬經幾載出頭從此喜蜚英

種得名花小苑東疎疎落落瘦而工占來荒徑三分白襯起寒窗半面紅有色有香何礙淡亦黃亦紫不嫌同從前多少爭春者到此終當拜下風

開盡棠梨落盡荷星霜幾度暗銷磨爲爭晚節非緣傲自有幽香不在多但願秋深常似此無須客到問如何此中識得天然趣樽酒頻傾學放歌

渭城柳

短長亭子挂千條𢌞首江東路轉遙春思已拚烟共繫離愁不是酒能澆懶聽羌笛吹邊月浪把黃金鑄細腰折得一枝揮手去要他青眼顧征袍

章臺柳

東風著柳總皆春獨有章臺分外新買笑繫將金勒馬畫眉妒煞玉樓人就中貌縱羞花好到底才難咏絮眞獨有曉鶯忙不了千𢌞百轉說緣因

隋堤柳

依然城郭柳條條無復瓊花觀裏嬌不獨禁烟連碧塚最難競渡憶虹橋傾城傾國人何在三起三眠恨未消聽說玉勾風雨夜綠楊深處似吹簫

漢苑柳

又是春從柳上歸當年人柳是耶非屯田無曲空明月張緒多情剩夕暉臺上腰委纖婉轉宮中眉黛畫依稀楊花點點何無奈猶向未央瓦殿飛

題燕

秋風別後兩相違今日還從社裏歸風雨言情饒紫頷關山回首認烏衣銜來熟徑香泥軟話到離情絮語微此後不須悵睽隔一村桃李正芳菲

題畫雁

彩筆由來未竟焚淸秋寫出雁紛紛月移荻港花飛絮風過蘅塘水簇紋幸得呼群遊碧澗爲能排字上青雲正知轉瞬瀛洲勝振翮齊飛遠俗氛

壽居停

燈火迷離幾處橫休將世勢問君平自嫌畫策乖時樣難得知音盡老成伯樂有材操朗鑑終軍無路請長纓而今權效期頤祝五十年來再舉觥

和王式度

梓里聲華仰望深村居先世重徽音於今輞水翻新搆依舊槐堂雅善吟奮臂毛生思脫穎寄情司馬枉彈琴何當一放桃源棹柳暗花明慰素心

柬陸光庭

依人燕子愧年年漢上題襟倍黯然桑梓望穿遊子目烟花愁煞廣陵天鴿原爭羨鞭先着獺祭生慚木誤緣擘得蠻箋親附鯉顧君瓜瓞咏綿綿

和夏建堂丈

數代通家若弟兄封翁矍鑠更多情詩才逸似王摩詰賦筆淸於宋廣平好惡同人評月旦笑談滿座覺風生有材如此空遲暮皓首西河又喪明

和張秋舫

身世浮雲幾變遷有才端不受人憐處囊自哂非佳士破壁終歸屬少年柳爲經秋完質少梅因耐雪着花先俚言我愧鑿空效一字銘心慕古賢

和逸周先生五十述懷

相逢同是異鄕人旅館追陪已數春大抵高才多寂寞何須晚歲說沉淪家無擔石原非病案有詩書不算貧指日登雲齊俯首如山如阜快吟呻

干戈擾攘幾時休世事於今莫强求遇好湖山詩火伴得佳子弟振箕裘杯浮綠螘邀新月座對黃花樂晚秋此後不須歎蓬梗一溪烟雨看芸疇

贈某君

最好通家若弟兄慣開茅塞更多情揮毫喜得鍾王法逸韻高於李杜名小燕安知鴻鵠志痴蠅怎附騄驪行粗疎自愧無才學坐井觀天一鏡明

贈某君就商

汎宅浮家已數秋鴟夷此去願應酬波分楚水幾千里風送江南第一舟海國烟霞堪寄傲江湖波浪不須愁慚予竟日成株守管鮑無緣結伴遊

感懷

算來已是滿盤輸烟霧迷離不月湖世事何須添懊惱人生難得是糊塗死生已委花開謝仙佛全憑酒有無文字因緣知未了幾回狂喜夢翻書

幾回狂喜夢翻書子曰詩云信有諸字裏行間都領略從頭至尾不糊塗分明有

眼非無眼畢竟今吾是故吾多事五更雞喚醒覺來滿志費躊躇

輓雅堂丈

迴首當年下榻時殷勤顧我話幽思功名有分期兒輩明旦無欺答故知閉戶時求纖點失接人常帶一分癡於今止有遺言在此後談心仗阿誰

無端風雨作重陽摧折靈椿里共傷駿足未酬千里願雄心空負一生忙方欣齒落添新白何遽輪回赴上蒼最是閑棋敲不着薤歌幾處地天荒

白髮談詩老斲輪一朝跨鶴謝風塵諷殘貝葉留虛案賞到黃花憶主人愛物有心甘茹素締交無術但存眞自來積善堂餘慶丹詔遙知降紫宸

瑟瑟西風起暮烟思君幾度淚潸然精金良玉埋千古道學風流併一肩得有閑時嘗弔古到無心處愛談禪傷心碩望人何處愁對空庭泣杜鵑

數載趨陪仰望優風徽迴憶不勝愁花逢開處招遊賞書到疑時費講求勸我舌耕勤種植感君指示儘溫柔如何天不遺耆老七秩偏艱歲再週

輓周翁

火樹銀花入歲新側聞哀訃倍傷神遊仙夢醒三千界介壽人悲九秩春廛市久無高士跡鄉隣爭重老年身歸來跨鶴知何日一束生芻淚滿巾

淵源世德溯濂溪理學家聲孰與齊旅館春回鴻再到夜台人去鳥空啼愛蓮有說徒留稿望杏憑誰促駕犁賴得麟爲多蔚起榮封指日墓門題

輓少泉叔

畫虎當年致誡深伏波一去鼓空琴鳳毛莫副平生望馬帳常懷往日心未獲萊衣娛耄耋空煩藥餌問苓參文章壽世今猶古一紙遺人合鑄金

需次鄉閭數十年草廬歌嘯自囂然文章惠示先民矩家法時期後代賢正好齊眉榮暮景那堪撒手哭春天自來積德終須報定許焚黃到墓田

輓某君

風風雨雨逼重陽催老詩人赴北邙藝苑已無眞領袖騷壇尙有舊詞章論文不

信先生逖弄墨翻嫌後輩狂太息生平多少事邯鄲一夢問黃粱

半似癡愚半似顚蹉跎直到古稀年存心常帶三分厚入世偏輸一着先俛仰少時能守素逍遙晚歲好談禪從今歷叙平生事夜夜焚香可告天

揮毫歷歷寫遺徽磊落胸懷一世稀每吐赤心親故舊常垂青眼顧寒微梅因帶雪香尤烈菊爲凌霜色更肥獨笑世人情易變暫時榮瘁便相違

莫道稱揚意太賒由來碩望實堪誇文名不讓鄉先正詩律能追古大家抱得婆心知有穀舒將老眼信無花可憐一夜西風急吹落桑榆日影斜

輓某翁

艱辛歷盡老年身哀訃俄聞倍愴神夢裏蘭花空有願眼前萓草不生春有緣文字心懷淡未了愁眉腹疾新檢得遺編含淚誦高才畢竟不猶人

輓某母

唁信驚傳事太奇機停身寂轉多疑兩株丹桂方榮茂六秩萱花頓委傾月冷北

堂千古恨露零繐帳九秋悲病中多少關心話一赴泉台訴與誰

聞道人間失女宗昨朝閭里悉停舂生平允協徽柔德老去猶存肅愼容繐帳風凄燈影動萱堂花落月光溶謝蘭燕桂咸欣茂自見天家表墓封

亡妻四十冥壽

梅花又見報時新地下於今四十春天未汝憐慳兩歲君由我誤到三旬艱難旅次生兒日寥落征途抱病身最是不堪回首處靈尸猶作返鄉人

音容此日記猶眞往事迴頭倍愴神女在故鄉兒在外君依地府我依人凄凉家室流離甚辛苦椿萱顧復頻痛哭一回還致告康强祈佑老年身

揚舲一去不回頭屈指流光已兩秋敗絮無端遭鼠嚙隤垣到處總蝸遊塵封破案神先慘月冷空厨鬼也愁一掬春泉和淚奠那堪杯酒問黔婁

磨將新墨寫靈符短命頭銜帶淚塗纔慶生兒身遽死幾回顧我眼多枯於今姓氏藏空櫝終古絲蘿哭半途辦得紙錢三五陌區區能恕薄情無

風景年來另一翻勸君地下莫愁煩垂髫弱女粗知繡待哺飢兒漸解言室等磬懸書在手家徒壁立酒盈樽高堂更喜精神爽早暮含飴快弄孫

抛將冷淚到臨危心事匆匆重寄詞女不依娘無檢束兒非有母苦支離況逢襁褓多艱日又値椿萱漸老時但願後來賢過我斷絃勸續莫遲遲

未必人情盡不慈吁嗟往事淚交頤中宵强半工纔譜隔膜何曾好護持擁絮當年思有子拂衣千古痛癡兒此情此景今猶昔硬着心腸且待時

莫漫刑于說化神昂藏七尺愧修身傳經深自慚西席捧檄無由娛老親每念食貧甘守素那堪樹老又逢春我來不道師摩詰蘋藻他年薦有人

七絕

和某君

惠示琳瑯字幾行千秋知遇在文章年來學殖多荒落處虎焉烏不敢狂

七夕

容易光陰又早秋爭言織女會牽牛料知前此銀河畔曾有迴紋寄上游

莫漫河干悵別離相逢即在夜來時縱然此會難常住尚有他年七月期

一別經年恨未銷試將往事問今朝天船夜夜橫銀漢底事相逢借鵲橋

雙星隱隱度長虹沐手焚香拜下風惟願人間似天上一年一度一相逢

玉露金風報早秋羨他一別又來遊皇天畢竟無公道幾見人間似女牛

橋頭會面幾何時纔慶相依又遠離修到天仙猶若此世人何事太情癡

秋日雜詠

一年容易又秋風衰鬢如予類短蓬等是雲梯登未得讓人折桂廣寒宮

身家性命在秋收口實無勞別處求我亦有田三數畝不知租賦可無愁

飛蝗突起望如烟佈滿秧田又草田我也偷閒堤畔過慘閱頂笠祝皇天

雨珠雨玉總無功繡壤何堪烈火烘難得甘霖連日沛禾苗都活水都通

入口時防肉食多偏罹腹疾奈魚何一肩行李歸舟晚驚駭家人數次過

老槐庭畔晚風吹暢好行人下榻時繞膝童孫偏解事浮瓜沈李慰相思

鴒原聚首甫經旬河鯉迢迢信寄頻買得扁舟忙到塾生徒三日少來人

蕭齋兀坐日西斜暑逼窗櫺未許遮如此炎威如此燄教人悔未種梅花

兒性聰明本不愚邇來少讀幾行書不知底事邊生懶白首南窗臥自如

五斗誰教漫折腰滿頭霜雪愧蕭蕭於今解綬吟歸去仍挈淵明舊酒瓢

禾苗收穫早秋天不顧書田與硯田迅速光陰分寸貴那堪浪擲誤童年

金根本是金銀誤生子由來喜弄璋怪彼雕蟲誇妙手也來塵市論文章

客中中秋

團圞月色映清波隔苑人家笑語和卿在故園予在客今宵兩地拜姮娥

又

誰言寸草報春暉每念劬勞淚點揮昨夜有人傳里報慈親擁病望兒歸

端陽已是客中過今日中秋又若何寄語兒童須早睡休將白手對嫦娥

無端風雨阻歸舟唧唧蟲聲動客愁未得一錢寄鄉里空教明月照當頭
望空焚起一爐香羞澀無須訴阮囊昨日晴和今日雨眼前風景判炎涼
潔淨殘更水一杯自憐寂寂强登臺驀然隔苑笙歌沸知是鄰兒拜月回
客邸蹉跎又一年蟲聲唧唧小窗前愁懷不敢向人說坐看冰輪過半天
白藕紅菱色色新笙歌幾處慶良辰遥知此會慈帷裏苦抱童孫念遠人
中庭地白樹生烟往事回頭倍黯然只有他鄉明月好今年圓似去年圓
無邊月色吐清輝獨坐焚香冷露霏爲祝凉風休太緊苦無人理舊寒衣

旅夜

課罷兒童靜掩扉沿堦草色綠逾肥依人最是初來燕多在窗前作對飛
接人强笑背人愁片刻何曾得自由昨夜女兒頻入夢一聲聲似哭梳頭
東鄰悄寂又西鄰四壁蕭然剩一身自愧此生徒碌碌絶無佳況慰雙親
往事從頭記得眞而今光景又翻新不知今夜天邊月曾照泉臺積恨人

構得新巢隔苑西天公何事惱雙棲如今阿母傷心去待哺新雛不住鳴
不堪回首想生平脈脈無言到二更風透疎櫺燈影暗隔牆時有打門聲
匆匆一别竟何歸斜月三更燭焰微夢裏不知人已死殷勤猶遣熨征衣
死者無有生還理生者其如四散何寂寞五更窗外雨算來不及淚珠多
相思不見也徒然此恨論來有萬千最是女嬌兒又小教儂舉足總難前

秋日寫懷

秋風瑟瑟來何早秋景蒼茫秋樹老秋苦貼地秋痕深獨坐秋窗愁難掃
韶華過眼眞容易修竹一庭空掩翠欲將心事寫芭蕉一縷相思向誰寄

歎世

輕羅細葛稱身裁今恐無憑換得來莫道此八鬚盡了出門還要轎兒抬
莫向芙蓉怨不平風塵從古困儒生當年錯怪淮陰少自是王孫未有名
殘年節禮送紛紛盡是豪門與富門惟有老夫階下雪始終不見草鞋痕

客感

朔風幾日逼寒氈檢點征衣涕泗漣針線尚餘生後迹今番誰爲着新棉
巾箱展處恨茫茫蘭麝猶餘數縷香爲贈鄰兒都不愛生嗔殘艷汚新粧
寂寞更殘旅夢孤窗前誰熱小紅爐昨宵自覺饑寒甚悵望羹湯一滴無
故里依稀昨夢回含愁不敢問嬰孩椿萱慘惻頭巔白頃刻空房幾去來
記得去年梅放早挑燈伴我苦吟詩今朝花放人何在冢落書齋月上時
一去全無會面時半生心事倩誰知村童不管人愁悶夜夜門前唱竹枝

奉親

凄凉勸勿念征途一卷殘書足啓吾況有他鄉好明月伴兒深夜酌村酤
死别生離皆有數晨昏珍重莫含愁毛生不信常貧賤捧檄還期在後頭
姑息從來匪義方兒曹切勿任輕狂眼前老樹縱橫甚删削多因少小荒
打起精神强進餐呱呱望卹小兒難他人縱有提攜意終是尋常隔膜看

壎篪誰奏畫牆東慚愧行蹤似轉蓬未有寸功酬力作糾纏今乃益兒童
自問生平闊略多相思此日意如何荒迷恕我年來甚着意殷勤教小娥

悼亡

官誥蟠花願未酬西風何遽促行舟素嫌彩線中途斷今日中途斷也不
惜福持齋已數年乘鸞此去料登仙床頭積有殘針線嫩蕊新枝恨不全
繁華不肯學時妝蓬鬢荆釵到草堂守着清貧安着素幾年齩得菜根香
秋深風雨漫相期一病都教不可爲已自懨懨無氣力强來纖手弄嬰兒
冰肌消瘦晚凉天丹藥空煩午夜煎痛煞垂危含泪說教儂委曲奉高年
姻緣有分三生定孺稚無依百事難痛哭一聲腸寸斷斷腸空見月團圞

誌别

七七經過四九天琴書檢點早開船傷心最是無依女挽住征衣不許行
曉來含淚强登程驚起阿兒夢不成收拾衣冠忙出戶一聲一哭欲同行

是誰漏洩起程時惹得嬌痴不肯離痛說阿爺今出舍淒凉孺子守空帷
劇憐孺稚隨娘慣今日無依實可哀顧我出門含淚問阿爺何日始歸來
幾回傾跌草堂前丫髻都令分外偏恨煞有家難再到空教淚眼送行船
含情欲訴幾歔欷惆悵今朝歲月非記有床頭錢少許將來好贖舊寒衣

抵家

一葉扁舟迅似飛兒童相見話依稀爲言幾次斜陽裏望着來船又怕非
也將纖手學調羹杯酒團疏次第陳訴罷離愁還贅問問予今日果同行
年來終歲困青氈學俸慚無數十千積欠待償親待養痴兒苦索買花錢
零丁孺子記糢糊一別歸來體態殊老母抱持含淚問問予此會認還無

寄女

休將遺際憾青春英哲都由鬱後伸非是天心故殘刻不經磨鍊不成人
繁華莫羨綺羅身幾見人家似我貧立定脚跟牢着意時來野草亦翻新

生成性格本聰明是是非非辨得清從此出言須仔細莫將眞率忤人情
曉來莫任首如蓬珍重紗窗日影紅舊笥尚餘花樣在一針一剪要兒工
窮通有命怨何爲翻使旁人笑爾痴冷進衣衫飢進食休教痛苦損丰姿
高年宜敬少宜和冷眼相看只聽他世態炎凉予歷遍叩令痛哭又如何

庭訓

阿兒此去要留神風雨炎凉只一身若使偶然疎保護他鄉調攝倩何人
忌諱年來到處多他鄉休使淚滂沱此行只有予憐汝莫向人前喚奈何
老眼生花幸未盲茅簷日午倍增明歸途試檢殘衣服未了工夫我續成
驚聞孺子泣呱呱嬾慢家僮幾次呼爲恐行人聽不得教他背去買胡盧
西風蕭瑟起行初淚眼相看古渡餘未審杖藜歸宅後倚門痛哭又何如

上坟

蘊藻蘋蘩奠也無休將肉食問狂夫此生抱歉知多少寂寞坟前酒一壺
累累荒城幾處經紙錢低映草痕青如何稚子貪眠甚纔到田頭睡便醒
三尺枯坟土一堆白楊風冷紙錢灰眼前色相心中恨儘著兒童哭幾回
十載光陰浪擲過淒淒野草病如何家人怪我痴情甚只恐泉臺淚更多
未死空留薄命身重泉一念一傷神他生縱有浮萍遇只恐相逢認不眞
呼君不起奈君何想像從前抱憾多地下有情安好未敢煩寄意到南柯

湖南舟中

桃含宿雨柳含烟湖上春光照眼鮮記得去年從此過家人笑指打魚船
荒原寂寞少人行若個悲號大放聲怪底扁舟催太急教儂聽得不分明

書齋題壁

綠滿窗前草不除一天花雨晚晴初飛蚊盡逐南風去明月半床照讀書

詠菊

鎭日栽培苦不辭邇來贏得好丰姿如何一樣秋風裏獨爾花開較底遲

秋深已覺花開晚偏到冬來始放花怪底一生多冷淡含情無語自欹斜
不爲重陽冒雨開抱將冷豔待冬來生成一種清高節霜信憑他疊次摧
東籬一別已經旬依舊黃花帶笑顰非是傲寒不輕發由來賞識沒多人
秋風門外幾枝斜懶共羣芳逞異葩知爾有心尋夙契不因我到不開花
早開花已膩空枝惆悵鄰園寂寞時獨爾遲遲開最好晚香占得許多期

題畫

扁舟一葉蕩徐徐烟水寒茫夕照餘最是江南風景好蘆花灘上賣鱸魚
借得西風一葉輕倦游聊以寄浮生有時接得探花侶作隊飛來滿座驚

題雁

蘆花楓葉大江秋烟水寒茫古渡頭任爾載飛還載止何妨高唱水雲樓
紛紛雁影滿芳洲露宿風餐總自由兩岸蘆花千里月一聲驚起大江秋

脚痛口號

質地原名太瘦生登雲久已愧前盟而今又惹葵花笑踹躅徒嫌路不平

舟中口占

竟日生涯在水涯橫塘幾處浪飛花舟停未辨東西路先向途人問酒家
卅里前村即是家扁舟無那日西斜客途不作登高想姑向疎籬訪菊花
桑家灣過董家潭曉起推篷怯嫩寒底事漁船開最早打魚不待日三竿
港口東行又馬莊歸裝今已過重陽登高人散秋風冷寥落東籬一帶黃
扁舟過處水蘋開到岸人家午飯纔記得夜深黃葉落却疑篷背雨聲來

輓柳毋

少小持家致疾多西風偏又苦催磨縱教竊得靈丹藥其奈沈痾不起何
十載消磨老病軀一朝撒手痛何如明能料事英能斷巾幗堪稱大丈夫
自恨生成命不齊每憐兒女語淒淒有時話到傷心處咽住寒鴉不忍啼
猶記垂危淚不乾唏噓欲說說偏難關心最是嬌兒女惟恐人將冷眼看
新婦登堂甫兩年如何姑忽返瑤天從知此後調羹者泣對諸姑意惘然
于歸未幾即持家閫政端嚴靜不譁祖業克承兒善教如何今忽返仙車

輓某叔毋

一帆江上去如飛西風慘惻透慈闈傷心最是還轅日誰倚柴門待子歸
冷露無聲濕桂花秋風江上一帆斜毋赴瑤池兒在道匆匆兩地哭天涯

己未紀事（公配盧孺人是年逝於旅次）

星橋風浪一時生百感茫茫淚雨傾生世崎嶇難盡述空堦坐對月三更
未語先教涕橫流生成薄命又誰尤無依只有嬌兒女頓使人增不了愁
記得春明挈眷行一肩行李棹來輕熊羆喜叶殘更夢三月和風繞戶生
深閨未慣歷他鄉炎暑薰人復擅場爲購凉瓜無覓處遂教二豎逼膏肓
扁舟破曉赴羅塘國手難逢藥不良幾次溱湖猶未遇起生何處覓丹方
沈疴病勢費躊躇遺硯先驚寄到吾捧得哀音忙返棹招凉誰爲贈明珠

襄事中庭幾日過市城奔走又關河靈丹買得歸舟穩畢室歡迎笑語和
秋到中秋秋正中書窗閑曠幾兒童燈前絮語輕相促着意來朝馬首東
極目羈棲一水遙中途乳媼特親招舟行深恐嬌兒臥爲餧紅蓮米一瓢
蕭齋几席久生塵特地呼僮整頓新逼仄規模容膝好小窗常伴讀書身
別後巾箱手自開羅衣檢取舊時裁爲憐疊久紋都縐强起精神熨幾回
西風幾日撼疏櫺病劇翻嫌藥不靈旅夜爲愁心膽怯一燈留照五更清
已看形質瘦於梅風雨何堪疊次摧有女號寒兒橋餓一腔熱血漬將來
此生自分無生理別後相思怕損神斟酌一言持贈我窮愁珍重異鄉身
零丁兒女總前因此後提撕莫厭頻試看眼前先達者克家都是教成人
儒家風味本來貧衣飾無多色自新有我床前兒女在愼毋輕易付他人
爲勸翁姑莫過悲晨昏恕我禮多虧十年枉作調羹婦辜負劬勞此別離
侵晨含淚傍粧臺整理衣裳倦眼開屏卻吳綾多不御單寒取我布裙來
奄奄氣息命如絲却在人家飯熟時長歎一聲燈燄散兒啼女哭亂空帷
空閨擾亂菊花天蓬首嬌痴劇可憐奠罷椒湯纔一慟忙舒纖手拾花鈿

病中垂訓（此乃公晚年病臥榻上口述命同筆錄並諭以永守勿失者）

感遇　八十光陰轉瞬中勞精費力總成空小窗倖有詩文在字字行行血染紅
又　每念劬勞百感生蓼莪罷賦淚頻傾當年最苦膏難繼白首含酸課月明
又　駒隙光陰不暫停感深風樹泣空庭年來靦面師村塾勉對兒童講孝經
又　安居樂業祖傳孫都是天家雨露恩答報涓埃租早納餘錢買醉嘯蓬門
養親　媿科高掇振家聲丹旐煌煌祭五牲何似生前歡樂洒勝他簪組拜佳城
教子　從來華國在文章嬉戲難期學不荒聖代即今多雨露兒童務使續書香
又　燕山五子報連芳教育多因有義方假使當年姑息甚千秋那得姓名揚
又　莫貪富貴莫嫌貧緯地經天在一身試看眼前先達者無非艱苦過來人
又　耕讀傳家後必昌因材施教古稱良後來若或多駑下服賈牽牛自不妨

敦本　兄弟同胞好護持相親相愛勿相歧縱然枘鑿難容受終要諄諄誨使知
睦族　道途飢餒尚周恤况係同時骨肉親分所有餘資不足歎天喜地動鄉鄰
安貧　刻薄成家享不長非惟惹禍且招殃布衣茅屋甘蔬菜贏得清平兩字香
卜居　湫隘囂塵不可居染成氣習最難除何如數畝荒園裏架兩三間屋讀書
反己　凡事都宜易地觀到回頭處總相安陽春一轉冰全化解盡人間百種寒
容人　遠近親疎總一般有何芥蒂苦相難眼前多少糾纏者都是皮囊不放寬
養病　身病原憑藥餌醫調和營衛賴扶持虛靈不昧終當復百禱千祈是自欺
節飲　主賓歡洽酒三杯何事流連戀舊醅飲罷不知身已醉耳紅面赤鬧將來
愼言　逢人愼勿輕開口輕易由言悔必多我得金人眞祕訣看他何處起風波
償債　時難年荒揭債多爭權子母奈貧何通盤打算償須早免得陰天草蔓拖
節用　鮮衣美酒費錢財一不從心遂告哀我有荆箱書簿在試從歷歲檢將來
守禮　喪葬從來有定規干名犯義總非宜盈虛消息天之道甘受人欺適自欺

戒驕　處世端須學吃虧矜才使氣禍隨之此生養得靈源活唾面由他我不知
戒奢　嫁男嫁女逞繁華碎剪綾綢又剪紗昨夜有人風雪裏飢寒倒餓路三叉
戒淫　游戲場中脚亂伸年來枉殺幾多人前車已覆行非遠愼勿荒迷步後塵
戒佚　浪蕩多從失業生少時學懶老無成家貲縱有同歸盡酷冷衣衫一紙輕

文伯公遺著卷下

文

戒賭

夫士農工商各有正務飲食衣服宜急本圖我等欣逢盛世幸際昇平士躋於朝農耕於野百工集於肆商賈藏於市固無不服其教安其業矣惟鄉閭小民不知防範遂昌爲非義歧途誤入流弊滋多而賭博其尤甚者也始則爲嬉戲之漸繼則啓爭鬬之風終則釀身家之禍引有用之子弟悉入網羅率無賴之棍徒同歸禍敗那有片時閑暇偏道我已十成並無少些貲財謊說家餘百萬日引日深愈驕愈放田園蕩盡基業空剏自祖宗火債盤拏飲食難周乎朝夕高年來啼哭之聲少婦萌輕生之意甚且棄男女之閑忘尊卑之分勞精費力疾病叢生廢寢忘餐奸淫迭出一朝得手輒思問柳尋花妄逞蜂狂之勢稍不遂心便爾挑張弄李巧爲虎噬之謀縱教博得銀錢依舊成羣結黨有時受些屈辱勢必拚命忘身以

故弱者餓殍溝壑強者横擾鄉鄰穢行兒人人切齒敗家子个个寒心迨至被控入官以身殉法鞭笞傷其體向奸吏而求饒桎梏拘其身望故鄉而洒淚當此無可奈何之會思前日家人如何戒我鄰里如何勸我而我習焉不察今朝傷敗若此上辱父母下累妻孥宗族不我容親朋不我齒有不仰天椎心悼歎於悔莫能追也哉嗟嗟人當無事之時不知持家立業爲光前裕後之謀必至罄敝囊空干刑犯法始悔從前之失晚矣晚矣今告爾衆各守本務謹身節用樂業安居思祖宗往日之勤勞盡父母目前之孝養立子孫將來之法則與其用無限心機何如省無窮精力與其負欠難償追逼無安身之地何如逍遙自在往來多得意之時與其傾家蕩産仰而求人何如易轍改絃回頭責己與其宛轉呼號思避罪於箠楚之下何如洗心滌慮早悔過於清夜之間少年血氣方剛毋聰明誤用壯者室家多事毋迷謬不知毋借地以娛老致損有限之精神毋假此以留賓致啓無端之嫌隙毋猖狂於酒後毋浪蕩於客中毋近狗偷之輩毋交鵟食之徒毋盤剝人

之錢財吾存吾仁毋陷害人之子弟吾盡吾義毋混牝牡以取利吾守吾禮毋舍身家以取禍吾用吾智由是父母順妻子安親鄰好簞食豆羹爭端不起鼠牙雀角速訟無因又何至結怨耗財費時失業破產流離以身試法哉閱者其圖利之

禁邪教

竊以災難非無自而生邪慝非嚴禁不止今年自夏徂秋瘟疫流行傳染甚廣總由人不衛生爭尚邪說因之病魔肆虐天降鞠凶身受者朝不謀夕查從前教匪滋事衆燒香種種怪誕擾害地方一經發覺無不駢首就戮國典煌煌誠所宜畏近有喪心病狂之輩倡立邪教蠱惑鄉愚不士不農爲鬼爲蜮造提亡之幻說創供佛之新聞不分男女撾鐘鼓而三五成羣別立壇場干憲典而絲毫罔忌此皆生民之大害亦國法所難容也我等讀聖賢書不忍坐視特爲公同勸解自今以後各守正業各保身家敬天地孝父母和兄弟睦親族凡喪葬諸事務宜恪遵禮制無與邪人爲伍無使詭怪及門庶災祲潛消而人民康阜也如或故違輕則公同議罰重則鳴官究懲其速醒悟毋貽後悔

耳疾

維百體之效靈在五官之妙用目司視而耳司聽天所賦焉口辨味而耳辨音人之性也乃余客路多艱征途欠爽時既不通耳亦善病始則松濤直瀉聲疑白雪之三終繼則霞彩平鋪暈露紅雲於半面癢恨難搔唾嗟難咽遂使痛連腦髓欲割不能磨到齒牙欲提不可聞大聲而疾走竄似抱頭欲俯首而難安勁如强項中邊俱迓欹枕而好夢難成面目全非對鏡而中情俱亂書窗惓倚望梓里兮迢遙村市閒遊問杏林而縹緲無可奈何誰能遣此不知何日能消得眉頭縐也爾乃濃血迸流腥膻錯雜有竅難通無聲可入蟲鳴窗下實淒凉寒帷不覺雷震樓頭多蘼㾾舉跡無驚遇人則嗤然以笑洗不放乎許由聞言則茫乎弗知掩徒勞乎荀躒酒原可治稱觴偏值新秋丹豈無靈採藥不逢舊雨言念及此能不慨然所冀丹霄露佈絳帳風清勿藥占其有喜厥疾無虞不謬名列珠宮鹿鳴咏而我

欣鼓瑟班聯玉筍鴻臚唱而人許簪花縱此日蛙喧草澤未知即景而揮毫俟他年鳳叶楓宸定許聞聲而獻賦

致張秋舫先生書

昨蒙雅愛惠寄瑤篇捧讀之餘不禁擊節歎賞以爲蕭梁之尺牘長吉之錦囊俱不得專美於前矣足下居射虎之鄉擅雕龍之技髫齡揖客解對楊梅綺歲揮毫工吟芍藥青睛才子固宜樹幟騷壇紫胞神童定卜簪花藝苑而乃劉晏多才鍾期未遇致使冲霄鵬翮徒羈絆於長林豐草間豐城之寶劍誰憐爨下之焦桐莫識時耶運耶倘所謂大器晚成者耶方今海隅兵興足下以避亂故僑居下里既家室之靡依更椿萱之俱謝僅存碩果每憾飄蓬僕於拜訪之餘稔知顛末遭逢不偶庸竊慨然抑僕本恨人夙丁蹇運鼓盆抱慟隻影依人固有極人情所難爲懷者然以視足下之瑣尾流離悲深風木不猶爲未極仳離乎所貴君子固窮達人知命毋爲鬱鬱致令江淹筆徒傳恨賦於一時也

又

海陵別後與足下晤纔兩旬耳而天末征鴻一箴遙寄又招僕爲廣陵遊烟水茫茫僕豈樂有此行耶矧老圃黃花臨風逞豔而僕以一肩行李與足下遠隔於數百里之外未免有情誰能遣此然揚州爲六朝勝地螢苑雷塘諸蹟足下目所未經僕至其地或登山或臨水一一遊覽焉異時一棹歸來爲足下感其勝並悼其衰低徊往事縱酒狂歌吾知處仲壺又被予兩人擊碎矣努力自愛暫時分手勿悵悵也

又

與足下別來久矣黃花初放時轉盼新春遠道悠悠溯洄將安從耶記去歲海陵返棹旅館趨陪揮毫賭韻笑索梅花並蒙俯贈瑤篇輝生蓬蓽由今思之竟成往事今年秋偕二三同志故道重經方謂拔幟先登稍慰故人雅望詎料駑才賤質試輒見遺迨買棹歸來而足下已解纜久矣臨歧悵望黯然銷魂江文通其先得

我心耶却扇之時定多新咏但不知眉畫春山張京兆又如何試筆也博議一書肯賜覽否僕株守一隅催妝詩未能趨賦殊覺歉然頃接來函稔知清況足下才大學博到處料有逢迎竊以遠適異域昔人所悲矧當燕爾新歌白頭待養匆匆命駕其如三口一船時動香山之感何雖伯通廡下未堪久駐梁鴻而玉案相莊夙欽德曜天倫樂事固有無加於是者僕每羨之而不勝今昔之感也江南一帶捷書屢報石頭城上指日定有降旛來年春雨杏花鹿車共返青山無恙熱不因人從此破壁高飛斷不致久羇駿䮐足下思之其以愚言爲河漢否所恨僕樗櫟庸材青氈坐困他時角藝金陵倘克仰邀青睞得附驥尾於秋風則鍼生幸甚來書懇懇略陳固陋臨穎匆匆萬千珍重

又

足下籍肄毘陵帳懸淮浦春風廣被進孺子於圯橋化雨均沾拔名流於胯下羨甚羨甚憶自棟村一別轉瞬已將廿載中間兩晤芝顔皆在金陵客邸未幾又匆

匆判襼前三四年兩番奉寄劉家高墻借申渴慕詎鱗鴻性拙到輒目迷千里致書竟未得瀆塵座右大江南北我兩人徒悵秋水蒹葭之阻矣今年夏應試州城適舍親費兄由淮返棹知足下司鐸郡城並述及再三聲問傾耳之餘驚喜欲狂萬不料故人遠隔猶復念吳下阿蒙也大以足下英年垂譽試輒冠軍定當高掇巍科向天衢而獨步而乃一官冷署甘苜蓿而不嫌不亦屈長材於短馭乎然淮城夙稱名郡代產英豪得足下教育而甄陶之行見名流碩彥爭自琢磨異時射策彤廷必將與汪李前賢互相輝映滿城桃李盡在君門則又未嘗不顧之而色喜也令郎輩後先蔚起想皆聰穎過人況兼家學淵源取青紫當如拾芥李君竹江昆仲仍僑寄黃浦否抑回江南否功名不落寞否弟株守荒村愧同井底之蛙凡春秋榜發並不知中式者何人聯登者誰氏尠見寡聞甚爲可笑今年秋鄉試同人慫慂弟一行竊念前此五度槐黃未邀青睞今年週花甲自分以布衣老矣敢曰烈士暮年壯心未已乎蕭疏白髮搔不勝簪亦惟誦前人坐觀垂釣之詞永懷羨魚情耳所冀足下高攀秋桂連捷春官弟處淮南拭目以待好音之報也茲因居停主人來省秋試謹修寸楮便達鄙懷伏維珍重不宣西風有便還擬買舟北上造署趨候與足下再作萍踪之聚也

致某君書

爐火新紅雪花扉白窗外寒梅香氣又隨好風而至遙想足下抱膝南軒埋頭呵筆不知吟就幾許新詩也令慈古稀華誕家釀新醅佳客齊來珠履與萊衣互映新詩競賦松齡與筠節同歌想望之餘曷勝欣慰所愧株守一隅孑身遠寄未得躬親拜禱耳謹備菲儀數色命某代爲慶祝諒誼忝葭莩儘可恕茲簡慢也某事借重鼎力將來到時與足下不時聚晤聯甥舅之歡叙父女之情而舍下瑣瑣音書亦得隨便鴻遙寄是固天作之合抑亦人謀之巧也

致夏君書

前寄課文數則題紙一張內有路引一紙縷析載明往來信札取道甚便想已達

座次矣頃來已將一月弟不勝盼望卒鮮鴻音此中曠隔之故弟實狐疑豈令弟別有事故未經舉筆故久不見寄耶去年州試令弟抱躍躍之心有志未逮轉瞬來春又將州試獨不思拔幟先登耶雖令弟少年聰穎迥不猶人然文入妙來無過於熟試看眼前破壁高飛者其造就果何如也弟以樗櫟庸材猥蒙不棄十數寒暑相聚甚歡迨去年告歸兄猶殷殷以令弟爲託乃今年以來僅接課文兩次計十餘篇此外並無所見令弟之辛勤懈怠弟難逆料使果耽於嬉戲則從前十餘年燈影雞聲口講指畫不幾成畫餅耶足下期望令弟之心勝弟百倍如謂厚責於前而灰心於後他人容或有之弟斷不敢以是爲足下信大暑無聊特修寸楮相思兩地莫罄鄙懷萬惟珍重不諼將來鴻便尙祈惠我好音

致伯華弟書

予自廿日到館以來精神尙覺如常惟是老拙無能孑身遠寄舉目言笑無與爲歡僅日與三四蒙童喃喃結莫解之緣迨晚則枯對一燈形影自憐不得已手一

卷古文消茲永夕而目力昏眊乃又不能久視方掩卷思慰而拍遨一聲油燈忽傾巇倒地卷面盡被沾汚倉皇四顧寂無一人右絀左支索火不得人耶鬼耶何窘我一至於此適有提燈至者燭之乃知鼠竄至梁間而墜而燈適當其衝視其地油迹尚模糊可辨而鼠已不知所往矣予心方爲一定因思從前在家時伯仲與偕呼酒論文如何景况對此不禁凄然淚下嗟乎戀雞肋之微甘忘兎毫之已秃晚年孤苦遠涉他鄉書館凄凉茫無知己古之人有不屑以斗米折腰者予對之無乃愧甚然亦感自我貽耳少時不努力老大空悲傷於人乎何尤足下抱逸羣之望値强仕之年當思展其驥足効千里馳驅無若予之坐困藩籬莫由脫却牢籠斯爲幸耳小兒懈弛請代爲訓誡再將予客路情形申飭言之庶稍動其天良乎一紙遙傳寸心如結淸明歸來再爲痛談

題某方外畫像

公海陵朱氏子也心聰慧好佛早歲落髮於復興院長齋奉佛宛若成人越數年

訪道寶華諸山卓錫之餘具徵覺悟久之歸而名聞於大江南北矣京江甘露寺爲翠華臨幸之所首座以老故聘公主講升座之始大衆歡悅恨相見晚丁未歲廣傳法戒四方來者以千數公普示法乘不辭勞瘁洎夫京口用兵凡諸名勝悉遭兵燹正不獨甘露爲然矣公不得已渡江北歸教授生徒創修舊院里中有貧不能自給者量力周郵之全活甚衆戊午歲公遇予於客邸出所畫像命題予自維鄉曲俚人焉能仰贊但公生平行事有彰彰在人耳目者爰掇五句以前事於端首俟當時名公鉅卿博採以聞

偈曰人性本靈遇物則遷惟公定慧制之必堅摩諸業障妙得眞詮衍光明法結淸淨緣有心皆潔無相非圓不卑不亢亦痴亦顚廣大慈悲裕後光前受無量福何終極焉

爲祖利搊公擬祭祖妣文

嗚呼爾乃今與人世謝絕耶余與爾年俱邁飲食起居自知概不如前而爾故矍鑠也今年夏瘟疫大作爾將余向日所爲衣服親手箴之以備余不時需蓋惟恐余之卒罹痾疾也孰意爾遽捨余而逝耶嗚呼爾助余辛苦持家者幾六十年其生平行事有不能泯沒者爰撫數端濡墨和淚以陳之爾爲東邑邑庠生高公諱洙女次居長幼聰慧能善承親志稍長恪遵姆訓彬彬有大家風嘉慶八年于歸敬執婦道不辭勞苦故先父母極鍾愛之泰邑居淮黃下游形如釜底十一年夏湖水汎濫田禾淹沒爾從余寓居城內明年春舉家歸時族中有貧不能自給者爾助余周恤之費不足至典衣質物無怠志蓋爾之存心也極其厚而爾之持家也極其嚴生平公正無私遇事不存猜忌視姪輩如兒輩視姪婦猶兒婦子姪等或稍涉奢華不惜多方擯斥以故鄉鄰交口羨曰持家得老成如丁氏婦其夫猶不免內顧之憂者吾未之前聞也二十一年余等昆弟析居爾適歸省凡所得之厚薄概不與聞先是余有妹在室夭逝議者以余次子承祀提有塋田數畝爲祭祀之資當斯時欲併入公算旁觀者頗有難色爾聞之慨然曰是所値幾何苟稍

涉較量豈不有傷和氣悉聽之嗚呼人當平居語及財賄非不自謂淡然一旦臨小利僅如毛髮輒互相爭競以家人爲讐仇視貨物如性命甚且終朝誶詬午夜悲啼迫其夫操同室之戈有能如爾之恬退無爭者鮮矣方是年爾父捐館未幾其族人搆禍爾弟以避嫌故館余家凡飲食浣濯皆爾親爲料理越數年事解始聽之歸余有大姊適王門早寡家貧又無子女可依爾憐之留養於家慰視勤勤有踰骨肉以故大姊得所依歸者二十餘年以壽考終爾之居心若此以視世之樂其身不顧其親其心之厚薄爲如何也何天不佑遭時蹭蹬迭遭閔凶災歉頻仍門庭多故道光元年先君子捐館三年秋陰雨敗穀爾以憂鬱之故幾至不起厥後男婚女嫁需費多端而時之豐歉每難如願十一年夏大水禾稼失收旋又以女故舟人落水而斃明年夏先慈周太孺人又逝嗚呼前此當多事之秋已覺艱辛備歷乃遭時大歉連遇凶喪困爾於跼蹐之場痛拆措之已盡悵貸借之無由時耶運耶天奈何以罰及我身者俾爾亦親嘗艱苦耶嗚呼痛哉始余課徒里

家道中落因謝去業歧黃家數乃所需藥餌苦無所得爾乃慫恿出所積針黹費付余購置之十二三年間鄉閭病疫因得廣爲施濟全活無算自是以後余家益窘甚而爾之素履更有爲族黨所矜式者某年爾母病逝遺金數百爾悉舉付其家人封識如舊毫釐未嘗染指嗣後高氏遺有孤寡爾毅然以身翼之恩勤教育宛若己生故其家於爾刻刻不可離嗚呼素性長厚不見利以遺其親且又能庇其子孫如爾者當世幾人而天顧嗇之俾終年拮据不獲安享遐齡竟於八月初二日溘然長逝也嗚呼爾嘗憂臨終時纏綿床簀受諸苦楚今病不浹旬竟爾棄世爾從此可以無慮矣嗚呼余與爾生長富厚之家卒嘗艱難之境少不逢其時壯不如其願老不遂其心余行負神明而不得與爾偕老百年死生異路幽明不通彼蒼者天曷其有極爾生於乾隆四十九年享年七十有三長德馨娶李氏次德慶娶孫氏季德本娶袁氏女二俱適人男孫九長渙已娶餘亦漸次成立女孫三嫁二女曾孫一論者謂此孫曾繞膝濟濟一堂率皆吾家忠厚之報倘異日兒孫輩再邀爾之靈或讀書有成或力田有獲門閭稍稍起色得以怡養余之餘年爾亦可含笑於九原矣余感爾之賢淑傷爾之迍邅謹陳薄奠愧不成禮靈其有知洋洋來鑒嗚呼哀哉尚饗

祭考蘭圃府君妣李老孺人文

嗚呼痛哉吾父母竟捨不孝等而長逝耶不孝苦塊餘生痛家庭之多難念罄欬而無聞呼天莫應他鄉留忠厚之名搶地無靈中饋著勤勞之蹟哀哀父母五內焚如尙能搦管爲文述生平於萬一耶然吾父母遭逢蹇難備歷艱辛有不孝所不敢忘者謹濡墨和淚爲父母哭泣陳之祖父母生吾父兄弟三人姑母二人吾父居長少聰穎好讀書稍長從舅祖高公雲松先生遊爲文則魚魚雅雅作字則炳炳烺烺舅祖極鍾愛之許爲遠到器謂高氏門中得甥如若人者誠可謂賢宅相矣不幸家道中落卒業未遑道光三年秋迎吾母來歸時祖母適患外症吾父偕吾母躬親湯藥求無不給命無不從循循謹謹惟恐失其歡心此固吾父母純孝性成益見吾父刑于有道吾母之姆教素嫻也吾母秉性簡樸物力尤加愛惜凡一粟一絲舉不肯輕爲拋擲道光六年秋二姑母于歸橋頭時西水下注田禾失收妝奩不無簡略吾母慨然與吾父計議特出所有以應一朝之急嗚呼痛哉凡人於姊妹出門時求得一不忌所有不笑所無不耳紅面赤出怨詞而較錙銖於父母之前者已覺難有其人而爲之婦者又或陰蓄所有留與兒女不肯通融假借甚且覬妝奩之厚陰唆暗煽攝掇丈夫使之出頭搆釁而不已吾父母獨非人情乎其如是之慨然持贈也不惟巾幗中無此偉人即責諸鬚眉男子亦寥寥罕覯矣道光十一年秋田禾又遭淹沒舉室嗷嗷莫可告語吾父始則偕二叔開建磐坊繼又隨里人販貨海濱吾母在家事奉祖父母己則糟糠而所以供二老者旨甘惟恐或缺至於曲體親心無不臻其周至夫何吾父出門未幾家中以探親故僱工突遭溺斃撈屍莫獲逼迫難安吾父在海隅風聞遂兼程倍道而回計抵家去溺斃時才三數日耳問所自則起身在二三百里之外問所帶則腰纏僅二百餘文之多嗚呼痛哉凶年飢饉粒食維艱吾父不得與祖父母朝夕聚處致使跋涉江海逐蠅頭微利固已心滋戚矣奈何經營未遂凶耗旋聞遂聽之餘飢不忍食倦不忍眠衝霜冒雪星夜奔回吾父母每對不孝低徊往事不禁欷歔欲絕矣自是而後家業益形寥落而吾父遂常爲他鄉之客矣道光十三年舅祖聘吾父爲幕賓家事一切皆吾母摒擋之蓋外祖父母生吾母姊妹五人母舅二人吾母居次性賢淑工針黹諸姨母皆於吾母受教以故于歸以後和妯娌睦鄉鄰孝養祖父母無異於孝養外祖父母焉至於督不孝以詩書教諸妹以紡績雖往來外祖家亦未嘗一刻寬縱蓋慈也而嚴寓之矣道光十六年祖父母命吾父等析居先是祖父業歧黃家數心存濟世施送藥餌家資漸以虧空後又家庭多故積逋益深吾父獨取其大且急者償之其後有未能歸數者則又暗地酬給二十二年家居種田二十三年商販陸陳旋又幕遊於舅祖家總計數年之內債務叢雜支用浩繁事不從心動多掣肘而吾家遂一貧如洗矣夙欠難償轉賣田產家

用不給典質衫裙吾父之焦勞籌畫固不待言而吾母則尤困苦焉吾母系出名門深居簡出一旦際遇阨窮提筐隴畔採樵參拾穗之班壓線窗前作嫁洒終宵之淚其勞也若此二十八年大水失收時不孝初館他方未得如期歸省吾母絕糧數日惟與弟妹等日啖番瓜療飢嗚呼痛哉古之人有貧難自給僅以藜藿充庖者今不料其事之近逼吾親也不孝追思前事肝腸迸裂吾家席先人舊業頗好詩書迨近況艱難乃躬親農事道光三十年後諸弟等漸次長成類能自食其力然胆怯力綿不善騎牛每當淒風苦雨之時吾父母輒倚廬懸望耑惟恐其渡河而死也咸豐六年旱荒祖母棄養九年春不孝攜眷至楝樹梁才生一子入夏而祖父捐館及秋而不孝婦又逝遺有弱息相對呱呱吾父母當哀毀之餘始則代僱乳媼後乃身同寢食嗚呼痛哉吾父母承屢荒之後連喪二老殯殮各事所費較多不孝自愧庸愚前不能起吾父母於艱苦卒乃遭逢蹭蹬貽吾父母憂不孝之罪擢髮難數矣猶憶吾父母顧不孝而言曰爾中年失偶兒女無依我兩人

漸就衰老一旦不測這兒女着何下落爾其早早續絃毋過痴迷爲也不孝竊念人之有室無非爲嗣續計耳余妻既遺有子女而不孝又思破鏡重圓自尋苦惱亦愚甚矣天下幾見有後母而憐其子女如已出者哉以故凡爲不孝作伐者皆一體回絕夫亦謂吾父母年屆六旬康强如舊不致生意外之虞如往日所言耳同治元年不孝倖獲一衿諸弟皆力田有獲並不孝兒女等亦漸漸解事從前之積苦至此頗覺稍紓而吾父母終不肯浪費一文偷閒片刻吾父母生不孝兄弟四人女弟三人三妹尚未受聘其餘如不孝等婚嫁都完不幸大妹適曹門早逝次妹適吳門靑年孀守此皆吾父母恩勤鞠育親爲娶配不以絲毫累人者也而吾父母更有人所不及者方吾父幕遊於高氏時高氏遺有孤寡吾父體䘏之撫字之飲食教誨有可以質之天地鬼神而無憾者吾母於吾父歸沐時猶復時加懋勉囑其加意保全至其往來帳目不以絲毫染指口碑俱在猶其餘焉者耳嗚呼痛哉吾父母素有隱德不孝等方謂可以邀天眷而享大年夫何五年水荒而

後六七年間吾父母迭次抱病今年四月初九日吾母復染疫氣服藥罔效十九日不孝始聞信歸來二十日吾母竟溘然而逝也嗚呼痛哉當是月初三日不孝由館歸來旋即由家到館吾母親送河干再三誥誡多以不孝兒女爲言詎意事甫經旬吾母與不孝竟永訣耶今而後不孝出門誰送至河干耶不孝兒女誰殷殷注意耶嗚呼痛哉吾母逝後吾父淒凉悲感猶復勉强支拄迨午節前後閑門告病焦愁之下形神頹敗十二日亦臥床不起日甚一日百禱無靈於二十八日又隨吾母而逝也嗚呼痛哉不孝等負滔天之罪禍延吾母所恃老父無恙猶朝夕得所依倚胡天不弔又奪之速也吾父於不孝兄弟中愛不孝也爲尤甚方吾父病勢昏憒時諸弟扶疾至榻前問安吾父猶執其手撫其首整理其衣襟問其飲食何似設不孝亦如諸弟之病病而且死則吾父之痛不孝不知又當何如也不孝虛生四十餘歲一無可取徒爲終年碌碌囊筆依人飢無以爲食寒無以爲衣定省曠隔孝養全無蹉跎至於今日母病既不能知父憂又不能解如不孝者

尚可以爲人乎尚可以爲子乎天奈何不置不孝於死而使吾父母繼踵而逝耶不孝等將安所恃耶吾父母今年俱六十有六歲同以嘉慶九年甲子秋九月生今之逝也又同在同治八年四五月中生則俱生逝則俱逝此中難測之故果天實爲之耶自今以往不孝惟恪遵舊法與諸弟協力治家爲三妹謹擇佳婿子姪等加意訓誡或耕或讀各從其便其有不循規矩蕩檢踰閑者不孝惟有邀同親族痛加責罰必使之改過自新而後已嗚呼痛哉滿頭霜雪猶懷離別之悲萬里風雲未遂顯揚之志倘邀吾父母之靈得稍寸進人口日增家貲日盛吾父母亦可稍慰於九泉矣玆屆百日哭陳一奠二老有知來格來歆尚饗

爲堂伯母請旌文

爲籲請旌奬以彰節孝事竊生本邑有節婦丁倪氏係已故儒童倪琛女已故儒童丁元德之元配也氏係出名門素嫻姆教嘉慶十九年氏年廿一歲于歸時氏上有兩世翁姑甘旨親奉甚得翁姑歡心不幸氏夫元德以讀書成務疾氏侍奉

湯藥歷數年如一日嘉慶廿四年氏夫物故時氏年二十五歲止生一女哀痛之餘屢欲殉夫自盡賴翁姑勸慰鄰里隄防氏乃回心忍痛不敢以悲戚傷兩世心越數年氏夫之祖及夫之父母相繼歿時家有仲叔一人小姑二人皆未成立一切喪葬嫁娶諸事皆氏獨任其勞豐儉適宜內外俱無間語後仲氏連舉數子氏乃撫其長子澍爲己子偕仲氏等孝養祖姑鞠育諸姪婦兼子職雞鳴循潔瀡之儀嚴以慈行燕翼效和丸之美而且內持家政鎖鑰關心外睦鄉鄰穆鉶無色雖水旱有不齊之歲吞糟糠而亦所甘心即疾痛有待救之時處闈閣而不忘蒙面口碑俱在親鄰仰其冰操心鏡難欺里黨推爲柏節道光十二年氏祖姑偶染時疫時天災流行傳染者衆氏乃屏去奴僕手自調扶其時亦有同居共事之人而氏獨寢興與共未敢廢離迨其祖姑病歿而氏卒無恙是蓋孝誠所感格而實巾幗所難能者矣自是而後氏之境遇益又慘矣方其祖姑歿後未數年仲氏夫婦亦相繼歿遺有諸姪惟氏是依零丁孤苦薪水都艱至不得已而鬻妝奩以謀蘋

藻親紡績以課兒孫風雨孤燈白頭相對視陶母之留賓悲深截髮比歐陽之書荻苦甚和丸青年矢志節己等於柏舟晚歲謀生身乃栖於蓬戶現今子姪輩皆務本力田諸孫等亦讀書解義而氏於針黹餘閒猶復時加訓誡似此行儀誠難湮沒念氏自廿五歲孀居後現年八十二歲計守節五十七年核與年例相符生等誼同里閈事樂闡揚矧恭承鈞示敢不玉成不揣冒昧據實粘呈謹備輶軒之採用增家乘之光是否有當伏乞轉奏朝廷俯賜旌獎以彰節孝而勵風化望恩上呈

爲夏母請旌文

爲叩恩移請沐旌典以闡幽光事竊惟禮隆合卺肇始人倫志勵含冰聿昭婦德方鹿車之共挽正期偕老山中忽鴻案之難齊每欲相從地下凄風苦雨鏡泣青鸞隻影單形歌悲黃鵠奉高堂而謀菽水精神竭於蠶桑撫弱息而課詩書似續綿夫瓜瓞若節婦夏景氏青年矢志白首全貞徒以作貧家婦無或憫未亡人生

等情關桑梓節慕松筠幸鈞示之適臨口碑博訪爰幽貞之彙舉頭緒攢陳巾幗旣因之生色鄉鄰亦借以增輝爲此呈叩學正師台賞准入册移州詳請以勸貞珉而償艱苦

爲夏母請匾文

爲陳明節孝公籲匾額事竊生本境正東隅棟樹梁有節婦夏黃氏係已故邑庠生夏璜之繼配已故邑庠生黃文黼之女也該氏係出名門素嫻姆教長而于歸夏氏孝事翁姑謹修婦職素敦勤儉庸著壼儀夏某病故時氏年三十五歲未有生育謹遵遺言繼姪穆卿爲子循禮治喪恪遵婦道而且上事適姑婦而兼子下撫孤子慈亦寓嚴中宵課讀無殊畫荻之心五夜繰絲不減和丸之美迨翁姑相繼見背嗣子穆卿夫婦又復夭折該氏零丁孤苦撫育孤孫以養以教至於成立名列成均此皆矢志之靡他故克家之有慶也計氏於某年迄今某年計守節卌年堅貞永矢鞏欽金石之不渝節壽雙全更喜孫曾之環繞爲此據實粘呈謹備

輶軒之採仰邀褒美永垂家乘之光用敢公叩宗師大人恩賞匾額以彰苦節而勵世風

爲顧母請匾文

爲乞旌節孝恩賞匾額事竊本境有故儒童顧玉之妻顧陸氏十九歲于歸至二十二歲夫故該氏幼嫻內則長盡閫儀事堂上之邁姑禮無歉夫雞盥撫膝前之穉子教實等於熊丸志矢柏舟恪守閨門之節操貞書彤管無虧巾幗之完人而且家資稍裕但知甘薺茹荼早歲懷貞終覺含冰似石雖係房幃行誼共爲閭里覩聞該氏於某年夫歿迄今某年計守節若干年現年若干歲宜沐旌嘉之典以昭激勸之風爲此據實粘呈懇乞宗師恩賞匾額以彰節孝而勵世風

賦

虛堂懸鏡賦以公此心如虛堂懸鏡爲韻

溯良臣於炎宋考吏治於羣工作閭閻之保障爲草野之帡幪纖塵不染宿障全空道其光也具無陂無偏之度人皆仰之有惟明惟允之風等金鏡之高懸其德不爽坐琴堂而宣化敬爾在公原夫陳邦彥之治瑞安也望重如山心清於水報最冠夫一時長才優於百里獨操朗鑑任教幻極譸張大啓靈台竟爾明參表裏燭物仰至人之用視諸斯乎屈刀笑仙子之爲機難若此客有見而疑之者謂民情之叵測因俗習而彌深況地非都會世鮮簪纓此非虛府常縈不能使民之輸忱而吐款也此非智珠在抱不能使民之愧影而慚衾也而子也才堪製錦治尙彈琴必其克孚於衆望乃能無忝於官箴苟隳聰明而屈形體吾烏知所以爲心陳子乃慨然曰吁子不見吾之堂乎槐堦塵淨柏署風徐花盈戶牖草滿庭除維中堂之朗耀映明鏡兮展舒龍匣開時照膽多驚夫魑魅鵲形製就藏身難任夫

徒背影涵秋水之神鬚眉盡見光耀金波之采情景何如吾也於是識輿情之未洽實藻鑑之多疏果其爽直若堂之有牖光明若鏡之照廬萬緣俱澈一覽無餘說到山雞顧影而舞偏綽約何來野鹿見形而走不趦趄從知雀角鼠牙不敢以無爲有豈其杯弓蛇影猶然避實擊虛非然者規模不極其廣大靈明莫辨夫微茫性眞內蔽汚垢中藏問博物之千秋徒傳遺範緬開元之三鑑莫獲舊章則曾逐物以求審識個中幻術特恐因時頓異消磨頂上圓光此又何怪吾子躊躇未決而有待考証於一堂是蓋心期其潔政患其偏立念果無所蒙蔽當場乃判夫媸妍何處能逃知匿影藏形之不可無微不燭笑挾私懷詐之徒然登堂聞玉輪之音還喜琴聲疏越啓鏡耀金蟾之采儼然月影常懸方今仁壽呈祥文明啓盛握金鏡而調元坐明堂而布令邇言必察嘉猷允洽於民心疑獄無留至德克孚夫物性所由人歌峨鳳乘時聯玉筍之班士慶登龍及第兆芙蓉之鏡

鵲橋賦以織女渡河塡鵲成橋爲韻

維雲漢之迢迢致天仙之默默一水難通兩情空憶欲跨鶴兮無從欲乘鸞而未得安得小橋低跨大好游行爭看靈鵲塡成不須羅織橫流可截輪他一木之支彼岸遙通却仿牛規之式想夫月滿狼弧烟清牛渚鴉靜無聲雁飛有序銀潢湧誌飛雪鍊兮半空玉杼停時覓仙槎於何所除是擲來鳩杖靈奇擅自仙人豈其化出鼉梁結構轉煩神女夫何宿雨初收金風乍度野岸烟迷長江露布鮫宮隔仵隱添幾叠紅欄龜影浮來遮遍中宵紫霧費一夕之經營供雙星而穩渡料得鸞車過處無煩太乙之船不知雁齒排成可借廣寒之樹乃有靈鵲惻念仙娥値金風之蕩漾向銀漢而婆娑喈喈爭鳴恍似商量高下層層密布果然形勢嵯峨永夜高橫可無俟興歌夫廣漢一彎清麗再不必返駕於臨河則見橋頭浪靜橋口波旋橋形略約橋影蟬連非如蟹市通神移來異地宛似蜃樓倒影亘出前川對對斜橫待彼天孫之過雙雙掩映輪他精衛之塡由是跋浪無鯨排空有鵲星使遙臨仙踪暫託想前日離情欲訴傳書屢借征鴻喜今朝夙約可尋去路不須

騎鶴絲或織成錦字柱許留題石非借自支機鞭何須著玉宇風清水波不生借得一番之力權通兩地之情盼來人迹幾行蟬聯不斷抱得秋情一片雀躍而升成好會於中宵無慮終年間隔任勤勞於三匝劇憐頃刻能成彼夫百花絢爛萬里迢遙値春風兮折柳臨夜月而吹簫雖非情盡終覺魂銷曷若此近水廻環一帶斜通碧海憑空結撰數層亘出丹霄任他牛女追隨僅仗一羣之鵲快彼仙靈來往時憑十丈之橋

聯

茶

品重頭綱蟹眼與魚眼相生聽湯沸紅爐恍似煎從竹徑
香留舌本鳳團與龍團並美看波流碧椀何須望切梅林

火石

有燄信知非抱璞
出山何用更韜光

書齋

春泉瀹茗浮魚子
晴日烘窗綻鼠姑

晚歲楹聯

喜得雛孫成甲子　百畝之田家八口
笑扶鳩杖話桑麻　七旬以外日三餐
老槐對我思先烈　屋可容身無礙小
新竹當軒樂早秋　田原養命戒貪多

承恩賜待紅綾啖　下車馮婦人爭笑
策杖年逾絳縣人　投筆班超我不如
酒沽紅杏村前市
飯熟青泥釜底芹
讀聖賢書惟忠惟孝　餘九餘三田多早稻
行安樂法亦聾亦癡　宜風宜雅家有藏書
秋闈試歷數場縱鶚薦虛膺未得名登桂籍
春酒筵開八秩荀龍章飛錫還期誥拜花封

輓少泉叔

約以禮博以文受業於門視猶子
誦其詩讀其書相嚮而哭皆失聲

輓伯華弟

瘦骨已難支恐我傷懷牀榻間猶寄好音慰藉
衰年纔見告悲君撒手窗櫺下何來大墨淋漓

輓三弟在陽

棣萼一樓慘留半壁
荆花四出高折雙枝

輓某東道

兩次眼垂青感東道多情卄餘年杯酒談心滄海桑田話到牢騷同起舞
幾竄痰帶紫剛南轅返旆十數日薤歌飲泣藥爐丹鼎變生倉卒苦無靈
菊號延年正花放東籬杯泛落英扶瘦骨
書能養性詎風淒北郭塵封古硯哭殘碑
濡墨揮毫奇情古說張長史
排紛解難厚德今思魯仲連

輓某君

撒手竟何歸數十年瘦骨零丁經百種折磨惟有揮毫自遣
傷心難再見一兩月深閨勞頓尚多方調護却乃齎恨長行
抱病未經旬歎祈禱無靈白首零丁此後聞雞誰侍寢
別君纔兩月痛幽明永隔素帷寂寞他年跨鶴果回頭
命不可知撫年力之方强如謝安正好東山高臥
數悲難假苟春秋之幸倍若梁灝定當金榜題名
盼紅日兮方升宛如醉宛如癡早膳未終溘然逝矣
搴素帷而長歎不苟言不苟笑斯人無祿嗚呼哀哉
氣數不言仁者壽
性情猶見古之人
年閱四旬暑雨凉風催夢覺

時猶六月素車白馬哭秋來

悼亡

娶汝來送汝去二老精神幾經銷耗
安吾貧守吾賤十年心思誰則諒原
念舅姑未能孝養徒終日悲啼莫獲故園永聚
逮兒女何等恩勤忍一朝拋別定知冥路難前
抱病七旬痛醫藥無靈易簀時自悲命苦
生孩六月歎乳餔失所蓋棺後誰不心酸
既已生兒胡大腹
怎能睹物不傷心
痛我無緣數十日奔走倉皇未獲靈丹活汝
歎兒苦命三五月孩提匍匐却教仰面求人

生平任怨忍勞對我不聞中夜泣
往日含辛茹苦知君未遂十年心
晨饈已多時撫嬌兒笑嘻嘻尚欲加諸膝上
午炊猶未熟對幼女氣喘喘何竟拋置枕邊
我實多愁多病身憶昨宵更漏初傳勸儔殷勤尚恐受餓挨飢致虧身體
爾誠克儉克勤者想那日死期已近撫床輾轉猶且籌長論短細算薪粮
恨半世飄蓬會少離多未獲榮名酬冷淡
痛一朝判襪東扯西拉定知冥路亦艱辛
結伴到書齋方期偕老百年同作天涯旅客
離家求口實何意未週兩歲忽爲地下窮人
秉性温純同輩周旋生厭少
存心長厚凶年貸借受恩多

早知爾算將終悔不如數年前挈爾同行免得今番困苦
只說君身無恙怎曉得半月後送君歸去却教四路悽惶
倘不遷移兒女猶能團聚
無從告訴衷懷徒自悲凄
春季生兒欣有後
秋深抱子苦無依
地下若有知應念我影隻形單百般艱窘
館中誰作伴况兼那兒嬌女幼四路分離
恨我命窮孤苦却從今歲始
痛君運蹇艱辛徧歷十年中
襁褓何知生死念孺子無依對楊呱呱纔見面猶頓足牽裳泣向亡人求乳食
童蒙也解寒温歎小娃有識登舟戚戚一作聲便呼天搶地苦教鰥父抱衣歸

君抱沉疴只丢下七横八豎衣物
我來痛哭怎完得四分五裂人家
將身代僕在他鄉汲水負薪針黹盡從忙裏辦
計口進餐居客舍啖齊劃粥光陰俱向苦中過
未得遂心恨我遭逢多蹭蹬
何曾適意感君禮貌實凄凉
人亦有言越幾時斷絃再續依舊安全嗚呼賢勞不道遂無孰是賢勞勝爾
我眞罕策當此際破鏡難圓如何位置痛哉困苦本來常有問誰困苦如予
冥司如果肆誅求此去空囊只道是寒素人家艱於楮幣
半世誰知悲拆散將來到館怎當得凄凉客邸重理衣裳
泉台幸遇老翁姑切勿將在世情形重行告語
冥府若逢小女子還須把舊年慈愛再作撫摩

鄉鄰容有不和務宜釜底抽薪千方解勸
蓬蓽蕭條大抵造命倖得身離席帽恩榮務報君師
膏粱醉飽每易溺人但能口啖菜根風味何慚儒素
讀書好力田亦好餘閑蕩檢只圖快意老無成
創業難守成更難殘薄臨深不自小心家必敗

病中垂訓

予來致告還願你嬰兒幼女長大成人
爾果有靈務保我老父親娘期頤壽考
今朝畢命苦無衣
終日小心愁被祿
傷哉爾命亦何蹇哉閱歷幾經凶歉纔贏得布衣疏食遽痛分離
甚哉我罪信不少矣劬勞未報涓埃又益以幼女嬰兒重煩顧復

往日常期聚處際此時背吾永逝致弱息零丁四路君果念之傷心
生平最怕孤行看今朝捨我而逝是何人保護中途爾得如斯放膽
哀告老鄉鄰愚常作客念孺稚性格冥頑倘得蒙隨時教即亡靈也感多情
劇憐嬌兒女生未離娘當此際慈幃寂寞又不能偕父遠行苦況誰來過問
階前黃口痛求人
堂上白頭齊哭汝
無端抛別一雙兒女實凄其
有分姻緣半世夫妻今已矣
設再生後相親相愛重締良姻
哀哉爾平終歲任勤勞絕未肯燕居偶懈到今朝磨完心力痛分半世葛蘿怎能
是往日裏作福作威自斷陰騭
悲夫我也頻年蹉跎落拓幸賴得鴻案相莊當此際病入膏肓響斷一堂琴瑟想都

功過視生平降祥降殃天道無私休信那邪說欺誣希圖熱鬧
死生歸定數勿號勿哭梓宮入備且讓我酣眠自在省却愁煩
早歲歎孤凄兒又小女又痴可憐百種艱難赤手磨完苦骨
晚年悲折挫聲不揚名不顯落得半生清白黃泉羞慰亡靈
八旬歷徧崎嶇路
一夢驚回耄老人
何處逍遙只恐黃泉無酒欠
自今考試不煩白首進場來
果判陰陽對此推胸空泣血
事無大小從今絕口不談心

晚歲螢窗督課家徒四壁沿街賣賦哭相如
當年鸞譜聯盟時未十年舉案齊眉傷德曜
爾有好後路辛勤自勉用幾年功吃幾年苦苟果日得通鄉籍黃泉定受褒封
我本老寒儒支用不奢燒許多紙化許多錢倘此回遇見窮人白鏹必遭劫奪
詩書承世澤耕織守家規童孫弱息慎毋許花街柳巷任彼閒遊
放下重擔子償清宿債務雲散風流誓不向雪窖冰天討其生活

自輓

秋霜春露各展孝思
麥飯菜羹無忘忌日
願爾後衝風冒雨掃除墓址免教荊棘縱橫
看人家協力同心修整坟原定卜兒孫昌盛
親友或遭大難要在雪中送炭百計溫存

附刊

詩

張秋舫先生和公（公詩已佚）

飄泊萍蹤地屢遷依人身世古今憐我抛骨肉經三載君被風塵誤十年才敢自居王勃後鞭應還讓祖生先蹉跎坐負平生志投筆空教愧昔賢

於今世事感推遷風雨名山祇自憐良玉未能沽善價非材何敢惜英年盤根古幹誰嫌老晚節幽香不在先一語勸君毋鬱抑暫將槃澗屈高賢

（附）俚言奉和聊答高情深愧抛磚不期引玉詩中寓意深妙且感且慚茲復勉賦一律再疊前韻陽春白雪難以下里巴人足下定爲之掩口葫蘆矣

又贈公

秋風消瘦一庭梧斜月蛩吟客夢孤記得兒郎染微恙故園曾有信來無

瀟瀟竹影夜窗虛一病疏慵久索居知否故人愁悶甚殘燈坐對一床書

（附）瘧魔纏人幸勿藥有喜昨者目疾復劇久攖趨候緣不可以風唐人云多病故人疏三復斯言曷勝悵悵小詩奉懷即希雪和

又送公赴試海陵

有客云是蓬萊仙謫居人世三十年東奔西走不得意騎鶴欲上青雲巔壬之年丙之月我來海陵適相値初猶未見但聞名旋因文字與君識君喜豪飲尤好詩興酣落筆不耐思千言萬言任其意所之但見腕底風雷馳我有一言贈君別勸君且醉莫鬱抑雲龍變化不可測如君之才豈能久抑塞乘風破浪在頃刻會見滄溟之鵬大振垂天翼

又賀公入泮

念載風塵未解顔而今果奪錦標還撥開雲路三千里打破名場第一關攬鏡縱傷人已逝簪花猶喜髮非班椿萱並茂芝蘭秀何事臨風淚暗潸

湖海萍蹤感變遷著鞭今羨祖生先君思舊恨悲難已我接雲章喜欲顚魚出重淵鱗閃爍鶴沖碧落羽蹁躚從今好趁長風去直挂雲帆到日邊

文伯先生負磊落才偃蹇不遇蓋二十載矣壬戌夏予自黄浦避亂來此知交落落一見如舊相識即訂爲莫逆交溪居無事日與對酒狂歌縱談今古冬杪赴試海陵知穎脫無疑也作長歌贈之榜發果獲雋不覺喜不自勝因有堂前鶴髮扶鳩杖膝下青衫當彩衣之句無何朶雲飛下示我佳章末聯云賦成別鶴名纔就一盞春芹涕泗流僕思古來名人才子如潘安仁元微之輩往往生値數奇晚膺知遇既轉悲爲喜復因喜增悲迄今詠其詩感其事猶不禁潸焉淚下足下奇才横溢睥睨一時行見歌鹿鳴遊藝苑翩翩直上此特雲程發軔耳達人知命隨事遣之勿爲鬱鬱又惹後之咏我詩悲我事者添出多少傷感也僕謬託知音深慚樗櫟小詩附和妄想效顰足下見之得毋笑其不藏拙耶

王式度先生贈公

四代萱孳意氣深相逢便許訂知音歡場聚首翻離別佳什從頭細諷吟陸賈多

才偏擊劍鍾期既遇即鳴琴他時風雨聯床夕同醉同歌證此心

陸光庭先生和公（公詩已佚）

與君暌隔已多年今日重逢倍悵然騎鶴未醒邗水夢聽鶯剛値暮春天萍蹤聚散原無定蘭谷追陪更有緣風雨深山多著作令人擊節歎纏綿

柳達夫先生和公（公詩已佚）

其心難得到休休不負詩書自出頭白屋無緣離伴讀青燈有課可消愁霞觴猶獻雙親壽雲路先登一畫輈除却俗情共俗事從來瀟洒是名流

柳學山先生和公

名不成兮誓不休敏求終日苦埋頭羨君得遂題橋志恨我重添破鏡愁境好從無甘啖蔗時乖宛似逆行輈鳳雛尚有慈親撫讀罷珠璣淚更流

宜興徐子皋先生和公

破鏡孤城一旦休淚痕灑遍楚江頭縱教賦衍留遺種其奈萱幃莫遺愁文行如

君欣得路浮沈似我挾無軥誰家玉女嗚鏘卜眞箇魚流水亦流

陳建堂先生和公（公詩已佚）

聽到驪聲淚滿巾干戈險處地爲鄰須知半載栖遲客難作終年自在人明日片帆懷故宇何時一鼓罷征輪感君贈句情無限歸去長思起渴塵

音信難通且莫嗔殲除有日豈無因登城賈勇非無將報國爭先大有人賊黨屢擒威已振民兵新練義尤親從來守望皆相助賢聖嘉言出有綸

聽奏霓裳自遠天吟來妙句却如仙莫言敝邑無安土須信山中有硯田

帆掛扁舟影一行宵征肅肅有星光歸時翻憶趨承少秋水伊人望遠方

夏建堂先生贈公

喜有文章萬選錢驊騮開道向無前畫眉閒煞張郎筆著手先爭祖逖鞭一介久欽才發越幾人脩到福兼全芹厄珍重淸明筴指日花封下九天

休將盲眼識名流否泰皆天不自由虎榜久經龍虎踞鳳池端讓鳳凰遊十年蹭

蹬誰靑睞一路功名始出頭寄語九原賢戒旦而今夫壻覓封侯

家伯華叔祖憶公

曾記河干折柳時征帆斜挂雨絲絲爾時別我情逾切異地懷君意更癡鴻雁不來難寄語子規頻喚枉勞思算來仍在他鄉聚直到秋間是定期

函

張秋舫（諱兆麐）先生致公書

麐僻處林泉每以知音落落爲恨今與元八卜鄰欣幸何似乃兩次拜訪傾蓋緣慳祗於案頭見通鑑壹編麐自愧年幼孤陋嘗欲博覽經史而未能髫齡時於十七史雖稍涉獵及之而明鑑未及卒讀倘肯賜借一閱則相如之璧不久便當奉趙也濕疾未愈致阻趨候希爲諒之即請文安不一

又

頃過尊齋快逢知己不覺一坐忘歸古人傾蓋如故亦猶是耶見示佳章悱惻情深不忍多讀茲遣李生少珊趨謁函丈幸賜之帶下俾置之案頭當元九遺悲懷詩一詠之容日奉趙

又

芳鄰幸接復荷垂靑綠楊分作兩家春從可不虞落寞矣附呈拙作數首如此淺陋竟敢弄斧班門良以知己前不妨效顰耳

又

河梁攜手袖示佳章讀之感與慚并竊僕特檮櫟材耳年方舞象始學雕蟲入童子軍僥倖前列及長從先輩遊語以讀書暇宜多讀子史及唐宋諸名家始於習舉子業餘稍加涉獵無何烽烟四起兵燹頻年家毋謝世奉先嚴徙居雉皋風雨蕭齋蒼凉四壁憶丸熊於堂北曷勝仲郢之悲聽淚鶴於江南怕誦子山之賦旋復雁影分馳椿闈棄養種種情事慘不忍言當此時千里蓬飄一枝萍寄雖羈旅相依阮仲宣幸哉有叔而零丁孑立李令伯曷以爲情謂僕能專事翰墨耶蓋硯

田荒欠久矣今年夏館寓羅塘得識足下於旅次鯫生有幸既獲瞻韓童子何知敢希說項而乃瑤章惠贈華翰頻頒矜其非材惜其假塞意者愛之深故不覺言之過歟抑足下固有同情即此以發其感慨也僕愧非結綠辱荷垂靑妄擬續貂深慚附驥俚言數韻聊以言情幸勿哂其率爾

又

秋老碧梧征帆西去轉瞬楓江葉落又過早寒僕急擬南行日盼海陵返棹豈知河梁一別予兩人遂散作九秋蓬也邇來又經兩月雲鴻渺渺秋水迢迢不識北來一二舊遊時復憶吳下阿蒙否到□後結茅爲廬粗了姻事而旅居未定身世萍如閒居停月杪仙遊將來燕子重來捲簾人隔一肩風雪未知何處啣紅昨述甫外兄雉皋來札擬約伴浙遊然瓊島越波亦屬間關道遠白頭乎父未免含愁計惟澧南淮浦間徐圖遇合耳蘭陵風鶴漸平故國靑山還當復見亦喜事也知闌雅注爲知己告之草泐即請文安便鴻幸賜手書臨楮盼切

先大父文伯公事略

公諱渙字文伯一字濟卿家江蘇泰縣之北鄉祖利攟業醫樂善好施與歲活人無算考蘭圃業儒忠厚廉潔僉稱長者公生而聰穎幼讀詩書過目輒解大義鄉先達咸器重之家貧未冠即訓蒙他鄉藉謀菽水然力學之志不稍衰暇仍手經史一篇自修弗輟清同治元年院試獲雋後應舉子試以運蹇不售性孝友嚴正終身慕父母歲時祭祀必述其嘉言懿行中年喪偶矢志不復娶與諸弟善常資以館穀老而如初自奉儉約見人有困阨必量力周郵宗族鄉黨之受惠者孔多治家謹嚴子姪輩言行偶差呵斥不稍貸力戒爭訟鄉鄰有鬥者聞公至輒自行和解否則得公片言立即息爭雖兒童之桀傲不馴者至公前亦罔不恭而有禮風俗因之醇厚焉公喜飲善屬文作字以條暢清秀名而尤耽吟咏樂與人唱和惟稿均散佚搜集遺篅僅得二卷其誨人也循循善誘不厭不倦及門之遊庠者甚衆以故人爭禮聘之晚年收入較豐稍置田廬而時以知足爲戒生平好讀書年踰七十猶日觀顧亭林曾湘鄉諸氏書無間八旬謝世病中口述垂訓詩及自輓聯語命同就榻前筆錄謹守勿忘並命逝後毋用僧道毋焚楮幣屏絕俗人一切無益之儀式前年值公百歲紀念同等移追薦之資購地數畝作本鄉公墓成先志也公歿之日地方長老咸泫然流涕曰嗣後里人紛爭誰能解之子弟不肖誰能教之迄今猶追念不置其感人之深有如此者嗚呼公竟何往耶小子後生于何攷德而問業耶倘荷立言君子錫以傳記俾彰潛德而闡幽光豈惟同等私衷感激抑亦有裨于世道人心也

中華民國十九年　月　日　　孫丁年同甲謹述

跋

先大父生平敦品勵學善屬文作字而尤耽吟咏時與人唱和惜稿多散佚　先嚴于蓼莪永感後搜集遺篅僅得上列諸作擬刊未果同謹藏之未敢或失迄今忽餘年矣竊念先人手澤如吉光片羽久而彌珍現弟年甲任職省垣而子姪之年長者均就學他鄉不能親自督勵爰將公之遺著就　先嚴所已錄者益以有關訓勉之文聯彙集成册舉以付梓並于卷首印列遺墨一頁卷末附刊疇昔諸長老與公往來詩函若干首俾各手一編朝夕展誦如親承先人之謦欬焉庶幾咸知奮勉也夫

民國十九年三月　　長孫年同敬識

先大父之棄養也甲甫十齡公之言行知者不逮百一惟憶爾時公雖年近八旬而授甲以詩書猶口講指畫竟日不倦而已迨甲既弱冠椿萱繼謝執教鞭於鄉校者垂十年嗣讀公遺著怦然心動凜乎青春之不再也始商承吾兄負笈入南通大學農科現既畢業矣竊思家本清貧而能進受高等教育者賴有公舌耕之所獲耳飲水思源公之遺惠其能一日忘耶公之手澤其能不加珍惜耶爰促兄搜集公之遺著付梓書成有日敬識數言以誌公期望之殷而明甲蹉跎之過嗟乎公之音容雖杳言行猶存讀遺書而懷先德固宜毋怠毋荒思祖訓而省厥身尤應必忠必信凡我子姪其互勉旃再此次辱承諸師儒或於公餘之暇或以古稀之年俯賜題序感激無既惟甲因職務羈身編校匆促前後次第凌亂固多亥豕魯魚亦知不免幸共諒之

民國十九年六月　　次孫年甲敬識

謀貽燕翼動人思垂訓殷〻敢自私
壽世文章原有價名賢欣賞盡
題詞　卅年司教少離鄉繩武佳
名曷敢當世業箕裘期不墜兒曹
甘苦各須嘗

長孫年同再識

青春株守負韶光讀罷遺篇淚萬行
壯歲出遊模範縣中宵怕誦蓼莪章
化沾時雨心初慰澤被蒼生願未償
祖訓昭垂同拱璧兒孫百世應珍藏

次孫年甲又識

蠹餘草

（清）顏馴撰

《蠹餘草》一卷，清顔馴撰，據南京圖書館藏民國十年陳執戣京師鉛印本影印。

顔馴，字仁卿，清江蘇泰州人。同治六年江南鄉試解元。貧而介，品學純粹，其詩清雋脱俗。年老無子，稿多散佚，餘者由其弟子陳執戣於一九二一年編成《蠹餘草》。

《蠹餘草》共收詩五十餘首，所收詩皆按寫作時間排序，其詩主要記述了咸豐十年至同治十三年間顔氏之個人經歷，及當時時局之變化，亦描繪了泰州當地之風土民情。從詩中可看出顔氏個人經歷十分坎坷，第一次赴江南鄉試不中，第二次赴試高中丁卯科江南鄉試解元，然隨後十年間顔氏三次進京參加會試却三次落榜，其詩中感情基調亦從意氣風發變爲低沉悲愴。顔氏描寫時局動蕩時，善於通過對戰局之側面描寫，來反映戰争進程，以及戰争中百姓生活之疾苦，其詩繼承了『詩可以觀』之傳統，具有『詩史互證』之獨特價值，其叙事詩《豆坊屯》可見杜甫『三吏』、『三别』之影響。顔氏身爲泰州人氏，許多詩歌中亦表達了對鄉親及故土之深情。咸豐、同治年間江淮屢遭水患，顔氏先後有《湖決荷花塘》、《湖決清水潭》等記之，這些詩均可補正史之闕，《耕牛歎》一詩則深刻反映了災民水深火熱之困境。顔氏晚年以授徒爲業，時常奔走於海陵與泰興、黄橋、溱潼、淤溪之間，因此對恬静愜意之農家生活亦著筆墨頗多。總之，《蠹餘草》中所收顔氏之詩，多精煉而富有内涵，值得一品，亦對查考清末泰州之風土民情具有一定價值。

（張　念）

蠹餘艸

蠹餘艸

辛酉十月刊于余姚

昔賈浪仙除夕祭詩曰勞吾精神以是補之然則詩無工拙其勞一也且安知拙者之勞之不甚於工者耶余少喜爲詩束于舉業不多作壯而食破硯生徒制舉文常積案頭高寸餘雖厭苦之不能已然每有哀樂輒寄之詩有求者亦稍稍應之顧未嘗示人率書片紙投篋中以爲是固勞而無用者不自掇拾也癸未輿計偕數月而反屋多漏痕亟檢篋則蠹食者過半余感蠹之爲我藏拙而恨其沒余之勞也夫人生之勞精神有百倍於詩者矣上而仕宦出入中外趨功名赴事會爲穿鼻牛爲功狗則勞矣治家人生產求田問舍俯拾仰取爲磨驢爲負版蟲則勞矣奔走形勢規取利便爲狐爲鼠爲虎則更勞矣酒色蒲博相徵逐惟日不足爲投火蛾爲狂蜂浪蝶則又勞矣埋頭牖下無晨夕寒暑孜孜鑽故紙爲蠅爲蠹則亦勞獨詩也與哉詩之勞落眉斷髭嘔心肝止矣得酒脯有以補之矣前數者之勞天下之至勞也吾未知何所得而後有以補之也嗟夫余於前數者之勞蓋有其一焉今老矣既未有以補之則茲之沒而僅存者其又可以無用而不爲之所與爰集其餘合後所作爲如干卷自庚申始至某歲止名曰蠹餘雜著附焉凡以是爲吾之祭之云爾不皆蠹餘也曷以名曰祝之也異日者空齋沉寥殘書狼籍猶有人焉從蛛絲鼠跡中搜剔而出之得如今之蠹而餘也幸矣夫光緒丁酉冬至日顏馴書於暄蘭室之東窗

蠹餘草

泰州顏馴仁卿

倉黃

倉黃行色慘風煙小語街頭總黯然昨日隔江來警報長官今日罷歌筵

湖決荷花塘

窗外又微雨孤雲時去留怒潮江倒灌暴漲海横流兵燹仍斯劫淮揚繫此州宣防須早築莫笑杞人憂

豈有民無食而能士裹糧將軍催轉漕長吏勒輸將幕府藏金穴兵容爛寶裝願留征戍粟且與賑窮鄉

揚州謁史閣部墓

督師衕節此江頭萬古衣冠土一邱燕市免同文信國定軍差比武鄉侯蕪城賦又悲今日華表魂應感舊愁千樹梅花零落盡斜陽衰草不禁秋

游蜀岡至觀音山入天寧門

故壘高低路不分好樓臺處盡屯軍原頭碧血三生草（自庚申賊退今三年矣）堂下青山半沒雲（江寧尚陷賊）廢院逢僧談浩劫荒台有佛臥斜曛承平風景心堪醉排日傳花宴使君

風亭月榭鬬豪華十里春風徧是花今日何人耕瓦礫當時無地種桑麻一灣秋水纔通艇幾處新寮又賣茶歸到客窗清不寐故鄉雖陋不須嗟

揚州南城樓

城上高風拂帽斜南樓極目思無涯並無林木巢春燕安得垂揚宿暮鴉嗚咽清溪流落日岧嶤孤塔立平沙將軍日報平安火又聽營門鬧皷笳

初渡江 甲子十一月鄉試

滄江清曉櫓聲柔半幅蒲帆一葉舟故國殘山初識面秋風客路此開頭雲濤西望從天落海氣東來傍日浮擊楫中流吾豈敢倚篷聊聽榜人謳

東溝阻風三日

逶遲風雪大江濱巨艦艨艟守一津往日何曾限狂寇連宵竟不夢江神樵蘇價貴寒山赭鷄犬聲稀小市新欲報平安無驛使倚閭盼斷白頭親

龍江口又阻風

青山已近石頭城又阻風帆半日程天意似將懲躁進我來原只嘗閒行空村宿鳥爭孤樹野店荒鷄叫二更聞道南天烽更舉幾時寰海得休兵 時訛傳撫湖有警

闈中登明遠樓

貂蟬何必出兜鍪攀取朝官作蹇脩此事首關興復計幾人不負聖明求濟時卿相多黄甲失路英雄有白頭笑我濫竽徒碌碌且看山色一登樓

游妙香庵

西風枯柳白門橋路屐來尋徑一條劫後園林眞有幸客中游詠是無聊連天鄉思雲邊鴈繞郭江聲雪裏潮終是六朝金粉地殘山賸水也魂銷

瓜洲夜泊

薄暮停橈戍鼓鳴柴門沽酒欲三更燈分遠渚開魚市月黑空江墮鴈聲歸夢可能渡邗水寒潮應不過蕪城明朝更喜離鄉近回首金焦倍有情

湖決清水潭

東南兵革廿年止澤國衆生欠一死不死以兵死以歲赫赫皇天怒未已三春慘淡少晴天夏初水已高於田醫得眼瘡且剜肉堤防不惜拋金錢皇皇盼到秋將成野老色喜天公驚急符一夜下河伯懸流五日田疇平田疇雖平罰不足一雨甫晴雲又屬滿盤既取未刈禾漏網還揮已登穀君不見千村萬落如浮漚高樹出沒棲烏愁又不見流民紛紛渡江去提兒挈女牽耕牛嗚呼流民流民爾莫去忍待明年水東注有田無農誰納賦長官更比皇天怒

耕牛嘆

長官有禁宰耕牛耕牛色喜耕夫愁一家溝壑恐不免三冬芻牧誰爲求此時倘得千百緡大開牧廠儲麥薪秋典春贖約半價便可活物兼活民吁嗟此事今無人兒童牽向屠門走耕夫逦邐尾其後借問兒童爾牛至何許兒童逡巡不能語惟見耕牛長跪不起淚如雨

無題

柔腸凄斷是今年簾幙西風白鴈天衣上新痕雙紫鳳奩中故物幾金蟬吟殘芍藥春如夢修到梅花骨可仙便擬此生長壓線應無人更妬嬋娟

疑雲疑雨怕思量往事重提話正長驀地桑田變滄海向來銀漢作紅牆登台獨坐西陵冢挾瑟羞隨北里倡生恨姮娥終夜伴不偷靈藥賜奇方

纔上瑤池宴已闌誰敎鴆鳥當青鸞受風蠟淚成灰易作繭春蠶解縛難漢渚遺珠緣草草海山分鈿恨漫漫此情可待成追憶久被旁人冷眼看

百歲原知一刹那尊前風景奈愁何蘭因艾棄甘心少李代桃僵苦味多此日誰能收覆水當時錯自怨連波問公記否箜篌曲唱徹聲聲莫渡河

溱湖竹枝詞

外湖鹽船銜尾過裏河客船停泊多好是月明風靜夜讀書聲裏雜

漁歌

會船賽會各爭先湖面平飛浪拍天瞥眼衆中先失喜兒家夫壻在頭船

烏盆不賣老窰荒春雨年年野草長郎住窰南儂住北幾時燒瓦作鴛鴦

洪湖決後怕東風抵住西來水不東莫上水雲樓上望人家半在水雲中

登雨花臺山岡放歌（地爲曾九帥駐營處居人爲言戰事始末甚詳）

書生作事誰可量投却毛錐爲大將一朝圖畫上麒麟燕頷虎頭驚骨相江南賊勢昔披猖西躪灤皖東蘇常制軍奔逃總統沒巢穴無人搗建康紫寶山前鳴戰鼓一軍飛渡如風雨撼山容易撼軍難四十日中壘戰苦一營一營逼漸緊城外看看無賊影從茲猾虜絕外援魚游釜中虎落阱卽今戰處陰雲愁昭忠祠宇臨上頭數公本亦書生耳死者廟食生封侯坐酌岩間泉起呼江上月此泉曾經飲戰馬此月曾經照戰血吁嗟乎國家養士良已豐殺賊豈可無數公仰天狂歌下岡去令我意氣增豪雄

古意

東鄰有貧女當戶織齊紈幽蘭結芳佩秋菊供夕餐日夕房櫳中不受非意干客從遠方至披豁出肺肝遺我雙明珠佐以青琅玕問客何爲然悅我好容顏客意殊可感顧非妾所安妾顏亦自好未可承君歡施惠固不易受恩良獨難再拜敬謝客所懼非饑寒

夭桃作花日之子于歸時于歸至何許遠在天一涯生小未出門一

朝成遠離含悲别諸姑登車紅淚滋不悲遠行路悲與庭闈辭阿儂無長兄阿爺無大兒阿母送我行施衿結其褵强笑作吉語祝我歸甯遲歸遲亦意中切勿朝暮思

二月九日　家君七十生朝也是日遇雪宿紅花埠

遠游空自戀庭闈堂下何人戲綵衣風雪一天飛鳥盡捧觴望斷鶴南飛

次日嚮午雪愈大客舍牆圮正壓予榻時偃臥暫起去榻未十步也

臥榻纔離壁立傾一回却顧一心驚風流幸不如王衍未合牆邊了此生

弔秀琴　自青駝寺而北客舍題壁詩無不道晏城歌妓秀琴

者同行李丈墨垣亦豔稱之並述其乙丑春與無爲張孝廉芋香相約事未至晏城數里許車夫忽指道旁一塚謂余曰此秀琴墓也蓋先月餘死矣余爲愴然車中口占並呈李君

江南游子悲長路唱罷驪駒歌薤露青山圍繞晏城南道是佳人埋玉處佳人北產名秀琴青樓一入青春深靚妝能學吳娘樣錦瑟能翻趙女音有客多情如宋玉殷勤屢顧紅兒曲紅拂居然識李郎綠珠未許歸金谷此際纏綿殊有情匆匆無賴赴春明水嬉且作湖州約送客旋成白傅行春風小別忽三年郎返淮南妾去燕求凰有意調琴譜歸鴈無緣寄錦牋公車又上長安道滿擬橋頭問蘇小昔別狂吟豆蔻梢重來慘化蘼蕪草豆蔻蘼蕪空愴神枇杷門巷更無人萍因絮果原如夢大葉粗枝不算春可憐一片高唐土從此陽台罷

行雨題壁猶留死後名倚門差脫生前苦我亦三生杜牧之未曾識面也相思濡毫和酒將詩寫焚與泉台知不知

開山鋪北行出山處

歷盡崎嶇路今朝得坦途回頭問頑石汝得出山無

贈歌者

琵琶一曲色淒然話出衷腸我亦憐生作貧家好兒女被娘科派倚門錢

嬋娟已誤自家身莫倚嬋娟更誤人再見一聲轉惆悵天涯明日各風塵

南旋出彰儀門口占

醉夢一朝醒幡然悟昨非居人說烽火時捻賊聚滄景間游子戀庭闈米價長安貴交親洛下稀子規雖不到自覺不如歸

趙北纔芳草江南正熟櫻好春忙裏過間道賊邊行書斷家原在途窮命亦輕回頭望城闕天上五雲橫

德州兵阻迂道故城途中雜述

巖關晝閉少人行九達天衢扼一城燕趙旌旗新變色江淮草木舊知名時李爵帥自江督移剿捻賊駐師德州軍鋒高隼無虛擊兵勢長蛇有必爭笑我歸心空似水東南有路卻西征

日落孤城半面開倉黃車馬似雲來戍樓嚴鼓風聲惡野幕屯兵月色哀一宿行人頭欲雪十年壯士骨生苔眼前僕僕眞無謂若箇書生是將才

萬騎呼風擁急流渡河旋報失滄州鞭長馬腹嗟無及肉飽狼心且未休海上樓台通市舶河中檣櫓運糧舟津門守備今何似上將應

須點筆籌

杜牧從來是罪言郇模卅字更誰論自多李郭諳戎律終要龔黃塞亂源帶犢佩牛來有自白衣蒼狗變無痕游魂假息知難久善後方當仰至尊

豆坊屯

豆坊屯但空村村中十戶九閉門一戶不閉惟嫗存客腸飢火如雷奔誰復進食哀王孫停車四望官道左望見一庵有煙火趨而叩之門下鎖扣門大呼呼不開僕夫軟語前告哀始呼問客何處來此時官軍安在哉那得不逢兵捉差開門傫然五丈夫與客半餅漿一壺投錢不受嗔客迂但令急去無趑趄客出門復鎖賊來猶可兵殺

我

化口渡 亘坊化口土人云爾南北音異不知是此字否也

化口渡渡不得數十乘車船兩隻前橫大河後有賊 一解 問賊至何許去此里十五手指東北煙莽莽云是固安屯卽吾昨宿所 二解 此時軀命誰獨輕此時利害誰不明此時義不容獨生 三解 有客有客好身手挾輈超欢攔渡口辟易衆人作牛吼回語諸同人公等宜少後隔河有兵船吾將爲汝往求救 四解 客既渡矣衆心悲矣盈盈一水生死歧矣兵船來兮來何時口不語兮心然疑但聞河水鳴嘶嘶 五解 兵船來不來渡船已復回渡船已回兵船開兵船渡船更次催看看度衆生同登彼岸隈船中之人聲如雷曰吾生矣哉危乎殆哉 六解 此時望日日將晚此時問客客已遠此時探賊賊先返 七解 吁嗟乎弱者後强者先無先無後俱得全無强無弱俱可憐人生萬事須由天當時擾擾眞徒然君不見化口渡頭爭渡船 八解

自茌平入山抵泰安復歸故道去賊差遠矣憶來時過此始聞賊警追感往事不能無言

丈夫不學投筆傭身入虎穴成奇功便合保身作明哲鹿門採藥隨龐公奈何隨牒稱舉子冒險乘危不知止邛徠叱馭爾何人孝子忠臣無一是憶我來時經此城驛吏告我烟塵生北人荷擔盡南向南客驅車偏北征賊行如鬼不知處轉身且竄滄州路礮火宵驚孔馬湖車霜夜走河西務 皆所過地方實事 當時惘惘眞如夢痛定而今更思痛死去何殊一羽輕生還始覺千金重君不聞吾鄉王君磊落才至今無處收遺骸 眞州王孝廉春帖二月中由豫入都遇賊死不知死處 虚名賺人甚於利世上書

生尤可哀

羊留店謁羊太傅祠 祠前有羊太傅故里碑

峴首登臨日從容語從官當時悲泯滅今日拜衣冠地出三公易天延一子難襄陽碑未讀淸淚已無端

挽尤姻丈述之

百日離鄉萬事非空餘血淚滿征衣蓼莪已遺生徒廢桑梓還嗟老輩稀別後音塵眞渺渺舊時情話最依依嚴親地下如相問爲道孤兒下第歸

淤溪道中

雨過平湖衆綠明小溪深處桔槔橫村從遠樹疏邊見路向鳴蛙亂處行有地倘能容寄傲無田也合事傭耕榜人似解吟詩意笑指漁舟聚晚晴

溱潼壽聖寺訪長老不遇

丈室沈沈晝掩關上方鐘磬一聲寒竟無坐地留蘇子正有塵緣問懶殘幽院晚花雙蝶下夕陽秋樹萬鴉盤危樓乍倚翻惆悵西望烟波路渺漫

初春北上述懷 辛未

屠蘇飲罷更離杯三載光陰火急催那許黃槐無我踏不知紅杏爲誰開懷中滅字刺猶在關下棄繻生又來且喜所行得安穩如今兵已偃靈台

友人餞行卽席口號

坐客悽無言主人樽有酒願得傾百壺醉到船開後

遇雪宿靑駝寺

衣上征塵凍欲乾橋邊流水已潺潺前年烟雨今年雪看煞靑駝寺外山

峨陽曉發

車聲轆轆過前村小睡猶貪襆被溫隔澗人家應最樂朝陽滿樹未開門

舟行之黃橋經泰興城東老龍河水道紆曲可愛其上諸村頗有幽絕者

絕境未曾有居人猶自迷帆風時順逆窗日忽東西村僻衣冠古年豐屋舍齊一廛如可卜賣劍買牛耕

南蕩

晴似鹽場雨似河黃茅白葦亦無多地荒並覺天容慘路闊常疑里數訛但有清渠可流惡應無土壤不宜禾悠悠行路空蒿目幾度斜陽策蹇過

春歸

春事忽三月歸途情轉慵晚紅迴客盼新綠換村容去去日將夕行行人未逢東山寺何所烟外似聞鐘

初夏黃橋道中觸目

一曲清歌陌上桑小橋西畔有微行不知楊柳門何處似隔蒹葭水一方客況飽諳忘遠道語音頓改覺殊鄉僕夫未解踟躕意催促行蹤趁夕陽

蠶場未了麥漸漸四月江村樂事兼花下紡車繅早繭柳陰爐火煆

新鐮魚池日照看鹹出果樹風來作蜜甜却憶去年正愁絕燕南趙北雨纖纖

村望

滿地殘紅踏作泥環村高柳有鶯啼麥苗漸可田塍覆桑葉剛能屋宇齊陂路日移侵壞冢野庵欲去隔清溪數椽高臥如相假不待歸謀萊子妻

寓齋新秋

客途如夢日悠悠此夕俄驚火已流疊雪羅衫閒過夏含風篝火淡成秋曉窗作字難三紙午枕呼茶可一甌除却鄉心更無累性情久已似馴鷗

野步

離愁春困兩如醺徙倚東皋帶夕曛赴食健豚銜淖過知歸羣鴨到門分村中妝也梳時樣世上琴多漆斷紋一笑別尋歸路去街頭燈火已紛紛

秋夜

一一窗棱月色過風開羅幌見天河還家蝶夢經秋少吠雨蛙聲到曉多自昔王陽金可作誰憐蘇子墨相磨故人久斷閩中信幕府年來況若何 時王孟恂客福州王中丞幕

晚秋自黃橋歸

歸途鎮日喜塵清雨足千村放嫩晴賣酒旗高遙見影納禾車重遠聞聲長風送鴈有底急落日向人無限情閒到山僧閒不得短衣驅犢事秋耕

甲戌下第出都同年朱君雨樵霈獲雋獨留相送泣下殊難爲懷

又出長安去因君復自悲還家先有夢下第久無詩本自忘形迹何堪話別離青雲好平步切莫淚漣洏

題如皋顧貞女徵詩册

鸞凰未偶影長單獨拜尊章淚暗彈不學墮樓毛氏女殉夫容易立孤難

咏燕

歸到烏衣纔幾日匆匆春社又相違巢痕新舊何須認總傍人家門戶飛

蠹餘草

泰州顔馴仁卿

補遺

明宣宗蟋蟀盆

摩挲滑手土花鮮漢殿秋風憶往年妃子六宫齊教戰君王九月罷巡邊盛時摶埴甌同固浩刦滄桑瓦竟全差勝趙家天水碧半閒堂上關嬋娟

鼎深防小印描閒憑骨董話前朝官家偶愛兒時戲匠作爭開御土窰况守也曾承詔進王孫無奈挾秋驕枕函莫怪啼幽怨中有蟲沙恨未銷

右蠹餘草一卷業師顏仁卿著師爲前淸同治丁卯江南解元貧而介以授徒爲活年老無子稿多散佚沒後戭從其壻陳海卿處鈔得手訂原本其他殘稿若干首舊爲同學鮑希禹借鈔希禹返皖挾以俱去存否則不可究詰戭奔走衣食歲常不得歸里此稿在篋不審何時流出近由吾弟季麐覓取自海安遞至按其篇什則脫者已十之三矣人事難知時局靡定懼展轉遷徙並此僅存者或亦不復存也因亟付印並述大略如右歲在辛酉秋九月受業陳執戭敬識

執硯山館詩集　怡園老人年譜

（清）陳芾撰

《執硯山館詩集》四卷《怡園老人年譜》一卷，清陳芾撰，據上海圖書館藏清光緒二十二年刻本暨鉛印本影印。

陳芾（一八三六—？），字蘭槎，號子棠、怡園老人等。清江蘇泰州人。同治九年（一八七〇）舉人。

詩集名執硯，出自《晋書》范喬思祖的典故。扉頁題『光緒丙寅仲春開雕』，光緒無丙寅年，作者自序則爲光緒十八年，其後本書刊刻。卷首有李慎傳等序，作者自序，題辭等。按時間爲序排列詩歌，卷一辛亥（一八五一）至庚午，卷二庚午至辛巳，卷三辛巳至庚寅，卷四壬辰至乙未（一八九五），各體俱備，題材廣泛，瀏覽各篇，印象頗深，其中猶以紀事詩較有價值，如《海陵紀事詩》十二章，每章俱有小序，記載太平天國戰争以後泰州的社會生活各方面：賦税、保甲、孝子、水災、名臣等，如《鴉片煙》小序云：『自鴉片煙流毒中國，吸之者謂可療饑，因呼之曰黑米飯，吾州總計每日穀食不及黑米之多，小民耗費如此，哀哉！』《火車輪歌》記載新生事物，《過上海》記載上海新奇景象，《貧婦詞》記載下層人民的悲慘生活。年譜卷首有自序、題辭等，記載其六十年的經歷，既爲一篇内容詳盡的自傳，亦爲清末社會的真實記録，具有重要的史料價值。

（周　忠）

執硯山館詩集

光緒丙寅仲春開雕

序

庚午歲余與陳君子棠同譜其時余居東鄉之岔河既又侍奉遷金陵而君世居泰州蹤跡濶別游京師雖時相見然寒暄而已甲戌春始得謁其族叔祖椒生先生先生工詩古文詞善史書秦篆及晉唐諸家筆法尤好劇談痛飲宣南旗亭之會有椒生在者余無不偕也憶甲戌四月同人聚於龍樹寺是日熱甚同人皆着輕衫椒生後至持紈扇而曳棉鞋衆皆目笑之椒生灑然自得其胸襟超曠不拘俗態類如此椒生寡交遊目空時輩獨時稱君不置余以爲不妄許可如椒生而傾慕

乎君意君必有大過人者顧塵勞鞅掌無暇過從乙亥定居泰州與君相去咫尺兩年神交至此始遂賞奇析疑致足樂也君器局沈厚丰度湛然非其人弗與論文頃持先世手澤及所自爲詩賦見示余正襟讀累日作而嘆曰古今作者豈有無本之學哉君之先世雖顯晦殊致而詩歌原本經術極之憂虞患難愈不失風人之旨君禀家學其才力又足擴而充之故其詩賦文詞衆體畢備上窮漢魏下括元明而不襲其體貌明德之後必有達人君所業卓然自立信今傳後無疑也余才識譾陋而心傾之至不能已於言謹掇數語以志欽佩藉

明我兩人訂交之始末益信椒生之傾慕不虛也椒生
卒於丙子墓草已宿倘能輯椒生所作附於先世卷册
後乎與言及此復不勝綿邈之思云
光緒五年歲次已卯正月年愚弟李愼傳拜序

執硯山館詩集序

吾鄉在大江之北長淮之南濱於東海其間清淑之氣
篤生異人甲族則首推宮陳余周旋宮姓家最契者曰
敦伯其高祖節溪先生即陳空同璨之舅氏也節溪有
感舊吟一卷空同題有五言一章集杜句十六韻其據
切事實妙造自然一日與其族孫子棠縱談及此子棠
屢索觀其意將誦先人之清芬焉由是交日密詩酒倡
酬頗慰岑寂爰出其詩集屬加編次余展誦一通則先
外氏趙漁麥暨黃君荻生皆有品題並述及先德乃歎
陳氏以詩世其家有公論矣外氏謂鶴樵先生詩雄渾
高老逼近少陵荻生謂其以進士令滇南萬里飄蓬一
官潦少憔悴之色見於楮墨外氏謂小鶴先生詩沉浮
曲折與笳比音每讀一過令人酸鼻荻生亦謂其痛抱
喪明天只人只此外氏與黃君所見特其近支耳今子
棠復索空同詩殆收拾放紛又廣陳氏之傳人歟而余
於陳氏所鑽仰者曙峯先生也曙峯會客江南儲六雅
贈以詩有十年湖海未成游之句與賤子之以游爲隱
有同慨焉小鶴先生與先外氏皆一時之儁每聞其以
經學賦學並鳴於時輒爲之傾慕惜余生也晚未及一
捧手受教戊子歲王祭酒師謬賞余說經明通賦筆不

執硯山館集序

今夫賦爲古詩之流而詩則志之所之也情發乎中而形於言故梁昭明文選引家語卜子商序毛詩引皇甫士安序三都賦引石季倫序思歸引均各因其時勢身世風土人情極之品格高下胸襟體度美麗樸實憂虞懽患以覘志向究不得强而同之也他如漢魏諸家渾樸古雅意以理勝初不屑以字句計工拙降而盛唐則又精緻清雅深俊悲壯漸次則有鬼怪寒瘦隱僻纖巧諸俗之氣露於中晚吾鄉近年詩道疲茶每讀歷代諸大家詩及我　朝詩觀篋衍淮海英靈諸集竊嘆古人

壇坫之盛吟咏之工惜不相與壓角其間上下而議論之余生也晚自咸豐辛亥迄今凡四十年每一朝夕披覽推闡後猶勤作之始以江海亂離繼以南北勞頓幾於不克記憶及檢家藏先世條剌諸書近亦零星散失而進呈　四庫所儲又非目所能及恨也何如昨緣三五友人一二作者見余所存詩古文詞並先世經學金石諸著成千累萬勸余梓而行之謂子孫未必與我友此則可與我友者也余然其言因先抄出古今近體樂府諸詩分年編次用額其首曰執硯山館詩集夫執硯者亦猶范喬思祖之意也又曰集者余又何敢託也然俗庶可告無罪於鄉先輩乎方求同志冀通一經乃說雖鏗鏗聽者藐藐不鳴不躍依然一詩人而已子棠承家學善不近名已丑禮闈佹得佹失爲潘伯寅尚書所惜雖豪氣不除有治世才具仍就校官以詩歌自娛豈時流所能測耶今讀其集駸駸入古益歎海陵鄉先達陳氏傳家之學原本經術爲不虛也署曰執硯者亦范喬泣祖之意夫子棠以禮出爲人後而性情之敦篤其不可及乃如此抑余所重於子棠者尤在濬泮池一事蓋躍鱗河西接江淮雙流至泮日久淤塞子棠首出館穀重濬之則有功學校豈僅詩人已哉

光緒十有八年太歲在玄黓執徐旦月世愚弟袁鑣拜序

余亦不過以此數十年中之遭遇付諸謳吟集腋以成一裘耳後之覽者毀譽聽之可也前之李杜韓柳歐蘇其亦不免後人之訾議也夫

光緒十八年　月　日海濱鄉蓬山外人陳茀蘭槎氏自序

題辭

髫齡曾與偕吟弄好紙筆倏忽十餘年風馬雲車疾我詩稿罕存白華華黍逸舊篋灰塵封百竟難獲一君眞有心人編次成卷帙欽嵜才藻紛爛熳天眞出袖來如琳瑯奇氣復盤鬱誰誦方數過心目爲警怵此事具薪傳滇南揚芬苾大著世其家先後均無匹直卽付棗梨祖作孫爲述點竄與塗改敢復操觚率

時丁卯暮春秋江弟李恩涵拜題

滿目干戈裏愁心借筆揮有才皆困頓無字不珠璣高傲遭時忌疏狂與世違增人搖落感中夜淚沾衣

時庚申冬月十六日案愚弟張文梓樹伯氏拜題

總戎無計筆空投鮑照蕪城慘綠秋日月不屈如水逝烽烟未靖此心憂故園回首傷耆舊（自癸丑兵興邗水名宿已半歸道山矣）詩本聯珠孰侶儔倘復孟公容過訪吳陵樽酒足勾留

年愚弟梅毓拜題

天涯逢舊雨執手最情親樽酒聯吟會湖山隔虜塵詩多今昔感我亦亂離人忽作吳歈獻應嗤一曲陳

時辛未夏五年愚弟徐宗瞰芷卿拜題

聞道文旌指日行滿天風雨動離情正欣詩社聯高會

怡聽驪歌唱一聲酒送東籬虛左席帆揚南浦望前程
珍來醉蟹馳名句洛下雲間好弟兄（謂令兄吟樵刺史）
蒹葭詩意寫蒼蒼秋水伊人各一方早計萍飄難聚久
況多笛怨引愁長文傳海國徵豪氣雁入汀洲感異鄉
驛路迢遙何所贈聊編韻語壓歸裝

崑山禹幡弟李步瑀拜題

一管陳思筆當時豈易逢我才慚倚馬君學勝游龍萍
葉色初綠藕花香更濃趙公橋畔路猶記敘離蹤

甲子仲夏東洵義竹弟袁先忠謹識

客中纔過小春天邂逅他鄉亦倖然話到炎涼悲世態

擬將詩酒續前緣萍浮異域經三徙花看長安已十年
敢向班門爭弄斧盟薇願早誦瑤篇

皖北畫堂愚小弟楊錦榮拜題

雲留竹樹最深幽（君家有先世所題雲留書屋四字額）喜遇東陽帶熱游
邂逅因緣參夙契主持騷雅集名流眼前出入雲山遠
花外喧填鳥雀投側聽軍聲說旁午願依詩酒暫勾留

浙江後學張本瀚拜題

自覺深思愧子長多君古調譜伊涼即看紫蟹經霜飽
又見黃花冒雨香守璞誰珍和氏璧傳經早識鄭公鄉
閒居好訂千秋業（謂君自訂詩集）鬢髮相看各已蒼

城隅精舍睇臨湖馬射秋原步夕蕪（十日前約登高君尚未回）任託
馳驅心已倦偶逢譚辨色先蘇孟嘉會自過重九李集
文猶載獨孤滄海橫流妖妄闢莫令枝蔓遂難圖（謂烏巷教堂事）

壬辰九月二十一日用大箸疊華老奉贈七月既
望延秋詩韻世愚弟袁錦題

題辭

捧讀大集如入五都之市璀璨琳瑯令人目不暇接他日沾溉藝林其功正非淺鮮下風引領曷勝翹羨 乙亥三月愚弟王元灝拜識

吾讀子棠之文有蘇韓之氣勢子棠之詩有賈孟之才華子棠之賦有班宋之香豔子棠之字有顏趙之態度健鶻橫空快馬歷塊吾畏友也 愚仲周星蓮午亭氏謹識時丁卯中秋

時花美女天然俊秀 山左王際相識

詩詞條井井腹笥便便隨意吟來可卻俗塵三斗 高子丹

執硯山館詩集目錄

卷一

執硯山館詩集〈卷一　四

此王文成所稱鐵漢詩亦雅興題稱錦拜讀

執硯山館詩集

泰州蘭槎氏陳　芾著

庭聞四解 辛亥

少年宜努力駒光須愛惜莫恃等身書即可飽父執奮志登青雲聲名在泮溢立身顯父母父母自怡悅一解伯氏吹壎來仲氏吹篪和兄之齒雁行毋越亦毋墮二解入世貴和平善喙非狗艮熱中嚴擇交綈贈無相忘三解家有下河田歲收亦有限每苦沈水中況不官租緩到眼多嗷鴻何時還我澤中吾家例守貧天地雖大遷盧春四解

執硯山館詩集〈卷一　一

崇儒祠謁王心齋先生像

海濱生有先儒風公執木簡自署其名日海濱生日誦讀書藏袖中所誦讀每置袖中以待質疑有虞氏冠籠其頭公冠有虞氏之冠老萊衣著歡無窮公衣老萊之服手執木簡四方去屈仁三月將誰同屈仁其堂也憶昔隨師貧莫竟爲命治商齊魯東學醫不就夢頓悟數語俱見明史捕鷹譽與佳鷹墜唐涼州都督李大亮有佳鷹密表太宗因罷求鷹一事今公以捕鷹喻武宗以理義武宗遂罷南狩內官感悟俱去堯舜君民日在抱抗論上座驚王公公見王文成抗辨堯舜君民事業文成日吾持萬衆擒宸濠未嘗動心今爲此生心動矣仕途著作各不應劉節吳悌疏徒工布衣聲名駕爵位小車吳越如轉蓬至今孔鐸悵沈響蘇湖後惟先生

功吾鄉宋有安定先生明繼起者惟先生一人而已門墻英賢喜羅列東崖其子誇神童先生子名璧東崖其號也王文成每奇而授之學曰吾越中無此兒也死年五十已有八海邦專祀儒稱崇像兒嚴嚴足千載我告一瓣香焚空

謝蒯明經煦李明經肇墉由邗上惠贈詩書

二老情何重遺我詩與書哭富五車學却勝雙鮑魚拱璧欣如獲分杯得潤餘葫蘆長柄畫依樣愛吾廬

贈蒯李二律

兒輩聲華重謂蒯世兄文虎於客秋拔貢文豹于今歲科試入泮先生獨老成文章推手筆法律證胸兵日永靈光殿風清邗水程門墻欣有託莫我嘆年輕

李郭同舟日書名更擅長先生為余書摺扇一柄登山疑岱色坐石羨湖光佳話談春雨精忠拜岳王偕至泰山拜武穆神像並訪宮紫懸先生春雨草堂遺蹟歸來一攜手芍藥寫飛觴是晚先生為余題芍藥圖自號延秋居士

新月

開簾見一痕微影挂寥廓隔院竹林深風搖光隱約

讀書燈

借他光一點照我夜三更問誰金蓮歸相忘隨月明

臨湖禪院拜瞻岳忠武畫像壬子

烏虖噫嘻岳忠武王靈赫赫壯千古貌圖說有生前風精忠之氣露眉宇鋒稜壁立驚怒生似未痛飲黃龍府射虜書猶說兩宮幸得身埋趙家土長腳相公德格天騎驢人去功誰補吾鄉忠武遺天威紙上靈神人共覩更觀岳小將軍圖英風烈烈鎚銀舞我來一讀一淒然三嘆息時日轉午再登高阜感遺蹤木南向如歸部伍手書大字碑今存摩抄篆跡斵不腐一坏土帶六朝烟圖將山明隔江樹有人悲壯發歌行小西湖春絲絲雨每來再拜問天蒼年年二月期十五

雜感

愛書何惜百金償獨具人間冰雪腸宇宙曠觀容我輩暑寒應候也炎涼滿吟丈八秋偏早禮美升三典自詳爭奈池蓮風未定參差搖共水生香

聞賊踞大小孤山並陷金陵

小醜跳梁踞大孤我兵先已走蕪湖本緣人享承平久無惑軍難甲胄趨萬馬騰聲悲鼓角諸君依樣笑葫蘆陸機如識生能保何致西游誚棄繻

夜幕貔貅虎豹蹲儘聞刀斗肅軍門天容慘淡煙成障王氣消磨春不溫為有旌旗輝蟻壘竟無談笑淨蜂屯何當一旅來飛將奪得崑崙報至尊崑崙狄青宣撫廣西時事

黃荔評句似胥蓮口吻

養閒軒聽鄒晴嵐道士彈琴 消寒一集癸丑
人到瑯環地琴彈自在天揮絃分大小落紙總雲烟習靜宮氏軒額名還多妙凡音却少緣鍾期悵難遇詩酒好留連
松壇纔罷後鳥語聽關關愁對杯中物花憐鏡裏顏烽烟仍土堡縹緲自仙山鄒子同吹律幽人相往還

即席贈袁茂才後山 寶鏐
同住仙三兩松門晝亦關有詩皆合調無酒不酡顏雪凍滑於玉棵開香滿山舊枝花信早莫更送春還

酬楚水李茂才蕉衫 鉞 見贈二律 又號左之今司馬

入世本如寄天人共一漚詩書淡有味琴劍冷於秋留此一椽筆銷將萬古愁龍津圖草舍披覽勝瀛洲 謂有龍津草舍圖索題余見之真不滅古桃源也
夜靜析聲流枯腸苦莫搜挑燈半枕上醒酒五更頭古月懷前約長風吹我愁來朝挂颿去白下好吟秋

同人集聽鸝山館分得瓶菊限虞蒸韻 二集袁芷泉文杉
花事遙憐碧忽朱晶瓶幾度閱榮枯挐來秋水清堪注冷到西風瘦欲扶試蒻金莖香馥郁如懸玉膽影模糊瓦盆磁鉢梅曾放好伴黃花酒一壺
依然晚節望崚嶒整整斜斜影幾層寒浸詩人雙綠鬢秋分書味一青燈枝橫月夜猶含霧花插霜天欲暱冰移向玉屏風面立不教冷雨濕烟凝

同人集小有天園以漁樵耕讀分韻得漚頭憂秋愁五字 三集韓茂才蓮峯
吳江楚岸越中漚一艇生涯泛鴨頭到處風波宜避險滿湖烟水總忘憂乂迎幽火魚龍化罾挂斜陽天地秋寄語繪圖垂釣者此身未免坐觀愁
泉聽飛瀑鼎浮漚落葉西風正打頭已爛斧柯眞入勝能談王道又何憂身來谷口穿雲冷路入山腰滿擔秋歸去斜陽尚天半賣錢買酒不須愁

連宵穀雨水浮漚紅杏村中柳渡頭小卯出緣期足用倉庚鳴或寫心憂偿來南陌渾無夏勸入東皋望有秋莫恃倉箱兼杼柚也須修禮破胸愁
兩化天人共一漚苦吟深夜每搖頭祇期努力崇明德不爲求名亦解憂入聽書聲來隔院相親燈火漸新秋囊螢藜照光俱朗還冀燃糠照我愀

題瘦瓢子玉簪花圖 四集袁文學子文錦今國子監典簿
不用塵砂萬斛裝新詩一幅讀虛堂宮人莫效搔頭寵寫入丹青月色涼
幻出天然一種香不沾雨露自芬芳而今說是瘦瓢畫

畫境 張文梓拜讀

李思涵評 句意沈摯

又喜尖尖氣候長

西門觀落日歌步鄉先達程風沂大京兆原韻五
戴明經岫生卿雲集

半天亂鴉樹巔起山色湖光淸且美女牆一角抹殘霞紅蓼幾枝明秋水我來慷慨懷前人四顧蒼茫煙景眞高阜旌旗薄無色流光明照碧天痕曩皆文章慶華國樹倚雲紅近日赤風流京兆探花郎謂繆澧南大司寇總是江鄉舊游客陶然起讀兩公詩亡其辭兮存其辭謂伯山詩話只載程京兆詩句讀罷浩然歌一曲一曲方終日轂馳至今郊外歸來路明月淸風渺何處自笑徘徊倦不知一聲鐘響搖

天暮

閒居偶成

烽烟潦草幾時休况復身如不繫舟兩字功名誤我馬廿年踪跡誚浮鷗才疎似我原無補貧到依人本可羞待向霧開初日照相看雨洗茂陵秋

窗前半柳半蒿萊荒徑三三久不開覷目每憐花四照相思惟癖酒千杯眼前事固如泡影天下人誰誦將才小憩正忘風樹靜城頭又起角聲哀

兵荒來

兵荒來我朝軍聲威如雷長驅直向粵西去炮響雲地蓮花開不意事致乃公敗髮逆飛上黃金臺一帆直下長江七千里沿途人民罹兵災老者死去壯者散女背襁負手提孩江頭戰血隨潮長尸横山野無人埋况復逆賊肆荒譑求珠求玉搜羣材晝夜焚掠不或熄每遇賊過村俱灰到處城郭無完土我兵向賊不一回有云此州獨見全尋得桃源離禍胎吁嗟乎抑知此間當道有豺虎嗜人勝於殺人之渠魁

兵荒來揚州烟花眞厲階是誰開門揖盜賊善人不善禍之媒賊踞江甯揚郡江壽民素有善人之目醵金弊至省犒賊約過揚無擾揚人遷徙者復返旣而賊至大肆虜掠故受害尤烈揚州去我僅百里居商人家得不搬徙

吾奉吾母僦屋下河鄉里兄留健僕同家住滿目哀鴻悲道路吾鄉城北與城南往來不過八兩三近聞賊已揚州去六合天長蜂屯蟻聚又聞賊兵下姑蘇化鶴仙歸走狗屠

湖西遇武陵郭練江時亦避亂口占以贈

欲訪桃源路雲深路不知扁舟依岸泊同此繫鄉思未解烽煙靖難禁骨肉悲武陵今可問指我是爲誰

相見如知已天眞爛熳新君爲迷蔡客我亦避秦人風雨懷今夕江湖寄此身何時歸故里笑飲酒千巡

過許餘庵上舍善慶村居

通首清老 錫讀

故鬼句似李昌谷老鴉句似賈閬仙 蓀

一覽江天暮斜陽淡古樹依依楊柳陰兩三人喚渡漠漠水田中一行飛白鷺薄霧沈松林淸流疑瀑布邱壑極鬱蟠此間宜散步樂哉君之居晉漢梁唐趣花鳥笑依人窗牖莽回互古書滿三間瓣香薰一炷攜手出蕭齋與君相四顧隴上稻花香池邊磐石固不覺夜深沈明月寒光冱故鬼泣松楸老鴉啼廢墓吁嗟乎人生之樂樂何如我不如之行多露年來不識古烟霞江湖憂國蛙空怒

虞美人花

楚宮紅雨泣黃昏憶到英雄此泪痕玉帳春風千古事而今空賸美人魂

霸氣全消復已難斜陽尙照晩妝殘夜深休作臙脂舞回首東城不忍看

殘菊

飛鴻昨夜過南樓一帶疏籬冷淡秋惟愛此花多傲相縱經霜壓不低頭

春柳和趙丈漁亭瑜原韻 甲寅

高唱陽關笛一枝銷魂畫裏綰絲絲東風有意舒靑眼南國多情展翠眉一路桃花人去後千門寒食雨晴時漢家營裏昏黃月爲覓封侯悵遠離

張雲慶評押時字一聯撮[illegible]之筆

長隄春色上吟鞭馬走章臺正少年紅板橋邊霏漠霧綠陰門外弱寒烟不堪舊恨傷離別無限新愁付起眠驛路有人常作客多情似此總情牽

萍化當年悟夙因長條依舊又垂新風情撩我都成幻眉黛憐他畫未勻散盡黃金誰似汝抽來碧玉慣依人揚州城郭江南路多少樓臺黯黯春

易惹相思是此條千絲萬縷總難描趙家學舞憐垂手陶令歸來恥折腰老樹空心烽火擬美人芳草夢魂銷年來二月春風道燕語鶯聲總寂寥

蘭香園詩社四詠

一樽風月小神仙海上誰能傲節全名士幾曾爭色相俗情原只愛鮮妍神如秋水淡何礙骨比梅花清可憐卓立吟壇推絕頂是誰砥礪賴精研 詩品

井井詞條着意抽安排局陣聚吟儔尖义巧鬭論工拙格調精研足唱酬詞壘藏鋒歸定例騷壇講法證淸修從知老去心逾細時輩還應翰墨收 詩律

久契良朋咏菊黃還愁風雨負重陽未忘舊約三生石曾了前緣一瓣香銅鉢催來情共索錦囊貯滿願難償而今不厭敲門客走筆猶需紙一張 詩債

頻年佳句足搜羅面壁功深媲達摩迷障有情誰遣此

騷壇無計得降他每逢風月添愁易但到花天惹恨多
神品仙才分格調能驚鬼膽入吟窩 詩魔

和眞州陳明經鐵君 堡 書懷

自笑流光等石𣫍况驚黃鳥賦交交遑風烏鵲渾忘彈
避雨鶺鴒且定巢得意有人甘似蔗不材如我苦於匏
年來翻羨煙波趣寂寞寒江問坐茅
殺賊槍無取餘沈閉門黃卷自幽尋將舒柳尙待春意
欲放梅猶多古心司馬有情憑下泣鍾期鎮日罷彈琴
寄言人莫無家苦艮木從來亦擇禽 時避亂吳陵曾以鵲寄圖索題
琴書樂得一身輕消盡胸愁不計名悔我駒陰偏亂世

執硯山館詩集《卷一　十

驚人貂尾浪談兵炎涼可作鏡花看恩怨都歸塵劍鳴
可惜謀生似鳩拙天寒薪米復縈情
好月無端冷畫欄角聲似虎又層巒杜陵未免悲歌老
張祿能知姓字難投筆每傷壇偃蹇亂時多種竹平安
眼前凍雀寒鴉甚更望鵬飛萬里翰

過安宜楊家田劉鳴竹茂才招飲即席賦贈 今孝廉

有烏飛來號服劉 晉書 不同王粲說登樓 茂才贅楊氏因借居於楊家田
校書藜閣思家學荷鍤天台溯舊游詩和東坡皆雪亮
人如西澗亦風流 劉凝之自號西澗先生 至今公議曹牆共不獨
長卿樂詠謳

和易中自見身分 荔

坡公讀王畫詩云亦如其詩清且敦 錦注

答安宜楊亦慶茂才 燦福

渺渺蒹葭繫我思他鄉作客話安宜琴彈古調翻嫌拙
書讀今生未免遲刼脫紅羊人是福雲浮蒼狗事難知
知君瀟灑渾無累莫作崔駰不樂時 茂才年六十每以無兒爲慮

答安宜楊定夫明經 德堅

春風到處總相宜吹遍垂楊碧有絲金谷園中供嘯傲
銀圖書上仰扶持身逢亂世詩多累老尙明經命可知
擬約挂帆射陽去龍竿寺外藕花時

漫興

西風吹雨黯江鄉衣冷裝棉怕晚涼醉裏探花懷獨甥

執硯山館詩集《卷一　十一

天涯腐草夢猶香山光且欲爭林出雲影還看映水長
莫道歸來路蕭颯一年好景足吟狂

讀王摩詰畫

別具清敦筆一枝輞川風景寫非遲丹青旣入詩人手
就裏何嘗不有詩

梅窗四詠 甲寅冬月 和張仲逸 雲慶 今歲貢

春風一樹玉珊珊冰雪叢中鍊有丹豔對美人無礙瘦
癯如宿士不知寒此身免俗仙原易與世多緣傲亦難
修到幾生成鐵石心腸應作廣平看 梅骨
疑無疑有水雲鄉一縷芳情半抑揚春意纔蘇花黯綠

押黃字納豔殊

趙瑜評語氣韻大且精切有味可謂咏物能手

冷吟獨立夜昏黃，迷離驛路歸來候，撼頓烽烟返後香。素月五更沈魄夜，無端鶴起步虛廊。梅魂

水邊山畔月明中，整整斜斜總不同。妝試綺窗人隱約，燭燒官閣玉玲瓏。繪成一幅疑姑射，分作千身畫放翁。絕豔紅羅誇四照，須知色相本來空。梅影

氤氳已覺唶香侵，自嫁逋仙瘦不禁。雪裏含珠成孕久，月中種玉隔年深。幾生能脫烟霞氣，數點常包天地心。一落風塵渾不定，或調鼎鼐或山林。梅胎

和江都張上舍秋農桂林避兵雜感

我亦沈埋硯宅中，冰心一片早消融。觀書空抱飛鵬志，

執硯山館詩集 卷一 三

橫槊驚多汗馬功。筆陣千戈嗤弱冠，騷壇壁壘壓仙風。關心且作登樓計，好聽甘泉夜捷雄。

萍水相逢氣自投，鶯花好夢記前游。每酬琴價悲無主，欲了棋讎屢放舟。百里羈棲游子恨，一朝淪落旅人愁。經神學海原堪證，爭奈烽烟遍石頭。時金陵均爲髮賊所據

荒荒塵世水難平，同是流離百感并。投筆縱懷班定遠，登臺屢悵沈初明。滄浪波濁纓難洗，海國風多秋不清。三十六溪春莫辨，桃花依舊放連城。

君才高可繼張顛，博學猶堪媲茂先。拔劍歌來常斫地，舉杯狂更欲呼天。相攄襟抱思楊箭，得買詩書笑阮錢。

三里汪事

境余亦目

回首江頭城郭路，不堪綠意慘籠烟。

晚眺

晚涼無箇事，散步到禪關。松影半天碧，蘚花滿地斑。鐘聲隨暮靄，鈴語落空山。欲學逃名輩，奈何詩未删。

次韻儀徵周丈篠雲旅齋四律 乙卯

雅望巍然興自幽，雲停海國有名流。駒年我亦邀青眼，燕子詩曾詠素秋。棵下昔吟何遜閣，水邊今倚仲宣樓。近來漸覺春光透，好脫王恭鶴氅裘。

盥讀新詩第一篇，光風霽月到吟邊。人如玉鏡懷原朗，句似金鈴語總圓。接引後生情切切，謂張仲逸、汪牧卿、同硯諸友 指

執硯山館詩集 卷一 圭

揮老將說翩翩。詞壇倘遂叨陪願，杖履追隨賴講妍。

壽佛聊依丈室中，我來披拂座春風。休云覓句如無已，敢說傳經比小同。藺跡寒盧才落落，蜜香吟屋氣融融。人繪寒盧藺跡圖，額曰蜜香吟屋 於今我亦含飴慶，黃卷青燈夜課工。

兒孫繞膝唾璣珠，謂青士 宅相才華敵萬夫。謂芮湘南 文有寒芒推老杜，詩成今日祝髯蘇。和公難擬陽春曲，愧我幾同下里歈。魯殿靈光常在望，一時酬唱鄙懷抒。

火村行

官兵來威如雷，羣蟻方騰欲蠢動。可憐一炬村已灰，去年爾民忠報國，到處義旗張五色。今年爾民愚亡身，未

賭綿注

結語諷刺哀其不殺賊而殺蚩蚩之民也頗得唐人樂府遺意　瑜

爲賊驅自作賊推原禍始緣租苛竟以鎡基爲干戈西
村道旁伏爻老東村負固猶鳴鑼官兵之猛猛如虎勞
空火箭飛成雨眼見茅龍吹作塵村墟一片成焦土死
者爛額生者逃就縛但聽哀哀號縛民易視匹雛縛割
雞焉用揮牛刀吁嗟乎江頭羣盜尙如毛何日殲渠焚
其巢

二十初度

回首春華已十年驚心海上又烽烟干戈試問休何日
文字聊欣結有緣百尺樓中豪士氣一杯花底莫春天
肯教早歲蹉跎誤竟讓先揮祖逖鞭

執硯山館詩集《卷一　一四

流光一擲疾如梭莫道觀書歲月多棲托也知成樂境
唱酬未肯老吟窩縱言殘劫看棋勝可奈年華受墨磨
偶向江南一憑望六朝金粉起悲歌

英雄芒角滿胸橫刀斗城頭夜尙鳴幾輩奇才習戎馬
有人亂世博功名敢誇定遠談甸畧時仿朱虛按酒兵
我欲提刀殺狂賊靑山應笑是書生

冷落門庭感慨增聊將淸白志相承那堪萩水慈親養
幸有薪傳祖武繩骨肉兩家愁白髮文章百世付靑燈
偶攄歌嘯棲同谷慷慨詩還讀杜陵

元龍豪氣固因登百尺樓　荔

題周丈篠雲寒廬蘚跡圖

似賈孟一流人語　荔

足跡平生快壯游詩家今日暫勾留側身天地猶嫌仄
投老江湖未懺愁吟屋西栽古楳樹虛廊南對隔城樓
笑予鷗鳥浮蹤慣身世頻驚杜寓流

答淮山方廣文雲壑其洪見贈　丙辰

山斗聲名重聊依海國居長吟倚高閣小住愛吾廬著
述千秋仰沈酣三昧餘近來無別計願訂太平書

敢作封侯想浮生似斷蓬癡情蕉葉鹿苦味蓼心蟲土
堡狼烟潤樓臺蜃氣空不圖厠桃李化雨一時同

答張雲仙見贈原韻即送其之馬龍州署

我亦如蓬客飄飄不可論酒曾悲落魄詩欲賦招魂秋

執硯山館詩集《卷一　一五

月明金谷春風度玉門來年問東道山外樹邊村

讀高青邱詩

人說靑邱具衆體挫籠萬有謫仙人及讀全集千首詩
宗派唐人猶出新才思橫溢風雲生音節鏗鏘神鬼驚
落筆下語鐵成鑄華采鮮妍朱霞明詩文交契才子十
況有上人道衍客吳淞江上獨屏居不仕僭偽眞卓識
洪武初召修元史畏禍婉辭歸故里不食戶郎祿千鍾
明哲保身一君子奈何吠影宮女吟致生明主銜嗛心
魏觀何來忽禮遇上梁文成罹禍深大抵才人忌盛名
靑蓮幾將吟身傾東坡詩案烏臺起往往詩文藏出京

比例確當欽欽說來自是才人手筆　思涵

一唱三嘆絕妙好音 恩涵

押地字老到 荔

徽宗時禁錮詩文蘇黃皆藏衣中出京暨後坡死詩無主公又不檢累於
死集當洪造未梓行幸得徐庸字用理刊成一集名大
全上下今古堪千年其實後世詩家夢所不可見危乎
險哉差能傳噫吁兮青邱蟪蛄兮春秋陳臥子在否李
西涯來不不然此身生長帝王畿淪落江湖老布衣或
如賜還楊老鐵也省風驚樹十圍

詠懷詩

一代有幾人一人有幾事憂思結中腸況我感烽燧芃
芃思黍苗亭亭愛荷芰黍苗得陰雨生機悉暢遂荷芰
得水養清蓋倍妍媚慙我物不如轉爲物所累虧風雄

雄詩不求且不忮婦人毘勉詞偏灑英雄淚浩歌懷酸
辛一劍斫在地仰看鵾鵬南已展垂天翅

春雨四律和黃明經荻生 丁巳

亂緒飄飄整復斜小樓有客悵窗紗最憐潤色寒苔礴
更喜沾衣賦杏花膏澤方欣分 帝世濕雲依舊覆人
家前山說有清泉出百道飛流好試茶

無聲淡慘獨成絲生發剛逢二月時微綠滿川和露滴
嫩紅幾點忍風欺疎林野鳥飛難見幽谷流鶯出故遲
莫道夜深眠不得試吟燈影畫中詩

暗塵埋沒杜鵑魂一望樓臺醉似昏畫舫歸依芳草岸

雄健 錦注

青帘濕颭落花村柳因放眼慵無力竹爲低頭泪有痕
多少馬蹄江上去飛紅泥滯踏吳門

接連烟霧入蒼冥想見飛帆棹亦停出岫雲痕偏近滯
護花鈴語不堪聽桃迎人面頻含怨雀振岡頭薄刷翎
待向曈曨初日上陰霾消盡一天青

酬花茂才三益見贈

擁鼻酸吟近十年與君同癖亦奇緣桃花流水三生夢
芳草銷魂二月天送我有情潭共詠留賓差喜榻能懸
而今半悔工詩誤名士何曾值一錢

狂飲西湖酒一甌百花頭上勝瀛洲身無寸柄關憂樂

氣逐孤雲接斗牛曾說主人多好客偶逢沈醉抵封侯
何時打槳同江路領取風前宴席秋

種竹

草木禽魚各有情分來淇竹更縱橫幾年澆灌陰成綠
省得天炎再搭棚

招涼詞和宮桂泉茂才元澍 戊午

鳩喚初伏雨爽氣透柴扉君載灣頭酒禪參物外機吟
風宜竹逕好夢寄荷衣客子早歸去半天餘落暉

我有納涼處晶簾斑竹屏燕雛初學語鷗鳥共忘機日
午扇葵扇宵深衣葛衣石床隨坐臥不覺已斜暉

押之字不留而留絃外之音最好瑜

深情欵欵情味耐人百讀文梓

徐神翁墓

菸菸烟樹夢依稀海上仙翁今已非故址雅偕銀杏古逸情想共白雲飛不堪堂畔尋雌守無復亭邊見鶴歸此地神仙難再得祇餘荒塚對斜暉

送董中川衞守廷熊歸里

一官顛倒已三年風鶴憑驚兩地傳紅粟靡窮倉積朽青燈好伴子孫賢余與世兄渠亭衞甫讀書駝嶺一載未輟前番戎馬酬恩重幾輩賓鴻入望騫何日登高重作賦再吟駝嶺晚風前

留季生筱香徐生尙之小飲

久別無緣見魚沈雁杳時月光欣乍上日暮更何之借句塵海滄桑刼春風桃李枝一壺清酒在甘苦許心知

秋宵四詠和周仁甫刺史 嘉慶己未

野菊天涯亦自鮮擔香路塞復街填頻添騷客題詩境爲報先生索價錢盡解囊貲開笑口拚賒窨酒拍吟肩一房山好秋花冷更喜霜螯佐綺筵 買菊

但願霜枝日愈高不妨調水與尤豪課童百灌貧餐飯笑我三秋爲詠糕汲井深還虞短綆繞籬香逼潑吟袍多情絲雨欣滋潤抵勝朝朝抱甕勞 澆菊

花事重陽幾度探冷香沁我異肥甘當筵月影偏斜照

哀豔雲慶

詩境蒼秀錦讀

入口霜痕尙半含陶令樽前供嘯傲屈原坐上助清談荔枝可啖梅能嚼好取秋英酒畔酣 餐菊

瘦骨曾難傲曉霜攜鋤好自去埋藏同花春葬風三徑與草秋薶月一廊酒奠白衣他日淚詩吟黃土美人香江頭多少枯骸亂暴露年年弔戰場 瘞菊

秋日偶成

春來一棹去湖涯倏忽西風颺柳斜幾卷新詩權當哭終宵無夢不還家懶殘空撥爐灰芋海國初開晚稻花好片平疇又秋水欲尋福地少張華

由湖西歸過趙公橋

半帆高掛趁秋風長笛孤吹落照中愛煞趙公橋畔路綠陰深處一燈紅

遣懷 庚申

犬戎十載逞干戈萬事蹉跎奈我何出是杜公偏亂世居非邵子有行窩　聖恩南北山河滿草野人家轉徙多誰說此生長戰陳至今狂魄尙紛羅

松林庵古松歌

鳳凰城中有古松離奇夭矯如虬龍徂徠選材不見取深藏海國逃秦封青銅作斑鐵作髓盤根吸盡東瀛水養晦炎陵千百年高不出簷謝城市詢之城隅烟霞叟

羣說明禋崇已久我來立視不敢前捫之怕有風雷吼此松幹屈心半空無風響甚勝有風沐日浴月噴雲雨撼頓烽烟浩刼中浩刼未終松自勁競紫爭紅殊本性蘭成枯樹太槎枒少陵老柏空吟詠翦伐一憑人世間花葉不教凋歲寒留於宇宙長青春也算吾鄉一大觀

今年

今年聞說閉荷塘（荷花塘漕河上壩名也）我正天涯別故鄉杵滯鴉娘宵月冷書驚雁使曉霜涼不教壩水傷魚稠爭奈妖星似犬狂（是歲彗星見於西北）好備囊錢買汾酒莫將花事負重陽

逃荒嘆

江離何漠漠河荇何田田自從西水決飄蕩驚無邊富家築圍各避水貧者鬻牛去鄉裏憶自年年出泥門江南活計同妻孑何今洪水滔天來沿路人家聲哀哀村村竟作逃荒走糠粃一肩米一斗到處割草草根盡道旁畦菜葉爲命有人說來求生活不識谿田牛競奪緊桑縱作簞食遺黔敖具食歧路歧只恐餓氣頓生啖㮠升未戒木不支頃說官示出街市押送流民歸故里吁嗟乎押送流民歸故里髮逆洶洶侚蠭起

舟次湖西

酷肖長吉文梓

輕舟泊處漸黃昏鎮日孤雲望晚村十里平湖寒月色幾家茅屋上烟痕身如旅燕常辭壘路有嗷鴻欲斷魂笑我飄零渾不定長天秋水侑清樽

水災感賦

未遇干戈道福林不期水刼動哀吟浮家艇過怒濤險轉餉車思膏澤深馬上王郎（謂王軍門步青是歲帶兵高寶湖西以攔捻路）詩白面榻邊鄭俠見丹心大波何事遭宵吼我向荷塘試一尋

賦罷年荒懶出游流亡滿目倍多愁人來當路逢豺虎鬼返秋塋哭髑髏莊夾蝶驚原是夢郭蝦蟇用此何求擬聞渤海官聲好賣劍休風易買牛

冬夜過興隆庵贈隆定上人

小立溪橋路支林晝亦關敲門言採藥搨筆字臨顏香篆烟霏鼎囊餘貲買山宵深明月上佛亦笑予頑

寒燈

名花未敢伍羣芳暗裏明中大放光羅幌紅搖天露白遂門青閃卷攤黃夢因遠別愁無盡詩對貧交味最長猶憶秋風漁火外往來散照水中央

弔郭雨三都轉

芙蓉封拜本書生報 國如何說用兵車馬記旋東郭

俗捏土肖鬼神曰塐通作素亦作塑

弔余祖小鶴公大去後承公賜信極厚賢勞空賦北山行及時化雨親
宏度出岫寒雲悵遠征一點忠魂誰慰藉祇憑　恩卹
到銘旌公卒於定遠死事甚烈聞之不勝悲痛

岳少保

兩宮未復繫懷思半壁偏安賴護持能敵幾何張所問
是眞良將汝霖知用兵勇奪金人纛報國忠標宋主旗
三字獄成冤莫白中原今古痛班師

小香嵒喬都轉仿宋茶鹽使者徐正卿事築於兵亂時吳觀察蓮芬書額

新築香嵒小有天鷺鷥正好此中眠海東鹽愛金初洗
水上觴流波不圓多少蒼生看引領裝潢塐像近何年

堯夫自是昇平世豈必山林始作仙

辛酉寒食夜雨舟中和山左王治軒太守際相元韻

輕舠翻作賦詩臺今夕瀟瀟雨漫催客思共懷千里遠
潮聲直訝萬軍來水經春煖綠波長柳爲風吹青眼開
何幸浮身一舟住當筵酬唱樂銜懷
好夢揚州不可尋清明節近樹垂陰喜添南浦三篙水
愁絕臨安一夜心凝路荆榛隨處埽繞牆桃李沐恩深
謂楊柳塘蔡子修諸君皆列門下踏青敢負來朝約策馬春郊勒有金

宿蘆涇港早起偶成仍疊前韻

余鑑評語意蒼老逼近少陵

無端蜃氣起樓臺都被東風暗裏催依舊梨花深院寂
幾曾桃葉渡江來故山好夢飛難到鎮日愁雲埽不開
寄語喃喃新燕子爭春休誤客銜杯
天台有路待重尋苦恨春來日日陰杜牧疏狂多別淚
王孫惆悵未歸心客嘗世味分甘淺最好官聲尺澤深
小住不妨詩共賦拈毫寫入帖泥金

周家圩港遠眺

一望平湖潑綠勻柳舒桃笑倍宜人游魚戲水嫌池小
飛鶴凌空見性眞西去山光青不了東來海氣白無垠
君恩近日深如許羣盜如毛尚水濱

酬王右申春日即事見贈

絲風絲雨又他鄉兀坐舟中思正長暗度花朝因寂寞
客經寒食倍淒涼好山迎面隔江路春漲多情生草塘
共擬踏青去不得天工有意阻吟狂

客中生日

吳陵曾記快延賓雉水朋來誼更親桃酒一杯添壽相
花城四面擁吟身狂歌不減三千客酣醉何妨十五春
我欲賦歸歸不得笛聲遙送渡江人

四月自周圩港歸留別營幕諸友

龍艇平開部伍分喧喧笳鼓繞江聞冠貂已沐　天恩

渥蔌馬還傳露布文萬里銘勳跨定遠三邊降幟拜將
軍會看埽盡妖氛候馘捷歸來逹　聖君 李都督梅坪
文章絢爛老名家我得瞻韓興倍賒已許春風容共座
更多甘雨喜隨車帝廷元愷稱逾貴法海舟航渡不差
官況蕭蕭隨在樂潯陽同聽撥琵琶 許太守荀仲
通德門高舊有聲飛騰鵬路又先爭紆籌一局駒場藿
宴樂三秋鹿野苹 是歲舍人高捷秋闈 十二欄干隨目笑五千文
字滿腸撐翩翩說是佳公子樽酒論交四座傾 彭舍人澂芳
海國相逢二月初奉揚風正拂徐徐循良不獨琴能治
操割曾誇刃有餘一葉清呼羣弟子五花誥請　九重
執硯山館詩集《卷一　廿四
居高情更下陳蕃榻遙憶慈君誦不虛 徐明府劍華時篆如皋
雉城記識中書令問柳看花日日春香國也曾誇領袖
雄文原許逹綸才高冀北空羣目名說江南第一人
相約菊園秋色好持螯笑飲酒千巡 余舍人鏡湖
風雨深宵百感生孫陽一顧即知名前番匏繫渾無那
此後萍交算有情轉瞬鶯遷殊擇處傷心驥伏欲悲鳴
可憐秋冷芙蓉老搖落江頭對月明 王太守治軒
回首蕭蕭涿鹿秋功名萬里溯封侯貂蟬恩寵叨新沐
鴻鵠飛騰話舊游入夜江流潮愈急濟時情重餉難籌
秋來多少黃花放籬落相逢足唱酬 鄒刺史虎賓

王際相評詩語雄渾

深宵過我問城西畫冊多緣屬品題塵撲馬蹄江上迹
痕留鴻爪雪中泥天涯知己苔岑寂客裏斜陽草色淒
遙說鄭公鄉畔路蒹葭秋水柳長隄 鄭少府文民
子京風度實堪師樽酒論文漏轉時寒食夜長同覓句
清明雨阻又彈棋紅羊塵劫千家夢白蠟功名兩鬢絲
最是銷魂南浦別不堪春草悵離離 宋明經燕石
一笑相逢百感中飄飄同是九秋蓬江間波浪歌銅斗
馬上功名拓寶弓待埽紅巾登北固共邀青眼視南豐
幾時打槳游天目高望山頭夕照紅 胡少尉自廷
王郎慣說久離鄉我亦天涯客路長崔護門前新雨滯
執硯山館詩集《卷一　廿五
是日蔡子修少尉來差袖喬總司函致云此局此捐已歸南臺札江篠雲辦理矣 汪倫潭畔晚
風涼竹生虛白三間屋草潑濃青半畝塘何事燕兒春
不至一封書到慰清狂 王少府右申

宿石港

最好溪光勝故鄉春來旅夢記宵長潮因風送聲逾壯
柳爲烟籠蔭更涼戰馬尚聞嘶草岸怒蛙誰可拭芳塘
天邊忽有飛來將 署通州署友柳塘楊司馬聞余同泰因借馬越英處爲余餞行 買得
鮒魚下酒狂

過天目山

坏土天留剩丈高我剛借問暫停橈有人近說無遺跡

精切雅健　錦讀

奇闢瑜

通首亦健漁老賞鑒不虛也　錦注

況此遐觀過小橋鹿女身歸仙世界腥風淚鼓海門潮
何時再作東游計壺酒忠魂弔宋朝宋文信國因阿骨打之亂由海安之天目有孤臣家萬里天目鑒孤忠之句

雉皋道中

一水瀠洄十里灣天邊烏倦又飛還近鄉怕問鄉人語
直挂風帆飽看山

由立發至海安

順風直指海安河立發音偏力泛訛俗曰力乏到此關前驚
雉遠柳邊日影早西矬

壬戌春莫丹徒朱蘭溪避兵湖西與余盤桓數日

余以他事旋里口占一律即以誌別

春日辭家去春歸我亦歸半生容嘯傲兩地感睽違分
手寸心結珠聯璧合稀是歲八月初一日有五星聯珠日月合璧聚於東井之兆客
中何所寄惆悵白雲飛

月夜野望

月光明上海東纔一樸圓時兩處哀雖雁聲驚魑魅走
妖狐頭戴髑髏來千家砧杵星霜落萬里關山鼓角催
頃說如毛羣盜掃燭天火又雨花臺聞官軍收六合賊又舉火大小銅山及雨花臺一帶望之實深悲痛

謝餽菱

紫蟹初嘗罷紅菱又滿筐采從風雨夜味值晚秋涼半
畝寒塘小一蓑歸路長飽餐能耐老可當肉芝香

曉起聞雁

砧杵南樓聽不眞西風雨裏倍傷神一聲叫破天邊曉
驚醒衡陽夢裡人

送常州吳晉壬孝廉唐林入都

風度翩翩美少年縱橫大筆起雲烟江山搖落宵吹角晉陵八年城陷
楓荻飄騷月滿船靖海舟輕千里夢時江省陷賊孝廉辟地於泰航海至京旋領鄉薦故園菊冷九秋天身邊書劍胡邊雁應
讓先揮祖逖鞭

酬浙江祝蓮舫曾雲夫子見贈壬戌

非潛非見得天游金碧將軍畫已收師隨杜試官僑關中校勘復隨向軍門戌幕
雲影描成驚木筆月光繡直比芳毬師鄉試每恨自未掄元因自鵓其石日祝生第二
艮禽棲處巢原穩師家鄉賊踞以司馬官江蘇隨喬總司行營
老驥雄心價孰酬暫息微塵鵬六月況予顛倒拙於鳩

因緣文字識淸眞舊雨今番共愴神魚目久知難混寶
鴆湖猢是未歸身霜高空弄樓邊笛風運難忘手下輪
花事有情琴有韻酒衣知己暖同春

春日喜見丁金門流寓茶花癸亥

君不見茶花紅一枝一枝媚春風又不見茶花白一朶

此亦定情篇

一朶美如玉三千宮粉六朝詩花開時節愁人時寶珠王磬不足數此花少態還多姿我今買此花千枝並萬朶置之中庭中白似雪兮紅似火但願花開紅近人不許花開白於我我復聞君最惜花風高河陽淵明家茶花茶花莫漫開一遭風雨易欹斜

懷王治軒

天末風高秋色闌游人身上怯衣單排空雁未行行過逐水鷗偏日日看時難暫爲分手客狂來每見折腰官窮途范叔袍誰贈樓閣淒淸滿目寒

憶昔同登李郭舟慈雲遙仰海東頭山經烽火連天熱

水入江河滿地秋君尚愛懸孺子榻我將笑倚仲宣樓一封書待迢迢寄誰爲殷勤速置郵

書感

從戎無計讀無成二頃湖田水一泓自悔枯腸同覺漏豈因貧境解顏酲塵消每愛團沙睡世亂空懷憂國情惟取江湖陳起集朗吟天地月三更

擬繁欽㛮婦詞 甲子

妾家桃花潭君曾停游驂感君一流盼君知妾色慙妾非慙於君妾慙前夫衾妾既訴與君君應憐素心何以通情詞微波託無遺何以明心跡大江流不息何以達

之遺意不失風人之旨 錦拜讀

殷勤金盤雙鯉分何以道欵曲白茅一豚束何以結幽歡桃李穠無殘何以釋哀怨鴛鴦終不散何以歌宛轉（唐李端有王敬伯歌有一情歌宛轉宛轉歌以哀之句係樂府琴曲歌辭又王敬伯家會稽）願作烟與霧何以盡綢繆誓作岸與舟（岸舟出華嚴經）何以解悄悄箜篌霜天曉（箜篌引劉妙容字雅華吳令劉惠明女也大婢春條小婢桃枝皆善此）何以賦依依楊柳雨雪霏何以愼終始葑菲採與子子期我何所相期我於堂春日不我卽登樓遙相望香車驚屢過淚濕中衣裳子期我何所相期我於著長夏不我卽深心託豪素南風墨易乾擱筆起迴顧子期我何所相期我於庭經秋不我卽淚燭光靑熒月影圓如許明河悲

雙星子期我何所相期我於闥（闥屏門間也詩在我闥兮）冬來不我卽宵長寒達旦爐灰紅不鮮塵生上羅韈（言自春徂夏又至冬日矣）（士之不能見知於人當同一哭）憶昔前致辭兩兩心相知謂君不我棄連理無旁枝並蒂永相保芳華宜盛時（白紵歌詞謂人生歡樂宜及盛時莫負芳華也）奈何天路遠家室不相宜楳骨日漸瘦蘭因人笑癡使我心徬徨徬徨無定期

晨起嘆

夜半忽起坐憂思如泉來混混莫之遏挑燈門自開行行中庭中鶴警聲同哀撫鶴一長嘆悲風生庭梅圓月不識愁分外明相陪呼兒炊宿茶爐烟縈階苔烟起眼

欲淚思更深於堆奚奴復沈睡自煎挑紅灰啟甕汲新水烏盆手屢囘新茶熟且喫合作澆愁酷解衣仍就枕甫眠更頻催恍惚若無著誰知宵夢摧牽連俗塵網富貴成禍媒吁嗟乎我生少賤且不才底事促不寐思深入夢槐我惟語知者忍思休疑猜

寄仲履堂 福謙令孝廉

幾時詩酒結鷗盟風雨聯床百慮清笑我空懸留客榻惜君屢滯出山旌托身苦似營巢燕入世難於擇木鶯何日長安同走馬一鞭遙唱說蜚聲

閑坐吟

數尺芭蕉小有天綠窗疏雨得秋先披衣葛似羅雲薄活水茶從石鼎煎八種天隨延壽杞我看中散養生篇盆花一種欣無恙懶向東風鬭色妍

甲子新秋雨窗

荒屋市遠靜無譁獨有高枝鬧晚鴉小坐雲陰簾骨瘦瓦盆先放吉祥花

亂後送朱茂才 開基 南歸

一棹飄然去歸心不可留湖山新別墅風雨舊書樓烽火銷京口江城望石頭數峯蒼翠裏猶可指瓜洲

聞江甯奏捷喜賦

建業烽烟十載蘇元戎辛苦足麟圖大軍壓境徵祀發小醜跳粱共鼃驅木火髮膚關痛癢江山事蹟肅規模更聞甲子開新榜 是歲冬曾帥奏請先開甲子一科 一片聲歡免胄趨功業西陵建樹高經綸況可媲伊皐靈鍾衡嶽戎車須 六月奏捷 兵洗湘鄉戰血刀殲賊義民歸奏牘 帥由侍郎在籍團練隨帶湘軍出爲剿賊 招魂殤鬼認旌旄近傳敵壘青燐影猶向江頭度怒濤

雲仙女史聞余至金陵饋贈詩酒次韻答謝

愧我才爭七步難尖團忽爾遞金盤美人珍饋原嘉意好句珠穿得舊歡狂愛逢場談作戲化成侍婢抵居官

襴衫薄命書生着幸不蕭郎陌路看

記曾粧閣話連宵裘敝何妨夜擁貂風雨陂塘秋雪藕淒涼心事夢尋蕉胭脂未許窺三影金粉曾同弔六朝差幸穠華近無恙亦憐我感桂香飄

醉蟹

酒後醺醺莫出兵菰湖水府早知名而今寥落干戈後底事當年說橫行

乙丑春日感懷

林靜寒銷霽後塵曈曈初日滿堂春風吹盆裏花枝亞烟染亭邊柳色新憂我青袍還惜別愁人白屋詎嫌貧

昨宵雲雁天開路知是南來北鄉身

爲愛春宵月滿山照來夜讀小窗閒卷成千軸情差遣
雲起一天心自閒何物悲吟芳草路問誰笑傲共柴關
海濱不少槎浮客籠鳥魟魚况往還

春暮懷友人不至

小閣簾初捲風寒欲斷魂苔深會埽逕花落不開門四
壁搖燈影半窗留月痕有書何所寄飛雁又江村

三十初度

三十無兒未許遲功名况是秀才時本朝袁太史吳御史皆六十生兒
鐵牛徒數蚑蟲嚙黃鵠安容燕雀知舊雨已悲川逝水

新愁偏悵酒空巵遝來欲作浮家計尋得桃源煞費思
天道從來慣變遷如何滄海不桑田馬蹄紅踏荒荒路
蜃氣蒼茫淡淡烟土可生金成誑語人能似玉祝豐年
浮雲何事重光掩鎮日陰霾滿目前天文大成云陰霾之氣蒙蔽日光朝中必有臣踰君事者
世事茫茫百感中年荒時難阮囊空是歲山東直隸捻逆復聚日本英夷復求盟約
植荆原愛田家紫采豆應憐南國紅日莫驚心難
作客憂分椎髻况如蓬今宵忽見團圞月照向天涯一
樣同時客秣陵
久思投筆走風塵偏爲詩書誤一身海國壇高猶拔幟

四詩感慨着涼鏗

江天風好每懷人從前王粲樓徒上此後君平卜最眞
安得五陵誇不賤陶然共醉杏花春

和李笠雲上舍感懷四律今孝廉廣文

神仙富貴兩蹉跎我落詞場奐奈何豪氣不妨湖海濶
雄才大抵亂離多少陵以後詩無主維翰應傷硯屢磨
小草在山花待雨得春且唱踏春謌
此心盟到水波清憑弔長沙問賈生載酒已經悲落拓
讀書不盡爲科名十年舊雨交原淡一覺春風夢不成
近日彈冠貂尾續幾人紙上浪談兵
春游舟子海東頭滿目哀鴻劇可愁百種銷魂南浦別
半生落魄北門憂風情月色涼於水劍膽琴心冷似秋

多少傷懷千古事美人螻蟻與王侯
與世迂疏譽不干自憐島瘦更郊寒樽開北海推文舉
墅賭東山憶謝安君本會心今古遠我嗤放眼地天寬
淸新詩句蒼涼感抵讀靑蓮行路難

送李秋江姊丈客張家院

竟夕論文句更聯佳哉公子度翩翩狂吟我敢稱名士
豪飲君原是謫仙咫尺雲山千里外連牀風雨一燈前
每逢東去匆匆甚悵望伊人秋水邊
婚姻累世結朱陳相契情深亦舊因數我心交悲逝水

憑誰指點識迷津一朝時雨如天假兩度秋風妙筆眞
近日樽前歌且嘯茫茫塵世幾詩人
眼底探花世界寬身心且借一枝安詩書滋味嘗原易
文字因緣遇亦難十樣蠻箋仍唱和兩人醲酒幾盤桓
邇來銘硯言俱在拔拂春風坐杏壇（謂吾祖小鶴公已於丙辰歲下世）
多君常示惜分陰眷望情懷亦已深幾輩功名偏亂世
半庭花草助長吟欲飛絮盡沾泥滯有約梅開踏雪尋
志在風雲何日遂吾人同抱濟時心

與友人登岳阜

無多盤曲路里許到禪庵樹老飛黃葉烟濃上翠嵐雲

廊圓月小山影落波涵風淨疏林寂一燈明佛龕

贈陳太守秉初（錫麟）并序太守江西吉水人由民部出守漢陽襄陽等郡賊踞江甯江西亦陷賊太守卸篆後繞道佐欽使雷藿邨侍郎營幕流寓泰州幾及三載每遇諸塗必反復回顧有似曾相識者一日遇於西紅橋口立談之下始悉為我宗人各陳顛末喜而賦此

九尺魁梧一老人撐天松影倍精神相逢得得頻迴顧
又欲言言未逕陳偶過紅橋徵雪印不圖青眼出風塵
立談識是西江族面目廬山話始眞
葉茂枝榮本舊根支流浙粵更吳門（江西籍中一支往浙一支往蘇一支廣東至泰）
一身登進士瞻民部官守襄陽仰帝恩（公初任襄陽御篆後紅巾已踞金陵）
一路桃花紅雨亂萬家燈火黑烟屯相思渺
渺愁何限且飲春風杯酒溫
功業豈難反手成未容琴鶴一身輕官梅又入揚州夢
細柳俄登亞父營（謂公佐揚州雷欽使戎幕）道阻故山悲宦海人知
將略駐文旌武台別有波濤壯東去滔滔聽有聲
卞宅來臨水一灣風雲雷雨共迴環隨肩雛鳳鶱文綺
豪氣元龍笑石頑絕好新聲開樂府剩餘舊夢在湖山
厚顏我硯憐芳杜惟愛仙禽樂意閒

砌草

雖死芳心尚未除舊根還可待春舒幾番風雨吹噓潤
縱不連天也帶書

丙寅春客廣陵

綠楊城郭路杜宇不堪聽江樹低還密吳山遠更青荒
烟迷曠野明月滿沙汀只爲黃昏近孤輪未肯停

春閨

珠簾半捲玉鈎斜倦倚粧樓對鏡花太息垂楊今又綠
封侯人尚隔天涯

海陵紀事詩十二章（仿程大京兆樂府體州志謂昭陽鄭大令板橋誤）

長短戶 兵荒後泰邑徵收錢糧以長戶完折色以短戶完倉收此又正供中一變局也

上下河 泰州地勢東高西下由城迎春橋而東南爲上河由城而西北爲下河 千萬戶官示出長短判吾聞古昔有殷攤普天之下皆王土又聞率土皆王臣豈獨此州例分苦倉儲紅粟四壁空廟完青蚨飛五五 天痍倒敗不修凡前完鳳米漕糧今每石核數定例完錢五千五百五十二文在武廟爲廟完 不見斬竿削木呼朝莫民生囹圄誰歌舞噫吁嘻長短戶

十家更 宋王荊公保甲一法兵荒後踵而行之流弊滋甚余目覩情形作此以陳民瘼

十家更保甲成蚩蚩犬守夜鑼鳴旗高撐二更長官忽城上城上一呼萬民望萬民望官歸帳新法令皆虛誑

連宵燈火悲膏血典守身肥民瘦骨我后沖齡知不知均輸民病王安石 事見州志

武香保 案志武香保李文彬之乳名也近聞文教仕路中有悍然於家庭者因作此以儆非孝

海安鄉小打戶業煮鹽日養父忽逢海水來赴父走海溢海溢潮溢范隄濱風湧淹死無限人不見陸秀夫忠宋帝冑清民孝溯李文彬

周公鋪 按志周公鋪即今塘灣鎮後莊捻髮亂後盜賊蠭起今之官吏能有一如周公之肅靜閭閻者乎周公名鼎鑑以如皋令攝州篆

召伯埭范公隄千載功名誰與齊我州十五里外萑苻藪莽块無人多嶮巇周公來倖建屋募民居便水陸至今東馳少畏途行路難說周公鋪

義民團 咸豐年髮逆跳梁吾鄉民心成城晝夜巡緝不費官欵尤奇者稅務橋口有名鴉姑娘者年四十餘膽敢言倪每義民出師身先顛著聲勢昔所謂女子而解戎兵者書此以贈

義民起萬衆旗槍出鄰里民雖非兵心自城不見橋頭鴉姑娘縱橫兇然無鹽能言爭

積穀捐 兵荒後倉收紅粟易爲青蚨後於正供外復加忙每兩伍拾文漕每石壹百文謂代收積穀以備歲歉近鄰縣已撤吾願後之蒞斯土者庶無借詞于與耗之一端也幸甚

海陵紅不流天庾鳳漕外忽多民取民情欲訴向誰語堂月分明今昔同奈何虎猛尤風從余佛死亡是公 亡音無亡是公見相如賦

思馬愛 馬仞千刺史鳳翔蒞泰八十日民情愛戴吾鄉趙明經漁亭亦有詩紀之

兒失乳呼父母父母教育均有方寬猛相濟賢且良賢且良弓刀藏何須泣怨誓城隍不見賢勞政美餘棠蔭泰堂召杜馬鳳翔

泣隍誓 邑廟祀城隍神道設教於陽官無與也近有爲官而不能斷民隱者令兩相咒於城隍仍不能辨作吏者當如是耶

詛咒來鬼門關忽人敏開城隍失色驚座上問何鄷都聲哀哀人有言神大笑是誰能媿中牟操魯恭佳話誦億兆

清水潭 同治丙寅年河決清水潭下河被災七州縣災民轉徙江南者不計其數牧斯土者

語意老到　鑑

感慨係之　鑑

仍復莫夜追呼可慨也

淸水潭丙寅七月日初三大王風起雨師作河神一嘯
天瓢翻淮以南揚以北萬頃橫波舟挂木噫呼小民身
驚魚誰來中流抒奏書

鴉片烟　鴉片烟流毒中國吸之者謂可療饑因呼之曰黑米飯吾州總計每日穀食不及黑米之多小民耗費如此哀哉

王者日不貴異物況此流毒在神骨世間瑞品無時無
嚼粟何如靈芝得士名八頭大小分蚩氓因之愚忘形
烏虖文忠不復生　謂林文忠公戒烟方

張小虎　揚城之復張之功最多錢江之殺亦張力也吾邑咸豐三年紅巾距揚窺泰若非州牧張東甫苦心爲民力勸士匪而小虎亦不得施其功也

執硯山館詩集　卷一　三八

步將營張小虎三月十九勇忽賈一手直刺千鯨鯤火
光八聲萬馬奔不見義旗四面環如堵此州刺史張東
甫

曾大帥　曾帥諱國藩捻匪之日曾與子由侍郎在籍團練力勸紅巾收復大江南北

曾大帥郭汾陽先聲奪賊蹤藏太平有象雖天數問誰
一木能撑住倘遂此生長駈十萬平夷心庶幾山河大
地沾恩深

秋日早起

曉起烟籠八月初堆階落葉客來疏山妻說到爐茶熟
我尚貪看戰國書

宗村舟中

逼人寒氣到窗前白水蒼茫遠接天大地平空成苦海
是歲淸水潭崩決八人情可在作良田孤燈處處昏無影老屋家
家冷斷烟西北那堪回首望滿船風雨倍淒然
一夜風霜月不明回思酒賤醉猶兵　南史陳暄與兄子秀書之言　壞
墻經雨泥零落殘臘將春草暗萌蠟燭有心同涕淚蠹
書無字自分淸耐寒笑說盆中菊也與官梅溯舊盟

游焦山用坡公自金山放船原韻　丁卯

浮生性癖山水躭金焦況復臨東南蒼然兩點秀如玉

執硯山館詩集　卷一　三九

瞿塘不數巴峽三放開眼界渺滄海無使繭裏纏僵蠶
我留鴻爪印浮玉焦先笑我能無慙中泠旋流淚欲立
深於千尺桃花潭江心月白夜放棹只有穩睡鷗波酣
敲門古寺踏黃葉山僧瀹茗供清談我非閬仙亦好佛
爲結香火成詩龕醫俗那顧骨太瘦有竹無肉心亦甘
滔滔江水蕩萬里一洗凡垢除嗔貪振衣千仞忽長嘯
捫腹何慙百不堪老僧解事約消夏幽篁深處留雲庵

和施大令吟甫 培鄭 感懷元韻

萍跡無端聚詩盟敢濫叨迂疎容我拙慷慨羡君豪宦
海波三折浮生感二毛荔枝香在手可共作風饕

渡江

今古東流水勞勞寄此身楊花三月莫桃葉一江春翠影不知處青山常笑人隔溪漁父宿欲問武陵津

晚烟

悠悠迷古寺遠樹近黃昏漁艇初炊火農家半掩門輕宜籠弱柳淡欲失孤村薄莫風光好歸樵帶一痕

亂後過雨花臺

第二泉沽穀雨香荒凉尚有好山光高冠長戟多官況大幟野花雜女墻臺下橫流增客感草中枯骨指沙場瘦驢且喜蹄行健馱我歸來趁夕陽

莫愁湖

記曾簫管屢晨昏又訪青溪舊院門數點晚霞明水遠幾行衰柳欠春温淘殘千古英雄恨銷盡南朝粉黛魂我到莫愁愁更作新愁只好付清樽

次戎幕范茂才靜哉錦仁韻

金焦山勢聳千尋回首江南思已深薪火一星隨滅熄瓠樽五石任浮沈仲文枉作書空嘆屬國終懸破虜心詩卷文章有長短不妨孤棹海中吟

重九前一日自湖西歸

荒雞未唱束行裝五兩風輕悵故鄉說是家園秋色好

秀逸恩涵

古之傷心人同此懷抱也 錦注

自應歸去醉重陽

自嘲

三十年光一瞬中深愁無計託絲桐文章遼海秋風冷魂夢邯鄲斗帳空有藥難醫心底病不才怎濟眼前窮邇來說甚新詩境六尺匡牀酒半筒

戊辰新正

問年別有一番新說是東風送喜頻芳草正回春雨露梅花還伏月精神山荊羅酒初開瓮階鶴吟寒郎替人忽報到門投刺早誰知信接曲江濱

新柳和趙小漁

春光幾點到吟邊淺綠輕分畫裏天桃已胙沾寒食雨梅曾同渡曉江烟頻驚身價黃金貴欲問芳華碧玉年依舊相思渺無際未勻眉黛惱蠶眠

生來未解舞腰羞倚翠偎紅認笛樓眼角漸堆羌婦怨心頭早起楚宮愁滿川微綠八千里一曲昏黃月半鈎奇語青驄年少輩風情莫逐水東流

夜榻口占

夜起無聊甚挑燈漏轉三鐘聲驚宿鳥月影愛澄潭夢短天難曉愁多睡不酣征書何以達北雁已飛南

詠史四律

忠勇眞堪敵萬夫錦衣驄馬象魁梧將軍不虜曾張飲
阿婿從戎亦執桴汗馬空教思北渡騎驢直欲老西湖
可憐臣士淸涼甚不入凌烟閣上圖 韓蘄王
天日吳山陵召何咎瞻此身鬼門關渡正統八三年坐臥樓
猶在四鎭紛紛持計任陳所讀書惟賢聖能行事取義
兼仁忠魂今後歸何處老木鳴聲倍愴神 文信國
衰絰哀號拜闕中先生心早格蒼穹一三友尙留忠氣
八百人同作鬼雄憐我君誠非孺子笑他臣亦法周公
血書白玉陛滴字千古難磨此點紅 方孝孺
靖難兵興信未探書生雪國恨緣合掀天揭地功何補

孝子忠臣肉自甘生可納油心敢北死經來樣面終南
高堂垂白纔方去烟瘴年年苦獨諳 鐵鉉

詠古四章皆工力悉敵洵推佳構　鈞拜讀

早雁

戍樓忽聽動笳聲敢使謀深一念差舊約鷗鳧應作伴
新來烟水可爲家爪痕遺涉霜初重字影凌空月正斜
飛向南天毛羽滿也須安頓宿蘆花

黃村道中

車馬蕭蕭出道村夕陽人影暮烟昏淒涼一路垂楊岸
落葉西風亂打門
梅花消息幾銷沉我爲梅花踏雪尋況是鐘聲搖不定
二三更裡過疎林
燈影分明入水流犬聲更聽路東頭荒墟一片陰燐火
敲作長蛇陣復收
三家五里一烟墩悵當年萬竈屯最愛水流舟抱轉
江南人可共評論 蘇軾詩扁舟一棹歸何處家在江南黃葉村

己巳春日雨窗

自笑迂疏懶送迎蓬門靜掩碧苔生蝶經雨瀝飛無力
酒對花趣醉有名聚散浮萍分遠近淺深細草自枯榮
最憐望竹干霄勢說上靑雲路幾程

檐杏

生來未着綺羅裳春意今番開有香但願初胎先及第
不妨高燭照新妝桃花差喜嬌人面梅萼方傳聘海棠
昨過玉樓天氣好是誰簫管醉飛觴

訪碩果老人譚處士不遇

深巷柴扉曲幾重數椽茅屋土泥鬆出迷花影難分路
入聽松聲欲化龍架有琴書堪坐擁門無楊柳半塵封
此間誰說能題鳳歸路遙聞岳阜鐘

待月篇

通宵好月無由見滿眼浮雲驟不收蠟燭殘燒偏照淚
落紋動處已驚秋階前白露涼生腕天末清風靜倚樓

差喜小山叢桂放，留人詩酒不須愁。時趙子鳴明經雲崔適以愛日清談稿本索序，因與夜飲以叙幽情

鄉村晚眺

晚烟炊飯罷，小步出柴門。宿鳥驚高樹，疎燈隔遠村。銀河搖淡影，秋月露新痕。歸去重陽節，黄花酒一樽。

待燕二首 庚午

香簾半捲静無塵，好讓新聲入報春。乍見啣來花一片，肯教辜負倚樓人。

門開巷冷夕陽低，草色萋萋望轉迷。有約已過春社雨，莫嫌貧屋別雙棲。

執硯山館詩集 卷一 四十四

書懷

風虎雲龍氣亦豪，文章天使限吾曹。百端愁直如棼緒，幾輩名還戀大刀。函谷過誰知薄板，昭陵哭罷濕吟袍。茫茫塵刧驚如許，富貴神仙兩遁逃。

清明獨步

冷節渾無事，青郊結伴多。者邊沽酒客，共唱踏春歌。燕語喃喃聽，衣香冉冉過。正欣新霽後，天氣近清和。

焚紙如飛蝶，無腔一曲歌。高墳埋淺草，小艇渡長河。雲動山疑活，葉飄風覺多。更看楊柳色，潤澤淡烟拖。

夏末與徐穀礽、房魯波、竹軒、張筱石、戈掟三石帆、張戟門、李秋江、陳磬庵同應江南省試

挂帆從此別，又訪白門秋。一曲傳京口，諸山列石頭。涼風吹短髩，明月動離愁。同作金陵客，依然江水流。

泊觀音門同人邀飲燕子磯

石門陡絶接雲天，小住扁舟又幾年。丁卯秋闈飲於此 絃管聲中增別恨，烏鴉隊裏雜飛仙。風流名士偏謀野，聾笑東施亦鬭妍。奇語山靈休我笑，振衣應在最高顛。

登雨花臺

滾滾長江入望中，樓高百尺接青葱。天花落後僧何在，香雨飛來偈不空。幾點蒼烟浮大地，滿林紅葉認秋楓。

執硯山館詩集 卷一 四十五

層巒叠嶂多奇秀，喜踏松雲一路通。

庚午八夕朱蘭溪招飲桃葉渡舟中

結伴湖河路轉遥，二三里外綠楊橋。羣公細誦江南曲，何物頻吹月下簫。淺水溶溶通澗谷，深林隱隱露漁樵。開樽同是天涯客，金粉悲歌弔六朝。

九日棹發金陵

何必風風雨雨愁，無風無雨亦成秋。柳條送客猶舒眼，蘆荻窺人暗點頭。一曲歌吟傳隔岸，三層明遠記登樓。盧家曾有湖邊約，烏桕丹林好泊舟。

題獨步圖

獨步秋風訪隱淪嚼然自得出埃塵愚夫未許占嘉遯
高尚如今有幾人

冬夜與李寶燕同年客江陰舟中感賦

月色江心白孤舟兀坐時摩空雕鶚健奪路羽書馳山
靜波濤壯天高雨露遲欲眠眠不得恐若故園思
拜罷春申墓江風劈面迎青雲原有路白水本同盟巽
地游人夢蠻音遠客聲喧喧笳鼓裏彷彿漢家營江陰口門龍艇排列鼓聲晝夜不息

過江大風晚宿靖江口

無端拔木勢頻來拳鷺飛迎飛鳥迴擗屋響摧林葉簌

翻江波撼浪花開千車爭逐蒙沙土萬馬驚嘶走將臺
三日後聞聲漸息同人詩又索新裁

宴客二律

競道蕭齋喜氣臨暮雲春樹影森森樽開栢葉新炊酒
盟續苔痕舊約岑謂寶燕友笙本屬舊盟今又同譜曾共金鰲觀水月
好看銀燭動花陰更欣行雁聯翩起飛沐天街雨露深謂二哥吟蕉本擬今歲到省緣余明春北上因遲至來秋
星斗芒寒月正明寥寥天地愛澄清不圖荷到秋逾盛
翻覺梅開春已生滿座花光堪物色當風雪意快時晴
有人昨已江南返欲賦呦呦鹿一鳴

執硯山館詩集目錄

執硯山館詩集卷十一

泰州蘭槎氏陳　芾著

醉司命日作庚午

去年祀竈竈大醉爆竹聲喧酒肴備今年祀竈竈不歡爨下山荆空禱媚舉火神明古有功入地升天縹緲中宵深入室來窺我笑指書生亦太窮書生窮司命恕明年鼓樂黃羊相舉箸

懷仙歌

大鵬一飛九萬里冲天兩翼如垂雲鸞背仙人忽相遇言有香花惟贈君蓬萊頂上好共處鷽鳩歧路難同羣此中幸有搥天磬况對千潭寫錦文

文昌帝君聖誕預期恭祀感賦辛未

歲德在辛日重光

微臣在草莽欻爾蒙恩拔憶昔秀才時悽愴試官刷見歐公批劉幾論去春禮瑶光幾令我嚇殺神色舞眉飛形勢赫羅刹歸途心惝恍雲布雪塩撒歲德同重光修爲復審察同人來吾前語言會傾軋將作公車行懶投陳遵轄有友約北上言聽駱駝圖遠水看鱗鱗山容覷獻獻因念二月三神誕宜共刦易期一月先祀者紛相戛香花扇清芬几筵淨磨刮牲三酒一杯香梗煨短茁鞠脃伎神扶如郊告匏稭與秸同再拜囑神鑒自笑七望八

遠來句見韓詩圖畫鳴勸慎也

匏稭見聯句

辛未春壽州牧桂穆堂廷衡六十時余將入都即以誌別

豕列扶風絳帳前幾如桃李笑爭妍文章差許聯知已樽酒頻交悟夙緣曾附鷗蹤盟驥子悔同牛鐸混虞絃春風有底來虛室應是催吟路二千

無端案牘苦形勞先生每有未得銓選勞形案牘之嫌虎渡魚懸守自操大部詩書歸法律先生由刑曹納粟直州出任武進海鹽及今泰州窮檐租賦闟蕭曹明生月仰泰堂滿清絕風聞海國高多少歡顏分鶴俸先生捐廉課孝廉堂令彙收文卷分給膏火亦逢雨化亦春膏

六載吳陵說好官上游青眼屢相看數年地瘠無蟊害百里才難展驥觀劍戟已經農器鑄江淮不入水田寬吾鄉每苦水災自先生來任斯土江淮未有甦注下河之患此州何幸星軺福琴鶴依依得所安

六十年華甲子周瓊林冀我早遨頭心齋坐自清於水官舍儈如令到秋作賦屢驚司馬筆歸思難返季鷹舟邇來共愛甘棠美消息春光草滿洲

舟發上官河

買得鮰魚下酒航呼奴快爲束行裝同人多少河干立驪唱依依正夕陽

十幅蒲帆一葉舟頻聞水道擊中流今宵何處詢投宿

燈影分明指界溝
曉來風逆泊宜陵一飯偏來野寺僧別有幽情拋不得
新茶爲我試池氷
倏爾高橋挂順風龍船更聽鼓鼕鼕湖西已過平橋近
明日淮陰說遇鴻

過淸江浦買車進京

春風無恙送長征廿四番輕廿四程（由泰州至京水陸計二千四百餘里）
未必桃源眞隔世相期鷗鳥狎同盟極天峻嶺千巖陡（由峒峿一路棧道平坦然已遙見泰岱山關高插雲天之狀）撼地危灘萬壑鳴何日
駒昂謝轅下馬蹄花襯到西淸

峒峿旅店夜雨

落葉聲聲擾睡魔一燈孤影奈愀何恨他風雨無情甚
底事偏從客裏多

過紅花埠得十六句

輕舟忽放觵咿啞（連日陰雨因倩車入偃船約至宿遷相遇）兩岈桃花影半
遲十載停雲前度夢（蕉生叔祖偕余去店登舟聞云十年前曾住此站）一溪新
漲故人家別憐舊雨萍蹤杳笑向東風竹影斜遙指渡
頭蜂意鬧忽聽籬角犬聲譁汪倫情似潭千尺崔護愁
縈水一涯屋倚山腰飛絳雪門欹洞口掩紅霞鱖魚賣
處春疑到驄馬來時色共誇更待南圖同踐約江洲買

棹放蒹葭

傾蓋橋（郯城北五十里）

郯城渺小問官時傾蓋何妨話舊知橋影波光明月夜
露零草蔓鄭風詩駐車我喜開茅塞立馬人還剔蘚碑
想見當年居易候風塵一路也迷離

泰安道中

撲面黃埃拂竟難往來車迹路漫漫心隨明月當頭轉
裘擁西風徹骨寒旅夢已從孤客警海潮始得一回看
登臨絕頂談何易回首天涯此大觀

山行

擁鼻酸吟萬壑間寒風吹雨動諸山雲隨車脚龍初躍
路轉峯腰鳥未還此地已成千里遠深林不見一人閑

忽逢石壁開金像疑是低眉春草斑

北上行

北方地苦寒五穀惟黍生嗟我行行者春回天不晴幽
谷氷玉積馬走鳴錚錚山月散微影餘光逐車行樹短
訝人立波凍沙逾明角聲吹穴底劈面酸風迎曉日薄
無色露華團荒砦孤烟起墟里霧氣吹成城仰陟山雲
上俯驚草木兵潭深石劍豎木枯芽潛萌裘擁背毛豎
齒牙多磞磐飢不一果腹粗同瓜瓠羹飲不一壓渴氷

漿泥沙并僕馬幸俱健鞭影揮前程一嘯出諸山諸山
詢無名（諸山名見董大司農集）

雜詩三首

驅車入古道如登南山臺問君何至此悠然雲獨來候
雁尚未北離盃筵屢開衆鳥審棲止翩翩爭林隈人言
自勿辨琴焦身未灰

春日有佳色照我疎林舒露和岸柳潤雲山多秀餘提
筆窄天地封侯酒熟初絲竹動座響車中人讀書長嘯
到雲間萬里憂懷攄

三更扶夢起繁霜寒我衿（時正月二十日）蘭膏青無光月色明

天心驢驪氣不煖林木時振音流詠仰太素商星天西
沈登車向斗轉河漢迥且深人生同春華休忘努力吟
願君在少年有酒須盡斟

過勺子溝

溝小居然一戰場魯師曾說逐齊強而今祇剩荒烟繞
兩岸蕭蕭沙水長

野田行新樂府雜題過易州作（考易州卽古鄚州也）

亂石橋邊誰氏塚摩挱碑字膠西董行人更說賈閬仙
當時祭詩壇高聳（橋畔有兩石碑上書大字一寫董仲舒故里一寫賈閬仙祭詩處）迄
今詩仙不可作董氏天人誰講學白楊蕭蕭野火燐笑
我駐車古州鄚（鄚卽易水境）噫嘻沒世非等閒匪獨片石珍人
間橋頭春來易水多宛然風景歸江南

京師南西門新館

城樓絢采勢輝煌眼界頻開觀　國光雉影高騫扶日
月皇都壯麗固金湯駐車人說琉璃廠勒馬風清淮海
堂新館揚州一眺覽南垣花愛紫薇香

保和殿覆試

團團日出曉風寒金闕瑤堦此大觀忽訝分題傳語試
宮袍鵠立擁千官

席地頻將試卷攤墨花飛舞起毫端自憐瑣院前番苦

且把新詩脫帽看

何來天末動飛沙點點偏教塞硯凹差幸字無尋破格
不驚禁體笑塗鴉

殿覆歸來日正中歛無恩怨漫鳴風多情更下陳蕃榻
不識雲能樹倚紅（是日宿昭陽徐同年石洲城內小寓）

登陶然亭

微月出深樹高談絕俗氛紅墻城半角綠酒席餘芬鳥
語亂清磬山光疑白雲（西望山色俱白石層起燕京八景所謂西山積雪也）霏霏
衣露冷歸馬笑紛紜

牡丹

惜春鎮日坐黃昏笑撚花枝未掩門芳草綠迷蝴蝶夢
夕陽紅襯美人魂淡粧不借脂塗色濃抹都疑醉染痕
若使玉樓同富貴年年一酌報　君恩

蓮花寺看浴佛會宣武門爛麪衚衕

鎮日低眉證夙緣相傳浴佛自年年三千世界楊枝水
四月清和梅子天凡骨未除空澡慮名心未織敢逃禪
塡胸數斗塵氛積菩薩窺予恐啞然
新浴爭看佛有輝豈徒盥手露薔薇演成盂鉢三生慧
振起袈裟一領衣香水空教傳古刹溫泉只解洗楊妃
六根誰可塵緣淨好向蓮花座上歸

春暮有感

無計留春又送春燕臺風景渺愁人柳絲長短驄難繫
悽絕香車又軟塵

送春

餞時曾記綠楊邊夢入飛紅悵不圓歸馬尋依芳草路
征帆懸過落花天離歌未忍翻新調按曲還須理舊絃
別後相思更何着那堪絲雨濕車前

過闌福寺寺在陽澤門北

寶刹岧嶤隱翠微長虹卧水綠波肥輕車早踏金鰲背
好月交增玉蝀輝趙北蓮橋同體勢江南風景悵依稀
文章偏我天增命清露霏來空點衣

盧溝道中

石尤風忽打頭來未許櫻厨面面開依舊春明門外客
幾成冬夜雪中梅烟江疊嶂詩誰和皇闕香山夢屢回
曉月一鉤仍照我橋頭車走更如雷

過平原郡望趙勝墓

獨無鉤黨此孤城極目郊原愛掌平繡作君身思李賀
名成太守憶眞卿纍纍荒塚埋風月疊疊楊花襯路程
記我去秋江上住春申拜罷感雞鳴去秋至江陰謁別彭學使味三阻風江尸因登君山瞰江拜春申君墓三日風息始返

和旅店題壁元韵

南陽東國總沈浮元唱中有路行東國青山曲家在南陽白水頭之句嬌住紅樓
瓦上頭楚客相思空有夢杜陵入世況多愁許昌門外
秋逾爽司馬橋邊水自流更道參軍新婦好壁上更有陳參軍婦號蘭卿者才色冠時梁園六載小勾留

鞠歌行樂府正聲相和歌辭平調曲　題解古詞三七言雖珍奇寶器不遇知已終不見重願遇知已以託意焉

石韞玉水懷珠閭里之間有屠沽前者吁後者喁高歌
一曲趨吳趨楚妃怨王嬙圖門前車馬入當壚國扇郎
美且都心遙遙兮長安途南山羅北山烏側身天地誰

與徒

山行

野桃含笑柳絲烟緩緩征驂打麦天忽地長途飛騎鐵
山鳴谷應雜流泉

山中書懷

功名未許一般看冷煖隨人擇所安江水至清河水濁
出山容易入山難（昨由半城進山）寒將浸骨惟耽酒壯不封侯
枉說官行過燕程鄉信杳勞勞終日據征鞍
醖釀神功要韜藏眼前萬事任飛揚唐花畢竟無眞氣
曾酒何曾有異香彼法兼通空相色我才無用亦尋常

車中悟得安心法詩思間時轉易忘

章夏題壁

好夢回頭不可尋年來去住總無心浮雲柳絮何根蔕
彈入琴絃是泛音

過石門（石門近皆壘石爲門遍地盡浮紅石惟門內立先賢子路宿石門處九字碑一道）

不是巖巒縱火燒死然赤壁望岧嶢而今亂石飛紅裏
我正山東借宿宵
想見雞冠劒佩雄闕山難越此途窮晨門謾說非知已
已得親覘仲氏風

落梅

減却春光苦雨催隨風吹過漢粧臺幾生玉骨埋荒草
數點氷魂惱碧苔瘦影搖殘騷客夢寒香化脫美人胎
飄零不盡孤高感肯與群芳共一堆

過羊流店瞻羊叔子像

旅店羊流著高風太傅傳迄今人往矣墮我淚潸然祠
宇紅堆石塵沙白入天此間談吐輩並說導安賢
鄒湛名沈久公眞王者師曠懷同宇宙生氣懔鬚眉想
見輕裘度堪欽鎮撫時流風餘韻在況更著苦碑
清德千秋仰家聲九世彰衣冠思晉代聞望表襄陽湮
沒尋常事蒸嘗一瓣香問誰登峴首山色望蒼蒼

車發魚溝暮至淮山宿譚外甥宅

命宮驛馬幾時休才郤贏車便買舟淮水東流縈別夢
韓臺南指說揚州碑尋峴首曾揮淚隱到漁梁不解愁
又是落花時節近相逢何計慰前劉

過湖西（邵伯境）

柔櫓聲中水一灣我來沿路望圖山雲飛青羨丁年志
風勁紅消卯酒顏村市荒涼飢饉後囊書輕便道途間
壯心敢把平生負自笑身投十畝閒

邵埭野望

五月鄉村天氣和綠楊陰裏好秧歌新蟬離糞工調舌

乳燕啣花竟出窩飲興乍添明月上閑情轉愛白雲多
舟邊更喜榴花放妒殺紅裙笑面酡

歸來

輕風吹客返天涯雲路悠悠星漢斜却笑文章空涙墨
幾疑櫻筍富隣家斷非冷落塵生甑未免門庭晚噪鴉
惟待芊芊芽吐草科名何致困泥沙
有底祥徵及第花消閒即是福無涯相逢半屬雲霄客
涙迹將移海國槎詩酒多情仍客邸功名幾輩說京華
浮雲西北高樓起一任飛騰别路賒

送友人歸吳

忽地驪歌唱開樽酒半酣行雲停海上征雁下江南帆
影臨秋水砧聲隔月潭蠻山雖駃舌亦自有高談

琴意

兀坐情難遣焚香一弄琴水流溪有趣雲出岫無心雪
夜清誰和陽春詞自深不須翻舊譜何處訊知音

九日途次偶病借宿友山莊舍

揚帆纔十里忽抱釆薪憂嬰姹難媒媾音書隔馹郵虛
堂容小憩落葉况驚秋盃酒主人意殷勤足唱酬

落葉

九日秋霜重飄零不忍看蕭疏迷古道寂寞過江干樹
禿風聲勁山空日影寒飛飛鴉起處仍借一枝安

所見

幾樹梅花向野開暗香忽送下風來是誰放步林間去
可惜渠先渡水隈

幽居雜興

二十餘年始見知秣陵兩度恨來遲是歲病後謁高碧湄師於金陵未遇
桑麻歲稔謀生拙芍藥田荒笑守癡村店板橋沽魯酒
雨燈茅屋講唐詩姪龍兒三歲居然以唐詩問字有上口牙牙之誦梅花早巳
開東閣何日風前折一枝

送二哥吟蕉之濟南

我昨燕京回兄忽濟南去問我歸來途語言尤絮絮草
木爭文章山川快游豫善不在近名心自在澄慮兄今
山左游亦作鞍馬據黃河沙漫天新詩本可著朝暮莫
苦思得失自有處宦海多風波王良期善御强項與折
腰惟盼好官聲鴻毛來順風可飽一帆助

送朱友笙同年慶鏞之浙江

忽唱驪歌去住分何時樽酒共論文幾番春夢驚虛室
一幅秋宵疊錦紋別後有詩須寄我飲中無日可忘君
過江面面湖山好遙指楓林挂夕曛
天涯芳草不須愁眷屬神仙不自由李義名齊花萼集

阮咸賢共竹林游（謂雨樵）浙東應許官聲好趙北曾吟雪
爪留我欲預申來歲約不知詩事解荆州

由無錫至蘇州

蘇州江水黃無錫江水碧中無分水犀同流色自別

玉鉤斜

玉鉤斜處月遲遲秋入平林水滿池野岍不堪回首望
有人帶孔瘦腰移
一帶湖山草樹荒浮雲流水兩茫茫當年玉骨成香塚
冷雨淒風總斷腸

登虎邱

一鑑空明萬籟秋寒山寺古客停舟登峰到此雲生足
說法當年石點頭玉笛聲中花舫曲紅燈影裏酒家樓
風光說是江南好流覽幾忘萬斛愁

采菱詞

幾陣秋風暑氣消清溪曲港水迢迢滿船明月歸來晚
且醉沈香酒一瓢
塘西軟角早秋生曾記歌闌水調清寄語情人小碧玉
相思萬丈惱烟横

自吳歸里舟次作

斜帆十幅望如飛碧水悠悠照落暉（時過無錫境）愛煞江頭

執硯山館詩集　卷二　十三

梅最早我今一路帶春歸
桃花顏色勝燕支紅過楊枝又柳枝只恐家鄉梅妒說
慣吟客裏冶游詞

和劉明經春墅（天榮）閨情元字

臨邛重過訪而翁想見當年遇亦窮生怕清風寒枕簟
爲憐拜月折腰躬青衫弱婿偏多病金屋驕人悔不聾
自恨麝熏眠未穩玉關千里夢魂通
何來幽恨上啼眉不道盧姬嫁太遲寶鏡簪花新破玉
錦囊佳句舊題詩箜篌歌裏聲初引茉苢車前夢屢隨
况是香衾早辜負莫教蠶老不成絲
欲採蘼蕪謝故夫麥秋天氣渺愁吾楊妃出浴圖羞見
瓠子深宫月自腴苦恨避拈張敞筆躊躇翻笑使君愚
春歸紅豆枝枝冷肯訴相思綠水趨
之子清新日見稱（郎用蘇詩句）淚吟萍藻怨塡膺別來消息
書誰寄悔說風雲會可乘荳蔻胎含香動胍衫襟淚濕
冷於氷惟將萬佛朱幡繡深拜山靈卜問僧
邇來地老更天荒底事巢梁燕子忙帶孔腰移忘露坐
絨痕唾膩畏風狂搴簾長袖嗤搖翠求法名山悵黯蒼
話到春歸芳草色不堪懊恨碎柔腸
檻外疎花各自春雕牀寂寞綺羅身玉壺滴滴皆成淚

執硯山館詩集　卷二　十四

金綫年年執怨貧君在征驂忘久客妾悲斷雁等遺民
茶香懶作唇喉嗜無惑蓮心味苦辛

擬古十九首 壬申

一病思自起病久不可作忽爾奮然興陟山去採藥路
旁逢故人坐談勝杯酌目送垂天鵬兩心渺雲闊憂薪
若累脫高語猶力薄君看飛帆來挺走風波惡

亍亍復亍亍道路多荆棘北雁翩然南相思苦翼戢況
我茫茫身顧影屢自息幼學劍不成長笑各雞肋把酒
時問天天心那易識浮雲任飛揚明月漸西側秋草吟
涼風愁懷亂促織思出東門行行行行不得

春光回大地草色仍青袍冷夢餘香塵何物甘圈牢博
學徵劉郎空負詩中豪振衣哭坐起提筆惟自嘲卅年
何足畏狷躁安蓬蒿回溯昔歡會意氣爭雲高二十走
東海萬里搏風翔功名期馬上寶劍光含弢奈何朝莫
游翩然騎金鰲

陔蘭香已沈欲循誰不傷嗟予經營身膂力暫方剛鼎
禮莫可薦泉壤無由光摩挲悵手澤哀哀徒結腸何來
夢中語聊當詩補亡

荆花向人開不事深巖伏香色兩宜時氣味絕塵俗中
葉悅我心駢枝耐游目苦自異蓼蟲夢不成蕉鹿愛護
懸金鈴羣鳥漫相逐惟冀篤栽培奇花胎簇簇如何狂
風搖幾忘弱幹覆更令斧破傷新紅轉溝瀆倘憐並蒂
生清思寫孤竹

機上布已成君莫憂無服田中稼已生君莫憂無粟尚
戀躅忿花供養北堂綠況此蓉葹心依依車前轂何事
苦縈榮風塵感雌伏生既偕君居死願共山谷美石雖
可人還期韞出玉莫作少年游咄咄亂心曲

秋風動羅幙寒氣侵我身擁爐不知炊宵長愁殺人翦
燭燭光滅螢火飛青燐正衣出房去吟梅殊可親寶劍
忽地吼似欲恩怨申一爲側耳聽我心猶酸辛

陰雲遮滿天日光薄無色塵沙飛半空旋轉過林密征
鳥迷前途雛偶回頭失缺月不早明今夕是何夕山空
樹本靜奈何風不息

君子有所思（樂府雜曲歌辭）思行在不敗麗色雖足歡尚無
形神傀雕室雖足樂爭奈日月邁北山賦陸詩（陸機命駕登北山）終南憬沈誠（沈約晨策終南山）昔日銅雀臺盛氣今安在況
復秦始皇楚人阿房壞總之人卌身來去露在薤天運
且忌盈寂寞莫自喟勝地本難期佳筵不易再放眼觀
古今風華一瞬快

涉江先登山山高不可上雲磴如盤紆林木勢莽坱中

有一虎踞羣獸走其壙風雲色屢變我心亦屢蕩忽爾來婦人形神殊跌宕縱步向虎前當頭一喝棒回首顧我言予應爲我壯會當同踐此一洗塵魔障奈何觀政苛袖手心漾漾

主人言有酒邀我登高堂雕牀刺繡茵爐焚鬱金香卍字欄十二旁坐人調簧相和調一曲兩兩遥相望容嬌喉宛轉音調鏗宮商衣裳欺月白光滑愁人腸曲終低語問自言河東娘弱妹年十五心事癡飛觴去年辭盧眗（北地名）落拓借浮梁光陰嘆旋轉絮果無言芳敢自怨楊柳迎風顛且狂惟莫長別離如我歸來郎

妾本家南國親愛如珠看手釧皆金玉衣裳薰麝蘭誰期紅羊刼兩地添悲酸擁我琵琶隊朝朝愁勾欄何郎一顧曲相引珠淚彈攜手複私語宵長月色闌寄言莫我棄中夜生愁嘆梅花非林逋嫁去身終難琹聲非中郎應甘爨下殘不見燕子樓忍守霜飛寒

山勢何蒼蒼水波何茫茫相逢落花節苦岑餘夕陽舊雨悵川逝新愁增酒觴祖生鞭已著華采駒昂昂奈何帛紅勒咄哉廻中腸車馬不一息强步翔康莊頻年絮泥滯悲歌天一方

東南初日出行天如飛輿晝夜亦屢換年華與之俱五岳道既遠三山空愁吾奈何生使獨抱此七尺軀莫惜黄金醉春沽酒家胡花尋秦苑好曲唱臨卭鑪泄泄不自保金盡身窮途索米一無所笑咍來庸夫此豈識其眞富貴生悲愉須知不飲人亦且貧躊躇何如採花手一著愈其愚

長安有游俠殺人爲不平白刃凝霜雪莪冠無姓名非以復私讎非以露華英書生不與友伯詡爲之盟武犯不畏棒走狗休相迎城西柳市中楊阿若其聲戰國四公子家朱郭劇情具此激烈氣誠不計身傾雖曰重然諾古來青史評

天意有寒燠人情將無同燎光來炎蛾冰難語夏蟲蟬鳴非不高吟沈緣多風雀非不自舞欲飛身在籠大塊如何假有力應當熊

藩籬有鳥鳴好音向春弄縱許學能言倀倀高枝鳳鳳棲不及枳文采自驚衆今世盛且明三驅卜王用乃耆鬼一車飛還萬里夢

死爛如泥沙佛云不可說芙蓉無主人欲問三更月秘藉愴何言（浮屠名也）相思刺花骨弄吟詩不成淮海悵遼濶

隴頭水獨流朝暮聲嗚咽嗚咽聲何長如訴肝腸絕把酒對青天蒼蒼苦亦闊沿岸觀流波波光照華髮還愁

水色渾難洗心神惚
勁柏何青青孤秀撐天地累居霜雪中不敢肆蒼翠桂
樹冬且槁難競唐花媚翦伐任斧斤愼莫周行寘無如
難爲用甘與樗材棄風塵同轗軻貞心守幽邃梅竹雖
多情歲寒各神異放步入林深敢爲金杯醉惟拾松子
栽抽條競蒼蔚春到綠陰添一起冬山睡

幽居

藏身豈必覓烟霞只有牆東便是家夜靜一爐紅火活
春深兩岸綠楊斜荒籬舊種零餘子瓦鉢新開巨勝花
笑此幽閒行樂得何思句漏問丹砂

廊廟江湖各有因閉門奚自苦憂貧逆風總覺難爲客
藏拙偏宜少識人痼癖歌詩無救藥滿城飛鳥兒爭春
行雲流水軒窗敞抵勝勞勞寄此身

西園晚步

荒涼一帶認苔衣雨後新蔬綠漸肥黃鳥聲中游騎散
碧桃花下短籬圍隔溪樓閣橫流水附郭人家悵落暉
況是無情春燕子銜泥不向故巢飛

讀李青蓮集詩

橫溢仙才冠盛唐開邊詩未悟明皇長辭北闕緣高監
那得東巡頌永王　古詩五十九首中第十四首述用兵開邊之事諷明皇黷武在天寶初年又詩集中有王出三山按五湖句是時永王璘已顯然爲逆青蓮隨璘自金陵東下豈猶不知其悖逆直至璘敗走丹陽始奔逃耶抑璘兵左右不能自脫直至璘敗始可逃出耶然觀其南奔詩與自洛陽南奔詩及永王東巡歌不免令人笑其愚而詰言大好千金歸一擲豈亦太不檢矣宜其有尋陽之繫也
無一夢別三霜代宗幽滯雖能拔太息生前托酒狂

閨情六律叠前韻再寄春墅　乙亥

一聲喚起賣花翁倚向紗櫺望不窮蝶粉輕勻羞對面
蜂腰低舞笑卑躬絲牽杏蕚和梅嫁酒獻菩提拜藥龔
十五女兒差解事也憐芳訊未曾通

開匳畫到入時眉百卉俱耕春日遲花翦箋紅翻舊樣
簾鉤窗綠寫新詩輕裁蘆管嗤猫戲小立苔茵怪燕隨

閒捻螺紋彈一指不勝亂緒柳絲絲

是誰孤戍說憂夫漏盡燈挑淚盡吾細疊金錢窺月上
偏梳寶髻惜雲腴合歡花放香如結芰尾杯殘醉似愚
鄰婦不知長夜恨隔牆猶自唱吳趨

有花姊妹本相稱太息飄零獨拊膺鐵馬影拖描日漏
紙鳶痕掠愛風乘織來蘇蕙廻紋錦畫就王嬙拭淚氷
惟理心經鸚鵡誦自將釵釧卜山僧　借用古詩語

秋雨連宵徑就荒爲人作嫁翦刀忙班家有妹頻年別
謝氏多才咏絮狂但願五紋添刺繡莫教雙鬢覺來蒼
飯餘登頰紅潮暈好嚼檳榔寄別腸

山容一笑又經春錦礡龍鬚夢裏身碧玉衷腸堪共訴
青衫夫婿不嫌貧花供得意吟連理梅咏遺英卧逸民
試剝瓜仁編卍字生香不斷薦盤辛

書懷

詞鋒慣騁少年場回首芳華鬢點霜桑愛陰濃倘萌蘗
花經雨濕自含香當頭好月閒中去過眼新書記後忘
阮籍猖狂江夢筆飢軀何以慰吟腸

秋歸別業

閒來何事作生涯紅粟倉箱當酒賒雲碓春聲驚曉月
風箕簸影惜虛花餅綾未裹黃粱夢穀雨分烹陸羽茶
惟有爲糧秋菊好年年喜說饋貧家

四十

頻年髮短白偏長都入今宵心境傷馬磨光陰慚不惑
蠶山采色枉非常愁深好夢難重續情寫名花信自芳
來日春明門外去不知紅樹倚雲香

秣陵秋色近如何回首繁華十載過葉食蠶聲思十藝
莘歌鹿野記三河兒時城每悲明遠兒子書曾仿伏波
差幸田荆花葉茂桑榆掩映莫天多

無方攻病且論文樽酒家貧仗婦勤採藥極難求獨活
採花未易況無聞是年余嗣母病延醫診視百無一效因求景岳及本草各書投以調劑而病始去
秋來蝶板防宵露春入羸車走嶽雲莫道寒荷香
不盛曾從澗畔挹清芬

雲影天光眼界寬非無時輩聳衣冠自憐櫪驥悲鳴慣
翻羨盤鵰遠近看山秀迎人多起伏水深何地不波瀾
明知怕歷崎嶇境一任飛鳩笑振翰

夜榻口占

雪霜漸入鬢思緒倍支離語重貧非病囊空飽亦飢劍
花凝水冷窗紙受風欺欲睡難成睡傳更漸次移

穆宗毅皇帝升遐陪李州牧春棠同詣香雨樓行禮

龍馭飛昇日音聲四海沈梨花悲月伴宮中有梨花伴月亭是歲毅

皇后亦以病升遐雪影滿山深兵解江河甲民懷雨露心帝改元天下遂平民居始逸
官紳同縞素一哭淚沾襟

燕樹雲依舊深居大祿遺忝班疑待漏望闕敢陳詩
風燭千官泣天恩率土滋眞龍知不返春服滿洲時

客路口占

扁舟一去水雲鄉花判東籬酒別腸自笑勞生多作客
年年辛負幾秋光

過揚州教授學署陸韻篁筠親家邀同吳廣文琪
同年范大用賓趙大開第游於平山堂以江南
江北青山多爲韻分得多字

戔眉回首青纔了北固南徐又若何到檻江聲三峽倒
當樓山色六朝多洲瀠岸腹中分鷺障列峯眉遠抹蛾
兩界劃開屏密布千層疊擁笏紛羅橫來露白前宵鶴
畫出雲藍幾點螺蒜渚溪頭秋水漲瓜洲城角淡烟拖
龕留玉帶和詩贈棹倚銅琶對酒歌明月二分堂上下
應教散作百東坡

白桃花和同年王舍人牧臣

别有幽花豔境新風前景色慣愁人一枝曲掩紅窗睡
三月魂銷錦帳春眉淡承恩思虢國情深送客憶汪倫
天台況有游絲繞柳絮飛飛辨不眞

莫將楊白誤花看崔護門前秀可餐漠漠梨雲沈水膩
蓁蓁葉露冷華團受降陣抉臙脂虎着素娥乘皎潔鸞
一笑東風渺何處春霜未必染林丹
已絕纖埃竹外開清寒甘讓杏紅腮繁華夢斷誰移節
妖冶花奇惜幻胎惟與故人聯玉局好偕仙子下瑤臺
記曾有馬門前繫顏色相爭笑幾回
淡施鉛粉薄凝香春水來時月去廊濃抹最宜愧西子
遍尋不辨錯東牆漫談樊素顏如玉只恐劉郎鬢有霜
絕好銀絲魚斫鮝不須朱碧問淸涼

贈黃亮甫太守國光

明月挂城角征商早出塗太守在泰總辦厘務抗塵殊意氣沈網
取珊瑚詒以月資相贈風雨聯今夕追隨愧酒徒毫釐欣不失
一笑共尊罏

丙子人日登靖海樓

城上高樓壓大荒文星明直射天閶東來腥浪乘風湧
西接浮居染藻香山影湖光收四面千江一月界中央
仰看樓柄凋殘甚差喜長松出女牆

入都

整頓行裝望帝闕辭家貧裏倍艱辛妻因求佛齋粗戒
妾說探花夢占春氷雪多情融白屋風沙一路悵紅塵

幸留幾卷充吟篋未敢新詩乞借人

舟行

九里城西溝半斜碧桃顛倒綠楊遮遙遙茅屋青帘露
是否當年賣酒家

過沂水觀釣

水邊一帶野風梳二月離家信更疏借問漁翁投餌處
釣來可有鯉魚書

山中書懷五十韻

遐觀說滄海擬上泰岱巔不期風雪來阻我車馬旋望
之不可卽執綏心如煎車簾偶半啟羣山羅吾前岡巒

互高下田塍層梯連長松如拂茅澗底流鳴泉泉鳴山谷應波光清且漣馬以清自飲車人吁一鞭一鞭馬疾走塵沙驚飛烟直去峭巖上萬木高參天喧鳥隱樹裏春色來無邊停車發長嘯足底雲油然風清日正午飲渴思粥饘一早得百里前村居安便駐車向旅館香火聯因緣老馬伏櫪喂芻豆志苟全客子飽餐飯餺飥嗑空筵北人多食麪飯謂餅爲麪飯餺飥古餅名也兼程不暫息登車難遷延向來破站均由山路鐵騎行有聲亂石橫如拳半山疑面起野紅時鬭妍棗香寒尚勒槐黃青過川山中槐棗極多川路苦遍仄况復崖如懸崖壁半峭立車馬多斜穿一道似夾巷黃

埃吹腥羶忽爾後車來駟結而騎聯狹路嗟相逢同是在山年噫嘻我有思思來蠶絲纏何無移山力何無買山錢何事女閭游輕薄琵琶絃何事富貴期轉忘神與仙我惟一轉念理道參飛鳶跳出塵網中高枕石頭眠即用古詩語採食天隨杞逍遙莊叟篇兄弟家無奪叔姪師阮賢大姊自椎髻中婦織匹絹小婦撫兒女兒女容娟娟座擁百城書不香負郭田笑談悉知已往來揮吟箋樵青而鄭婢使令趨蹁躚桑榆延暮景風鶴無驚傳方戶流月輝池水簇波圓詩囊足日食門前官租蠲若竟忘形勞如昏夜乞憐不念我馬瘏羸車路幾千朝作易水容暮宿齊魯燕趙陽快登覽蒙陰歌裒褰腸悲車輪轉身因韁瑣牽百事一無得萬慮仍胸塡只恐沿途山笑不俗塵捐

過黃河沿喜晴

淅瀝連宵睡不酣征夫枕上發長嘆明知風雨清明近是日寒食爭奈馳驅驛路難雲影半天猶帶濕梅花數點獨嬌寒來朝共道揚鞭去立馬黃河效據鞍

過富庄驛將之德州途中感懷

空山枯樹儘荒寒點點齊烟淡淡看風雨太多行路苦夢魂無定到家難九迴腸曲如推轂五品頭銜亦長官

謂二哥吟蕉塢德州篆踏遍女閭三百戶管絃聲裏倍心酸

過德州聞二哥已之省中感賦

九達天衢地嘉名溯德州商林看隱隱郁黍賦油油行序驚飛雁流傳速置郵一官聲最好今尚說陳侯同輩駐車至虛堂換主人馬蹶芳草路鞭影富庄春雲樹蒼茫感風塵寄托身相思渺日下惟語渡黃人

佳珠巢街新館喜接家書

酒罷歸來日已殘是日與諸同年公宴銘座師林廉孫世兄於餘慶堂故鄉書到不勝歡挑燈未敢輕開看猶恐平安兩字難

端門西望

一帶峨峨勢圍垣高接天桐花金井墜石柱玉溝連飛
閣丹流顯居庸翠疊妍禁城從此識亦效士趨前

京邸旅懷

榮辱本無定吟箋互擘新花朝知已近酒價莫辭貧石
火光華日風騷崛强身匏瓜焉久繫且醉眼前春

春夕舒懷

上巳纔過穀雨霏頻年心事在春闈明知養氣功難補
翻笑干名夢不歸司馬橋邊花綴錦元龍樓角蕚連輝
雌黃藝院隨人論不識雲中鳳可飛

榜後偕友東歸

日下同歌嘯飛鳴鳥倦還此心如醉酒何物不慙顏氣
自華嵩畝詩仍塵俗刪鬢毛嗤鏡改一髮笑青山陸游詩雲合山餘一髮青

別黃秀升庶常羣杰

同是天涯夢裏身一飛鳴鳥更驚人謂以館選留京雲間自是
掄元手謂昭陽陸劍秋今歲會榜第一山谷從茲祓俗塵後我木犀珠
蕋日先予金馬玉堂春記曾匡鼎詩同說杯酒歡能解
笑嚬

下第後上董大司農恂

君子江鄉少賤身天將大雅縱扶輪講官已列經筵選
農政爭傳顧命臣未敢新陰附桃李幸覘壽佛駐埃塵
風中倘許叨陪座吹起春波小白蘋

將歸大風雨又留京邸數日

非風非雨已成秋況值風風雨雨愁忽地館娃一倚笑
謂予天且欲君留
由來師伯算無私何事偏從客邸吹想是忌才故阻滯
欠他香案玉堂詩
未榜曾逢日下炎經綸雷震彖詞占如何竟作欺人勢
不見光華月倒簾
一春心思浪難平如許愁雲况不清非是好游戀知已

幾經燈影夢歸程
飲留十日本尋常知否勞身尙異鄉一自梅寒蜂輩出
升沈兩路總茫茫
寸心未得似花開百緒棼如付酒杯幾日濕雲銷欲盡
相思又見逐車來
六年南北屢奔馳得句回回寄所思鴻鴈已歸家不遠
天邊鳥尙說棲遲
眞个風狂雨驟天夜寒只合擁衾眠來朝知有銅鉦掛
好共長驅路二千

出京

無計劉蕡又東裝綠槐黃過馬蹄忙窮途春鮮溫和氣
甘雨花爭世界香倦入南天悲鳥翮吟殘北地悵鴉娘
歸驂幸有蕭郎僕慰藉新詩路短長

別座師銘鼎臣夫子

燕樹蒼蒼松柏香金臺記認鄭公鄉久知驥率慙非馬揚子或曰治已以仲尼仲尼奚寡也揚子曰率馬以驥不亦可乎敢望獅儕欲笑狠石中立爲員外郎與同列觀御園同列曰吾儕反不如此獅子中立曰吾輩官皆狠馬敢望園内獅子衆皆大笑
梅影琴書推相府春風桃李遍宮墻自憐小草山中綠
爲伎吹噓色始芳

一笑無成返薜蘿客中詩句得尤多墻高未許花飛過

門令兼無雀可羅借放翁句每入邯鄲登虎帳空尋雷雨化
龍梭峭函千里荒涼夢依舊春光奈夕何

人間寶器重藏書一表辭官羨二疏滿耳蛙聲新鼓吹
半生鯁性昔夷魚白雲影映歸來路紅樹風疏直宿廬
憶昨南闈初奉
詔氷心應共溯林連庚午秋師與林座師同主江南闈試

千古文章桂一枝六詩三筆見英辭五年不入江南路
萬馬曾迎古北師燕雁卧聞分道日鳳凰遙聽噦岡時
胡威有父忠清甚謂那安世兄繫我程門立雪思

旗亭

斷橋繞流水落花低舞檐遙山青靄靄嫩草綠纖纖瓠
舉勸開甕燕歸時卷簾消愁憑一勺醉夢入鄉甜

歸來

三戰空教走北還功名兩字感般般薛道衡文足足般般足足鳳也般般麟也身緣少賤才逾拙心爲多愁鬢早斑踏雪曾經悲古
道搴簾何必卜深山開樽好賞延年菊折得枝枝助笑
顏

坐月

池水頻翻浪垂楊宿晚鴉鬢眉憐鏡改愁緒亂烟斜階
白疑凝露逕荒堆落花遲眠原所好林影上窗紗

秋夜宿友人莊

野樹荒烟繞前村孤月明涼生憐被薄雨住喜窗晴黃
葉愁人境丹林過客程南船如不繫可再話鷗盟

輓同里翟丈

記曾小住玉花浮門巷西風掩暮秋少飲醇醪驚輒醉
偶談佳話替攻愁文章過眼悲黃土令子槐卿游庠未幾即逝烽火
憂心召白頭柿樹頻年多落葉生芻未忍獻山邱
霜白山空柳漸黃退閒身是養生方蔗同清美成佳境
粟朽紅陳飽太倉子孝應傷鐲忿草醫來難覓寄生桑
鄰春此際知聲罷他日文孫卜肯堂

問年尚記祝花封，繞膝兒孫禮數恭。書卷架藏宜子弟，
芝蘭階植愛葱蘢。慟談文貌微嚴肅，望斷蓬山隔幾重。
道路口碑傳誦遍，受恩人已淚沾胸。
爭得完名到蓋棺，依稀容祗畫圖看。向平願了皆生福，
葛令仙無不死丹。入夢烟痕霏鶴駕，當頭月影羡鵬摶。
願公天宇飛昇早，一笑虛空大喜歡。

江上行

嗟我來游，駕彼輕舟。朝發京口，暮宿吳頭。吳頭錫山中
有青樓，碧水環繞，無風不流。花團錦簇，簾子金鉤。娥娥
紅粉，心驚素秋。房空帳冷，渺焉寡儔。清懷我訴，廿載浮

鷗。抱琹獨語，牖戶綢繆。予如顧返，似石水投。願君早還，
莫我花愁。而我語語，草向忘憂。石縱不言，鳳亦凰求。爾
我天地，同一浮漚。恨不身化，婢侍吟甌。倘邀青眼，何礙
風颼。暮暮朝朝，朝暮歌謳。無須憤恨，安事軥輈。東觀海
上，西跨滄洲。南拈紅豆，北踏燕幽。悠哉游哉，窮谷山陬。
泳之游之，宅泛家浮。月為我照，雲為我留。虎為我跨，龍
亦我猶。年年歲歲，休休由由。歲歲年年，由由休休。可以
樂飢，夫誰與謀。詩曰：戈矛且與同仇。

贈滿州崇鶴山司馬　壽

城西幽僻處，孤館坐清涼。為暴當闢日，深居植柳堂。襟
懷多好客，花萼喜聯芳。謂兄棣山 每愛一樽酒，長懷渺帝鄉。

丁丑八日望月

碧天有一痕，幾許盤古鑿。留待吳斧修，圓滿東南約。

讀杜子美詩

語必驚人萬古推，生丁離亂鬱奇才。浣花集是千秋業，
幾輩能知世界開。

讀韓昌黎文

椽筆能爭日月光，千秋吏部大文章。獲麟駈鱷詞俱在，
宜共鐘彝入廟堂。

寒食掃先大父墓歸途口占

幼小慣嘗逃學，中年每拙謀生。長價荊州尺地，甲子余與諸城王太守同辦周家圩港營務 驚心毛檄分榮。余以 父艱未獲應試，姪等皆先我着鞭 烽火頻年不熄，咸豐元年髮逆竄擾江北，至甲子始靖 豺狼當路尤多少。
文卧游山水，漸離擊筑悲歌。
園木敷榮自賞，盆花醞釀偏工。由厘務歸來，仍習舉業 淚灑北山
詩句，魂銷南浦春風。
準擬杏開兩院，偏傷椿折三秋。悵觸菖蒲橋畔，橋在東門外二里許
分明花萼樓頭。
罔極深恩未報，我生自顧何長。三度幽燕車馬，辛未、丙子、丁丑均由陸路進京 八年華鹿笙簧。由庚午得領鄉薦，迄今已八載矣

踏遍軟紅塵路守玆清白家風昨夜恍聞
天語去春爲庶曾母嗣母請旌節孝昨巳由部奏請誥勅矣千秋祗博萱榮
室無謝太傅詠家有馬伏波書謂姪德宜他日蓬頭可代邇
來桃葉何如

暮暮燈花紫餤年年草色青袍蹲虎神仙境杳元龍湖
海樓高
水以懷珠川媚石緣韞玉山輝怕聽江南燕語懶尋塞
北鶯飛

宜陵舟次

故園烟樹遠含空地劃江都一泒逼雙槳波光搖落日

廿番花信勒東風河離白塔帆初上路入青雲月正中
此別塵纓何處洗春氷巳觧水融融

湖隄晚眺

一片長隄勢蜿蜒金黃柳色繫樓船登臨西極雲梯遠
關名老子山湖中有老子山頭高揷天
南望清河北宿遷縣名黃流沙長近成田黃河身由混江龍鐵埽帚裁撤
淤沙日墊居民開墾成熟金門十二知高聳一水東之瀉百川
洪澤波搖萬黿烟欷嘘巳作水龍眠天陰鬼哭靑燐起
隱隱聲光悵水邊

過腰棧謁天妃神像

碧霞飛舞望琳宫一笑花拈入手中澗水沙明堪飲馬
雲山風順共歸鴻芊綿草色侵袍綠隱約天梯倚日紅
獨有青鞋踏烟霧千巖轉處氣逾雄

過易水河

易水處燕南波光清不渾策馬莫可渡驚沙蒙朝曒前
車買舟去後車停荒墩人語聽嘈雜喚渡錢須論泊水
盡小榷相繫依岸根易水向無大船車馬渡易必兩小舟相維繫載車馬而北樹黃
寒不起古鄭城西門昔人送别處淚灑嗟聲吞事惜乃
公敗壯士傷精魂怒髮烈衝冠祖帳飛清樽白虹渺貫
日劃破青天痕天運迺泰助將軍又誰言報讐一去不返

大笑沙無垠誰擊漸離筑高歌悲雲屯我獨此水過駐
車發北轅得句弔荆卿春風吹不滥一劍餘寒光花落
怒濤奔雨峽渺無際露氣迷烟昏銅瓦剩蒿萊落日側
金盆長橋比虹卧十二蓮花磨過此平若掌月影明前
村

古槐吟京都貢院中有古槐一株云巳千載風雨呵護之靈氣鍾西北因作歌以驗其奇

鎭院槐清風來孤根拆地重棘裏陰陰閟盡天下才一
枝低覆紅欄杆一枝長入西龍腮黃花飛舞向天際濃
綠掩映樓階苔明遠樓前百爾到此下車過爭妍桃李嗤初
胎管領春秋佳日佳試日謂鄉會不事人間感刼灰身歷氷

霜少傷毀思沾雨露多栽培龍門縱訶桐百尺嶺梅莫
漫爭先開老栢行吟杜工部臣行芍藥覘豐臺瘤瘿槃
然自萌蘖漢家聲悵秋蟬哀離奇天矯具靈秀羗對羣
花工竊裁飛身直近日邊樹出人頭地依雲栽不受道
旁斧鑿不沾半點塵埃大木從古不世出惟羨嘉名列
上台猗與休哉足千古轉喜不材之爲材

惜春

萬象熙熙天地心須知物各有升沉鶯憐舊友情難遣
蝶戀餘香恨轉深雨濕先愁花易落烟寒未見樹成陰
游人不鮮歸來意只管新絃弄玉琴

游西山見芍藥大開對之有感

春餘芍藥殿羣芳紅影深山別樣妝盤供玉盂深院裏
香圍金帶曲欄旁齊擔花市迎風笑半脫宮衣帶雨涼
相對牡丹爲近侍有人婪尾一杯嘗

半山道中

人說山行一路難長途心思總漫漫懸崖對面如觀畫
飛瀑分流獨下灘水淨沙明搖落日天梯石棧襯重巒
此來遠志何時慰惟愛名花滿眼看

黃河東歸大風雨是日飛沙走石晚宿任邱

忽地風威捲浪層浪隨風湧馬奔騰贏車奪路沙如矢
官渡飛帆雨欲氷慘淡天容今乍見文章此候命何憎
此邦人（謂任邱人）共驚危險忠信予情自可憑

過池平縣

雲樹風流各一方孤城斗大借山光好花迎我妍朝露
晚節看人易夕陽激石危灘空叱咤窺鬚臨水亦蒼涼
浮名身世成何物落月兼程爲底忙（凡破棧走道均由山路大道長途必須按棧）

高沙舟中

回首諸山遠碧空不須書更付郵筒黃埃馬跡驚前夢
畫舫虹橋趁曉風候雁誰憐歸路北河流我欲唱江東

湖濱近日荷應放翠蓋遙翻花影紅

桃源圖

當年漁父留歌詠不識春風何處來說是此中迷漢魏
莫教再訪舊秦臺

家居

每驚衙鼓應鳴鷄况复晨鐘隔竹西明月有情窗外上
多愁夢不過橋題
催人白髮已經年酒助閒中詩百篇窮鳥飛飛仍海上
客槎爭奈夕陽天

夏日雨窗

雨餘無事闘义光粽糁餹霜味亦甜風入素榆霏歷歷
雲遮初月露纖纖階前屐齒防泥滑花底豪情仗酒添
綠到眾中連竹路笑除青白眼相瞻

客路

爽氣長空静不囂一帆風順水迢迢空林忽聽歌聲起
香霧偏從客邸飄錦繡紋添新霽雨弄吟句寫舊詩瓢
停舟我亦登樓望楊柳陰陰綠過橋
屢經鄉路過湖田正是秋深九月天雁爲謀糧離故國
馬緣嘶草立空烟涼風古木聲初起明月孤村影不圓
今夜更長嗤坐久露零羅韈懶成眠

雪夜船泊羅浮

一夜氷花水面開幾成雲白瑣樓臺山陰棹外誰知已
爲問幽人來未來
柳絮吟成正妙年相思如水復如烟今宵倘許梅來嫁
同是林逋夢鶴天

答晏制軍彤甫端書令曾孫宗慈與舍姪雪琹同
案喜賦見贈

西方有美人相思不可即移孝以作忠鵬得培風力憶
昔志功名文章競華　國雲影驚蓬萊書成寄五色信
命走粤東一以天下式奉母歸高堂萬里志偶息餽唉
荔枝回梅花亦相得有子官山東謂方琦太守 秦大夫受職
孫曾樂飴弄江南而燕北謂振恪中書 倘供儉足以養廉無華
證惘愊耄期倦於勤桃李喜舊識小集瞻慈顏蟲聲唧
復唧欲酬以長歌感受公盛德大書而特書帋理愛倒
側佳話同游庠鵲笑有勝特行厨開酒樽坐對誼義墨
城仇池筆記 噫昨游我廬望龍鱗鳳翼愧我仰攀附童子笑
篆刻文禽巢林深倡仄復倡仄謂錫琦昆琦同寓余宅 四世聯心
交於我布衣極相論忘夜深一埽胸荆棘

林座師寄到游狼山詩並梓諸同年所作

愧我身遥隔琴樽莫取携春風欣座滿帆影瞰江低水
激鳴危石雲層當斷梯自維輸一着將欲訪幽棲狼山上有讀一著亭

珠玉自天落新詩知滿樓東洵增客感西望指槎浮喬
木鶯初曉松巖月未秋隔江星火遠誰唱大刀頭
驛路梅花冷官程又紀行波光揺塔影風雨助詩聲顧
視空江表高低列市城碧桃開盡樹隨在仰垂名
十載春明道年華琑瑮催氣吞滄海濶眼洗水雲來得
句堪終古登峯悔不才瑤章新盟讀世界訝重開

茶香

昨夜黃梅水樵青試一煎濤聲鳴穀雨蘭氣滴春泉牖

破花邊夢愁銷醉裏仙若非鴻漸癖安得此中緣

輓竇應徐子岑同年　宗曦

傳聞君已駕仙輪黙對東風倍愴神未接訃音猶望假忽來死耗竟成眞生前有願希千古身後皆空謝六塵淮水蒼茫歸路阻濛濛烟樹哭江春

休文赴選說今年三相騎箕碧落邊（倭中堂宋太傅曾爵閣三相數年皆相繼下世）此去自非爲賤鬼重來定可作飛仙最牽弱女簪笄候誰續佳兒課讀篇兩事關心難瞑目應餘長嘆到重泉

戊寅春郊野望

林深多曲逕極目畫圖中野草舍青靄游絲颺碧空高譚山嶽外淑氣海門東回首瀛洲路仙槎未可通

復讀少陵集

裘馬清狂說少時長安報罷日恒飢浩歌同谷誰知已徒步彭衙幸有兒論到崆峒嗤耳食隙傳嚴幕誤人疑（明李崆峒諸人謂李太白全乎天才杜子美全乎學力似又耳食之論也又杜有莫相疑詩作於嚴幕中謂當時有間之於武者後世讀詩專信宋子京因非專信劉後村謂杜嚴毫無間隙亦不必也）周防尚有身邊劍怎奈風吹感鬢絲

鷄冠花

漫云五德不相同一到秋深貫頂紅莫笑無聲飛不起斜陽影裏鬪西風

九日雨窗同人小集

底事重陽節年年風雨天病多游興懶酒醉睡魔偏霜雪添吟鬢疎狂少世緣揷萸兄弟樂晴霽况山巔

病起

黃葉蕭蕭雨清寒秋滿庭愁多雙鬢白燈閃一簾青孤塔搖鈴語西風破紙牖幽蘭香幾箭入夜遞微馨

泰山吟（樂府詞曲泰山吟蒿里薤露皆田橫門人輓田先生句也戊寅冬十一月酒中閱申報忽有林座師於葭月初五日卒於松江使院之說不覺嗚咽申報雖多附會諒此事不致妄傳也用作泰山吟以誌哀）

聖賢誰不死所哀惟吾師去冬一謁見藥病詢良醫廿五日試畢海國樓船移紅幢颺大江揖別增噓欷勞勞未一息痼疾成心脾何期惡耗來暑雨霏荆枝（謂今夏三世叔大去）近諗出君山恨報涓埃遲忽聞薤露歌道路生驚疑嗚呼梁木壞天道何如斯金玉此沈響我生將安之

哀蜉蝣

渠異渠異（秦晉人謂之）來何求飛身竟向蛛蜘投蛛絲牽惹粘且稠况復層密凌虛浮爾今振羽此間入只恐牽纏飛不出飛不出蛛飽食物如此我心惻

苦熱行

我尚未極南天路一氣吹來動我素赤日當空如火焚遍地焦黄待雨露風來墨筆吹易乾薰得游人醉如塑噫嘻冷眼誰在旁我今熱腸交靠任魏武之子苦行吟字韻飽明遠獨步嗚呼前人不復生五言嗤作七言賦驚人氣燄原炎炎笑我近亦熱中附欲尋世界追清涼青天赤雯况朝暮人謂暑服莫可釋生未名成功未樹

行路難三首 以袁林座師而作也樂府詩序謂雜曲歌辭備言世路艱難及離别悲傷之意多以君不見爲首今之此歌亦用樂府遺意耳

君不見荆山璞萬道光芒出邱壑君不見渭水璜一朝遺棄輝湖江物合勢從古有理爭奈今天風浪浪天風

初起李花白是誰忍聽清商曲前席虚將愁賈生寶劍光明奪八目八言難説蜀道行不知蜀犬多吠聲

麟何事獲西狩鵬何事飛長沙行路之難兩閱此銀漢無聲明河斜生師者親知師者君花磚前度夢講筵香氤氳賜宴拜春殿賜書鸞臣門所以神與仙一笑虚空皆霧烟行路難誰留連

斯文天喪不可作淚盡燈昏顲冥漢含貝風前化作塵怕聽鐘聲到長樂師籍隸福建長樂縣離離原草不復春得雨芝蘭殊可人碧桃開盡花無數身後猶疑生有神我來聲隨淚不乾年年秋水松江寒十二月初三日接福計啟果係卒於松江試院近聞二世兄開業已蒙欽賜舉人並加二品頂戴死後贈䘏之優也留此誌念 夫子

客中病起偶占

小病難爲客無聊寄此身琴書多誤我風雨更欺人燈暗愁長夜梅開又一春萍飄渾不定何以慰慈親

題京江李子薪同年詩集 已卯

崑山有良璧非時含其光豐城有寶劍何事秘其芒物理且慎合人意焉無防杜陵生亂離屈子悲瀟湘時事各不齊錦袍輝盛唐浩浩黄河水高歌氣慨慷天才非偶授人文瞻玉堂家世溯青錢壯志恢紅羊吟殘楊白花苹鹿鳴周行等身書飽讀黄鐘音彌長競誇雉子斑

雉子斑樂府遺聲飛鳴成文章結客在諸陵歡會年少場邁逸而豪放一飲須百觴公車三轉徙墨瀋燕臺香志學不厭倦耽吟矜尤芳著作積卷軸袖示雖出囊欲寄才藻芬意氣殊昂昂挑燈一再讀我心爲之傴義精語且圓如天風浪浪句穩意且暢如流水洋洋快馬歷塊速健鶻横空翔直卽付棗梨流播偕蘇黄淮海多英靈巍然觀吾鄉多子千里駒卓卓殊尋常况有棣華秀齊駈揮干將我非射雕手敢自效啼妝

老樹

蒼蒼回望禿盤繞青藤曲秋杪多寒鴉夜深一鳥宿

烽火撼心空銜瘤帶瘦容繁華悲夢斷猶自冷搖風
積雪山頭白行人馬首西倘逢春日暖應許卜生稊
來日已大難去日更何有龍門有新枝花着不嫌醜

戲贈邦上張孝廉

家世多豐蔚才華擅弟昆風猷驚梐楯談笑誤車根（令姪）
（是歲入泮）富許晉公埒堂空清暉存吾廬吾自愛莫再一錢論

輓張筱石姑丈

人生不識層雲起天地蜉蝣一瞬耳茫茫塵世皆搏沙
終須散作川流水水流各有盡頭時多少憂傷淚菤葹

冬心忍共梅花瘦冰霜閱盡春生池哀哉黃鐘牛鐸混
磨蝎在宮命蹭蹬頻年遼海悲秋風文章心血齏鹽困
沐澤不徒衆桃李況我葭莩忝君子眼前底事來揶揄
屠伯驚歌深巷裏悠悠一病說經年藥王無靈醫無緣
家人拜禱百不應雁奴聲唳聞長天（謂其僕有封股療主之意）憶昔
音容今頓渺是誰宵夢占來棗（善卜者王子堇問曰主人有夜夢一棗早起求何吉凶王謂曰棗字形象來來來來鬼招魂之謂也）宅相吾家祖語聞（祖姑丈本吾外甥）
乘龍竟以明經老近時依計多荆州殘喘苟延嗤吳牛
我今揮淚拭碑辭餟露歌孩生氣留此去地下逢吾祖
請告孫兒依舊曾休言兩下色淒涼長夜漫漫心思苦

願君淨土早往生莫聽鵑血啼哀鳴大都古今所不免
聞道即可珍生平

潞河白槐生於同治初年隨尊人讓卿觀察卜宅
居余之西鄰詩酒往來喜無虛日近隔十有餘
載復遇於途知觀察已下世不勝悲嘆

潞河鄉信杳征雁正南飛雲水家千里烽烟路四圍蕉
彈金闕早花帳玉環非泛宅今何處北人應北歸
橐筆天涯去黃金信手揮韝駒悲促刺戎馬謝驂騑多
子燕山貴尋春蝶影稀文星嗟已矣尚自有光輝

庚辰春正酬州牧劉德甫汝賢餞行浮香亭見贈

敢作登龍想浮生寄海濱向疏車馬客忽現宰官身梅
萼有古意松心無俗塵茶餘相望望同是讀書人
有底人情重書生亦謁官青萍殊長價白屋況凝寒解
語知非易登天事大難輿前津可問（是年恭遇大挑州伯乃已經者席間曾一請質）只恐水迷漫
在在關民瘼雷驚雨亦多春臺皆樂土秋水不揚波（州伯以數年官俸分置典息留九千緡吾鄉斜豐港以衛民田）夢吉魚占兆風清虎渡河
廉明殊快我好共聽絃歌
佳序雲飛棟（余爲趙子鳴明經請跋愛日清談叙言）瑤光一筆書（州伯修倉聖祠魁星樓均出雜支餘款）傾談到驚座賣賦愧相如（余以筆札呈政並蒙厚贈）愛

屋推烏日蕪城慘綠餘好風知凍解草亦仗吹噓

堂上歌行　樂府雜曲歌辭

堂上歌聲嗚嗚主人飲客酒百壺屏間隱約來名姝前日悲哀今歡娛今歡娛莫惆悵杯不空歌不暢

郊行

淺水溪邊柳半斜無因野草亂開花行人不識村中路走過橋頭三兩家

携琴訪友圖

絕少知音訪亦難何須跋涉路漫漫勸君唯有翻新調一曲休將古調彈

和李棵初約同入京原韻

隔岸煙飛野風行水上紋敲窗聞落葉靜室繞餘芬破屋漏斜月亂山生斷雲春回無箇事有鳥羨同羣

清明途中作

無端春雨又紛紛況是清明客邸聞前度別京尋舊路幾人何日共乘雲謂棵初位三、又韓君秋伯我慚飄泊方千里天漏陰晴景半分行過青駝又章夏競看紅紫亦芳芬

過崇陰縣

孤城亂石少苔紋山曲人來渡水雲雜樹繁花迷棧道猗蘭雅操隔塵氛白沙猶覆經冬雪綠柳偏迴向日曛正擬停車尋舊友淵明辭已去來聞謂高沙夏訪雪大令

過費縣

簫簫車馬出巇陽極目郊原落大荒驛路收殘連夜雨風沙吹起一天霜南通汶水波清白北接齊烟山老蒼爲問當年誰宰此空餘雲樹兩茫茫

過雄縣

魚鹽鮭菜美吾鄉雄長今兹倍異常百二關河同鞏固三千里路半蒼涼青驄風裏臙脂冷女閭至此悉絕紅樹雲邊寂寞香笑倚車中悵雌伏邇來雉已起山梁

東華門歸途口占六首

忽作衣冠列衆仙可如玉筍許班聯我材何有供王用月色偏邀此地先一枕黃粱猶未熟謂挑之日榜尚未放數枝紅藥尚爭妍

九重縱不聞天語也自蹁躚紫閣前

布衣曾詡動王公今日趨蹌半不同傀儡登場原是戲文章憎命自摩空不教宦轍談燕北惟有郵筒寄海東三月二十七日家書由海船寄歸詞垣王筱雲及刑曹叔祖研香均勸余航海投蘇試用昨聽一聲孤唳甚幾疑鄉信託歸鴻

樽前無事且高歌貧仕明言奈我何錦繡詩囊終日飽
琵琶宮調怨人多朱藤繚繞花逾媚碧草芊綿柳更拖
惟願笳聲吹早息塲除凡慮頌天河（謂李爵相有與俄人議戰事）

幾輩功名得意期指麾翻入笑談時不堪鵬翼悲同戢
況複盧姬嫁太遲日影花磚空有夢風塵車馬又爲詩
寄言五斗腰休折好唱陶家楊柳枝

顧影何堪一息勞蛙謀難語共天高風前別絮多泥滯
盆裏幽花遠俗囂老去鋒芒刀漫鼓狂拖袍錦月能撈
琴書有約工吟咏鎮日身猶學補牢

驚心易水沒平疇𦊱羨家園黍稌謳苜蓿盤香殊沁我

詩書身世總成秋官卑差幸無迎送鶴瘦須知自勁遒
多少生涯成敗感何如閑散
帝王州

任京都新館將有航海之行留別諸同好

淮海堂西夢驚心巳十年榻無徐孺下鞭讓祖生先（楳初與高沙楊培卿吳楳仙均於是科得會榜）砌草香逾媚野花開更妍來朝挂
驅去抵唱大羅天

過京通十七倉買舟南旋

剩鐘同一嘆無聲萬里圖南夢不成海國風波頻鷁退
花城簫管話鴛盟喜人魑魅蹁躚過得水蛟龍自在行
世事怕從回首問邯鄲尚未醒盧生

前客京都由大挑從鴻臚寺謝　恩口占四句今
續之

時事爭看碧忽朱回頭一夢總模糊衣冠猶是趨堂陛
雨露偏多沐　帝都悔我風悲吟棘院有人餅裏啖櫻
厨頻年車馬勞勞客憔悴萱幃月影孤

船泊天津口

戰艦沿江列孤舟遠遠停垂楊飛絮白沽酒認帘青地
已燕臺近車疑鳥道經琳宮尋傑閣登覽勝旗亭

登玉皇閣

何來禪室靜清夜露霏霏雲白出山亂磬清驚鳥飛焚
香滌塵慮敲月見僧歸花雨繽紛落芬芳樹百圍

燕臺晚泊

瓶酒初開香氣濃繞船明月夜溶溶隔窗如唱歌風曲
擱筆偏多結陣蜂客燕賓鴻人萬里香車寶馬路千重
何當共上天津閣却話江南多遠峯（謂北有天津閣南有天津橋）

夜登火輪船過黑水洋

天風忽地聽浪浪掌上星辰摘有光直與飛雲爭渡遠
幾疑貿月愛帆張四圍寂寂無人影萬頃汪汪絕嶼蒼
獨我夜長眠不得鹹涼水味倚欄嘗

火輪船歌

火輪開火輪歘不借天工借人力週圍機巧暗地通側聞鬼語時啣啣昔日欵乃曲猶知襖靄聲近聞咿啞聲殊難忘我情昨我船中來拾級如登歌風臺昨我船頭居望洋如騎金鰲魚一自開輪輪如駛昏曉六時八百里抵勝帆檣助馬當浪花如斗波洋洋眼界四拓渺無極日光摇波薄無色黑氣吹烟烟如龍離奇夭矯天半空飛鳥驚烟不敢下旁絶山光惟腥風腥風鼓海海欲立倏忽烟火人家出十萬樓臺隱約開潮頭迎面飛奔來古來宗慤乘長風安得如此破浪驚人雄我來打起船頭鼓天水響雜聲鼕鼕同人高唱遏行雲艙中忽現娘子軍我來悄覗不敢前但覺語小喁喁聞自言家本燕臺居去冬風沙驚飛與今歲又歷風波險苦我匏葉悲深淺人鬼關頭未打破致令老大紅埃墮誓葬江魚之腹中不向青山頭上看日紅誓共杜鵑之魂哭不向緑水旁邊求夜宿今既與君輪船座如船之行行有舵並願借君輪船歸如輪輪轉無相違吁嗟乎噫嘻君不見人生歡樂貴及時盧姬嫁遲季女斯飢又不見人生得意須盡歡莫負金樽對月圓悲風爲我添心酸

過上海

中華開夷場上海城外均外夷洋房人呼曰夷場別有一天地人語雜此中敢曰非吾利無如塵網生相思花骨刺昨我登假山山在城隍廟中中有方塘曲水屋宇甚都土人云即明嚴東樓近海舊宅晴雲漾空翠一鶯浴芳塘走鹿石欄寄健步上危梯覽望極快意下窺黃浦江江波細如織中横鐵甲船布置倍神異烟火萬人家電線自來去送出管絃聲女閭三百試小東門一帶洋樓接連不斷今則大半青樓楊柳綠陰深杏花烘滿肆俄英商行門外即屬夷街中則花木叢雜外則綠柳成行大馬路起至五馬路車馬雜沓舖面鱗次其間茶坊酒肆山珍海錯茶則杏仁湯則蓮子皆游人飢餐之所至晚燈光照耀如晝姑舉一二以誌其畧車馬飛如雲香影吉祥寺芙蓉玉盌茶蓮子金杯醉吉祥寺在城南旁有小溝流水茶亭足供游人眺覽憩息而轂擊肩摩衣香人影別有一種風味皆俄英窮工極巧所致風景美帝京逍遥詩不類執鞭誰從吾大半黃金餌

與黃錫鵬葆年木犀樨兩孝廉由火輪下船同客蘇州

海上歸來日江城又一新長安同滯雨佳節倍愁人時五月五日水愛分青白山宜識假眞輕舟飛畫鷁大好寄吟身

游滄浪亭

獨倚東風醉後醒滄浪流水抱危亭高林幾處啼春鳥寄語愁人不可聽

楓橋踏月
山光含影欲生烟淡淡西風雨後天香水溪邊燈火暗
一聲欸乃打魚船
夜靜天空露氣清青山綠水豈無情殷勤更有橋頭月
爲照離人分外明
蘇城晚眺
愁裏難爲客登城思寂寥風吹雙鬢短書隔故鄉遥日
落鬢眉改山空木葉凋寒江江上路回首
暗魂銷
登胥城謁伍大夫像（城樓中有伍大夫遺像）

不盡青山掩夕陽登臨更覺海天長威睥向射乾坤大
烈膽能爭日月光甪里村邊芳草寂錦帆涇畔落花香
星河耿耿雞聲早一唱東風一斷腸
吳縣學署訪廣文吳笙伯親家（鴻鈞）不遇留贈
竹所有微服相觀冀善摩不期江盡地翻隔水流波與
已清吟臧身疑大別過吳趨嗤莫聽空悵越山多
自吳歸里
春來春去是邯鄲竹外梅花放兩三最喜燈前桃葉瘦
倚香教我說江南
貧婦詞
官莫催租官莫催租吾夫三年身去吳回頭及早完官
賦官莫催租（一解）官莫催租官莫催租頻年約指都灰
燼西風冷徹合歡襦官莫催租（二解）官莫催租官莫催
租吾夫爲國尙征途昨宵說有歸來書身上無有完肌
膚（借用古詩語）官莫催租（三解）官莫催租官莫催租室中黃
口尙呱呱吾願棄兒爲君饗下奴官莫催租（四解）官莫
催租官莫催租塵生甑釜薪無厨堂前翁死猶存姑尙
思一博姑歡娛官莫催租（五解）官莫催租官莫催租田
中草是宅無麥兼無禾惟期辟纑償所逋無擾我門閭
官莫催租（六解）官莫催租官莫催租吾夫蕭關吾身吳

年荒時難吾何圖吾惟捐吾軀謝吾夫不知長官可以
日夜免追呼官莫催租（七解）官莫催租官莫催租今天
膏澤滿山河誰云恩靳帝王都灾黎難拯吾官莫催租
（八解）官莫催租官莫催租吾畏威如虎願將賣兒錢願
早充官賦官莫催租（九解）官莫催租官莫催租吾寶吾
命薄怎及官家婦綺羅着體輿飛途嗚嗚吾身脂血
盡吾何致此吾何辜官莫催租（十解）
絡緯
寂寂深閨掩淚珠更殘月影上高梧秋驚懶婦千家怨
夜織廻文一幅圖旅客歸遲魚信杳玉關寒早雁聲孤

西風憐爾低吟遍金井機窗柳幾株

金銀花

黄白花開別有香長藤繚繞貼東牆縱驚滿地秋風冷不事高臺避債忙

秋夜旅次

疎礁敲半夜有客怯衣單月色看逾瞑風聲吹更寒花憐三徑冷燈近五更殘爲解心嗚咽來聽水下灘

探梅二律

有約來尋雪後花野紅蒸出滿天霞最宜修竹留風韻未許羣芳鬭歲華問渡幾臨清淺水醉鄉遥隔兩三家

只愁門閉林逋卧依舊歸來一道斜

莫笑依茅屋數椽羞同野卉共爭妍氷魂只管傳春信玉笛休吹破曉烟頑鶴驚人明月下瘦驢駝我夕陽邊漫教風雪中途滯惆悵天寒詩百篇

冬學雜詠

一館荒祠助寂寥居然條教說黄堯來年東道知誰主且度西風十月朝

三家村畔讀書聲上口牙牙蛙鼓鳴那得分清明句讀公羊母氣質先生

生來未慣學操觚一筆長蛇等畫符滿嚼毫芒唇啞黑况兼兩手墨塗塗

霜雪蕭蕭喚柰何少年同學幾魏科憐他頭惱冬烘甚富貴空談春夢婆

也如桃李座風中閒命攢眉各不同幾首唐詩纔講罷陰晴又課塾西東

不圖肉味滿盤供壺酒薰㪷醉意濃差喜兩三兒長大並耕來學畫神農

春風漸送隔年寒破硯生涯舌欲乾聞說黄河西北起荒庄壇坫大波瀾

一齒落

崑山片玉堅且潔不願人間鬬唇舌甘與花葉同飄零至此寒將苦骨徹憶昔少年滿口生英風笑與牙門將同垮放開肚皮啖酒肉恣我大嚼人嗤饕老饕相對欲垂涎我謂垣圍况巉屹排連雁序喜分行托根巀立石喫鐵有時細嚼梅流酸嘯傲蘇子氷天雪無何中年悲動搖頰輔潮紅齦出血宵長畫短不或眠痛入心頭炙手熱呼奴呼婢燒藥湯熨漱數日苦井渫延醫醫云風火蟲一曲紅牙不可說頻年我未至唇亡柰何恨與嗜牛切譬若一个臣意態本雄傑相依樂以年如何遽我别乃不一加長且不共我拙遽傳金石聲墜地離情結

把鏡張勢覘天池欲倩媧皇補其缺前有去者慶重生
我恐汝生剛則折可憐今已染埃塵剎膚災近氣已苶
我惟棄之置道旁留與道旁人拾掇時乎已甚難忘危
凡百豚肩幸可齕

辭卞中丞頌臣寶第賃住執硯山館辛巳

虛室頻年冷似秋柴門靜掩少車投一枝巢僅鷦鷯寄
四壁詩惟草木儔已泛扁舟在彭蠡曾驚學海仰何休
長松叢桂多人馬未敢心儀下榻留謂徐東園封翁如來說項
順風船已片帆收食德悠游數服疇鐘鼎山林皆樂地
文章經濟羨眞州薛門差識青萍價巴曲難諧白雪謳
息影甑生殊草草善辭更復莫程侯州牧程悅甫復來說項因再辭謝

春日偶成

一庭紅雨愛桃妍聊借狂吟詩百篇奉種佃奴催社日
游絲香國駐爐烟春回九十苦猶短月上初三悵未圓
惟與宵燈清不寐焦坑茶潑火新煎

聽雨

半窗竹影帶春幽忽地涼生雨意稠細愛絲懸占物潤
狂驚瓢潑替花愁況多雲黑漫天地好趁風清遍野疇
一夜聲聞和柝止羣芳消息問枝頭

詠物四首

三晉當年古戰場地寒誰種紫花香阿瞞軍士愁茲色
丞相家園信自芳縱許曹兵根共咬何來旦弟味分嘗
釜中況有燃萁豆他日安能祀武鄉魏營諸葛菜
呂雉深居性不馴如何能惜楚宮春未央媵列嬌羞面
小字兮稱悟幻身紫閣熸傷秦義帝朱顏慘涕戚夫人
頻年香夢東城斷一曲歌風一愴神漢宮虞美人
經宿曾種竹娟娟彈向風前證夙緣好共月來歡喜地
不堪夢醒奈何天香花供養羞凡態舒卷丰姿禮佛甄
是否皈依心細剎勝他公主妙嚴傳禪室美人蕉
記取紅羅繡踏青靜中最愛是秋庭爲憐跗蕚深深鎖
如出香塵步步馨蓮幕高寒空色相蒲團蹤跡感飄零

更誰竹院相逢話一笑黃花屐暫停閨房僧鞋菊

人日過城南衛所

曾記風前大放歌衛所爲吾鄉八景之一日駝嶺清風乙卯余嘗隨先大父讀書其地無
端荊棘感埋駝萬家紅粟歸何所寫入新詩感慨多

水紋

烟影初籠忽露蟾流波似織淨如縑臨歧薀藻青連岸
帶雨香羅綠隔簾檻外光搖羣籟寂月中痕映一鈎纖
有時花落風行處應許文章錦繡添

柳淚

隨隄二月試新晴一路流光滴翠輕釣叟翻成迎送客漁郎初唱別離聲風迴萬疊腰難折雨破千層眼獨明望去茫茫誰是岸晚烟深處有啼鶯

秋日舟中

獨客孤舟試淚吟布帆高挂入秋深山荒已覺離鄉遠酒熟何妨滿盞斟引我清思拈石髮愁人明月對波心西風聲裏哀蟬曲惆悵淵明壁上琴

輓光小雲孝廉賡颺

繼起科名六十年曾甫以庚午捷武闈君以癸酉領鄉薦鼠憐瘦削冷吟肩天涯多少知交淚王太史子賓朱貳尹品三諸舊雨皆於是年相繼去世況灑

田荊阮竹前去冬雪琴姪下世今春吟蕉兄衰言之悵然憶昔觀光四牡騑誰知一病悵春闈傷心風雪孤踪裏輪鐵翻從極樂歸同是燕臺百感身君誠召赴玉樓人魂兮何日東山返廣柳蕭蕭倍愴神

雪琴姪德宜周期哭賦

爾父卒年四十七爾尚懵懂嬉娛日爾父囑我教讀書慎勿溺愛誤家室數年爾漸長成人頗惜家私悟荆筆無如累酒不計貧狂嘯詩仙思横溢文章得句過周防字體枯寂跡縮瑟倏地近名心事專不肯拘還受繩律清宵燈火忘更深那惜心肝口嘔出余聞戒以功舒徐聲名身世寥天一況我無兒望爾身千鈞一髮期華實頻年馬援苦行行縱許笙簧復衡泌幸爾芹香擷一甕棠棣開來競華韡如何病劇增經年嬰兒竟不靈蘐朮瓶羸收殘井短綆對此零星幾卷編一綫女兒遑我恤去年爾死我形單今歲轉爲爾卜吉蕭蕭棺出東門東悲號泣殺深閨質眼淚揮殘歲已周我心勞拙爾心逸知否同根荆又凋駢枝如我嗟稠密將見他人入室來我心血盡兒耶姪

執硯山館詩集目錄

卷二

執硯山館詩集　卷三　三

執硯山館詩集　卷三　四

執硯山館詩集卷三

泰州蘭槎氏陳　芾著

任廣文捷三凱招飲賦贈

排空天宇甚寥廓處籠我獨困如雀閉門不知春已深驀見殘紅花盡落讀書時還如淵明眼光無復雙瑩瑩掩卷不樂出東郭但聽提壺鳴鳥聲我欲舉杯苦無偶新鶯出谷忽求友步來聞飲與先狂足了一生惟有酒先生竒膳精五侯廣文苜蓿焉能儔祇慙我非食肉相合讓班家詩虎頭敢云酸醎殊俗好嶔崎何必容騰趠無濟徒抱杞人憂莫逆惟視莊生笑回首往事增歔歔

長安舊雨春霏微芍藥豐茎香欲醉楊花燕市夜猶飛豈料歸來意若失頻年禊事誰除祓海上烽烟六月寒往日故人多鬼物吾儕牖下老於鄉未能殺賊如除蝗今宵對酒發長嘯聊當咄咄書穹蒼聚散摶沙能幾許樽前忽又縈離緒有情天亦解留人未肯南風吹送汝枝頭啼鳥若相催待掃蒼苔望月來紫櫻桃熟鰣魚美無限斜陽一徑開

望月

一庄澄清景非高海不明青雲天路迷白露玉階生紋管千家怨江湖萬里情宵長無限意坐我已三更

放歌行壬午

松栢有本性老驥志千里咄哉壯士心莫誤鶡冠子冠鶡愛其羽文采在表裏奈何負氣驕逞風飛蕭蕭抑知人情賤舊恩務新凌前上後同芻薪君子不處嫌疑間齟齬苛禮惟小人世有夷險非是獨只恐去疾苦不速所慮慮在疑似交所患患在石爲玉唐有僧伽曾漆身不還泗洲城不馥傳燈録僧伽大師唐高宗時在泗洲建普光王寺中宗景龍二年遣使迎至京命住大建福寺三年三月示寂勅命就寺漆身起塔忽臭氣滿城帝默許送還泗州郎異香騰馥是僧伽示寂時事君不見古人說過少陵詩吟到朱門尚餘臭酒肉

題東亭蔡茂才北堂夜課圖

君不見圖中松苦節冰霜枝虬龍又不見圖中竹甘守慈顏秘空谷數椽茅屋一燈青繩樞甕牖中有人依稀荻影生虛室長此清貧與清白萱花掩映階蘭馨不與芳華鬬顏色牙牙上口讀書聲愧我兒時不一成我年三十長安道我母得遇　旌恩榮今觀君之圖頓啟我之愚緊余亦少孤空此七尺軀功名杳香案壯志愜櫻厨前年航海母下世庚辰以會試未獲大挑投蘇由北而南往返幾八千餘里八千里外哀音滯安得晨夕歡與俱循循母教如君子我昔未與君一見一紙圖書勝於面我笑我老敬人子孝我笑我躁敬賢母教母賢子孝世所無應許聲華達　帝

都沈酣經籍女中師况復字學人規模他日松参天竹
干霄有人過此堂坳誰不曰母氏劬勞

秋柳

記得依依傍野亭緑何已改折腰形金風颭水難爲别
玉笛吹人不可聽未到秋深頭早白自從春去眼誰青
傷心都付高樓怨未忍虹橋畫舫停

咏竹

兒孫莫作等閑看个个虚心耐歲寒不是主人培植好
焉能日日報平安

弔吴庶詹封翁

西風吹大椿歲寒悲勁栢吁嗟老成人鶴駕瑶天速憶
昔我青年公與我祖熟余封翁到泰時與祖交最先尊祖作師資聞
善膺拳服教子懔義方與人慎寒燠交游多古風不事
鼇鹽伏令我忝葭莩本擬康强祝奈何惡夢來飛出不
祥鵬有子官江南盤香寒苜蓿大世兄笙伯官元和訓導近聞天語
多恩詔叨新沐三世兄以杭衛死難上諭以都尉襲職將軍旌武功如公
亦全福四世兄以本身協鎮封典貤贈已奉誥勅况復桂蘭森競秀奪人目
五世兄及孫等現均列膠庠從事戎馬矣身年華徵古稀翁卒年七十三音容惆穆
穆我悔負無多生芻惟一束淨土願早生我歌聊代哭
是歲余適以承重起服將之京師揖帋上音容余不覺愴然久之

六如詩癸未

夢

難得糊塗作世人浮生漫自苦吟呻回頭未必尋能復
惺眼何嘗記不真螻蟻王侯同混沌聖神仙佛醒埃塵
蒙莊底事飛蝴蝶况是黄粱未熟身

幻

别呈一境甚虚無想到天開更海枯直與風雲爭變態
翻愁豺虎踞當途阿房那計蒙焦土珍斛何由易緑珠
多少樓臺嘘蜃氣休將心鏡豔模糊

泡

漫隄風波上下狂須知影息一浮光空明自得寰中意
飄泊難爭水面香偶錸胚胼悲刼轉每從烟雨識天荒
虚中更喜多流走笑勝游人浪迹忙

影

暫息勞身滿座春悠悠天地豈無人葫蘆尚說能依樣
蓑笠相看獨愴神一宿花明成後果半輪月照悟前身
形单自顧憐難受繪出廬山面目真

電

莫待雷聲八月收威光難自掣空流縱施氣燄通天豁
能閃烟雲幾刻留悔我燈光寒射宇驚人鞭影怕經秋

前村幸不迷途遠轉瞬將無紫氣浮

露

迴來又向玉階生總是天恩浩蕩成宛爾珍珠噬白占依然烟水帶秋平幾番樹靜風初定一夜霜飛月不明鼓罷瑤琴讀周易誰知衣濕冷無聲

秋夜客荒寺

蟬寒結老樹葉落見秋深年暮偏離別夜長多苦吟濃烟如雨重遠岫悵雲陰禪坐渾無事頹垣懸古琴

紅葉

去去關河客路長停車到處挂斜陽鱸魚江上歸人夢

楓葉船頭蕩婦裝三月桃花驚醉眼零星秋色碎柔腸記曾迷渡橋邊過爲指丹林兩岸霜

冷雨寒烟更晚霞幾家籬落襯欹斜預支春色何須椰能畫秋容不獨花舊日詩成題繾綣西風樹又感槎枒我慚人日聊相寄應笑塗來墨似鴉

寄遠曲

草荒烟起秋日短暮鴉終古無人管飛入前山又後山歸宿垂楊踏枝輭青天漫漫路何長紅淚汪汪書幾行

聞雁 甲申

秋思南樓思已深平沙齒罷正停琴數聲月下輕搖艣

何處霜前急擣砧孤枕驚回游子夢素書想到故人心似憐飄泊江湖晚嘹唳長空伴客吟

食蟹

菊花天氣近重陽客送輪囷蟹滿筐嘗雪白炊新稻熟擘霜黃伴早橙香團臍風味坡仙笑左手浮生吏部狂底事季鷹歸思起秋風鱸鱠戀吳鄉

憶菊

夕陽依舊戀東籬擬貯陶家酒滿卮曾爲閒中邀客訪最難淡處耐人思關心枕上驚秋夢回首樽前對影時待到隔年還就汝重開老圃續新詩

問梅

香魂喚起幾迴巡不解羅浮夢裏身肯嫁林逋緣底事果思何遜續前因同心可許聯清友點額誰教學美人索笑無言渾不答綺窗惆悵故鄉春

題蕃叔獨立圖

羽扇粽鞋自在身更誰青眼出風塵破除煩惱余將隱阮籍疏狂不算貧

年來天地亦悠悠況復衷懷易感秋憶昨長安年少客聳身已在鳳池頭

風流也喜脫塵纓酒債棋讎雪淡情寫出體清心愈遠

新詩漫笑不平鳴

過湖西徐生尙之招飲談及生平時事頗多感慨因作長歌慰之

徐生好竹不好肉贈以長歌聊當哭童年就我句讀明中年落拓抗塵俗學書學劍皆不成老大婆娑繫村塾噫嘻頭腦如冬烘春風滿座牙牙讀湖西地僻扴三弓垂柳垂楊一帶綠東有長虹之卧波西接比隣之瓦屋北看搖水之菰蒲南面當場之磟碡湖中兮晴雨桑麻湖外兮帆檣徃復蓬頭荆布足代勞最好茶香更酒熟生非無硯田生非無館穀生非無柴薪生非無菽粟雖

云人家倉廩肥十畝桑閑勝栗磟廊廟又何榮山林又何辱卧游不事催租來飯顆餘生睡自足縱說困虀盐幸不寒布帛我今到此一縱觀果是天然繪一幅人生時運多不齊有藥難醫心石白茅龍尙爾說更衣我獨靑袍賦空谷前年爲我增田莊酣睡一言暢所欲我盡傾以買山錢萬事欷嘘地轉軸生尤願我至　帝京春風得意馬蹄速誰期磨蝎命宮存蓬山風引飄廻獨生尤願我多壽更多男相思不啻封人祝今生相見袖以詩字理行間尙整肅曉風殘月柳屯田九天琤琤落珠玉何物富兒亦唱喁前者後者傷鳴犢而我今亦悔工詩別有風情向誰屬名士何曾值一錢驚座揮談塵在握幾輩多材多斧斤不若不材免禍福有酒同消萬古愁天地悠悠棋一局君不見哀鴻遍地鳴嗷嗷猛虎當途欲逐逐

房師高碧湄夫子輓詩（師諱心夔字陶堂任江西湖口縣）

河陽一縣好花開總是生公說法來十載師門悲隔絕孤琴海嶠溯栽培前番相賞驚桃李幾輩從游出草萊頁箇因緣同宿世淸吟也許占詩魁

文字風猷翰苑身茫茫一夢卸千鈞不期梁木傾湖口未許刀圭祝富春白納虛堂懸鏡影靑銷積案渺砂塵

記曾吳下揮箋日惠愛歌聞大雅輪

傷心往事說江南帆轉姑蘇蔗味甘未免形猶勞案牘幾經書欲讀詩龕棨陰戸誦官淸日棘鎖風淸筆點藍雲樹濛濛烟雨重不堪惆悵老吳蠶

我亦西江活涸身鳳凰山可溯前因荆花秋放曾同譜（哲弟亦領庚午鄉薦）薤露春歌倍愴神踏破鐵鞋無覓處行空天馬謫仙人如何紅雨迷離後竟得桃源去避秦

邑廟賽神　乙酉

紅燈夜照徹高樓緩緩淸歌逐客游風靜淡飄香篆古月明遙弄笛聲柔酬神大合施膏雨廣樂仙音透斗牛

空樹彩霞昏似畫銅催漏盡數更籌

乙酉三月自述

黄葉催人老登山懶到巔猒常非好佛兀坐象参禪古曲翻時譜高歌異昔年貪吟藉藏拙矮屋兩三椽和氣家人樂蒼穹保壽延山荊同矍鑠鶴子欠蹁躚小婦簪花拙孤孫惜女妍我生何所寄美玉羡藍田明珠藏苦海覰世敢爭先春夢迷蝴蝶時艱感燧烟椰青疏顧盼蘆白動流連唯我無攸遂謙謙萬象緣桃李花多色生涯破硯邊未除湖海氣懶問鷓鴣天鳳早題門去羊無立雪牵梧軒有秋月不復乞燈傳

采芝圖

若問長生術商山路不賒多閒真福境無事即仙家人種延年菊盆開並蒂花茯苓同劚食笑我鬢俱華

楊花詩十二首

桃花落後又楊花萬緒幾如爲我賒輕趁紅飛涼有影題成白戰靜無譁幾經百發基穿箭爲問三生石浣紗何事一溪烟樹裏依依猶自戀畢斜

莫春時節半陰晴一望氈鋪徑糁平絮語不嫌情淡泊梆橋可唱曲輕盈游踪歷亂家千里別淚飄零路幾程寄語封侯人早返應思顔鬢已霜清

也自悲吟厄閏黄是誰幽怨起春長人知力弱同泥濘不禁身飛入硯香縱許天高容汗漫倘隨風去莫顛狂鄭家尚有櫻桃秀怎奈絲絲繫女桑

爲訴離情梆梆州赤莖小楊難與赴花游名曲婚姻詩負東門約鴻雁行增北地愁倒捲黄河疑雪影低迷白下誤天秋青樓不解飄摇苦猶未譌聲隔岸收

莫再回頭認白門南朝近日冷吟魂絛絛絲帶傷心色點點香消戰血痕襯馬蹏隨青草瘦墮塵刼指碧烟昏邇來弱質塗中慣憔悴天空雨露恩

別有浮蹤欲扣橈粉痕堆起不勝嬌梨雲陣上驚紅落

杏雨村中倩白描體態輕於飛燕舞纏綿瘦到小蠻腰眼前多少晴和景青廓崔娘扶過橋

朱碧爭看世態新宵寒愁殺渡江人五侯門巷濛濛霧六代樓臺黯黯春往日枝頭悲幻境他鄉萍跡話前身最憐雨細風微處籠地漫天繪不真

纔過寒食又清明隱約揚州畫裏城露重浮青吹不起淚零慘緑落無聲空濛列岫雲初卷蕩漾前溪漲巳平說向兒童休戲撲讓他飛舞玉樓晴

三月江潭思悄然未秋先我不成眠金消黄耳愁張緒玉冷紅綵惜小憐宛爾妙嚴游索地空懷前幹換丹年

皮青者爲小楊皮紅者爲大楊可爲前幹東風歲歲何多事吹入長隄悵桺偏

春歸誰唱踏青詞京兆街前懶畫眉無翼飛成新粉本多情美愛舊丰儀連番葉葛螺痕薄一樣香偎蝶意癡有底柔腸應更結向人宛轉酒旗時

謅得江南弄可哀離亭翻遇驛梅來荒城亂欲迷人眼本色嗤難附錦堆一笑老夫穉有象兩家春氣荳含胎近看易木餘芳在莫更飄揚去不回

輕妝淡淡總相宜細葉裁成更不知鄭鷓鴣詩徒羨蒲莊蝴蝶夢也迷離情人碧玉歸來路風笛瀟湘去後思

偶向江頭渡揚子好留顏色洗臙脂

讀曾文正公集傳

一木能將大廈支長城功用在偏師侯封聲合騰中外相度歡尤振虎貔少主幸容朝夕誨嘉謨獨保 國家危我 朝百代靈長祚都入碑祠去後思

董孝子祠漢有傭於富家者名永生平孝親一日父故歸里路遇少女坐井側女立謂永曰吾將隨汝歸代操井臼永曰吾一傭工人且父死無塋費安望汝婦女曰不然吾善織吾將助汝貲以塋親俟親服滿婚配未晚也永再三辭女乃隨永歸至塋親後女隨至富家代織織足百倍傭費復歸至井側女曰我本天仙織女天憐汝孝飭我下界言未畢白雲四合女遂不見後井即名之曰繅絲井今東臺地吾鄉因其孝爲立祠祀二像近均歸入春秋二祭祠祀

春草暉留日天心女女仙祭入循例至孝子至今傳樹古寒鳴叫苦荒驅鼠穿我來重補葺余與董城守過此見神像朽剝屋地塵積四君亦後也盍重新之董諾因與余均爲捐修二像煥然令守此香火碑記話當年神座側有前明謝御史碑記事見州誌

宿江口

江口船初泊沙流水不平燈紅明野店酒綠溯前盟帆影隨潮落桺花飛袖輕仰看新月色照我一舟橫

江南弄古今樂錄江南音一曲直千金

極目諸山秀歌聲水上圓記尋桃葉渡好醉杏花天草長燕飛去桺垂絲暗牽問誰臺射手鵰落應弓弦

臨池曲

池邊草已經春生葉色綠於裙腰輕鷓鴣飛上楊桺樹連翩悲鳴三兩聲

獨愁

美人長相思相思苦別離明月照中庭風吹寒透肌奈何蟋蟀聲偏我牀下悲

有所思

憶昔驪黃歌在門君心游移原上村有友趣君仗劍起別酒一樽筵猶溫妾擬君諸千金重白馬雕弓酬 帝恩不怨香衾日辜負惟願私語如君言君今在外不歸

來家書又發千里輀妾恨不作車前草苢苡詩歌同平
原爭奈百蟲鳴不息夢不能成難穩魂桃李花開已三
見淚滴千行燭有痕日中問卜夜燈剔手把金錢聲屢
呑噫吁何處無好春抑知花顏難久存

過屈原祠

舉世人皆濁先生見獨清魂招王不悟波蹙浪難平憔
悴鍾山色喑嗚湘水聲有天何可問漁父愛同情

夜宴曲

春宵花下秉明燭綺筵高敞杯浮綠金釵作隊倚闌干
中有仙人美如玉五陵年少意氣雄不喜歌喉喜射覆

致生嗔罰比紅兒（古有善歌杜紅兒者後人欲比其豔因號比紅兒）粉痕露浥

清商曲（樂府雜曲歌辭）

春晚謠

風絲絲日遲遲寒食清明都過時水起縠波縈碧草雁
歸紫塞別黃鸝江河飛雨前番夢點點飄零悵巖洞橫
路游絲吹不開況是殘紅旋轉弄

贈張雪英校書

二八輕盈正破瓜也知情愿別清嘉（清嘉樂府吳趨行清嘉樂操土音清嘉猶清美也雪英本吳人）慵梳雲髻嬾釵重愛捲風簾坐月斜顏似玉
裝紅杏蕚臙無粉傅白桃花自憐狂叟豪猶昔怎不仙

呼望若耶

重過雪英索贈歌

昨宵唱罷今復歌新愁萬點星朐羅一簇雕欄瘦梅影
悠悠天路懸明河繡幌銀屏獨幽靜粧臺春滿慵畫蛾
忍笑含詞若有訴欲言不言愁懷多低喚阿母索苦茗
芳心似怯蘭寒窩萬丈相思說不出意態情緒難捉摩
手把菱花鏡相看玉紅不借臙脂搓細語劉郎一同照
粉痕露浥盈秋波回身流涕發長嘆低頭帷理裳摺拖
不摒宮花試新樣不顧卮酒斟香螺世有登場輕薄兒
今朝歡樂來如何倚粧說罷低聲問君是仙郎妾得過

錦帳春光不常好明珠瑩瑩休棄靡況復芳華容易去
桃李開落驚飛梭又言生本西湖女家世蓮花隔普陀
天王逆賊江城踞戈虜軍行死鶺鴒飄零母子孤孀慘
賣入勾欄一任佗十三身列琵琶隊游雲偎傍虞巫娥
朝朝暮暮年嗟長大小箏彈聲韻和贏得青樓名薄倖
鸞膠不續增愁魔頻年飄泊悲萍梗安得長松掛薜蘿
含情凝睇心頭事幸謝君詩七字哦妾再爲君歌一曲
一曲秦樓月影矬（秦樓月琴詞調）曲中唱出金蕉葉敢殢人嬌
花婀那（金蕉葉殢人嬌皆琴詞調）妾箱尚有廻紋錦首首詩詞字不訛閒來無事
摩抄看看取詩詞涕雨沱涕雨沱和紅淚客重來人已

極言世路之難不得不語涉禪機作者苦心孤詣然非深於樂府者不辨陳錫麟

泣成渦願言莫戀作歌人豪氣元龍髩已皤
車遥遥樂苑車馬六曲之一
萬里塵沙飛撲天雙輪一一馬鳴山川宵中載月一道走
曉來日色紅籠烟座上美人哭起哭欲爲采藥東海邊
我謂菖蒲花最難得食菖蒲花成仙頻年老弱家貧任
安得君家駟結連君家功名在戎馬自非被毳兼荷氈
高牙大纛肆滇粵況復風月談腰纒苾鞋若踏朱門裏
旁人應笑分天淵諸緣一一祖近幸息猿猱有底愁攀緣
李少君果不病死還我明珠歸丹田不向天涯逐金紫
逍遥秋水真吾詮奈何輪蹄路迢遞短夢鄉心忘華顛

執硯山館詩集 卷三 十四

晚香玉
新秋一片夕陰涼况值深宵薄夢嘗不與芳華妒顔色
好將清白謝眞娘
送王生鶴雲大松歸皖南
荒烟暮雨冷淒淒泪滿征衣水滿隄長路歧途青草沒
遙山斜日白雲低觴飛且喜三杯醉夢短愁聽孤雁啼
此去男兒須努力如予老馬向東西
驚秋
小窗透影月餘光短燭燒殘秋夜長鴉鬧空聞來遠樹
蟲吟懶聽隔鄰牆柝聲過巷霜飛白草色當階菊伴黄
苦思陰陰涼意透披襟尚不畏風狂
夢登獨佛樓
雲山亂起蹈層層曲徑幽窗一老僧芸榻冷香生瑶草
靜齋清影剔寒燈焚膏繼誦殘經掩落葉飛空碧苔澄
幾點雨花拈欲笑紛紜感動覺天昇
夜坐吟
夜窒光離離居高色轉暗明月落石底借句容照亦太淡
相望不相見此心殊眷念未老鬢先衰風華去如電長
歌續短歌衫襟破奈何鬼雨忽宵灑鳥啼庭樹柯挑燈
作蔡弄青溪淥水波樂府琹曲有蔡氏五弄青溪[illegible]谷所居山有五曲一曲製一弄南曲

執硯山館詩集 卷三 十五

有澗冬夏常淥故曰淥水
和石廣文小泉梁丙戌
記曾樽酒共論文拔幟登壇羨冠軍一例功名寒苜蓿
幾人戎馬博勞勳風雲過眼都成幻瓜李多嫌況乍聞
差幸貧屈無俗垢更誰楳折寄君芬
半生歲月誤詩書長劍鳴琴早破除阮竹田荊空夢想
班香宋豔自吾廬不堪舊雨悲川逝謂文會中王合八墨鄉丁茂才子健及朱同年友笙均已相繼下世況值新愁悵栁舒回首湖邊山裏路雄
風一縣豈無魚昨以來其本分啖石復以寸魚登佐石謂余多珍因瀏山東道中至雄縣方可有食魚之樂

書儀徵鄭節婦飲香閣詩後

慚愧江郎筆一枝年衰身懶怕吟詩自憐荊竹秋風冷
同此傷心老淚垂
白髮蕭疏似雪霜不堪回首說紅羊（婦以避亂居吾鄉）何來身
世成流寓斷梗飄萍託飲香（婦詩署籤飲香）
孤棲老境尚謀生苦節松筠敢世爭（婦本儒家以其夫嗜佛遂寄居城東寶塔中跪諷佛經）他日佛前詩一卷　旌揚聊當子孫榮（婦孀守數十年近嗣子亦又去世）

采蓮詞

妾采蓮妾采蓮妾爲蓮花來蓮前蓮花似妾妾如蓮妾

對蓮花花不言海棠曾許梅花聘嫁期杳已花朝訂奇
花前已幻初胎奈何采蓮妾薄命妾今采蓮來河洲最
怕蓮子花並頭妾今采蓮歸橫塘猶怕蓮子花空房空
房期自保誰憐露冷紅顏老並頭期有期夫何重利輕
別離況兼鄰婦不解事詩歌采采周行寘更饒阿妹不
知愁咿啞猶發水上謳早知朝朝誤妾郎皈依常梵蓮
台香不染污泥守清白斷絕藕絲牽柔腸底事凌波步
淺深中衣冷怯酸風侵釵移釧動刺傷手心驚漁郎嗚
榔尋嗚嗚獨獨獨問誰同唱采蓮曲嗚嗚獨復獨
得無采蓮曲再續妾惟願郎早歸來莫使蓮蓬人獨宿
郎如遲遲誤迷陽獨不見江頭石化歌恨長

夏日雨窗

不辨炎涼境先觀衆綠生青雲原有路白髮詎無情枯
木愁人老荒苔少屐行詩新方脫藁暖意一窗晴

岳墩晚眺

晴嵐靄靄漾湖東海氣蒼茫接碧穹返照光流天地外
歸帆影入畫圖中驚心二字成遺恨對面諸山悵遂空
往事不堪回首問只留坏土說精忠

秋草

一泒荒烟繞碧溪柴門半掩水平隄西風滿地銷螢火

古道斜陽戀馬蹄歸路王孫魂已醉偎香蝴蝶夢都迷
天涯多少榮枯景惆悵衰腰綠不齊

秋水

南浦回頭夢已殘長天又見水漫漫空靈月鏡澄波小
迢遞仙槎問渡難野草湖邊孤雁冷蘆花岸側一燈寒
可憐東去聲嗚咽兒女英雄淚不乾

厨烟

晚泊漁家聚幾團不分濃淡出林端一痕輕颺秋雲薄
半縷低飛夕照殘茶竈吹來花氣濕柴門閉後雨聲寒
飄揚此去今安着散入山河大地看

落葉聲

沙汀有客正停艘又聽蕭蕭亂過江縱許飛騰徵老境何來風雨話蓬窗三更柝起千家寂逵寺鐘敲萬木降底事閒愁含笛怨無邊飄泊不成腔

不寐偶成

幾年無夢入京華多少詩情付晚霞雞唱三更天未曉蟲吟四壁月初斜文章世業科名草風雨飄零豈蔻花憶昨槐柯驚枕上封侯旗尙豎香車

丁亥春日客邗上避雨宿元都觀贈劉道士

西樓小滴雨聲寒挑起孤燈一漏殘前度荒山春采藥

此來撥火夜燒丹窗搖竹影涼風過洞繞桃花冷露餐雞唱曉鐘人早起轔轔車出路漫漫

重過蜀岡訪金雲仙不遇

湖山雨洗帶朝霞直上層巒踏落花聞說梨雲深閉院不知春恨又誰家

江亭遠眺

忽訝風簾搖飛飛來燕雙孤青雲出岫滃碧竹搖窗高詠花羞客晚歌漁泊江更誰三弄笛番語不成腔

和徐廣文子占恩榮游仙詩四章

茫茫人世說搏沙劉阮當年亦返家幾見上天乘白日重來燒佛覔丹霞壺中難買送愁酒亭畔空餘頃刻花擬誇靑牛敏函谷更誰一葦指津涯

橋頭環珮聽琤琤隱約槎浮月不明望斷香遺王妙想吹殘笙憶董雙成玉妃院裏門猶閉巫峽臺前雨未晴凝絕杜蘭嗟底事相思渺渺水難平

五嶽歸來迴出塵桃花洞口又經春攜來葛令身邊藥推醒華胥夢裏人蓬島星明難復寐瑤臺詩試亦通神天厨況有非常品好飮金漿玉液新

一笑風輕謫下臺零陵市上幾人回豈無平地長生劫那有哀琵繞殿雷富貴升沈茶竈飯功名調撥芋爐灰

眼前多少花供養消受清閑雪月梅廣文之詩本以悼亡而作其幽豔之句皆於令師夏子猷案上見之今廣文已將此稿付梓索和誠有令人傾倒而莫繼其聲者然古今樂府離別悲傷皆人所感未歷其境者勉強成篇吾人則殊不樂此茲以索和在門只好畧就題面敷陳依韵湊葉工拙所不計也

冬夜過湖西宿徐氏莊

彈指光陰一夢槐小窗面面向人開功名雪淡生難遣骨肉星疎死費猜謂大哥泮香二哥吟蕉及諸姊姪德宜德鍚皆相繼下世細雨聲多偏夜滴東風凍釋看春來最難久別逢幽敘濁酒何妨一舉杯

東坡答孔毅父集句見贈有云天邊鴻鵠不易得

便令作對隨家雜餘亦類此似讖集句非大方家所爲然坡亦有集淵明歸去來詞作五律十首不惟集句且集字矣趙甌北詩曾言之余以閑來因一集句自遣

惜花無計可留春馬雍錫　慚愧承平白髮人明文徵　誰信詩能回造化杜牧　豈知書劍老風塵劉商　人間巧思多成拙孫顔　行夢裏輸贏總未真李山甫　且對一樽開笑口韋莊　不知何物是吾身明蘇源

戊子元旦雪霽和朱貳尹德甫棫

筆陣縱橫倚馬成多君亦自念民生州牧陸春江以防鄭水質余余與君談及君以治河論說見示並畫數策　正防巴蜀添春漲丁亥除夕大雪盈尺正助鄭水春汛　試聽階簷滴溜聲元旦雪霽簷牙瀉溜如雨滴空階　好景尚堪清白證雄文應使鬼神驚貳尹所畫數策余以其草創欠於修飾因大爲增減呈請轉詳當不謂好事者之爲也　如何黃鶴悠悠去嘹唳長空月不明新正已將防鄭節畧繕寫與州守陸迄今五日矣不識殷浩果書空否也

又和三日大雪塞塗元字

曾說鳴條雪不封何來荊棘道偏逢幾如豺虎當塗險是日雪礙於行家家鑱劚堆積道旁形狀　況復烟雲帶濕容直至九日方晴　君過山陰剛路阻聞貳尹將有過我之意乃先遣其子巡視道途誠有泥滑滑行不得之狀因不果來　我慚叔夜亦情慵邇來差幸山如畫會與詩題最上峯

贈德甫

盥讀新詩歲正新陰霾消盡一天春時新正九日　才華絢爛誰知已吏隱聲名此吉人流寓不堪同亂世君本浙人隸姑蘇官淮南僑寓泰州已歷年所　書空端合託吟身相期重訂登臨約燈市爭看月似銀

一官匏繫病同憐君是淵明我鄭虔舊說朱陳半桃李朱陳本屬姻親後有名之日朱陳莊者因借用之　新聯詩酒總因緣風花閃爍都成幻湖海歸來即是仙何日大河波浪靜謂黃水決鄭近停安徽潁鳳地界　驛梅消息望中傳

元宵自遣

京華回首說珠巢未敢爭妍學上交冷落文章成老境繽紛時事等浮泡鳳題門外人何處螳奮車前勇漫嘲我欲大江唱東去不堪心癢病難抓

花影虛明月一奩幸多春意隔塵纖飛鴻已滯今番雪語燕不來空捲簾古鄭遙憐原變局去秋黃決南徙中牟縣大河口計自周至今已凡四變今則五變局矣現停皖北各府州縣仍慮有下河之行　望洋何以慰窮閻自慚草莽無長策惟向羲爻濟上占

章百川都閫宗瀚招飲賦贈

憶昔中軍漏轉三筵開花影助清談孫郎帳下兵威肅蘇子樽前酒意酣果爾清心同雪白應多美玉出田藍

高風亦自能勤慎寒菜一畦霜半含

前讀鄭董氏詩知其歷境凊苦曾作三截題其詩後後氏以舊病復發離塔依白衣庵中煮藥以冀痊可不意祝融爲災並塔與詩卷等皆燬於火仲夏復過我袖詩本囑求改訂余實無暇近複索取因於書叢中檢出舊稿畧爲增减時大寒二日酒中醉湊二十八字兼誌余春正北上之行

苦節難尋蔗味甘況兼風雪冷詩龕梅花雖老氷天裏自有寒香鼎鼐參

又一日盧州判菘亭招飲其宅在座則石廣文塘灣李茂才安卿城守董芝珊斗姥宮道士金石園余適以歲寒堂之飲此堂舊址係州署中泰堂西之浮香亭後州牧許額其名曰嘉稯軒邗上吳讓之書迄程悅甫知泰州時復易其名曰歲寒堂而嘉稯浮香之額之書遂滅没不知何所漏三下方至觥籌交錯不平斯鳴時難年荒誠有不可一言盡者歸途又大風雪遇陸州牧在途巡夜辛苦復共暢論集飲事宜至董家小橋始各分道雖雪片紛飛而月光已微透矣敲門呼僕入室圍爐挑似豆之殘燈烹新茶於活火口乾舌燥耳熱面赤因慨窮年阨坐遂致繞榻行吟復展閲飲香詩又得數語呵凍書其卷首藉攄余懷以驚鬼膽

寸柄何無得假年況多時難在當前同人縱免望洋嘆安及高吟柳絮篇

鄭婥當年詠且工康成應說舊家風頻年離下依人慣望斷南山塔影紅

氷霜道路不堪悲欲藉詩言更訴誰我擬萬千開廣厦多金郭穴漫吾欺

飛埃捕脚亦通神一入窮途鬼弄人莫謂寒閻班氏苦笑予老尙走風塵

貴遊

繡蓋朱輪意氣豪月明直欲攬天高李白宣州謝眺樓餞別校書叔雲詩俱懷逸興壯思飛欲上青天攬明月楊家兄妹初猶賤梁氏門閭孰以敖史記梁氏一門盡貴詩以敖以游曲唱庭花張玉樹歌傳樂府變櫻桃樂府集石季龍惑優童鄭櫻桃由是樂府有鄭櫻桃歌自憐裘馬輕肥甚懶向朱門一飱饕

花遊

去年者裏逢君別今夕相逢又一年多事春風催放日可人仙子奈何天巫陽露董車愁溼蘇小門遮柳更偏朝莫有懷看不盡爐香況復篆生煙

夜遊

綺羅香裏月華圓一笑千金買不眠錦帳宵深春欠煖

歌妖衺舞態尤嫣燭燒官閣憐棋瘦觴醉瓊筵愛李然

詎料無聲銀漢轉會吟佳句贈棠顛

夢遊

豈無魂引入槐柯一枕黃粱事不訛夜短恰宜人靜候

春濃翻覺睡成魔碧桃枝下釵垂鳳紅藕花中露拂蛾

欲識劉郎家不遠風流隨我過三河

和德甫七十自壽元字

眞人本無影靑山自不老君歌仁壽花我誤科名草天

執硯山館詩集《卷三　卅四

地一劇塲誰挽狂瀾倒𨀤攜瓶酒漿同訪商山皓有人

哭邀我再問春明好策馬跨雕鞍花看長安道

復和德甫自壽詩

執硯詩餘春復秋滇池水飲溯洄流前接君示謂將諸和作彙梓余因思閑窗隨筆之下凡往來唱和及自咏諸拙作已額其簽曰執硯山館夫執硯者亦仿范喬摩硯思祖之意也余曾大父由嘉慶辛未成進士後宦海飄蓬一官萬里滇中風土志書所載每謂惟滇水西流宦於滇中者子孫仍仕其地故雲南滇池之水謂之迴流水未忘風雪謳歌日翻羨江湖鷗鳥

儔天地蒼茫悲逆旅分明花萼不當樓吾年五十遽瑗

愧敢學神仙物外游

君心本是不彫松我對盆花愛欸冬霄鶴長鳴惟好爵

幕烏初定又驚烽揚州有烽烟之警君避亂居泰帆迥荒海空前後車

轉蓬山又幾重怪到仲文多咄咄不堪愁緒亂雲容

大椿歲頌八千春瀟灑莊生逈出塵自古詩人羞發貴

從來廉吏例安貧君屋官修潔雖差次不名一錢才華氣直元龍傲醫

藥功將扁鵲倫君屋石港設局施藥兼代彤硯活人無算縱說西河前抱痛

克家應卜以經綸

擬看堂上舞萊衣橋梓賢勞一蹴幾小草自憐殊遠志

尺書遥寄亦當歸傾談雪訝淇爐點佳序雲從畫棟飛

所欲從心眞不易晚晴軒畔有餘暉家研香秋曹有晚晴軒詩集行世

題曹楚卿閨秀遺詩楚卿曹同案雲漢女也年及笄而歿詩賦文詞各擅其長

執硯山館詩集《卷三　卅五

而翁哀之索題付梓因作三截句

董井機絲重海陵此間天女早飛昇大家自是明通後

幸有遺編阿父徵

頴悟偏教說女兒花爭一現令人奇邇來雪影飛如此

怕檢寒閨咏絮詞余姪女珊姑年十七許字揚州廣文陸韻篁之子因母病每早誦金剛十卷惜以頴悟殤聞楚卿亦然

誦到金剛不壞身應知醫藥轉愁人詩才鄰里今安有

況復萱幃孝行眞聞女最善侍母病

無題

歷盡烽烟懶出門坐花常到月黃昏菊殘自傲嚴霜雪

竹老還憑好子孫蝴蝶尋春原是夢杜鵑啼夜最銷魂
茫茫身世誰知己且自狂歌酒一樽

自感

冷宮無所夢偏長遇事生疎欲面墻霜滿千章葉微脫
風驚三徑草猶香且將燒酒酬司命吾家每月二十三夜祭竈好耳
新詩入醉鄉自笑無成今老大借醉逢句得閒即是養身方

冬夕

風雪天寒睡味濃黑甜鄉裏又登峰遮茶手握春生筍
按曲歌聞霧隱蓉富貴雲浮原境幻茱萸酒熟快侯封
大江知否波濤壯好拾花餐萬壑松

己丑春正將有北上之行吳甥舜齡以詩贈賀余實無暇然見獵心喜因荅元韻以示鼓勵

一笑辭家望帝京又隨沙鳥賦行行問余五十年猶富
冀汝三千禮好耕前度功名原瑣璅遜來風雨漫縱橫
長安春裡花中馬跨上雕鞍踏有聲
記曾戰北大羅天馬首東瞻下水船輪轉公車今已五
箋書詩卷已成千好音懷我鴉駈泮去春州牧陸春江以引淮入泮挑濬深通爲人文鵲起之兆余適獨與是役得意驚人蝶舞仙來日花磚如許
步何郎似舅亦前緣東坡與甥詩有且喜何郎能似舅句

宿車邏壩早起口占

天不喜吟人逆風偏好春霓裳翻曲譜電線慨河濱洋人以電線通信最速現已無所不至矣茶可煎淮水櫻將摘　帝闈去秋曾
啓放誰更計民貧

王家營阻雨

鎮日陰霾捲半空高歌對酒更當風異鄉眷亦加王號
帝世恩偏作客隆柳汁霏微剛染綠杏花消息已傳紅
來朝鞭影京華指應許干霄阮竹同是歲與族叔筠士同往

過清江浦大風次日又大風雪

才卸輕舟便買車漫天風雪又誰家是夜宿賈姓宅驕裘擁被
猶嫌冷馬腹驚鞭未許加是日車輛爲轉運局及東河督吳差均畀前裹足

倒夢多新緒擾科名草卜舊根芽莫嫌泥滯今番誤轉
瞬鵬摶萬里賒謂筠叔

遇盧山僧修棋即贈

一笑相逢各異鄉客途思緒兩茫茫吟來蓮社悲無主
修到棋花夢亦香僧云山中有蓮社皆鄉先達釣游之所近复築梅社絕好盧山
工點綴不妨阮籍共猖狂是夕僧邀余本站杯酌並筠叔同飲出家我亦
心如洗爭奈江湖尙廟廊

春風二律北道車中作

萍末吹來各有因百花香裏倍精神祇緣蓬戶聲先奪
偶過朱門壁一新鴉翅強飜非宿凍鴻毛順遇亦驚人

青山笑我飛埃裡輪鐵錚錚僕僕塵
爲底東皇着意催高歌曲裏快登臺豈無鈴語搖明月
曾共車聲走薄雷下地草應逢甲坼滿林花更上頭開
新思一笑占從虎好共瓊筵醉玉醅

望景州塔

景州實塔高參天絕無草色霏墟烟玲瓏直與日月並
高下週圍雲霞連當頭月色不可到絕頂鴉歸飛蹁躚
薄暮夕陽多向背十三層環女牆邊遙接青齊百萬家
亳都商林相蟬聯宛然一筆春風裡埽盡媧皇五色鮮
鈴語顛風不可聽百數里外瞻其巔傳聞此塔建自古

雄長北地三千年我今停車一縱覽郤勝孤嶼撑中川
吾鄉亦有南山塔筆穎遥蘸池水圓（吾鄉八景有泮池筆穎即謂南山塔倒影於池如筆也）邇年祝融不我惜一木生火由中燃吳陵游
人空扼腕難作隹想相爭妍更誰再向天涯去吟遍四
萬之八千

昭陽徐俊登孝廉同客都門以其尊人玉照索題
書此以贈

松石之間意羲皇以上人所居在廉讓自是見君身日
涉皆成趣天懷信有真清閒殊愧我尚未滌煩塵

松石圖（代友人作）

松陰高揷天石底流鳴泉翛然出塵網累脫忘俗緣有
人何埶中有馬矜白顛而我與翁子風沙屢驚前利市
衫未抛祖生揮先鞭一欲洗華髮跨虎深山巔懶吟厄
閏楊飽食杞延年同聽瀑布聲安受他人憐

出京

別思頻教寄白蘋有家况似舊山貧過淮芳草成陳迹
搖水孤花占晚春月落不離天欲曉風多更覺夢愁人
據鞍我獨心如結爭奈馳驅又水濱

瞻露臺宴有感

勞使珍筵望滿堂嘉賓拜賜頌　君王日磚遙見尚書

履（是日大司徒代行主人禮至龍軸香案前行三跪九叩禮禮畢飲宴）天宇如開演劇場（是日闈中自總裁下凡在闈差者皆朝服）衆綠風前香自在春陰殿角借難
償文章何以涓涘報况復朝家典禮詳

固安旅次雨夜

門外流波濁不清郤教何處洗塵纓花還未謝紅先減
髪到愁多白早生輪鐵已消河上馬鞭絲並濕雨中鶯
同人更說來宵伴雲黑燈明路幾程

重過沂州

又向飛沙隊裏過青齊依舊淡烟拖薊門陰雨愁山色
泰岱晴雲浴海波同谷詩多偏亂世盈川文自美懸河

此來沂水重新沐鳥舉如何一目羅

歸來

宦情每爲拙情牽冷境驚心又十年由庚辰挑後署遷俱未能得近又十年入世也知愚谷好當風差喜竹林賢謂鈞叔嘯吟空攬清溪月菝濯難尋洗藥泉一夢陽關春已老幽尋波外豈無天

和陸州牧春江鄄寄補賦同任江甯去泰州詩十絶元韻

吳陵曾許挹清風去日應看轉再中新正余將北上州牧有同任江甯之信東都賦云：西日於再中賦意本願复昔日之盛作者因有此說吾鄉同人於公近亦有此泥禱之語悔

執硯山館詩集 卷三 三十

我春來同候雁公車揖別亦怱怱

本擬揮留斅魯陽況多詩句誦班香州牧在泰清慎同人感德擬攀留上請緣礙於資格未果新正廿日餞於臨湖禪院中州牧逑岳皐途中口占並平昔詩聯其音調高古令人吟誦不倦

如何庖代瓜期及往矣蕭蕭梛數行州牧任江甯權篆泰州由丁亥秋至巳丑春未及二載上游因其勤慎辦事認真且令歲秋闈兼資佐理故仍令回江甯任所

南旋疑說夢模糊好讀催耕舊繪圖道光朝山東李知泰州時有繪催耕圖幅舊儲臨湖禪院中州牧將行過此山僧展幅呈覩同人因謂公之德績尚不止此最是離傷今夕酒一杯一淚共臨湖臨湖即岳皐下禪院旁即小西湖是日飲此談及州事不覺淚下

風煖爲災避未忘望洋百感動滄桑是歲有市儈勾通外國人購買民屋民心不悅州牧遵議事息百姓均戴德焉何期明月圓如許照徹窮檐仰泰堂泰堂本海陵蒞事之堂宋州牧陳漫翁垓乃額其堂曰泰堂每至月出光射至屏吾鄉八景之一曰泰堂明月

淮流順軌喜深深漫說風雲接地陰躍鱗河西接江淮東流至泮日久淤塞余等因陸公來各願出館穀挑濬請於州牧州牧亦捐俸因照會余與石廣文小泉梁徐廣文子占恩榮盧菘亭通判福保同興是役後三人皆以鄉闈未果余勞怨獨承幸張學師董城守亦各捐俸挑濬深通以引淮水入泮形家言地脈活動可許科甲之盛今科禮闈同試者十有七人一無獲售臆風水之說即謂應驗亦未必若是之速耳

愧煞帆迴蓬島遠猖狂難慰冀予心今春同考官廣西劉海臣先生丙子翰林謂余文筆近古樸非於墨卷中求生活者詩亦穩鍊潘總裁亦謂文有發揮均極佳之語後復另註額溢遺之可惜六字此孫山之恨所由不免也嗟乎磨蝎未脫命宮不能上副期望其門人昭陽咸

執硯山館詩集 卷三 三十一

齋徐君亦然奈何

論論橋頭語倍親州牧照會修理橋梁在在觀除溫言慰藉外崇論閎議似勝讀十年書矣梅花未敢笑檐巡州牧感賦詩有澹臺原未到公堂之句余等亦以邑宰室非奔競風即資緣習兩意賂合誠非他人所及知者

去秋記約同觀水客秋九月河橋關泮工竣開壩放水水入中市河則清者不清水入泮池即濁者亦清談談問問复謂余日我胸中涇渭自分又日可爲知已用甯爲不知者槖斯言金石迄今猶耿耿焉清濁分流匪異人

瀠洄一帶水迢迢隱映星河影蕩搖今中市河玉帶河及東城河水皆環繞泮池餘雖零星未复然已非四十年前淤塞景象其清波沽蕩遙映斗牛非州牧至泰愛養民生惡能有此生生不已之觀而民得咸用之乎

回首霧豬題乍試豐年雪更不封條去冬三四九中雪澤稀少州牧齋戒祈雪後以蘇詩祈雪霧豬泉句于小課命題不三日則澤下尺矣民心歡

悅皆謂州牧真誠所致

燈宵下問話從頭前歲黃水溢鄭將有東注之信州牧問余曰設黃水至雖斜豐港恐不足恃後張秋訪至開道接海以防瀰漫之勢州牧辛勤隄港港即斜豐港隄即范公隄綿亘近三百里督夫修築先勞無倦人皆曰此良有司也秋水闗河好放舟客歲季秋修理告竣闗河水滿相約登舟由北而南由南而北面面深通固足以便民食用而利市中亦樂有三倍云笑我千言空涙筆欲獻古鄭宿黃流去春黃水宿鄭道路傳聞東下余有分鄭引黃先行入江以衛下河節署呈請採擇後州牧以黃仍返西北稟言遂寢政績詩才各有資不同鏤畫效氷脂自憐遙遡私圭臬豈獨山陽去後思州牧山陽卸篆後百姓皆焚香餞送吾民見州牧去泰填街塞道不問紳耆男婦老幼則各涙送吾適京遊未與焉近友人囑購磚石以勒去思公复信止盍令人欽仰無盡

準備王喬再履鳧好官聲已重當途都門同人言及州牧之循良並有詢及於余者余曾答曰清愼勤愛民如子而已吾鄉果有生生福應沐重恩到海隅

即事口占

三更燈火不須誇隱隱星河一道斜秋色今年偏見早海棠六月便開花

幽居

士不逢時拙快藏退閒歲月輙心忘茶經火候煎初熟田耒耕鋤種亦荒入樹風聲何太颺當門月影總成方勞人可解幽居樂莫笑霜橙搓手香

抱負不凡大手筆也葛澐評

詩亦如奇文幻出澐

任西湖莊屋晚涼散步

碧空銀漢淨爽氣晚來秋風勁擢黃葉茶香浮白甌泥垣殘月照野草亂螢流新露今宵降愁雲一泒收

秋聲

寤悟眞消息夢回燈半壁抑揚遠近聲起覓無蹤跡

雁字詩三十首

紛員百物象音通漢郊祀歌赤雁集六紛員注六數也紜當從員員音云多貌古今注尚象音我獨秋來感戲鴻袁昂古今書評鍾繇書若飛鴻戲海北地文章原蓋世南天鵾鵬漫盤空逍遙逕裏爭雕飾陳後主度雁賦暫逍遙於夕逕雲水光中現巧工擬借飛車同載酒門奇何必過揚雄載酒問奇字揚雄事蘇軾詩且與揚雄說奇字

絕無成見辨橫縱藻耀高翔矯若龍破體書宜隨意揭經年霜喜說花封鳳毛焔爛霞初映烏墨淋漓露正濃泥上不須尋爪印羨他筆法也藏鋒

臨池書譜忽訝水淙淙何物晉山濤語雲霄興未降幻出奇文輝碧谿別來離恨寫烏江幾行鴉點空塗抹一樣蝌痕獨老龐大也言氣勢之高老非謂人醇工麗所作也底事書成秋八月李羣玉詩斜雁逆書天又八月書空雁字斜飛飛飛過洞庭艘陳周弘正咏雁詩南思洞庭水平空忽訝勢參差陋說臨文脫稿遲白屋秋聲風動侯丹林畫意日斜時飛鳴隨地鳧堪侶爾雅鳧雁之醜其足蹼揮灑

才斗森嚴無懈可擊澐

因心烏豈知賀知章傳謂張旭索筆揮灑變化無窮若有神助倘共鵰搏留別
樣別樣考貝字也見辨訛類書望崖不免鷺鴒嗤盛宏之荊州記曰雲飛鳳翥望崖迴
翼
迴來創局想非非老氣經秋竟發揮非非想出華嚴經目下亦有作文用
非字格者贋本久知蕭翼賺鴻文屢悵杜陵違詞塡楊柳紅
憐瘦夢繞烟波綠不肥壁府有綠字孜生計江頭潮長落問誰
目送帶春歸手揮五絃目送飛鴻
直揭深情託太虛山川草木埽經畬四方上下癡肥化
萬丈光芒拙俗除仇池筆記李邕中俗筆也齊書王僧虔傳孝武欲擅書名僧虔不敢顯蹟
大明世常用拙筆書以此見容生小古今融篆雁奴生小而善鳴見玉堂閒話呼兒

執硯山館詩集 卷三 三四

楓荻感蕭疏王維詩菱花胃雁兒日中似有模糊影漢書帝王世紀文帝時日
中有王字與日合德之象莫認塗豬誤魯魚魏夫人筆陣圖凡多肉微骨者謂之墨豬
兒齒前番獨唱于莊子前者唱于後者喁喁分行許共步天衢書來
寒碧雲情薄題遍飛紅月影孤鄭虔嘗取紅葉學書摹蚪形神多
結屈盟鷗蹤跡慣濃塗笑他識已蹲鴟誤杜說縱橫穎
士奴
居然吐氣亘虹霓斷續關河落日西範水好音懷燕客
詩懷我好音模山浪迹認鴻泥文心雕龍模山範水字必魚貫冷吟巖洞雲
煙滿古唐詩題字徧巖洞羣下江灘點畫迷獨有詩聲幽谷裏華
衷貿謝說留題駱賓王詩素書如可嗣幽谷序賓行

懷字一聯不脫不粘其神味殊令人拍案叫絕澐

蘊藉風流神韻在嘉州退谷之間澐

寄託遙深澐

宋人詠物有此工緻無此精微澐

若將疏密自安排風雨聲中悵別淮帝王世紀列風淫雨淮別理乖而新
異數點補成義畫闕羣言高挹洛陽街橫來天地猶嫌
窄老去江湖獨寫懷文信國詩西風老雁天幾日毛豐多順遇相
思果否解吾儕東坡詩何人織得相思字
一片鄉關月色開匆書飛忽自天來玉門風雨驚神筆
帛幅丹青指劫灰望裏勢聯摩鵠翼空中人立背鷹臺
窮邊草瘦菱花冷況復聲諳畫角哀王維詩菱花胃雁兒
莫道書傳鳥迹新陸游詩雨過庭餘鳥迹書沖天如爾亦通神文心雕龍
有鳥不飛一飛沖天又杜甫李潮八分小篆歌書貴瘦硬方通神浮烟漲墨知難擾映
水交波繪不眞豈有霜毛工洗刷只餘風骨想停勻更

執硯山館詩集 卷三 三五

誰鶺落矜時妙生活終輸避熱臣
舉止飄飄總不羣況多變態入風雲依稀樣直葫蘆畫
嘹唳聲悲筆硯焚我法靈通塵濁埽雄文蟠際匠心分
清異錄云書空匠者又詩云天埽閑雲秋淨時書空匠者最相宜何當逸思凌霄漢宛
轉迴成錦繡紋
債主無端說立門李頎詩門前債主雁行立屋裏酒人魚貫眠如何出入躡
雲根魏夫人筆陣圖云窈窕出入如飛白謀粱身世綠飢累杜詩君看隨陽雁各有稻
粱謀潑墨霜天帶漏痕陸龜蒙詩特看潑墨痕又姜堯章續書譜草書用筆如折釵股如屋
漏痕如錐畫沙秘篇苞符疑乍洩秋田菰米豈無存薩都剌詩露香菰米
下秋田驚寒況有衡陽陣露發金峯萬里昏

妙不着跡　澐

是一是二詠物題能事畢矣　澐

沈埋趙附者可着當頭棒　澐

殊翁殊翁者言雁老而頸有文采與衆殊也漢郊祀歌
殊翁雜五采文注言翁頸文采殊異也又范雲詩
纔紘殊翁歸文采許君看九月南翔候正寒江賦陽鳥爰翔於元月元月九
月也鴻雁以此月南翔又呂氏春秋候雁來賓注是月候時之雁从北方來愛力懶將鄉信
寄禽經鴻雁愛力又眞山民詩雁字不將鄉信寫橫空屢覺塞星殘趙嘏詩殘星幾點雁
橫塞暮投沙磧霜初重趙元稹詩詞凝望眼征鴻幾字莫投沙磧曉發山郵露
未乾鸚武雖嬌終鳥語數聲何以報平安東坡字林劉十五論李十
八草書爲鸚哥嬌意謂鸚哥嬌能言不過數句即雜以鳥語也
著行斜出總相關東坡詩旅雁何時更著行惆悵飄零一望間隱現
峯腰寒更瘦杜詩注衡陽有廻雁峯低橫石骨秀非頑哀鳴果許
還中澤奇氣應能敵華山此去雲程好棲託莫因羈俗
執硯山館詩集《卷三　三六
倦飛還
凌空結搆更翩翩卑葎痕消斧鑿鐫美女登臺風雨後
仙娥弄影水雲邊毫釐細認鸞翔月膚寸平連鶴舞天
多少深情重九節不堪布置感華年書譜云如壁坼者欲其無布置之巧
英才曾記燦瓊瑤五字擢英才秋淨雲閒氣敢驕有客功名
誇燕頷笑予詩草削蜂腰關中風格思前度樓角霜華
媚此宵人那得知征思苦人那得知謂王字也空凝望眼路迢迢
註見莫投砂磧句
雲影天光四面包數行斜劃費推敲懷人目斷音千里
故宅涼生水一坳易林鳧雁啞啞以水爲宅左右網羅須早避齊書臨川

閱歷語　澐

秀語奪山綠　澐

王映傳工左右書又鮑溶詩江南羽族本不少寧得網羅此客鳥繽紛雜鶩漫相嘲頻
年掃得蚩尤霧抵借黃庭雪夜鈔
月黑哥舒靜不囂更誰作賦快登高胡沙飛捲天容晦
湘水翻騰陣勢鏖曾與繡文光耀日頻看邊信冷吟袍
劉郎說是蓬山遠敢向征禽一詠糕
何來水墨一痕拖各有精光黴不磨宛爾蛟蛇看變化
石鼓歌文字律崒蛟蛇走愁他沙漱起風波薩都剌詩雁打更沙漱旁奴形聲神
鬼供驅策橫直烟雲助盪摩不識長門明月夜韓愈詩阿賈不
識字頗知書八分又杜牧詩長門明月孤雁過吳鸞近日驚如何
戍樓忽聽動哀笳泥滯令番悟畫沙帛久書文悲欲滅
執硯山館詩集《卷三　三七
陳後主詠雁賦帛久兮書字滅又爾雅滅謂之點江涵秋影望初斜單飛帬絹
新雖換獨唱更籌署勿諱曉日一羣騰鸛鶴飄揚起止
任天涯書譜云如雖畫沙者欲其無起止之迹也
屈折烏臺勢不忙曾隨鴛鷺忝臣行蘆銜可擬生花管
稱躉誰分餓隸糧晉王羲之傳筆跡拘束若嚴家之餓隸列陣令將嚴斧
鉞陸游詩風高雁陣斜又王羲之題筆陣圖後每作橫畫如列陣之排雲又一字嚴於斧鉞無言神
直挾風霜呼奴莫更偏旁宿警察須從水一方
歲歲來賓說訂盟灞陵作賦鍊都京張泌長安道中詩雁聲新渡灞陵烟
舊懷紫塞含毫邑新渡黃河下筆聲回首蒼茫孤塔隱
驚心迢遞一波橫西風鼓角關山夜脫穎前程誤請纓

才大如海 澐

組織工整妙在不言寄託而一種高遠之氣溢於楮墨 澐

酒後驚聞客已醒（杜牧詩酒醒孤館雁來初）問誰畫壁唱旗亭霜華
千里看飛白人影孤燈誤剔青擬破洪荒開世界直描
大塊鎮蒼溟銀函幸有如珠貫好自聯翩刷雪翎
曾經夭矯賦寒藤雨疾風橫感倍增（陸游詩天風蕭森入詩律寒藤夭矯學草書又墨莊漫錄王荆公書清勁峭拔飄飄不凡世謂橫風疾雨）書帶晴拖心草草烏
絲闌界樹層層身登鳳闕威除虎眼睨鷹塵凍釋蠅聞
道冷金亭畔句高吟詩羨秘書丞（清異錄乾祐中冷金亭賞菊分賦秋雁族子秘書丞敏詩已先就）
幾點殘霞碧沼流（衛夫人書如碧沼流霞）不知天氣爲誰秋霜凝
劍器花初冒月滿珠船義並搜迅舉跡將摹鳥篆代飛
情豈與蛙謀（禽經鴻雁愛力遇風迅舉淮南子曰燕雁代飛）若教臨水驚神化

執硯山館詩集 卷三 三八

應羨歸來體更遒
失羣駛翼悵來禽（沈約聽曉鴻篇顧征禽之駛翼）舞笑難言價值金（衛恒書如美女舞笑鏡臺又一字千金）玉嶺雲低消俗障鏡臺花插起寒砧
榮邀華袞思羅禁（一字榮於華袞又上虞縣有雁爲民田春銜拔草根秋啄除其穢是以縣官禁示網羅不準妄害此鳥犯則有刑無赦）語肅春秋會意深況是怨情拋
未得行間羞瀝悔魚沈（袁昂古今書評羊欣書如大家婢爲夫人雖處其位而舉止羞澀終不是真又雁杳魚沈沈魚落雁）
倉鴚詞事話征南（揚雄方言雁自關而東謂鴚鵝南楚之外謂之鵞或謂之倉鴚又鴚音何）
約畧蟲書體變三竟自摩空舒氣紫兼程伸脰拂雲藍

合觀全作各具標期白香山賦野雀韓昌黎詠秋懷似覺同一鼻孔出氣而感時發以立言權進退以言志則過人遠矣 澐

清機徐引風偏勁瘦骨高寒險共探莫道幽居無秘錄
不妨天地大詩龕
來往長途歲月淹旅愁早爲別離字名添浮蹤波折吟情
減破格風驚禁體嚴背雪屢傷金縷曲排雲遙隔玉鉤
尖凝時著作林邊過足蹼書仍裹素縑（爾雅鳧雁之醜其足蹼郭璞曰脚間幕蹼相連也）
一生羈甚苦塵凡（羅隱詩羈甚賓鴻欲一生）燕語從今當絲笈待覩
春花排錦句試吟秋意勒瑤函夢回采振江郎筆草拔
香縈楚客衫（揚雄方言雁南至楚過雲夢故南楚之外謂雁爲鵞又雁南至春最善拔草根）最
喜恒谿都脫盡飛揚冷眼任旁攙

執硯山館詩集 卷三 三九

秋夜寄懷劉御史海臣夫子宗霖

慈雲冉冉護燕花探得驪珠彩煥霞 金殿 九重叨
寵眷木天尺五表清華榮邀星使詞曹貴猷告霜臺
我 后嘉記取廻流溯滇水吾家曾亦許停車（夫子滇籍吾先王父道光朝官滇中）
簾開鎖院覺春寒文字緣非一面難藍筆勞無加點竄
朱砂字更助波瀾蓬山風忽帆回鄭花縣人多姓寄潘
愧鯉程門儕弟列不堪雪影悵團圞
未覩先生卧直廬春風小草借吹噓酬知剩有天涯淚
活涸空驚轍底魚我馬四蹄偏道遠農牛再服笑修祠

蒼陳繼儒名在新詩衆不如權德輿橋畔月明清見底羅鄴
片帆歸去就鱸魚李郢

庚寅新春

芳草漸芊綿歌聲雜管絃盆花依舊樣籠鳥報新年北
陸藏氷日東風解凍天文章緣業在未敢問林泉

春正單秋岩孝廉來約同航海北上

綠陰有鳥正鳴春刀奏硎爭一發新出岫雲將趋海疾
守梅隺欲笑檐巡無多菉竹生幽興大好歌詩愈病身
同此豪懷堪共慰弟兄異姓亦相親孝廉本陳氏因繼姨母改姓單
怦怦舞劍趣劉琨向我江湖訊去程紅杏花應傳及第

執硯山館詩集　卷三　四十

綠窗草自長科名一樽且共天泉碧萬里肯歌露氣清
雲水寥寥城錦繡春來況對月初明謂是月十五日起程同舟

廣陵舟中

鷺花好夢說揚州五雨風來喜共游芳草清池搖水鏡
錦帆得路即瀛洲管絃山鳥都成弄詩酒官棵羨賞幽
此去京江多壯麗一帆遥指出瓜洲

上海四馬路橋頭晚步

偕游逕黄浦一路泊洋船椰色饒春雨歌聲破曉煙鐵
橋寒水外燈市夕陽邊共羨垂綸者收竿已醉眠

過明嚴氏宅故址

玉樓高許峨峨倚目斷飛來鶴薦書
芙蓉生質本秋江桃李春爭怨早降廿載京華寒食兩
一聲水調落梅腔獨爲愁思歸東海幸作閒身卧北窗
明月半環瑤草冷據鞍孤士亦無雙

書所見

小步城西路轉遙蓬萊風引裡高橋封姨何事連塵捲
豈爲嗔貪弄玉簫
日影寒䏻菜一畦家家分草苫田𡗝是日凍雲滿眼風狂欲雪各各束草護菜以防寒冽村娃不解吟人意笑指風沙醉眼迷
梅萼含苞欲破寒未經細嚼已流酸折枝聊當天台藥

執硯山館詩集　卷三　四十一

好證談經葉小鸞
四葉初聞小字稱笑迎低語佛前燈癡癡難薄牟尼命
不向歡場拭淚氷
回首雙扉閉已深同人更說訪潮音無端又過張仙院
案有來生福細吟
憶昔歸來鬢已蒼登臨莫更感頹唐平生多少豪吟興
蕉味應驚老境香

客中集句書懷

荷翻翠蓋水堂虛李商隱不必門多長者車司空圖白馬一
雙簾外去趙嘏碧雲千里雁行疎韋莊雨餘茅屋秋無

一帶阿房景風流未可論龍山猶有勢蜃氣已無痕蟋
蟀空堂夢（宋賈似道有半閒堂蟋蟀之樂詩唐風有蟋蟀之悲今俱空諸所有嚴氏樓臺之不可恃亦復如之）烟雲舊日門巖巖近何在有地指江村
欲能知世味苦未識酸鹹古調隨鶯囀新泥得燕啣斜
陽餘晩景老淚濕春衫細草含初綠生機不可芟

京邸雨窗有感

去春手筆走蛇龍忽地帆廻遂鳥風老驥傷心芻豆慣
名花過眼夢魂空前番車馬憐楊白幾輩風雲羨樹紅
說是公田今雨我倚窗先其卜年豐

客中生日

寂寂如僧心出家況今生日共京華未忘母德思能報
欲沐　君恩意敢辭絢爛文章悲歲硯岩嶢城闕慶公
車邇來玉季原同譜好對薇垣看紫花（新館南窗有紫薇花一株）

過臙脂衚衕

蝴蝶爭飛上下齊笙歌門外草萋萋斜陽寂寞空回首
底事牢騷醉眼迷

是誰小步印蒼苔況复紗窗面面開說是春心關不住
梅花紅過粉牆來

同族弟秋岩途中作

搖鞭莫問路行難瘦馬頻嘶北地寒車轉沙塵初月冷
人離旅店一燈殘黃花帶露槐邊落碧水清風野外寬
春色微茫鄉岸遠不妨歌笑倚雕鞍

客感

紅橋曲曲柳成陰日影松窗客弄琴潮落江灘晴靄靄
雲迷溪樹影森森鬢絲如我嗟飛絮山石何人誤點金
多少樓臺看海上羨他水鳥自浮沈

宿紫竹林

富貴皆春夢詩成録綵箋誰援鴻鵠繳憫問鷓鴣天室
靜塵囂遠心空俗慮蠲安車效蓬轉風送亦娟娟

過鴻孤口

京華回首碧雲沈曾向西山踏雪尋客裏愁多能幾日
風前人語隔長林唫殘朝暮潮聲遠渴對江湖酒病深
青壤百蔬看不盡問誰一去客心驚（是夕江右王林生貳尹擬由燕臺下船）

過福山

空江浩蕩月明時野戍花深不斷思幾點香雲迷倦客
一春短夢負歸期同心草木催人老極目烟霞伴隺癡
最好角聲清夜裏倚風吹和柳枝詞

萬竈烟屯繞敵樓紅牆粉壁野花稠重重水閣連江口
隱隱山城矗石頭番舶蓬曾飛海國津門檻忽起沙洲

流水潆洄說射陽陡覺心清多妙韵由來皋觀遞微香
亭亭淨植塵難到呼茗禪和好納涼
觸熱人嗤襏襫裝臨風且着芰荷裳塵心未許窺仙子
嬌語從教妒窈娘樓閣夕陽明翡翠芙蓉秋水浴鴛鴦
歸來袖向清芬挹坐對金波弄羽觴

昭陽晚泊

曉日寒窗花氣暮雲古寺鐘聲消受客中十景恰宜着
箇詩人

黃葉

一種晚花無恙數行哀柳多情那管青山笑我鵝兒新

酒頻傾

冬夜歸舟

東風吹雪起書劍共還家雲暗漏寒月樹高棲凍鴉遙
情欣有托別恨杳無涯夜半鐘聲動燈光黯歲華
春未歸來日羣芳暗吐芽野烟圍雉堞幽火閃魚叉岸
柳將舒葉山梅早着花近鄉誰可問飄影向横斜

辛卯春日見鄰院杏花

如何含笑露嫣紅媚態輕盈醉曉風想是東皇多着意
故將消息漏牆東

答安宜楊小園貳尹（申福）過訪未遇

往歲洋船輪駛天津如飛畫鷁近數年中天津口門沙長壯如列檻停鴻孤口情天遙指通銀
漢斗轉宵中說女牛

天星橋買歸舟

福山幾過叉狼山江水東流浩蕩間醉卧星河天路逵
居然萬里一朝還
楊白花看歷亂飛書窮髫短惜春歸早知登岸鄉愁起
跨虎深山獵一圍
每驚佳節寄飄蓬廿載幽燕夢未通今夕月圓眠不得
只愁花亦笑東風
風前猶自認吾廬眾綠生機帶雨餘莫再白沙江上去

且吟荷蓋水堂虛
負郭田多已半荒湖田秋水況茫茫昨宵向具題橋想
懶作嵇康竈下狂
莫笑飢軀返薜蘿曾經山獄亦酣歌半床風月一畦菜
不是幽人惱恨多

端午

一壺天水穀芽茶何必求仙啖棗瓜莫道此生鬢近白
醉顏紅過石榴花

射陽湖觀荷

買得烟艘泛野塘龍竿寺竹更蒼蒼小橋約略通幽徑

溯西舟中懷陳曼卿司廉慶雲

憶昔交情老輩多君身有骨奈愁何不才如我知非寶
大筆驚人悔擘窠寸水那堪魚躍尺清風又見虎騷河
邇來同一桑榆景白眼紅塵好放歌
客歲郵傳祝古稀遙聞多子戲萊衣高談衆物原驚座
憂道謙尊足見幾（司廉與州牧張偉堂言有謙堂翁君子憂道不憂貧句意）轉盼遷
喬音聽好關心小草雨霏微今宵擬醉重陽酒爭奈秋
風悵不歸

湖西雨窗即事

秋雨連宵夢不成客窗無事倍神清呱呱又說他人子

執硯山館詩集　卷三　四五

況是西風吼未平

鄉莊即事

縱有生公說法心慈悲恐亦誤林林猨狙也具周公服
媸惡何由得淺深
願將佛手摸人心毒螫如何語福林卵化胎生原不一
泳游豈獨就其深

湖上阻風

封姨何故太無情又是蕭蕭江上行想是離人歸早矣
渺予頓作不平鳴
芙蓉花滿水西東莫向江頭怨曉風怎奈愁生心欲靜
時捲疎簾燕不來竟教春色老莓苔故人此去今何處
令我三三徑屢開

榴花二律限鹽咸韻代譚甥作

別有名花五月添瓦盆布置又何嫌擕來域外愁裙妒
開向天中似火炎樂志漫矜朱紫貴（文選云榴可以樂志可以充虛）分
房預卜色香甜他時飄落餘芳種多子登科喜露霑
有子胎初等鑰緘重臺跗萼自相銜酸風尚未今番脫
佳實將增老境饞綠意枝還多色相紅情我豈脫塵凡
笑他爛熳烘如醉照眼分明耀杏衫

蟬

執硯山館詩集　卷三　四六

綠槐高處託吟身宛爾風琴一曲新惟語螳螂休健斧
憐他前亦冀中人

螢

青光點點散疎籬忽地乘風上樹枝可惜身輕秋已近
不知明得幾多時

舟泊魚龍會

近日樽前嘯且歌鄉人亦喜我吟哦聽經牧豕今何處
無奈秋聲蟋蟀多
月黑飛雲去又停水邊舟子一燈青秋風慣入蕭疏枒
不住悲鳴聒耳聽

運番絮影白蘆中
廿年辜負幾重陽今日重陽況異鄉自笑扁舟歸未得
一天雲影漾波光
忽地風狂雨又催天青似爲洗塵埃來宵佳會燈明否
怕不行人得得來
舟人噢囈唱紅么準备看燈過倒橋不禁風波平地起
亂予愁更雨瀟瀟
雲晦天容四面包麒麟灣口暫停橈下簾不準秋風入
況是聲聲雁陣高
雨聲淅瀝打篷聽草濕泥塗鶴在汀獨有鴨船行水面

片帆蘆荻一天青
行篋隨身客況寒棉裝被褥不嫌單孤舟自爾寬天地
壺酒高歌抵拜官
何來叱犢學修耕正值秋田刈未晴我正避風兼避雨
羡他蓑笠一身輕
雨洗秋林分外新霜楓紅更勝於春我來一筆描難盡
寫入詩中自可人
烏盆花事近如何且向東籬載酒過今夕歸舟風雨夜
不妨風月共高歌
豆棚閑話當清談歸去來兮夢不酣憶昨秋風茅屋裏
勞勞還說走燕南
且把秋來俗累删詩吟十畝亦閑閑興豪莫更催租敗
好卧梅花紙帳間

輓覺正寺松泉上人

吾聞邵子窩家有一僧出上人本邵氏自行在淨修無得亦
無失勘破世人情香花飛滿室不與塵俗緣視若葦唐
哭不與勢利交視若輩粗忽悍忤家庭兒一笑拈彌勒
其徒皆子孫悉教以道德不須去學仙更不須學佛惟
自守戒心非空亦非色虚社結東林覺正此其剏經窗
半夜燈諷咒若得得天以上壽徵年華過九十

贈山左劉少尉雨村盛霖

卑官亦是朝廷選莫謂官卑終窶貧聞說十三行帖寫
青青草可瞄生春
家聲山左溯文清相府梅花舊有名可惜孫枝生太瘦
幸餘香影雪中橫

執硯山館詩集目錄

卷四

執硯山館詩集　卷四　一

執硯山館詩集　卷四　二

執硯山館詩集卷四

秦州蘭槎氏陳　茀著

壬辰元旦集句自遣

爽氣長空淨花香似火焚重簷交樹密古石帶苔文別
恨隨流水晴天養片雲願齊山嶽壽岑寂隔塵氛
楊師道　賈島　王勃　姚合　高適　杜甫　宋若憲　厲鶚

朝霞晴作雨比我不爲慵火樹銀花合金樽臘釀濃未
能先隱跡誰寫少年容人醉逢堯酒西堂對雪峯
李嘉祐　白居易　常沂　許渾　馬戴　蘇軾　楊巨源　何景明

鳥囀深林裡窗明野意新汀洲煖漸綠草木暗迎春轉

鏡看華髮清吟愈病身空齋無一事永日遇閑賓
裴廸　蘇軾　劉長卿　張嗣初　方干　懷芝　韋應物　蘇軾

率性多非學閑花亦偶栽青山看不厭白髮重相催行
紀添新夢文章落上台南風吹五兩春至不知來
廣宣　蘇軾　顏在鉌　宋之問　司空圖　杜甫　張祜　盧照隣

新正次日與紫珊郊行

東風日暖谷鶯啼文衡山　細草新花踏作泥岑參　酒客不知
塵夢醒文衡山　佳人纔唱翠眉低鄭谷　桃林渺渺春多雨馮琢
庵　楊柳依依水掐隄杜佺　愁逐野雲消不盡張泌　一樽儈與
子同攜蘇軾　附錄紫珊和作沖天有鳥一聲啼花好還防馬踏泥草際雪融春早覺山巔雲上樹逾低柘枝鼓打猶含臘柳色金拖漸過隄來日梅開須共賞大家莫忘玉壺攜

壬辰穀日東飲錢閣學槔庵於宅閣學袖示辛卯科奉　旨代辦江南本省鄉試監臨詩四章因步元字

詞垣臺省幾經秋閣學由道光己酉後供職西清累遷御史少堂洗馬翰林計今已卅餘載
敬事堂開話舊游西戌朝考閣學任敬事堂爲查察大臣昨以詩贈余讀一過始悉內院名目
萬選才應同倚馬三年目豈見全牛滿城桃李旌當
代華　國人文冠此州說是梓桑緣再續埽題石壁合
重周原詩註中有新安程中丞辛卯前科監臨並今合肥相國詩句意

聞道南闈愼守防山河兩界感兵荒兵荒二字見甌北集國初哭野人亦

常用之咸豐三年後賊踞金陵十載幸南闈得免於燬會文正收復善後首先奏請於本年冬月先開甲子一
科閣學詩亦有感慨浩刼之意　奉天特駐觀碑馬去秋閣學由安徽學院任奉　詔代辦南
闈監臨　立雪將牽換字羊試院歐蘇新管鑰衙官屈宋舊
排場重闈一例風清甚抵讌高臺露浥香禮闈會試後尚書奉　旨代勞使臣設宴禮部堂上名露臺宴閣學曾以同考與座拜賜

笑談今日一樽同春在先生杖履中借用歐蘇二語兼緣前日東邀歡飲適立春後三日
顧我笙歌慙宴鹿驚人劍氣久藏虹珊瑚網更
推宗伯夙夜詩還詠自公多少相思雲樹潤問誰禹玉
預堂東王禹玉進士出歐陽門下後同知貢舉吾鄉逵尊近惟閣學一人

洛下文原重士衡成都卜又訪君平閣學素精六壬是日與程石洲太守

談論甚夥故園松菊差怡座幾輩匍戎淚得名宿學幽燕徵

老將星軺湖海濟行程閣學屢奉主試凡浙黔滇粵皆昔所歷者講筵轉

瞬尙書詔　日影花磚頌履聲

疊前韻自感

自分郊寒近似秋光陰虛擲少年游空羣已誤孫陽馬

抑角還調甯戚牛小草在山偏海國好花有夢記揚州

春來凍色差池解斗震天東又一周

頻年守意愼城防卻軌謳唫徑屢荒偶檢殘編塵白蠹

幾經浩刼脫紅羊蒼茫塵世悲摶土傀儡衣冠懶上場

差幸樽前餘旨蓄笑談辟惡更生香

放開眼界看來同底事勞勞向熱中去日風雲嗤尺蠖

今天雨露洗朝虹未除豪氣殊慚我欲遣悲懷漸不公

話到颿迴蓬島遠南船依舊海門東

言行原宜式倚衡疏狂老境愈難平汪倫情重深潭水

張祿誰知舊姓名古月猶懷前度約春風漫促淚游程

閣學與余同好猶冀余今春北上並部友來信云今歲考後直隸新疆均有來請揀發事謂余已就吏部候揀人員應行歸部當差等語余以衰齡不克再嗜此數千里風波風沙之苦唱喁愧入青錢

選一曲巴人自有聲

贈袁子文錦季子鏞兩文學二律

一鶴自天降清秋皎皎姿文章歸老境襟度足吟髭去秋

子文因母喪甫留類下鬚會久消寒結卅年前余嘗與同消寒雅集餐防奉母遲

吾鄉詩道荼有子始不疲

元季以方合風騷得我先淋漓才子筆斟酌醉鄉天課

子燈知味買書囊有錢飛鵬一綴翼灑灑不羈船

白紵詞

巾袍光滑何由工吳娃手織心誰同着體宜來宣房宮

一名瓠子芳時莫誤舞春風歌聲且起明月中一曲慘淡愀

筵終霜華在天花影濃

色銀製質輕雲拂塵皎潔羞睛文腰肢未許移帶裙妾

猶薄命難同君盧姬雖聞遲嫁身王嬙得退單于甸低

紅掩翠方無色敢向君前效塗抹芳花底事人妒殺

過古士鄉

舊宅遷移久常高庵先生昔日讀書之所宅門有董香光手書古士鄉三字迄今尚存惟磚字剝落圍垣朽壞宅邊竹樓惜亦不可復見閒來試叩關蓬蒿通一逕瓦屋贖

三間地僻花無主梁空燕不還飄搖風雨裏猶對岳家

山古士鄉三字面西泰山今岳阜

幽居雜興

細草含風綠生機不可芟斜陽餘晩景思淚濕春衫古

調隨鶯囀新泥待燕啣多閒安福境奚自掛征帆

病起

郭福沅云雙字宜作飛原本雙高見李商隱詩集五律句

頻來相問病何如靈府初平氣漸和倚枕怕聞啼鳥急
閉窗愁見落花多簞瓢更陋顏家巷安樂難尋邵子窩
自笑此身類民獨不知何計慰蹉跎

謝陳曼卿貳尹湯守安守戎問病詩

流水閒過院浮名認是雲同年同白首開戶挹清芬片
月臨階照香風入座聞未抛殘藥物一笑蝶成羣
雨過松多色山寒出岫雲竹門風自埽花徑路難分孤
樹延春日虛堂愛夕曛清談無限好安善遠塵氛

病後有感

幾年清慮洗塵勞自庚寅後閉門謝客亦復懶於北上況值交親說寶刀
覷世水將天一色入簾時見燕雙高桃花隨雨過寒食
柳絮因風撲濁醪獨有片雲生半壁舊游多不見波濤

暮春

生怯天寒錦繡堆遙情又向鬧中摧自憐轉鏡看華髮
懶入芳塵踏綠苔喬木鶯遷幽谷靜梅花鶴伴綺窗開
重檐不少香交密好趁風歸賦去來
花影連宵賦落紅誰教空界滿香風不堪惆悵三年客
己丑庚寅余偕秋岩筠士公車計今又三載矣最好安閒一老翁別恨殷拳憐
立鷺消魂游目送歸鴻斜陽芳草天涯夢同是淒涼恨
不窮

答袁季子小集執硯山館見贈

老不封侯去浮沈命可知蘭香訊幽谷季子聞余購蘭花擬欲同賞
袖本寫新詩風雨龍沙夢余前游北道風沙之苦雖有車簾不可避也遼廬
蟻垤卑放懷到八世談笑足謌詞
閏夏續瓮局前與錢閣學西庵消夏至末集昨正立秋復續送夏迎秋會辛老並賦五律二首索和同人青錢選邁倫論交嫌斂短少飲醉醪醨謂辛老詩中有枯腸
逢酒怯之句佳序雲間棟季子敘余詩極古淡藏身席上珍乾坤同一
腐合作兩詩人
說甚探花易虛名誤令官天心尙寒燠世味況鹹酸出
眾談何易董城守子山以劉峴莊制軍大閱特邀人材出眾之賞是日適同聚登場事亦
難謂王星貽廣東大使新涼殊味我秋意滿腸歡
久苦天無雨入夏至秋不雨幾四十餘日輕雷忽送來是日微雨人聲含
樂歲海國幾雄才茶熟色尤活繩牽井屢同瀟湘花數
箭爲報素心開

錢閣學於壬辰消夏末集復訂閏六月望日集飲
是日正立秋作送夏迎秋會二律抄贈同人因
步原韻

絲竹東山勝才華謝眺肩逸情共雲上詩意得秋先庭
草涼迎早座花香更妍仰看圓月色照我一遲眠
蘭亭春夜宴吾輩仿前游筒碧杯傾夏葉紅楓占秋放

懷歡會續佳句效顰羞小立思金井桐陰悵御溝

疊前韻奉贈辛老辛老號西庵今會詩具名自號辛老

領袖羣仙隊花先笑壓肩管絃初動後觴詠敢爭先珠箔銀屏膩圓荷小葉妍招涼何處是歌席足高眠

金谷罰猶在宵長秉燭游詩牌翻舊樣賭墅快新秋老去花簪豔狂吟鳥養羞相期十萬貫消受古邗溝

疊前韻六章分贈在會諸友

一樹得春氣辛老首倡是會餘子共得七人並未有觀察 才高孰比肩太原公子貴金谷羽觴先前消夏二集海珊宅宴觀察始至後以賦友言觀察因先具精饍於宅 風月窮游宴英華騁秘妍辛老首會抄出送夏迎秋詩二章觀察乃於是晚先和一首 結交記年少我醉嘯雲眠周芷漁

家聲伊洛舊談道屢神遊太守精風鑑每每悟想過午不食深得元妙 卜問身同隱兼精卜筮之學 蒔唫水已秋多文原足用謂家藏書甚夥 五斗折腰羞太守由江西卸篆後寓吾鄉遂無心仕宦 流 老輩風流甚形言指塞溝程石洲

打魚灣裏住司馬宅中有邗上吳讓之篆書打魚灣裏人家六字橫額 相愛喜隨肩風度皎焦遂聲華傾茂先峯雲當戶起花露浥蓮妍司馬宅中荷花頗豔 閏夏聯吟會數樽猶未眠古詩青州從事難再得墻裏數樽猶未眠張質甫

燕子故巢易廣文本泰州世家近遷城南別墅 城南好憩遊竹深無熱客廣文宅有竹一園娟娟可愛杜少陵所謂竹深留客處也 蘭約正中秋閣學於立秋日首倡是會兼以詩贈同好鬮分計日以續嘉會廣文拈得八月十五日 邊笥藏猶富阮囊空豈羞相看邀幕月亦喜照清溝王海珊

豪氣同湖海狂吟笑拍肩詠諧類曼倩游騁勝焦先魏焦先結草爲廬但通蝸牛爲蝸牛廬焦呻吟其中不與世故非司馬之善試馬者 得句頤能解臨池墨亦妍閒來無箇事色色話芊眠文選綺麗芊眠謂色深貌 袁不庵

城北何如美嘗同爛熳遊白樂天詩賴是從前爛熳遊 青桐原有館廣文宅中有青桐一株尊先人在日邗上朱震伯鉉善隸書署其額日青桐花館 白髮好禁秋廣文少余六歲而髮亦漸效余白矣 列几驚文寶廣文几案固多書籍而紙墨筆研尤極精良 名花署見羞前有名妓名花見羞而廣文亦善談風月者 惟期淡世味一酌勵愚溝徐子占

和辛老再疊前韻贈石洲詩

憶昔 天恩重冰衡任獨肩辛老由安徽學使奉旨代辦辛卯本省鄉試監臨 歸來紅拂晚消息白門先進退節自潔芝蘭香本妍功名兒輩事且向北窗眠

多恨來彭祖彭祖七百歲吐痰太遠猶自恨不壽辛老年六十六精神矍鑠豈不令人欽羨 豪情寄陸游清閒人是福風雨筆非秋佳趣流杯得分曹比射羞此間徵八米吟弄勝金溝北齊擇盧思道之詩得八首人稱八米盧郎或謂米當爲采王伯厚謂何云見猗覺寮記

裙屐風流占囊書卸一肩兵惟巡酒拔勇愛拔螢先辛老

贈石洲詩有盟長蘐滕先之句亦謂其勇於和詩也萬頃波濤壯千尋巉秀妍蘇公
門下四客惟張文潛與其子最厚因誦長公日長公波濤萬頃陂論少公日少公巉秀千尋麓今俗以贈辛老
吧思似亦巧合晚涼蟬語處響急不成眠
懶隨黃石去且向一松遊辛老軒名酒國香成海詩懷氣亘
秋我心陋蓬亂八面惜花羞多少相思句憑誰寫蓼溝

答子文季子昆季秋懷詩四章三疊前韻

蘭香詩社杳周趙說齊肩蘭香本城西茶社前流寓周丈篠雲趙丈漁亭及先大父
同於此間開社聯吟今已人往風微茶社亦復邱墟可惜而我登壇後虛聲愧士先
多材同類應老樹着花妍謂張小石李鏡芙鑑湖秋江張仲逸黃笛生王丈子勤魏
丈笛生周丈子榆唱到嵇康竈悠悠懶自眠

少年吟怕苦投筆每遨遊飛薄沖天命光沈寶劍秋青
氈依舊理白鳥可晨羞忽漫周行示征車勺子溝山東魯境
舊雨多川逝謂李梅初陳位三兩部曹皆卒於京新知許並肩萬難鐘鼎
慰奚在藝文先署以酷成熱花非香亦妍高談共海上
一破水龍眠
已熟黃粱夢風沙悵遠游波搖湖海水春入蟪蛄秋潘
岳詞俱廢謂己丑潘會總昨閱電報近己召赴玉樓洪喬事豈羞至今風景
美猶可說盧溝燕山八景有盧溝曉月盧黑也近人誤蘆

和辛老倒疊前韻贈芷漁詩

養素園曾闢開軒正好眠軟紅塵盡滌虛白室生妍鳳

節稽沅云倡和七陽倡字作娼

隱重霄暮星爭初月先謂十洲芥庵海珊詩亦已先達辛老矣家藏一斗
酒飲我客鳶肩
不妨鏖白戰有底築深溝會喜七八集貧懷一字羞縱
談忘伏暑幽賞得天秋六月搏扶息何須賦遠遊
忽地天風急涙涙破午眠性嗤微醉養花愛半開妍禾
麥田縈秀謳謌局占先芷漁以第三會入芥庵遂退至尾會一倡徵百和
笑共聳詩肩
犧尊堪斷美最好比於溝野鶴翔鸞友浮聲類鶩羞芳
情同畏熱老氣自橫秋五嶽歸來後雲山足臥遊

秋夜口占

一夜西風急涼颸起綠蕪折楊嗤野調對戟感吟鬚杵
滯鴉娘月書空雁影孤鬱藍天氣好快意憶髯蘇蔚藍天王
伯厚引何云日鬱藍又困學紀聞云詩至蘇公稱快甚不易得

酬芷漁倒疊前韻見贈

昨宵雷雨作七月初五日延秋會第三集是日同游芷漁之宅午後雷雨大作一客獨
高眠謂張質甫望入岡山遠芷漁宅中有望岡匾額香添別墅妍不材
同櫟棄奪席溯恭先屈室知荆善陋予墻及肩
風流周太守清極自成溝爾雅溫文得元龍湖海羞空
囊新貯滿佳句欲驚秋指日浙東去雲山任紀游

酬石洲倒疊前韻見贈

連牀詩共說風雨不成眠樹勁根荄固樓高花萼妍謂哲
兄桓生都轉望塵慚步後快覩喜爭先佳句頻投贈洪崖一
拍肩石洲延秋二集曾攜安徽洪氏昆仲和詩代呈辛老
此老神清甚汙渠莫及溝智囊多錦繡風味列珍羞數
武芳隣地三條曲巷秋雅褁寄同谷可作少陵遊

再疊倒韻體寄贈

領略風人趣謳吟道孰肩萬言推李白三影問張先秋
筍竹籬短松花荒徑妍新涼添一味是日老友陳司廉曼卿有詩索和
對月幾忘眠
野水平於掌方舟好泳游蓬山空勒馬天地爲誰秋琴

古調嫌拙花簪君莫羞自憐駒困軛一夢尚魚溝

秋熱詩四首仍用前韻寄袁氏昆仲至此凡十有
六疊

鎭日旱尤甚炎炎懶去眠蓮猶紅粉傅蘭自素心妍螢
火光爭上雞冠色着先邇來唫咏苦斯道問誰肩
午風吹我熱清濁說渠溝未減相如渴徒貽嫫母羞三
紅欣脫潁二陸不驚秋杜老知嫌燥詩成好共游
劈爾雷鳴起虛聲屢破眠風敲修竹韻雲想美人妍庭
樹蟾光漏天街雁路先橘奴扶我喜小立正凭肩
暑剛消七月雨集正盈溝冰訳夏蟲語花探春鳥羞蘭
亭蕭翼賺風味麴生秋惟與淨君約蘇門秦少游

七月既望余飲同人爲延秋四集因思今夕之聚
正東坡赤壁之遊似不能無詩前聞消夏和呈
辛老原韻已逾百疊爰變其體用作長歌得三
十韻以贈在會羣公兼紀其勝

一松軒褁張吟局同輩偕來暢所欲炎消熱客涼迎風
況復軒松碧於玉軒松托地根虬蟠蔭高參天鎭塵俗
謝安坐鎭塵俗大枝小枝秀競挺辛老令姪子修今夏䉹分刑部主政世兄吒思已得膺生
松實纍纍貫珠綠軒開四面窗瓏玲中有一人臥自足
怡情絲竹侔東山滿座風清生錦褥汪汪詩句玉堂春

桃李園游夜秉燭瓊筵倣接月華圓杯外花明杯褁酥
風流程子新安來謂石洲登樓王粲清泉沃海珊向游辛老學幕又王
粲大暑賦就清泉以自沃猶沃沼而不涼孺子高蹤尚可追滕王閣序徐孺子下陳蕃之榻
三杯顛欲酬張旭謂質甫牛渚待泛袁虎舟謂芥庵虎宏乳名
邊哭顧周郎曲謂芷漁我來分得中元節瑣瑣屈然入齒
錄座中佳士皆主賓不以衰年困蒸溽笑談北海珍郇
廚蓮子盃金和露滌新芽秋筍水晶盤玉箸牙籤手頻
觸鱸鱠思沈張季鷹陸機蓴煮董沽蜀菱紅蟹紫歸江
鄉晴霽鷗邊野鳧浴三集後陰雨至十三日天始晴朗羅雲彩放長虹
銷前後于喁足停矚何來蟬聲風度遥豁緯秋呢促復

促芙蓉依舊滿江紅月下鴉鋤惟自劚前宵銀蒜押風
簾荷淨竹深暑去酷管絃觴詠暢幽情幾輩風塵驚寵
辱煙波浩蕩忘江湖元氣超超韓杜屬爲留香久供書
長寫入花城色繁縟醉看催酒斟雛鬟秀奪鵑啼紅躑
躅嘉筵勝會友如雲璘章奇句摩天鴿七月望壬辰秋
我惟蘇子前遊續快哉同是飲中人天地蒼茫渺一粟

答辛老延秋四集見贈

清風吹起海天長兕復餘音競繞梁暑氣漸消連日酷
詩心欲寫四園香（文信國梅花詩四圖香影護琴書）新霜如我羞花鬢
圓月因人照壽鄉到此吟懷更開拓小山相倚色青蒼

好景爭題卅六湖吾鄉城更僻於蕪登臨望騁圖山遠
（原作有題小西湖登岳阜之約）水木清廻岳阜蘇赤壁有懷燕市隔黃
州以後雁聲孤邇來次第延秋集不獨三峯九老圖

疊前韻寄子文

花壓欄杆秋意長絮泥今又落空梁未忘月下三紅友
曾染風前眾綠香春夢婆娑燕趙地詩褏零亂水雲鄉
偷閒一試降魔劍野鶴嗤予髮已蒼
五嶽歸來更五湖韻刪險字語除蕪手提筆禿空天地
文露芒寒羨柳蘇驚座詞原推已出軀蒙身尙惜羈孤
是誰門外催詩立擬約淸吟十客圖（張祠部有十客圖謂諸品花十洲有

郭福沅云嚥咽蟲聲原本用道經六字訣呵噓呬呼吹嘻每日自子至巳爲六陽時面東靜坐叩齒三十六通舌攪口中候水滿時漱鍊數遍分三口嚥嚥咽下以意送至丹田微微撮口念呵等字又秤金訣曰咽下嚥嚥響百脉自調勻

詩來贈並索余四集七古因書八禾便約五集張質甫處品花相贈）

再疊前韻和子文

憶昔飛帆客路長山風忽地阻東梁（山名）狂來天慣吟人
惡交不金深魯酒香去夏蕉隍驚鹿夢經秋蘆保悵鷗
鄉無何難學蒙莊步蘭佩花猶水玉蒼
半城山色半城湖顧我園空日涉蕪（海珊和余詩用吾家太僕公日涉園事每曰此陳氏故物有雉城爭擅五言長之句）雲礐沈雄塹二陸（辛老贈子文季子詩有二陸雲間秀之句贈余詩又）風猷暢茂憶三蘇埸登輕薄思逾健月對
玲瓏影不孤多少相思謝塵俗閉門可作臥遊圖

三疊前韻寄季子

雲開鴈翅路途長客燕歸辭語玳梁蒜押簾垂生太瘦
花明城擁坐餘香琤琤珮雜疑天玉嚥嚥聲歡醉酒鄉
渴病頓消秋燥釋放歌露白更葭蒼
縱橫詩記寫臨湖（己丑春與州牧陸春江宴臨湖禪院議及時勢並和州牧遮留十絕）詞
調新鮮剔爛蕪落日西門歌乍續（吾鄉先達程風沂大京兆曾有西門觀落日歌）吾民東海困俱蘇雲間人物風成韻山裏書生道不
孤世事浮沈一蒼狗游觀好補畫中圖

四疊前韻和季子

天合有路水偏長采藥依然悵石梁錦里自維摩詰畫
綺筵未斷令君香詞林冠冕山承蓋詩窖因緣客返鄉

季子詩才敏捷層出和辛老詩尤高華夭矯 更羨蓬頭王霸子 庚子山小園賦蓬頭王霸
之子季子次子了十數齡尤淵雅 欲題松石埽苔蒼
淚迹歸來白馬湖文游台上感榛蕪倉儲紅粟空流衍
草結青松待蓺蘇日下香塵都踏破天邊野鶩自飛孤
游觀已入龍眠手豪氣嗤難一筆圖

倒疊前韻再寄子文季子昆季並與子山約同杯
酌

莫作滕王蛺蝶圖莊生對影詎嫌孤簪花夢短天還早
同谷風多氣不蘇 杜甫詩低垂氣不蘇 詩入山陰殊寡和園非陶
令亦將蕪武鄉幸與文川接抵看扁舟月滿湖

執硯山館詩集 卷四 十五

頻年鬢髮笑俱蒼懶步希夷熟睡鄉老眼花羞覷世熱
枯腸酒滿肇泉香 水泉必香禮記謂無穢惡之氣 生非遼海鵬摶翼貴
詎安巢鵲在梁 鵲卿木于梁作巢主人家是年必貴 推醒君山休被臥試
聯星聚引盃長 是日兼爲子文補壽六十

石洲過我索雞冠花兩盆戲贈

漫狀鶴頂競相參秋老無聲氣自涵從此朱門堪鬭色
宋窗袛剩劍同談

海珊延秋六集招飲三峯草堂 玫堂爲余四世祖西圃公手創迄今
近六百年三傳至太僕蘭臺公退居因額其名
日日涉園並著有日涉園錄事載州志若余叔
祖翰林雁羣殿撰泗源諫垣牧庵竹嶼皆出其
中子孫繁衍後歸高麓庵太守廣陵詩事謂張

天其所培植未免訛以傳訛咸豐辛亥後主斯
園者高墨園大令作宦直省儀徵吳觀察蓬芬
居之吳去後喬中丞鶴儕居之近喬亦無守堂
閣凌替剖貨如三家村落余昨以集飲其中感
豪華於昔日悲摧落於今茲因作
長歌兼贈在會諸友用申感嘆

百歲人僊不可作 四世祖壽至百有四歲明祖特賜冠帶百歲人仙匾額 萬丈光
芒易邱壑六百年中十七傳悔我未消胸底惡吁嗟王
子招我游會集同人詩延秋 廣文延秋會自辛老而下分列第七是日適著於此
秋風動盪來虛室侍女簪花拈並頭簪花忽地感蕭索
靠我登臨苦力弱相狀攜手出堂坳尋幽攀險花神閣
花神笑我好曠覽長嘯天風動悲慘物換星移少主人
廣陵事誤新詩鑿 阮文達廣陵詩事中嵌日涉園爲張天其事 太僕風流不

執硯山館詩集 卷四 十六

可追日涉錄已今無辭園中草木嗟蕭疏孤松帶瘦猶
蟠池廿年花落無人埽 高氏昆仲宦游京師直隸等處園遂荒落 三峯記仿
香山老 三峯園者以園中有三石筍尖削可愛至吳觀察賃居於此因額之曰三峯草堂兵荒時喬中丞住此其中修竹娟娟清風習習石床坐臥樓閣巍然夏至則樹木陰森冬日則窗櫺影映過紅欄高下中疑無去路乃柳暗花明而月榭雲廊似另有一番佳趣及登台一望東迎筆穎女墻外之海氣翻騰西接泰山岳阜後之湖光掩映南覯江流之湧北瞻淮水之滙台上則星光萬點台下則流水一灣旁有石洞中跨石橋洞有兩門可通出入內有石磴石桌可恣甜息又有夾巷約通數十里聞之前人云至今尚有漆燈然皆非余所親見不敢以臆說憑也中丞因園中景物大有可觀仿香山遺意集九老人於其中詩酒聯吟繪三峯九老圖以紀其勝近則非復昔日之觀矣詩曰彼黍離離彼稷之苗又曰心之憂矣曷維其已今日之游能無悲乎枯樹賦云樹猶如此我何以堪
近剩雙峯高插雲 近年峯石西缺其一 石洞仙靈

殊草草洞名仙人洞縱看園竹多青青爭奈龍孫嗤亭亭玻璃窗碎白紙破燕雀巢梁蝠糞腥玲瓏四壁村三家碑磚苔剝皴披麻雲廊月榭搖風雨藥欄梅閣堆塵沙舉頭畫棟蠹走蝕低頭枯井綆莫汲亂樹風鳴晚噪鴉鵲巢競逐飛鳩鬬鳩聲終異朋飛鳴影息如何與鳥爭有鬼揶揄不之瞯陰火潛然狐精成人謂此我先人之敝廬我不禁過故址而欷噓矧我欷噓難爲用大丈夫應居廣居君不見當年王謝好門閭遷徙他人感覆車天道抑知有寒暑底事啾生白髮餘

小溪陳司廉曼卿招飲賦贈

柔櫓扁舟入小溪村荒唱聽午時雞雲陰不雨日尤暖官署清風鳥自啼

天地茫茫一劇場風波宦海老何傷白頭我羨卭須叉叢桂留人韻亦香

紅魚紫蟹百花杯且共浮生飽一回九月霜飛秋已去相期同訪嶺頭梅

重陽舟中

延秋唱罷延秋會至中秋後二十五日畢入湖西糕字原來未敢題自笑此身勞不息茱萸知插弟昻齊

登高事渺有何無我亦舟中興不孤拋卻俗塵千萬登船頭花滿酒盈壺

爲寫詩牌紙一張是日舟住小溪曼卿留飲并贈和章黃花辜負到重陽何來姹女錢工數占取風前眾綠香桂仙女史後至

枯荷留得野塘看虛已屈心似竹難佃客云吾莊屋後荷花塘側大可將園竹分栽吾謂此近水鄉即種亦不易活最好沐猴依樣冠望中亦學步珊珊余舟住小溪鎮中適演帆蜡神劇中有獼猴數齣亦極熱鬧

纔上扁舟便順風揮絃人想目飛鴻歸來事已過重九不識龍山一笑同

次日有友來詢及前日未經歸來未免有負登高佳節余因戲作三截書以一笑

登高不必定重陽見陔餘叢考九日說人日昌黎興亦狂昌黎有人日城南登高詩我待城西更豪飲詩情可寫月蒼蒼

上元亦是登高日見隋書元冑傳懶上山頭仿孟嘉說是家園秋色好折枝花插帽簷斜

怕從冠蓋聳時髦三舍花明興自豪寄語登場酬應客霜寒近日滿天高

素心蘭入窖

買從幽谷滿盆栽箭箭渾如得弩開聞說素心多畏熱如何今亦附炎來

紅山桳花

山茶近日已含葩濃綠枝拖夕照斜來歲爭春紅放遍烘烘應似赤城霞

白山檪花

粉本名爭玉磬垂晶瑩色更潤於脂最憐對我頭如雪本色猶虞不入時

聞芝珊丈子韻軒堅院試捷報喜賦

家世由來佐啟行此身海上況操防如何誤作興州夢一局棋爭一字香

簧鼓詞原易惑人杖頭頻解十分春甯馨兒豈池中物屈蠖誰禁志不伸

幾度交情說寶刀人材更聽壓英髦劉制軍峴莊謂其人材出衆縱然職守卑貧甚一破天荒羨鳳毛

尺書一价競通誠總戎令兵目紬函致余囑早歸來是日舟適遇於麒麟灣北口消息波濤愛掌平聞道軍聲振童子文壇劍閣豈降旌

小雪夜誌異

夜半頻看斗震東如何小雪亮天工斗柄至寅震天雨冬〻今小雪節月衡建亥乃杓東指書此以驗思悲月下飛鳴雁吟苦床頭生死蟲高枕夢來憂促促官街聲聽鼓鼕鼕此情殊覺無人語且驗星差待候鴻

贈漆雕鴻卿幕友漸逵

仕版能傳未信風高談一座辯尤雄海中果以仙生晏劉禹錫詩雪裏高山頭早白海中仙果子生遲身外詩無人愛工陸游明日復理夢中意作詩到無人愛處則皮毛盡落非淺近者所能知也華采縱橫雲萬里情詞揮灑曲三終登樓亦自同王粲蓮幕清寒月半空

信陵虛席貴侯生一笑燈籠比水晶東齋筆記趙宋劉隨爲通判明達號爲水晶燈籠餐富拙余難入世噓枯如爾足怡情孔公緒能清談高論如噓枯吹生見魏武帝紀故鄉早斷還家夢友家山左流寓江南已歷三世異地偏聯舊日盟謂劉雨村邱棠雨貳尹及畢南春游戎均籍山東轉瞬弧懸門左侯連山好竹亦爭榮

怡園續稿目錄

執硯山館詩集〈卷四〉　一

執硯山館詩集〈卷四〉　二

怡園續稿 癸巳

題閣中郭瀚江甦尹（福沅）卜居吳陵新宅自署愛石軒額序

石璘璘石璘璘通靈如爾還通神本來太璞完其真無惑菡砠（瀚江一字菡砠）與爾親我見猶憐其珣璡我昔游歷燕臺春金鰲玉蝀虹飛頻登覽西山積雪新（西山積雪燕京八景之一山皆白石望若積雪）團圞瑤霧霏氤氳游人車馬光麟麟天然一幅圖繪勻彼亦一石如有循托迹王路誰不遵此獨如人甘清貧惟守堅白磨不磷非不識可破天津非不草可勞風塵非不問可來水濱非不居可安崑崏而乃淪落同其身幸無抽刀相怒瞋有時五色雲霞臻護餘香影黐思茍有時雷雨悲交屯瓦缶爭鳴殊非倫試爲翦其礙道之荊榛試爲掃其題詩之苔茵心可轉乎生不辰魂可通乎生有因士屈不知且求伸禽能擇木例賢臣石今得主主有賓賓主相得歡情申縱起風吹沙無垠玲瓏窗自敞松鋳壺天之中足吟呻奚爲韁鎖工笑嚬噫嘻不言誠可珍締以金交如飲醋倘許移入怡園陳（去春余搆傍家隙地種花蒔竹額以怡園）一筆圖成古黛皴軒乎軒乎維石之嶙峋我已如費百萬而買其鄰（翰江宅近怡園方言所謂街坊者用呂僧珍與梁宋季雅事兼爲翰江預賀生子之兆）

執硯山館詩集《卷四　一

贈瀚江

閣中有客海陵游羈旅心情强自留家食每驚貧雀料班趨未怠報雞籌（瀚江仕淮南漫興詩中有奚童喚起去銜參句）醉吟亭好詩能續愛石軒成轄正投（郭祥正工詩有醉吟亭瀚江僑寓中有愛石軒春正以愛石軒序並索題詞於予）我笑年來一鄉老非仙非李敢同舟屬副分明誤吠聲（王符論一犬吠形百犬吠聲君試提元因侍者先言之誤轉抑副車第一）文章領袖世知名（齊劉繪字士章位中書郎文章爲稱後進領袖君以中書改捐來淮南）康書早剛腸具莊叟編多秋水清茗易不須居士屬絲煩惟羨細蓴羹相看又道維摩病狂客从來有四明（賀知章人請四明狂客）

執硯山館詩集《卷四　二

未甘媚竈信王孫非是儒冠愛妄尊定迹深棲夷左所恣情大嚼記屠門一蒿可抵京華樂尺地空餘刼火痕（瀚江舊寓袁江碧蘿山館庚申燬於兵燹）往事不堪回首問新霜近又亂蓬根（瀚江與余近日鬢又加白）藏身思隱欲歸南風景他鄉夢不酣人世裘原多碎白天空晴始見成藍吟來舊雨聯今雨游悵湘潭反石潭忝說因緣文字結元宵樽酒訂清談

和瀚江叠前韻寄贈季枚

壯志平生馬少游愴懷鴻印雪中留俗塵如我嗆三斗酒律輸君愧百籌身世陽（城）楊（寧）誠莫逆笑談元季亦

相投（謂子文季枚昆仲）逍遥好共閑閑賦飽看風檣宦海舟
元龍湖海博虛聲翻羨江淮不假名得句金多如穴攏
習書鄒衍覺塵清筵張誰辨紅糟味（閩中糟味頗佳菡矼昨以啖我大有麴生風味不可或忘之約）杯舉思分黑鬢羨（是日座中老友計有五人）道是三山
歸路遠鄉心欲駕洗初明
忽驚雲錦降天孫（菡矼詩才工速由元宵迄落燈日已凡三疊）不美芹難再
獻尊好月有情如對友清風無事慣敲門一枝贈到春
生徑數點香餘露挹痕（菡矼前有棣花二株之贈）更喜幽蘭花幾箭
零星開出短籬根
清漳聲譽駕張南下筆文成巳半酣將與推移占地黑

不無鬱藍詠天藍（杜詩云蔚藍王伯厚謂何云鬱藍）上元燈早明花市
多壽人應飲菊潭飯罷登臨一健步林間石上快叢談
（菡矼宅有石山是日飯罷同人頗極登眺之樂）

疊前韻酬瀚江

詩家到處愛清游椽筆書名壁上留舊緒擬隨流俗轉
新思聊當戰功籌桃花漸欲爭春起木李原爲永好投
我是季卿甘下第折枝竹葉可爲舟
連番擊鉢聽聲聲司馬平生慕藺名蕊榜文章悲屢滯
塩官風骨自雙清身如杜甫成流寓詩似吳人善作羹
試問仕途君有幾聯閑冷眼總分明

檢取碑詞證外孫金焦筆墨並師尊天邊黑水難尋渡
望裏青山只對門壽世文成風有韵振襟談拭酒餘痕
先生綽有謳吟興怒發心花笑不根
我正悠悠宅以南似鶯馭一半夢花酣時維正月草初碧
譜訂羣芳菊種藍大好音聲諧律呂不堪悽愴別江潭
春來一笑山依舊好景何妨饞饞談

倒疊前韻寄瀚江

回首山陰夜泛舟相逢萍水許相投侯封巳誤班生想
酒罰惟添坡老籌（蘇詩花枝當酒籌）白下紅邊新悵隔南徐北
固舊約留歸來墨瀋知能贖磨取磚凹好紀游

宵深應見月華明亂疊詩如骨董羨得意高翔人世貴
盟心踪跡水波清駢文自是虛中體雞肋爭傳帋上名
何日姑胥同畫舫大吹鐵笛豈無聲
曾詡科名發舊根烟露忽地淡掩痕吟人特立惟求志
債立新添尚在門未了香緣又逋索何來手版忽州尊
會看春雨膏頻潤好護雛孫與積孫
是誰入座竟無談我愛桃花尚有潭大抵雲花多黑白
不妨線毯踏紅藍外人果識林泉好中道安能宦貴酣
獨有一星天一角諸君可爲祝弧南

四疊前韻答季枚怡園小飲賦贈

泛渚袁宏慣好游滇行我更感雲留重翻舊曲歌三疊
又促新思展一籌在匣劍留天外倚同心石莫水中投
非宵風雨人如故愛屋何嫌小似舟
天寒未聽賣花聲守鑰園夫懶競名正欲高吟鶯茗熟
偶聯小飲覺壺清醉醒手筆京華夢愧啜頭陀煨芋羹
余與季子前飲光孝寺僧齋謂泰州營中龍燈嘉會 居隱不知人世事好聽歌舞頌 王明
蘆蔽生兒芥長孫況逢明月到芳尊詩成自好對禽語
身逸何妨走鹿門楊意淩雲空有恨何郎傳粉豈無痕
吾園更美松姿勁盤錯應徵節與根

執硯山館詩集　卷四　五

梅花枝北又枝南得嫁逋仙睡亦酣每惜春難留萬綠
奈何田獨種三藍近世民田每不黍稷愛種罌粟流毒較甚猶之陳留人愛種三藍不務本而逐末可慨也閑情靜笑雲團錦別緒深如水滿潭玉柄一枝
問誰贈與君可作老莊談

怡園落成詩以誌感

自憐春色罷長安與世浮沈似亦難心事惟將詩酒續
眼光尚射地天寬風來隔院敲門急烟鎖孤松吊影單
獨有一枝芳訊早恍游西府幾回看去秋手植西府海棠經冬已先著花
宅南新說築幽居地本先人舊有廬嘉慶朝怡園地面尚屬陳氏舊址今余購回傍家宅南因額以傍家鄰舍舊山居七字荒徑竹隨虛室靜坳堂草可
帶經鋤無多別業供王稅有限餘錢費道書安得萬間
共歡笑陶然山水俗塵疏園近城市惜無山水之勝祇得栽花蒔竹庾子山賦所謂一枝一壺非乎
無端買得地三弓濺隘何嫌近市中薄命未通名籍日
苦心獨運匠斤風成如容易花休妒老尚思難木自攻
差幸平安無箇事揭來亭子額垂虹
道是違時且順時孟郊莫更苦飢羸委懷自在張三影
迕世翻嫌薛十離荏苒光陰悲鏡髮安排廊榭擲金貲
多情草木如知我還得桃花有面皮
六鷁風高已退飛庭前綠意喜初肥未除結習詩成債

執硯山館詩集　卷四　六

欲覓知音琴不撫白戰羞吟人草草黃河倒卷雨霏霏
吾家妙有催花鼓打起聲聲響四圍
蓬島迢遙弱水橫故山喜有月同行盤開一壑泉能漱
望斷三峯夢不成謂先世百歲公創有三峯園最好風光書本地余摘句爲園戸春聯子文擊節嘆賞歸告季枚枚乘興走視余已易枚不悅適無知鄰兒壞之其家人倒謝償之枚忻然促僕磨墨復書原摘陽春烟景本地風光八字噫些須之事此中亦殆有數耶空餘日涉話
平生先世太僕公易三峯園曰日涉園並日涉園錄今僅志載其目壺中多少天池露
可洗池蛙滿部醒
同是衣冠不自聊胸中隗磊酒難澆登場也可逢場戲
毫气都從養氣消撐冷眼來看度作苦吟身幾總頭搖

春回萬朶花輕白一入當時羨葦綃（李花一名葦綃白太傅嘗食之）
踏來隨意過苔深相望斜陽尚在岑往日交親今始見
清風如故且長吟鑠金衆口蘆葭積蟠石皴皮松有心
我是汪郎誰白也桃花新緑已成陰
尚可淵材布藁開珍藏故物况成堆圖書聊抵倉箱富
鸞鳳將無燕雀猜（前林座師贈余楹聯以鸞鳳清音通乎律呂鼎彝古色煥若雲霞十六字書寄）
萬藥誰求醫老法一言空說賦詩莖迴來抛却風沙
苦合買羣花劚地栽
短鬓蕭疏半雪霜空天嘯傲興尤狂問年數已符周甲
縱飲歡將寄別腸欲向崑崙弄桃核惜無官職等荒莊

昨宵春到風無恙吹起予情拍拍芳
蕉廊廻合藥欄遭綵雨聲中唱伯勞一枕黃粱炊未熟
數椽白屋跡能逃卧游山水詩中畫翔集鷦鷯樹底巢
莫譽龍頭猶我屬年年草色感青袍
隨園拜謁記吾曾片石中原今尚稱此境州城同岳峙
幸予貧病未川增氣除豪舌烟霞癖心出家乎雲水僧
檢取一篇書視逵分明有味是青燈
雅雅高談日夕隹吾山舒卷白雲諸百年世業沈風月
萬象軒昂發瘞埋（是年築地陶汰頗得零星小石因琢成花台層級借坡老句）地僻
瑯瓖譚有福客來掬灑笑無懷何時再作流觴趣亦似

歐公晝舫齋
三條曲巷繞園垣池沼清涼得水源窨裏烘開花嫵媚
堂前長出棣偏反休教陰雨壯丹阨獨有冬山芳桂繁
聞到冶游人共語此間陳氏有冶園

游園率爾成詠（張棨緒晉書云阮籍屬文初不苦思率爾便作沈休文有三月三日率爾成篇後庾子山亦有率爾成詠諸作）

怡園上溯地荒蕪半屬畦町半坦途得我茅龍衣有色（杜詩得我色敷腴）
避人櫪驥氣爲徒隣墻樹木欣輝映世路糟
醨漫歠餔歠破鼎鐘筮左腹玲瓏月與好風俱

怡園詠物二十八首

梨花

隱隱雲花欲鬭妍閉門正是嫩寒天香魂滿地憑誰惜
清白由來不受憐

桃花

去年今日正清明崔護都游繫我情回首春風搖落後
佳兒饋面咒誰成 謂汪蘭圃

柳

曾傍龍池學弄晴春風無力雨絲輕蕭條又入先生傳
不慣人前去送迎

海棠

春風着意染臙脂還乞春陰善護持濯錦江頭分一種
莫教多恨不能詩

牡丹

占得人間第一香也曾吮雨泣殘陽須知勁骨剛心慣
冷眼侏拚富貴場

芍藥

何來綽約好風姿故秘春光洩漏遲想是虹橋明月夜
惱子無語鬢成絲

繡毬

梨花開遍又楊花別有風裁似月斜怪煞三郎沈醉後
芳心難訴玉無瑕

杜鵑

山花豔說勝璵璠莫怨枝頭日夜呼惟語浙西般七七
須防兵起失根株 見蘇詩注

石榴

爐峯三月已先春相對封姨獨愴神試立朱幡爲爾護
房中子可粲如銀

鳳仙花

九苞顔色豔春霞別號猶呼倒影花若使光儀常在目

夭桃流水恨無涯

雞冠花

秋花一種賦鴛鴦雄氣如争入鬭場可惜欲飛飛不起
是誰誤說繫興亡

玉簪花

雪貌冰姿正麥秋天然一柄玉搔頭若非涼夜心能展
安得詩吟到鄭修

紫薇花

不教藍醆暮煙掩弱影還疑鳳出叢一望月鈎初上處
天涯地角夢如何 羣芳譜紫色之外有紅白二色其帶藍醆者名翠薇 歐陽修詩高煙醆

溟濛梅堯臣詩鳳凰浴出池波靜　周必大詩
月鈎初上紫薇花　李商隱詩天涯地角同榮謝

芭蕉

無限青羅扇已開此心依舊卷懷來多愁縱有丁香識
好向春風各自裁

櫻桃

曾許恩叨共筍厨奈何橘厚轉嫌盧野人再莫筠籠送
圜一金丸一蠟珠

枇杷

愛他寒暑綠陰濃淡白華揚更耐冬等是琵琶名亦得
如何門閉隔重重

蒲桃

瘦幹參差一草龍紫瑩顆顆笑霜封摘來幾串香微欠
可釀玉缸春酒濃

桂

曾驚竇氏五枝芳我悔高吟萬斛香近日小山成隱地
莫將刀斧肆吳剛

菊

說可長生采上寅爲糧況赤一療貧須知此種柴桑種
向不朱門去弄春

梅花

綠衣仙子來何暮絳萼仙人到亦遲想是香魂猶未返
高眠紙帳夢同時

蠟梅

浪蝶狂蜂未許窺春情原自不曾知檀心亦露含芳意
說是輕紅淡繞時

水仙

銀臺金盞妙橫陳似整銖輕欲背人消盡氷心羞粉色
更誰微步襪生塵

玉蘭

杏花一路已成堆錢起詩辛夷花發杏花飛莫把山礬錯認來黃山谷以

爲山礬更有奇談瓊樹擬玉蘭亦名玉蕊花李衛公以爲瓊花須知山似未
山頹

杏花

曲江一夢是耶非東海風帆已早歸燕子不來桃未放
春天霧雨況霏霏

棗

旣無館築更非臺況我負荆棘未開憶昔交梨吟棧遠
花香風更逐車來

椿

自足春秋歲八千栽培我亦感年年一株雖老色尤古

獨不花開獨得天

瑞香

當年未許蓬萊上今對蓬萊殊恨人瑞香一名蓬萊隔年發蕋花開蓓蘽於葉而枝幹亦極婆娑可愛準擬蹋翻令西覆何由乞護有花神

龍爪花

之而有象勢縱橫直挾飛雲五色行倘使果生槐角側圃有龍爪果人慣食之味微甜而濺又龍爪槐其形勢如龍故名之芳名不合與葱爭五辛中葱亦有名龍爪者

甲午春正辛老怡園小飲感賦

棠梨無館棗非臺喜我芳塘一鑑開壁上詩名成舊雨壬辰辛老與余倡和余將在會諸友所作糊貼壁間辛老因謂此前歲延秋消夏詩也庭前花萼笑初胎是日垂絲海棠適開歡場酒飲堪舒嘯空谷音跫幸肯來說到浮家兼從宅飛飛燕雀漫相猜

杯盤逐日愛春留忽地颿揚去石頭去冬劉制軍峴莊延辛老掌鍾山書院聞今春已將買舟南向矣館穀饋知非貸取灘蘆咖尚爲糧謀別餞風景詩應贖快踏河山歲又周謂辛卯監臨南闈計今歲已四更矣一樣離懷同作客不無鄉夢大江流

高寒蓮幕此推袁欲與登樓賜所言辛老此行並帶同子文海珊袁王兩君兼襄其事世有同舟徵李郭我惟離垢築山園卅年恩已榮天澤一片心猶繫掖垣遥日江南時雨裡公門桃

李不勝繁一帋書憑重督臣今春劉制軍來函已將關書飭州送還矣天涯知已忘同佛萍飄身幾嵒垂老簞食風應許座春將與蘇湖綿教澤不須杜甫也傳神千金一擲猶前事吟得詩來轉逼真

欽州牧王秀三端敬歸賦

我是江湖一散人如何相廹苦吟身葫蘆又欲翻依樣陸州牧挑濬市河照會僕董其事已歷六載近苦淤墊王州牧復興是役謂桑梓情深難于卸責等語桑梓偏多未了因嘉樾軒成烏有事泰堂西偏花廳本名浮香亭保宋陳垓知泰州時所題匾額兵燹時許稼伸道身蒞任時因易浮香亭額名嘉樾軒程悅甫遵道修理衙署此額又不知去處張偉堂兆鹿復額之曰碧梧翠竹語殊通同及張去任其家人復竊而售之浮香亭况烏爭春數來翰墨場無幾也着衣冠索笑迯

官本風來兩袖清窮檐月更仰堂明張冠李下知難整陸海江頭聽有聲謂前州牧陸刑政情多消武健簞壺民且效師迎昨宵忽動望洋嘆草色傷心一道橫

頻年高閣悵尊經呵護蒲蘆莫乞靈版築蕭條誰式負雨風狂驟埽籩腥絃歌聲早傳烟戶盜賊踪將絕海溟我忝所居效廉讓牛刀新聽發於硎

蔀屋歌聞兆歲豐有人語欲笑齊東長隄早驗湯池固琢句還驚水乳融秋草慘憐天末綠春花寒入海陵紅

他年白馬如從事江左賢才望屬公（見晉書王祥事）

次田分轉稚存（恩厚）賦謝假坐怡園小飲

叨陪座上喜同滄有客譚諢笑倚欄花好開成偏雨阨（時園中牡丹盛開忽地連日陰雨）詩來起視覺茲寒子方國寶尤令重（分轉詩中有道居鄰）安道（田宏正字安道）樓書得古歡我愧太邱雲譽過（太邱長之句）風騷近日孰登壇

輿從聲喧小有天詠歌春抵宴瓊筵席餘香每思荀令水取瓢難擲李筌（李筌入秦有老母授以大瓢取水分轉近日烹飲每取吾鄉北山寺泉水）幽艷梨花憐月冷飄搖柳絮任風顛清吟除却松林外茗話還徵卓錫泉（分轉以寺泉水味頗厚與王州牧秀二茗談時並囑其取而飲之兼引四

撥棄浮萍之說謂昔僧以杖倒地借萍以證蜀水）

次郭運判怡園小集見贈

秀語頻驚色可餐爭春無計獨凭欄回思此日都成夢（鹺尹刻期三月十六日邀集同人假園小酌是日皆會試出場日期予不覺心中顛倒久之）欲護名花莫奈寒（連日春陰寒甚）荒徑幸隨心地闢芳樽可肇酒腸歡天涯多少知交感吟嘯難忘李杜壇

已過桃李落花天又道蘭交結几筵（兼謂座中盆蘭）大好盟詩鷗作伴不妨守意象為筌茫茫身世貧何病色色花光喜欲顛自笑疏狂難媚俗北窗且臥聽鳴泉

酬翰江疊前韻

爲期努力且加餐（分轉素不健於飯）相賞名花十二欄陰雨偏教連日黯芳塘差幸得泉寒遂萊未可誇聯步富貴安能去所歡（兼惜園中牡丹阨雨）我自怡園君愛石山林城市一詩壇

風雨還應別有天翾觴飛起坐花筵燕城已早悲明遠木筆還須護道筌（道筌殷七七字木筆花殷愛護之後燬于兵火）隨意踏來憐草細多情惹出恨棠顛昨宵知否羣芳繞活水烹茶取動泉

謝王大令自庵（貽哲）惠扇麪兼誌送之山右鄉甯任所（乙未）

英才爭羨燦瑤瑤濯濯王恭迥俗囂家溯青箱徵宿學車游紫塞等星軺（已丑余游京師明府尙孝廉聞試後幕游關外）前番圍棘春難問幾輩探花氣自驕回首帆隨湘轉候茂陵渴病未今消

鎮日迷門面面開最難風雨故人來（六月二十七日王廣文海珊假園宴客是日適大風雨）荆花茂對驚時物（謂笠農海珊星槎）竹葉香浮隔座杯（謂姪述亭）傳粉何郎嗤不速消魂蘇小喜初回更欣二陸雲間秀元季先從綺席推（謂陳孝廉雨棠恩熙陳主政融齋恩治昆弟）

珍重盤盂景色新吾廬草木亦精神華函句擲珠成串涼友風來甑絕塵（謂葵扇挂麪）大好清淡莊叟麈不妨留袁

陸機尊何期又訂秋宵約宴我桃園夜夜春
美玉如何韞匵藏自應㘭㝍十三行河陽有縣花宜植
海國多材草不芳獨步江東堪表物好游山右入寗鄉
他年喬木鶯遷喜詩酒還須醉百場

詠園中魚子蘭十六韻

小草高身價非蘭亦冒蘭閩人多貨取魚子得名單夢
叶生男兆居思入室安露苗殊蓓蕾烟蕋足瞻觀粒粒
含芬起頭頭着色難針敲誰解鈞鵃佩共吟芄活討徵
瓜瓞芳情繫竹竿珠仍防目混錦不托花團品格希王
者家風述史官阿翁參政罷於此感監寒類我嗤蜂兕

執硯山館詩集 卷四 七

稱蒸宵蛣允愛憐腥水蘸供餐古盆寬跨竈材非棄登
門鋏漫彈依蒲兒戲慣相若季尸歡季女尸之謂服蘭之女也書更
添丁寄香毋過午殘頻年幽谷裏莫作牡丹看牡丹亦名魚兒即今荷色牡丹也

悲哉行用陸平原樂府體五言原字

孤芳難寄林借用韓句若見俱忘心謂見善相諸物來迎亦無心隨去若見惡相種種現前亦無畏心但自無心同於法界巉巖多積霧經秋愁淪陰年往迅
流水聲希嗟大音山重聽猿嘯銅戛龍吟聲驚龍吟郭西
悵雨役郭西感雨役南史張充少好游獵父教之遂悔江東渺三岑伯華仲翔仲休余
幼奇服好今無幽夢尋歲暮幸不衰期逵思逾深羸行

遇桑扈桑扈隱士也羸行袒裼也味甘來眾禽耳目極視聽嬀飛江
魚沈黃鍾惜毀棄憂心殊欽欽欽欽心動也

詠懷詩用陶淵明詠貧士詩五言原字

始願並不及晉鄭今焉依潛志謝塵網花萼欣相輝柯
葉雖不易孤雲猶朝飛沆瀣復飄颻萬類豈無歸餐痾
一傲士字終不救飢願言莫感慨瀕頷又何悲

苦雨詩用謝元暉觀朝雨五言原字

拄杖久不出良友期不來陰霾陽景蔽颶風吹過臺牡
丹阨遥受飛絮沈泥埃礎礩日夜濕愁雲低不開望天
天似泣蟲亦名怪哉鳥飢食無所魚上荇漾顯草木漸

執硯山館詩集 卷四 夫

黃落客子多遅徊南岑興有滄無淚灑東萊

傷亂詩用棗道彥雜詩五言原字

誰使島嶼寇率眾侵予疆亂象雖天數厄運偏遭陽沿
海戰艦列恨無關刺艮屯心入左腹甯距思擅塲商賢
大夫死清人多翺翔河上未接戰翻怨歸路長氛霧望
四塞井蛙時跳梁巢覆卵不完羣鳥鳴高岡敵人勢如
墨星芒寒蒼蒼有客登峴首淚墮沾黃裳東牆窺蠶玉
回睇月荒涼若翁一淚子中心徒慘傷側聞沙漠北措
置貿乖方安得息兵爭簫吹張子房況複劉郎恨山逵
難相忘

贈別詩用盧子諒時興五言原字
江海波奔茫旋轉勢寂廓今君賦騶游且食我苗藿風
雪觀闗山汎濫祭河洛闓言辭　帝京仰看日色薄溫
溫多　玉音琤琤自　天落畫鵠乘風翔謂陸觀察並沈太守錫晉
枯魚莫我索攜手淚沾裳銜思雲與嶂松栢歲寒知陸象
先唐元宗嘗曰歲寒然後知松栢之後彫也後陸遂拜相歸思王孫作謂王州牧秀三兩兩
分道去亦足慰寂漠寞今文通漠
怨別詩用曹顏遠思友人詩五言原字
嚴霜趣聲入秋老葛蔓空鐩除海上孰使去須知腸迴枯
觸物豈不思頻年形影疏縱我不之往伊誰歌維駒聲
執硯山館詩集　卷四　十九
隨羌笛起情與迴飆俱飆迴屢顧我我獨不見子子胡
弗嗣音一帋發側理楓葉嗟題紅夜鶴鳴亂耳椰花已
三易衡門况常侯曉夢昨迷離想像貌神似
郊游詩用曹子建情詩五言原字
有女同車至手弄花滿衣蠻鴉覷人去粉蝶作團飛芳
嶼流沙淨綠風向椰歸白雲翠山疊鼓送氛霧睎登臨
弱思逗說文云逗止也四睇遂郁微願再肅舲出浮賤予心悲
說文浮賤浮名微賤也禮記曰恥名浮於行也
感交詩用謝叔源游西池詩五言原字
晏子能久敬縣駒尤善歌黃楊悲共厄黃楊厄閏又盧中郎諶答魏子

悌詩在厄每同險　壽可補蹉跎觀古懷先達來今雨乍過時髦
匪婚媾矯迹煥雲霞所狎惟鷗鳥所好私難阿開逕望
東野讀書先南華情累苦未釋有斧仍無柯草木漸零
落美人意如何楚詞惟草木之零落兮恐美人之遲暮　此態余不忍前代
固然多
游覽詩用謝惠連泛湖歸出樓中翫月五言原字
昔日燕臺口東人蕩畫橈海鷗戲圓浪浮魚隨去潮一
穹獨豪放玉珮頻相要執簧招由房烟霧生蘭椒流觀
入山海浪浪來天飈駢坐以永夕李宏執法言注曰駢並也　冀我如
琳條黃庭經琳條萬尋可蔭伏註身中萬靈森然如萬尋玉樹能蔽蔭一體　近矚複遠視
執硯山館詩集　卷四　廿
意愜袪俗躅入舟月已落無悶徵今朝
田居詩用張茂先情詩二首原字
少年好周覽隨意宿僧房借句流詠仰太素未忍依末光
圖史患磨滅謝靈運入華岡詩有云圖謀復磨滅　說詩風雨牀放懷山水
間耿耿天路長翻恨近有託心志神俱傷
宅南種時菊足以慰凝佇好竹移黃岡好竹連山覺筍香又竹樓記黃岡之地多竹　新茶摘顧渚故人車屢迴雌雉翔容與容與閑適貌相如賦翺翔容與
攜鋤劚茯苓閉門陽五侶陽五古詩人見北齊史
戎行詩用謝靈運齋中讀書五言原字
素志謝戎馬留落松萬壑霍去病傳留落不偶　歘爾殺氣騰陰雪

滿沙漠故侶來整經未許門羅雀六月說車輿信矣居者作五練戒軍士相友毋相謔公家事未了詩卷束高閣蒼蒼郭璞曰蒼蒼昏昊之象也爾雅曰晦霧也霧謂之晦漸消息徒偕衆樂嵇康贈秀才詩日息徒蘭圃倦還守一經奈何嚼復嚼

養疾詩 用沈休文和謝宣城五言原字時謝朓爲宣城太守適卧疾

秋風入塵榻素月寒庭門膚頭夢未脫竹孤鵶頻喧晨起復愁卧憂來如瀾飜篇誦攝生句蔬還摘我園童僕伺簷隙遂性呼琴樽壁務拭襟袖盆花蘭有蓀覩物得所遺徘徊落景存自顧更何秉執也瑩情璧琢峴巢屋澌得失功倍勵瑤璠心底信兵弭無須洗藥源

自敘詩 用應休璉百一詩原字

少小不師訓下流慙憤初及長親已没賤子甘人誣揆日擴聞見書史充林閭州尊欻我顧薛綜西京賦注曰欻者言忽也毋怒碎金魚陳堯咨守荊南每以弓石爲樂母馮夫人怒杖之碎金魚問余何所以虛光忘精廬精廬講讀之所也見儒林傳所以任獨往鬱鬱難久居二十擅戎馬曉夜窮兵書三十成文章方朔空自譽方朔上書高自稱譽上偉之令待詔公車余以己丑見黜故畧自序顛末思欲一易轍日辰嗟凌虛將何慰長懷金剛有六如

雜述詩 用許徵君自序五言原字

大道本無匹治亂在天象大厦須異材借盧諶句妍媸在心賞目覩今夕景與物難偕往張毅熱內攻餓虎得所營時花曜日開高樓自軒敞將欲整憂矜弄影扶搖上徘徊踐雲湄窮妙閱清響壑澤非所求司馬彪曰壑澤非人意所求謂之固有力或能取之身外容徒獎新月明西南情神共散朗相觀計已檻合看恢恢網

園庭

余年際壬辰歲華過五六是歲興工由壬辰冬月至癸巳秋八月怡園始成余年已五十七矣宅南結數椽樵隱誚雌伏隙地築一泓泓旁劚種竹清風時引來好月喜高矗星光散散布也寥天地氣礩寒谷礩一陽初動火光微動之象外客扣扉尋美酒酌罍馥榮冬草

三秀浣花水一掬嚴鄭路恒同仕宦人何速咨予無我踰咨嗟也無折我秋菊

盆花

打破烏盆後依然瓦鉢栽托根雖淺薄我豈不因材

砌草

龍鳳慣蟠逸逵志忘伸屈寄言堯庭莢榮枯顧簷隙

籠鳥

誰謂汝有翼何以不南爲甘作圈牢養相忘巢對時

缸魚

江湖不過寬青天轉嫌仄長頸甕無波泳游到自得

夾竹桃

夭夭兩岸葉蓁蓁顔色新分左右春借得此君名籍甚君身身外總非身身外即竹外桃花三兩枝句意且做得夾字意足

四季桂

平安竹愛天天綠盈盈花憐月月紅獨有小山一叢樹三家應遂此清風

書帶草

生如薤葉慣階前一日階前草花後天藍顆顆圓悔我經鋤空宛轉一團蓬不及腰纏

長春花

四時不謝笑奇胎嘉種都緣誕降來愛煞雪天多嫵媚

饒予酒飲滿金杯

慨然成詠慨然嗟嘆之詞也慷慨發聲者也

寐少寤偏多相思奈我何秋原悲草没王谷勵租苛城市遂初服山林容放歌野情風月曠平心聲韻和庾信蘇軾六學羞能託夾車驚乍過古詩相逢狹路間日相逢狹路間道路不容車如何兩少年夾轂問君家惟期从昧昧淮南子曰茫茫昧昧从天之道一起天門痾

六十初度

年華虚擲過無聞孤鳳難鳴百鳥羣爇燭秋風光漸減嚼梅冬日味猶芬馭貧差許將軍識事見游俠傳憂國誰能宵旰分老病近增思計破愛奇幸不厭微勤兒時曾記可興門陳羣爲兒時祖實嘗曰此兒必興吾門君子歡顔樂有孫吾兒時吾祖愛吾甚亦嘗引陳實事喜言之到此詩情殊落落由來鈍性自存存琴樽一笑用吾拙富貴三生莫我呑芝草無根天地托四衢况有石牛奔

欲話先驚歲月多此生大半付烟蘿尺書偏見逼雙鯉陸觀察來函有云七載離思一朝稍慰等語斗酒還須設隻鵝事見南史已去光陰悲電影正借兵甲洗天河張香帥札陸觀察有云倭奴已退和約已定通飭關五十五日撤防歸農東風莫更噓波惡聞說劉郎向枕戈即用劉琨枕戈待旦事

桃李花開又一春作此詩時余生日已過芙蓉秋色倍精神拙荊生日係九月二十一日女孫將賦嚦嚦鴈滄海空譚六六鱗試倩麻姑擘脯咲任教孀毋起眉嚬宋何承天爲著作郎年老諸佐郎並年少者嘲爲孀毋怡情綽有新詩續好共寒螿不住呻

壽內四律

六十年光甲子周室家卅載幸無訧閨房樂已忘眉畫衰病根先引齒浮欸我友朋曾作黍司馬德公以徐元直即來就我因呼婦作黍因時花葉獨簪楸京師立秋買楸葉婦女兒童剪成花樣戴之霜華點點蕭蕭髮翻覺身閑心與讐孟郊詩如何不自閑心與身爲讐如魚如鳥賦同游秋字今難再誤鍬唐鍬鑣本作秋漢官祝壽詞後人誤

耳縱笑無鹽何礙醜若云有道莫言修（馬祖語錄有僧問如何是修道師日道不屬修若言修得修成便壞）糟鄉可嗜空勞筆（陳暄好酒旻兄子書云速營糟邱吾將老焉）桑海相看欲滿籌（桑田滄海即老人所謂海屋添籌事也）回首坐花兼醉月爲歡歸後未曾謀

福履詩謌木有樛葛生上下喜相攸床頭金盡功名薄鏡裏花增氷雪愁袁虎悔予工數典元龍豪氣自登樓近憐弱質同蒲柳豐草南山天已秋郵閭封祝務瓜投兮眼休驚季子裘北郭幣將偕婦謝西池桃每望兒偷平居瑣屑皆身累作嫁衣裳當笥留準備黃姑聘錢借安排綺席樂觥酬

怡園即目

賦作遲乎子鍤荷劉伶隨枯膠一楓瘦落葉半牀詩花草各異勢魚鳥時來窺蕉廊漏餘映瓜田穿野狸涼風動羅幙疎星搖清池獨有陸沈者翻爲人所知

看妓

苧蘿空有夢說自潯陽來坐對歌聲起琵琶掩淚腮

看舞

唱罷韓娥曲湘裙理摺拖苦教在掌上一笑麗陽阿

楊柳歌

楊柳十圍高插天青青秀色明一川長條風引相廻旋盤根淚溉愁株連昔我一去春日遲今我來思雪滿枝斜陽官道聞馬嘶不堪眠起傍龍池誰言一朝頓起立染我衣兮在此汁况此短景迫我急無聲露共時時泣更誰折盡短長條痕餘斧鑿傷南朝曲江風度尤迢遥渺無人處多魂銷頻年怨起吹羌笛蕭瑟秋聲慘淅瀝先生歸來門晝寂封侯無復笑談覔沈吟張緒不可追冷抱冬心長袖垂隋隄十里奄離披永豐二株憑誰移縱詡高飛名獨搖零落霜華何處飄愁風怨雨瘦移腰夢斷揚州第几橋何如飲酒洛中里題我燕台詩草起結帶贈勝一端綺未免有情誰遣此惟數瀟湘去後時

白花粉絮都迷離南歸開府與歌曲北伐桓温泣鬓絲

對酒

且作竹林醉高謌抵拜官笑談君入甕人影月團圞

聽歌

宛轉清商曲歡聞羅綺塲行雲識響遏怎不誤迷陽

弄琴

西烏盡夜飛春心蕩千里若非中郎知幾於爨下死

說劍

烈士不我遇秋來胡獨鳴即堪天外倚終覺氣難平

移樹

太古有明月埋藏塵世間郎來加拂拭總不換愁顔

囊琴

知音渺前路大美因内含調古不人愛噫誰一再探

望月

旁魄後必明今胡獨不見手弄琴且停曲直形俱現

坐花

人影衣香地頻驚老眼明當筵春酒煖不及送鈎情

鵁鶄苦無巢鳳凰飛在郊縱云謝氏寳莫將遷客嘲

灌花

手攜白玉壺中注以清水四散如噴雲每緑春早起

望野

策馬泰山巔拜瞻岳武像極目隔江山神移自心曠水遠波不興樹高日獨上魑魅向人來情狀悉劉亮信步觸蒼苑古木話交讓（木名半生半死之木也）鬼語聲啁啾若真而若妄慙我陋巷生清修獨爲暢豈須人事論但望救時相沙路寒風多吾共得豪放

輓仲小亭明經

暑雨傾天根罡風動地軸奈何鳳一墮丹穴返尤速（文徵明詩鳳凰一墮返丹穴）憶昔相往來新詩賦茅屋咨予兆達機潛圖在陵谷膏盧明自煎杖豈持無僕歲暮師志公築室屋正麓飲酒不茹葷和煦常春木有子能承歡入手桂香馥（謂奎伯孝廉）龍門百尺桐孫枝望高矗吁嗟人世生有往必有复金石且毁消東壁酒一斛命也可奈何誰挽滄江覆舊雨悵川流山松漸次禿展轉思存形知君有歸宿今吾爲君歌歌高聊當哭揮涕强就書悲風滿秋菊

塵鏡

光緒丙申仲春月刊

怡園老人年譜

由總目起至入繼五服宗圖止計六十八頁外底面

執硯山館詩集總目 自編年譜一卷分年編次詩四卷

執硯山館詩集 目錄

執硯山館分年編次詩集四卷

怡園老人自編年譜序

余不才更何德而猶自編其年也蓋亦滋愧甚矣或者曰君年六十肩兩家之責任（咸豐四年冬 先王父小隺公歲莫書懷詩九首末有寄示余詩一律云綺歲丰標迴出塵老夫顧此忽精神論文春受前生慧垂老相依夙世因清白承家無長物詩書望汝作傳人舊枝待向東風發開遍名花兩院春復書示一聯云容與迴流水鮮妍續放花）前後時事出處有非他人所得知者即君生平著作亦然 國朝方敏恪制軍吳梅村侍郎袁簡齋太史皆六十以後生兒君六一原可卜石麟之誕降也然爲君今日計上若宗祧之虛懸下若冢媳之孀守非趁君精神矍鑠之日自行編年將君本宗支派及入繼 小隺先生之支派縷晰條分後世必有盲昧而無從稽考者他如親手著作若詩若文若賦若試帖及經史類偶序解諸本吾等已親見積有卷軸若非自行删訂付諸梓人必後有賢子孫始可以揚清芬焉設也生材不偶將此數十年中之創垂不知湮沒若何也余曰不然余生性魯直固不善於媚世因不免見嫉於世何則余守 先人之產業兢兢然常額其齋曰求在我世人樂於徵逐同學者又好爲人師黨同排擠邪說横行人心汨於時務世風愈趨愈下余只好與二三知己詩酒流連栽花蒔竹以終天年而已外何求乎有時酒綠燈紅余亦不

之刦所由怡園落成詩中有登場也可逢場戲之句至於　先王父小崔公繼余之請亦以孀媳常氏　嗣母在側必須爲孀媳立嗣若自行繼子則孀媳將來是倚依小叔度活矣今余以本宗無人復歸緣當日入繼小崔公議嗣承重時本云兼祧且余所過活者悉自本宗田地生息即姪德宜與胞兄泮香在日兄曾因余妻袁氏病危命德宜入繼於余爲子亦有兼祧說項故姪入學籍貫均屬書余名目今余與德宜皆無所出孀媳尚存亦應爲孀媳立後查本宗同父周親姪增淦生四子餘皆單傳例應增淦次子入繼爲媳王氏嗣子兼祧

吟蕉兄子（桂森 德錫）並爲余等（二嫂邱氏 妻袁氏）生者將來承重庶無紊亂又海平故姪生有二子循擇愛之說亦可入繼桂錫若同此姪輩中貢珍浪蕩廢業畏妻遠出其妻素性潑惡妒嫉不時與人口角每每覬余家產意思攙繼情見於詞即如砌理伙墻一節大有打公罵婆如得過烏者然生一子當慶珍卒於金壇聞貢子亦已兼祧慶珍爲嗣（維時余忝列房長祿珍娶媳貢子繼慶均未鳴知於余喪祭慶賀久絕往來　祖宗軸像存余處亦無禮拜情事）若　小崔公一支緣期功緦麻已絕故議余入繼時如再從而又再從中有一二可繼　小崔公者均以　公亦貧三代孀居不肯入繼　公每私自恨懣悒

鬱而終曰人可貧乎人可貧而無子乎人有如泮香吟蕉　母與弟之仗義者乎（泮 吟）兩兄與余同列陳氏十七世　小崔公居十五世雖屬一公下孫推之服制已經渺不可紀而　小崔公之五服周親至余下則又八九服外而又外者矣（如僅許同祠之與余平輩陳捷秋海秋等姪輩陳芷庵等之類皆八九服外而又外不應繼者）余若欲擇立八九服外而又外之人爲孫昭穆固不相當且非余家眷口素所相識嗣子又與孀媳爲平輩余竟忍而立子是余又陷孀媳與小叔度活之說矣舍近求遠余不克對我　先人也或又曰君之言是也媳果年老君之立子尚可同居媳在中年擇立似

難臆說且　例載向涉慫恿訟端口角情事應不準繼即應繼亦聽擇繼者之父母肯與否而今而後我等亦暸然矣余曰余容日再繪兩家宗圖與諸君細閱可耳總之余不孝之罪大矣至余平生所著手錄諸本現已抽出古今近體樂府諸篇付之手民將告厥成用再自編年略顛末云

光緒二十二年歲在柔兆涒灘日躔大梁之次怡園老人蘭槎氏陳茀自序

怡園老人六十小像

題辭

名園假座挈壺飧曲折廻廊亞字欄四壁圖書增韵事
一樽清淺破春寒精庖燔炙多新味謂藹江郭運判携來閩中嘉味極多
雅集苔岑半舊歡有道居鄰太邱長吞花卧酒建騷壇
微風細雨養花天如錦繁英照綺筵三徑幽棲同蔣詡
九春國色畫黃筌薄書困我心如塞冠蓋游山迹類顛
他日卜居城小築願依此境老林泉

甲午春郭分轉假座名園惑賦二律錄塵
郢政兼誌人地之勝兩淮監掣官署
渥齋弟田恩厚拜識時篆吳陵

雄城爭擅五言長更繼河梁詠柏梁氷簟漸疎瓜李約謂消夏會罷復續延秋會
羅衣猶帶芰荷香招邀絲竹添吟興錯雜壺觴入醉鄉正是東坡泛舟夕江天圓月鬱蒼蒼
吾州名蹟小西湖城上春雲覆綠蕪漫把雌雄競杭潁
且留觴詠繼歐蘇海陵倉外秋花冷岳皁池頭月色孤
待買扁舟同訪勝幾時重畫蜀人圖

壬辰七月既望爲　子棠親家延秋四集謂今夕
之會正東坡游赤壁之夕不可無詩僕以消夏元
韵已逾百疊無取再增爰變其體牽賦二律錄贈
犀庵桂森甫稿

騷壇微宿學李杜共摩肩槑落襟期爽恢諧笑語先詩
抽蕉葉細墨染筆花妍愧我非徐穉還思下榻眠
豪氣壯湖海元龍結伴遊良宵氷鏡月清節玉壺秋望
岔開軒待催詩擊鉢羞長城樹旗幟楚趙割鴻溝

用錢閣學消夏一集韻奉贈並乞
指政　時壬辰大暑後三日芷漁弟周錫蕃拜識

年少曾經汗漫遊老來江海復淹留鵬程枉說輕千里
燕市何堪誤一籌詩到窮時多自苦筆當秃處更誰投
我懷如此君知否願共西湖泊釣舟
羨君京洛早蜚聲白紵詞成更得名謂君詩集中白紵詞事

品格直超棋以上風懷雅與月同清閒招野客評蒓味
自喚山童煮芋羹點綴軒窗無限好春來處處更花明
漫將走馬說王孫爭得名山望自尊好友諤詩常入座
飛車問字日投門微風隔幕侵書卷細草成茵印屐痕
亦是淵明老居士栽培垂柳到牆根
年年江北復江南憔悴征塵夢不堪黑髮無端成雪白
青天有恨補雲藍春風燕子難爲客流水桃花又滿潭
安得怡園同逸處一窗晴日恣清談

珠湖散人小泉世愚弟石梁拜題

叙

芷塘孝廉儒雅淵渾才非百里如龐士元春官八上老（子棠丁丑己丑會試以額見遺）驥伏轅乃脫名韁永棄塵樊別辭燕市（並辭吏部差使而歸）歸戀鹿門夜月泛棹春風呼擬居介廉讓人比義軒味思蓴鱠淡咬菜根自尋幽徑藉息足跟舍南接壤又有一村塞塗榛棘礙路莞蕡三弓地買十萬錢屯葵芟雞脚茅拔鴟蹲憐香有癖花譜頻繙梅妻鶴子菊婢蘭孫友聯松栢弟喚山礬虛心師竹忘憂名萱欄圍芍藥砌繞荃蓀嬌紅蕋綻嫩綠枝繁環列左右顧影偏反懶催羯鼓密藏瓷盆凍防雪冷和賴春溫（謂園有花房花窖）烘微火窗透朝曦地居城市境絕塵喧主人藉此消遣晨昏復闢餘地創造新翻匠心妙手引繩批根棟梁擇用材木親掄結茅成屋揷荊爲垣虛廊虹曲傑閣鴻騫亭張翬翼室小龍蟠置吟風館設護花簾墻右一沼眼活泉源月涵鏡印石濺珠噴徧栽碧藕戲浴池鴛柳陰垂釣盡滌襟煩經營不日計易寒暄自堪怡悅人羨邱園客來不速宴會連番扉開白板筵列金樽杯銜李白榻下陳蕃雄談驚座沈醉留髠跡渾賓主年忘卑尊形骸盡脫情誼交敦詩朋酒聖擊鉢吹塤徵歌拇戰楚女秦媛嬌能解語對欲忘言肴陳鮭菜味勝豚蹯

狂呼客譃軟飽儒飧先生此時大笑掀髯下交不才有
如弟昆緣結翰墨文字心論圖題愛石承題愛石軒圖七古朵振
翙鴻光生蓬華珍若璵璠嗟予潦草宦海馳奔老馬戀
棧羝羊觸藩消磨壯志劍舞劉琨碧蘿舊館劫火留痕舊居碧蘿山館在袁江庚申燬於兵火
貧難歸隱中心愁怨三山巍業削
壁難捫游君勝地觸我羈魂隱居求志夙願空存予壬子捷於鄉首題隱居求志二句
得山林趣此事推袁蘧廬寄託君以蘧廬名軒終
老弗諉諉予作序自笑目胥唫同蟬唱字若蚓蜿名園
有記古例聊援入羣芳國游百花原此中浩蕩別有乾
坤萬紅齊放春色無垠草木培養知主人恩

光緒二十一年歲次乙未春三月閩中四十年前附榜
花主瀚江世愚弟郭福沅拜題

執硯山館詩集

年譜 附錄啓書壽輓楹聯讚文解跋序記事實

泰州蘭槎氏陳　茀

大清

皇帝道光十六年　丙申　一歲　是歲湖決水溢懷十一月蘭槎生月癸巳日甲辰時辛未聞母沈宜人云

道光十七年　丁酉　二歲

道光十八年　戊戌　三歲

道光十九年　己亥　四歲

道光二十年　庚子　五歲

道光二十一年　辛丑　六歲　就同鄉金茂才貢南師塾

道光二十二年　壬寅　七歲　時事秋七月英人入京口是年泰邑搬徙紛紛先大父愛余甚於兄妹因飭余隨外祖母氏呂僦居小溪之南鄉

道光二十三年　癸卯　八歲

道光二十四年　甲辰　九歲

道光二十五年　乙巳　十歲　是年父爲大哥泮香娶金氏隨兄吟蕉金師塾始工詩

道光二十六年　丙午　十一歲　時事泰邑地震英人去京口後至興修洋樓金師卒

道光二十七年　丁未　十二歲　時事游沈茂才師塾始作文冬月學使張按臨泰州吾家每寓考是年所住者係揚郡蒯明經煦李明經肇墉外號延

秋居士皆一時名宿携生王槭園杉園梧園及占六等來歲試杉獲售餘亦次第游庠蒯李見余詩文每詞吾　父曰此兒詩文出口頗有可觀將來非池中物也因買九家詩一部四書便蒙六本贈焉復携游小西湖論岳墩泰山之由蒯李深爲嘉許爲余媒言邦上徐氏女以結兩家之好徐喜允後吾　父以其支干王相太過未許迨咸豐初年聞徐以姜壽民之誤全家昭髮逆焉蒯李亦不知何所

道光二十八年　戊申　十三歲　時事

六月大水漕隄崩决興鹽東高寶泰地方均被淹沒兩兒棄書克家是年　父病篤吟蕉兒封血飲　父余宿　沈師塾聞之歸見二哥創口尙未合迨　父漸就痊可家人均歡喜余奉　父命辭　師塾家焉　州牧張東甫名之杲苦心於民見此水患因稟請由江都界築三洋河隄接連斜豐港下達東臺入海以衛民田至今民猶頌張德焉

執硯山館詩集　年譜　二

道光二十九年　己酉　十四歲　時事

粵匪韋正起兵廣西上命林文忠公討之公薨於路復　命賽上阿提兵往粵　欽賜遏必隆刀乃失地甚多獨秀峯因有未留名姓者於壁題七律詩三十首句甚哀惋是年秋天雨下注禾稻覆水均芽歲又歉

道光三十年　庚戌　十五歲　時事

粵匪楊秀清洪秀全據九江安慶竊金陵江路因之不通是歲科試罷　父爲二哥娶季氏

咸豐元年　辛亥　十六歲　時事

聞督臣陸建瀛屯兵大小孤山見賊勢洶湧乃收重兵棄大小孤山退守金陵沿江人民哀號數十里賊大肆擄掠所過之地凡民居及倉庫悉付於火降者面刺太平天國字樣

咸豐二年　壬子　十七歲　時事

春二月粵匪扎紅巾爲號逕取金陵督臣陸微服興至十里廳賊遇陸遂死於是賊踞金陵分攻揚州董事姜壽民牽羊

肉祖而進獻以多珍請約過揚無擾及賊至擄掠蹂躙情狀不堪髮指故揚城在逃百姓無不切齒於姜善人也迨後督臣何桂淸駐剳蘇垣乃復不守蘇州而游上海總督糧餉何椿復三月不給兵餉幸向軍門來與張國樑守之是年吾　父病汗不止際大暑時候庸醫黃惠贍以麻黃升陽湯飲之而汗益甚延至六月初三日未時竟棄養焉同鄉康伯山明經發祥輓聯云聞計驚心至死病根醫末識撫棺揮淚平生意氣我深知次年髮賊大股又將東向因隨兒塟　父於城東綽子灣癸山丁向復隨　母搬至小溪南鄉莊屋與諸姊妹傚居四妹遂殤塟於華塋佃種田內吾　母旋得肝逆病幸末數日而愈是年本城土匪小英小五英小接連糧帮水手巳經搶掠張州牧聞之帶同四班會合營勇保甲丁壯分頭捉拿將首從慨行穿耳遊迎重懲國法泰邑始靖

咸豐三年　癸丑　十八歲　時事

髮賊巳據揚州泰邑村莊各聯義團大江南北幾無完土北路捻逆蠭起又昭淸淮一帶直至高郵湖西有無名氏詩云不可問天

執硯山館詩集　年譜　三

惟把酒並無餘地可吟詩之句而泰邑拿獲奸細甚衆故三月十九日南關高橋殺賊三十三人聞州牧張東甫云如此奈何吾惟城存與存城亡與亡而巳由是州牧張逐得病　欽差雷藿郊以誠屯兵五台山以禦髮逆東向不意營有道員錢姓名江者擬據泰以叛幸泰義勇聯絡錢叛意甫露卽將錢簇擁州署州留飲星夜通稟於雷雷以令箭提來大營未數語雷侯善至張州牧帶病稟見侯小處殺之迨雷去奇侯張州牧帶病稟見侯聞州牧至下階携手而入延之上座詢知泰州先後情事並詢其有膽識而兼能與民守此土者也維時泰州官董亦均避亂遠去吾鄉湯茂才治暉因著有海陵竹枝詞二十首是歲冬月十五日二哥長子桂森生

咸豐四年　甲寅　十九歲　時事

髮逆退守金陵分股住紮揚州藩司運司糧臺以及行營糧臺均駐泰州每逢衙門日期凡有差委無差委各員與馬紛紜泰州儼然一都會景象維時邦上周丈篠雲鑑避亂居泰與趙丈漁亭瑜族叔禰　小崔明經於蘭香園茶

舖大開詩社余亦登壇倡和諸老見余相茶聚往來甚夥而族叔祖　小崔尤覺格外殷拳當余初見之日余只知其爲族叔祖並知其爲名明經曾不料卽我將來入繼之祖也跡其生平筆耕餬口且室有孤孀又四民中之煢獨者館於城西張氏若今孝廉韓秋伯兆庚繆劍亭鋸李星垣寶琛皆其徒也越日族叔祖筵請宗祠邀出族長　誥封朝議大夫嘉慶庚午舉人大挑桃源縣教諭繡堂公號余房長　覃恩三膺粟帛繼先伯榮宗並伊壻張小石明經兆璠太常寺博士李鏡芙兆蓉余姊丈李秋江孝廉恩涵監生韓壽山友朱美存茂才兆繆議請余繼願立嗣書與吾　母沈宜人收執其嗣書云　立擇愛嗣書十五世族叔祖小崔情因予祖同胞弟兄三人　祖居其次　叔祖未婚早逝　伯祖生　堂伯又新　嫡祖生予　父崔樵　堂伯生昔存今故再堂兄陶庵予　父生予兩房皆係單傳再堂兄只生一子五壽現年三十有餘流蕩無歸幸予生有二子可謂宗祠內　先世香烟不絕矣不意予次子祖通力學未婚早逝長子祖根成室生女並無生男力學又逝予夫婦年居花甲苦無子嗣上有庶母下有孀媳無望無依予思世俗無子有產者搶繼紛爭無產絕嗣者置若罔聞予苦赤貧舌耕撫度鬮族咸知然雖如此不得不遵　例立嗣查十六世昭穆並無可繼之人同父周親四服姪五壽係屬大宗又不可絕且彼流蕩在外而五服外諸弟之家各各饋粥其中間有婚配成立者或有幼稚需人領養者卽將來撫領成立孀媳又何能倚依小叔度活展轉思維莫若爲孀媳立嗣近查十七世昭穆周親大功小功緦麻近房竟無十七世可繼孀媳之人復又擇立遠房查照子婚而故婦能孀守應爲其子立後擇賢擇愛聽從其便之例今選有同四世祖之十七世之孫桊現年十九可爲孀媳立嗣且於昭穆不失又係一公下孫是以請憑十四世族長繡堂叔父向繼嗣房長十六世姪繼先同向繼嗣孀母氏沈並兩胞兄汴香吟蕉暨本人桊情商議繼但予本無家產惟恐予沒後先祀無人孀媳無依予家生前一切予管倘予沒後各事亦可不累嗣孫除請親族將孫隨予教讀日後成室一切事宜明立議單各執所尤可喜者向商卽蒙姪媳並

長次兩子暨孫桊同聲慨允大義承祧並蒙姪媳並長次兩子因係一脉云雖出繼秉祧伊家產業仍照三股此亦因予亳無產業之故似此母之賢淑兄之友愛不憫陳氏之後予深感悅不虛所請惟願桊奮志讀書功名發達光大門戶則兩家均有厚望焉至於立嗣向係出繼父母亦筆今予特立嗣書與孫桊暨桊母收執桊胞兄亦立嗣書與予媳暨孫桊收執一以明我之赤貧憑親與族延繼於予一以明嗣孫之非圖產實大義之秉祧也恐後無憑立此擇愛延繼嗣書與姪媳暨孫桊永遠存執　立遵議擇愛嗣書胞兄汴香吟蕉情因予等同胞兄弟三人不幸於咸豐二年予　父病故所遺產業稍可俯度冬有同四世祖之十五世　小崔叔祖邀同族長暨諸親友至予家議繼予三弟桊爲秉祧嗣孫予　母云雖然同族房分已疎　叔祖卽以十七世近房實無可繼之人又將世俗人情　例意遂一苦說並稱先將所議各情寫昞嗣書與應繼之孫收執以免不肯同族藉口予　母同稱　例既可援又將面說之言寫明與執事無不可遵　叔翁之說至於予家夫遺薄產長次兩子自應仍照三股分撥予等亦當遵　母之命所有族　祖生前沒後並三代高年日逐起居用度以及沒後喪塋各情族　祖在日自無庸議倘或天年不測三弟亦應請憑親族喪塋商酌照議辦理惟期吾弟奮志讀書敬上有下居家勤儉撐持門戶蒸蒸日上不獨先人含笑九原予等亦有厚望焉恐後無憑立此遵議擇愛嗣書與弟並嗣母永遠存城

議單

立議單親李天培族繡堂情因　陳小崔翁現在嗣絕上有庶母中有其妻下有孀媳無望無依欲爲孀媳立嗣崔查緊房並無十七世可繼孀媳之人因憑同族長選有上同四世祖之十七世孫桊可爲孀媳立嗣所有議繼嗣書草稿係崔親立茲崔兄邀同我等照崔兄草底繕寫明立嗣書至於崔家一切請憑我等公立議單領遵辦理免致日後爭執所議各條開列於後　計開　一議得崔兄由父任所扶柩回里本無家產迨經崔兄歷年敎讀稍蓄餘資獨置住房一所共計十八間後因就館將住宅分典搬移城外歷年未經回贖今冬

臘月嗣孫蓁出請一百千文搖會首總係蓁收得
願將崔兒典出住房後一段堂屋小堂屋廚房計
八間備價贖同似崔兒得有嗣孫可以樂享桑檢
嗣孫得有崔兒將來可資誦讀其房屋日後典出
或前廳兼能贖同固無再堂姪字樣更與別房無
千倘有不肯門族爭執邀憑同族處以祠堂家法
如其不服執此鳴官　一議得崔兒生前以及棺
兗俱係崔館穀措辦倘或不測致有喪壟事宜緣
兼祧之人倘在輕年恐難支持惟照論語所載喪
俱祧家之有無幸崔兒倘有兩婿兼有內姪素稱
賢稱可以恊力帮同辦理查崔以前曾與兩婿合
請能百千文搖會二會行後中止所收二百千文
業二崔兒用去事隔四載原無輕會向索錢文萬
一經會日後索錢議省原有兩婿理直與嗣孫無
千　一議得崔兒現在并無產業止有住房前叚
廳屋照廳書房門房大門巳經崔兒當日典出將
來回贖轉典與否聽憑嗣孫量力而行所有三代
高年崔在固無庸議崔如病不可支日後生養嗣
孫應當勉力侍奉量入爲出孝慈爲先果能如此
自邀　神佑設也先後西歸嗣孫應請同兩姑丈

並表叔商同量力辦理不得以已見行事諺有云
死者亦巳沒生者還要度活切記切記慎之慎之
　以上數事非余定欲筆而梓之也緣四十年前
余不以貧病明義兼祧今余亦復老而獨矣凡事
較前稍稍增益悉余勤儉而成恐後之來者未必
能臻我境地諒我心迹也書此以明擇愛入繼之
淵源並示來者是歲大哥泮香捐職從九原名芹
捐改鳳樓　再議單嗣書諸親友族及　母與兒
暨本名所畫押者自　母氏故後余均存諸篋底
輕易不見迄今凡四十餘年之久蠹魚走蝕不堪
展閱字迹有此無彼幾與挽蚓紆蛇者類因敬憯
焚而錄之
附錄馮紫屏工部元錫撰曾王大父　崔樵公家
傳
先生諱師慶字餘庭號錬堂晚號崔樵先世由江
西遷泰州爲泰之巨族祖輝五公國學生　貤封
文林郎祖妣氏劉　封孺人考煥九公府儒學生
員抱道不仕元配妣氏田繼配妣氏孫以先生官
遇　覃恩封考妣如其階先生爲田太孺人所出
五齡卽失恃稟承庭訓讀書無間寒暑旋以第一

名補博士弟子員歷試有聲家素貧東脩之入不
能供菽水由是志益奮而學益贍乾隆壬子舉於
鄉出鐵梅庵宮保門目先生爲南邦名孝廉總漕
駐淮招先生館於淮晨夕過從先生著淮陰旅草
一卷與宮保倡和詩最多嘉慶壬戌丁外艱哀毀
如禮服闋就館北道寄館穀奉孫太孺人養晨昏
定省則所配之常宜人代焉戊辰聞太孺人凶耗
至泣血遺歸一時游於門者皆慟哭失聲不獨悲
先生之喪母抑亦以先生論文循循善誘能達人
之欵曲而不忍其一朝去也喪壟畢複之舊館辛
未登蔣立鏞榜成進士回籍候選會　　御頒全
唐文於揚州命儒臣設館纂修聘先生充校對每
校本迅敏倍於他人而並無一字誤總裁諸公詫
爲奇才道光壬午選授江西興安縣知縣　引見
奉　　旨調雲南呈貢縣知縣時邑之山水下注
昆明湖泛而爲災先生蒞任後營捐經費循賢故
蹟而疏濬之民共其利冬西村罹同祿者數百家
先生用編营法令按戶蔽之而火道遂絕上官嘉
其賢委兼攝晋甯州篆滇省多山田引泉布秩惜
水如金隣之强者爲曲防計訟於府府委先生勘

先生定以上滿下流法而令分時引泉兩造俱服
請勒於碑自是凡隣封水粢經十餘年不結者大
府悉委先生決焉乙酉充本省卿試同考官得南
中知名士八人冬奉奏署蒙化直隸同知蒙化卽
古蒙詔爲六詔之一地廣政繁漢吏雜處深峒密
蓍素爲盜藪先生蒞任卽飭村焚蓍使宵小無藏
身所復設卡分撥幹役巡防每夜必親至稽查兼
祭卡役之勤情而分別賞罰之獄訟素繁前任積
案不下數百件先生按里居遠近分限清理其新
案呈狀必親自批閱卽於批中慨切勸懲幾幾乎
訟不待聽而自無矣趙州有搶奪殺人案爲蒙之
隣界受傷者報於州州誣爲蒙界申於觀祭觀祭
避其言上聞之制府制府以推諉故特條奉　旨
摘去項戴勒限緝獲先生不與趙州辨獨任之日
是時若請勘界是以一己之功名爲念而民寃置
若罔聞也於是改裝易服躬自跴緝滇有白學山
羣盜窩窟在焉先生策馬入山爲探穴之謀蒙詔
吏人素習於弩家畜獵犬猺男犵女皆知長官受
誣各携弩犬從先生搜山先後盜皆弋獲案定先
生始請勘地上官知趙之誣蒙也復據情奏　聞

奉旨賞還項戴紅崖之誣旣雪而先生以緝盜故勞不惜身兼受山嵐瘴癘膏盲痼疾基於斯矣戊子督運京餉向例差竣歸入卓異班儘先陞用先生未及滿限早於京戶部以歷年解銅官無有妥速如陳令者於常例外具實保奏奉　特恩　欽加一級同濵候陞庚寅春奏署昭通府大關分防同知論者謂不次超選可坐而待乃四月間舊恙復作疲憊日甚一日先生猶力疾趨公卒未忍辭官而歸賦詩攄懷有孤臣萬里身拚死之句倘天假之年其建樹詎可量哉惜乎病漸不支竟至溘然而逝嗚呼天之報施循吏乃如斯耶先生性和柔自幼至老天真藹然及出而治民寬猛秉濟無水懦火烈之譏每莅一邑尤以培植人材爲亟書院膏火有不敷者恒捐廉俸獎勵英俊以故士論翕然其爲文華實並茂老而彌健簿書之暇走筆成篇濵闔擬程一時有壓倒元白之譽生平尤好吟詩宦轍所經各編一集南交士類每得先生著述如獲異珍殆所謂文章政事蔚爲華國者耶最可痛者哲嗣因常孺人不耐勞勤奉母家居兼承先生命待應省試故先生捐館時全家皆未獲覩殮及至扶櫬歸里檢視宦囊蕭然如水亦可想見其居官之廉而不欲後人有媿於清白吏子孫耳先生生於乾隆三十年八月十三日茲於道光庚寅年十一月十三巳考終大關官署時年六十有三配常氏爲甘泉縣名族妾袁氏以先生官循戊子年平定囘彊本身得濟　封典例封配常氏爲孺人生子一名恩溥字小崔郡廣生女二長適國學生張壻次適甘泉縣生員常海天孫二祖庚祖通俱幼女孫二長許張壻之子兆璠次許副貢生候選直隸州州判李慶華之子兆蓉僕與先生鄕會榜兩次同年知之最深適哲嗣以行狀來屬傳不獲以不文辭謹綴其大略如石以備史官之採擇云

論曰先生甫及冠即舉京兆八上公車始成進士卒未獲與館選而白首一官遠及萬里先生之過可謂窮矣迨雲階將升而露歌遽賦有龔黃之才又弗克大展其用嗚呼惜哉

咸豐五年　乙卯　二十歲

時事　髮賊踞金陵分守天長六合舟車往來長江天塹官兵望風而遁者不可枚舉

去冬因隨　嗣祖讀書於張氏之宅春董中川三帮

衛廷熊延　祖教讀余因與董氏二子讀書於耽嶺之巔夏五李明經鑑湖長漣李晉孚兆蓉李琴軒桐以衛籍田地爲本家李小春明經壻控於董所董子渠亭蘅甫昆仲突來館謂余曰去看李四胖子等飢案余至時伊等巳踞而起董因引李至齋中見　祖　祖謂李曰一家人何必計訟如此李唯唯維時董特以茶食瓜果晉焉茶罷　祖復約李明日齋中會文次日鑑湖晉孚俱至余與渠亭蘅甫計五人　祖命題周公謂魯公日一節詩題賦得乘風破浪得宗字限日入交卷越日晉孚以詩經文獲第一余以易經列第二鑑三渠四蘅五是年余以二十初度詩索和同人爲二十一日劇談之勝和者若周丈子瑜周丈篠雲方廣文雲塈儲大令碧山姜茂才選樓姑丈張筱石李鏡芙姊丈李秋江襟兄葛孝廉水雲湛盧明經雲桂眷兄袁雨香明經表眷兄孫振彩同硯張明經雲慶宮明經桂泉袁茂才後山幕友洪石海范靜哉吳夢秋周曉霞禪和楚評道士鄒晴嵐暨余　祖小崔公近查諸作惜巳零星散失惟余　祖四律尙存又膩友贈和十絕余僅記其末句云　別酒一樽春九十奈何扶夢又征車蘭芬本燕南人是日酒罷其鵠母適促往揚故云次日兩兄又爲余壽於本宅會友王木卿孝廉維翰石小泉廣文梁丁子健茂才元起邱筱香司馬均携詩投贈一夕之聚大有開筵坐花飛觴醉月之樂　夏兒城東十三里汪僧道正率衆彌租抗糧徐海年州牧瀛中請兵劉燬村獲衆梟示　冬月余由城西搬入水關橋新贖舊宅大哥泮香生子桂楨後應試更名德宜

咸豐六年　丙辰　二十一歲

時事　髮賊復據揚州及公道橋仙女廟南一帶

二月　母沈宜人病　母爲余娶袁氏於本宅三月謠傳賊有破泰惡因奉　母率家人復居小溪之南鄕四月　母病重與兄奉　母歸十九日申時　母忽肝逆痛嘔而逝計因寫余遵　例兩祧字樣六月二十日大兩盈尺忽而乾旱河流盡涸赤地千里兩兄命照三股分爨余遂棄書理家務幸　嗣祖館穀稍稍接濟未及兩月　祖突於董氏館中染痢回誤服鄒醫涼藥後行五色延至九月初九日大去余　母服未離又以承重丁憂時難年荒觸手生棘　祖喪畢將前

贖住宅八閒賃居揚州避亂湯姓迎養　庶曾祖母　祖母　嗣母於本生照聽飲食起居資湯月給乃湯貧欠不堪用度大有添薪仰槐葉之苦因質妻釵飾以資度活並飭佃奴伐田岸枯樹以助薪火加以分得田畝橫縱難名車木農具又非素喻謀生荒海一洗而空弄月衡門毫無所得此二十一年前皆余所未歷之境界也古詩所謂今朝都到眼前來七字不可爲我證乎因約妻袁氏均以孝養擔節爲要余原名蓁字桃甫是年更名帯字子棠號蘭槎又號芷塘一字字墨痴

咸豐七年丁巳　二十二歲　時事

春二月米珠薪桂就館於湖西徐氏山莊兼詢農務佃奴告日將有事於西疇余復歸搜遂衣質之以備佃種適奉郭雨三都轉霈霖月課考取得膏火錢一千六百文樊賞銀一兩二錢嘗聞郭謂田竹家明經實臣曰陳恩溥文如美女時花非足下文之難乎識者也聞陳身後太苦僅僅乎承嗣一孫且室有孀居三代是言確乎田曰是後贈賻儀錢八千文余親詣都轉公館謝恩留賚三代用度余復到館至田收租是歲麥大熟價亦昂貴將所質物贖佃償主亦不立門外焉秋成書大有年　國錁亦不稍有帯欠

咸豐八年戊午　二十三歲　時事

髮賊僭號於金陵大股攻蘇州我兵將帥皆退上海只提督軍門張玉良孤軍守蘇爲賊所擄殉節而死江中盜賊蠭起官兵土匪混而爲一蕭翰林上卓中堂書因有長毛如梳官兵如篦土匪如蘿之說是年喬都轉駐泰宜學憲亦駐泰山東王治軒太守際相過江來爲江中賊盜刦一空舟至華埅鄉人疑爲奸細余登王舟查照情形實係江蘇官長叱退鄉人因代賃鄉屋數間暫行居處王驚魂始定越日延余代書信致唐和齋州牧守道前欠庫欵首尾書成王擊節贊賞云稱將來如得有天日定當奉屈等語　冬塟　嗣祖於祖塋三寶莊之側另立新穴　將所贖住房八間典於劉姓　吟蕉兄納粟監生

咸豐九年己未　二十四歲　時事

髮賊去蘇州江南闈塌借浙江試院　是年二哥由監生加捐至不論雙單月浙江分缺先用縣丞並加鹽課司提舉銜

咸豐十年庚申　二十五歲　時事

州牧許緣仲道身由江都掇篆泰州兄帯仲由荊溪卸篆避居吾鄉州署義團拿獲奸匪由州訊明確實監禁泰州城廂均有保甲惟西門堵閉　秋七月荷花塘壩崩決秋收均沒於水尤奇者前漕督楊定邦曾有決高堰之水謀淹髮逆之說不知高堰之水只可淹沒淮揚二府之地卽使淹斃髮逆數十萬衆而二府數百萬生靈將亦同爲魚隧乎此誠年老昏瞶之談幸當路未之相許所由蕭翰林書云兩江總督陸建瀛剛而愎漕河總督揚定邦老而鼇斯言令人噴飯擊碎唾壺矣數語載前日記　冬與兄葬　母與　先大父合窆

咸豐十一年辛酉　二十六歲

春正蘇常髮逆大股復聚金陵余家猶居鄉間王太守借住余宅聞王以巳西領鄉薦後以知縣游江南撫幕因事每膺保舉署理荊溪宜興任事蘇常失守王適卸篆過江避亂華埅及至泰城喬總司知其來故割委周家圩港匽務接濟水師軍餉維時王喜余在籍邀余同往帮辦帳房筆墨事件余因同至周家圩港翌日港有民人姜七與水師李提督梅坪委員吳光裕口角乃率衆圍吳吳吽救王與余突圍入數語解之後查吳於王未至時實有苛捐情事姜有一呼百諾本領然事雖如此究不能抗姜抑吳王與酌議因檄移如臯縣徐劍華鋸飭肅焉乃辦理甫行又聞有歸併南臺之信後數月喬致王函云此捐巳歸南臺江筱雲翁吾兄亦可回臺銷差矣余因收拾一切代王交卸畢過如臯游徐園羣妓風流頗極一時之盛時李提督砲艇尚在江口盧徑港函邀往大生張黃兩口門同閱水師並懇在幕帮理來往事宜余以在外日久恐　祖母劉等心念懸望復由通如東歸　夏六月二十日午刻天忽作聲淵淵然如鼓鳴　冬月姪桂森以天花卒聘增生房宗琯女隨卒森蕤三寶庄佃屋後園叔子中祖通之側

附錄書啓

復廖士希明府

昨承　惠簡如挹　清芬誦悉之餘神馳無己近

維 政績安和旅祺綏吉爲頌承 示張黃港一節現在帮辦暨南臺委員同赴該處查看尙未有定見是否歸於何處須俟委員稟復始可定局如能改歸鎮軍處經理自當相機代籌斷不置之度外也昨與敝居停曾經議及謹此奉復卽請升安敬完芳放餘惟 荃照不宜

復廖士希明府

駒光條易 壓教久違雖前肅蕪函而末親 蘭欵寸私嚮往五內榮廻敬維 升祺叶吉 鼎社凝庥遠播 仁風商旅均思藏市近瞻 慈惠民生歡合同聲引睇 鴻儀曷勝島忭茲有來使奉函至敝局領恣 閣下巳於二十五日開局逖聽之下欣羨難名某歷碌在公愧無善告幸東道甚賢南車可指至敝老師現巳打槳雉城二三日間即可回局知關 綺注順寄奉 聞素切 青垂尙祈不時惠我肅泐布候藉敏 安祺必一

復李梅伯總戎

敬啓者前承薦之王小潭兄本當位置一席無如前日接到令兄梅坪與敝老師信件此局巳歸南臺江篠雲觀察辦理所委之李明府不日可到且而總局巳經人浮於事各分局又未設定加以局憲解繳在卽縱勉強奉屈徙有虛名毫無實際昨小潭兄到局亦知此種情形非弟不代爲推嚴也惟有與局憲商酌薄具川賚俾其返棹仍詣 崇階尙乞 亮察泐此敬請 捷安謹璧 教謙 諸希丙照

復宋燕石明經

雉阜判袂匝月於茲馳系之私無時或釋近維 文社綏和 時祺安吉 喬雲在望曷勝依依啓者弟自正月下旬與敝老師買舟抵澄亟欲奉屈 大才藉賚 槳範及開局後水師不由粮臺主政加以商販之刀狡師船之不馴而地方又不相下營委更不解事種種情形筆難盡逑近聞改歸南臺所委之李 黃二明府業已在途赳期可到敝老師現亦樓稟 北臺喬總司矣一俟接替有人卽行返棹親詣 尊前至見委之處刻不去心容俟徐圖應報 台命晤譚不遠面罄可耳泐此敬復並詢 大安諸惟 靄照

復王治軒太守

敬啓者前日專泐蕪函並拙作托本芝帶呈 座

右不意一紙無緣如悠悠黃鶴飛去而不復返矣抑殷洪喬罔作置書郵耶中心企慕無日能忘昨脊月上東山旋又舟發海陵一夕之聚曾難縷述惟擬喬方伯保獎委辦後敬詣 祟階親瞻 山斗庶小草在山亦得有向榮之一日耳一有機會萬乞早圖賜我住音是爲至禱又昨聞喬總司巳有信致黃帮辦處西席勞漾東夫子代爲介紹一切

與洪石梅幕中

昨得瞻 韓彌殷幕 藺知 閣下以班超之筆作王粲之登樓 蓮幕相依夙欽 雅範松牌時寫久遍詩名承 示諸作皆清婉可諷雖末能近鏡全豹足令人遙想雕龍頃傍暮復讀 華函俾鄙人頓開茅塞伏望 鴻裁點竄不辭一字之師庶幾羊誤歧迷弗惑三乂之路手此奉復並餧 文安

爲王太守前致唐和齋州牧守道書

昨日令朝三次奉調均爲標出諸門外或有獲罪之處耶明知 台駕在府末敢冒瀆伏思 閣下欠弟庫欵公事也理宜如期清交數年來末曾瑣瑣奉催交誼不爲不厚今弟之來實非得已過江遇盜搆刼一空眷口數十人嗷嗷待哺徽 兄之外誰可告語者現弟路過泰州自總司以下均蒙體恤雖萍水相逢亦爲我解襄況吾 兄古道照入友誼素篤又與弟有多年首尾諒必不致朕外視之既不許面陳下情只得專留小价代候 指示不拘多少先付若干令其代同餘欠約期另行再取是爲至禱順請 升安鵠候 玉復不勝待命之至

駝嶺淸風係泰州八景之一前爲守禦所署基址自守禦所官裁撤後屋宇漸次傾倒近蓬蒿滿徑墻僅半堵而巳離離之嘆有知者當不免歌詩而興懷古昔也近鹽義眷亦如之尤園亦廢 是歲二哥續紘許氏故

同治元年壬戌　二十七歲

時事 聞是年至八月初一日有五星聯珠日月合璧棨於東井之兆先是端肅搢權國號祈祥迨後端華肅順明正典刑 毅皇帝卽位改元同治曾帥率師卽於是歲收天長六合並聞國中有無戈之謠

同治二年 癸亥 二十八歲 時事 春正天氣清朗余嘗盥手焚香拜占 國家休咎年歲豐歉因就梅花易數拈字卜之得地山謙卦變坤上六爲重艮易曰艮止也按艮中有火得離之半處於上顯然戈兵之象然雖兵戈在外且不整齊非離之半處於中坐鎮不動有可用行師之德而能決勝於外也筮之期以兩年邑國可得兵戈可止後果至次年甲子聽曾師奏 昇平焉以年歲驗之如謙之坤在上艮在下均屬於土坤土雖卑能上行變而一陽在上則又有下濟之象焉卦中內互爲坎坎水也外互爲震震木也禾稼麥萩皆木之類是也坎水滿而不溢木得所養矣兼有土以附著之如此則天下萬物有不生生者乎說卦所謂始萬物終萬物者莫盛乎艮其斯之謂與由此推之則魚兆之詩可以望流火而吹豳共誦也留此以驗是歲秋果大熟 泰邑始行州試余出應考名列第七 二哥續紘邱氏

同治三年 甲子 二十九歲 時事 曾師率師往小孤山長江水師嚴肅整齊髮逆呼之曰曾鬍子畏曾之詞也迨秋帥遣弟九帥攻取南京髮逆大敗獲渠魁僞忠王幷訊得僞忠王口供刊刻流播帥因奏請於冬月初八日特開甲子一科兼預南京各地方善後事宜凡昔爲賊所擄者放免所在附籍一同民伍 是歲大嫂金氏故德宜及女余妻袁氏代爲撫領而泰州董事濫膺營務保舉者頗夥

同治四年 乙丑 三十歲 時事 是歲髮逆肅清聞山東捻逆復聚吾鄉葛孝廉至清江買車復回儀徵王孝廉因資斧甚裕爲捻所奪王亦爲擄而死余家居無事將先世工部次山公手植古桑之側搆屋數椽攜姪子德宜讀書其中復額其名曰執硯山館一以念先世手澤一以示姪子觀感是歲余復出應州試第八府試第十次年以經解詩古備取蒙學憲鮑華疊夫子源深以揚州府學科試第一拔取游庠回憶往歲始以重疊丁憂未考繼以兵燹停考迨出應試州取第七府取第六以爲季女之嫁雖遲而泮水之游可必不意學憲孫松坪如僅按臨時張筱石姑丈過我謂此次塡寫籍貫年貌我爲之庖可耳余以彼在堂多年兼屬至戚諒無外錯萬不料張竟有廢書之嘆及至臨期點入孫學憲怒曰本部院牌示已久必須本人親塡年貌籍貫乃不鄭重如此一色官話而認保雖係表叔劉壽廷舜年又畏而不敢代白余因進而拼之謂余疎忽尚乞大人格外矜全孫始諾揭曉竟報罷及領落卷文批首藝圓潤次亦清暢詩可字雅執此而呂聖功時命運之言不大可徵乎噫春間州牧松聽濤亭州試首場次日有盜十數人逕登州署後樓口稱來殺松亭與旁人無干松宿貢院扃試隨即歸禦刀槍並舉松頭帶刀傷松跟隨之小安帮主架禦迨保甲營勇幷至松走脫安支架不住爲賊殺斃而賊亦遁較之去冬火災後樓百姓撲滅殆尤有甚焉者矣 冬月山荊病甚大哥云袁弟媳設有疎虞他無拔挽卽着子德宜兼祧可矣是日定議後袁越月病愈余仍悉照大哥前議毫末更改大哥續紘潘氏次年產故

同治五年 丙寅 三十一歲 時事 學使衙門向在江陰因亂借住泰州另賃公館是年州牧長雲衢康因朱謝闈考稟明學憲鮑牌示以明各稟優劣 六月院試十九日濟水潭崩決下五州縣淹沒人民流離失所同人邀約公稟擬請前州牧張東甫入名宦祠

同治六年 丁卯 三十二歲 時事 夏六月颶風起飄折民屋掩禾拔木三日始息秋七月與蔡子脩大令渡江游金焦山寓評事街應丁卯科本省鄉試報罷自嘲是歲鄉闈瘟疫甚衆死者無限大哥續紘李氏

同治七年 戊辰 三十三歲 時事 二哥子龍兒生名德鏘長女許字外甥宮式安今茂才次女許字京口吳清棵今茂才分發安徽巡檢余仍與姪子德宜讀書於執硯山館授徒盧長齡今廩生顧德莊今茂才故茂才月帆姪安徽茂才王大松

同治八年 己巳 三十四歲 時事 春院試寶應廩秀滋事繫

獄是歲學憲童州牧桂後游擊徐竹坪出爲說項事寢又許分司寶書邀請本地紳董代本家昔州牧今觀察巳故之許緣仲道身公龔請入名宦祠末果　秋七月飛蝗遍地漕示改長短戶名目於今三載大哥於二十七日病故　總辦泰州洋藥稅務陳司馬綸閣階溥邀余出爲總董稅務與州牧桂會銜照會並贈每月薪資四竿常鎮道李彥徵並札地方照會

同治九年　庚午　三十五歲　時事

春月見拆毀預備倉及天庚老厥秋改泰州義倉是歲學憲童余考取二等三名夏末買舟應江南庚午科本省鄉試九月十八日報領鄉薦過江謁新任彭大宗師久餘訪高房師碧湄末遇

同治十年　辛未　三十六歲　時事

正月椒生叔祖約同入都寓宣武門爛麪胡同蓮花寺謁銘座師鼎臣安林座師錫三天齡並謝銘林兩座師惠扇對江南解元許時中出單邀請江安同年公讌銘林兩座師音厄文昌館中爲庚午本科團拜又蔚庚午團拜又前辛未科團拜拜杜太師毋拜董太老師大司農恂　保和殿覆試二等二十八名　欽派王大臣磨勘一等五十二名　三月初八日禮闈會試十五日晚出塲宿小寓一夜次早僱車仍同蓮花寺寓榜後與顧瑞夫韓秋伯賚應徐同年子岑僱車由京過直隸山東至清江買舟而歸徐同年留住寶應一日秋日與二哥同往蘇州二哥爲前州牧長統算泰州交帶見藩司恩方伯錫陳明泰州漕務情形並河運海運利弊方伯大加賞識劄以海運差使兼洋商局事務二哥回卽由陸路進京查明天津一切事宜隨銷差使交帶無誤因復進京到部驗看後兄以本官改省山東車至濟南賃住公館於各上宮處稟明到省日期旋奉臬憲委辦清理監獄事件差竣又奉臬憲委辦秋審事件冬奉撫憲丁葆貞委辦范縣濮州河務

同治十一年　壬申　三十七歲　時事

春二月雨風時見花木受陰霾之氣枝葉每每黃折日午金星尤屢見聞吟蕉兄奉藩憲長劄委督運京餉差使

同治十二年　癸酉　三十八歲　時事

耶蘇堂設北關外小街燈籠巷未半年去任　謁州牧桂穆堂請開孝廉堂課州牧辭恐不勝任余謂此亦不過以文會友之意州牧頤然並願解囊分潤每月約二十千文以資膏火由余處彙齊分遞分給暨後桂去任此事遂罷　三月祖母劉氏故　秋聞吟蕉兄奉妥文閩外巡綽官冬聞署理曹州縣丞代作泰山扁鵲大仙屏燈畫槁二十四則

渤海盧醫

扁鵲爲春秋時良醫姓秦氏名越人與軒轅時扁鵲類因號焉生於鄭古渤海郡無鄭縣今屬河間家於盧爰命爲盧醫

河間舍長

舍長古守客館之師扁鵲少時爲人舍長

謹遇長桑

扁鵲爲舍長時有客過其舍名長桑君者扁鵲見之每心奇其人扁鵲常謹遇之

坐對魏文

扁鵲見魏文侯魏文笑謂曰予兄弟三人孰最扁鵲日長兄於病視神未有形而除之故名不出於家中兄治病在毫毛故名不出於閭若扁鵲者鑱血脈投毒藥副肌膚閒而名出聞於諸候

舍客授秘

長桑君與扁鵲聚處十餘年忽呼扁鵲私謂曰我有禁方欲傳公幸無泄扁鵲敬諾乃出其懷中藥予之飲復出禁方書予之而桑君忽不見

水飲上池

扁鵲受長桑君術因取未至地之水及竹木上水以和藥服三十日果知鬼物

神見垣入

扁鵲服水飲藥後能辦榮衛度數尺寸部位陰陽王相視病能洞見人五臟癥結如隔墻能見彼邊之人

簡子延醫

定公十一年扁鵲在趙趙簡子病五日不知人大夫皆懼於是召扁鵲醫

病辦色脈

簡子病夢與百神游於鈞天廣樂備奏條有熊一罷一欲援簡子帝命簡子射之熊罷俱受射而死

執硯山館詩集　年譜　十八

帝喜賜以二笥皆有副尋見兒在帝側屬簡子一翟犬曰及而子之壯也以賜之扁鵲曰此色廢脈亂故形靜如死狀也夢宜然也又何懼

預知趙寤

扁鵲入視簡子病出董安于問主君之病若何扁鵲曰血脈治也昔齊景公嘗如此七日而寤今主君之病不出三日必間間必有言居二日半後果如其言

簡子賜田

扁鵲以診脈爲名與董安于言趙疾之由安于因書其言而藏之及趙簡子寤安于復以其言告簡子簡子賜田四萬畝　事載晉昭公時

桐葉度生

趙有一少婦孕產三日未下舉家驚悖延扁鵲入視病出曰剪桐葉煎飲之須臾產一男婦起如故

言動季梁

季梁疾其子請嬌氏兪氏盧氏盧氏曰汝疾不由天亦不由人與鬼稟生受形既有制之者亦有知之者矣藥石其如汝何季梁曰神醫也重貺之俄而疾瘳

虢官問病

扁鵲過虢適虢太子死扁鵲至虢宮門下語中庶子喜方者曰太子不幸而死臣可生之中庶子聞以報虢君虢君請見

鍼屬砥石

扁鵲試診虢太子時乃使其弟子陽磨針脂石以取其少陽太陽陽明復其百會胸會聽會臑會有間太子蘇

五分八減

扁鵲見虢太子巳蘇又使其子豹爲五分之熨以八減之齊和煑之更熨兩脇下太子起坐更適故天下以扁鵲爲能生死人

春雨延嗣

秦人有夫婦年逾五十無子求診於扁鵲扁鵲令以立春日雨水是早夫婦各飲一杯可以有孕後果驗

逃謁桓侯

扁鵲過齊桓侯客之一日入朝見曰君有疾在腠理桓侯曰無乃顧謂左右曰醫之好利也欲以不疾者爲功後五日復見曰君有疾在血脈侯又曰

執硯山館詩集　年譜　十九

無後五日又見曰君有疾在腸胃侯不應亦不悅後五日見桓侯而退走桓侯使人問之扁鵲曰疾之居腠理也湯熨之所及也在血脈砭石之所及也在腸胃酒膠之所及也今君疾在骨髓是以無請後五日桓侯體病使人召之扁鵲巳逃去桓侯遂死

邯鄲遇婦

扁鵲過邯鄲遇一貴婦於途面生青赤謂其子豹曰面色青脈當紘急面色赤脈當緩短於是爲帶下之治

隨俗爲變

鵲扁名聞天下一日過雒陽聞周人愛老人即爲耳目痺醫入咸陽聞秦人愛小兒即爲小兒醫此又扁鵲隨俗爲變之一法也

六病不治

扁鵲與弟子閒居每謂弟子曰大凡人之病有六不治驕恣不論於理者一經身重財者二衣食不能適者三陰陽病臟氣不定者四形羸不能服藥者五信巫不信醫者六有此一者末或不亡

撫息知疾

扁鵲自飲長桑之藥餌盡見人之臟腑撫脈息而知疾所由生故身不出千里而千里之來決者衆

疑釋難經

扁鵲遵黃帝素問之旨而作難經八十一難既設凡內經之所未備未發者俱一一闡明而歷歷其如觀

李謚妒昇

秦有太醫令李氏名謚者於六門二法亦頗精於貫穿但知其伎不如扁鵲陰使人刺殺之未果忽一日見自鴆駕扁鵲而飛昇焉因嘆後世之言脈者末有不以扁鵲爲宗也

乾初九潛龍勿用解用推衍易義法改示德宜

乾初九潛龍勿用此君子隱晦之象王氏困學紀閏謂即閉關之義言時之不可行也九家說卦乾爲龍陽精變化之象管子所謂伏闡能存而能亡者也苟子曰變化代興謂之天德天德元也大之元兼五色故龍被五色潛者藏也乾之初爻陽氣潛藏故曰潛龍其初難知故稱勿川苟子於大衍之數五十注云乾初九潛龍勿用故用四十有九元者即太極也太極函三爲一故大衍虛一不用

例以用九之義則六龍皆御而初獨不用者六龍之御皆有其時惟初當潛隱之時故勿用也沈氏鱗士崔氏環以龍比私子韜光待時其說曾不誣矣證之乾鑿度初爲元士元士亦是卑下之位正與乾潛龍之義相合嘗考爻辰之說初九爻辰在子子爲夜半陽氣始萌猶未動也似潛龍之伏而不動也子屬水龍亦生於水欲上則升於天欲下則入於水當此潛伏之時猶藏於水也此爻辰之合乎潛龍者也又按初九一爻上應女宿虛宿危宿初女八度終危十五度女虛危爲北方元武之宿女曰須女亦宜靜而不宜動有合於潛龍之義虛主風雲龍之所從者也危主受藏風雨風雨作則龍變化於其中而受藏亦潛藏之義也至於初九又上應星紀之次其分野則屬於齊當日太公未封齊之先處於海濱隱於渭水賢而在下亦潛龍勿用之象也且初九律應黃鍾黃中之色鍾言陽氣鍾聚於下陽伏於下萬物始萌含元處中有培養陽氣之義當此之時稍有安動則始生之微陽餒然幾乎息矣故當其培養陽氣之時使之潛伏於下以待時而動也若夫以消息辟卦言之初九爲復卦爲十一月辟卦十一月一陽初生君子以至日閉關養微陽也亦有潛意中孚爲十一月公卦陽之微而又微者也故中之初曰虞吉有他不燕亦有動則不安之戒中孚之初卽乾之初也十一月卿卦頤頤者養也下卦體震之初亦卽乾之初也說卦震爲龍蓋取於乾耳十一月大夫卦蹇蹇之象曰君子以反身修德亦宜潛而待時未濟爲十一月外侯屯爲十一月內侯未濟言事之未成亦未能自進之義小狐之汔濟猶潛龍之伏藏也屯爲剛之始爻物之始生不可用也審乎消息辟卦爲義而潛龍勿用之象亦明矣又考漢儒之卦之學乾二五之坤坤二五之乾所謂乾坤合於坎離也若以乾初之坤初則成復卦之一陽焉且以六爻陰陽定位言之乾二四上失位當變而之正而成既濟定也初則得位不動不動則不用也他若京房世應之法乾初爻變則姤爲乾宮一世卦姤初六繫於金柅又曰羸豕孚蹢躅皆有止而不宜進之戒則乾初之微陽當潛而不當動也可知矣二世爲遯亦當隱遯三世爲否潔身有待四世爲觀進退在我五世爲剝窮極必返則他爻

執硯山館詩集　年譜　二十

之動占者亦必有戒爲而況乎惟游魂爲晉歸魂爲大有仍復乾性故晉可康而大有亦亨也言乎旁通則乾通於坤乾初陽在下潛龍而有勿用之占坤初陰在下履霜而有堅冰之戒幾微之處聖人所謹也是故坤之馬卽配乎乾之馬坤之龍亦戰乎乾之龍坤消在亥亥位西北乾位在西北坤上六行至亥與乾相接所謂戰乎乾也龍戰於野所由坤上之龍亦卽乾之龍也

同治十三年　甲戌　三十九歲　時事

春日亢旱蝻孽遍野五穀昂貴　舉增生翰林院孔目宗房琯董理普濟堂事務聞吟蕉奉豫太守劄委署理德州吏目夏五六月閒飛蝗食禾秋聞吟蕉兄以海運出力人員保奏升用縣知縣冬月寶應芮同年巽三鴻儀南滙王同年牧臣保建寄到游狼山詩一本復奉錫三林老夫子寄到游紫瑄用李小湖師壁間韵四律命和因錄之以深景仰　茲邦文戰罷選勝一笻攜山擁平蕪起天橫極浦低雄心憑峻檻高步懾危梯輪與僧寮隱閒雲自在栖　讓人寬一著初地巳高樓山色宜舒嘯江光入拍浮潮喧知近海松老慣經秋更攬支雲勝招提在上頭謂山項有支雲塔一座　五年前一舸橫泝大江行　謂庚午秋奉使金陵　枯樹金山刧寒濤鐵襲聲論文追杜甫讀畫憶宣城又作乘槎使浮生浪得名　片影顏孤塔斜陽客思催葉乾巖石出風緊野鷹來觴酒無能役題詩也費才諸君盡英俊青眼倦重開　謂同游諸子皆門下士　臨川李老夫子小湖聯琇前以余游省中鍾山書院曾以紫琅山望海樓題壁詩見示今以和林老夫子詩復從簇中檢出亦附錄之　春游如在眼秋士更招攜木脫山微瘦禾收野倍低老僧成舊雨危徑習層梯天巳蒼然暮流連借榻栖　平明歡海日相喚急登樓世界毫光湧雲霞采翠浮偏邁烏浴水條訝椅懸秋快躍追三丈涇圖最上頭　塔與山離體人如天半行危巢在鞋底飛準作紘聲唾落千鱗五烟微一角城詩誰繼岑杜高處好題名　可喜同游子吟成不待催奇情有山助好句必天來吃飯無颭佛憑欄也要才牽余作馮婦詩界一朝開　是日余將和林座師詩原字錄成封固擬寄通州聞林座師舟巳過海安因買稡往東

執硯山館詩集　年譜　二十一

抵堰相遇親詣舟中捧呈詩稿恭求　鈞誨歸後復將和作另行抄寄鍾山書院秉寄長樂陳幼海司馬春瀛崇明姚企蓮恭壽丹陽姜煦亭堉南南匯王牧臣保建寶應芮巽三鴻儀江都孫月秋桂林靜海潘葆之逢泰通州顧晴谷曾烜顧蘭陔其行許少鱗濴陸韻篁親家筠許舒華國鈞王臨之逢春泰興王鐵珊邦鼎葉靜山仁本諸同年又寄是日陪林老夫子同游諸友通州黃笠溪文田許蒿馨恩煥上海徐子啮鳳鳴太倉楊瑤圃泰瑛泰興陳啓庭汝球如臯錢奎卿士杓華亭朱祝礽賡堯唐燮亭鴻藻張葦舟則華泰興朱可舟銘盤沈文甫煥章華亭張筱鴻卓宋養初承庠丹徒周芷漁錫藩宋少卿宜昌山僧芥舟

光緒元年　乙亥　四十歲　時事

毅皇帝升遐陪李州牧春棠同詣香雨樓行禮是年改

元特開　恩榜聞吟蕉兄攝德州篆過揚州至陸廣文署　壽黃亮甫太守國光

執硯山館詩集　年譜　二十二

駢文附錄

盖聞絳闕之岧嶤南極仰天星之秀青城赫耀東王隸仙籍之名所由箕子疇多于公門大恭維公祖大人江夏名家端溪望族百年喬木代擢珠珂五色甘瓜世綿丹瓞烟籠畫載堂哉穎帝之門火散沙陧赫矣陸終之後邁家風於綺歲捷獲芹香擅才譽於巍科詩吟芊宴文章戶誦世欽諸葛之名高車馬門盈人羨淮南之腹博乃者青袍釋禍將製錦於槖陽銀牓沈香待飛梟於花縣不意紅羊剗造何來蒼狗雲浮慨三尺之無人正四郊之多事繡鎧珠袍隊裏羣瞻君子習流黃龍青雀船邊共報將軍下瀨入柳營而噡亞父整花載而拜宗翁經畧奬其殊猷屧拜蠟丸而上表督撫矜其偉績每裂雁帛以陳箋何休一顧之於已許貂冠北拜伯樂相逢而後不禁馬首東來年是魚懸忽奏鮓責旋思父老興歌徧聽祝陵之路仁恩戶曉群欽峴首之碑宜乎絹賜李常車攀劉寵上高太守之風下頌慈君之美者矣然而驥雖展足鳳豈閒庭　闕北恩濃巳見風清虎渡江南春滿行看日麗鬱遷操文衡於巳生帋硃砂八千字復贍瑣院平訟政在勞形案牘二千石本屬名門

加以器宇端凝豐裁峻整如修篁之高植沈初明欲賦彈蕉比溫樹之難忘曹子建將吟傾萑令夕可談風月宜開北海之樽前生應是梅花快覲東山之墅邇日一枝鷗寄心屢悵乎鴻嗽他時三錫名標福定徵乎鶴算況復眉齊梁椀膝繞斑衣有倒屣傾箱之樂高傳家扇枕之風快堉乘龍坦腹入東床之選佳兒訓鯉傳經駕西漢之賢將兒含飴衍慶白太傳吟到桐孫不獨咏雪多才謝道韞詩成柳絮也今者律轉初陽節踰亞歲五紋翁線望在天之日影且逢南至以加長一寸飛灰按繼度之時辰尚迫東皇而早暖喜君子弧懸之日正大夫耳順之年某等謹當揚觶升階未敢攝衣上塵嵩高峻極何須馬坊賤客之繁文海若汪洋豈羨驅倚細流以壯色某等親依仁宇時切饕軒望椿齡介祉之天正梅嶺分春之候駿業媲鶴籌共燃翠依仙杖以臚歡虎符映蛻節交輝共拜瓊筵而晉爵雲璈水瑟千春聽曲譜長生雪藕氷桃百寶祝筵開不夜式贍綺甲頻添應卜長庚疊慶某以下忱葵向用敢上獻燕詞畧述管窺伏希鼎鑒

是歲總辦泰州洋藥稅務章大令本瀚因稅票疎於檢發捐戶因而藉口章大令詳請道憲余出爲說項寢事後沈彥徵觀察適往泰州東鄉堵閉各私壜口門便道過余處拜會並加照會飭章令親遞於余及余謝步時觀察巳掛帆西向　州牧李並函薦厘捐於王菊龕司馬處帮辦稽察嘱以每月薪貲四竿津貼夫馬後至桂式之司馬接辦厘務州牧劉德甫復爲函詢果能照舊延請桂以代爲推穀爲辭

執硯山館詩集　年譜　二十三

光緒二年　丙子　四十一歲　時事春正月底李梅初來今禮部主政約同進京迨會試報罷因嘱同鄉內閣中書王貽璋爲　庶曾祖母氏袁　嗣母氏常稟請　旌表節孝並留部費銀弍兩復與李由陸路返泰經過德州擬會二哥不意兄巳卸德州纂晉省中　冬月部查節孝到州並取具隣鄉親族切結奉　旨建坊是歲秋禾傷蝗蛸入境余家收成減半　附錄　母氏常稟復事貫　一節婦常氏住甘泉縣公道橋父國學生海福母陳氏該婦生於道光四年九月二十四日生二十三年八月以室女適份生陳祖庚爲妻氏年二十歲二十七年五月

初一日夫歿氏年二十四歲至光緒二年氏年五十二歲計守節二十九年　一婦自于歸後翁姑在堂夫習舉子業凡一切定省之禮缺而未周者氏體夫之心而事其父母卑下其色怡悅其聲問衣問膳曲盡婦道及夫歿翁姑哀毀逾常氏亦染病乃氏不以已之病爲病而猶湯藥親嘗不假婢僕翁姑歿後哀痛骨立嗣子迎養在室相依度活如勤儉之類婦道所應盡者必先勞而未嘗稍怠焉　一婦自持家政以來斷菫茹素戒簪飾訓勤儉不僭不踰以爲允愜鄉里之問多有未識其面者　一婦於親戚中酬贈之事若力所不及者必質篋衣以其事而絕不使聞於親戚遇有親戚大不能孝養其母以及長傲不恭者必凜然以大義相規又曰父怒可或遷婢僕勿過嗔責　一婦於嗣子自領鄉薦之後仍殷殷然以其燈紡績爲念欲助其子公車資斧之涼薄無分籌精進之心其守志應特過尋常焉　附錄庶曾祖母氏哀事實　一節婦袁氏住泰州北門外父有才母趙氏該氏生於嘉慶十年十一月二十五日道光五年歸于進士陳師慶爲妾氏年二十一歲道光十年師慶病故氏年二十六歲氏歿於光緒元年年七十一歲計守節四十六年　一氏受納之後頗媚婦道兢兢守分不苟笑語敬上慈下每以柔順溫惠爲訓　一氏自隨其夫於京師每勸語夫曰君性方剛不識忌諱又曰君善費財信手散去若不遺餘力者然又曰無或遷怒於人無或過責童僕且自悔無出待嫡子不啻已子爲又不敢漫視爲己子焉　一氏自夫歿於雲南大闕昭通府同知任所夫曾以其妻不耐勞勸令子奉母家居氏夫病故時全家未獲視殮氏以萬里一身哀號滇省沿途勞瘁星落霜飛面目黧黑矢志無他及至扶櫬回里歸檢宦囊蕭然如水此又非碌碌女流所能及其萬一者前因採訪已借刊揚州府志節孝門　一氏事嫡誠懇內外無問言撫嫡子之次子爲己之孫敎以讀書涉世二者不可偏廢後孫以病歿氏哭之慟膝下宗祧兩無依倚仍隨嫡孫媳之嗣子歷二十有一年　本州禮書吳鳳鳴承行並給油燭紙費錢二千四百文　是歲冬月余買妾一卜之吉聞吟蕉兄奉撫藩兩憲劄委曹州府鹽匣差使

光緒三年　丁丑　四十二歲　時事

春二月仍與李梅初買舟同清江僱車進京至大李家庄阻雪二日到京同住新館大廳淮海堂三月初六日進小寓十七日同榜後復由陸路同歸嗣子德宜以府試第六名應院試詩古考取第三名蒙學憲林拔取揚州府學入泮並生女一是年增淦姪亦同游庠夏六月飛蝗入境　冬月漕粮三價　吟蕉兄奉委蘭山縣巡緝告假回籍修墓又奉撫憲丁札委賚送焦山碑文隨至焦山倩偕昌道購石刻嵌壁間

光緒四年　戊寅　四十三歲　時事

夏四月飛蝗起秋大水冬月聞林座師卒於松江試院十二月接林廉孫世兄訃音廉孫今郎中軍機

與廉孫林世兄書

月前接閱省抄得悉吾　夫子於九月底按臨松江試院維時弟與二三知已相聚而言曰吾夫子忠厚待人較前人或失之太嚴或失之過寬誠有適不相倖者明年春當復謁見於揚郡試院中也弟因同憶吾　夫子於客歲試畢後由泰同江陰弟於舟中拜別時　夫子且與之坐而間焉曰平時在家讀書以期遠到漢隸小楷何書法如是之精也往昔還就館否丙子丁丑公車之費還充足否但今之時事日非館穀謀生恐難接濟弟敬聆之下仰見吾　夫子燭照讀書人清苦之至意是年吾　夫子巳咳嗽大作矣一語未了嘔痰半盃弟以　夫子病在肺金進以清平之劑若百花枇杞等膏具四時之氣隆冬不渕之物且平木利金之上品　夫子深以爲然復承　示讀驛梅吟手錄其中溫厚和平之語深得風人之旨趣皇華之使五善備諏北門之憂賢者不免而其處已待人允朝友所交賚當世口碑所稱道不絕者也萬不意天奪之年而竟如是之速也而今已矣欲如噶昔之一至再至待講席拜舟中而一聆緒言尚可得耶方擬冬梅破臘買棹江南介壽登堂稍申恩悃奈何鵬烏飛來作如是之不祥耶伏思吾　夫子之病根一由於少年身體之弱繼由於

毅皇帝賓天之後思哀逾常咳血益甚復由於閱覽試

文之辛苦應酬筆墨之煩劇加以荆枝秋折竹林風而亦不料吾夫子之文章行誼竟以督學終也而亦不料吾夫子之直節績猷竟以卌九萎也鳴呼斯文天喪嘆遠近實均安仰之嗟吾黨何如矣前未接訃音中韜猶疑覽本今淚淋哀啓登山空帳羊碑意欲摹寫其德業萬一以酬恩造曾非一筆所能磬也茲以舍本家某某現緣居喪本月胞伯大舉不克親詣師靈之前瓣香司祝謹具祭幛一軸洋蚨四元恭申奠敬昨因冬季輪駛信寄末便急由常州楊協泰蘇州之行奉呈座右尙乞檢收並候孝履

光緒五年　己卯　四十四歲　時事

春月州牧劉德甫汝賢築修斜豐港董事勒民限夫刻扣夫工州牧復捐修魁星樓蒼聖祠迨去任後留九千緡存典生息爲港歲修以衛民田誠歷任未有之賢有司也秋大熟有穀賤傷農之諾爲趙子鳴明經雲雀叟日清談請劉州牧序又余叙云盧州有周生丙午入闈詩文巳許備中及發榜末果周領落卷至

執硯山館詩集　年譜　二十六

二篇批有欠精采處按二篇題係德爲聖人二句必須根定大孝周文實於孝字有缺其殆文言之不能發至情耶春正小漁翁仲邀余杯酌子嗚袖出愛日清談並其評語余適北上今余歸來忽病粢不起盟弟譚念漁復以此卷於病中索跋數語藉以消遺秉爲蕿苓朮草妙劑余欹枕一再讀不禁把卷而嘅然也他日梓人告成讀是書者又不知展翫訴然意復奚似觀於此者孝弟之心可以油然生矣時丁丑大暑

跋江都王占六茂才祜詞稿

去夏余過維揚寓晉謝太傳祠側小雨初霽與錢塘周孝廉午亭散步地面適王占六遇於塗邀碧蘿春萿談袖出詞稿索題展讀之下促節哀音鬱勃蒼涼余感慨久之似有不減唐田疇之聲律姜白石之暗香疏影者矣今人但知塡寫詞調而不曉鏡歌皷吹折字泛聲區區管鏡未免蹈生硬凝溘之弊占少與余游家延名師如繭明經煦李居士延秋兩老宿於詩於詞規模步驟早有超越羣倫之實後兵槩流離以佐貳官返豫章登康耶山所過非一地所見無境心胸開拓詞語清空郎使

被之管紘無不聲洽辭達唐李白云眼前有景道不得崔灝題詩到上頭斯二語可爲吾弟占六證矣回憶余與占六既爲總角交今又何能以余學殖荒落而巳於言

復李子薪同年

昨承過我未獲親迂罪歎之至復蒙獎飾拙作溫語續絲展閱一過如素月流天悲風四起序言驚畫棟雲飛詩筆仰非秋露潤承示大作皆清婉可諷無非以工部之才行供奉之氣信非妄自談詩與操舡卒爾者比知君之得力於大家者深也其中溫柔教厚之語蝶嫂纏綿之作又皆遺憂憤於兩忘置得喪於一笑者矣初不計其工不工也積而成帙歷有年所合古今諸體分歲萃次誠大觀也豈易得哉敬復數語不勝景仰容日登堂劇談不盡附呈草草伏冀鴻裁庶無羊誤

致劉德甫州牧

客歲蒙薦厘務繫懷推赤之心越時得領叙言倍荷垂青之晾私衷感激孺慕難忘近惟善跋旁敷嘉猷丕著輝增蒼聖與歌傳靖海之區堵絕洪流戶誦遍斜豐之港更壽瑤光入座慶百

執硯山館詩集　年譜　二十七

度於鳩工羣欽玉尺量才卜三升於豸繡某近依慈字曾許贍韓記懔教思彌殷慕蘭茲因臘底將興北道之行猶恐熱中依舊南穢而返前座師來信遙詢風景於吳陵促我束裝待話雲情於京邸某祗緣硯惡資斧多艱不兌磬憂公車少待思維落月仰望高天惟當召杜之仁風冀詠蕭條於泥雪果許及鳥之愛將伸屈螻之求嵩肅蕪言砮抒燹向敬希鼎鑒虔請升安附呈五律四章兼以志別用代面辭並希教政是幸次年正月爲余餞別於嘉穠軒並贈贐儀十兩噫相如賁賦何其貧耶吳驚靄字抑又何賤耶

光緒六年　庚辰　四十五歲　時事

春客都門三月恭遇大挑二等以教諭用榜後王筱雲編修本家硯香勸余投蘇試用余因由京儷車至紫竹林搭輪駛莖上海買舟往蘇奉藩憲許批稟廻準予留蘇試用後復告假回籍適嗣毋氏病故因遺豕屬報明到籍見喪成服丁憂由五月十五日中報載龍芾泰州人奉藩憲許札委上海綵茶差查泰州捐職中

並無龍芾其人者或陳誤龍亦未可知後詢龍字實誤然余以丁憂在籍亦未深問

是年姪子德宜病甚二哥由去冬奉山東撫憲丁委送江南焦山碑文石刻成乞假回籍爲二姪女適京江流寓泰州吳協鎮毓泉之子文生吳清樑冬月德宜遂將伊父承分堂屋三問小堂屋兩間廚房一間歸併二哥居住德宜病忽下世遺繼母氏李妻氏王女一二哥病加劇

光緒七年　辛巳　四十六歲　時事

正月初旬有本家陳木天囑本家陳芷庵致言於吟蕉兄曰去歲雪琴弟以咳血病故叔又由去春二月得咳血病至今未愈聞木天云文生丁亨衢頗知地理昨丁云陳氏墳墓皆由墓東鄉人居住往年未經有人居住故爾三叔領鄉薦二叔攝德州篆雪弟游庠近一有人家便有厠坑烟火諸煞二兄素欠堪與之學病中忽聞此語似亦在理因商芷菴與丁說項將厠坑挖去芷諾去後復來謂丁云陳府陰宅要緊人家陽宅也要緊因索重賞方允兄商於余余謂彼有厠坑烟火諸煞有礙余家風水既索重賞不知伊

家能遷否能遷卽與不能遷亦不能禁彼無厠無烟火也兄惑於芷庵所逃言語只挖厠坑家不能仍遷舊居余謂挖厠栽厠仍近余祖塋東方而猶欲唉我厚資余實未之可也何也前次伊家遷此栽厠已不利我塋地今挖而復栽稍就東南究於余家有何裨益況今歲由夘至辰是又於辰卯動土而益我以凶事也兄不知自已命立夘宮龍兒命立辰宮但疑余言惟阻其事而不惜兄天年也奈何且德宜姪夘命已於去歲病故兄不之察乃暗地出洋十數元囑芷至丁丁猶佯謂鄉人不肯再四始允後余知其情因謂兄之女曰爾父如此將來我家還有事出爾父疑我不惜爾父余所由不能相強也余因將嗣庶曾毋　祖毋嗣　毋殯送於城東紀家廟東北安塟癸山丁向又將大哥大嫂潘姪子德宜殯送於紀家廟東南安塟癸山丁向哥嫂與金嫂合塟姪在穆是日正落燈而余之心力殊交㳫矣雖搥胸頓足無濟也塟後歸來見二哥病益篤兒其子龍兒年甫十三齡而余之淚呑聲矣維時月之二十三日徐東園封翁來問病兼代卞頌臣中丞賃住執硯山館爲渠子考試

余告以兄病徐去州牧程悅甫迎合卞意徒有相強之說余笑未之應余因與嫂邱氏商兄病如此宜備棺衾嫂曰叔可同吾四兄筱鄰商購余隨與邱擇買定越日而成忽有譚小亭來恃素知已謂邱與余所購棺木欠精伊暗度代備一棺迨余知之余謂嫂日一棺已備又備一棺是誰使之者是又益我家以凶事者也且邱爲余嫂胞兄素稱賢能戚至近也余爲兒胞弟余尚有他心乎譚之冒昧尚素稱知已者乎言猶在耳萬不意兄竟於二月初三日未時流然長逝余因棄譚及丁諸說爲兄經營喪事故輓兄檻聯曰自磨蝎入命宮難忘北道分馳我上公車兄游宦海何奔豚來智府霹令南天隔絕風號林竹露泠荆花又聯云萬家春雨山東夢三月淒風海上㯲余因際兄六虞大祭開喪凡寅年世戚均各有所弔唁云

三月初九日慈安太后病五月初三日哀詔到泰陪州牧程澄道詣香雨樓前階下行禮九月余容京口過揚州爲姪女璵姑許字陸廣文韵篁四子充章余時在揚府學署內忽接家信來云

德錫病隨買舟返至家而錫去一日矣余怔忡遂由此伏哀哉天也天喪吾姪天喪吾矣余見姪毋痴譫語數日不食時暖爐會辰余因延請高僧帮逐鬼怪申文招魂余帶甲士十數人桃弧棘矢黃金四日馹禁游魂祟而宅始安否則嫂病之凶喪又將迭至矣幸於不盡信中一信而獲效焉後查丁亨衢與本家木天至好朋比鄉人撮合而成此者余因檢山洋指遂地理正宗風水一書諸本稍稍講究遂僱工十數名將塋後遠遠挑挖一溝爲此山枕水考此山癸山丁向水由西而東山之西有長溝係北來田園之水出南匯諸西來之水過堂下而東惜不聚園水入溝在山之西南北又嫌太直兼之由後而前所謂有出無入也余挑引此水入山後象枕由乾而艮稍作蓄勢不使逕出幸向前西來之水未東先至溝口南與園水合於向道前而復東也向前乳突如寬大塘聚如深則西來水與園水亦不致速合而速去也挑溝水入山後而東亦復取老幹生枝之象溝泥覆山作駝峯狀以制隣挖厠坑庶幾存者稍有生機故十七年來家中雖未生一人亦幸未缺一人焉至於陽

執硯山館詩集 年譜 三十

宅余復將二嫂居處南硐橫墻一道來人環繞始至堂前緣前安竈之處烟火正對堂中今喜遮蔽亦可免修竈十忌之弊矣且丁亨衢素習貪詐一以訟兄於桂州牧時幾於庭責一以訟親戚某於程州牧時交捕看押鬪其素眷堪與每至伊父塋地日此非塋吾父地也遂遷父棺於他未一年至父塋所又曰此仍非塋吾父地也又易一處後余以拜埽路過一大塚詢諸鄉人此是何人墳墓鄉人日此丁亨衢父墳也伊五年中此墳凡三遷余日丁究何意鄉人曰他欲想好處也現在他家到越挖越壞了其餘瑣屑之語余亦不便再問近聞伊已多病欲死仍想遷父塋地其人其情殊不堪爲之設想焉寇萊公常過某氏墓曰此地不發是無地理此地若發是無天理此漢管輅過毋邸儉墓下所由長嘆也又諺有云陰地不如心地好這山看了那山高斯數語者余尤凜凜焉　是歲程州牧將衙署通行修造動用前州牧劉捐廉撥餘九千縉存典生息留修斜豐港欸項禀稱歷年在任代還迨張州牧至除不代還反連存倉積穀及書院三堂諸欸經董事手一埽而空　冬爲二嫂長女適甥文生宮士程

光緒八年　壬午　四十七歲　時事

春雨適時遺田佃大修農木　二月戊日與族人祭於公祠　輓李子薪同年楹聯云痛故人邈若山河猶記風雲同棘院嘆文字燦如錦綺空餘魂夢繞椿庭　送程悅甫州牧歸新造衙署聯云廣厦風清想見良工心苦泰堂月滿翠瞻海國官來　賀鄧孔祥吏目乃尊生日聯云綵戲萊衣榮邀華衮筵開首夏慶浥眉齊　三月五日　祖母劉孺人週期僧禮儀二日賀同鄉王子勤先生重宴恩榮並其孫述亭釆芹聯云杏宴醉觴飛國有聲華名父子芹香佐飴樂天宜福壽大恩榮　六月大雨水捕署出平米價　八月十四日有大星出於東北光射西南有時自東北移向西南然雖大而光幸無芒其光白後十月滅　秋大雨十五畫夜　九月二十二日報起服由　往揚壽陸韵篁親家七十聯云辭尊富居卑貧幸天澤有加官道無苛我黍葭莩叨座上欲從心不踰矩看舞衣秋月稱觥春酒人皆桃李

執硯山館詩集 年譜 三十一

屬風中　輓晏彤甫制軍聯云孝事君慈使衆方欣四世一堂忠厚傳家文章報國大富貴亦壽考詎料蕪悲梅泠魂銷燕北夢斷江南晏籍儀徵由兩廣總督任乞假終養回住邪上掌梅花書院其孫振恪供職內閣是歲送曾孫宗慈江南鄉試得病歸卒十月開喪計音至故作此以哀之　冬月余娶側室劉氏　總辦洋藥捐務裴子赤佐貳以悉於人言將余薪資匱而不給末幾稅歸有司裴亦撤

光緒九年　癸未　四十八歲　時事

春正的人日起余病甚至二月初八日始愈北上遂止　聞安徽土匪亂又宅後孫幕老嫗夜間時被細縛伊主檢查毫無影響嫗但口言請主速搬此房沈姓小樓不可再住後知爲狐　秋九月早暮天有赤氣

光緒十年　甲申　四十九歲　時事

春雨稀少聞雲貴邊境兵釁　四月游安宜楊家田得韓瓶一罇　閏五月本州大林坊葛宅狐火災四次樓屋俱燬　六月大嫂李氏故　弔高碧湄夫子　秋每日天際暮紅氣四塞若赤雯然

光緒十一年　乙酉　五十歲　時事

春二月寒極若行孟冬令游金陵過屈子祠宿江口　歸來覺染濕病清明亦未能掃墓延醫診視余謂病在嬰兒醫答曰是並不識嬰兒何臟藥餌遂止後余買茅朮黑芝麻大棗三件用麻炒去朮燥搗棗鍊爲丸服之丸盡病亦幸退　晦處栽花蒔竹宮吳兩甥設席延客爲余壽於長牛庵中暇時重訂課文詩賦及五經解論語解詩書易類偶古近體詩樂府諸作

光緒十二年　丙戌　五十一歲　時事

正月許州牧子舒看閙龍燈　夏麥與秋均大熟　許陸廣文子充章姪女故　都司章宗瀚州牧章壽麟來接印任事壽年伯李殿選承霖八十聯云少梁灝二年世澤深邀天澤厚衍箕疇五福文星光助壽星明

光緒十三年　丁亥　五十二歲　時事

春正魚行龍燈及各

坊腳班做頂上工夫者裝扮彩飾或堆羅漢或爲昭君或搖湖船演成各齣烘開街市又鄉來草皮獅子燈送子麒麟燈花鼓燈接連不斷卜晝卜夜事雖熱閙其如民力不勤何　元宵陪州牧章介仁至光孝寺大殿前拜賀
慈禧太后訓政
皇上親政事　春客邦上　夏麥秋禾幸未全損州城屢次火災如吾鄉八景之一曰頻池筆穎其塔臨頻西南當日斜照於汴水中其塔尖倒影如筆故曰頻池筆穎塔曰周公塔爲南山寺僧管理近儀徵鄭節婦乃向寺僧借住於其中一日婦焚香於爐婦出門瑣一火中燃此景遂毀　七月章州牧晉省中遂卒於金陵寓所　陸州牧春江元鼎來冬月照會挑濬中市河並囑築子圩以防鄭水是年黃決大河口鄭州人民均沒於水並聞此水又將東之　除夕大雪盈尺　王學憲按臨泰州通知揚屬各州縣次年正月初七日取齊開考　妻袁氏病中饋頗貲劉氏其勞勩亦幸獨承焉

光緒十四年戊子五十三歲時事

元旦晴初二日大雪初四日雨雪風又從東北來初五陸州牧招飲浮香亭舊址議及鄭水云貴邑雖有斜豐港鄭水之來恐不足恃余曰此水由西而來何不於禹王河重行挑濬導而之江以殺東之之勢陸云地勢不甚瞭然近上憲亦屢下問並令防備鄭水如何措置之法可以煩神指示一二同人皆默然迨酒罷各回余因作乘時濬河分鄭引黃入江以衛下河節署　竊維黃水爲患本屬天災計自咸豐初年北徒入海迄今三十餘載故南河修防一事歷年幾同慮設即頻年淮水亦復非若從前受黃水緊逼屢形泛漲共深開壩之慮同憶同治丙寅清水潭隄決後近二十年凡屬下河州縣皆得幸免水患相慶鳩安雖曰歲稱中捻民間究鮮蓋藏某身歷目覩尚有岌岌不可支之勢去秋豫省河隄潰決漫溢河南安徽各府州縣被災甚廣我
國家顧念災傷憂深
宵旰一則發祭賑濟再則以工代賑加以籌集鉅數百萬金堵塞洪流所以冀民生防東注誠
堯舜之仁也在事　各大憲亦無不竭盡心力籌畫萬全故有疏濬河道浚通各海口之役弟思治水之

法重在湖其本源求其去路尤期分其水勢隨來隨去使無壅注方不致有橫衡旁溢之處譬之治疾者善切人之脈理必先尋其病根通其關腸不不惟腹疾除且病可去諸全體而日蹟於平康者也伏查黃流入淮前明正統戊辰曾有黃併於淮之害又隆慶三年黃淮暴溢橫決高堰入灌諸湖遂成巨浸當是時人猶曰百年中亦僅見耳若較之今日情形則異甚近年湖田日多淤墊亦廣去秋鄭水雖未東注於湖然且由河南中牟諸縣歷安徽而潁鳳矣所尤可慮者春汛方興淮黃並漲勢必由安徽潁鳳而全注於洪湖顧猶是洪湖也既納七十二處山河來源又欲擠受全黃之水則蜿蜒一線長隄豈不吃重萬分哉既洩之不及洩又瀦之不勝瀦必至壩崩隄決下河各州縣過圍千餘重田約三四十萬頃無論高下淺深總成爲汪洋澤國而已吾恐億萬生靈有能免其魚之嘆者無是幸也今夫黃河之來於星宿也越數萬里而直達於海者以水由地中行行所無事也所謂禹之治水以導蘇之治水以陘誠不若也然黃自中州以下土鬆地平尚不能保其不旁決今將併入於湖矣若不分其上流之湧順其就下之性乘此春杪江海枯涸之際濬支河而理故道撈淤沙而高堅隄岸先使之南出於江必待黃合於淮淮合於湖而俾之入海恐不至盡沉千里之田而池沼之不止也千里之中田賦出其中䲁利亦出其中而忍聽其飄蕩滅沒若斯也有是理哉前明有因黃水洶湧議開盱眙縣之聖人山東南禹王古河爲入江捷徑者河臣潘季馴以明之祖陵在不欲使水過宮而有恐於風水之說疏請停開今無是慮矣有能照議開濬者庸何傷且禹王河舊蹟即在洪湖南岸古河頭經黑林橋過桐城鎮由桐城天長西南至金牛山分爲兩支西一支由冶浦河至瓜埠下江東一支過方山白茅墩下江其地不過百數十里似屬易於興辦抑有說者謂天長六合如紅山治山之間若再興鑿一河亦通瓜埠下江其地不足六十餘里前聞禹王古河河影尚存祇須挑濬深通非若新開初創工力較重可比或有謂者其次揚州西北四十里之僧道橋其湖名赤岸緊接高寶湖此處若開一河即從儀徵入江不過五十餘里道既不遠去亦甚易似亦一法

執硯山館詩集　年譜　三十四

之是三者河湖水流俱從西南曲折入江不使其再向東南停蓄舍是則鄭水來去無從一遇西風又必怒濤東注撞擊運河隄岸西隄先且不支而東隄又將難作底柱矣余以念切時艱誼關桑梓若作倖免之想儘可聽命於天然月見各大憲夙夜在公講求水利所以防之於未然者時哉不可失也若過此以往則有未之或知者矣易曰水滯至又曰黃公設險以守其今之謂與又近聞北地有銅瓦舍之鑿可以東黃入海查銅瓦舍一曰銅瓦廂江寗汪海村士鐸水經注圖謂咸豐五年銅瓦廂之決大河北流由大清河入海故蘭儀以上故道均未之改而朝邑之河迤而西焉上流改道所由有新舊大慶關也茲不惟鄭水可以東歸海道並可免河南安徽江蘇三省永遠水災至仁術也至苦心也但此可以遏繼起之黃不識可以回宿鄭之黃也果如是也將不獨下河億萬姓泥禱於光天化日中也某以管見所及未敢緘默自安剝値　福曜照臨勤求民隱視事三月士口如牌几有利於民生者無不興廢舉墜前以辱承　明問用敢敬獻芻莪容再繪具圖說謹先稟呈　鑒

核是否有當伏祈　採擇轉詳　大府施行則我　憲臺之明德遠矣萬民幸甚　後小溪司陳曼卿來並議築子圩事　落燈日韓壽山姊丈携贈汲綆書屋詩二本　斜豐港論各段董加高隄岸堵閉南北逭遙口門　張啓堂觀察富年來開築東臺水道入海上接斜豐港吾鄉由三陽河止港接新築隄岸照畝捐送東臺計一千二百丈　二十一日徽雪石小泉廣文招飲松林庵是日同年張雨人舍人恩霖邢上楊廣文詰均與焉　州牧陸照會修理中市河各橋六月又照會挑濬泮池並躍鱗河一帶南達關口並南薰橋三元橋泮池涵洞工竣後復挑文利橋青雲橋東繞城東內弔橋迤而北至玉帶河過周橋西接董家小橋直達八字橋入中市河九月開中市河壩引水入城引淮入泮州牧約同同寅並在公諸董由登仙橋西工程局登舟向北出水門繞西城外河復入南永門放船觀水十月壽李觀察毋六十聯云憶從前十月春回望萱蔭北堂喜桃熟東方綺席金杯稱母壽祝今後九天婺燦酌神姑酒滿看萊衣綵戲琪花瑤草拜人仙　賀盧州判菘亭四子泮游吉

執硯山館詩集　年譜　三十五

席聯云喜大塊文章驚鳳音諧通律呂樂小春天氣鼓鐘句好纜河洲　賀程十洲大令娶孫媳聯云美滿堂歡溢詩歌益麟慶衍喜合卺杯承飴樂黨鳳音和　冬月有外洋人購買民居李殿撰等出爲贖同

光緒十五年　己丑　五十四歲　時事

正月初旬州牧陸爲余餞別歲寒堂並贈贐儀　後徐子占廣文復招飲本宅越日余復爲州牧陸餞行於岳墩之小西湖臨湖禪院與盧松亭石小泉徐子占議及時事則如各噫讞而巳　二十九日借本家銙士買舟清江儷車進京並領　漕帥公費是月車價甚貴因轉運使差封裹足二十七日抵京四月九日領試卷以額見遺事載和陸州牧去泰詩註　同鄉團拜劇飲廣東會館並請那安世兄歸過山東泰安府見饑民均食樹葉與皮感遍地罌粟　謝徐子占明松烟墨一錠　六月輓程州牧聯云瀾今番東海重來遙想風獻我悔都門慳覿面憶前比西河抱痛勞心家國世稱良吏更何人　賀新任

黃愛堂僑寓聯云望虎渡而他共說泰堂明月滿喜鶯遷不次更聞喬木好音多謂州牧賃喬氏流寓　夏末秋初西水陸長數尺兼之天雨下注秧頭損傷幸徐仁山觀察保壩秋禾亦祗收穫一半九月三日往邢上接適吳二姪女歸　聞閩中有兵船建普天佛祖天地八卦旗號卞中丞遺兵拿獲　冬輓支年伯母云漆園叟歌起鼓盆我思母德寶婺星光寒珠樹世失女宗

安徽廬州吳孝子記

吾鄉里中皷樓街五條巷路西有僑寓者居數年未謀面今春因黃水由去秋巳入古鄭現仍停蓄安徽鳳穎地面余適有防鄭之請與前辦河務之朱德甫二尹議及爲之引黃入江以分黃勢情事適封翁丁云咋有人自徐州來謂北新有銅瓦廂之鑿可以東黃入海免河南安徽江蘇三省水災然余前與陸州牧節咎中巳會議此迄今猶惴惴焉及詢丁來人名姓丁云吳姓字例千寄居城內實不記其坊址但生平有勇力曾以騎射游庠尤可敬者爲人雖武而文天性最孝今由徐州幕歸實以爲毋卜甃後余談罷歸訪仍不知其里居今

正人日仍千來一見面似曾相識者余邀入茗談若河工若鹽務若水陸路程若慕游淮海及生平與毋艱險歷歷述所由來並以同鄉江福年代叙事實見示余逐一披覽不禁感慨係之矣仍千年及強仕並碁課數風鑑而樂善好施作事誠實臨財無苟取遇事必忠告既巳詳諸江氏事略覺道韞之吟詠雖多而伯道之悲哀有所不免近聞稍置薄產冀母窀穸之安以報劬勞之苦較諸邇來文敎中之悍怍家庭而受活報應者不嗇胥壞因爲之贊日

仍千仍千居隣東偏數載末面一笑爲緣雖武而文雖窮而堅清貧自守矮屋數椽懿哉孝者爲百行先世有非孝能無愧焉用撰數語當不謂顯他日金石姓字攜傳聞於　朝廷播於詩篇堂哉皇哉瓜瓞綿延

王道士重修上眞殿贊

道士名陽年王姓字秋浦吾邑中人也光緒朝儆居於城中之南福神祠故爲福緣道院主焉亦無所爲殊尤絕迹可考於今者也然其出處吾邑中人俱得悉其生平今遷上眞殿殿宇宏敞氣象百倍於福緣道院惜荒凉攡落過之數年之間道擬

興修未果道亦泊然無憾氣體和平以爲舉事所可得然者豈徙在乎人事哉授之者天也成之者運也告之者神也余與道士非有積素累舊之歡不過塗覯猝遇而以爲親者也乃其徒瀍如詠歌中雅轉運中律而其孫慕如以給取容筆妙龍眠尤爲可美談者遂謂拔乎其萃游方之外者也去夏余自京都航海歸來泊舟濠岸拾級登其殿宇見昔所弗除之草萊今則刋脣平堂矣傾落之榱栴今則釆飾纖縟矣毀敗之庭序今則鍔鍔列列業業皺鬱矣余周旋贍望竊謂泰元媼神蹲鴟生而能代度陽之厄者非乎燕鴈有代飛之信樽俎多庖代之勞加以錢塘許君之雷屬風行人皆謂此廟之姤孀難并吾則謂天神之多福地運之將有起色也前聞望者云泰州北關北北屬坎地僻水鄉每每天災黃淮合流宜鎮以北極上帝之靈又謂此爲宋查氏舊第殘碑斷碣剝蝕幾無可據即書誌亦無可考雖近世居民往來者衆然非阿私卽排擠非附會卽諷刺又豈足爲王道士重修上眞殿徵哉若夫神廟裝潢廟貌炳煥奢不及侈儉而不陋巍峩岌業亭亭若茗敗於前而成於今

者非天也神也運也曷克臻此吾惟願王道士晨鐘暮皷之弗忘光明神麗之長似此也豈非吾鄉一大觀哉是更有望於王道士因爲之贊曰

草莽一民游心方外遇事不膠幽闕無礙芒芴柴立形焉若塊神羨松喬書縈草帶金闕瓊樓非其所止駐景問年桃源洞裏飄飄仙流宜居於此色相莊嚴庶乎可矣迺瞻北極恍游武富仗劍虎拜天乎蒼蒼龜蛇其簌水波不揚人壽年豐多福吾鄉昨我過此悠悠我情讀畫四壁珠玉琤琤動我祀事神監孔明用垂數語彷彿頌聲

冬月十五日晚乃月當頭夜海山王氏昆仲及石小泉董紫珊等先後至余處謂今日今夜我等萬不可辜貿最好一杯一碟各携所喜爲今宵月當頭花游之叙是日適十一點鐘說罷各去傍暮同人巳各携所喜而至余因設几肆筵張燈於堂聽金蕉葉一曲按朱慮俟酒兵夫然後行月當頭一令曰月當頭杯在手人面桃花開笑口左尋梅右問柳普天同慶共傳觴喜良朋覔快友令凡三起而月色巳漸當中人影在脚步地矣於焉復催酒而不停斟各浮三大白而散

與陸春江刺史

前蒙照會挑濬本城中市河以通南北水門事爲便民食用冬防火燭起見仰見　憲恩周至並望一切事宜妥爲照應仁術苦心似非良吏不克臻此伏查吾鄉市河有三中通南北水門者爲中市河東西衙列形如川字中復由東入周橋過董家小橋穿八字橋蝸蜒而西其形如帶則日玉帶河道光二十八年董奉州牧張論挑濬未竣而止費錢八千縉近又淤塾甚至居民侵佔瓦礫堆積擁塞不堪言狀議者嘗謂梓里無人請於余余以吾鄉鄉士大夫先後稱盛者甚多然皆明哲自保余卽欲身先其事從旁又不免後言以故遇事諏阻卽如吾鄉孝廉堂課余請於州牧桂穆堂公公喜解囊興課毎月給膏火錢二十千文由余彙送彙給後以人之多言因末立案而止遇事如此能無扼腕近挑泮池或又曰渠等爲科名也若輩不知泮池合通城之大局非挑之者獨有私於己也形家因言科名可出其中殷富亦可出其中　公攬轡至泰首先課士殷殷以培植人材爲急因之刀鋒藏匿凡有知者無不泥首而誦萬家之生佛也

茲據查明自南而北之中市河並東西玉帶河泮池及躍鱗河一帶淤塞情形丈量段落造冊繪圖稟請勸捐興工外復自捐俸助挑浚導其流疏通其滯北接湖水之滙南達江流之湧澄然其清消然其流源委之來有自食用之利無窮俾我鄉人家於斯歌於斯者曰斯河也淵然其未波也澄然其不止也瑩然其畢照也生生乎其烏可已也易曰可用汲王明並受其福其斯之謂歟用澍諸石以示可久至於北水門裏外弔橋王家橋大林橋陳家橋稅務橋八字橋紅橋登仙橋裏高橋南薰橋三元橋青雲橋泮池及涵洞玉帶河中周橋董家小橋今均修理整齊無往來之稍窒礙矣工興於光緒十三年十二月十四日工竣於十四年九月初一日

光緒十六年 庚寅 五十五歲 時事

正月西園下屋倒塌雇工拆卸重砌從歲德方而北工竣本家單文煜入都約余同往緣單本陳氏入繼姨母因姓單後會試報罷余在禮部代單更名陳煜同日余亦在吏部呈請註冊以候揀選知縣在部差使

執硯山館詩集 年譜 三十八

查候揀人員在部當差二三年中可得省分到省候選然亦須外省有請揀發者余緣家務子然仍與秋岩雇車搭輪而歸並看沿途火輪車洋篷絡繹不絕苦此次火輪因津口沙長難於進口復雇民船至擺墩口上輪駛三晝夜至上海寓長發棧是年前泰州牧陸正攝上海篆因往拜焉乃陸以拜客末遇午後三下鐘陸遺价李桂帶與至邀至署內談到泰州時每愴悒失聲曰河濬未能通行吾萬對不過尊處百姓也酒殘燈炮陸仍命原輿送余歸棧期以明日復見冀余稍稍耽擱余以久客他鄉不免疎雨秋風之感因面辭登車至棧復買江船迨次日十八點鐘巳端陽節矣同舟係新進士姜堰錢子脩東臺汪孝蘼濟暨秋崖復於是日雇舟天津橋渡長江入口岸繞墹至北門而歸見家中人幸均無恙焉

是年湖南張偉堂來州接印任事迨後招飲見其人瘦削言語中頗好名且多病惟聞渠遇事不求甚解有未免因人顯倒之處文詞詩賦據能習誦然見其州試詩題一經恰下綠雲根考此係陸放翁新橋詩句一徑脚下綠雲根今張改徑爲經脚改恰字想亦另有所

夏至麥苗盈野秋來秩稻連阡吾鄉豐稔之樂足書大有也

輓袁典薄子文舟氏王聯云子女介萊年回思卅載中家政操勞效孟氏三遷鄰巷競歌王母德孫曾動飴樂方冀八旬後天恩優渥衍箕疇五福泉臺不墜婺星輝

輓宮茂才聯云兩日前聚首若談不過尿溺粃糠芻彖蘧廬猶說我公車辛苦幾輩中經秋葉落痛今華屋悲處蓉城作主到省君智府憂傷

由八月雨晴後至九月二十六日始雨鄉城苦乾燥難於插犁種麥余買舟往鄉佃田去收租查田佃等多有累欠佃又恐主倩收者從中侵蝕些須以致歷年交割不清是日天雨余仍飯於船對窗外景色不禁觸起夜之所夢因自嗜日歲云秋矣春夢婆何故屢相擾也晚間復繫舟於柳陰之岸而蚊聲如雷轟然四起想亦連日雨氣陰濕所致復聽哀蟬一曲則又不免張季鷹秋風之感加以聲聞絡緯亂愁緒之如絲不堪影照婆娑傷春明之似錦烏啼落月誰憐頭白如霜鯤養培風難說綾紅裹餅在昔蓬山路遠幾經風引颿廻噎予老大心悲空望天高日暮懶向楓林爭晚色山川之黃落幾何每懷萍水動

執硯山館詩集 年譜 三十九

悲聲烟樹之蒼茫更闊妻妾半生之累悵豔景兮如塵水雲一卷之詩登吟壇兮非昔知萎角之刺能傷手衣冠傀傴之塲羨榴實之子驗多房碩果蒙泉之象偷使枯楊有生穉之光則香草可卜宜男同思尋花兼問柳之詞則繁華巳成陳迹矧近嗽鴻遍地謀糧而翠下江灘猛虎當途威柄而聲施海國也乎寫就余適晚飯煎鷄子數枚佐以來其湯飯後閉目靜坐抹眦眶數下以精眼光飲苦若一鍾藉消心惡欹枕側睡用秘靈府以手加膝而開天門未幾沿隄戶閉柝聲如流將二更許舟人僮僕皆酣睡余兩眼朦朧而閃閃燈光色青於豆一反側間見艙戶僅掛布簾恍恍中若有一少年搴饟而入余驚醒良久視之並非曾相識者迨覿其貌則瑩瑩然面如美玉觀其衣裳則楚楚然飄颺有神仙體入而上座並不甚禮余心訝久之因近詢其姓則少年不我應也再叩其字則少年亦不我答也復詰所由來則唯唯焉而若不出諸口其婉容和藹之氣直有撲人眉宇之處余心焉戚戚因移燈仲臂近坐拍案厲聲曰少年人輕薄乃爾仙乎妖乎人乎鬼乎饕夜至我舟中有何牽

少年乃局局笑曰礼非陳孝廉廣文而大令者乎余曰然少年曰既是坐無蹀今有一言奉訊君前三世香山僧也因刼落凡今君又守香山宮耆又以刼入塵網梓權君兆君以辰告瑤光張鬟眉而笑君食言斗姥告君而君不記壇乩詩序而君又不信君之獲戾於神者不知凡幾而乃以家庭世務好惡內傷其身外乎神勞乎形是自其所以乃且至人之用心若鏡君具瞻明胡爲乎感於青黃黼歡之觀也君具聶許胡爲乎惑於哀絲濫竹之音也君無需役而若需役胡爲乎不能超脫於遙蕩悉睢轉徙之塗乎嗟乎天蒼蒼兮海茫茫相逢知已在何方噫吁嘻世人皆濁我獨淸世人皆醉我獨醒庸詎知君所謂君之乎而乃今知之矣苟不知然也若然者其奈之何於是廿年振衣而起揖別舟中復曰今得一見三生有辜矣遂辭去余因謂少年曰既辱光臨請其留步適承所言敬聞敎矣但余自幼至今功名之念巳隳仕路之七品官兒巳無復望即小試外翰尚未得攧首宿盤內顧而馬援之誠書無所寄俯視而蓬頭之歡樂無所尋敢再一請可乎少年曰平者水停之盛也差

者日月之錯度也渾沌末開而經報其德之來鑿其竅者渾沌因之而死故乾一璽開天一以含三三以引六由是而陰陽分四序列寒暑行乎其中所以天道有寒暑也日月有盈缺也君年五十餘由春而秋凡百尚有淮陰兵將之益安常處順萬不致以哀樂相擾我豈柳絛之可洩漏春光者耶鷄嗚矣更四點矣我將去之余曰芳躅至此尚末暢聆指敎幸勿爲是拘拘請爲長夜之談可乎今既不肯明示休咎庶幾留以姓字輕舟雖屬萍合而他日相逢又何妨瓜期之預定也少年嗟嘆良久曰妾家去此不遠僅三二里許生前稍諳筆墨少寡而死緣家貧壍薄感君十四年前掩嵤蘸骼之荅君忘之乎君前於湖西河千誦李青蓮詩桃花潭水深千尺不及汪倫送我情之句君惋惜贊賞是時妾實過此妾巳知君之深於情者後又聞君誦彷繁欽婺婦詞句妾至今耿耿但妾今非人實鬼也棄絕紅塵已有七年之病矣妾知君所以化爲美少年者恐君見無鹽之醜君疑讐君也妾今寂居荒塚故夫已另投生特稟過土神來覩君顏不然妾祟久矣鬼門闞神查妾生前誦金剛經

及高王觀世音經咒爲自兗過代達生公故妾無所羈絆他年君如念妾死之苦今番跋涉之艱可於寒食淸明焚妾白羅一東或往生神咒錢數串來世身應爲君犬馬報也今君屢詢妾字非妾故秘於君也惜言之反饒鏡孽耳妾乳名蘭因姓姓字甫露究何姓尙未出口乃雄鷄一聲渠巳杳不知其所向維時余愴然若有所失耳邊尙覺有啾啾聲因倚裝遙想口占二十八字以慰遠魂天陰忽地動秋心情緒偏縈潭水深十四年來成一夢夢中何處可相尋吟罷一輾轉時而日巳紅於天之東上東山而上矣披衣出帳臨案磨墨逆憶前言其覺也耶其夢也耶雖邯鄲道上槐柯叢中未有如此之淸快而超脫於塵世中者因書之以當招魂一哭

光緒十七年　辛卯　五十六歲　時事

春二月張州牧飭買蝗蝻亦政之善也及興修貢院不問何人逕行禴董三百餘名中有余所素知之張司馬質甫張復邀張囑余出蹇其事余笑曰君好自爲之可耳余因謝不敏焉維時從旁有一二吮舐者流復以言餂我我雖不作色以對我正不妨說幾歇後語也

附錄代友人作希兩齋甄別海陵竹枝詞十二首

說到新炊飯隔年家家花爆喜喧闌穿星看過元宵近灯市街頭皷吹天　秧皷龍燈雜伎塲淸明節後鬧端陽纔談浴佛龍華會又洗菖蒲百草湯　七夕穿鍼月半痕中元孟會懺蘭盆秋來月餅兼瓜果還約登高酒一樽　黏米頻炊記祀先小冬家祭久相傳今年說是開漕早好備糧完鳳米錢　桃花米賚海陵紅馬尾羊脂色不同更喜虎皮香子糯赤蘆白蘆兆年豐　一種園蔬說不訛水芹菠茱更蒔蘿胡盧依樣猶能畫爭奈黃郎鼠蜚多　四時不斷是名花雪窖氷天物更嘉烘出牡丹桃亦碧膽瓶還插白山茶　燈籠無影買來難買得人家美百端此語不知何日起好從橋畔訪金蘭　廿載河隄浪不飛莫云海口瀉偏徽吾鄉幸有斜豐滛惆悵依依柳十圍　淸貧最苦是城中半駐編岷半厲公不料市河涧又塞只餘一水泮融融　黍山曾建岳家墩圖蔣山頭望不眞相約小西湖上去草堂坐雨好吟春　貢院奎光八景分胡公書院去論文吾民幸不多浮薄

惹惟愛童謠竹馬羣

與戶部主政陳蔚山書

去夏一別瞬經數月同憶都門聚首屢擾 郇廚迄今耿耿咋遇京友回泰得悉 起居復聞天雨下注街流成河房屋四處傾倒今內外大興土木想邸厲又另有一番氣象也前云冬末各館彙稟吾 兄籖分辦事可由京官內獎降捐直州外放但不知近有消息否弟殊念念茲有啓者前承 命代紋銀十兩面交張表弟家中分用並談及吾 兄在京潸苦尤能掛念謦人仰見吾 兄篤愛之至意渠家中人均各感佩然眉急雖云有濟而口食終覺難餬復再四囑弟代爲設法以爲久遠生計函商吾 兄格外垂青聞在古昔有不吝西江之水以活涸鮒者吾 兄古道照人智珠在握可否推解一二多多分潤今彼稍稍生息庶簪人無餓餎之虞妻子免號啼之苦然渠僅藉吾 兄植愛未免不情弟亦代爲勉力請貸若于好者渠前生意中友並令弟等均肯帮同籌畫現以嚴寒在邇囊橐固屬空空卽衣飾皆爲典質諸表弟又僅此館榖弟目覩情形實爲可憫用特草草節呈代懇 鼎助俾塊然無計謀生者得荷生成於萬一也謹此肅請 升安諸希 垂察並乞 宥我兼詢 潭福統祈 朗照萬望 玉復

執硯山館詩集 年譜 四十二

光緒十八年 壬辰 五十七歲 時事

春正有園友售黃楊二盆古松二盆於余因倩匠者重新剪紮匠者云前面荒地何弗售存留爲栽花蒔竹之所余曰可也後匠者王姓因去說項越數日匠者來云地圭房姓公共謂余處旣可售存請定價約期立契交出是年王州牧秀三適來篆焉聞法人以購買鳥巷地巷並房屋八間將契送上海道聶飭州印稅州民公稟以有礙風水州牧亦以州民少見多怪爲詳夏董偕各紳士公備原價向康敎士治泰回贖敎士會同上海領事向聶道說合仍將泰州佪贖原銀復返聶道迨聶升任卸篆後王觀察接署道務法人仍將王州牧代泰所解回贖銀五百兩轉交王道王遂飭王牧領回轉交各紳士 是年冬匠者復來口稱門外荒地房姓公共愿賣余因約同來說諸人備席書契查此荒地並無銀米非無銀米也房於瓜分之後子弟各有所務幾幾乎鹿馬之誤余因令房於自己身後漕忙撥推過余

德星堂戶下入冊完納隨令瓦木工作將昔所儲屋料逐一檢查以備砌造

越日有友約携壺酒同往蔡道士吉祥花局緣蔡布置齊整兼備筆墨於其中以待游者書畫於是余携魚餅笋蹄大家亦具佳肴羅列竹几同人笑日我等各具蔬果肴酒坐對笑談反覺別有妙趣譬如周彥倫秋末春初之味似亦不過此飲罷乘醉迎風覽局花之茂美硯流水之清揚遙見茅龍新更其衣並戲山猿梯竹而上柴門不遠高低兜眼之籬籠鳥一鳴茶水龍芽之葉末許風吟窗紙不妨墨潑花箋明淨玫璃似漏天光尺五粉泥垣壁差透月色二分前番景記蘆洲曾矜馬氏此日春含柳岸爭羨何郎於焉遍覽其滂沿寒棨田一路別同人而歸

是年孫女許莫茂才長子國鈞

光緒十九年 癸巳 五十八歲 時事

春正王州牧晉省拜年並辦自己實任因代前州牧張認賠在任提用三堂並典生息及庫欵書院等欠維時王夫人陳適長誕籤提演戲伊孫琴舫東邀晚席燈劇余以病却聞戲將演罷王突由省歸看家中鋪設張掛

執硯山館詩集 年譜 四十三

甚都王乃顧左右而言他矣

是年余以地面巳買因擇日開工砌造匠頭請給圖余日圖在胸中爾等先爲余丈量周圍橫縱若千匠者在在量定若千丈尺余因令匠先爲立定中間正廳三間廳東暖房一間廳前留甬道直接過套二門道鋪花瓦瓦中墳以石子旁留空地砌牡丹芍藥兩臺以石堆成平遠之象餘天井隙遍栽梅桂棠梨等樹廳東暖房一間前留小天井一面南砌花墻由墻南角西折而北接廳東簷中留小門以通出入南墻外隙地即牡丹台接東南之亭北廊東砌迴廊南立小門接亭廊北北接暖房之東北兩角門入暖房而廳廳後餘地北即圍墻廳西南簷留小門接廳之西廊南至花房北窗折東出過套西一間二門之西耳門花房三間前有天井遍栽五色桃樹房後天井種竹柳天井西南砌小園墻內栽厠缸三口天井北接小池西則隣墻東爲廳西廻廊四間花墻後壁池後船室一間半出入或由廳之西角門朝南之小門或出花房北門廳東南之亭南西北三面俱臨空地均砌廻廊廊北接暖房東南角門再北則爲暖房之東墻西臨大廳天井路

鋪花瓦塡以石子向西接甬道南留隙地種天竹四面用曲折短欄再南爲廚房三間後壁西南廻繞至過套東一間由東一間入內則廚竈矣再西而南則過套之籐門四扇矣廳西又一小間留爲茶竈之所向北一小圓門向西一六角門至池至船室均可船室南面池西有隙地種椿樹芙蓉等東出廳後隙地種桃李檐一切雜花過套中用籐編門四扇南有天井栽垂楊垂槐等樹再南用花瓦砌墻西亦花瓦砌墻東墻砌圓門以通園門中亦天井用亂石鋪成四面亦花瓦磚墻廚內亦有小天井一面栽金銀花等件彷彿薛蘿裊繞可愛由是五閱月而巳中元令節矣節後零星補葺收拾窗櫺稍暇因自檢出古今近體樂府諸詩擬付手民復雇書人先行抄錄八月中旬園巳落成因額其名曰怡園廳之額曰蘧廬熒房額曰小憩書廚額日鵠林一枝廳西之北門曰漏天一碧船室日小吟窩室簷之額日雲影波光廳西南花房之額曰碧梧翠竹廳西南之亭曰垂虹二門之額曰傍家隣舍舊山居又廳聯云花草助精神可比賦三徑陶潛小園庾信山林峙城市惟俯仰半天風月平地樓臺又簷杜聯云大開窗戶納宇宙開拂塵埃勘鼎鐘亭聯云芳塘凝海氣老樹得山容船室聯云烟雲得幽賞花鳥助詩情二門聯曰點綴林亭吾輩事栽培花柳大家看廊聯曰墨池烟靄花間露若椀香浮竹外雲西角門聯曰山輝川媚酒債棋譽東角門聯日寒荷香盛靈草冬榮熒房之西南角門聯曰月照梧桐上風來楊柳邊園門聯日陽春烟景本地風光又園門額曰宅南別業又厠門額曰花隖春深暨後友朋因園落成贈詩甚夥贈對贈畫均一一收置廚中並末張掛然此園而曰怡者不過借只可自怡悅之詩意以娛晚景焉耳或者謂我高倘其志焉余何敢也且余生轎軻自顧一無所長豈一怡園匿跡卽可謂高倘其志耶此或引易之說而未能解易之理也易言高倘其志易盖由事王俟而後功成身退始足以言爲倘之志若古之可言高倘者非張子房陶淵明又烏足以當之或何疑於我哉書此以證或多言之誤

光緒二十年　甲午　五十九歲　時事

元旦晴州牧帳席王

琴舫及刑錢諸君借地宴客余復將去夏所聯會友邀宴於園大有金谷酒數之罰後上海有賣花者來余留建蘭二盆茉莉二盆珠蘭二盆牡丹十數種巵花丹桂四季桂各一株周觀察芷漁贈到芍藥十種西山寺僧亦贈芍藥數種郭分轉贈以長春淩霄金絲桃僧鞋菊董守府贈以蠟梅松栢迎春柳何粲戎贈以龍爪槐樹金橘夏蘭劉佐武贈以鐵梗海棠栗樹吉祥花局贈以垂柳垂楊唐膩友贈以椿樹荷藕王花匠呈以碧桃十數種翁匠贈以黃楊二盆褚匠呈以菊花十數種高匠呈以黃枸杞洋櫻桃俞兵目呈以黃天竹宮兵目呈以梨李紫薇素心梅顧戚贈以綠萼梅湖南余栢亭煦贈以翦蘭二盆大理石桌面一石杋面四餘如蠲忿花階前草蘄艾白秋海棠西府海棠迎春柳茶花夾竹桃鳳尾竹龍爪花櫻桃玫瑰十里香萬年青排樓松諸葛茱斗球繡球雙斗球白果藍杜鵑丁香月季銀絲茉莉金雀石榴梧桐玉簪長春果夜來香鷄冠鳳仙雁來紅十樣錦舖地錦白薔薇茶蘼銀藤枇杷等件皆零星購買親手所植

二月中大雨池水高溢溝澮皆盈街流成渠是晚飲於袁子文宅烈風雷電次日復有州幕中借地宴客演劇三月郭分轉又假園宴同寅諸友五月漆雕鴻卿又借地演劇八九月中凡友借地演戲宴客者甚夥余惜日緣動求靜令轉不容靜也奈何冬月王廣文海山贈到篆書別有天三字石刻一方　李年姪贈到先尊人植庵詩賦文集十二本姪秉之令廩生　甘溪瘦腰生贈到宣城夢憶二卷

光緒二十一年　乙未　六十歲　時事

正月十日立春天色陰晴王州牧於前一日與劉吏日迎春東郊是日凡在迎春差者皆用小春牛照樣來畫送各紳士及董鼓吹之聲喧於街巷差各至人家討給賞錢越日營中排列隊伍東南西朔旗鑼傘扇及營官衙牌萬民傘喜神亭中列大小雙喜金字四面城廂在在走去謂之迎喜神迎歸營署大雙喜字營主請進供之小雙喜字分送同寅紳董之家鼓吹差賞如之聞前綠營只有迎霜降一事近又添出迎喜神一說此又兵荒後之變局也　二月初聞前州牧陸春江巳得保舉觀察緣日本猖獗用兵

同與收董之責容貴如並余一置却吾我余州帥占
憶王支菘事成日州之張等軍之次久余在牧來據
陸視正亭向王再加謂香先王法日知曰家後於我
未爲辦帮不日爲論各帥至與陸王之不不至鹽
自具儲辦願陳開也董示陸諸又延維才能各阜朝
泰文董夏一子寄可前論後董曰陸時恐樂辦泰東
解希帮董經翁陸早奉等至均指於余誤享現州三
纔圖辦捐手品又晚州件向唯日署心公園充東省
峙有陸務訓格謂我論幸余唯團一忖事林團台處
公名曰正選意王將此細進次防席度陸之防令地
議不可辦團氣曰赴次閱而日勇話兼曰福董民面
余求矣王練卑諸鹽我照揖都數言陸不還事團甚
訓實後董可職君阜可議曰司也均素須須諸防多
選在陸帮以亦如所無而弟何須屬稱推出家陸陸
團余去辦奉所何有須行有請五團知托來余至奉
練在不張邀深分團再張照陸百防已吾帮相泰江
余在意質正悉任防論董會於名如故兒助見時督
曾棘諸甫辦錢以章祗質一營方何未才帮時先張
謂手董兒盧文專程請甫紙署成布堅具助謂面香

執硯山館詩集 年譜 四十六

聳件屜餘急勇守歸入名勇陸因視司此非一矣陸
非肩夫件招數錫劃餘三州之另王管又都有教與
不竹每均保開晉一俱日赳團行王帶董司犯而王
晖一夫係甲明至給選之期防過始訓事執我不曰
無竿五青夏提泰發入間二十壩綒選而法營成團
保到十洋董入兩口凡得月八倔無團實焉規者練
甲校文布進大相糧年有十條船一練不不者去之
勇場或白署校往腰貌百六章至言仍能可不之事
壯伺六月商墉拜牌籍名日程下然須董董能然寬
之侯七新辦視太歸貫中開來河王煩事事時因嚴
實太十領連閱守部均有局矣望與神者手時時原
迨守文掛夜太令適塡吸州由東何當也無煩制須
至點屜兒備守王揚勇食撥是鹽陸下陸寸有宜相
應名定復有一牧州簿洋州余阜有余曰柄司彼濟
點希每論保有將府送烟書請而所說然若也有敎
時圖給各甲此巳沈州者州州去不過我任在小而
除瞞領坊號信前筆點概差牌越知都再意余過能
前過掛鄉衣王保香名不各示日也司飭加以可成
列太一約百牧甲太以遲一遲而陸日都訓爲赦可

哀子先將荀穿而趙河誘招給聽自王
乎云較而合鄉合盾曲是憲口人捐州
不大也令父之出爲之亦詰糧言廉收
可莊出爲師酋將師一物致不轉巳

盡吾世
多人途
危所險
機履巇

餘牧均出如聞給以以不仍有州本惑登牧種者在
俟曰以復何於口俟爲忍將人約營於舟日種然局
陸我不集情陸糧未我卸枵以稍兵人揚恐不當素
續巳給諸形陸者幾我吾腹不緩目言帆陸類應有
來捐口董州遣有道又責歸給余招竟而觀遂點工
收廉糧議巡幕巳路何者乎口因集以西察至而食
支一而稱稟中經傳以余余糧與人不由來闐不倘
處千散宜稱探選聞對重亦而帮數給是當堂應可
張千此速巳聽入有勇陸將散辦又口余不大不趨
董文次招經實不云與之由今者得糧點以笑當踏
始此人集招否點泰陸託此有議有而初是沈應於
諸欵心余集札名州也將卸人曰三散次爲太點前
余可巳云三州而團余不吾又此百余之然尊而者
復向渙前百訊不勇無忠責不實餘復勇太立或餘
另收恐巳餘問給有如其乎點不名與萬尊復高皆
行支難兩名團口點何謀然名成送都不遂倚聲藍
擇處集次公勇糧名因我余三事州司以起案應褸
期撥聚招事捐者而困固實百體點議州身謂點乞
三用州集一欵聲不心無有人前驗令牧去王者食

執硯山館詩集 年譜 四十七

爾長煙名筈在効爾品功習臨先環用藝師管送月
等失或爲懲外卽等祇牌將事如各大余教帶州二
各察藉練重滋是皆能項來自洋陣器復以歸由十
有之買勇必生爾有誇戴習不線必者訓洋篷州五
顏答蔬每鳴事等身耀到學患鎗須求以鎗余由日
面固桀日知端出家於處有掣士精準步手與余開
皮無名不統余身籍本能成肘抬跲的伐法海等局
肉可目過帶訪地貫營行自今鎗求用跳步山轉重
余辭出百軍聞步將出非應余劈精餘躍法每送請
苦然營有法知若來營綠代等山剏牌必身日都牌
口其游餘從必竟平卽營爾巳炮現者須法親司示
良答蕩文事詢陽定不之等將平在尙能口至衙得
言亦一若然什奉之能賞稟爾時軍滾聚號校署一
今爲經再爾長陰後作給賞等習械塵能刀場復百
旣爾察暗等傳達卽功六功按學均虎散鎗訓由二
與等出地此哨成可名品牌照能以伏始籐練都十
爾率哨吸次官璽以比七且營自大蛇可牌並司名
等連官食在輕結此也品此規用器行見諸請點選
再也隊洋營則黨投又八次敎心爲連長雜敎名是

執硯山館詩集　年譜　四十八

四叮囑如再不知忠義有敵愾同仇之志爾等亦非土木也各唷官什長亦須切記爲是說罷各唷官什長與勇均領而退由是余與海山每日早暮會同統帶幇帶在校場操演繳令後余等尤復殷殷開導而勇等亦漸就鵝鸛行序余因商諸海山將余等夫馬費中先行撥出若干首先犒賞一次越日統帶幇帶又各後先犒賞一次所有器械號令俱向營務何處借用鎗炮令幇帶具領陸觀察所存王州牧處迨至四月中演習將近一月閩陸觀察擬由鹽皁來泰人心景仰愈加警惕以趨止齊而待賞給十九日陸觀察至各各相見後陸謂王日前言勇數五百名後委徐大令來只言將保甲勇數湊集可至五百今何聞止一百餘名還是挑還無人還是捐欵不能接濟且前聞勇數已至三百兩次均以不給口糧而散此言有之否乎王牧似另欲有言尙未出口何都司接云且先請大人校閱陸云些須人數如何出閱余曰兵不貴多而貴精王曰連日子翁海翁訓練頗有方法似可先請校閱余又曰余等與何統帶近議設有陣圖出沒變整已有八道如果操縱自如大公祖閱之

賞罰之權亦自大公祖出之矣陸笑曰究竟捐欵能敷幾月維時經辦捐務之董適以病辭未至王牧曰俟夏董至究竟能敷幾月是否另設捐催陸曰此事總辦全在閣下既如此俟夏董來議定再閱後夏董至謂捐欵尙能兩月有餘余等因復請陸登塲校閱於二十四日早晨勇壯各穿何統帶所製號衣大吹大擂延請陸觀察登塲校閱王牧乃令收支處備有賞號錢二十四千文於是唷官上跪請令開閱幸旗幟鮮明號衣雪亮巾紮褁布帶褌一色鎗炮之聲四下一線雜藝亦復得法惟中三唷官姓旂聞爲收支處家婦女所染因而土紅之色不耐風霜日露之告巳犁而混焉矣未免從旁人指而非之閱後陸回小香喦公館謂余等曰賞給之欵俟分別上下午後公館所伊等面領可也於是統帶幇帶傳論各唷官分着示諭迨後余等至小香喦時聞二十四千之賞篷減去一半余因與觀察商酌謂此項外面勇衆均知忽而減半恐人心不折於大公祖而歸答於余等也前是而令非萬不可自我大公祖釁其端而爲人受過也陸聞余言隨令伊家人將行篋取出洋蚨十二

執硯山館詩集　年譜　四十九

元墊交余與董幇帶開發隨取功牌六張亦交余與董幇帶在小香喦照册分別面給勇等跽謝而去次日陸去余留請怡園在座均屬同寅他無所邀也陸飲罷遍覽怡園余謂地太福窄且近城市無山水無樓臺多欠灤洄起伏之勢僅僅乎池亭花木陸曰地小而曲亦猶兵不貴多而貴精也說罷各撫掌大笑而去是日王州牧巳奉張香帥札飭到省察看外人皆疑陸稟言所致陸逯將到差後一切所稟泰東鹽皁情形逐節檢查與余等過目皆係據各州縣所稟單呈並無波涉王牧非是字樣二十九日陸起程往金陵各處巳聞中外和好又聞陸巳奉　旨授廣東潮惠嘉道旋又授江蘇糧儲道矣閏五月十二日趙新任泰州王巳交卸州牧趙小颿受璋接印奉張香帥札云日本巳與我國和好凡團練勇丁概撤歸農余因與夏董每名給錢十日始散唷官以長亦各收拾旂槍而返董幇帶具結繳領槍炮什閏五月二十五日止是月法敎士明子才道源至瓦木工作互相鑽營兼之吾鄉百姓少見多怪遂於十三日晚間拆毀敎堂半邊州牧趙賠護敎士出境期以議定後約

來重砌次日明去余輿州牧城守等謂吾鄉百姓大宜節制小民無知將必釀成事端而後巳州牧城守等曰究不知他們是何意見只好再爲傳論開導說罷散去余回怡園仍復鑿理花草適徐戚子宜携上海茶花五盆來謂余春三月生日無物爲壽兼之遠出今特携此聊作芹獻耳余因留飲以謝　秋九月山荆六十余爲作楹聯壽內兼以自壽云非佛非仙笑已攀桃實三千將與山荆同跨虎愚夫愚婦喜相視華顯六十還期杖國共扶鳩是日大開筵宴並未東邀友戚相慶者凡二百三十九家如膩友來稱壽者均未留飲送演劇及階前戲者亦俱却之惟郭分轉所贈蜜鳥留以嗚春似反熱閙李田佃所呈鸚鵡尤覺紅翠可觀唐外衛所贈玻璃盆紙花雖非天然色相亦復有媳娜態庋以見人工之巧餘若絹壽星廂姑百壽圖金壽字官紳賓幕年世友戚呢綾緞綢幛對只可以壯觀瞻似猶未能免俗也次日腰痛甚拙荆曰連日勞頓苦應酬少替人耳十月女孫又將于歸莫氏迨至期女孫之毋孀媳又不甚解事內外苦余獨任之且無賠奩因與媳王氏親立贊書撥南

新庄田四十畝爲津貼女孫房中之用余所由親
筆贅給者族人日後不得爭論如有爭論執此爲
憑因而勞頓較前倍甚乃腰痛之病忽易周身加
以咳嗽炎熱始服升陽湯一二劊以汗解熱繼服
二陳理中十日後甫能健步出門是月病中李觀
寒一三筵飲錢閣學招余花游末果轉購旨嗇以
禦冬寒而年節又將至矣　冬月妾病太甚因令
其母帶同　田租僅收卄分之七　賀陸觀察升
任廣東潮惠嘉道啓　敬肅者月前河干甚送諸
蒙　格外關垂遙指　旒旄兼聞鼓吹凫翅方切
鵠語頻傳及閱中抄敬維恭承　　　異命　觀
察升華被　豸繡而邀榮潮惠嘉雲覺望重拜
　鸞書而錫寵清愼勤　　露湛恩濃　栢府旋
邀　薇垣疊晉將見衣披　一品青眼仍冀出乎
上游早睨　威肅三軍　翠羽喜優加於內閣固
不獨　光德消樓臺之蚤氣萬豕歌　時雨同沾
抑且聞　聲施著海國之漁團四縣仰　清風廣
被　本擬買舟蘇省稍申燕賀之忱祇緣貧跡邱
園轉作凫趨之阻思維再四德諧二三惟有謹撥
蕪詞署抒葵向恭請　崇安伏希　鈞察

執硯山館詩集　年譜　五十

閩中鄭芝蘅分轉由秋間至奉接印任事忽投剌
到門謂與余同年後査補行壬成始知其爲鄭德
璇也　輓趙州牧長子病故署中復停棺光孝寺
聯云聞少年拔幟長軍鑾戰文塲大好才華悲瑣
院聽此日倚樓冠哀吹蕭寺不堪詩禮說趨庭
　賀王自庵長笛媳聯云具賦手以畫眉槐廈
風清巳久羨錦簇花團才子筆仰德輝而舉梔菊
秋天好宜羣頌關睢麟趾國風詩　冬月鄭佐貳
貽泰子起以捐職通判囑余致函於陸觀察懇飭
海運差使余以起年輕恐亦非陸所賞識也又鄭
分轉贈到師竹齋詩賦四本

光緒二十二年　丙申　六十一歲　時事　出處

著作　俟校對後再行刻印

執硯山館詩集

怡園老人入繼世系圖

興—信—祿—相
　　　　　—佐　四世由此分支仕履詳本生圖內

鵬

鸞　本生五世祖仕履載前

鳳

鳶　字理卿號秋江本州千戶所千戶敕封承德郎刑部廣西司主事樂善好施事載州志

汝　字汝明廩膳生萬歷元年恩貢廣西南寧府通判署本府事

怡園老人入繼世系圖　一

應旂　號文郊附監生授光祿寺署正鄉飲大賓

王道　字莘甫

允昺　字滄生號午符附學生覃恩誥贈武德將軍陝西丹山衛千總

忠讜　字敢言號無諍附學生年十八封股愈父母疾

堯銓　號湘山邑增生

賡　字揮五太學生

孚夏　字象九附學生

瑞慶　字又新

喜官　無考五壽娶卒　卒年子未

光夏　字煥九郡庠生敕贈文林郎

師慶　字餘亭號煉堂又號[illegible]樵乾隆壬子科舉人嘉慶辛未科進士

簽分江西新安
縣引見 上諭
改調雲南呈貢
縣知縣歷署蒙
化直隸廳晋甯
州知州充雲南
乙酉鄉試同考
官己亥督運京
餉奉 旨賞加
一級題陞大關
同知兼署昭通
府撫彝府濟軍
同知道光十年
卒於大關任所
奉 旨回籍

雲南呈貢縣知縣
昌夏 未娶卒

怡園老人入繼世系圖

—恩溥 號小崔字濟翁咸豐辛亥科歲貢候選儒學訓導例授修職郎晋封文林郎候揀選知縣

祖庚 號後三字崔孫副庠生例授修職郎大挑教諭國子監典簿

二

祖通 字子中一字樵孫力學早逝

—芾 仕履詳本生圖內

德宜 係泮香兄子入繼生女一餘載本生圖內

入繼五服宗圖

自本身下而計之皆光夏高祖從堂兄弟之再而又再之後也亦皆本身八九服外者由本身而上則服制以高祖為始

高伯祖孚夏 伯曾祖瑞慶 伯祖喜官 堂伯五壽 未娶卒

高祖光夏 曾祖師慶 祖恩溥 —父祖庚 本身芾 嗣子德宜 事載本生圖內

高叔祖昌夏 未娶卒

叔祖庚 未娶卒

怡園老人入繼世系圖

三

怡園老人本生世系圖

本生五服宗圖

自本生下而計之皆同父周親從堂姪
再從姪孫等也自本生而上自高祖始

高祖 國勳 — 曾祖 金召 — 祖 灌成 — 父 全宗 — 茝 — 德宜

叔祖 源成

四伯 顯宗 — 從堂兄 荇 — 席珍 — 福龍

三伯 榮宗 — 堂兄 芳 — 音鴻 — 啓文

胞伯 興宗 — 堂兄 莊 — 海平、海珊、海琛、海漣 — 啓明、啓彤、啓瑞

胞兄 芬、兄 芹 — 佳森、德鶚、德宜

五服宗圖 四

海濱鄉人又號蓬山外人晚年自號怡園老人郡庠生中同治庚午科並補行壬戌
恩科舉人庚辰科大挑教諭國子監典簿呈請吏部候揀選知縣並奉給發執照準其在部差使
己丑堂備

怡園老人本生世系圖

五服宗圖 五

二伯 旺宗 — 堂兄 莊 出繼

葆 — 以珍 荃子長 — 啓元

荃 — 貢珍、慶珍、以珍 出繼、祿珍、懷珍 出繼 — 啓賢、啓保、啓昆

藻 — 增淦 — 啓驥、啓龍、啓鵬、啓鳳

芳 出繼

蕙 — 懷珍 荃子五 — 啓

執硯山館詩集

怡園老人本生世系圖

興 字仲和號道新洪武元年避亂自江西吉水縣院背遷泰州居城內登仙橋杜母坊故泰州陳氏世系自道新公始

信 字本大

祿 字添貴中景泰庚午科舉人仕浙江衢州府敎諭西安縣教諭誥封奉直大夫山西蒲州知州崇祀西安縣名宦本邑建有鳴鳳坊在八字橋此坊今廢石柱猶存

相 字子麟號管竹中成化甲午科舉人乙未科進士初任山西蒲州知州陞戶部廣東司郎中浙江台州府知府擢廣西布政司右參政崇祀台州府名宦本州大林橋北大街有橋梓揚芳坊劉大參云

爲贈中憲大夫添貴公參政公建今廢石柱猶存光緒乙未八月十六日十五世孫優貢生文鏎挖毀基石以砌市房是年祠堂經余管理因書之

佐 字子輔號西圃兩舉鄉飲大賓壽百歲撫按交奏上聞特賜冠帶本邑稅務橋大街南有清朝世恩坊劉云爲百歲壽官西圃公封司寇秋江公司寇新河公太僕蘭臺公建此坊今存又南門內大街有百歲人仙三朝人傑坊爲百歲壽官西圃公封司寇秋江公建此坊今廢石柱猶存

鸞 字瑞卿號皇巖廩貢生仕浙江安吉州州判

沐 號野南

應雷

怡園老人本生世系圖　一

應詔 號次山字仲龍邑廩生中嘉靖乙卯科舉人丙辰科進士初任湖廣襄陽府棗陽縣知縣調浙江嘉興府相鄉縣知縣陞南京工部都水司主事欽差督理蕪關本邑登仙橋南大街有進士坊劉云爲司空次山公建後改爲叔姪聯第坊又橋北大街有父子堂卿叔姪聯第坊爲司寇新河公司空次山公太僕蘭臺公建此坊今廢石柱猶存其孝行儒行文苑及以上各坊表均載州志與陳氏家乘

于國 字爾謀號翰臺附學生

元聲 字子五號中律附學生

國勳 字宏功

言標 字玉階

梅友 字鈞仙考授正八品

金召 字嘉遇

灌成 字修亮例授文林郎候揀選知縣晉封奉政大夫

成源 山東德州知州

全宗 字蔭先例授文林郎候揀選知縣晉封奉政大夫山東德州知州

鳳樓 原名芹字泮香監生

德宜 字雪琴郡庠生同治丙寅祧芾爲子已卯房備

肇基 原名芬字吟蕉監生年十八封股愈父疾捐職從九由辦理金陵善後有

桂森 字秋碧

德錫 字路門

怡園老人本生世系圖　二

怡園老人本生世系圖

功保奏縣丞遵　例報捐鹽課司提舉銜分發浙江儘先縣丞奉藩札委海運天津改山東候補縣丞辦理山東按察司秋審范縣濮州河務署德州吏目癸酉督運京餉山東文閣外巡綽官蘭山縣巡緝總辦曹州鹽釐事務海運案內奏保升用縣知縣奉　旨賞戴藍翎署理曹州縣丞代理德州知州奉撫札委賚送焦山碑文乞假回里　誥授奉政大夫

芾 號子棠字蘭槎一字墨癡外號

德宜 係芹子入繼

憶舊圖記

（清）王敬淵 撰

《憶舊圖記》一卷，清王敬淵撰，據泰州圖書館藏紅粟山莊傳鈔本影印。

王敬淵，字簡卿，號墨芸。清江蘇泰州人。鴻業子。中光緒二年（一八七六）鄉試第二。卞寶第招至閩延課子弟，多成名者。晚主講東臺西溪書院。

本書爲王敬淵詞集，詞作記其所交之妓張氏、沙氏、潘氏等，各以洲、室、館等爲名，先有小序，述其情感始末，後爲詞。王敬淵爲人磊落豪放，不矜細行。本書亦可見其行事。

（周　忠）

憶舊圖記序

竹間詞客著

[seal]

令夫魚兔之得筌蹄輒忘雁鴻所經泥爪旋滅大都未來如漆已往成塵情遂境以俱遷戲逢場而終散色聲香味觸法豈能盡捐顛倒夢想遠離斯為正覺況乃如露如電百年過客之車為雨為雲一夕遊仙之枕而必我懷天末人面門中爭嚼蠟於無聊較吟蛩而更苦覓沈休文夢中之路凡經幾遭畫王之渙壁間之詩又得一絕不亦慼歟然而在遠不遺有觸斯動悲秋之扇安在照春之屏奚存亦復記事珠懸鐫名玉刻甘泉圖畫見者儼若生前江州謫行聞之且將泣下是則錢唐佳處本屬鄉親瑶島移來都非俗艷可憐飛絮仍留波面之萍便說成陰尚憶江頭之樹凡此其存其歿相識相逢任茵溷之參差聽珮環其髣髴倘使丹青冷落元白疏慵將昔年四首而云遙必中夜撫膺而滋憾此余憶舊圖記之所由作也則有濂溪一水癖愛芳蓮（荷葉洲）天台萬山奇珍叢桂（天香館）或來從越嶠若神仙中人（玉井）或謫自瀛洲則彼姝者子（馡全香室）蘇若蘭之再世迴文早

寄連波（羅塘）崔小紅之舊居錄事爭傳古巷（曉虹吟榭）因已緣深分淺一例魂消會少離多幾回愁殺別有花原並蒂豈不同根匪東施效西施之顰皆大喬視小喬尤美（西灣）神光離合驚洛水以鴻翩形影分明豈廣寒而蟾皎（惜紅軒）此园登墻窺宋於今三年縣榻待徐甘與同夢而或雁方北鄉鯤不南遊問馬牛向背之殊懔鸚鵡前頭之戒則知我者定當諒我情卿而豈必親卿又何事紛綦子以尋仇藉倉庚而療妒也哉用是墜歡零拾絕艷工摹取類而勿稱其名揣稱而必侔其色李娟張態想空梁落月之顏曹帶吳衣極出水當風之致余乃細述顛末略及里居云誰思如彼美之方莫須有豈子虛之賦人各一傳類三毫而作添詩凡幾章手八叉而始就遂使斷蓬忽聚香草同吟更翻新譜於羣芳敢傲廣文以三絕庚子山畫屏風裏綽約瓊姿韓冬郎香奩集中纏綿綺句蓋未免有情誰能遣此雖非好事亦偶為之矣嗟乎流光一瞥繁緒百端心胡為乎搖搖髮如此其種種白衣蒼狗有殘天上浮雲紅袖青鸞銷盡人間長壽谿茂陵之病頗益文離噪樊川之名已成薄倖猶

復縱情孤往陳迹再尋琢肝雕腎而奚辭遺貌取神其
惟肖干卿底事灼蚖膏以自煎縛汝伊誰螯蠶絲而更
吐未諗一腔熱血何處堪揮祇餘九曲回腸畢生無已
請從今尊而懺悔聊與世以浮沈應知閒門之美使是上
池之藥則騷壇唱答他時留待同人塵海往來此後修
然一我是為序

三　一紅粟山莊藏本

荷葉洲

洲隸皖省君從張氏所居地也初余與君交甚深君矢
志事余以堂上嚴弗敢應久之不得已乃歸於張居二
載張君貧甚君歸海陵為余述别來事而謀所以自存
計未定亡間遽至則張君歸道山矣君進退維谷決於
余余以大義責君促君歸治張君喪以其子賢否為行
止君然之迄今十年音問遂絶其存其歿皆不可知嗚
乎斷藕絲而仍連剝蓮心而最苦撫今思昔能無泫然
自别鄉雲信渺茫登高極目皖江長蓬蓬人為秋來老

四　一紅粟山莊藏本

荷葉洲從亂後荒生亦浮沈卿命薄死無消息我心傷
當時卻恨催歸去一聽唬鵑一斷腸

渡江雲

分明京兆筆雙眉嫩畫橫鎖嶺東西故鄉回首憶二月
春深曉夢怯鶯啼而今夢醒冷香巢往事休提應自悔
舊時堂燕輕易傍人飛　魂迷瀛山仙去皖水伴來又
帆檣愁倚便最好海陵紅粟留戀終非傷心從此無消
息賸江干送别詩題空約取何年一棹重歸
殘雲橫皖水驚風亂貼蓮葉怨東西四条絃上淚雁老

鶯哀總作斷腸啼青衫濕徧怕江州往事重提凝望久
秋簾別燕愁向海陵飛　淒迷香銷蘭袂綠變荷衣嘆
樓空誰倚又轉瞬年華輕換緣會都非逆憐紅粉成灰
日溯芳塵錦句還題情渺渺知他有夢難歸 浥香館倚聲
鴛鴦鷺卅六殘荷露冷零亂杜洲西隔雲芳信杳盼斷
青禽宵半子規啼悄悄舊夢翦柔腸還向誰提空落得
藕絲如縷化作紫烟飛　花迷纖塵暖拂素手香凝憶
雕欄同倚一自依風流三影離合皆非十年賸有遺簪
在忒多情往事思題江水遠何時畫舸人歸 穀園倚聲

晚虹吟榭

余既不樂為西灣之游間有宴會則以君從君年方稚且樸愿如良家女余故樂之以為目中有妓而心中固無妓也一夕被酒至君家小坐君忽靦顏竊留余余異之君曰鴇之命也君不留兒無完膚矣余曰鴇惟利是趨耳如所欲以畀之其免矣乎君曰然第君既出金而不肯留兒復何顏余不得已為勉留一宵君就枕三五語即酣睡而余則終夜不能成寐起而嘆曰噫此孽海也書之以告世之家貧而鬻其女者

老去吹簫已不圖那勞低唱近華筵落花送客渾無奈
飛鳥依人亦可憐十日平原聊縱酒五更高枕自遊仙
荒唐一夕巫山夢回首雲痕澹似煙

玉漏遲

瘦腰剛罷舞雙鬟淺掠兩情私語莫問前身漂泊幾生
萍絮那解春宵一刻但鶯燕都留春住憐妾苦試聽昨
夜葬花風雨　可奈夢短更長儘月轉窗紗霜侵簷柱
便說情深金屋怎能牢護羸得照春屏上更添箇群芳
新譜搜好句為卿畫成眉嫵

畫簾輕燕舞依風怯瘦掠煙愁語滿院笙歌淒絕暝花
幽絮不信潘郎興減背殘燭強留歡住情最苦路迷楚
峽漏沈宵雨　恍似一宿空桑但鬢側釵圍袖移箏柱
墮溷飄茵十萬金鈴難護併入江湖舊夢定填作吹簫
詞譜尋秀句還思那人眉嫵 浥香館
夢回雙蝶舞遊仙枕上喁喁私語碧玉芳年飛作墮泥
輕絮轉盡腸絲萬縷鎮牽得好春同住心更苦一宵幽
怨化為雲雨。正是倦訪西灣又偶趁蜂簾強調鶯柱逐
水天桃莫問重來崔護幾處紅簫冷咽倩誰寫悲秋圖

譜題舊句空傳遠山眉嫵 轂園

鬱金香室

君貌清癯性亦孤冷侍客座或竟夕無一言若不知情為何物者然間出一語則沁人心骨終日味之不能盡余亦知之不深獨愛君無風塵習故常樂與君游積歲餘乃嘆君固深於情者也既有盧生者與君為莫逆交君欲從之而生苦無貲蓄君者又居奇久之不遂君鬱鬱成病百方治之幸獲瘳而年致亦稍減矣乃得贖其直卒從盧跡焉乎君之病君之福也

艷李濃桃鬬曉妝獨從冷處逗微芳閒情落落觴絃外私語喁喁鏡匣旁一病銷磨冰玉質雙棲安穩鬱金香分明認得堂前燕門巷蕭條賸夕陽

祝英台近

為同心留弱質續命仗微縷滌盡芳魂羞被軟塵汙想他玉後盧前幾回斟酌繞博到情天深處 漫凝佇任教移燭當筵誰識寸心苦滿載相思揮手謝儂去不知病渴經年玉川茶好可能解相如離緒

翦鴛羅裁鳳綺密意暗如縷冷韻幽姿愁被粉香汙自來羞倚朱門迴燈掩笑願夢老銀屏深處 漫延佇幾番顰斷嬌娥西子捧心苦暮葉移陰啼送莫愁去饒他海燕雙栖玳梁春穩鎮休念舊時情緒 漚香館

玉壺冰晶鏡月心事逗芳縷淪落風塵桃李怕春汙鬱金堂上雙栖舞衣乍換可還記夕陽斜處 暫延佇無情卻是多情蓮菂比尤苦病減裙腰翻幸脫籠去幾曾留得想思莫愁人遠漫牽惹王昌愁緒 轂園

玉井

丙子秋赴省試始晤君於淮清橋之東一見心許背同

人獨留余以客囊蕭索辭君曰妾自愛君耳如君言其視妾為何如人余辭塞遂留兼旬飲饌豐潔供役者亦勤且謹余竊不自安而君則視余所應出者皆私給之不余告也試畢將返謀於友得五十金畧酬其意君再卻乃受而潛以十金置余篋親送至舟臨別淚琖琖下執余手欲語願哽咽不成聲同人愕然余亦不解其何遽至此也榜發余獲雋君由金陵至揚僦宅玉井馳書告余至則察君漂泊一身將就余為百年計余固貧懼為德之不卒也乃正告之厚贈以貲而別今不知所終

同人或謂余明決或又以無情責余余皆無以應云
聚首緣奇散亦奇令何決絕昔何癡離筵尊酒情無限
團扇秋風恨可知百喙豈能辭薄倖一身誰與共支持
劇憐望斷行人眼獨倚柴門尚淚垂

江南好

淪落天涯一般卿我隔牆箏笛微風小樓東角私語苦
留儂惆悵揚州覺後冷經年酒綠燈紅偏無奈情絲萬
縷縷縷春濃人生泡影耳筵間絲竹帳裏芙蓉便緣深
緣淺一例悤悤為問秦淮流水送多少西燕南鴻祇令

九　紅栗山莊藏本

日尋君何處翹首望天空
桃葉江頭畫船秋艤采菱人唱西風苦心蓮子惟贈有
情儂私許王昌嫁與擁眉妝滿鏡春紅銷魂處金迷紙
醉酒釀花濃　歡長嫌夢短繞吟桂樹便偶芙蓉恨秦
淮流水直恁悤悤一晌鶯簾重見又天末飛過離鴻念
前事真成薄倖雲冷鳳臺空　漚香館
打槳秦淮水流萍聚可憐吹散秋風忍催歸棹江上正
愁儂香擷雲中桂子更揚州喜見鴛紅還消受蛾眉笑
淺鳳髻妝濃　深情貽薄倖青樓夢杳面想芙蓉便拋
殘雙淚別恨悤悤老去思量前事漫羸得泥印留鴻迹
惆悵丁簾月冷重訪舊巢空　藪園

天香館

君沙姓金陵人粵寇之亂隨其母流寓海陵以家貧鬻
於金氏壬午春余在城凡三見君歸復招君侑觴留余
家一宿而返初無意也秋七月金病革謂君曰余不幸
歿汝將安歸君曰必歸王君余至君告之故余笑謝焉
而君之意固未絕也會金病痊議遂寢丁亥余游湘南
留詩別君且囑君早自為計君泣曰諾明年歸以從京

十　紅栗山莊藏本

江魏生告余亦心韙其人計已決而是冬得君書於閩
則其事中沮而君之病亦深矣憔悴數年遂卒卒後二
月余聞耗乃為詩十章哭之而恨不能拯君於危以從
君之志也曰天香館誌君名也

十載揚州覺後身小山秋色苦留人妝閒對鏡雙鸞皺
托出和盤一片真海舶江魨空問信舞衫謌扇久成塵
閑門指點垂髫女曾是當年掌上珍君遺一女今尚在海陵

惜秋華

送別舟回賸魂飛南嶽隨君千里從此皺成眉山一條

横翠多情記得臨歧有一語教儂心佩誰曾料天涯客返成陰還未　遺恨少年事任黃金脫手爲誰勞悴病裏瘦身誰向夜台扶起傷心咫尺城西竟沒箇寄詩鴻鯉行矣但自揾一篝殘淚

暮柳城陰趁東橋斜日重經鶯里蘭姜桂荒凄凄怨紅哀翠空傳畫裏雀徽已望斷歸來環珮傷心處人吟楚些招魂來未　回首十年事恨雲英未嫁眞孃憔悴薄倖魏收狂蝶又驚風起青天碧海茫茫更枉勞寄書雙鯉休矣只老懷尚餘悲淚　洇香館

十二　紅梨山莊藏本

楚國狂遊嘆多情負了長干同里石爛海枯空尋鏡篋遺翠依稀畫閣魂歸怕懶著雲衣露佩哀企悵楚椒誦芷泉台知未　莫漫恨前事儘人憐絕代雨昏花悴記得夜深扶病爲卽還起而今賸有雛鬟問可解冰天泣鯉傷矣化長河萬行鵑淚　轂園

惜紅軒

丁酉春二月積陰兼旬枯坐寡歡爲惜紅詞十二章以貽君蓋余之與君訂交三年於茲矣初晤君爲甲午仲夏值君浴振衣出見神光照人余繫舟河下爲君留月餘始歸歸後得君書曰妾十六歲入風塵今四歷寒暑矣察今人中誠樸篤實無出君右者不我遐棄請終事君余報曰如君言誠善顧僕年五十恐不能終庇君家無積貲又無所以貽君者其奈何君得書怏怏者累日然余感君意每至必主君家君亦屏絕一切獨伺余病則調護維持之不少衰嗚乎至矣私念他無以報君安得一深情如君者以爲君耦俾君無終身憂而吾心始稍慊焉顧君至今猶在風塵中也噫

十里歸裝壓軟紅神光離合擢雙瞳歡愁雜沓三秋外形影追隨一病中此意眞堪盟皦日當時恨不嫁東風明知茵溷皆前定忍把閑情付碧空

十二　紅梨山莊藏本

換巢鸞鳳

花月雙嬌正紅妝綽約賽艷庭皋有緣剛我到何福共君銷丰姿一別夢魂遙前生玉溪今生玉簫迴文錦又織作錦篤偕老　歡少憂常抱排悶伴愁百藥鄉先料有約同生爲情甘死休問隔年歸擢天幸王昌吏延齡溫柔鄉裏應顛倒心搖搖顧花香識面仍好

春院紅嬌正鴻驚洛水雉射如皋乍來猶恨晚眞箇已

魂銷雙心一袜兩情遥伏娘秦娘秦簫楚簫風流甚奈病損茂陵人老　多少癡懷抱詩卷藥爐總是相思料拂水莊間影梅庵近難繫五湖歸棹鸞鳳還愁換巢棲他時誰為情顛倒拚今生醉花前對月長好　洄香館

紫艷紅嬌正春移北苑月滿東皋粉香蘭浴近滿靜水沉銷眉拖山翠鬟雲逸晚來更吹秋風洞簫羅屏底定合與箇人偕老　稀少癡獨抱住話海陵添作儆詩料病榻頻偎驚魂乍覓誰送銀河歸棹從此嬋娟結同心廣寒裳袂還顛倒鈿波圖筆臙支一鏡妝好　畝園

西灣

癸巳夏歸自閩海余友張君觴余酒以君弟及君侍余繪鬪寒圖以贈並製西灣女兒曲題其巔西灣者城南之地名也君從東亭來以張為東道主遂置君於此臨水數椽人迹罕到君亦安之冬十二月積雪初霽明月滿天余携三弟往訪君清談漏三下將近君曰寒甚請掃榻為君昆李作長枕大被妾自對房從母眠何如余笑應之晨起視君則方卧室外竹榻上榻祇一衾以其半置身下余為歎然君笑顧余曰幸不冷毋為妾憂噫君之情亦深矣哉會余以他故不願至與君遂疏然於君固無憾焉

繞郭分明別有邨一灣流水綠當門廣寒自竊雲中曲孤冷曾偎月下魂春莫寂寥雙影瘦夜闌熨貼半床溫南鴻北燕君休妒記取詩圖壁上存

倦尋芳

畫堂筵啓油壁車迎春到歌院自昔深藏珍重柳絲花片白髮詞人三影噪青衫狂客孤舟遠正徵場撩人留眼泥人紅面　算十日平原依戀忍令悲秋寫怨班扇

恨雨愁雲休認高唐神倦無限深情難與說有緣他日還相見莫猜疑似東西伯勞飛燕

朧陰幂月荒碧沈烟人閒深院自送春歸零落雨香雲片南國相思紅豆少西灣離恨青蕪遠問東風如何不記舊時人面　數往日歡蹤猶戀寒凭鐙屏醉倚釵扇題徧歌裙怎便匆匆游倦一別巫陽無夢到鄉憐楚潤含情見最難忘鎖空樓寂寥雙燕　洄香館

畫樓近水曲路迷花深靜庭院住久西灣魂斷雨絲風片金鏡櫻紅嬌欲滴玉屏鈎月纖還遠記肯來鴛衾半

擁冷妝凝面　算一晌鶯迷蝶戀拋卻相思唫到秋扇
別賦高寒不是采芳人倦子晉無端笙鶴杳吳剛有分
姮娥見甚恩恩苦苦營巢笑他棲燕　數園

羅塘

君潘氏父歿母改嫁朱而鬻君於羅塘顧氏名則妾之
實以君為錢樹子也時君年十有五天真爛漫一笑嫣
然余志為之奪甲午秋九同人為茱萸會召君東來君
乘間告余曰妾曩年幼不知身墮火坑中今將為從良
計有平原生者居羅塘之西已許我矣懼葛藤不敢出
君素憐妾能玉成之感且不朽余慨然諾之明年春事
定以君歸平原生歸之夕為酒餞君君曰妾今別矣嚮受
妾歌請歌以侑君之觴乃援洋琴為易水變徵之聲泣
數行下曲終登輿去其聲猶泠泠然在余耳也

醉眼微餳頰半酡盈盈一笑逗雙渦蒼茫人海知誰惜
混沌情天奈爾何塵劫已深空悵惘韶光雖好怕蹉跎
采蘭自合紉秋佩無那荊榛觸手多

喜遷鶯

撥開香霧笑風豔幾多蕙羞蘅妒冷落騷壇迨逢湘澤

十五　紅粟山莊藏本

情絕此花誰主甚心還自念知此後託根何處漫延佇
怕金迷紙醉銷盡歌舞　休違西向去聞說箇人比屋
機雲住並蒂何難披榛不易合向露均低訴搴芳親手
贈幸未把韶華軌誤亂愁緒思故人拋卻來認新雨
杳縈蘭霧倚紅袖有人豔情堪妒碧玉年華黃金聲價
長念小桃無主斷霎生笑靨都看然臉渦圓處儘銷受
是扶頭酒醒圍鬢釵舞　匆遽春又去春色滿園也莫
闌人住彩鳳飛遲斑騅繫遠恰好歸時深訴王昌今老
矣便嫁與東風休誤最無緒看送妝筵啓歌淚如雨　迦香館

花光籠霧怕人倚玉欄燕猜鶯妒賦罷青琴拋將翠鈿
漫伏舊歡為主自憐茵溷墮還錯嫁羅塘深處占釵隊
是風流性格蠻素歌舞　心遽待共去嘶騎不來怎挽
陸郎住佩結靈均然牽月老虧煞畫屏低訴琴絃聲變
徵被一曲離鸞輕誤甚情緒看碧油車遠簾外霏雨　數園

泰州圖書館藏書

十六　紅粟山莊藏本

雙桐書屋詩集　詞存

（清）徐豐曾　撰

《雙桐書屋詩集》四卷《補遺》一卷《詞存》一卷，清徐豐曾撰，據南京圖書館藏民國十三年徐百禄石印本影印。

徐豐曾，字玉生，晚號𧮰叟，又號東海散人。清江蘇江寧人。諸生。寓居泰州，以詩酒自娱。

存《雙桐書屋詩集》四卷、《補遺》一卷、《雙桐書屋詞存》一卷。《詩集》前有著者自序，吴俊年序，王思沅序，是集爲玉生畢生所作，或記其浪迹江湖，閲世態之炎凉；或嘗畢生之艱苦，寄寓所託；或以慷慨悲歌於筆，談古論今；或賦詩以言情，抒抑鬱不平之氣。詩風清峻，韻如戛玉，懷古情深。《詞存》，乃其暮年所作，發乎感慨，盡託於詞。『分付金尊，檀板説修禊。寄燕爪，雪飛鴻杖。國年尊，傳家經，授身世，還更從容。稱吾意，遥吟俯唱。助佳興，歡賞任人同。應入花間，按拍協韻蒼松。』是書，引人入勝，得郊寒島瘦之倫，吞杜李之光芒，至情至性，述百感於詩詞，嬉笑怒罵皆文章。

（馬珊珊）

雙桐書[illegible]集

韓國鈞署

民國十三年印

自序

余自入學後十次秋風依然康了遂莢棄筆硯浪跡江湖閱世態[illegible]夫涼當畢生之艱苦每逢牢騷鬱結無不筆之於詩故不平鳴[illegible]溢於言表說者謂音節酸楚關乎福澤余則謂不然夫詩以言志如屈原之詞杜甫之句豈故作凄涼境遇使然也今年客黃州行年已五十八矣此生已矣夫復何言偶檢敝篋得舊作若干首餘則半飽蠹魚莫可辨識小窗晴日清風徐來手錄成冊非敢以之問世特留示兒輩知余一生之苦況並悉世路崎嶇問津不易守之勿失作為遺留手澤也可

戇叟徐豐曾玉生氏偶書

序

吾友徐君豐曾字玉生籍隸金陵咸豐避兵僑居海陵遂家焉平生好吟咏淡於名利以筆耕為生活閒與二三知己啜談風月假酒以自豪行年七十有三精神矍鑠不知老之將至每與談古今興亡輒慷慨悲歌筆之於書或填詞以自遣或賦詩以言情今其哲嗣受之將以先生詩詞付梓屬序於予予得見先生於海陵權署共事半年知先生道德高深別有懷抱不得志於時特假詩詞以抒抑鬱不平之氣殆賢而隱於市不僅以詞章見長已也

吳俊年敬序

雙桐書屋詩集　序

序

鈎心鬥角極蛇神牛鬼之奇鏤腎刻肝盡獺祭驪探之妙才量八斗秦人之火空燒篆衍三文楚客之騷漫作所由鮑俊庾新之句能得餘音郊寒島瘦之倫獨包全量也徐君玉生本江南之望族具玉樹之清姿襁褓甫離一丁已識簡編奮讀二酉胥藏延一脈於金陵襟懷雪亮證三生於玉冊情性風流無何劫遭紅羊同是天涯淪落門迎黃犬幸逢地主周旋寄跡海陵訂交江左花晨月夕或騁性以遨遊春雨秋風每寄情於吟咏茲出舊作一冊玉唾寶唾著處皆香繡口錦心寫來自艷引人入勝直吞杜李之光芒對客揮毫不讓馬枚之工速觀來而句若鏤金眼殊卓犖讀罷而韻如戛玉背倚杷摇懷古情深慷慨悲歌胥至性諷今意切嬉笑怒罵皆文章僕質本魯愚未能附驥情殊唐笑詎敢蠡窺鄙人聊掇數言見傾心之在我斯集永傳千古推作手之為君

歲次光緒建元小端陽日真州宗李玉愚沅謹撰

雙桐書屋詩集　序

雙桐書屋詩集題詞

方寸吐滂沛萬象生筆端豈惟繪物色心志於以觀二雅三頌來詩界更拓寬言因窮益工水激起波瀾百歲等電火七情雜悲歡古之杜韓蘇卓然尊詞壇寶氣眩金玉鳴聲鏘鳳鸞觥觥大集在後世資仰鑽且將編年作譜列爲緣閱時與感事殊紀錄證史官有馬借人乘闕文任不完猶及無已夫宣聖爲今歎　先生過七十治亂經飽看一編考得失四序變暑寒始平繼何陂先危後胡安轉移慨身世入夢如邯鄲明鑑即在此流傳長不刊

癸亥端陽前三日吳同甲謹題

玉生先生由皖歙遷金陵補博士弟子負有聲庠序嗣以秋風屢北遊江漢閒佐諸侯幕公餘輒事吟詠余始耳其名而未見其人也今年以巡視榷務泝曲塘得瞻顔色然露蓋翦風帆未獲細商文字昨余又過此　先生殆逆知余來具備酒肴留午餐並出其刊而未完之詩集及手抄詞稿以示余余受而讀之知於此道三折肱者倘知音早遇則固已題名蕊榜聯步木天矣乃遭逢不偶徒以　都督韓公之雅爲當道延主税務詎非命耶爰賦一律以贈並識梗概如此

款乃聲中曲水塘主人展卷佐流觴九思先後辭高爵二陸文章讓下牀響遏行雲新樂府家承賜第大功坊南州知己唯陳郭一榻琴書伴錦囊

癸亥長至月下浣邗江殷濟時海安舟次

海陵濤聲日東走扶輿閒氣鍾毓久古昔狂愚今見之中有畸人唯戇叟歷落嶔奇不世情交期但覺於我厚生不願射策君門博高第亦不願金印輝煌懸左肘古來貧賤能驕人富貴浮雲亦何有況今陸沉萬事非乾坤痞塞污塵垢羣小披猖壞紀綱淪胥喪亂言之醜何如歌招隱談笑歸林藪或栽處士松或種先生柳一生寄傲水雲隈六時混迹漁樵偶興到賦新詩愁來澆美酒酒酣落筆泣鬼神真氣突然驚户牖取法漢魏摹三唐戇叟搖頭曰否否性靈已喜露天倪故步何妨離窠臼不須狡獪餘結習藏之名山矜敝帚難誦甯教萬口先推崇耶得百年後戇叟寓書來商榷吾老友但使眼前雕刻窮棗木遑憂他日拋殘覆醬瓿達哉斯言豈易得嗤點流傳十八九賤子早晚觀厥成寄我瑤華貽佩玖讀君詩祝君壽江天雲霧一掃開萬丈光芒射斗牛

譚啓瑞拜稿

青衫如葉老塵埃斫地高歌劇自哀東野長安感羈旅南朝孝穆擅清才横流滄海時多難浮世身生涯酒一杯容我疏狂成獨嘯垂垂秋露筆端來

高齋曾此挹清塵赤壁來遊岸角巾客裏吟懷時跌蕩醉中詩膽忽輪囷儘多花月酬孤詠甘放江湖署散人莫道書生無事業一編珠玉自常新

秣陵夏慶紱

弱冠才華富文章早受知生涯一壺酒餘力百篇詩故國登臨句西湖散步詞蒼山居士滿大雅賴君持

漫説詩狂共酒狂風流杜牧賀知章西湖花柳邗江月都入君家錦繡囊

吳陵鄒文漢墨池

雄州常元祿 舜臣

傾談深悔識荆遲尺壁新窺數卷詩流水高山無俗韻美人香草寄相思吟成明月家千里醉倒春風酒一巵我是樊川君白傅青衫終古兩情癡

三塘崔保齡 鶴壽

珠玉揮毫歲歲儲而今全豹得窺初白門才子知多少管領風騷總不如

胸羅錦繡騁英姿慣與騷壇作主持杜牧風流君獨擅那堪許我續貂詩

海陵戚樹棠 甘伯

古人之才今或有誰於詩中推作手徐子之才得八斗經史子集成淵藪平日胸中藏二酉性雖風流志不苟憶昔與君初聚首知

己一言許為友見君之詩如瓊玖讀之不覺香生口獨立騷壇無匹偶安不令人欽佩久當其落紙雲烟走橫掃千軍持巨帚篇篇筆挾蛟龍吼洪鐘之鳴殊凡缶君索我詩頗愧忸雞鶩安能角勝負然而泰山容培塿筆之削之免生咎願持斯集坐北牖拍案高歌酣美酒一言祝君君然否斯人斯集永不朽

真州王恩源 子瀚

獨具凌雲筆飄然海上遊每逢名勝境歷寫古今愁奇志厲林鶴閑情娛水鷗羨君多雅詠六代絕風流

古歙自怡山人汪 鑣 乾泉

六朝山色歲時新惱說金陵十二春文字交遊賢地主天涯淪落古詩人君今海北為家計我舊淮南作隱淪恐有鶴書來匪豫漫須安頓水雲身

英陵張 逸

詩才酒量兩無儔滿篋珠璣韻欲流吟到天衣無縫隙寫來風景足勾留貫休雖未能高詠王粲其如又遠遊一自識荆秋菊圃幾人閣筆讓滄洲

絜泥齋靜安和尚 雲溪

同是洛陽英鬚眉直等商山皓惟時黨禍熾朝端介然特立遂挂冠拂揚石兮陳酒擊援崔琴兮秋思彈微之夢得風唱和胡吉劉鄭共盤桓醉吟餘暇酣謳樂肴梨駘背犀鶴立繪出一幅九老圖濡染淋漓墨猶濕玉翁如玉信溫其高吟突過長慶詩翩翩恭記元瑜正彬彬君子偉長姿示我大著數百首宮錦為心繡啟口多逾太白詩百篇捷比陳思才八斗玉翁砥躬如圭璋琢磨完善韞

櫝藏楚珩趙璧聲價重久未貢之白玉堂玉翁好友聯簪盍蓬飄處處欣萍合駢文早并庾信傳高士累下陳蕃榻嗟余潦倒官閑曹偷閑詠蝶首頻騷雅集何期容附驥旁觀未免嗤續貂此邦山水本清麗元之坡老各傳世竹樓赤壁并千古地以人傳人以地樂天云徂九百載儀型渺渺騰文采同甲已見潞國傳五老更有祁公在今君抗心希古人依樣葫蘆續率真武燕奚須銀鑿落揮毫戚振玉精神幸值維興行憲政元老院立致强盛且效康衢擊壤歌看人恭上千秋鏡

楚北咸陽余益杞 午峯

玲瓏天籟洗雲烟況有高懷步魯連曲譜離凰成逸調犀空凡馬看先鞭皋比我愧官倉粟玉骨君真閬苑仙瀛海波濤誰滌蕩霓裳同詠大羅天

武昌黃 福 冀生

玉生老弟歸期伊邇良晤難期同心好友一旦遠離白髮江淹不禁黯然銷魂匆詠河梁書諸大集以為老弟稍壯行色妍醜不計也

幕府分明鶴在軒忽驚竹外鳥聲喧雲迷郡北青門柳風送江南黃葉村蒼狗白雲多變態焦頭爛額竟居尊茫茫時事如棋局刼殺相乘未可言

三載同舟望若仙對床風雨望前緣解衣推食能知我煮酒論心不計年會立乘真同九老詩窺拱璧重全編江南江北青山遠珍重前途好着鞭

黃安余信芳 癡翁

玉老大詞長先生大著靈敏典雅意興深遠有境有情纏綿不盡必傳之作也健羨拜服

銅鉢敲餘共唱酬三生有幸識荊州纔隨香象依蓮座忽送雲龍詠絮樓赤壁留題今古美西山落筆鬼神愁（君赤壁滿江紅詞二闋西山懷古七律四章均膾炙人口大江南北諸名士和者數十餘人）前生應是翩躚鶴又伴東坡泛月遊

長沙謝　琦 紹韓

新法爭譁上相行流橫滄海鬼神驚棋留下著空紛擾管禿中書棄老成苒苒此生悲末路茫茫浩刼歎秦坑竹樓幸有元之在還許迂儒擁百城

泥留鴻爪總前緣竿濫黃岡已四年按劍何嫌遭白眼栽榆還喜昭華顛我慚左癖胸藏竹君擅唐音舌粲蓮明月在窗杯在手好風邀我誦瑤編

黃梅郭兆春 雨三

三年橐筆住黃州九老聯吟盡白頭潦倒天涯仍作客沉酣酒國

抵封侯營巢燕認新桃館繞樹烏啼古竹樓此際廣陵歸亦好萬荷花裏棹偏舟

未必今吾勝故吾分明看碧竟成朱途窮漫灑英雄淚事往空傳主客圖孺子孫高真可仰坡仙身世恰相符牛腰重壓新詩卷滿載歸裝向五湖

真州吳宗鈺 葩香

五雲飛過大江邊化作遊仙落眼前才不沽名期世急仁能獲壽得天先攜來詩卷人爭讀醉倒瓊卮我欲眠今日南樓留刻石（公南樓懷古七律四首刻石嵌於謝朓高齋之東壁余與諸君子和詩亦得附其末）瑤章不數謝家編

丹徒劉葆森 芝仙

株守頻年興已闌壯遊今又整吟鞍石頭故節歸王導江左蒼生望謝安我愧貞元忝科第君欣臭味重金蘭袖中一卷新詩稿信可來登李杜壇

北直葉祖修 民存

相聚欣當李郭年同舟敢詡望中仙湖山佳處尋芳地風雨深宵覓醉天澹宕襟懷蘇玉局清狂才調杜樊川臨風拜讀君詩集萬斛珠璣瀉湧泉

江右童慎初 六石

彩筆光芒上徹霄聲蜚二水與雙橋敬亭山上元暉到疊嶂樓前太白豪秀挹秣陵鍾間氣派分歙浦長思潮最難令子傳依鉢（受之能詩）山北山南梓仰高

仁和南溟散人劉　鵬 傳人

分寸光陰惜逝波及時行樂漫蹉跎難逢舊雨聯新雨莫減詩魔更酒魔愧我琴堂攜一鶴輸君書笥貯雙鵝江淹彩筆樊川集傳

適荆南未足多

元和潘誦捷 平所

余卸甯國府篆將歸京邑留別　玉翁老弟並題大集匆匆行色聊以塞責云爾

蕭蕭落木曉霜凝匹馬關山路幾層三載相依今又別一官歸去老無能飄零南國陶彭澤淪落天涯杜少陵讀到牢騷集中句秖餘涕淚感難勝

長白榮　普 月帆

接物無城府論詩較古今選詞合天籟用意入雲深未鮮浮生夢時聞梁府吟昔人曾有感吾輩亦苔岑

山左葛毓清 冰如

同客黃州甫經三載詩歌唱和不間寒暑樂何如也況聯九

老之會叙三生之交暇時過從縱談古今治亂得失并當世時局亦具有同情今一旦言別能不兒女共沾襟也昨讀留別佳什二章深情繇邈可泣可歌勉和原韻聊表汪倫之情并當貫生一哭

三年勝友果如雲九曲情覩我與君孤鶴黃州方止息青蠅白晝又紛紜忠言苦口無斯藥直節虛心不數賞寄語忘懷懷更甚最傷心事是離羣

驪歌高唱別新知駐馬含杯問所之刈盡交枝同漂水養成樺棘當傾葵郭隗自昔誇售骨伯樂而今也相皮翻怪萍踪無故合致勞記里不遺時

蘄水喻增敍 直軒

玉翁夫子以僕卸篆海陵偕同事諸君祖餞於本署並出詩集索題閱楊卿之章增萬葭之感勉倚念奴嬌一闋以誌謝悦而申仰止

纔歷中秋彈指間又逢重九雖屆瓜期最難捨知己好友勝會不常盛筵難再飽德還醉酒滑稽亦醉一石宛同一斗　相期各學吟箋各攄情緒文瀾矜富有忽見南州星大集壓倒當筵韋柳韻叶陽春詞賡白雪彈丸真脫手巴人下里自慨瞠乎其後

曲阜孔祥彬 麟軒

記當年千金結客五陵銷盡豪氣也曾聽雨青樓上也向花叢沈醉歌舞地怎酒釐春殘轉瞬繁華易游踪暮矣膽琴劍身孤江湖夢遠顧影嘆憔悴　天涯憶尚有平生知己晴川一望無際幾時便艤黃州櫂來訪坡仙遺事情漫寄笑白髮徐陵苦為才名累英流薈萃執牛耳騷壇歡聯九老高會亦亭裏

調寄摸魚子

番禺沈宗疇 孝耕

家大人幼年力學入泮後秋風十次不售遂寄情詩酒流連山水之間遨遊幕府半屬名區一邱一壑無不筆之於詩詩亦卓犖不羣不屑屑求之章句第隨手拋棄所存無幾甲子年百祿從事於揚州測量局乃將　家嚴存稿付諸石印雖非　家嚴本意不欲問之於世留為家乘也可

男百祿承壽校字并謹跋

雙桐書屋詩集卷一

江甯徐豐曾玉生甫

男百祿承壽謹校

春行

清溪曲曲漲新痕雞犬聲聲又一村四面高山花掩徑幾家矮屋樹當門土肥麥隴搖青穗酒賤花陰倒碧樽野老龍鍾無忌諱祇將時事信評論

題采芝壽世圖

我欲題君圖終日無一字但識圖中人不識圖中意握管靜思之知君欲壽世良相雖未為醫亦活人技此語是耶非一笑以之示

春日池上

花明柳暗日遲遲正是江南二月時小燕試飛無力甚隨風吹過綠楊枝

登清涼山望江

水急撼危石江空小榜人慨他千古浪淘盡六朝春日出上東嶺亭高接北辰蓬萊如可到我欲置閒身

放懷

漫詡詩豪共酒豪肯將風月誤吾曹節旄落盡窮蘇武泉石悠游寄叔敖身世莫歌如夢令琵琶空唱鬱輪袍萬言欲疏投丹闕且蓄囊中脫穎毛

縱使光陰一瞬遷蕭疏未到鬢毛邊先文功績原書腐去病勛名正壯年烽信依稀傳海國劍光飛躍繞雲天杞憂自識終無補且棹中流待著鞭

長古一章

乙亥春偕涇邑朱彥卿金陵陳道本游雨花臺茗飲歸成

宣陽門久不出面上俗塵添十斛山林應笑鄙夫鄙凝佇蛾眉不肯綠昨者陳朱二公來邀我煙雲訪林麓飽飲雨花泉一洗粗糲腹齒牙陡覺生芳馥松根吹火沸茶鐺茗牙翠展春前簇數巵入口捐炎涼百壺滌胃吐珠玉高歌共上鳳凰臺江北江南一瞬目六朝帝王詎知此樓止臺城亦跼促竹林堂結綺屋虎距龍蟠志已足朝作揮麈談暮歌後庭曲宋齊梁陳一轉軸興興廢廢變態奇惟有此山看已熟鍾山環淮水複我輩生之亦遐福莫嗟原憲貧羞竊臧孫祿世網攖人如黑獄粗衣淡飯得便休契結幽人踵張祿山之巔水之澳竹杖椶鞵相引逐何妨上天生我是頑民不農不仕閑躑躅坐談磐石冷莓苔繞郭炊煙萬縷矗歸途歌短章與君長嘯續振衣萬仞御風下回顧斜陽木末木

題惜春圖

金縷歌殘不忍聞隔簾紅雨已紛紛江南此去無多路春色何從乞二分天上人間空悵望琴心酒意總殷勤千金一刻徒虛擲風景真如過眼雲

春晚

留春無計送春歸梅子纔黃苦笋肥輸與癡情雙燕子往來猶傍綠陰飛

破屋

屋破濃雲補樑空急雨流乍晴先得夏一冷便成秋沉鬱男兒志終貽婦子羞守株非上策投筆覓封侯

老妓歎

小妹十四五風流世絕倫須將未來境憐惜過來人

偕三塘崔鶴籌韓紫石游泰州岳埠晚歸旗亭小酌

漫將成敗論賢愚且上高峯望海隅掠地蒼鷹飢欲下書空斷雁冷相呼莫嫌黃葉迷樵徑遥指紅燈認酒壚村釀可沽應盡興不妨歸去倩人扶

棠湖秋眺

渺渺平湖眼界空夕陽西下水流東帆從飛鳥行邊過路向垂楊曲處通雁影低橫秋水外漁歌遥唱晚煙中此身只合江鄉老惟望天山早掛弓

登清涼山望江

三年未到城西路小市人煙多復故香雲夾道繞旃檀青山千級人蠕附（每年七月三十日地藏王生日十里茶棚陳設百戲游人如蠕）吾行不為禮佛來偷閑一療烟雲痼攀藤直上翠微巔足練江光歸一顧雲臺高出岸北山塔影尖籠浦口樹鏖兵當日翠石頭擊楫何人奮收步英雄已成異代悲極目江山有餘怒此地曾為避暑宮銀牀氷簟鎖嵐霧狎客詞臣去復來纖眉皓齒朝還暮繁華事散復邱墟千年玉碗埋草露我來登眺心清涼身後身前皆了悟金風習習吹亭隅入我羅襟生逸趣安得凌波直到古淮揚好向竹西覓奇句紫玉為我歌紅綃酒滿注醉擁瓊花展犀簪不然着屐便上煙霞峯坐與華陽論元素一餐實籙身通靈方丈蓬萊任安住胡為跼跼促促插脚塵寰中甕茲蠕蛭亦何慕不能窮我萬里目吳楚燕秦一一具何如歸卧蓬廬中夢游八極逞馳騖

嘲人即用紅蕉館主元字

風流合住浣花溪鄉喚溫柔洞喚迷自是卿身有仙骨漫嘲婢子辱塗泥佯拋繡帕心先許羞解羅襦首自低寄語綠楊枝上烏曉窗切莫盡情啼

輕舠曾入武陵溪今日重來路轉迷空有前因簫引鳳斷無消息絮沾泥春風楊柳人何在流水桃花月自低惆悵梁間雙燕子似憐人意不高啼

上十里渡船

不因名利只因游也過邗江險渡頭一葉小舟人數十最驚心處是中流

夏日即事

幾竿翠竹繞山房習習清風透葛裳恰我好花開北院憐人飛燕過東牆靈通肘腕氍毹活沁入心脾佛手香寄語吳陵舊詩友散人近日史清狂

夜飲

流螢三兩點飛過小池來萬籟此俱寂一樽聊復開待看金鏡滿

不覺玉山頹自擬羲皇侶陶然東海隈

夏夜露眠

游仙一枕夢方長已覺霞光接曙光怪道夜忘風露冷天孫為覆錦雲裳

秋菊用漁洋秋柳韻

最無聊奈最銷魂曲曲疏籬短短門千里關山霜有信半堦煙月玉無痕添來海北羈人夢閙到江南處士村寄語西風莫惆悵捲簾人瘦那堪論

漫把豪情獨傲霜幽姿端合種寒塘徘徊故國悲金鈿寂寞紫桑冷玉箱他日淚痕休問杜今宵酒興卻思王何妨插滿樊川帽沉醉旗亭舊酒坊

夜深相對露沾衣惆悵年年景物非陶令歸來甘冷落楚臣仙去聽依稀多情剩有寒鴉伴入夢應憐瘦蝶飛我亦日來高位置不將心事與卿違

浮金鑄玉最堪憐一抹斜陽臥晚烟佳色向人猶旖旎高風何處致纏綿新愁白下悲今夕舊事紅橋又隔年坐久渾忘風露冷好扶清夢入花邊

登海陵文昌樓

乘興上高閣文光射斗牛雙池襟筆穎一雁下蘆洲海陵八景之二淪落天涯感江山故國秋老僧頗解事烹茗笑相留

遣懷

風樹有愁聲水雲帶愁色如何耕釣徒忽作名利客兒啼憐頰紅親老悲髮白行行復行行飢寒日已迫

水落斷崖立天空暮靄收贈袍無古道擊楫感中流裝已憐蘇季

風還阻石尤我生猶有待且自任沉浮

和友見懷五古原韻

驛使江南來贈我紅梅枝開緘謹再拜浣薇讀寄詩行行瀝肝膽千里勞相思古人去已遠今日重見之嗟我窮途人抱質悲素絲沉埋等牧豎佯狂嬉群兒回頭看劍器光怪尚陸離一按秋水飛清風動江湄坐客顧而笑啞然前致詞莫彈馮煖鋏莫接袁公枝是蓋天位置磨礪在此時困鳥不鎩羽精金重千鍾俯首不敢對中心尚奔馳

初冬

幾日西風作早寒菊花開滿蓼花殘兩行衰草猶餘碧一樹青楓已半丹剩有閒情憐馬齒豈因清況乞豬肝散人遺興知何在不是詞端即酒端

致韓紫石

冬至尚晴和先生近若何客沾時雨潤人醉夕陽多菊影靜階月荷香空曉波相期過塞北把劍試青驘

不盡愁思處楓林葉已丹虛窗浮月白歸雁咽風寒投筆才嗟短如梭歲漸殘魚書無一字傳語望加餐

致汪筠泉

別時容易見時難惆悵西風雁影單秋雨梧桐曾共聽曉霜楓葉不同看一生知己皆天外千古英雄誤筆端往事那堪回首憶唾壺擊碎劍光寒

鴻社四集消寒九咏

癡雲漲白斷還連清韻飛來欲破煙老衲攀蘿循徑去驚鴉繞樹揀枝眠楓橋半夜客停棹野寺一聲霜滿天爲報初陽已微動好吟佳句得春先　寒鐘

漫道夜眠如潑水天涯有客未歸時偏從羈旅愁中見不許豪華夢裡知醉有真鄉先化蝶詩能解悶且探驢遙憐人比黃花瘦數盡更籌更不支　寒衾

白雪歌殘雪滿身可憐愁煞倚樓人陽關三疊淚如雨破竹一聲風掃塵膽有壯懷青海外那堪回首綠楊春中郎已去知音少不盡柯亭感慨新　寒笛

下幃時怯朔風侵誰把餘光鑿壁尋茅屋夜深勤照讀紙窗人靜獨拈針十年絮語三更夢數點蓮花一寸心遙指隔江漁父艇幾星明滅入霜潯　寒燈

青天碧海雨茫茫滴碎銅壺夜正長郎意如冰偏冷落妾心似水本清涼疏音若向愁中訴好夢都從枕上忘惆悵鴛衾猶未熱荒雞野店又鳴霜　寒漏

枕綬桐圭貴取求此君真可伴清游灞陵岸上雪消後流水橋邊梅著不何必消寒杯泛蟻不妨藏拙杖扶鳩延年已荷當廷賜賴爾相依到白頭　寒節

燈火連宵獨掩門西風一夜更消魂料應鄉夢同閨夢莫辨針痕與淚痕霜信早知憐客子星期有定羨天孫太平不識兵戈苦終歲年年古戍屯　寒衣

撥來心字笑難枯何處能求七寶鑪一寸相思甘冷落十年塵劫慨今吾燒殘蠟炬凍無淚吹到灰餘夢始蘇料得復燃應有日世情冷煖任相殊　寒灰

不似漁陽鼓亂撾是誰鳴角震髙牙連天烽火音逾壯接地霜華凍欲加瘦馬長嘶馱雪立驚鴻環起逐風斜男兒自有封侯志祇望長征不念家　寒角

山居望雪

一夜東風緊閉門雪滿衢屋從層嶂矮山向遠天無竹瘦枝垂地鴉寒翅覆籬隣翁聞市酒撥杖細尋途

丙戌冬十月小住桐城之西鄉雷家埸即景偶感

高嶺接穹蔭山居眼界空水枯餘淺綠楓老作新紅舂米觀田叟騎牛愛牧童世情如擺脫亦足暢閑衷

不盡家山念塗窮泣阮囊感時添酒意避俗減詩腸地肅憐龍蟄天空羨鳥翔不平噓敝鋏猶自耀光芒

雪霽

雲開日出雪初融坐對晴窗百慮空澗落銀濤澎湃裏峯攢玉屑有無中山茶入盞味彌厚凍筆臨池字不工知道先生游興動老

梅隔岸吐新紅

木瓜

新盟永好敢相渝，不供窗前置枕隅。夢裡也能通氣味，醉中偏不喜揶揄。益人筋骨功非小，愧我瓊瑤報尚無。海上有方初覓得，莫辭醞酒費功夫。

長江偶記 吴淞口

滄海桑田畢變遷，因時設險儘堪研。而今門戶闢中外，不在江邊在海邊。

焦山

怒潮日夜大江撞，砥柱中流有石矼。勝蹟相傳看不盡，焦銘王字捻無雙。焦先瘞鶴銘王右軍書

金山

層層塔影矗僧寮，瀉入長江鎖碧寥。聽說當年留韻事，是誰親解帶橫腰。

黃天蕩

似雪如銀浪拍天，當年此地困猩獶。若非老鸛河能掘，寡婦孤兒豈乞憐。

燕子磯

燕子磯邊燕子飛，燕兒飛去感斜暉。而今空有江山在，燕子不來人未歸。

江東橋

大橋聽說號江東，征戰曾經誘敵攻。漫與華容爭一轍，說謀正氣不相同。

烏江

英雄事業尚堪爲，誰把錫簫入夜吹。一語告王應快絕，細參呂后與虞姬。

采石磯

將軍何事忽雄飛，叱咤聲中破敵圍。江水至今猶倒立，奔騰終古播神威。

八公山

蓋世才華絕世英，據鞍顧盼抱澄清。緣何一覽衆山小，草木俱然盡是兵。

漁邱灣

獨把漁竿棹小舟，春風秋月本無愁。可憐一劍輕生死，千古傷心野渡頭。

牛渚磯

幽明色相本難同，多事溫嶠燭照中。只有謝公都不管，扁舟訪友足高風。

峴山 大小

不如守險守孤城，頓使雄謀一夜成。天意安排滅殘晉，早教孺子得勛名。

梁山 東西

雙峯相對鎖重關，戰亦能行守不難。只是孤巖須設險，好將犄角細求探。

大觀亭

百尺高亭足大觀，江天一色鎖層巒。我來展拜余公墓，惆悵當年征戰難。

田家鎮

天生險要設重關一線長流三面山任爾長風摧雪浪掉舟到此
總隨灣

馬當山

是何神助一帆風千里洪州一夕中自是天公限南北長江鎖鑰
此稱雄

小孤山

孤峯峭拔入蒼茫矗立江心夕照涼莫把雲鬟好修飾有人浪說
嫁彭郎

赤壁磯 在黃州府城漢川門外一名赤鼻磯按赤壁湖北有五漢陽漢川黃州嘉魚江夏吳魏鏖兵江夏是

重重畫閣倚巖闌墮入江干激怒湍石上於今留兩賦此山只合
號蘇山

樊山 連西山樊口

峯迴路轉亘江邊退谷寒溪別有天我願買鄰過十萬萬松深處
築茅簷

散花洲 吳勝魏犒軍於此

散花洲上萬花香正是將軍快舉觴一戰功成千古獨至今姓字
有餘芳

晴川閣

幾層高閣立江邊四面晴嵐別有天王者不興五百載火車輪舶
獨稱先

黃鵠山

岧蕘蒼翠俯晴波夾岸煙花點綴多黃鶴不來樓已廢我來憑弔
悵如何

鸚鵡洲

漁陽摯罷鼓三撾飄泊荊州亦可嗟千古才人同一轍孤忠尚有
屈長沙

雙桐書屋詩集卷一終

雙桐書屋詩集卷二

江寧徐豐曾玉生甫

男 百祿 承壽 謹校

醉後走筆

皇天本至仁生我六尺身豈知命途舛潛魚無蹤鱗三更推枕忽大笑高牙坐擁兵衛陳山妻莞然笑謂我黄粱熟矣境可真我言真幻亦何有世上誰非夢裡人

美人箏

曲欄干外畫樓東一寸相思一綫通應是掌中留不住隨風飛入碧雲中

幽蘭吟

幽蘭在空谷憔悴不盈把衆草共蕪沒虛名呼大雅落落豈無情世乏知音者

萬卉榮秋春開來如錦幃寂寂幽谷蘭花亦隨時放縱放兩三花何人肯相望

天桃鮮荆榛幽蘭老塗地非關際遇艱好潔世所忌悠悠天上雲吾與子同逝

送汪範泉之甬斜塲

登高山望江水江水滔滔流不止多情秖送遠人歸莫使他鄉有客子他鄉客子離鄉久落落寡合徒搔首六上金門策未收一聲長嘯東海走東海茫茫雲水寬中流棲息蛟龍安莫播風雲露頭角恐有人持白玉竿君今歸去不可留留君不可我心憂同是天涯淪落人別離況復在邗溝邗溝年少何炫赫舉頭向天嫌天窄酒綠燈紅夜夜春一曲纏頭如土擲捲上珠簾總不如鶯嗔燕咤爭顏色各有因緣莫羨人惟我與君有此識與君且到平山堂高歌一舉累百觴清風徐來白雲墮身飄飄兮欲飛揚與君復到史公祠梅花照眼千萬枝清香馥馥不忍去起看月上中天遲月上中天光潔白下映江水同一色照君東去照我歸明日茫茫雲樹隔

口號

幾日風兼雨詩懷淡似秋生涯一壺酒蹤跡百尋樓孤鶩隔烟起閑雲雜水流簫聲聽斷續何處寫新愁

新綠

忽聞南浦唱鸝歌無限新愁逐水波池裏初萍堤上柳村邊野樹雨中簑酒傾眼底憐浮蟻人倚樓前悵掃蛾芳草天涯何處夢一窗蕉影費消磨

春雨草堂夜坐

碧紗窗外雨淒淒不住鵑聲屋角啼一夜小西湖畔水料應已過綠楊堤

閨中消夏六詠

背郎生恐值郎歸偷解羅襦入翠幃水瀉珍珠西子膩湯含荳蔻玉環肥添來手韻蓮雙瓣羞掩春光錦一圍小病近年珍重慣疎櫺時怯晚風微　試浴

花如屏幛月如鉤似水和煙寶篆柔纖腕半抬金絡臂翠螿斜顫玉搔頭羡他曲沼鴛棲慣望斷長橋鵲駕不秖恐夜深風露重小鬟低喚上紅樓　支牀

背人羞裏鳳頭尖眉角紅雲細細添蜀錦雙鈎鞵乍試吳綾八尺手初拈偷拋羅襪香憐瘦攜入巫峯夢也甜底事檀奴太輕薄裙邊笑把喚纖纖　纏足

飄揚翠袖態蹁躚笑倚蓬窗唱采蓮幾處樓臺明鏡裏數聲柔艣夕陽邊偶經柳岸歌新曲都撿花叢任采船郎似蓮花儂似葉寸心都付藕絲纏 採蓮

碧藤陰裏倚棚人玉腕輕抬下釣綸爲愛鴛鴦臨水宿生憎燕子掠竿頻雨餘岸柳濕紅袖風定池波靜白蘋一寸相思何處寄無言應欲付金鱗 垂釣

爲報銀河已駕橋卸妝休負可憐宵簾垂湘水蟲聲細夢繞巫山燭影遙嬌倚錦屏釵墮鳳羞窺羅帳面生潮鴛鴦自是雙棲慣何必珍珠慰寂寥 卸妝

閨思二首集成

一寸廻腸百慮侵獸鑪院落夜沉沉相思無限渾難說彈到梅花月滿琴

銀漢無聲轉玉盤愁人依月思無端藥烟縷亂茶爐畔漸覺東風料峭寒

壬子餞冠九有江右行雲溪餞之余即席作長歌以贈

人生不作蟠溪叟腰懸金印大如斗便當歸卧孤山中飛鴻在天琴在手兩事嗟吾未盡能一生惟得劉伶酒雲溪招我飲城東爲餞儲君到江右離筵此際黯銷魂借酒權爲掃愁帚枯腸一滌傾百壺大醉嗚嗚歌擊缶張旭揮手去雲上常建掉頭走舜臣安得蓬萊不死方今古酒徒皆我友吁嗟乎儲君莫惜策馬行雲溪莫悵抱林守人生常得在醉中便是人間安樂數

即景

檐溜住還滴風窗掩復開歸雲纔抹日急雨又鳴雷喜怒隨心幻炎涼轉眼來天時與人事一理不須猜

登吳陵望海樓

極目窮千里蒼茫渤海湖飛飛沙鳥没點點估帆遥風起鯨鐘吼雲開蜃市消邊氛猶未靖不見霍嫖姚

遊小西湖即登岳華

放步巍巍百尺梯何須竹杖手親携柳於釣叟竿頭見城傍人家屋角低繞郭帆檣藏樹底隔江山色落湖西一聲長嘯御風下自在香生花滿溪

題眠琴小照

襟懷水月并清寒放下琴囊宇宙寬一曲廣陵留絶調不逢知己不輕彈

懷友即致

交情漫說似投膠山鳥新遷翡翠巢道義千年勒金石文章兩字

老衡茅烽煙故里憐餘燼事業他鄉等繫匏贏得蕭條長鋏在笑他中夜也鳴鞘

桐軒煮茗憶當年韻事何須數昔賢滿地松陰棋子響半窗蕉影笛聲圓不辭中酒蘇坡老最愛狂吟李謫仙今日故人散天末風光已不似從前

風雨曾經共琢磨流光深惜去如梭方期槐市賡同調又聽河梁唱別歌客子情懷原灑落丈夫事業竟如何年來豪興都磨盡賸有牢愁日漸多

唾壺擊碎劍生花誰把漁陽鼓亂撾不與衛青臨瀚海必隨賈誼到長沙關河自昔嚴中外元氣何堪剝歲華莫倚壯懷思雪憤已教文字老天涯

舟泊浦口

幾日新涼漸不禁，斷霞零落遠山岑。一生縱有湖山福，千古難消志士心。星彈破風隨落雁，旅懷和夢入疎碪。閑愁十斛如何遣，幸有青州伴苦吟。

過璧虎橋

洪流掣電接青霄，不盡江聲冷斷橋。報到乘風舟去也，片帆直駕廣陵潮。

遣興

晴空無片雲，飛鳥自相得。朝飲海之東，暮宿山之北。回顧塵中人，何時得休息。

秋色滿天地，高齋一枕足。前山有白雲，招我東海曲。松子落空山，悠然忘塵俗。

應友索詩

茫茫塵海一狂奴，日卧黃公舊酒壚。叢菊兩開來阮籍，秋江一水阻崔塗。萍根聚散憐駒齒，文字生涯老鼠鬚。擲筆詩成同歎息，誰從遺網識隨珠。

溫香主人以孟城述懷索和，適余將作歸計，依韻和之

處世慚無濟世才，且將陶徑一弓開。遥憐曲沼親栽藕，猶有含葩待我來。

砧杵千家已報秋，還將舊雨憶杭州。愁心付與中天月，直到平湖水上樓。

秋草次張所韻

曾經南浦惜芳菲，寂寂西風掩板扉。長帶飄零痕漸没，青袍冷落迹全非。蛩如無怨聲何苦，蝶縱多情夢亦稀。此日秋高堪試馬，郊原莽莽對斜暉。

又報涼秋九月天，荒原愁思望無邊。水閑奩鏡流逾潔，山掩螺鬟倦欲眠。一帶嫩黃初落照，兩行瘦碧不成烟。江南此去無多路，賸有相思兩地牽。

漫將林木悶疎稠，千里江山一望收。客子情懷悲末路，美人情思入高秋。五更殘月露偏重，兩岸夕陽風更幽。惆悵王孫歸去也，丹楓黃葉不勝愁。

連朝蕭瑟白雲汀，誰把柴門鎮日扃。鞋底那堪尋舊跡，裙腰何處覓餘馨。陌頭風冷應盤馬，原上霜寒不化螢。莫慨芳菲零落盡，春回依舊自青青。

題秋山策蹇圖

縹渺雲山面面開，天高風送雁聲哀。詩情也似荆公否，獨岸綸巾策蹇來。

鴻社三集分得寒月，限潭字

我欲乘風去，高寒怯未堪。鴉聲驚樹杪，雁影過霜嵐。砧杵靜千户，梅花冷一潭。遥憐歸去衲，扶杖叩茅菴。

偕友登平山堂望雪

白雲冉冉返衡蕩，人在光明世界中。數點寒梅迷暮靄，一聲飢鳥下晴空。斷碑半没蒿萊裏，孤塔猶存雉堞東。自古興亡如轉軸，那堪回首認隋宮。

雪中過南樓書此贈雲溪上人

蕭蕭樓外雪，寂寂雪中寺。聰扉無俗塵，瓶爐延古意。上人樂幽獨，晏居明素志。坐參上乘禪，履擇忘憂地。客來笑王播，欣然具酒食。霜葉吹落紅，氷芽啜寒翠。閑倚南窗虛，不覺帶微醉。逸情托毫素，清心動遐思。蓬門志哲賢，世網攖名利。何如空塵懷，興子謝人事。

京口晚眺

滔滔波浪接天來風送江聲畫角哀作陣歸鴉爭樹宿耐寒瘦鶴戀梅開南天事業初無定北地音書半已灰爲問孟城舊知己何時共醉菊花盃

次滔香恨別原韻

漫對菱花作豔妝風流空自擬吳娘已拼飛絮沾泥去無奈垂楊送客忙剩有閒情憐漢水更誰好夢說高唐西風不管人憔悴只把輕帆着意張

紛紛何處惹情多不在眉端即眼波十里珠簾留不住一腔春思費消磨絕無青鳥傳音信多事黃鶯擾睡魔寄語劉郎休惜別蓬山深處有銀河

新栽十丈碧雲紗爲惜春陰欲護花方幸枝頭歌蝶版又教葉底

鬧蜂衙可憐宵裏人千里離恨天中水一涯爲問情天能補否媧皇煉石本無差

空將小字喚花嬌嫁得蕭郎慣弄潮巫峽荒唐終是夢漢皋縹緲本無聊麝如守璞香還在蝶縱多情粉亦銷遙指隋宮何處是綠楊陰裏膾紅橋

雙桐書屋詩集卷二終

雙桐書屋詩集卷三

江寗徐豐曾玉生甫

男承壽百祿謹校

癸巳春三月揚州沈太尊碧鄰招飲平山堂適方都轉子箴偕歐陽敬齋來邀與同座敬齋年七十矣談笑風生曾與曾文正左文襄馳驅軍中功成不居草笠芒鞵遍遊天下異人也即席口占以贈

桃花水漲暮春天放棹虹橋到嶺前塔影孤懸青柳外江光縹渺白雲邊高歌蘇軾驚人句且醉陳蕃款客筵聽說歐陽公往事始知塵世有神仙

雨窗夜坐

蕭蕭窗外雨添我客愁新歲月已云暮人間又到春功名彈劍鋏踪跡老風塵世事殊難料無如醉裏真

簪花贈秀雲校書

溫泉浴罷倚迴欄金剪閒裁並蔕蘭簪向雲鬟嬌欲絕濡成翰墨畫應難幾重春色來眉角一種幽香到筆端人是花身花是我檀奴合向掌中看

古意

郎意山中雲妾心池上水水長空自流雲懶不復起

風雪出門去又綠江南樹春水流桃花應是郎歸路

南海買珍珠黃金值多少不足慰寂寥妾心池上草

莫上高樓望陌頭飛柳絮春風逐水長不見江南船

杏花

側目誰窺宋玉墻陽隣春色太輕狂曾添京國離人思擾亂揚州太守腸醉倚玉樓嬌弄色倦欹烏帽笑生香故宮風景今何在惆

帳當年碎錦坊

梨花

又聽江頭喚鷓鴣玉容寂寞淚糢糊吹殘玉笛一聲杏化作春痕
半點無偏有前因人愛白（元稹詩尋常百種花齊發偏摘梨花與白人）是誰多事粉施
朱（峽山有千葉紅梨花）洗粧佳景非如昨空負郊西雪幾株

牡丹

寸心聽說不忘唐一任逸逸眠洛陽俗眼爭誇真富貴孤衷別具
冷心腸飛來瓊島紅綃濕夢入驪山翠袖涼一曲清平歌雅調最
消魂處是沉香

梅花

半藏籬落半橋東流水無聲路自通一點春心微雪瘦幾重清夢
晚烟中尋來月地渾無迹種入雲階更不同惆悵深林鳴翠羽離

浮仙境太忽忽

水仙

生成玉骨與冰心春到人間瘦不禁若有所思洛神賦更無聊賴
伯牙琴兩行翠點凌波襪一種香生點額金文石白沙相位置芬
檐日暖豁塵襟

薔薇花

夢裏音書恨裏天長門深鎖自年年絕無一面牆頭見空有三生
石上緣解佩莫邀湘水客留裙曾喚漢宮仙風姨月姊休相妒瘦
損腰肢亦可憐

邗江第一情天主人與一姬有割臂盟正相得時遽為他
事引去雖把握之期不遠而深於情者殊覺黯然因囑
余為作長歌以記之

輕雲一抹漾晴空壁月溶溶梨花叢琥珀杯翻玉釵墮春風吹上
眉峯紅美人家住平康里不妬寒梅妬豔李酒綠燈紅紺碧紗微
夜歌聲朝不止胭脂滴染櫻桃嬌雪膚軟稱冰鮫綃風情自是可
人意斜倚雲屏整步搖紅燭燒殘花欲睡霓裳舞罷金鈴墜嬌憨
疑不解風流故作佯羞復佯醉從此溫柔老是鄉神仙不羨羨鴛
鴦羅帷春暖黃金屋繡被香溫白玉牀深情自是難拋擲背人偷
綰同心結此身願化比翼鶼歲歲年年不離別南國相思豆舊栽
前生早已釀情胎王孫無那忽歸去芳草青青來不來蜂忙蝶戀
原非偶妾身久作章臺柳十丈情絲難繫心含愁且把長亭酒相
看嗚咽不成聲珍重毋忘七夕盟漫道蕭郎成陌路短緣和淚寄
深情深情兩地愁難訴夢裏精神忽相遇鄰家又聽曉雞鳴驚醒
香魂不知處

將之皖江留別吳陵諸友

蕭条行李客天涯一棹秋霜落劍花文字無緣酬素志親年已老
轉離家江淹送我應多感王粲依人劇可嗟更有不堪回首處已
隨道濟學量沙

茫茫世網欲何投未必垂青到飯牛一片孤帆遊子夢兩行征雁
廣陵秋江山興廢供搔首身世浮沉入棹舟欲疏萬言傳海國恐
生雷雨出龍湫

廿年臭味共騷壇況復盟蘭重古歡知我情深如鮑叔推誠獎借
愧袁安同心已斷黃金貴入夢仍憐白髮寒此去皖江一千里憑
君傳語報加餐

年來生計悔飄萍空荷知音望眼青入世徒思燒鯉尾閉門重讀
相牛經歌殘南浦送行曲倒盡桃潭贈酒瓶一首新詩記今夕天

涯從此少知音

美人箏

道是無情却有情佳人也解不平鳴應嗟身世多飄泊付與東風
自主盟顧影自憐傾國色行空猶作步虚聲幽懷欲訴憑誰訴一
任兒童掌上擎

任醫庭招飲即席分韻得七律五緑二首

蘭窗風日極清和且把閑情付嘯歌不是誕言誇曼倩聊同說鬼
賺東坡樽前醒眼知誰是醉裏風懷笑我多一首新詩一杯酒散
人狂態較如何

賞音何事遇遲遲眉樣都緣末入時生有雄心惟嗜酒貧無長物
但餘詩浸嘲混俗安難肋何必求名隱豹皮我願此身終已矣輕
雷一任起龍池

懷甘漢生

十斛珠光照水寒五陵年少信非凡毫端風雨供馳驟胸次江河
任激湍縱飲直同燕市醉高歌愁作楚辭觀平生心事知何在鶴
影梅魂帶笑看

贈吴玉才

十樣鸞牋寫別愁匆匆握手憶邗溝調傾二峽君應霸辟有[illegible]
我亦侯遠樹邗堪應去馬好風久不送歸舟年來生計如[illegible]
托高枝一縱眸

舟次逢三弟漢卿

把袂此匆匆相看喜又驚與君言不盡後觸夢中情此夕一何[illegible]
昨宵雨地行停船沽美酒談笑到三更

和周澂泉述懷

君不見淮陰侯操刀斫下項王頭狡兔既死烹走狗英風偉績徒
千秋又不見武鄉侯大星一落英雄休鞠躬盡瘁死而已逍遥安
得如崔州我朝聖聖繼神武卜世卜年千萬古蕩盡紅巾天下安
生者榮之死者撫溥海臣民胥自得吾曹幸際昇平日菲才悶世
可有無好向山林覓窟宅山林佳景春秋多流水無聲鳥語和幾
樹桃花紅掩户數椽茅屋翠牽蘿沈酣麴部無人我爲訪山真繁
詩觚一聲長嘯振青霄雲自無心花自妥飄然拂袖入雲根自號
羲皇以上人方向北窗新睡覺朶雲忽降自松筠展讀君詩真鮮
匹滿紙琳瑯寫胸臆憂國憂民一片心怒濤萬丈聽嗚咽可憐烈
士老巖阿生不逢時奈若何好裕經綸作舟楫北宸指日降恩波
況君瀟落真英傑我樂耕鋤事農業何如直上五雲峯遠看快建
天山績

並頭蓮 爲翟家盆花作

不惜傾將金叵羅詩情酒興費消磨同心秀擷無雙豔絶調新翻
第一歌豈是臨池憐顧影分明對鏡悵顰蛾吴陵城裏花如許不
及消魂此處多

長短何曾讓一分天教並五門芳芬雙棲應恐鴛相妬對舞翻嫌
蝶不文舊有姻緣思漢水近無消息夢巫雲莫愁畫舫人何處悵
悵蓮歌未忍聞

不將脂盒點猩唇燕瘦環肥總絶倫一樣丰姿同綽約别開生面
自停勻似曾相識巫山女適自何來洛水神我願團圞無缺憾樽
前嘗照比肩人

一捻新紅露爪痕風流妃子乍承恩添來兩地離人思銷盡三生
倩女魂信是有情成眷屬漫嘲相對太温存從今結得房房子不

謨琅玕獨有孫

丁未夏六月隨榮月帆太守普由揚州至甯國府署後有層樓三重高踞陵陽山巔俯瞰城市謝眺遺跡也每一登臨覺樹色山光豁人心目偶占七律四章以誌鴻雪

茫茫世網欲何投未必垂青到飯牛一夜蟲聲邗水夢兩行雁影宛陵秋萍踪絮影供搜覽城市山林足釣游好向陵陽矚遥目榮公修好謝公樓

漫將竹杖手親携路轉欄廻徑欲迷幾處去思摹舊作一亭懷謝認新題懷謝亭在半山浮生若夢有時覺往昔高踪不可躋太息勞人真草草片帆飛過綠楊隄

十二珠簾一例開高寒飛不到塵埃風從竹裏悄然過月向桐陰隙處來宜雨宜晴山斷續若無若有水瀠洄荒烟蔓草埋殘碣聽

說當年付刼灰

巍然一塔矗青霄點綴雙虹落彩橋四面雲屏開宿瘴萬家燈火靜長宵風淒猿峽悲清角月冷漁槎咽斷潮我是白門舊樵隱浮踪猶幸傍松喬

和榮太守普秋巡旌德道中七律二首原韻和者幾二百人洵一時之勝也

十日淋漓墨雨稠荒寒古道宛陵秋風含樹色淒猿舌雲捲濤聲落馬頭壁立千尋鷲嶽絶路循幾曲入林幽前旌後騎遥相映一片晴雲望裏收

連翩五馬入岧嶤太守巡行布教條華轂塵香生谷口青油旆影轉巖腰已為霖雨蘇黃耇不作閑雲住碧霄一卷新詩藏袖裏知音何處覓琴高

附錄大兒百祿受之和詩

青楓紅葉滿山稠寫出宣南一片秋雲影排徊來袖底溪聲澎湃到䑲頭人從嶮峻行來穩詩入高寒句亦幽莫道陽春酬唱少洛陽紙價貴難收

輕車飛過碧岧嶤一角斜陽柳萬條宣郡雪泥新印爪揚州金帶舊圍腰太守由揚州府調補甯國康衷不愧觀風使在抱甯懸捧日霄從此甘棠留愛溥好同名伯共名高

笠溪亭在湖北黃州府亭中有坡公石像

坡公終未老黃州徒把真容壁上留廿載功名歸笠屐一亭風雨自春秋諫如名果應回味黨亦鐫碑莫自由太息古今同一轍我聞新法亦生愁

快哉亭今改續快亭

快如能續快何如太守風流絕代無隔岸有山排闥至繞城皆竹入窗疎雲邊樹色連荊楚足底江聲走蜀吳我亦高陽一豪客好酬名勝酒千壺

步同事原字

窗明几淨豁吟眸不畏風塵不解愁舍館有山情已適繞門皆樹願先酬雲迷南國魚書杳月冷西江雁影秋我是大羅天上客卜居到處總清幽

秋雨連日有感

風風雨雨一天秋不是愁人也合愁有限年華悲白髮無多酒量戀青州蕭條今日馮煖鋏事業他年祖逖舟寄語五陵年少客老成終是屬龍頭

雨後登城頭草亭眺遠

一雨初晴後荒亭夕照中有山皆秀潤無樹不蔥蘢竹密聲喧鳥
波平影落虹我來登眺處長嘯欲乘風

十月二十四日張瑞庭伊莘農李品安招遊西山歸成懷古七律四章録二

吳王避暑宮

幾重高閣小溪東説是當年避暑宮竹醉空餘亡國淚松鳴猶作
大王風徒遺斷石埋幽草石状劍不見長江走戰艟太息紛爭今世
界生兒那得此英雄

蘇子由九曲亭記

點點流光落曙星輝分五色幻龍形一編亘古不磨記九曲於今
尚有亭難弟難兄真絶世若官若隱任飄萍我來俯仰悲今昔不
敢題詩上石屏

登疊嶂樓有感

平生不慣與凡伍把酒向天笑伊呂世網攖人何太深英雄沈沒
等塵土生不逢時可奈何仗劍躊躇且起舞一聲叱咤風雲飛當
樓擊碎漁陽鼓側耳叩神神不應舉首問天天不語壯懷鬱結成
精英化作長虹入江渚西有敬亭山東有麻姑華一塔矗青霄雙
橋鎖石磯萬家鱗列烟雨中一夜秋聲偏砧杵太息此城景物尚
如前梅王李謝高風不可撫滄桑之感感何如陽九之厄厄如許
鯨氛海上來蜃市樓誰倚縛繭不成蠶棼絲亂未已悠悠天上白
雲飛慣作閑情傍汀沚或為怪獸蹲或作奇峯起變化雖可觀終
是虛空裏安得為霖為雨潤田閒太守名亭三農喜吁嗟乎狂瀾
百尺不可挽江河日下增百感可惜山河百二多鬱鬱烟雲何黯
慘老驥伏櫪志在千里我年雖老有壯氣自顧此生不甘終已矣
不如歸去掩蓬廬且待陰霾消去碧天萬里仍如洗

冬柳用漁陽秋柳韻

乍攀條處已消魂惆悵桓溫過里門兩岸春光空有夢半溪烟月
了無痕馬蹄人影夕陽路蟹舍漁燈黃葉村睡足西風呼未醒靈
和丰韻那堪論

前日寒花落拒霜祇餘孤影伴横塘宮腰瘦減黃添襪舞袖涼生
翠掩箱謄有素心盟白水不將青眼乞春王此情此景憑誰訴自
倚旗亭舊酒坊

金縷歌殘泣舞衣隋隄光景已全非毛拳瘦馬嘶寒立項縮棲鴉
結隊稀月冷霜花千樹放風寒雪絮滿江飛隔簾人近天涯遠日
傍環樓願亦違

斷魂分付月相憐無限愁懷對晚烟別夢有時仍繾綣深情何處
致纏綿曾於洛里歌新曲羞向都門送少年待等陽和春到日長
條又拂水雲邊

畫馬

千里追追一瞬時爭誇良驥與風馳而今留得畫圖在伏櫪當年
誰與知

書憤

生涯漫説等萍飄尚有人吹吳市簫入世莫朝窮措大濟時當作
霍嫖姚羞將名字埋黃卷笑把干將問泬寥縱使南州應石隱敢
教壯志也蕭條

放眼

放眼山頭草樹迷旗亭却在小橋西劉伶一去無知己獨卧西湖
花滿溪

卷之三終

雙桐書屋詩集卷四

江寧徐豐曾玉生甫

男 百祿 承壽 謹校

余别崇湖有年矣癸未春復來與繆蝶仙爲詩[illegible]
占此贈之

重將踪跡結鷗隣分得東家柳色勻去日兒童渾不識隔隄漁唱却翻新沉酣酒國能容我事業他鄉說傍人興往情來相贈答蕭條湖上雨閑身

挽松枰師

紛紛世網張攖人如黑獄何如空塵懷傳燈步前躅我師若閑雲深巖樂幽獨去住本無心清風常伴宿前年來吳陵相見在禪屋往還無晨昏問答瀉珠玉臨别復致詞今年就黃菊昨日崇湖歸忽驚棄塵俗傷心護城水漾漾動寒綠慘目隔江山昏昏瞧盧谷我今來城東匏樽奠清酌於潛無辨才寂寞上天竺忍聽南樓松含風如慟哭

憤書

西風連日作輕寒夢繞吳陵夜不安垂老椿萱愁米債啼飢兒女怯衣單雲迷皖水家千里人斷征途雪一鞍季子牀頭金已盡不堪回首看行裝

少小曾誇膽氣豪蓬廬嘯傲擬蕭曹東山醞釀曾藏豹北海蒼茫欲釣鰲姓字何期終没没室家翻使慨嗷嗷數年來生計如鳩拙又學亡羊去補牢

茫茫世路慨崎嶇豈獨艱難蜀道殊醉有真鄉原樂土身無俗骨即窮途羞囘乞食埋吳市畢竟匡時待鐵夫收拾絲綸歸去好歲寒始識傲霜株

患難之中憶友朋遠人心事望陳登倘教將伯勞行雁好把雲程獨奮鵬片語傳來心已折深情從此感難勝當年管鮑誰同調只有華嶠祝穆能

述懷

也是倐然七尺軀如何淪倒在窮途山川跋涉勞筋骨風雨飢寒困體膚一夜鄉心羌笛冷滿天愁思客星孤征衣不忍從頭看血點斑斑盡淚珠

斷盡羈人寸寸腸親年家計兩徬徨空言業有生花筆終見家無隔宿糧旅況蕭條雲慘淡壯懷激烈劍光芒不堪回首窺行篋剩有新詩貯客裝

已過封侯鄧禹年先鞭縱着愧貂蟬掀翻驚胆千層浪踢倒蛾眉百尺巔恨别有時悲杜甫移情無處覓成連英雄末路原閑事白髮蕭蕭望眼穿

寄處桐山第一峯雪泥鴻爪愧留踪他年記識王前士半載來聽飯後鐘歲月淹留憎水蟹風雷鼓盪辨雲龍炎涼且任多遷變獨向高崗試劍峯

謝湯濟武和西山懷古詩

佳什錫重重清新一代宗春風豔桃李秋水出芙蓉慷慨祖生志流連蘇老踪高山不可仰寸莛許撞鐘

不盡興亡感潢池又弄兵處堂憐燕雀殘局痛棋枰嶽嶽有鍾毓蘄黃孕俊英陶公遺矱在踵起願先生

偶折桃花梨花數枝戲占七絶四首併贈余蘭垓以調之

不數桃葉與桃根深恐先生憶白門惟有桃花顏色好可增清興伴清樽

盡是劉郎去後栽，玉容無主獨徘徊。一江春水杳然去，惆悵當年人未來。

寂寂柴門久不開，落花滿地掩蒼苔。可憐一夜連綿雨，濕透東欄靜女腮。

娥眉淡掃態凄涼，誰擲金錢為洗妝。風景已成雲過眼，料應斷盡幾回腸。

黃州九老會

踏遍山川萬里烟，萍蹤絮影總流連。不妨暫借張良箸，何必爭先祖逖鞭。醉有真鄉應老我，心無俗障亦稱仙。偏舟一葉中流去，任爾長江浪拍天。

闔開九老在黃州，往昔高蹤又有儔。名士名山垂著述，好風好月足勾留。且謀小隱偕商皓，不是忘情作許由。我本白門老狂客，也

容學步上瀛洲。

黃茂時招飲即席書贈

片帆買得桃源纖，桃源幽僻無塵劫。一樹垂楊畫掩門，夕陽紅入濃陰缺。雷煥劍衣安雪高，風俠氣稱雙絕。我來孟氏結芳隣，萍蹤絮影聯鴻雪。朝卧山中雲，暮浴溪邊月。一盞瓊漿一卷書，悠然不覺滄桑劫。青霜紫電忽騰越，知有異人在巖穴。門前偶聽剝啄聲，梅花含笑相迎接。異人恪守青氈業，全張家世輝門楔。絕世才華絕世姿，翩翩公子真黃歇。知我來此居，不辭褒遠蹀。願作傾蓋交，執手共愉悅。小飲數盃去，偏舟棹一葉。冲霄有鶴雲中來，口對黃子遠容帖。相攸敢擬郭林宗，茅容二簋已豐設。左携俊卿手，表右挽東之袷。雷登堂展拜黃石公，願學張良進履躡。賓主歡聯情款洽，舉杯直若長鯨吸。頹然不覺玉山傾，長嘯一聲振巖峽。人生知己得最難，面交不若心交切。君不見陶士行截髮留賓有賢母，雄藩旗節督八州，豐功偉烈傳千古。又不見百里奚落泊荊湘歌五羖，相依寒叔得枝棲，西霸於秦拓疆土。

春日村居即景四首

已拚千萬買芳隣，如此村居耳目新。淺水流雲溪繞户，小橋卧月徑鋪茵。行來竹所鳥聲碎，放下湘簾燕語瞋。一卷新詩一壺酒，散人真箇欲逃秦。

繞來花信幾番風，天使郊原入畫中。老樹四圍村遠近，斜陽一角路西東。聲喧漁艇驅魚木，影落疎林掛月弓。我醉欲眠眠不得，桃花深處好扶笻。

綠楊紅杏畫橋西，曲曲清流曲曲溪。無處不花隨意看，有人荷篠伴雲犁。舟從麥隴叢中過，天向人家屋角低。最是年年春二月，聲

聲社鼓賽豚雞。

星羅棋布是車蓬，四面帆揚八面風。芳草連阡隨意綠，桃花款帽可憐紅。偶過西舍逢僧話，卻向東莊覓隱蹤。盤裏野蔬樽裏酒，田家風味足衰翁。

即席贈月照和尚

豈是初相識，三生舊有緣。君真儔佛印，我卻愧坡仙。放眼心千古，科頭手一編。松龕人不到，有鶴伴雲眠。

招飲到山家，主賢賓亦嘉。莫饒烹芍藥，粥已煮桃花。門酒傾三峽，分題笑八叉。東塗西抹慣，不敢望籠紗。

花朝月照召飲為花壽

香積廚開五味和，主人何事太情多。一雛香饜籬邊菜（蘇軾謂僧家雞為穿籬菜，魚名水梭花），二尾鮮分水上梭。佳會適逢名撲蝶，濡毫敢謂欲籠鵝。

湯斟般若稱花壽（僧名酒曰般若湯）莫把流光付逝波

感事寄友

世路久云險，而今更可危。謗曾遭苡薏，塵欲障元規。冷落馮煖鋏，荒涼杜甫詩。故人不相見，邗水綠漪漪。

韓紫石由吉林回，特往海安訪之，話舊論心，恍如夢寐，歸成五律四章寄之

判袂卅餘載，相逢若夢中。論心先話舊，辨貌已成翁。車笠盟常在，雲泥分不同。流連杯酒處，此樂自融融。

不盡高山仰，公真一代人。花開旌節瑞，政布梓桑春。已遂終軍志，還思張翰蓴。歸來營綠野，且住暫閒身。

我抱青衫感，生涯悵寂寥。夜烏憐繞樹，磨蝎任相嘲。未了向平願，徒題司馬橋。此身真已矣，白髮見蕭蕭。

醉飽郇廚德，居然坐上頭。自慚非李翰，何幸識韓侯。藥物憐衰朽（贈吉林參），饑寒為遠謀。歸來告妻子，舉室笑聲稠。

三月九日送韓紫石赴濟

長安雖好莫流連，鍊石終難去補天。笑我枕流甘漱石，任他截蹬復留鞭。中原馳逐徒爭鹿，北地荒涼已聽鵑。為告息園春色好，萬花開待主人旋。

泰興長生橋湖頭田家有牡丹一株，大徑畝餘，相傳其祖明時宦游攜回者，經數百年而繁盛如初，每開必三四百朵之多，其大如盎。惜其家中落，花種田間，頹垣敗壁，竹枝雜繞，良可慨也。用占數絶句以誌之

應是瑤臺月下仙，謫來人世不知年。春風十里花千朵，不向朱門去乞憐。

居然富貴到田家，我亦攜樽來賞花。莫問天涯感淪落，青衫紅粉兩堪嗟。

豔福教人妒老農，年年此日醉春風。山歌信口隨心唱，何必清平調始工。

一面頹垣三面籬，箇中清況最淒其。驚心怕看天邊月，猶憶蛾眉淡掃時。

雨雨風風暗遠岑，幾番磨勵滌塵襟。從今不讓幽蘭貴，亦具孤芳獨賞心。

如絲細雨不成春，淪落天涯劫後身。我惜卿卿顏色好，菜花黃裏鬥精神。

揩來老眼笑糢糊，霧裏相看有若無。漫把琴心歌一曲，紅顏白髮不相符。

年來我亦泣征途，幸與名花邂逅初。手把瑤箋低首拜，可能青目到相如。

黃州消夏午峯索和

竹樹影重重，招涼小院東。蘭開魚子白，酒泛女兒紅。且極浮生樂，休悲吾道窮。晚來扶杖去，閒話覓鄰翁。

城市亦山林，幽深足醉吟。雲開樊嶺角，月湧楚江心。小坐忘岑寂，高歌無古今。清風來習習，當戶快披襟。

再疊消夏二首

醉墨灑重重，高吟曲沼東。山含新月白，水瀉落霞紅。且學嵇生懶，休嗟阮籍窮。明朝采蓮去，伴我是漁翁。

日色鎖深林，蟬聲斷續吟。聽他抱樹語，動我故園心。松菊猶存未，飄零往迄今。南天翹望處，老淚欲沾襟。

紙有餘幅再占二絶

佳什錫重重領心拜下凨往還無盡日傳徧大江東

公已稱詩伯吾慙號醉仙相憐更相惜把袂訂年年

和午峯青雲塔原韻

記曾送别到江湄拾級登臨喝柳枝水濶三河浮客艇山逢五祖憶蓮池放懷詩酒酬新雨極目鄉關憶凨知塔號青雲路杳㠯時無計欲逃時

新秋

酷暑連朝退新涼一味來好山漸明淨遊屐早安排避亂新亭淚悲秋宋玉懷天孫何太巧雲錦選心裁

九日偕同人登黄州北城大士閣

布袷烏巾集舊盟登高層折入蓬瀛一行雁影去無跡千里江流

來有聲放眼欲窮荆楚地舉杯不盡主賓情黄州今日留佳話豈讓龍山獨擅名

漫醉竹杖手頻操佳節登臨未覺勞孤艇自隨斜日下西山爭向隔江高戲燒紅葉烹新茗笑折黄花佰濁醪借問劉郎知也未散人詩興亦能豪

大雨連朝河水驟漲田疇盡淌新秧全綠耕夫樂之因占二律以誌喜 時居舟中

風風雨雨暗孤舟獨上河隄豁遠眸淺水纔添三五寸新秧已綠萬千疇老農碾稻舂陳米稚子垂竿下釣鈎一幅米家圖畫好有人簑笠過橋頭

幾家臨水不成村老樹迴環畫掩門當道吠人驚豹犬穿籬畏客笑雞豚偶偕寺衲敲棋子閑與隣翁倒酒樽最是無聊老船婦學他王猛蝨頻捫

張伯青仁弟别十餘載不通音問近聞其來省爰寄贈五律四首

濶别已多年相思祇夢牽音書寄何所雲樹望無邊老友晨星感今吾末路憐徐孺竟終此搔首問青天

回憶揚州叙豪情快勝遊歌殘金縷曲擲盡錦纏頭沈約餘詩稿孝耕張騫泛客舟伯青風流慨雲散屈指幾經秋

當日年俱壯於今鬢髮蒼不能歸故里仍欲走他鄉落寞馮煖鋏蕭條阮籍囊所欣知己在相與話滄桑

近況問如何蒼茫隔水波酒豪如昔否詩興必增多所望魚書至毋虚雁陣過何時重把袂同調好高歌

六月六日風雨滿天孤舟寂坐已屬無聊又接家信百不

如心感而書此不自知其過於嗚咽也

風風雨雨一孤舟惆悵衰年作浪遊别夢遠隨雲不斷淚痕近共水長流蕭條家計嗟寒悴冷落生涯悔拙謀老境如斯無可說不如歸去卧荒邱

秋柳四首

幾絲殘緑不成烟春去秋來又一年遠道迢迢遮不住動人愁思是樓前

莫再臨風逞舞腰丰姿應不似前朝蕭郎已去徐娘老惆悵揚州廿四橋

曲曲清溪短短浞畫樓東畔小橋西是誰古院禪關閉千古傷心落絮泥

不教眉樣入簾櫳不把情絲繫遠蓬且讓黄花炫秋色待開青眼

笑東風

落葉四首

當年曾逐御溝流一寸相思到也不今日隨風飃有意又為人去寄閑愁

黃葉村邊黃葉飛紛紛亂落逐斜暉江南北去無多路惆悵羈人猶未歸

漫說無情亦有情亂隨鴉隊過前汀出山多少崎嶇路待爾年年補不平

蕭瑟秦淮古渡頭根根葉葉幾經秋微之一去無消息零落河干逐亂流

贈縣佐趙仲儒

豈是風塵吏清廉世所無任教譏面冷祇不負心初適性一樽酒怡情萬卷書眼前生意好春草滿庭除

贈陸耕野

卅載一相見相看疑夢中鬢邊接白髮眼底認青瞳樽酒添情話盤飧薦晚菘滄桑多變態此樂自融融

贈譚組雲

一畝田園傍水居先生高隱興何如風生紙上頭濡墨（善書）日到中天腹曬書儘有佳賓傾宿釀絕無羨味祇春蔬年來我亦征途倦擬買芳隣共結廬

贈楊翼卿

傾蓋昭湖頭清談臭味投君才真吐鳳我拙祇藏鳩身世浮沈候江山破碎秋相期一樽酒終日醉南樓

丙辰五月枯生感而書此時在貢集稅所巡船

艾綠榴紅又一年生涯仍在水雲邊由來身世常飄泊已過滄桑幾變遷　攘臂徒餘馮婦請空囊羞乞阮郎憐樊川老去營謀拙蔗境誰言節後甜

漫將暮景認桑榆步入窮途路轉紆生計蕭條憐磨蝎行踪局促等轅駒空懷擊楫千程遠剩有悲歌一棹孤借問此身誰是伴水天寬處有鷗鳧

不違居處稻粱謀己聽量沙唱籌豈是談兵宗道濟直同服氣效留侯南天又見騰烽火仍難定去留折盡迴腸腸欲斷幾行老淚落牀頭

世味艱辛已飽嘗莫言難助顧難償蹔裝久乏貂裘敝對鏡誰憐鬢髮蒼老骨已拚隨地掩孱軀猶自為人忙六親同運堪嗟歎饑念盧郎又華郎（二婿閑居）

月夜聞簫聲音節宛轉如泣如訴為作玉簫引

月圓人未圓月缺人先缺明月豈無情人生重離別

大雨

長空大雨至舉首訝天低直瀉失河漢橫流漲澗溪轟雷驚座右疾電閃窗西待到雲開霽看山杖自攜

登文昌閣

地勢接青霄禪房鎖寂寥烟籠村遠近月湧海迢遙向晚雲封樹倚樓人唱簫是誰動酒興聽說解金貂

癸未新正四日偕友遊岳舉歸成五律二章

殘臘去無跡春風來有聲草荒飢鳥下木落遠湖明富貴總成夢英雄誤此生巍然留廟貌千古仰忠臣

無限留連處城頭落日斜渴懷澆綠酒高咏入紅霞小柳未舒葉

老梅猶着花遥憐隔江嶺今古箏雙聲

和余午峯步楊戴仲宏東陽十詠吳梅村曾和之僅八首原韻

焦桐

已爲吳儂辱何人拜下風一聲驚裂帛千古重焦桐朽質每邀賞奇材鮮善終天心何倒置賴有此良工

蠹簡

秦火燒殘後誰憐架上書中原方逐鹿仙字又傷魚蜜孔勞圈點斜行笑飯餘阿蒙詩句好塵篋快藏儲

殘畫

何必壁全完奚如背面看雲腰春水斷樓角夕陽殘羈客渺歸艇美人仍倚欄我生亦圖畫如是可參觀

舊劍

是誰求故物蜜鏤細蟠螭恩怨一時白沈埋萬古秋馮諼倦彈鋏雷煥細參牛安得提三尺縱橫一世不

廢檠

依君經十載伴我慣三更意蕊曾期望心花累不平天涯感淪落知己負光明今日兩衰廢相憐訴昔情

塵鏡

不見呈金鏡飛騰宇宙光塵封誰拂拭杞慮足悲傷已杳芙蓉兆休懸燕雀堂龍盤應有日會待兔含章

破硯

已抱襄陽感羞爲措大田此心甘廢棄寸鐵任磨穿近水雲初斷鄧山月不圓南唐經一擲遺恨自年年

斷碑

思維羊叔子墮淚郤緣何知己已云往風霜蝕最多模糊捫字跡摧折幾兵戈莫証淮西跡誰驚城外鵝

敗裘

已隨蘇季皺惆悵欲何之曾記珍狐腋終難補狗皮一壺饒換候五月正披時笑把黑裘詠書生尚有爲

卧鐘

癡人終不省發響欲何爲蔓草埋千古霜風肅九疑祇憑車鐸過不使客船知好共東山卧聲華重鼎彝

雙桐書屋詩集卷四終

雙桐書屋詩集補遺

江寧徐豐曾玉生甫　男 百祿 承壽 謹校

棠湖秋眺書贈友人補壁

人生不作擎天手聳身直向凌煙走便當遯跡江湖邊山山水水
亦是掃愁帚豈如貿石公入海矜操守豈如公子詹撫衷不能剖
一聲長嘯入棠湖悠然敢擬安期叟棠湖風景邗江首卅里長堤
萬楊柳漁舟飛入波心中鼓檝揚帆御風走近山匍匐如培塿遠
山峭拔如屏牖一夜蘆花白盡頭清砧忙煞擣家婦吁嗟吁李郭
不復來高風沒已久趁此秋光似畫圖我駕扁舟與公偶

和沈孝耕揚州雜感原韻

鷓鴣啼遍未言歸几几閑愁靜掩扉月冷掛窗雞誤唱風寒鳴樹
鳥驚飛心眈杯酒春嘗在人隔蓬山夢亦稀薄醉欲眠還小坐誰

家樓上理琴徽

夢雪

玉樓銀海兩茫茫一枕相思到醉鄉流水空山雲靉靆斷橋疏柳
月昏黃行來酒國心先壯步入梅花路亦香莫笑冷遊無意緒散
花仙本住高唐

白下紅邊吟社三詠

黑甜鄉裏去迢遙多少閑情未易消冷月半鉤遊子路寒鬬千里
遠人軺荒雞無意驚蘧栩凍蝶有情待壞橋一枕高唐初醒後推
凭杯酒伴無寥 寒夢
連朝風信肆雄威惆悵天涯人未歸冰柱捎隨殘月墮凍鴉喧逐
暮雲飛鐸鳴曲巷錦衾冷鐘到客船燈火稀剩有幾行天上雁呼
羣遥過遠山巍 寒聲
蕭蕭落葉剩風狂半作深紅半淺黃斷雁影催關月墮悲笳聲隔
塞雲涼冰霜滿地水烟合風雪一天草樹荒最是令人清興減凍
梅猶未放含香 寒色

筆花

秀絕凌雲筆奇輝射紫垣萬花齊俯首五色獨掄元玉版著無跡
松烟籠有痕管城春正好聲價重乾坤

黄梅廖物庵以蘇氏深合鄙况即蘇詩索和書此復之

漫說連朝壓綠扛知音尚有老馮唐雖缸酌盡幾升酒鴨鼎猶濃
一縷香別夢有情憐孺子故宮無自訪孫郎西山之約未果休嘲竊取他
人句莫辨蘇裳是廖裳

送友回省

道是詩豪更酒豪右浮大白左持螯吟來妙句已驚座擲向長江

起怒濤傾蓋敢云稱李郭匡時應許擬蕭曹願君此去歸帆早莫
使秋風滯短橈

送友返吳江 軍標教習

不須借問再停船已幸同鄉聚客邊我愧飄零嗟老大君真卓犖
正華年一聲叱咤干霄劍三疊循環紀效篇此去吳江須早返好
攜樽酒共流連

雨後登亦亭晚眺 午峯兄和再叠前韻

輕烟如水水如烟隔岸青山斷復連遍野迷離苗秀實繞亭屈曲
竹生鞭已懸南國稱詩伯又住東坡號醉仙一陣涼飈消溽暑最
怡情處雨餘天

送余午峯調漢陽府學教授

壁上詩留舊墨痕一摩挲處一消魂所如輒阻非身累不合時宜

是病根事盡隨心誰可許袂分異地幸嘗存漢陽勝景知多少好
錫瑤函共討論

庚戌余在黃州府署十月二日適余五十九歲賤辰麒太
守暨九老會中諸老友均來祝壽余曾以詩換得團防
營統領張君菊花十二盆陳之座上遂留諸公小飲即
席書此以謝

以詩換得菊花來數點坡仙展捷才晚節藉田陽九厄早梅正合
徑三開已蒙稱祝勞君子又荷陳詞頌老萊一字一珠一杯酒大
家皆擬玉山頹
賓主歡浮翠羽疊安仁斟酒又頻催風流太守添佳釀國子先生
識舊醅四座黃花開色笑兩行紅燭亦低徊盛筵誰說云難再明
歲今宵共舉杯

送吳載卿解任返蜀

往還不覺已經秋方幸鴻泥雪爪留滿眼雲山江上舫一枰風雨
竹間樓我嗟暮景徒淪落公是通材展蓋猷太息滄桑多變態驪
歌遽聽散花洲
當途喜怒聽紛紛黑白於今更不分宦海難平千尺浪人心愈薄
九秋雲莫如且返陶潛棹何必空悲墨子纁今日河干成一別陽
關三疊不堪聞

辛亥正月和熊跋閣步明洪武時布衣蘭芷先生詠漁樵
耕牧五言詩八首一若一樂以為有志於富貴及忘情
於勢利者對照因仿其意作七律八首並步原韻

不斷長江萬里波飄搖身世一青蓑幾經蓬索閑時理莫定風潮
險處過蜃市有樓空想像桃源無路悵如何滔滔舉目徒增慨誰

立高崗駐馬坡 風放漁叟
雪道吳如蜀道難窮途精力不極極風嘶敗葉壓肩重凍嗌芒鞋
舉足寒已是採薪憂未已更謀膺火笑無端半殘棋局紛紛在且
作閑人壁上觀 雪谷樵人
浮生偷得幾時閑可識農家力作艱四野荒寒霜信裏一犁辛苦
月明間歌來白石人誰覺熟到黃粱鬢已斑太息催科人已至柴
門原小不容關 霜隴耕夫
短笛無腔意興加忽驚風雨肆喧嘩竟難牛背安然臥又苦鶉衣
未足遮麥隴來蹤尋已杳柳堤歸路認全差陰晴變幻原無定況
是山涯共水涯 雨村牧豎
小小輕舠短短橈滄江一棗任逍遥願酬知己蘆中約羞博高名
渭水要世運無常休杞慮人生如寄本萍飄鮮鱗換得新醅送醉

倒船頭興倍饒 漁
漫作人間逐臭夫斧柯爛盡夢醒無泉因有激方聲怒鳥到無名
祗自呼片片雲霞為我侶勞勞世網莫爭趨一肩紅葉青蚨易開
嘆漁翁對酒壺 樵
無榮無辱樂天真手把犂鋤一丈人餉饁家庭恭有禮留賓雞黍
笑相親積餘南畝紅初朽喜見東郊綠又新一架豆棚歡語處園
團無日不陽春 耕
平原一望草平鋪童子騎牛拍手呼豈是函關留韻事還同即墨
共爭驅聲喧短笛臨前渡線斷鳴箏落半途世界如斯真極樂營
營愧煞利名夫 牧

題吳山積雪圖

松竹參差望有無西風蕭瑟滿平蕪是誰一管凌雲筆寫出千山

積雪圖舊夢邗溝憐往跡新愁楚水悵令吾還憐烟樹蒼茫裏何
處江鄉返棹途
生涯我亦太無聊笑倚千將問泬寥末路空懷燕市筑壯心欲射
廣陵潮羨他垂釣凭危石且共尋梅過小橋一幅新圖添別思水
雲深處望迢迢

廣小香邑和友詩元字

修竹斜通一徑幽草堂且住倦遨遊何期子久重相見話盡滄桑
四十秋
君是詩狂我酒狂天涯淪落誤詞章數奇自古多英傑不必書空
問彼蒼
莫定升沉慨變遷新知舊雨總堪憐願求十畝東皋地耕笠漁簑
了暮年
當年社友久離羣風景真如過眼雲不意斯文猶未墜吟髭拈斷
尚餘君

雙桐書屋詩集　補遺　五

甲寅十二月立春後三日瑞雪初霽偕江右童六石慎初
至雞鳴寺訪松濤和尚

連朝風雪暗山樓載酒登臨破客愁問歲已經成急景掛帆何處
覓歸舟空憐潦倒三撾鼓莫辨興亡一局楸眼界放寬天地窄狂
歌痛飲亦豪遊
一望銀鋪眼底收此身彷彿在瓊樓山無定主誰稱霸雞鳴寺即梁武帝臺城舊址酒有真鄉我亦儔東洛餘生强項令六石任汝州過匪鴿其臂北朝遺
迹舊緇流松濤者詩畫書醫皆妙年近八十尚强健好留文字因緣在他日重來續舊
遊

吳陵南樓小叙

雅集誌南樓香山勝迹留尊前成五老佳話足千秋分不雲泥隔
交深水乳投蒼蒼皆白髮相顧快浮甌
燈月兩光爭瓊筵敞佛甕酒鄉畢吏部詩思謝宣城鴻雪留新跡
鷗波續舊盟笑他多事者借此繪耆英
人事有代謝光陰能幾何晨星知已散夜月遣愁多且盡斟杯樂
休哀拔劍歌我心古井水靜息久無波
彼此皆頑固毋庸强入時留存真面目詞護古鬚眉蹤跡來籬菊
生涯別墅棋請看松與柏歲有耐寒枝

和三塘嬰鳴詩社消寒九詠元字

買得蘭陵好御冬看山有興杖吟筇殘餘野燒風聲急瘦到峯尖
雪意濃點綴借他臨水竹孤高伴我倚岩松姑蘇此去無多路野
寺曾經訂再逢寒山

雙桐書屋詩集　補遺　六

漫因變幻笑離奇出岫何須定早遲應是為霖留後步卻教釀雪
讓先施遠迷絕塞驚沙暗響遏長空凍角吹一幅畫圖橫水畔米
家潑墨也隨時寒雲
帶得衡陽信不空鄉心雖減未全融憐他倦羽關山裏擾我離懷
客舍中賓主久忘聯舊雨歲華已暮又西風年年南北徒奔走催
得成童換老翁寒雁
正是舖樽擁市沽曉菘已自綠畦隅可知田舍饒珍品莫笑書生
慣守株霜信連朝添味厚酸心一點入春無寒家風趣休相誚兒
女團圞酒一壺寒菜
誰把搖空斗柄橫姮娥岑寂到三更分來凍雪光猶暗浸入寒梅
影倍明碧海無波甘冷落銀河有路亦凄清年年伴我遊西去說
到多情究不情寒月

漫言海瀕滯江春，屈指重光日未辛。數點怒潮漁火暗，半灣遠樹月鈎新。蕭條覊旅思歸客，寂寞荒磯獨釣人。莫謂元規輕擧扇，西風雖有尚無塵。（寒江）

南飛何處是家鄉，飄泊年年鬢影蒼。背水徒勞重作陣，哺雛空自累回翔。風淒衰柳歸巢遠，雪壓殘蘆暮宿涼。可識有人樓上望，已經廷佇倚斜陽。（寒鴉）

漫理新妝惜歲華，可人點頷有奇葩。醒來紙帳覊人夢，寒到孤山處士家。性不趨炎甘冷落，儀還獨立任横斜。年年慣洩春消息，不寄音書祇寄花。（寒梅）

誰將時物感蕭森，冷到前山古木林。楓若有情還作色，樹猶如此不成陰。飛來敗葉風逾急，尋得寒梅雪已深。漫把桑榆嗟暮景，老來始見歲寒心。（寒林）

乙未冬曲塘度歲詞

年年為作嫁衣裳，繡到針尖欲退芒。老去光陰嗟急景，搔來鬢髮已飛霜。萍踪飄泊仍難已，世味酸甜早備嘗。今日曲塘閑度歲，笑他兒女囑還鄉。

漫因作客意徘徊，大好他鄉避債臺。此夕安閑非易得，家書雖至莫輕開。瓶中宿釀香留久，窻外寒梅蕊放纔。最是扶筇河上立，無窮野景愜懷來。

庚申元日

元日書紅又一年，客中居處尚安然。添來詩思幾樽酒，開到毫端五色蓮。接物有情先恕道，存心無欲即神仙。好憑身健增遊興，十里春風杖履邊。

六十九歲自述（用杜工部秋興八首原韻）

不居朝市不山林，匣裏干將氣鬱森。已笑士元非百里（予以歲貢保教職則識非百里才矣），拚同韓信辱淮陰。燕梁來往春秋客，蟻磨依違得失心。惆悵萍飄何日定，河干空自感秋砧。（時正館曲塘榷務日在河干）

大旗獵獵捲風斜，狂寇烽烟暗日華。（壬子予甫生百日而粵寇至）避賊近尋巢水宅（時余家居安慶先大二伯父奉祖父母避巢縣），移家遠泛白門槎。（予在襁褓姊甫九歲先父母以細弱為累挈予等偕外祖母回南京）負骸運甓朝趨令，裂膽驚心暮聽笳。（到南京甫十七日而城陷令男女分館居住男負戶啟女抱磚石運天王府闡監者吹海螺至卯驚心力作）幼女稚兒堂上累，宵飲泣目昏花。（吾母日作苦夜飲泣雙目為之不明）

草間偷活庇春暉，此日生機亦已微。還地靈椿莊壽祝，借籌幕府捷書飛。（先父在圍城中乘間逃出投向營辦文書）雁謀粱稻從容去，親托葭莩患難違。（先母在賊中三年後賊令出城割稻借此逃出隨　先父轉徙蘇浙間無寧日後至滬依戚母林家林役先母如僕予亦須供奔走以勞苦寒煖不時母子均患瘧而供其使令如故困苦不堪言狀）已幸室家小圃聚，敢嫌貧病慕鮮肥。

轉徙真如不定棋，寇來奔避劇辛悲。過江漸得謀安土，鑄錯翻教悔往時。（泰州近在江北賊踪未至早知如此當日由皖還至泰州何至流離顛沛）二老中年衰鬢短（先父母三十許經亂離望之如四五十歲人），九齡小學讀書遲。（予己九歲始入塾讀書）海陵令徧吾鄉縣，六十年來事可思。（自隨先父母定居泰州今已甲子一周矣）

雲開喜見六朝山，殘壘猶留紫翠間。（甲子六月克復金陵鍾山戰壘猶歷歷可見）采采芹香來壁水，依依樹色指江關。（癸酉四里應小試入學是年鄉試堂備）秋風十戰嗟康了（自癸酉至甲午鄉試十次），春日雙輝破笑顏。差幸含飴親少慰，麟兒天上賜重頒。（予一子三女時予已三十六歲矣安慶雷氏修譜聘予為文總去十閱月捷喪一子二女先父母頗為傷感幸後復生二子一女孫至親樹稍博親歡）

朝露晞陽盡草頭，椿萱樹老忽逢秋。祿難逮養皐魚泣（光緒十四年戊子十二月丁內艱次年九月丁外艱未及一年傷哉），粥未親調季勤愁。（老姊又逝姊少寡夫家無人挈婣女歸及時予）

在黄州患難手足不獲一訣爲恨後事由内人料周備贖里緝之甥女金姑乙字看待過於己女棪骨肉凋零同

斷雁江湖飄泊等閑鷗影梅更有凄涼語商調何心唱石州予妾雙姐本良家女予爲脱籍從予十年隨侍寧國揚州黄州等處性溫婉能吟詠每聽予歌鵲打鳳儂曲未嘗不泫然泣下乃年未四十竟先余而去世

名場利藪兩無功身世萍蹤絮影中白下雲山縈客夢竹西歌吹

醉春風予前遊邗江番禺沈孝耕江都張伯青江寧夏文之母舅鬻花買筋詩酒流連日往來於平山堂小金山間頗極一時之勝四首當年無小杜十年之感能題詩掃石高齋古釀酒臨江赤壁紅寓國府署北樓即謝眺高齋舊址四壁題詠甚多予有懷古七律四首和者三人刻石四方歎於四廊居停榮月帆太守交卸改就黄州麒太守聘黄州府署濱大江高踞城頭之上背倚赤壁地爲東坡遷謫之處雪堂快哉亭笠屐亭諸名勝皆在署中每一遊賞倍增吟興與郡中諸名士結率真九老會大江南北唱和者多至數十人回首舊遊曾幾日居然六九白頭翁

鄉關南望路歧迤何日長房返葛陂自遜從居秦久不歸江寧故里矣桂子流馨

雙結藥桐孫擢秀兩生枝唱隨到老能如願此詩乙卯十月作十一月内人即逝世竟不能如願矣歲月如流任轉移收拾桑榆仍未晚回鄉應不翅終垂

十一月十六日内人病故年纔六十四耳去余賤辰僅月餘而悲樂之懷不啻霄壤傷哉老年失伴煢獨無依歲暮客居感而書此

白頭德曜老梁鴻托跡生涯笑與同前日授予慶初度此時弔影剩衰翁金釵漫把成追憶黄壤先歸去太恖惆悵有家在何處不堪回首是房空

明知聚散有前緣兒女情懷老更牽未可忘情同患難是真愧對總迍邅如吾未敢升沉卜似予差稱福壽全寄語九泉休記念加餐依舊似從前

立春日偶感

一年一度一逢春塵世終無百歲人寒去暖來成轉瞬丙子冬至日得病

人間天上兩傷神傾來濁酒樽前淚修到梅花客裏身從此餘生好珍惜待尋渭水下絲綸

辛酉二月十六日内人百日

地久天長不可期音容渺渺竟何之傷哉撒手一百日斷盡迴腸十二時半盞酒漿應與饗九原路杳可能知誰憐病骨支離甚獨對寒檠老淚垂

壬戌正月十日有感時年七十有一

漫將牛後慶彈冠雞筋生涯愧素餐一曲新歌鵲打鳳百年別恨鏡分鸞祇須清酒樽中有且把閒情壁上觀老子猶龍應不妄長風萬里看鵬摶

自序

余一生潦倒每百感交集必托於詩以寫懷東詞學以不知音韻未敢問津也暮年益無聊奈有所發紓詩不能盡意乃托於詞其音韻訛舛在所不免惟自目為天籟人目為盲詞皆可一笑

乙未夏五月鸞叟玉生徐豐曹序 時年六十有八

題詞

似蘇翁問青天把酒當代擅詞宗高士南州才名獨冠新製何異詩工浪淘去風流未絶聽嗣響歌出大江東俠氣柔腸舊情今事心在聲中　分付金尊檀板説修椽寄燕爪雪飛鴻杖國年尊傳家經授身世還更從容稱吾意遙吟俯唱助佳興歡賞任人同應入花間按拍協韻蒼松

調寄一萼紅　　甲子正月吳同甲拜題

雙桐書屋詞存

江寧徐豐曹玉生甫　　男 百祿 承壽 謹校

虞美人 書漚香佩秋女史詩後

蛛絲網出相思字似解愁人意坐偏不穩夢難成真個分明一憶一消魂　桐陰悄悄秋聲起涼浸纖纖體一燈孤影更疏慵拚作人間第一可憐蟲

金縷曲 和吳玉才春雨見懷原字

誰把春光誤悵連朝煙迷柳暗覓春無處寂寂蕭齋風雨裏不盡愁懷莫訴閒檢點瑤箋詩句多少深情都若揭卻無端咫尺天涯路偏悵望春天樹　鶯飛草長春如許問明年邗江返棹可來歡敘屈指三秋爲一日個月光陰怎度縱喜得惠然來顧還怕長江波浪闊看樓船風利飄然去拚日日河樓倚

唱火令 再寄玉才

腳底鴻泥印圖中九老詩延陵季子到何遲一寸相思祇有月能知　百里迷離夢更番唱和詞故鄉風景未忘之記得當年記得夕陽時記得珠簾捲上一曲唱楊枝

摸魚子 余就湖北黄州府署館與中學堂監督陳遠九府丞授余益祀視學胡祖銓教員余信芳真州吳玉才等共九人儆香山雅集聞率真會任還詩酒唱和成集用步玉才韻九老倡和集元字以誌謝並中别情

憶家鄉金山買棹中流曾共容與緣何也趁東風便作客頻年荆楚萍與絮任雨涸風飄一晌沾泥住朋簪小聚萃漢水耆英香山遺韻詩酒結新侶　江天曉更喜西山眉嫵青聲時覺遙顧左歆右側峯廻繞且傍花間閒步相看處早無限鄉心一霎消磨去尊前别緒問肯放扁舟消遙赤壁來共夜遊否

滿江紅 題王惺甫遺集

塵海茫茫，偏憐爾長卿憔悴，空遊遍名都大邑，萬程千里，雪滿歸
舟誰訪戴，風寒烏倦初停翅。閑柴門寂寂任蕭條，無同志。　歎已
老，衰猶未竟，厄運龍蛇歲，便云頹梁木，哲人其萎。風樹驚悲身世
換，窮通悔被塵情累。偶題君遺集更傷懷，揮清淚。

永遇樂（送余午峯之漢陽新任）

白首年華，青衫蹤跡，相遇非偶。屐齒西山，帆檣赤壁，同醉樽中酒。
光陰迅速，瓜期瞬屆，不覺別離今又。況連朝文園善病，風塵恐難
消受。　消魂最是，滿城風雨，正值他鄉重九。金縷歌殘，陽關唱罷，
河上空攜手。相逢草草，前情如夢，淚濕龍鍾雙袖。問先生漢陽此
去，故人念否。

滿江紅（快哉亭漫興）

小小閑亭，最佳是四圍皆竹。更喜有近水拖藍，遠山送綠。稚子揮

鞭牛背去，老漁灑網船頭宿。到晚來燈火萬家明，比鄰屋。　坡老去，
留高躅，我來此，風流續。看浮雲富貴，且安菽粟。檢點萍蹤囊裏
句，消磨歲月杯中物。笑當途何事不平鳴，嘶離筑。

浪淘沙（讀朱千甫訪衛還仙夢記漫賦）

花枝小池中，遊興方濃。記曾扶夢過橋東。月魄雲情山醉處，有個
仙翁。　卅載匆匆，人去翠樓空。今年花似往年紅。可許南州徐孺
子，同覓芳蹤。

滿江紅（和余午峯赤壁感懷）

對此茫茫，有多少豪情勝槩。問當日英雄遷客，風流安在。公瑾大
名成一火，東坡兩賦傳千載。使江山生色到而今，寒雲外。　尋舊
迹，成塵壒。借杯酒，澆磊塊。世人誰識我，狂奴故態。風月一襟今夕
興，簪裾九老高人會（予來黃州，集九老會，詩酒為一時之盛）。算後來詩酒更何人，姑
相待。

念奴嬌（和友登郡城晚眺，即用東坡赤壁原韻）

天涯淪落，幸向是無我無人無物。知己黃州時共此，茗碗琴臺文
席。九老圖開，幸真會立，泥爪留鴻雪。童顏鶴髮，相看皆是耆傑。
試想一炬周郎，八州陶侃，奮跡何雄發。一枕黃粱皆是夢，轉眼聲
華銷滅。往昔流連，近時感慨，搔斷鬢邊髮。衹存千古，高城一片明
月。

金縷衣（寄黃州舊友）

蹤跡留鴻雪，衹匆匆兩年小住，一朝離別。花滿西山春十里，赤壁
東江峭立。記踏遍瓊樓宮闕。鶴背高寒雲路遠，御輕風，召我揚州
月。情繾綣，買歸艓。　朝來遊興都消歇。莫重言，陳蕃徐稚，兩情歡
洽。一枕荒唐莊夢醒，化作江湖冷咽。也莫辨是人還蝶。只有香山

諸舊友，意中人時覺低徊切。覓贈句，啓藤篋。

生查子（壬子春月十七日，一天風雨，百結迴腸，大兒百祿往蘇汴，無消息，倚此以寫念懷）

春雨掩重門，門外清溪渡。不見歸來人，又綠門前樹。　一片別離
心，千里迢遙路。夜夜夢江南，遊子知何處。

一剪梅（題梅花條幅）

春到枝尖淡欲無，筆也蕭疏，花也蕭疏。分明一幅美人圖，雲樣羅
襦，雪樣水膚。　徉郃檀郎手漫扶，纔上燈初，纔聽更初。荒唐一枕
醒模糊，簾外村孤，簾內人孤。

蝶戀花

一夜東風花馥郁。簾外斜陽，簾內人如玉。倚遍欄干欄曲曲，春纖
閑掠雲鬟綠。　人面桃花相看熟，儂說桃花，還有些兒俗。不若采
蘭盈一掬，使郎夜夜心頭握。

念奴嬌 村居

天涯徐孺最無聊閑寫村居風景小小三間茅蓋屋四面綠楊紅杏幾曲清溪千層碧浪來個漁翁艇烹鮮沽酒連朝多醉少醒 捨好微雨初晴暖風輕拂繡出花如錦牧笛農歌聲聽處豈數桃源仙境西蜀子雲南陽諸葛與我懷奇等且甘孤寂囊維漫脫尖穎

水調歌頭 書憤

世事竟難料抵掌話滄桑此中多少孤憤百折結迴腸欲摇壘城埋劍化作長虹一線飛上遠山蒼人世不平事盡與爾商量 休僕僕徒碌碌笑皇皇興興廢廢古今來事本無常且築西湖之屋且譜東山之竹且入醉中鄉無慮亦無辱了此暮時光

買陂塘 葉民存贈遊莫愁湖七絕四首書此以謝

憶南郊一湖春水正思沽酒攜李嘲來潮落秦淮渡中有尺餘紅

鯉書乍啓知先我清遊已饟芳蘭芷詩心委婉把水色山光樓臺楊柳付與一囊寄 愁心起飽飫依人滋味至今垂老難已青衫淚濕江州客徒領略琵琶意拚一醉願留此華顏不使終憔悴陽春召我覓桃葉桃根莫愁湖畔且作遣愁計

金縷衣 清明日遊雨花台

又是清明節且隨緣踏青前去消磨風月遊女如雲春十里鬢影衣香相接豈誤入芙蓉城闕四處鳴箏天路遠御輕風最好羅浮蝶誰遣此情絲結 朝來敢說偎紅切儘相看夭桃穠李丰姿清絕一覺揚州殘夢醒惆悵人歸月缺況又是司空慣閱老去樊川情興減笑樽前强鼓如簧舌可已矣毋輕喋

金縷曲 丙寅八月二十七日風雨一天孤舟寂坐百感交集倚此代哭

空把殘年誤悵閑中光陰過去徒呼負負寂寂孤舟風雨裏人似水和泥塑祇呼息能教留住豈是淮陰軍背水郡置之死地無生路慨際遇悲遲暮 滿腔積憤無由訴況時逢中原逐鹿盛衰過渡自古英雄多命舛縱使皮歌五羖怎博得秦關千户何處知音逢蹇叔指瀛洲在目乘風去臣心水臣衣布

喝火令 梅花

筆底傳神處樽前恨別時憶曾紙帳共棲遲一點芳心私語逗唇脂 淚濕迷離夢魂消冰雪姿拈毫舞墨寫相思記得當年記得綰情絲記得江南春好聊寄一枝枝

迎春樂 梅花

暗香浮動黄昏後還一例冰肌瘦含 苞不許遊蜂就敢說到孤芳守 祇贏得逋仙意厚許卧榻横陳香透安穩温柔鄉裏羣棠齊眉壽

滿江紅 丙辰九月陸省吾請持螯賞菊省吾繪圖余倚詞譚組雲書之

賞菊開筵正欣是蟹肥時節況座有名流握管為花生色尺幅成圖推獨步新詞添我稱三絕笑項斯從此傳名逢人說 中原鹿誰能得遼東豕誰能別祇怡情泉石縱談風月舊識已稀詩酒伴新知重補芝蘭缺莫辜負萍水結良緣證鴻雪

百字令 衆友

三塘萍寄悵江天遥遠離情誰訴燕子營巢無定處已換主人前度誰贈豬肝徒遺雞肋歲月都虛負暮年當此消磨狂態如許却喜舊友重逢素心相洽同有烟霞痼漫說江鄉歸去好料理詩筒酒具種月移花眠雲醉石領略林泉趣人生行樂江山招我遊屐

摸魚子 題韓紫石息園

指郊原是誰開拓園林當少人跡門閑不許纖塵到圍住麂籬三

尺影暫息知有客歸來綠野堂新闢春饒幾日早紅到梅花青歸楊柳池冰漾微碧　當時事視若浮雲過眼祇談風月今夕長吟抱膝添些趣醉卧一方松石山那壁看彩鳳飛來鳳山在息園東點綴舒胸臆主人六十漫絲竹東山亭臺西蜀請念民飢溺

蝶戀花 題九秋圖帳沿

為惜名園秋欲老寫入冰綃剪綵裁紅巧不許一枝攀草草海棠穩睡簾櫳悄　絕少蜂圍蝴蝶鬧翻使春花悔嫁東風早輸與秋英顏色好宵宵伴我忘天曉

踏莎行 梅花帳沿

短燭微殘暗香已透春山一點眉峯逗羅浮有夢豈荒唐垂垂紙帳輕消受　瘦影宵橫睡痕紅皺生綃多事來描就分明倩女乍離魂與郎歲歲常廝守

月下笛 題陸耕野半畝園

世變滄桑人嗟遲暮熱腸冰透歸來守舊半畝閒園尚欣有三間小屋千竿竹認曲曲疏籬菊圃便聲銷跡匿安排遣興酒爐茶臼　鹿逐中原走看破碎江山是共和宇宙盈庭苟苟祇徒權利爭鬥不能如我林泉樂日商量閒樽招友笑雅集做蘭亭竟使詩人吟瘦

浪淘沙 夾竹桃

人面記相看忽改嬌粧幾番疑似費參詳應是劉郎歸未得門掩新篁　已佩碧雲璫莫鼓輕航落花流水兩無關若有漁郎來問訊兩字平安

菩薩蠻 石榴花

緋衣阿醋臙肢頰絳囊紅袖欄干壓無賴惱蕭郎腰圍細細量年華饒似水結得新酸子蓮也妬儂儂房仍一半空

踏莎行

鬢角裁雲眉痕斂翠朦朧秋水含清媚背人一顧一消魂任教鐵石心都碎　拋去還來饒醒又醉可憐嘗盡相思味而今咫尺已天涯當初何必來相會

金縷曲 四月九日偕組雲至張蔚青看杜鵑花花八盆均皆異種適主人外出未見而歸倚此以謝之

四壁花如許想先生胸中邱壑眼前清趣湖自江南兵燹後金粉飄零無數賴有此勤加調護異種欣看盆內萼是粉團還把胭脂塗飛絳雪含清露　攜朋花下流連處笑匆匆渾如看竹主人難晤正擬淺斟攜去酒只聽枝頭鳥語儘教我不如歸去歸去此心仍戀戀騰趁起一步連回顧贈君句羨而妬

滿江紅 瓶菓芬芳倚此遣懷

紅藥當前相看處幾番搔首正渺渺懷人夢覺揚州已後況是依人仍未已樊川老去徒奔走慨卿卿猶自若憐儂金香久　拋紅豆相思有問遣興祇樽酒更新詞一闋儘將心剖惆悵花光窺鬢影蕭蕭白髮垂千縷笑此生終不滅閒情絲牽藕

滿庭芳 遊泓園

幾處亭臺兩行楊柳杏花紅上墻頭小橋流水倒影卧瓊樓更喜鶯鶯燕燕朝朝聽宛轉歌喉誰消受此間勝景十畝瀨蛙疇　春春茶幾樹無端含笑笑我盟鷗憶當年邗江風月海留甚軟紅塵裏客竟對鏡白髮迎眸賸遊倦山川萬里詩酒老南州

江城子

連朝結伴到芳洲板橋頭竹林秋四壁花光一醉解千愁偷得此身閒片刻枕山石漱溪流　那堪回首憶前遊邗江驛秣陵舟三

十年前曾作小勾留老去樊川驚夢覺添白髮笑青樓

清平樂 春草

離離小草一綫鋪殘照剗去還生生不了不似鏡中人老 添來嫩綠如雲新痕也界廻文說與王孫知道裙腰瘦減三分

菩薩蠻 春柳

年年送客長亭道腰肢瘦減東風悄青眼縱娟娟何人知惜憐 是誰言善舞長袖終無補飛絮落前汀生涯水上萍

相見歡 春魂

落花紅上簾櫳夢方濃隔着天涯無語眼朦朧 燈如豆影兒瘦意惺忪辜負三春烟景在愁中

浪淘沙 春痕

新漲滿平蕪烏喚提壺小橋流水是誰居惆悵桃花人面杳風景

全虛 往事已模糊回首當壚那堪消渴病相如一曲琴心何處也岑寂庭除

羅敷媚 題扇花畫冊

兒家舊住東籬曲雲鬢堆鴉畧試鉛華淺淡衫兒麥色紗 柔綠綰住同心結風也由他雨也由他一任飄零到水涯 麥黃

菩薩蠻

莊嚴幻出菩薩座楊枝一點珍珠墮合十願朝朝朝朝五十三 匆匆春去後人比昨年瘦寸寸爇心香求憐鴛與鴦 綠佛座

菩薩蠻 春海棠

紫頭紅蘂通宵燭笑他依舊眠方熟生小太嬌憨春心牢鎖拴 殷勤香夢覓化作雙蝴蝶曲曲入高塘溫柔真有鄉

金縷曲 客夜有感

又是傷離別似年前公弦遽斷悼亡時節莫道浮生原是夢難解迴腸百結更又是連番抛撇不若當初休見面省頻頻回想添嗚咽樓白髮增淒切 雙肩擔荷難輕歇又須同營巢燕子傍人門闌多少衷懷魂夢裏正喜相逢訴說猛簷馬聲聲鳴鐵驚起掀幃來看視剩殘燈餘燄時明滅窗外雨滴桐葉

唐多令 寒庄黃茂持劉玉堂不晤台多年壬戌秋閏返省室吟社木東請任主席倚此調之

吟社集名流驚人妙句留記曾詠遍秣陵秋 十年前在省與海內同人於秦淮水榭開白下紅邊吟社曾盛極一時今則風流雲散已成陳跡 老去江淹才已盡辜負了此星郵 睽隔幾添愁故人安善不忽蒙青顧到閑鷗欲買扁舟同載酒終不似少年遊

百字令 賀友新居招飲

不多郡落有桑麻雞犬殆非塵境楊柳樓台花滿徑中有高人棲

隱一卷新詩幾樽新酒消受春如錦開筵招飲笑吾儕慣得遊興 我已似烏知還倦飛久矣敢說棲枝穩雨笠烟蓑親種秫與子共籌息影料理茶鐺安排酒鐺還放叉魚艇及時行樂了茲桑榆暮景

祝英臺 重九日懷友邵米紫石

且題糕聊對酒佳節漫辜負惆悵萍蹤年華已垂暮所欣白髮蕭疏頑軀猶適尚餘有豪情閑趣 惟是每低徊老友分襟離情縈雲樹問賦茱萸曾思及舊雨何時買棹白門江天一覽約同上極峯高處

桂之華軒詩集　文集

（清）朱銘盤　撰

《桂之華軒詩集》四卷《補遺》一卷《文集》九卷《補遺》一卷《附紀年録》一卷，清朱銘盤撰，據南京圖書館藏一九三四年鉛印本影印。

朱銘盤（一八五二—一八九三），字曼君，清江蘇泰興人。清光緒八年（一八八二）優貢，同年中舉人。家貧，負逸才，累試不第。光緒三年（一八七七）襄慶軍統領提督吴長慶軍幕，隨長慶援護朝鮮，定亂，旋移駐金州。未幾，長慶卒，復襄張光前軍幕。十九年（一八九三）卒於金州軍次，年四十二。

本書分上下兩册，上册爲《桂之華軒詩集》，詩四卷，補遺一卷，前有《桂之華軒詩文序》、《曼君先生紀年録》，《桂之華軒詩草序》評其詩風『無意求工而自然中節』。下册爲《桂之華軒文集》，文九卷，補遺一卷，前有方濬頤所序，讚爲『氣輔乎理，骨根乎情』。曼君工詩古文辭，尤工儷語，上規晋宋，其詞采雄深雅健，《人日雜詩》云：『下瀨戈船少，滇池水戰新，更思前代事，奇計獨何人？』痛恨之情溢於言表。其文高古奇逸，意象嶄崎磊落，其神理則磅礴郁行，其筋力則潛轉從容。長於史，以文述史。是集，皆曼君先生身歷親嘗，感懷有言之作。

（馬珊珊）

桂之華軒遺集

九四叟馬良題

中華民國二十三年孟春泰興鄭餘慶堂刋印

桂之華軒著書圖

新安瑤笙程璋繪

朱曼君先生像贊

淵騫之彥唯君闢步訓辭深厚翰音飛翥召彼良材屈身戎路簪筆樂浪涓書玄晏嘉之解嘲客之作賦十固終乃反大難度君所韓以全遼多故今識料異君雖其行

章炳麟謹題

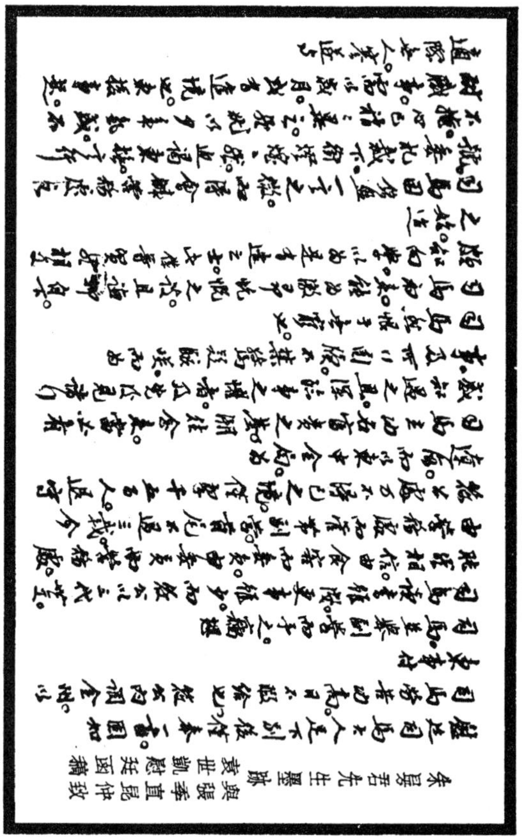

朱昆吾君先生墨迹
與張季直昆仲致
袁世凱慰廷函稿

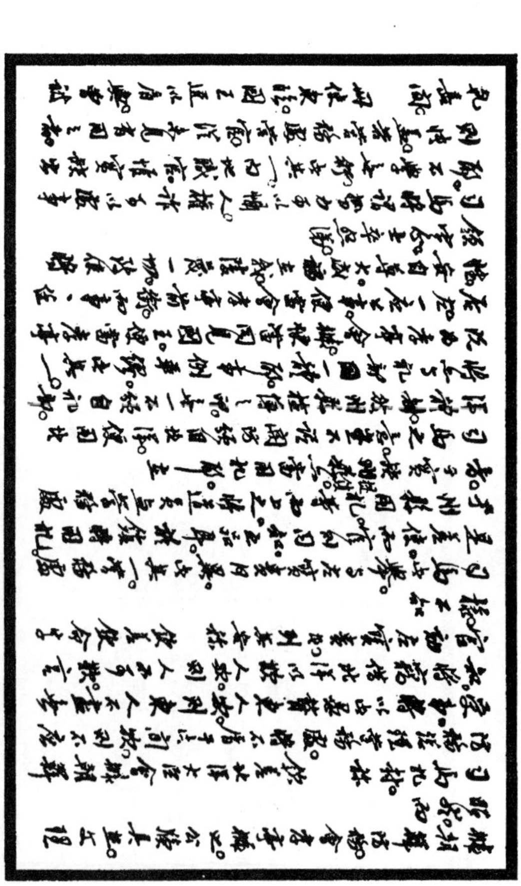

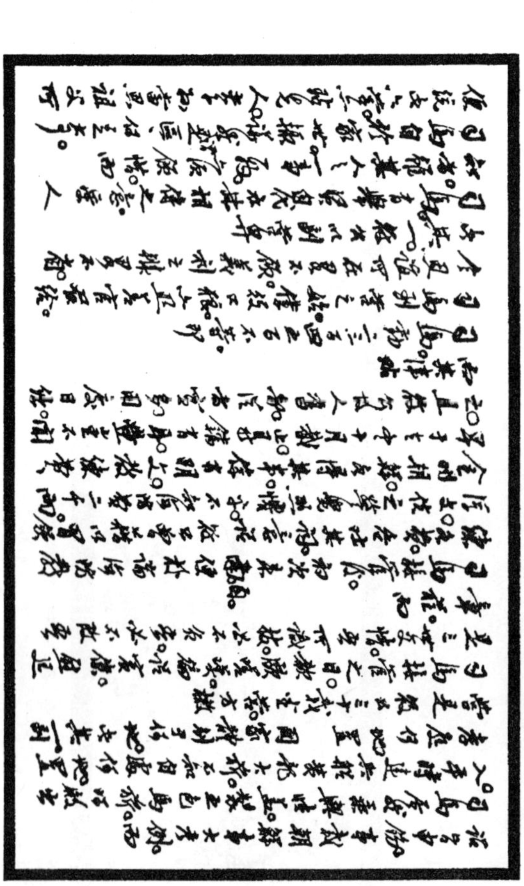

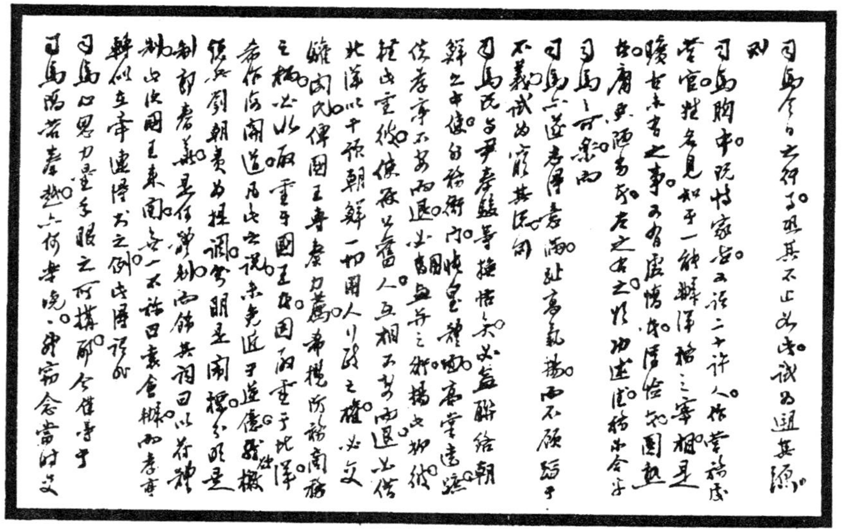

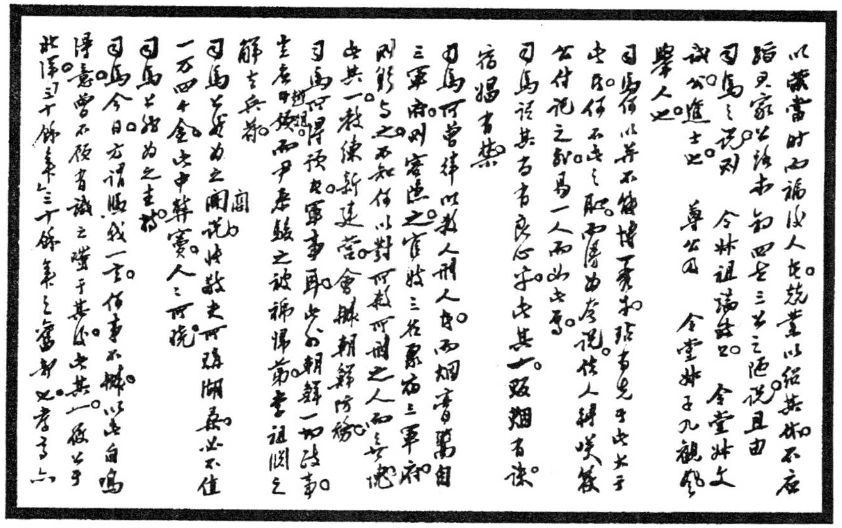

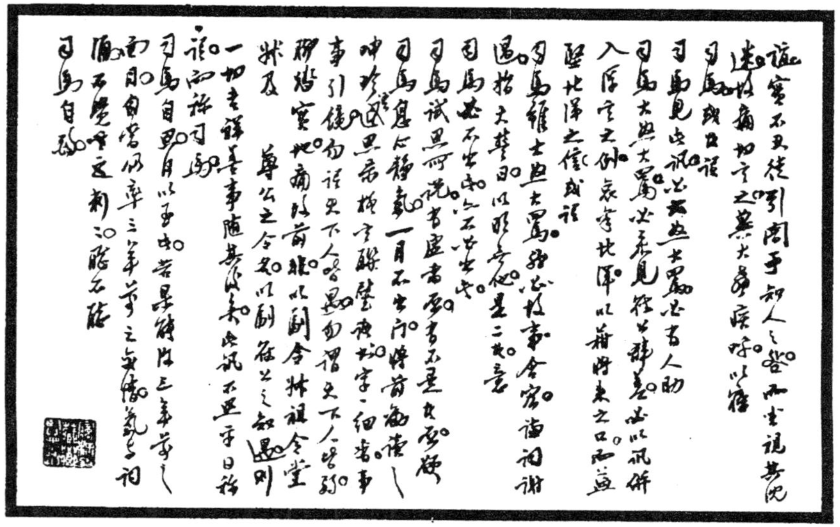

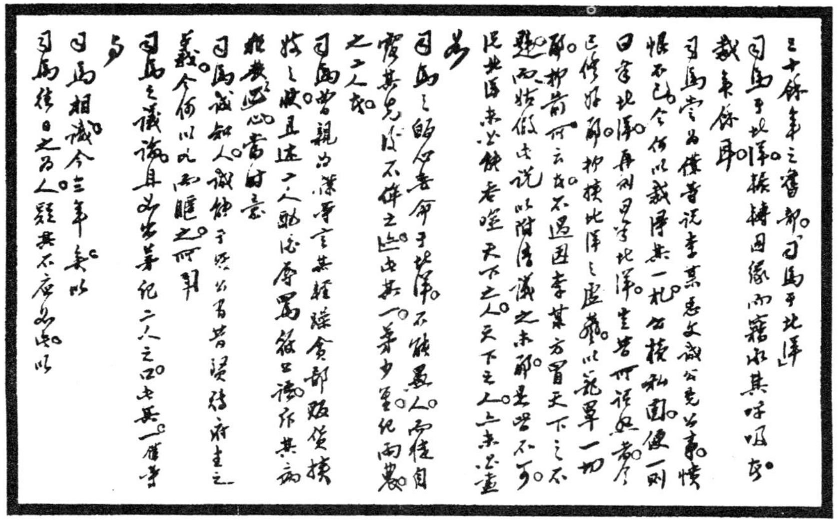

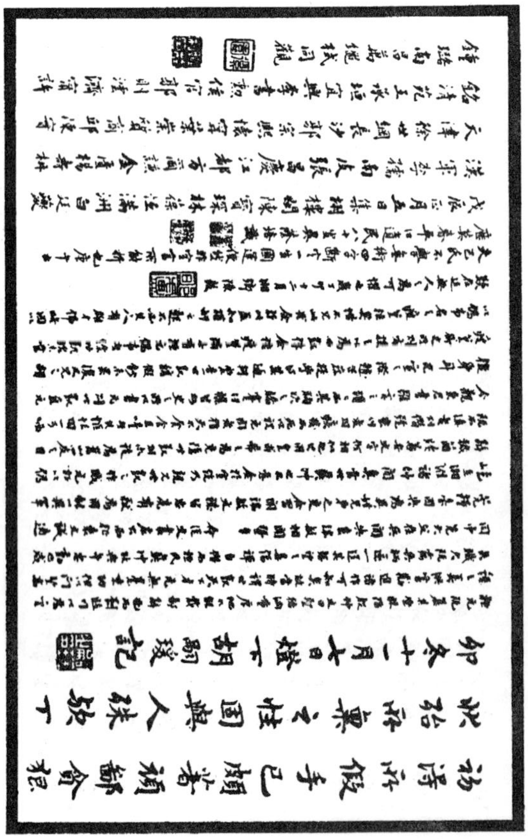

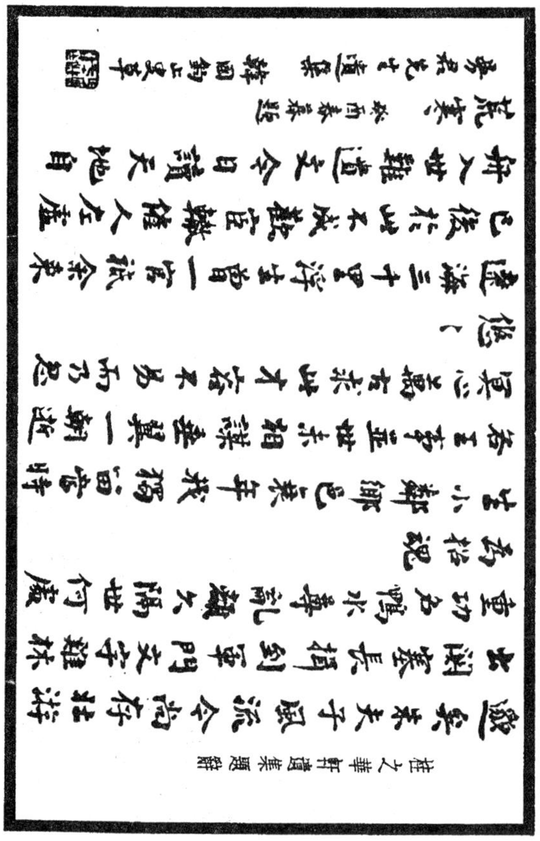

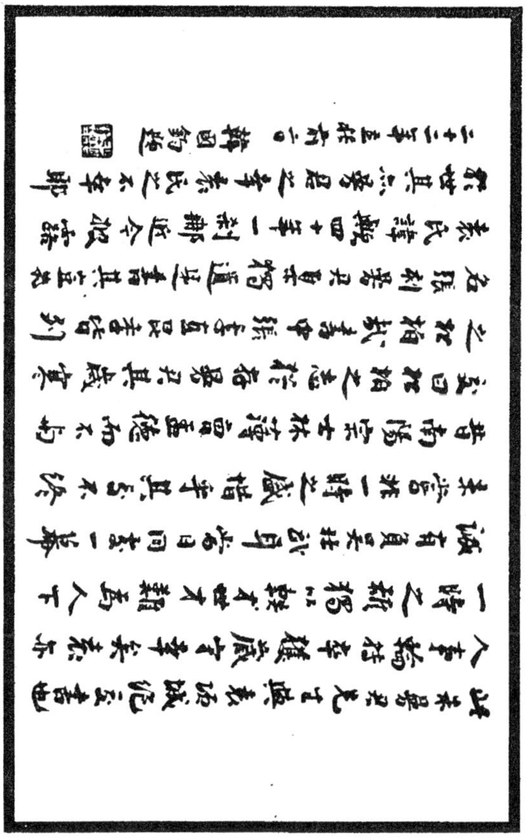

桂之華軒詩文序

泰興朱曼君先生少倜儻善屬文既壯事武昌張公張公以善爲儷語猶申耆出於姬傳之門也其文上規晉宋下亦流[illegible]連碑士庶傳誦有夏侯氏東方像贊風佗筆札亦稱是其效[illegible]之作也亦憲賦詩頗雜宋體蓋淸代風習固然先生壽不過四[illegible]就有五朝會要余未見見其桂之華軒詩四卷文九卷序之云爾民國廿二年六月章炳麟

重編桂之華軒遺集序

泰興鄭權伯君重刻其舅氏朱曼君先生桂之華軒詩集四卷文集九卷并鄭君增輯補遺一卷紀年錄一卷鄭君生晚不及親炙於先生以鉽爲先生門弟子也自上海寓書來而屬爲之序邑之朱氏宋南渡後蔚爲鉅族其世系見先生所撰宗譜引明僉憲一馮公舊序一馮著有福甯定亂紀事二卷符離定亂紀事二卷並經收藏家著錄而爲宗譜及縣志所未收者然則朱氏之舊德遺編其先亡佚者多矣先生所著書先後手自繕寫未及殺青歿後其側室趙孺人襄負以歸既孺人挈其孤子投依南通張季直范肯堂兩先生出其遺墨張先生因取詩文集稿畀翰墨林書局用活字版印行購者衆多久之無存時鄭君游學海外學成歸國當代賢士大夫咸與納交知爲先生甥也恆從之訪求借讀君無以應會鄭君母壽七十母命以賓筵春酒之介用之津逮學林由是桂之華軒詩文集覆本出焉鉽嘗疑崑山徐尚書乾學平生起傳是樓修通志堂集編雕刻其書滿家而於其舅氏顧亭林著述乃不著一字後見鄞全祖望所撰顧先生神道表乃知尚書嘗累書迎舅南歸而皆不至止是顏延之平生不喜見要人之意而安溪李光地之顧寧人小傳又稱顧氏厚自寶秘其書謂五十年後始有知我者故尚書亦不欲强爲之也鉽又聞江陰繆筱珊先生言仁和龔自珍者金壇段玉裁外甥也龔氏讀說文段注凡三過以朱墨紫三筆

識之有所可則加朱圈有所否則恭注於下惟謹其子衫則墨擲大點縱橫滿紙云云鉞深感于新舊說之不相融文字間之各異趣而鄭君能通泰西語言文字之學而於國學之義理考据辭章三事鍥而不舍斯可謂醇乎醇者矣顧氏音學五書皆所自刻歿後其高弟吳江潘耒序而行之又別輯亭林集日知錄諸書先生所撰詩文集外有四裔朝獻長編兩晉宋齊梁陳會要各如干卷藏諸行笈亦不輕以視人當先生在廬江吳武壯軍幕時項城袁公世凱方爲僚佐先生惡其不學無術移書讓之遂與絕交其志行與顧氏蓋相若鄭君家貧乃今以母壽進謀爲舅氏之書刊行壽世先生有靈得無笑亭林不如我邪是集初刊本無序跋題辭鄭君因以平居習聞庭訓又取先生及其親知朋舊之緒言鉤稽而排纘之撰紀年錄一卷無蓋闕無傳疑此與平定張穆崑山吳映奎等所編之顧亭林年譜成於後人之手者又非可同日而語矣抑鉞又有說者鄭君紀年錄引二知軒文存泰興何萱石閣著有韻史八十卷紅露館文

集十卷按萱爲先生之外曾王父博學好問文章爾雅所撰道光泰興縣志略四卷卓然史家而其人其書世鮮知者念之慨歎何氏爲先生外家鄭君又爲先生宅相宜其學術淵源有自來矣鄭君有徐尚書之學而不矜尚書之行亦不居尚書之位故其力不足以舉刻全書他日者總羅文獻開局名山先生遺著將一一篇第而繡梓之無待言矣鉞于何氏蓋重有望於鄭君焉昔漢楊惲始讀外祖太史公記南齊劉瓛聽受舅孔昭先更讀范甯傳事在簡策傳爲美談鄭君今茲重刻先生遺集可以使當世學者更讀異書後此補刊遺稿可以使先世清芬弗墜門業孝思錫類夫何間然獨鉞學殖荒落老大無聞自恨不能效潘檢討之輯刻師說而誦龔禮部平生師友小記蓋不勝其夜思疚心涕淚滂沱也已先生所爲詩古文辭久有定論鉞分爲弟子義不敢贊一辭惟以鄭君肫肫垂問强綴贅言述其重編是集之原委幷及補撰紀年錄之義指云爾金鉞謹識

曼君先生紀年錄

外甥鄭肇經權伯敬編

公姓朱諱銘盤字俶僩號曼君原字日新江蘇泰興人也先是朱氏有宋贈御史中丞諱寶明者於高宗之初以參謀軍事棄官渡江爲始遷泰興之祖（註一）迄今八百餘年枝裔繁衍號爲邑之大族公高大父諱景純字厚蘊乾隆乙酉拔貢直隸州判曾大父諱樹觀字藝田諸生大父諱南薰字舜琴諸生本生大父諱蘭薰字湘浦父諱光魁字斗垣諸生大父本生大父並以公贈奉直大夫大母何本生大母陳母何繼母蔡並贈宜人（註二）斗垣公有子三人公居長次銘盂字仲雅廩膳生候選訓導次銘盉早卒公生而岐嶷好學不厭少負才名壯參戎幕工詩文善篆隸與通州張季直謇范肯堂當世如皋顧延卿錫爵海門周彥升家祿並以文行著重於海內（註三）公以光緒壬午年優貢舉本科鄉試嗣以軍功保

舉知州光緒癸巳積勞致瘵卒於旅順軍中直督王公夔石文韶奏准照知府陣亡例賜卹蔭一子俟及歲後以州判用遺著有桂之華軒詩集四卷文集九卷四裔朝獻長編五十六卷兩晉宋齊梁陳會要二百四十卷妻曹氏諸生曹子勤克成之女男騤之女二適巴適蔡竊按公之歿也距今卌年矣鄉里之間婦孺猶知公名而公之遺墨雖寸楮片縑得之者莫不視同瓌寶顧公之生平事蹟既闕傳誌可考而訪諸鄉里長老亦已難得其詳惟於公之遺著及公之師友諸集中尚能略窺其梗概爰不揣譾陋分年編次如左

清咸豐二年壬子　是年二月廿五日卯時公生於泰興縣城鉞街私第（註四）

咸豐三年癸丑　二歲　是年五月公摯友通州張季直謇生（註五）

咸豐四年甲寅　三歲　是年七月公摯友通州范肯堂當世生

咸豐五年乙卯　四歲
咸豐六年丙辰　五歲
咸豐七年丁巳　六歲
咸豐八年戊午　七歲
咸豐九年己未　八歲
咸豐十年庚申　九歲
咸豐十一年辛酉　十歲　是年六月十四日·大母何卒·
同治元年壬戌　十一歲　是年九月廿九日·仲弟銘孟生·
同治二年癸亥　十二歲
同治三年甲子　十三歲　是年八月·公丁母憂·
同治四年乙丑　十四歲
同治五年丙寅　十五歲

同治六年丁卯　十六歲　三弟銘盉生·
同治七年戊辰　十七歲　是年公受業於同里戴迺卿先生煊·並問業於同里名宿程伯和先生韻·
同治八年己巳　十八歲　是年公受業於儀徵劉玉生先生蘊輝·館設泰興送子橋朱芝圃家·
同治九年庚午　十九歲
同治十年辛未　二十歲　是年公受業於姻伯蔡緝齋光熙·隨讀六合學署·識通州葛青伯桐·與爲友·（註六）識滁州斷指生侯謹之·度時謹之已近周甲屆年·輩與公交遊·並謂公終當有文章之名·請爲之傳（註七）
同治十一年壬申　廿一歲
同治十二年癸酉　廿二歲　是年游庠·

同治十三年甲戌　廿三歲　八月·妻曹來歸·旋丁父憂·冬·兩淮鹽運使定遠方子箴濬頤聘公爲記室·公去揚州師事方公·先是公因同里吳禮園寶儉上書方公·並達以文爲贄·願列門牆之意·方公受讀公文·以爲高古奇逸·離塵絕俗·近今人士得未曾有·欣然許諾·因有是聘·（註八）識武進管才叔樂·高郵董策三對廷·東臺陳伯生寶·與爲友·（註九）
光緒元年乙亥　廿四歲　公在揚州·與方公及王謙齋·許叔平·管才叔·陳伯生·董策三時有唱酬·是年冬·公等有消寒第一集至第二十五集聯句之作·而公尤爲方公所重·消寒第一集聯句·方公有海陵朱生人中佼（謂曼君）（箴）句·消寒第十八集·方公有衆中拔俗朱公叔（謂曼君）海內知名管幼安（謂才叔）句·又方公調叔平詩·有朱生（曼君）才可敵顧練句·（註十）　是年方公爲公序桂之華軒文稿·謂公甫逾弱冠·心匠既巧·腹笥又便·由此進而愈上·烏能限其所至·又序桂之華軒詩草·謂公五言善

學太白·七律亦有奇氣·五七古歌行則與昌谷·少陵爲近·年少才雄·家貧嗜古·自來揚州·角逐壇坫·足張一軍·（註十一）　咸豐三年·粵寇陷金陵·江寧縣知縣祥符張君行澍巷戰力竭死之·同治三年清兵克金陵·張君從子方樾自中州間關跋涉來覓遺骨歸葬·公以張君前宰泰興·有善政·民頌其德·因述之於方公·請作張令君歸骨記以光忠烈·（註十二）
泰興陳虹江啓文·嘉慶間官開歸陳許道·性廉介·不可干以私·尋以會鞫東科爾寺案與同官齟齬獲罪·遣戍烏魯木齊·一時賓客星散·獨傭書梁生毅然從行·在戍六稔·道光元年·陳公賜還·甫得偕歸·梁後登賢書·成進士·佚其名·河南祥符人·公言於方公·書梁生事以爲天下風·（註十三）
泰興何萱字石閭·道光歲貢·耆治經·通訓詁聲韻之學·著紅露館文集十卷·韻史八十卷·性節儉·冬一裘·夏一葛·中夜危坐著書·沉思渺慮·無間寒暑·足不出戶幾三十年·當時名宿如武進李兆洛·仁和龔自珍·邵陽

魏源並爲千里神交於詔史多所商榷陳潮字東之道光舉人通經工小篆當時謂其質樸古雅上埒陽冰又擅周髀之學夜登高臺仰窺星象達旦不寐酒酣耳熱慷慨談天下事十中八九游京師輦下諸巨公咸引重之年才三十九卒於客邸與龔自珍友善人目爲陳龔潘人麟字散木道光歲貢少恃才放佚鄉里怪之長好詞章所爲駢體文瑰麗無匹善續弋故實典雅淵博有敏之者輒娓娓答不休清代朱竹垞毛西河所著詩文皆能摘其使事之譌舛蓋百無一完者晚益窮困縱酒嗜博放浪規矩之外一日忽治具集朋儕涕泣爲別衆詫之答曰世上鬱鬱吾將從河伯逝也翌日投揚子江死公嘗以三君事蹟述之於方公方公因有泰興三高士傳之作(註十四)

光緒二年丙子　廿五歲　公仍在揚州是年食餼　九月方公入覲有補授四川按察使之命十月南旋十二月入川履新是時公方抱病方

公貽公書勉以養生之道愛護備至公之起居飲食書內述之尤詳書云養生之道無過於愼起居節飲食二語子癯而善病來揚州二載棲見子病予竊爲子憂之子性不嗜飲少飲輒醉每飯不過一盂葷羶滿前往往不敢下箸意子之飲食固無弗節者而何以不病寒卽病熱且年年病瘍今者患生於左頤口弗能下咽予雖不知醫然曩見族人患此者侵尋數稔云是骨槽風潰則難治昨屬漢卿往爲子診視未稔渠已過子否子才壯而體羸腹便而氣餒當思保此千金之軀以成千秋之業矧遠客儵書家有倚閭老母尙乏含飴之樂而子顧負笈出遊夫豈得已哉起居之間一有不愼則病卽乘虛而入(註十五)

光緒三年丁丑　廿六歲　是年二月公至浦口客慶軍統領提督廬江吳公筱軒長慶軍幕(註十六)始於軍中識張季直周彥升東畏皇邱履平林怡菴與爲友(註十七)謹按彼時各行省文武大臣能以采納忠讜敬禮士大夫著重於海內者在粵惟張靖達公樹聲在蘇惟吳武壯公長慶於時張公幕府則有武進何梅孫嗣焜賀縣于晦若式枚如皋顧延卿錫爵吳公幕府則有通州張季直謇江都束畏皇綸海門周彥升家祿閩縣林怡菴葵及公並爲海內知名之士聚處一軍以文章義理相切劘辨難縱橫意氣激發極朋友之樂而未嘗有厭薄之志(註十八)而公尤爲張季直所推崇日後交誼亦最篤季直酬公詩云盤也弱而才十倍於丕彊自其少日時開口詠鳳皇能爲六朝文亦復資初唐故鄉寂文雅得子真非常(註十九)又季直祭公文云洸洸廬江風雲干旌偉余兩人河球赤力君氣食牛何有衆豸獨余是親詠陶好喜余之聰明實非君匹意量相資磋磋切切分牋寫檄晝几宵燈提舟並轡抵蹠掀肱(註二十)

五月蝗見江北各縣公與季直合陳總督請通飭捕蝗吳公自天津南旋總督檄以軍隊捕吳公部勒各營輒未明起躬自督視指授方法蝗滅搜蝻(註廿一)　八月某甲告公與季直吳公欲爲合肥某廬江某及公

與季直納貲爲部郎意若何季直語公彼二人爲吳公鄉里後輩容有是請而吳公有是許我二人特宴會之陪客耳不可於進身之始藉人之力且安知我二人之必不以科名進徒留此迹無謂公亦云然甲告吳公再三返終謝之(註廿二)　九月長女生　冬方公在蜀有歲暮懷公詩逶迤相見灣靈秀有孤山文筆信天授所期非等閒羅胸星璀璨脫手錦斕班日者參戎幕聞笳足起孱(註廿三)

光緒四年戊寅　廿七歲　公仍客浦口軍幕　四月江北蝗再見吳公仍以兵法部勒督捕(註廿四)　八月陳檢討伯生卒公作墓表(註廿五)

光緒五年己卯　廿八歲　公仍客浦口軍幕　七月東畏皇被辱於白塔河鹽卡公與季直上書糾吏時總督侯官沈公幼丹葆楨已寢疾未

幾卒於官·公等幾顚而躓·賴吳公而免於危·（註廿六）

光緒六年庚辰　廿九歲　公仍客浦口軍幕·三月二十日公與張季直范肯堂同舟至浦口·舟行聯句·（註廿七）五月女罌生·吳公升授浙江提督·五月入覲·（註廿八）七月公因范肯堂謁武昌張先生廉卿裕釗於金陵·問爲古文法·執弟子禮·張先生嘗語人曰·吾得通州三生·茲事有付託矣·（註廿九）張先生贈公詩有名區佳山水·蒸餾孕奇尤·英英范與張·騄駬駿騏騮·與子總六轡·駸駸馳椒邱·……況聞子疇昔·佳士復顧周·遠聞輒心許·想像鋤發眸句·（註三十）冬·吳公奉朝命調補廣東水師提督·仍幫辦山東防務·乃留軍六營駐浦口下關吳淞·移軍六營駐登州黃縣·公隨吳公移駐登州·（註卅一）三弟銘盉卒·

光緒七年辛巳　三十歲　仍客軍幕·在登州·四月·項城袁慰廷世凱至登州依吳公·吳公命在營讀書·屬季直彥升及公爲是正制藝·吳公語公等曰·昔贈公以團練克復廬江·爲賊所困·命赴袁端敏公軍求救·端敏以詢子姪·子文誠公以地當强敵·兵不能分·主不救·姪篤臣以紳士力薄·孤城垂危·主救·遷延時日·而廬江陷·贈公殉·嗣與文誠絕不通問·而與篤臣訂兄弟之好·端敏後命隨營讀書·以示恤義·不應命·今留慰廷讀書·所以報篤臣也·按慰廷爲篤臣嗣子·先是以事積忤族里·衆欲苦之·故挈其家舊部數十人赴吳公·以爲吳公督辦海防·用人必多也·而防務實無可展布·故吳公有是命·旋吳公因公言·畀慰廷會辦營務處差·（註卅二）六月女罌殤·（註卅三）是年軍事簡·多讀書之暇·公與季直彥升怡菴諸人時有唱酬·（註卅四）

先緒八年壬午　卅一歲　仍客登州軍幕·公以是年優貢舉本科鄉試·試後馳往軍中·從吳公援護朝鮮·先是日本干涉朝鮮內亂·六月吳公奉督師援護朝鮮之命·時幕僚率歸應鄉試散去·獨張季直丁內艱留

軍中·季直措置前敵事·手書口說·晝作夜繼·乃請留袁慰廷執行前敵營務處事·七月三日拔隊·朝鮮參判金雲養允植同行·七日晨抵朝鮮南陽府·十二日軍渡漢江·十三日吳公入韓京·晤王生父李昰應·午後昰應至軍·執送南陽·軍傳登兵船赴天津·十六日應國王密請·督軍攻剿亂軍·亂平·吳公移駐漢城·枉尋東廟·廟祀關壯繆·（註卅五）故季直祭公文云·壬午東征·鯨鱷撞突·君後余先·長纓短策·朝鮮亂事既定·公作東援紀功之碑·吳公以下幕府僚佐將吏等姓名·並勒碑陰·（註卅六）

光緒九年癸未　卅二歲　仍客漢城軍幕·二月公入京應禮部會試·不售·（註卅七）是年秋·公旅病兼旬·朝鮮國王李熙頒賜藥物·旋又頒賜參帛牋丸等物·並牋謝之·（註卅八）是年公與朝鮮士大夫時有唱酬·（註卅九）

光緒十年甲申　卅三歲　是年三月·葛青伯桐卒·公作墓誌銘·（註四十）四月·公隨吳公調防奉天金州·有留別朝鮮士大夫詩·（註四十一）時吳公已病甚·吳公自朝鮮分其軍三營畀慰廷留防·自統三營至奉·不兩月·慰廷自結李相·一切更革·露才揚己·頗有令吳公難堪者·公因與張季直昆季移書切讓之·（註四十二）閏五月二十一日·吳公卒於軍·軍事在朝鮮者由吳提督兆有繼統·在金州者由黃提督仕林繼統·賓客星散·（註四十三）公與張季直邱履平南旋·有金州述別聯句之作·（註四十四）公作祭廬江公文·哀廬江公文及吳武壯公墓誌銘·（註四十五）秋·公客蘇州潘中丞偉如爵處·識江建霞標·（註四十六）

光緒十一年乙酉　卅四歲　是年公客江蘇督學瑞安黃公漱蘭體芳幕·襄定江左校士錄·並授黃公子紹裘姪紹第讀·（註四十七）作南菁書院記·（註四十八）作泰興慶雲寺照潭和尚身塔銘幷書丹勒

石・　是年朝鮮國王李熙感吳公平亂功・爲建靖武祠於漢城・歲時致祭・祠內有去思碑・金尙鉉撰・金允植沈履澤書碑・鐫光緒八年隨征將士賓吏題名・首列幕賓優貢江蘇通州張謇・訓導江蘇海門廳周家祿・舉人江蘇泰興縣朱銘盤第二十一・名爲營務處同知河南項城縣袁世凱・(註四十九)

光緒十二年丙戌　卅五歲　是年二月公入京應禮部會試不售・四月與張季直劉仲魯若曾出都・至保定蓮花書院起居張先生廉卿・晤延卿(註五十)　七月姪女駿芝生・　八月叔父嶺梅公卒・　吳禮園寶倹卒於武昌・公作墓誌并書丹・(註五十一)

光緒十三年丁亥　卅六歲　公家居丁繼母蔡憂・　七月公修朱氏宗譜・作宗譜敍・(註五十二)

光緒十四年戊子　卅七歲　是年公客金州張軍門仲明光前軍幕・門

人馬彥循等隨幕受業・(註五十三)　六月臨張猛龍碑・　十月納姬趙氏・　十二月南旋葬繼母蔡・(註五十四)　舅氏何杏衫卒・公作何君之誄・(註五十五)

光緒十五年己丑　卅八歲　仍客金州軍幕・　六月・弟仲雅自湘督學陸公伯葵寶忠幕歸・　十一月・弟婦鄭卒・仲雅鬱鬱不得志・久患失眠・公思有以慰之・因歸函召弟赴金州・而託姪女駿芝於歸榮陽從妹撫育之・蓋公之弟婦爲公表姑丈鄭琢齋汝玉之長女・而公之從妹・又爲鄭公之子婦也・(註五十六)

光緒十六年庚寅　卅九歲　仲雅至金州・同客張公仲明軍幕・　二月公入都應禮部會試不售・(註卅七)　是年公治學日有程格・撰四裔朝獻長編五十六卷・敍曰・今錄自漢元年以來・至于明季・凡二十五朝・朝獻故事・通爲若干事・昔梁有天監職貢之圖・唐有入朝首領之記・宋有崔峽列國入貢之編・明有吳氏西洋朝貢之錄・並專紀本朝・不賅前古・今此總集義主閎張・因以明帝皇之至尊・示夷戎之難御・若朽索之控八駿・譬一繩之綴萬石・弛張在於威德・澆濡繫於政道・畏壘可以穰歲・荒宅可以成都・豈况巍巍大聖之朝・必有喁喁慕義之美・司徒司馬・各有司存・疆埸之事・一彼一此・殷鑒不遠・在於夏后・前車未終・來軫方急・大夫君子・庶幾覽焉・(註五十七)　謹按公之著是書也・蓋有感於壬午以後・國事蜩螗・藩籬動搖・深冀朝野上下・鑒於外患之日亟・而有所警惕也・　公客金州旅順・僻處濱海廣斥之域・遙念鄉國江湖之美・故公與周校官彥升書云・銘盤近年以來・殆百無好趣・婦孕不育・比已四五・妻子紛然去國千

里・門對渤海・日聞潮汐・舟船翻飛・風雲千變・仲夏五月・乃見青草・大暑若火・無一陰樹・如此之日・若彼江南魚稻之國・竹下烟月之地・瓜李如陵・荷芰如海・清池在前・涼風在後・顧不美歟・且是時公之起居・既甚簡陋・而幕僚亦不復如當年之盛・故公與顧舍人聘耆書云・所居室屋・截板爲蓋・牆則土石相積・最畏滯雨・甚或傾壞・小亦衆漏・若矢箸・人牀几・或然燭數起移牀就燥・檐滴財止・中響仍奏・若此之夕・歲幸不月・覯覯乃在夏秋間耳・門距海水僅三五十步・繚牆五尺・裁及人鼻・舟船出入・堂上皆見船旗・誰某久亦辨之……若僕屏跡窮裔之外・放意草木之域・騶卒對語・泥塗爲侶・地無冠帶・何有士夫・山無林木・何有禽鳥・井泥一斗・何有瀹茗之歡・海魚怖人・何有魴鯉之美・霧風腥鼻・高詠何區・朽石如泥・摩匡無所・以此自構・坐損而已・自夏以往・風力日甚・冬晝出門・更患膚裂・有何可喜而來此乎・(註五十八)

光緒十七年辛卯　四十歲　仍客金州軍幕・　公以軍功保舉知州・得贈大父父並爲奉直大夫・大母母並爲宜人・(註五十九)　七月從母弟周仲璞維申卒於金州寓・公馬氏館・公作哀辭・(註六十)　十一

月邱履平卒於大沽口·公作墓志·（註六十一） 公著四裔朝獻長編既成乃纂二晉及南北八朝會要以續徐博士之書·其體例一依博士之舊·（註六十二）謹按會要之作·始於唐代蘇冕·嘗次唐高祖至德宗九朝之事爲會要四十卷·宣宗大中七年楊紹復等奉詔次德宗以來事爲續會要四十卷·宋王祁公溥復採宣宗至唐末事續之爲新編唐會要一百卷·又纂五代會要三十卷·並於宋太祖建隆二年表進於朝·詔藏史館·（註六十三） 又二百餘年宋武學博士徐天麟纂西漢會要七十卷·於宋寧宗嘉定四年表進·有旨付尚書省藏之秘閣·又纂東漢會要四十卷·於宋理宗寶慶二年表進·詔藏秘閣·（註六十四） 降迄清季嘉慶間大興徐松從永樂大典輯宋會要四百六十卷·（註六十五） 同光間黃巖楊晨纂三國會要二十二卷·永新龍文彬纂明會要八十卷·（註六十六） 除宋會要世傳有鈔本外·餘均刊行於世·公之纂二晉及南北八朝會要·蓋欲竟古人未竟之功·而期有所不朽於後世也·

光緒十八年壬辰　四十一歲　仍客金州軍幕·　一月四日公外舅曹子勤卒·公作墓誌銘·（註六十七） 二月入都應禮部會試不售·（註卅七及六十八） 邱瓊章卒·公作文祭之·（註六十九） 七月爲亡友陳伯生刊遺集並作敍·（註七十） 七月臨張黑女誌·　十二月敍亡友邱履平歸來軒遺集·（註七十一） 公作朱氏宗祠述頌之碑以昭先德·（註七十二） 公爲張季直作柳西草堂記·昔孝標自擬敬通·謂有三同四異·而公方於季子則有四同三異·文曰·季子出身壠畝·家爲寒門·噓枯吹生·仰於代彥·僕單蔭衰薄·門無從政·祖文父筆·裁見彫擢·名師佳朋·遭逢壯日·此一同也·季子偉文閎製·照郡騰州·明經孝廉·匪顏伊伯·朝士望而捧手·里賢就而乞論·僕小才鄙什·夥斯大賢·猥同邦州·遽齒世喙·顏謝潘陸·連類而言·此二同也·季子負俗孩年·不爲里擇·浮湛旜旆之下·

論議帷帳之內·西曹祭酒·諮議參軍·流連賓僚·激昂府主·僕雁行兄齒·首尾十年·對案裁書·聚火寫檄·此三同也·著錄武昌之門·盡通賀瑒之業·上書侯官之府·幾蹈正平之危·氣壯神高·曾無悔嘆·名滿千里·謗亦隨之·此四同也·季子家有敝廬·可蔽風雨·野有下潠·足供酒稷·一歸不出·堅若邱山·招隱之篇·不日則月·僕一椽一壠·什二不售·妻兒紛然·留滯窮海·朝對門士·夕呼老兵·眷望端居·報我夢寐·此一異也·季子上有老父·兄祿千鍾·老萊班連之衣·少君挽車之役·昔聞此語·今見此人·僕霜露摧心·遺書在矚·闔門計口·菽粟無情·此二異也·季子軒車所適·多有通人·跧伏鄉邦·匪無忠信·芳草十步·賢士百里·足以陳述高義·激碭心神·僕東走二遼·地如裸國·發言建論·暄寒在心·翻悔平生·猥知文字·此三異也·（註七十三） 是年公作感逝銘·追念師友·以昭達情志·抑揚悲哀·文曰·故縣學生從叔父諱廷蘭·字滋圃·故縣學生李公諱晉·字秋丞·故大使徐公諱兆鴻·字茆齋·故縣學生儀徵劉公諱蘊輝·字玉生·故縣學生曹公諱克成·字子勤·故署湖北荊門州知州吳公諱寶儉·字禮園·故四川按察使定遠方公諱濬頤·字子箴·故翰林院檢討東臺陳公諱寶·字百生·故戶部主事高郵董君諱對廷·字策三·故太子少保兵部尚書兩廣總督合肥張靖達公·字振軒·故廣東水師提督廬江吳武壯公·字筱軒·故太子太保兵部尚書兩江總督侯官沈文肅公·字幼丹·故翰林院庶吉士通州馬君諱鍼鋆·字勿庵·通州葛君諱桐·字青伯·右一十四君·皆徵生年時被服恩誼者也·或乃識賀循於童齔·偉應詹於弱冠·拔李含於寒門·甄楊方於陋族·若嘉澍潤草·惠風振柯·投困鱗乎清流·縱勁羽乎遙野·豈直豫州有吹生之惠·司隸有容接之雅·若其調護險阻·湔訟讒謗·力逾九虎·功隆起瘘·使夫太行化青松之道·素絲慶返素之日·豈非情兼伯叔·道稟雷風者歟·（註七十四）

光緒十九年癸巳　四十二歲　仍客金州軍幕·　九月女翁蟫生·

十月姬趙氏生子驎之。十一月十八日公以積勞病瘵卒於金州軍中直督王公文韶奏准照知府陣亡例賜卹廕一子俟及歲後以州判用（註七十五） 翌年甲午中日戰事將起旅順地處衝要姬趙氏攜藐孤抱遺文扶柩介皇南歸張季直爲公經紀喪事並安其家屬生計（註七十六） 公之遺著有桂之華軒文集九卷詩集四卷四裔朝獻長編五十六卷所纂兩晉及南北八朝會要已成者爲兩晉會要八十卷宋會要五十卷齊會要四十卷梁會要四十卷陳會要三十卷其他四朝未竟厥功故張季直祭公文云著書不竟摧腎絕肝（註七十七） 謹按公之詩文張公季直曾於光緒三十二年爲之印行四裔朝獻長編及兩晉宋齊梁陳會要稿藏於家世鮮知者而公之詩文當時久有定評狄平子葆賢平等閣詩話云泰興朱曼君孝廉家貧負逸才放任不拘小節類杜樊川之爲人工駢文詩亦清新博雅又云朱曼君孝廉驚才蓋代太白之

流五古五律蕭寥之中咸具勝韻七律典重微患才多朝鮮柳中使小園聽土人雜歌七古一首辭采研妙彌近元白（註七十八） 彭澤汪國垣辟彊以瓶水齋主人曾有乾嘉詩壇點將錄之作乃續作光宣詩壇點將錄評曰曼君詩澤古甚深不苟作不矜才自是學人之詩云（註七十九）又山西郭允叔評近代駢文作家頗推崇公文謂其意象則嶔崎磊落其神理則磅礴鬱紆其詞采則雄深雅健其筋力則潛轉從容王壬秋李越縵諸家均不相似云（註八十）

（註一） 見朱氏宗譜及公文集卷三朱氏宗譜敍

（註二） 見公文集卷六告墓文及卷五朱氏宗祠述頌之碑

（註三） 張季直傳記及詩錄挽顧延卿詩云昔年鄉里推同輩周顧朱張范五人又張廉卿滌亭遺詩有贈朱生銘盤詩三首註云朱生泰興人范生當世張生謇通州人並從余遊者顧錫爵如皋人周家祿海門人皆以文行知名未之見也

（註四） 見朱氏宗譜及梁廷燦編歷代名人生卒年表

（註五） 張嗇菴年譜及文錄光緒甲午年祭亡友朱曼君文有云君昔自語少余一歲抗顏贈君以假檢字比君赴來乃生壬子實長而下吁嗟君只

（註六） 見公文集卷二葛君墓誌銘同治之季始得交遊於時君年二十有三

（註七） 見公文集卷四斷指生傳

（註八） 方子箴濬頤二知軒文存卷十六桂之華軒文稿序

（註九） 見公文集卷六陳百生遺集敍往者甲乙之際余與君同在揚州兩人相善也殆無三日不爲詩

（註一〇） 二知軒詩續鈔卷十八卷十九卷二十

（註一一） 二知軒文存卷十六桂之華軒文稿序詩草序

（註一二） 二知軒文存卷二十張令君歸骨記

（註一三） 二知軒文存卷二十四書槃生

（註一四） 二知軒文存卷二十七泰興三高士傳及泰興縣志人物志列傳

（註一五） 二知軒文存卷十九與曼君書

（註一六） 見公文集卷三光緒十年六月祭廬江公文自我依公丁年之春歲胡爾邁今維甲申中更八年曰吳曰齊又張季子文錄祭亡友朱曼君文歲在丙子從軍江皋後余一紀君來爲曹

（註一七） 張嗇菴自訂年譜卷上及張季子文錄張華亭七十壽序粵亂曾文正公用淮人平吳武壯所統爲當時四軍之一由吳而越而齊而豫堯轉戰五六省……而審應武壯公江浦之招也中原兵事定矣獨海上時時不靖武壯意以爲事變之來盭午而無極湘淮軍氣當日下春非更得朝氣續之不足以振其弊於是大散貲財畜他軍散去宿將而廣延四方之士於是泰興朱曼君海門周彥升江都束長皋海州邱履平閩縣林怡菴先後皆至軍中

（註一八） 張季子文錄沈友卿集序

（註一九） 張季子詩錄及傳記酬泰興朱曼君銘盤詩三首

(註二十)　張季子文錄祭亡友朱曼君文・
(註廿一)　張嗇菴自訂年譜卷上・
(註廿二)　張嗇菴自訂年譜卷上・
(註廿三)　二知軒詩續鈔卷二十二・
(註廿四)　張嗇菴自訂年譜卷上・
(註廿五)　見公文集卷一翰林院檢討陳君墓表・
(註廿六)　張嗇菴自訂年譜卷上及公文集卷三祭廬江公文己卯之秋上書糾吏我與張君將顚而躓文肅既去微公且危・
(註廿七)　張嗇菴年譜卷上與季子詩錄及公詩集卷三舟行聯句・
(註廿八)　張嗇菴年譜卷上・
(註廿九)　濂亭文集贈范生當世序余以今年三月因通州張生謇晤其同里范生當世邗江舟次……洎七月生偕泰興朱生銘盤來金陵復攜所爲文求余爲是正且覼縷問爲文法

又張嗇菴年譜卷上光緒六年庚辰三月余與楊子青安震彭芾亭汝雲偕張先生以事去山東肯堂以事至揚州同發又桐城姚永概撰范肯堂墓志武昌張裕釗客江寧見張朱范三先生大喜詫曰吾一日得通州三生玆事有付託矣
(註三十)　濂亭遺詩卷一贈朱生銘盤三首
(註卅一)　嗇菴年譜卷上・
(註卅二)　嗇菴年譜卷上及張季子文錄與朱曼君及叔兄致袁慰廷函有追司馬因銘盤一言之微而得會辦營務處之號委札裁下銜燈煌然之句
(註卅三)　見公文集卷一女瞽墫銘・
(註卅四)　嗇菴年譜卷上・
(註卅五)　嗇菴年譜卷上
(註卅六)　見公文集卷一東援紀功之碑・
(註卅七)　見公文集卷四祭邱瑗章先生文癸丙庚壬春官四放・

(註卅八)　見公詩集卷三旅病述感・又見公文集卷二謝朝鮮國王賜藥物牋又謝朝鮮國王賜物牋・
(註卅九)　見公詩集卷三・
(註四十)　見公文集卷二葛君墓志銘・
(註四十一)　見公詩集卷三留別朝鮮士大夫・
(註四十二)　嗇菴年譜卷上文錄卷十一及公文集補遺與張季直昆季致袁慰廷函・
(註四十三)　嗇菴年譜卷上・
(註四十四)　張季子詩錄及歸來軒遺稿金州述別聯句・
(註四十五)　見公文集卷三祭廬江公文哀廬江公文卷八吳武壯公墓誌銘
(註四十六)　按光緒十年蘇州潘公偉如適以贛撫被議家居十一年潘公出任黔撫又公詩集卷三有送江庶常兼懷王五丈詩
(註四十七)　參考公文集卷三恭送座主少司馬黃公述職入都敍

(註四十八)　見公文集卷三南菁書院記・
(註四十九)　見黃炎培著朝鮮・朝鮮壬辰之變中國政府調廣東水師提督吳長慶率登州兵以七月渡韓鎮懾亂既定韓人倚若長城居三年移駐金州旋卒於軍諡曰武壯韓王李熙於漢城建祠曰靖武祠歲時致祭嗣日本統監府欲廢止之華僑力爭乃移歸華總領事管理明治四十二年四月六日府與領事換文載明祠在京城南明哲坊訓鍊洞地六百九十坪五合保管修繕由管理者任費所屬地及屋不征稅金及使用費祠有光緒十一年金尙鉉撰金允植沈履澤書去思碑附光緒八年隨征將士賓吏題名首列幕賓優貢江蘇通州張謇訓導江蘇海門廳周家祿舉人江蘇泰興縣朱銘盤皆以文學著稱者第二十一名爲營務處同知河南項城縣袁世凱
(註五十)　嗇菴年譜卷上・
(註五十一)　見公文集卷三清故署荊州知州吳君志・
(註五十二)　見朱氏宗譜

（註五十三） 參考公詩集卷三示馬生彥循及卷四書馬生文・
（註五十四） 見公文集卷四新阡志銘・
（註五十五） 見公文集卷四濤故候選訓導何君之誄・
（註五十六） 見公上鄭琢齋姑丈函・
（註五十七） 見公文集卷九四裔朝獻長編敍・又卷四與顧舍人書・奉別而還・卽以十七日抵天津・又十二日乃至旅順……家弟相見・彊爲喜笑・入則夫婦相慰・出則友朋相溫・稍營几案・便置書筆・日爲程格・以自令督・所撰集西漢已來四裔朝獻事・便已累帙・今須手寫・更付庸史・日可十數紙・裁計文二千許・
（註五十八） 見公文集卷四與周校官書及與顧舍人書・
（註五十九） 見公文集卷六告墓文・
（註六十） 見公文集卷四周仲璞哀辭・
（註六十一） 見公文集卷四邱履平墓志銘・

（註六十二） 見公文集卷四與譚仲脩書・
（註六十三） 見唐會要五代會要及四庫全書總目提要史部政書類・按王溥字齊物・幷州祁人・漢乾祐中登進士第一・周廣順初拜端明殿學士・恭帝嗣位・官右僕射・入宋仍故官・進司空同平章事・監修國史・加太子太師・封祁國公・卒謚康定・事蹟具宋史本傳・所纂唐會要・凡分目五百十有四・於唐代沿革損益之制・極其詳核・其細瑣典故・不能概以定目者・則別爲雜錄・附於各條之後・又間載蘇冕駮議・義例該備・有裨考證・宋慶曆前已鏤版於吳・又按五代干戈俶擾・百度陵夷・故府遺規・多未暇修舉・然五十年間・法制典章・尙略具於累朝實錄・溥因檢尋舊史・條分件繫・類輯成編・後歐陽修作五代史・僅列司天職方二考・其他均未之及・如晉段顒劉昫等之議廟制・周王朴之議樂・皆學關鉅典・亦略而不詳・又如經籍鏤版・昉自長興・千古官書・肇端於是・崇文善政・豈宜削而不書・乃一概刊除・尤爲漏略・賴溥是編・得以收放失之舊聞・厥功甚偉・蓋歐史務談褒貶・爲春秋之遺法・是編務核典章・爲周官之舊例・各明一義・相輔而行・讀五代史者・不可無此書也・宋慶曆中・文潞公帥蜀・嘗刻行之・

（註六十四） 見西漢及東漢會要・四庫全書提要・中國人名大辭典・按徐天麟字仲祥・臨江人・宋寧宗開禧元年進士・調撫州教授・歷武學博士・通判惠潭二州・權知英德府・纂兩漢會要・漢兵本末・西漢地理疏・山經等書・事蹟附見宋史徐夢莘傳・西漢會要仿唐會要體例・取漢書所載制度典章・見於紀志表傳者・以類相從・分門編載・其無可隸者・亦依蘇冕舊例・以雜錄附之・凡分十有五門・共三百六十七事・班固書最稱博贍・於一代禮樂刑政・悉綜括其大端・而理密文繁・驟難得其體要・天麟爲之區分別白・經緯本末・一一犂然・其詮次極爲精審・昔人稱顏師古爲漢書功臣・若天麟者・固亦無愧斯目矣・東漢會要之體例與前書相同・所列亦十五門・分三百八十四事・惟西漢會要不加論斷・而此書則間附以案語・及雜引他人論說・蓋亦用蘇冕駮議之例也・東漢自光武中興・明章嗣軌・皆汲汲以修舉廢墜爲事・典章文物・視西京爲盛・而當時載筆之事・如東觀紀及華嶠司馬彪袁宏之類・遺編斷簡・亦間有留傳・他若漢官儀・漢雜事・漢舊儀諸書・爲傳註所徵引者・亦頗犂然可考・故東漢一代故事・較西漢差爲詳備・天麟據范書爲本・而旁貫諸家・悉加裒次・其分門區目・排比整齊・實深有裨於考證・

（註六十五） 嘉慶間徐松從永樂大典輯宋會要・卷數不詳・張香濤之洞得書稿於京師・督粵時屬廣雅書局王雪澄秉恩刊印・未果・辛亥後稿歸吳興劉翰怡承幹・已多殘闕・劉氏爲之補綴・釐爲四百六十卷・現藏北平圖書館・尙待刊行・按徐松字星伯・順天大興人・嘉慶十年傳臚・官至陜西延榆綏道・精於史事・尤長地理・好鐘鼎碑碣文字・著新疆識略・後漢書西域補註・西域水道記・西游記考・
（註六十六） 見三國及明會要・按楊晨字定敷・浙江黃巖人・光緒三年進士・官刑部掌印給事中・又按龍文彬字筠圃・江西永新人・同治四年進士・官吏部主事・所纂明會要・亦沿兩漢會要體例・分十五門・繫以子目四百九十八事・徵引必註書名・以事之先後爲次・依蘇冕駮議例・附錄通鑑輯覽御批及綱目三要發明・並雜引各家論說・
（註六十七） 見公文集卷六曹君墓志銘・
（註六十八） 見公詩集卷四示仲雅詩・四放春官未足悲・歸來兄弟飽論詩・

（註六十九）見公文集卷四祭邱瓊章先生文。

（註七十）見陳百生遺集敍。

（註七十一）見邱履平歸來軒遺集敍。

（註七十二）見公文集卷五朱氏宗祠述頌之碑。

（註七十三）見公文集卷六柳西草堂記。

（註七十四）見公文集卷八感逝銘。

（註七十五）謹按公實以病瘵卒於軍中公子驥之今已年逾不惑無錫丁福保佛學起信編引清代野記張祖翼據旅順歸客語謂公在湯餅會席上遇鬼索命父子同時並死云云全與事實不符特辯正之。

（註七十六）平等閣詩話卷一及嗇菴年譜卷上。

（註七十七）張季子文錄祭亡友朱曼君文。

（註七十八）狄平子平等閣詩話卷一及卷二。

（註七十九）民國十四年甲寅周刊第壹卷第五號至第九號。

（註八十）重華月刊第一期。

桂之華軒詩集

存廬集之一

中華民國二十三年孟春泰興鄭餘慶堂刋印

桂之華軒詩草序

予往論詩云。五七律當專宗唐人。五七古則宜出入於漢魏唐宋之間。又謂詩以言情性靈勝於標格。彼專以雕琢字句爲能者。仍是門外漢。故有前輩詩人問予此生作何歸宿。予茫然無以應之。三百篇兼采里巷歌謠。不必皆詩人也。大率天籟自鳴。無意求工。而自然中節。夫亦何嘗有所規仿哉。予之不作詩話也以此。詩與文無二道。文既不可言派。詩則何獨不然。嘗謂學詩者不必籓宋以後詩。非宋以後無詩也。宋以後詩舉不能出漢魏唐宋人範圍。吾之學力足以造之。亦猶書家之貴取法乎上也。曼君詩五言善學太白。七律亦有奇氣。五七古歌行則與昌谷少陵爲近。年少才雄。家貧嗜古。自來揚州。角逐壇坫。足張一軍。昨日消寒吟社。天甫明。諸老尚蒙頭高臥。子獨冒雪而至。與予並案吟哦。運筆若飛。予詩甫就。覗子則亦脫稿已。客至輒爲聯句詩。子則矢口而成。不落人後。間有未安者。予命之更易。援筆點竄。絕無難色。如子之才。予固不願子徒作詩人也。子請益於予。予以平日之論告之。且戒之曰。作詩以真爲主。最忌辭不達意。若連篇累牘。誇多鬬靡者。往往墮落下乘。弗識此中三昧。舉世目爲詩人。豈得爲詩人哉。予從事於此卌年之久。人笑其癖。而予則終不爲詩所病。近更治古文以擴充而馳騁之。乃益恍然於依門傍戶。隨人作計之非也。予固不願子徒作詩人也。光緒元年歲次乙亥定遠方濬頤序。

桂之華軒詩集目錄

桂之華軒詩集卷一

泰興　朱銘盤　曼君

當庚肩吾詠長信宮中草

匝水斜紆碧當階細綴青託根於賤地同感春風生

隋隄

隄上已無柳空傳隋代名鶯花流寶骶士女説閒情衰草悲行客殘壕臥老兵曉風誰弄笛感慨想餘聲

秋夕懷葛桐

落葉故蕭瑟秋風搖素帷披衣拂長劍未足斷相思念子尙貧賤兄余恆別離江湖愼風浪前路有佳期

平山堂

百年慷慨此登臨可有甘棠幾樹陰古壁龍蛇遺跡在隔江烟樹暮天深朋簪歡宴公餘樂文酒蒼涼異代心不惜大瓢同一醉西風歸鳥下空林

史閣部墓

孝陵松柏晚蕭蕭地下君臣共寂寥嶺樹淒涼此明月江流嗚咽有寒潮中原豺虎衣冠盡南國兵塵士馬驕天半靈修應浩蕩白雲凝望暮天遙

梅花嶺梅花畫壁

香風宛宛春溶溶寒花夜半青霜濃靈修忽控赤虬至孤月卓午蒼煙空當時血戰埋秋草一花一淚鵑血紅人間暖意不能到陰厓古雪僵天風龍虎盤鬱鳳鸞亞枝柯瑰異無恆蹤何年飛來託素壁開眼疑入羅浮宮想見下筆走風雨直勢一出穿青穹當時何不添寫萬歲山頭百尺樹眼前突兀來髯龍嗚呼眼前突兀來髯龍靈兮靈兮空哭烏號弓

過故館懷先師劉公

吾師昔高臥十笏此閑房當戶晚花笑捲簾春草香説經嫌晝短中酒喜宵長

今日空相憶羊曇淚幾行

贈蔣生

奇士近難得蔣生何壯哉江山好秋色文酒此清才意氣誰相敵窮愁大可哀誰將鵰鶚眼一爲盼蒿萊

天上謠

飛瓊手折青蓮花枝枝片片如朝霞漢武夜宴王母家常儀欲睡明星斜白鳳啣燈素鸞叫中官催捧金門詔東風一變忽桃花執戟兒郎拍手笑

寄婦

少婦持家拙念之愁遠人秋深憐我瘦書到諱言貧客路多衰草歸心滿白蘋何爲怨離別屬命在風塵

寄示弟盂

汝幼不解事汝兄行路難先人餘涕淚貧士古飢寒對劍悲馮意臨歧眷㬎嘆墓門有宿草搖落夢中看

寄懷蔣生

西風日蕭瑟念子尙無衣今雨人何在秋江蟹正肥相期把尊酒隨意弄清暉吳下詩才少青山望爾歸

題畫蝶寄人

春歸在芳草春去有殘紅寂寂若爲語相思空復空美人小垂手妙舞對東風惆悵年時事可憐芳樹叢

出郭

出郭日已夕布帆風外斜春情回死草返照變青霞小飲難成醉深宵便憶家無因兒女淚消滴到天涯

舟中即事

日夕揚舲去雙隄暮靄青天風定高鳥遠岸出危亭帆影銜煙沒潮聲雜鼓聽

夜深泊孤戍霜露滿空冥

書寶應孔太僕遺集一首示管才叔秀才

心血文章在孔君天所哀關山猶有淚忠孝定須才戎馬江南賦霜風幕府盃
管生故人意回首重悠哉

同齊丈蔣生遊平山堂作

晨雨乍馳人漸晴人意喜青山落吾眼了足辨村市齊翁淡宕人蔣生磊砢士
相將命巾車云當刈蘭芷緣崖慎躡步入門豈煩耳盧棠納蒼碧嘉卉錯丹紫
大江流我前百里一尺咫思欲飛扁舟散髮此焉始寂寥紆古情淡足識初理
請誦和仲句持謝歐陽子

感舊

碧玉風情屬小家絳雲深處有青霞東風忽地融香雪錯向風前怨杏花
落花如雪糝春衣滿向春波慘綠肥長得和香心上貼也教蝴蝶夢中歸

桂之華軒詩集　卷一　三

送侯謹之一丈祭其師墓清河

一指一寸折布衣全汝真兔毫寒不落龍性老難馴冰雪師門淚霜風刦後身
廬陵有遺教千載此滁民

夜行到家

深黑不知路白波星亂明樹能奇鬼勢鳥雜怪禽聲江遠愁無地燈疎識近城
入門各歡笑惜此到家情

露筋祠

遠望碧可愛垂楊風細吹淮南古時驛湖上女郎祠夜靜百蟲響露涼雙袖滋
娟娟二更月長與照蛾眉

書胡厚堂詞本

淮水日東去君家淮水邊霜華上短鬢風力勁秋絃一奏清商曲人思天寶年
君看北來雁點點落尊前

阻風泊江口

北風鼓奇勇薄水風力長短港擠衆艘排擊船腹響斷渡行子怨爭泊三老嚷
排窗不敢語磊塊塞喑吭獨鳥去復來飛渡轂奇想青山不流去快哉落吾掌

寄婦

西風舟在白蘋邊我與蘋花瘦可憐欲遣江波遙寄汝可知流不到門前

憶家園花樹

先人手種碧桃樹落盡桃花樹亦枯剩有窗前木犀在秋來能放幾花無

夜抵燕子磯

窺窗訝疎燈凝睿得山影萬里盪昏波離合瞬俄頃近仰駭崔巍墮恐壓人項
黝闇不可撓坐默構幽景今早百夫力膠沙舟腹緊一拔快脫羈山靈或造請
明發隨夢去荒雞破山暝

隔江望蝙磯

桂之華軒詩集　卷一　四

蒼莽蝙磯路夫人古降靈魂歸吳月白眼斷蜀天青慘淡魚龍氣微茫草木馨
懸知千載意流恨在空冥

秦淮贈人

河漠霜高白雁孤紅蘭風急不曾枯酒酣一唱春燈曲定有空雲下綠蕪
水亭風斷采蓮歌便有銀蟾墮酒波莫向菱花照人影青蓮風急晚涼多

奔走

奔走空皮骨歸來就草堂能貧聊慰藉偶病得清涼布被一爐火中宵萬瓦霜
門前數行樹期爾共青蒼

枉說

枉說奇貧極青天豈汝哀苦將霜雪意鑄此飢寒才凍雨連晨暗冰花照眼開
暫爲太平物憔悴到蒿萊

獨飲二首簡何七舅

獨飲歌呼雜晝昏，東風晴日滿柴門。西邊日夕方金鼓，下士酣嬉況酒尊。眼底物情到雞狗，天涯芳草失荃蓀。知無肥牡歡諸舅，乘興同開老瓦盆。

耆舊無人我亦才，眼前同輩漫交推。劇憐甥舅元無別，一入詩書百可哀。新月完完窺牖早，冰花的的向人開。霜風幾日凝寒冱，十萬飢黎哭草萊。

贈金大冶青

春色散遙野，物情閑復閑。偏宜把尊酒，招汝話湖山。席帽風塵下，清標竹柏間。旁人殊我好，祇作畫師看。

舟出北郭悵然有感書寄所親

流水有本源，脱葉有故柯。男兒守家室，飢來當如何。纜舟久在門，親戚相吁嗟。甯忍決之去，他言爲蹉跎。汎舟出北郭，初日朝滿河。河水清且夷，風來揚其波。昨事但默構，獨此當風歌。

歙人洪醰士筱圖兄弟喜詩好客邀過其家

君家老兄弟，快意得如何。入世聊中隱，閉門能浩歌。古園有喬木，清蔭俯春波。復此忘羈旅，吾行載酒歌。

和洪秀才見詒之作

美人遠自愁，獨泛沙棠舟。誰適爲顔色，無勞問蹇修。紅蘭有清露，杜若在春洲。安得輕攀折，芳馨慰我求。

子有梅花筆，春風能與期。生平少年日，獨往冰霜時。沅浦無芳草，滄波幾釣絲。眷言蓄光釆，素默葆清夷。

同袁四季枚臨湖禪院看牡丹作

麗日滿庭戶，照人生晚霞。可憐遠遊子，對此春風花。林蔭藏鴉暗，湖光掠燕斜。袁生亦憔悴，同是蟄中蛇。

舟泊六閘口作

未暝早泊舟，前路不及宿。殘日明斷港，餘暉亂水木。鄰舟聚三五，方音雜楚蜀。

大月漸出地，遠燈見林麓。風物非故園，清景暫我屬。此時吾盧人，聚話對寒燭。

述感三首

臨別鬱惆悵，出門便已休。人情喜歡笑，那得容汝愁。愁來螫人心，中夜腸腹遒。君看吟寒蟲，安能囘窮秋。君子志萬鍾，小人謀一邱。微細不吾畀，已矣將何求。

我説行路難，旁人亦淒然。豈有憐惜意，貌誠爲周旋。一身有一我，誰肯相纏綿。至人尙大公，下之何有焉。不如飲酒者，高卧羲皇天。

東風草木生，南風草木長。西風草木彫，北風隕其亡。在天爲政令，在物增感傷。何如無生死，真氣含空茫。姬公誠材智，魯叟尤皇皇。令我千載人，智慧無甯康。

寄懷吳司馬湖北

東風作嘉聲，愁人自淒心。好鳥能媚我，觸我爲酸吟。早歲盛意氣，一飽無煩襟。窺匡識嶽險，觀河知水深。豈無趨避術，坐爲飢寒侵。誰肯狹路間，軒豁披真忱。

往者遘哀厲，盎儲無升斗。健兒失寸鐵，那得誇身手。吳侯焌我家，如飲雪天酒。親交亦滿眼，寒溫貌能厚。心知歎此人，感激不在口。

故人隔江漢，同此春風中。我病不任酒，對酒猶能雄。去年共尊罍，五月榴花紅。薄祿子良美，鬻文吾何從。坐見入枯槁，竭澤無蛟龍。誰能背骨肉，暢此心與胸。江上好山色，過眼皆空濛。

燕子磯

危峯截江起，隱視衆山尊。盤踞相終古，咽喉此一門。當時探虎穴，猛氣若鯨吞。故壘頽雲下，悲風激水渾。

珍珠泉

絢石媚平漪，迫視不及丈。前行勢微殺，幽曲失夷曠。百折仍東流，萬荇從所向。茅屋三四家，水碓便溪上。時時汲一瓶，浣濯或茗釀。新獲神驟凝，狹久妙亦忘。買山得吾遂，此境實嘉貺。夷猶憺忘歸，僕夫色惆悵。割戀上馬背，山風帽簷漾。

贈張秀才季直兼懷吳司馬武昌

彊人入世法真意淒不宣偶然有告語知汝猶能憐旁人看年少綠鬢春風前
安知我心意乃在冰霜天汝家海水上家有桑麻田奈何去骨肉別離動經年
但坐勿復語期之琴無絃

濯濯吳仲子愛我如弟昆羣喙有謠詠仲子終不言仲子才視汝雁行無卑尊
束縛入冠帶持版迎高軒心知非身美妻孥能相存念彼江水廣中夜馳心魂
讀書餌簪紱明言人所羞不爲簪紱來世無儒者流小人謀升斗一飽便已休
眼前把寸管坐見成公侯松柏無冰雪蟪蛄無春秋君看往古人兀兀千年憂
一身爲枯魚彊爲魴鯉謀

述情

託身在貧賤動作都可憐天豈故厄人期汝筋骨堅困窮不及死或猶天所全
朝粥縮頸啜暮歸伸足眠處此好尤怨毋乃負所天去年齊豫災下農無完田
草中萬飢渴日夜淒風煙

先人守經史窮死不貶節看人媚春華胸膈獨冰雪田薄不給口剜補心血竭
眼前八兒女昏嫁計瑣屑可憐病在床心知即長別呼兒說家事忍淚氣哽咽
大毋老淚枯張口但空泣當食忽念此肝腸萬釘裂

大妹適吳生老翁困微官一家氣忠厚念當無飢寒五女妹在伯先子昔所賢
薄奩送汝歸兄歸病軀殫次妹今年婚兄客滄海邊幼小適藜藿不羨雞豚餐
努力奉晨夕地下怡心甘

道旁有窮士贈以一飽資明知我亦貧且復憐其飢低頭念我室安知己晨炊
遺去不挂懷入室吟我詩思來倏已失茫如焚斷機詩成但自詠甘苦深心脾
何嘗畏示人示人來嘲嗤

得死亦已矣不死且復生投身入霜雪傴仄傷和平學人貴程積華士求近名
萬人則萬好口舌非力爭四海一女術何者爲性情茫茫墮人海事後分枯榮
不能飲醴酒憂來誰能嬰

行路難

羣雛生一巢長大各自飛兩蠶同一繭一半織作綦一半爲美人身上衣今日道
上騎瘦馬門前明日君馬肥世間萬事儻可必東流河水還西歸

涑冶善銅出丹陽洛陽名工製爲鑪上刻仙人把芙蓉下有鳳凰將九雛鳳咮
吐紫煙令君洞房無春寒天明月落獸香死美人嬋娟雙袖單

京洛出名酒一斗值十千黃金不足惜願得一醉千日眠黃金有時銷千日有
時寤含情攬涕復坐愁長夜如年不知曙

中庭兩株樹一株是櫻桃櫻桃有枝葉人心有波濤杖劍出門去坐使花樹隨
風彫東家女兒好顏色西家女兒雙眉碧含情相媚不相言歸抱銀箏閑瑤席

日晚

日晚荒臺下無人獨笑時榴花紅自好白袷爲誰緇地僻關門早天長下鳥遲
平生開倦眼我亦識旌旗

悁悵

醒時每悁悵求醉入糢糊骨有能貧氣天難容爾愚麤疏且琴劍嫵媚到屠沽
日暮南風起清涼合在吾

野哭時聞鬼殘燈親夜深駭人有餘厲殲汝豈天心就枕鼠聲亂窺窗山月陰
平生意寥廓檢押不能禁

贈邱大履平

邱生東海來告我嵞山奇眼前卷石不能到坐令鞴袖軒雙眉邱生二十好男
子百金買劍長安市可憐四十不封侯舊戰團袍血花紫憂來發興惟高歌鬼
神風雨能誰何胸中萬語但自冷張口一洩騰風波有時醉出霜鐔舞眼底鼠
魚變龍虎共道將軍劍術奇誰知國士丹心苦漢家西北多烽煙健兒十萬長
控弦頻聞戈壁懸軍日空見葡萄入塞年邱生爾無封侯骨髀肉生來有誰惜
竭澤蛟龍死亦佳淺草枯泥臥不得聶政堂前有丈人賈生涕淚空沾巾何當

驅馬山中去海天高夢羲皇春·

東海二壯士行

東海二壯士顧亶及馬義義也善突火亶也工擊刺·邱生挾之來·飛走健翮翅·
邱生亦善兵·平生有通臂·酒酣呼亶前·短仗出游戲·盪臂風力遒·回身燭光碎·
一鍛千鋒旋·萬人不足刺·橫躍雙側盤·觀者駭及鼻·邱生呼止止·神定吻微吹·
滿堂各曼立·聽生說義事·昔在殺皇初·山東盜如蝟·桓桓陳將軍·殺賊輕意氣·
蓮池萬賊壘·孤軍突風隊·義爲帳下兒·一鎗不脫背·將軍出殺賊·壁門虛不閉·
其時日正午·西風晝陰晦·突賊乘虛來·直前那猜忌·一壁一雷出·十發十人殪·
賊去義不追·賊來義甯避·貂蟬滿頭顱·斯人獨蕉萃·草具長不飽·我嗟生已淚·
萬方昔多難·死命責此輩·羣盜一朝盡·草間遂棄置·高官騎大馬·問心竟誰致·
秦齊俗彊悍·此輩千萬計·飢窮不能活·草澤或嘯噬·豐膚速蛇蝎·適爲爾曹累·
鋌險觸文網·殺之爲勇毅·邱生兒蕭條·見人不嘆喟·忍死爲老母·日長但高睡·

兀傲藏深叢·鼠兒遂搖喙·平生結豪猛·二士實其次·蠻夷正歸化·宰相善調劑·
小人伏窮巷·眼前暫飽醉·邱生吾告汝·窮死又何異·歸語所知人·努力削材智·

邱生劍歌

邱生有劍懸壁上·抽出視我光十丈·萬里來從日本都·千金脫自雲中將·吁嗟此劍何足奇·惟在健者能用之·猛虎林下臥不醒·小兒寸鐵刳其頸·關西羣盜尚如林·涼州幾載煙塵深·臨洮牧馬不飛度·充國屯田多苦心·生也昔作賢侯客·諸葛用心天下識·橫流滄海竟何歸·變局如棋收不得·自從長揖歸耕去·劍獨與人共朝暮·雪色長沈北地花·星文猶動東陵樹·平生雙眼飽旌旗·好讀陰符注握奇·縱將此劍贈秋水·猶化雙龍天外飛·

客中端午作

癸酉已後二端午·一在家園兩在客·今年又作江頭行·書劍粗疎寄人宅·簸旗打鼓不到眼·細柳青蒲有誰摘·薄田卅畝收不滿·苦憶瓦盆煑新麥·去年亢旱今蟲蝗·便當餓死敢誰責·眼前一飯且自足·已分甘鮮背骨肉·晚來一上城西臺·南望蒼煙起林木·

江頭

江頭看遊客·道上見飢人·枯槁誰能顧·綺羅他自春·衣香回畫楫·旗影動青蘋·
日暮各雲散·南風吹野塵·

碧泉

湯池多處所·未聽碧泉名·終古無人浴·一泓如此清·風回成響細·漪靜測天明·
流向前溪去·波瀾自不平·

喜贈江卿兼懷莊司馬董戶部

去歲廣陵月·照人同舍眠·今年江上水·流夢到君邊·奔走仍凶歲·飢寒送少年·
南行見諸子·爲問好詩篇·

苦雨行

孟夏積亢旱兩月·雨澤稀·一雨滯十日·農夫重嗟咨·淮揚地卑下·水性甘所宜·
一日江水長三日·及阜陂我田不給口·年豐猶苦飢·坐見轉溝壑·意外無冀希·
但念骨肉遠·不得同涕洟·客中破茅屋·腐儒最能棲·坐臥得牀榻·便已飽我期·
夜來屋漏急·著人無頸頤·庭階見魚鼈·几席爲溝溪·開門忽江河·浩浩吾何之·
眼前且一飽·言笑相娛嬉·安知泥塗間·餓死無窮黎·

與范大鑄

汝祖及吾祖·先朝並有名·蒼茫百年事·迢遞兩人情·歸路滄波遠·西風尊酒清·
何須怨搖落·無用最儒生·

三台洞

午飯既云飽·獨臥寡所歡·與言迹幽壑·細步前蹣跚·初行微風冷·微汗失故寒·
人言茲洞好·紆行無易難·老僧善億客·因奇增鐫剜·蛇行升山腹·穴窮來青天·
下有頹雲根·養以不竭泉·夸言神所造·凡夫爲咨嘆·佛堂塗朱碧·巨牓署高官·

人情各有尙吾生行所安

舟泊燕子磯作

尼女槌木魚長夜霜露中千家俱眠臥念爾心獨忡同爲飢寒民衣食恆不充所求良非奢所苦亦已豐路人相慰藉若盍爲耕農耕農亦不生棄去將何從

送邱大履平之淮陰

飢來轂履出未知向何門弓刀黯無色僮僕慘不喧入門各歡笑于汝誰寒溫有母不得養對案淚爲呑西風吹北林荒雲下平原登高一以望中心多煩寃煩寃夫何如但悲不復言

貴人富經濟吐詞皆聖賢人賤言亦鄙好語祇自憐爾昔在年少仗劍驅幽燕三戰都護死道上橫戈鋋去時擁千騎歸來張空拳書生苦信書剛愎身不全汝謀悔不用銜恨終黃泉

韓侯有高臺下臨長淮水君家秦東門去此三百里君今到淮陰故人輒歡喜

老母雪滿頭日夜望兒子扁舟遠迎將春風在冠履女兒能挽弓健婦習舂米開門愁江湖閉門種蘭芷坐臥惟高吟邱生吾語爾

寄方先生四川

金章犀帶載君恩駢牡遙遙上劍門蜀徼河山天下壯漢朝柱史繡衣尊文翁講舍林亭舊丞相祠堂檜柏存聞道淸時多美政蒼茫懷古不須論

早歲依人百不如兵間事業況蟲疏三年江上生秋草萬里天涯有報書大酒便思傾北斗好山聊復愛南徐何如往日聯吟地董相祠邊落照初

陳檢討晚詩

八月燕山道飛鴻到豈遲那知報書日已是蓋棺時弱女綳初解離姬淚可知遙憐蕭寺夜風雨暗空帷

往迹星家語今年可得兒天心慘到此一第竟何爲宛轉懷丹旐淒涼夢繐帷魂來縱相見未必是生時

上將吳都督平生識子才黃金猶有贈老淚不勝哀戈馬邊防重金繒海國開眼前誰壯士迴望獨登臺

孟六遺文在遙遙千載名事當歸後死誓以報先生春雨聯吟地秋風顧曲情他年尋舊館芳草意縱橫

寄范鑄葛桐

郭外青山酒客多葛生范大近如何開書豔聽南皮樂送客遙憐灞上歌天末風高回暮色尊前淚遠與江波荒城六月西風起曉角殘星夢薜蘿

歸思甚亟遲張四季直楊大子青不至

歸思觸物興乍騰又彊制厭人問行期他詞急蒙翳兩期無歸金蝎蹶吁可畏逆知我當還抵書慮難致朝朝計歸程今日當某次荒城朔風高飛鴻聞淸唳別離爾所同我更苦留滯夜來放足眠佳夢亦偶至瑣細不可詳大都有歡會二生來吳門遠道行詎易鬱伊吾何從高吟發紆氣

小舟抵江口子靑季直適至道左相見喜賦

臥行見岸移何人躍馬過裘深肩背寬心訝軀幹大起視急驚呼獻笑心自賀語多猝難詳斯須亦無那苦言火舟勞板梯指爲破爾去沽輕航晨夕得坐臥楊生好眉宇豪氣扼不挫時平賤英雄劍術勿輕播汝師邱方平坐是遂坎坷不逢吳將軍到今且寒餓別矣吾東行歸思急如剉明朝大江頭唱詩水風和

奉送張中丞巡撫貴州

皇帝四年冬十月中丞入覲鳴玉珂明光宣室數召對斟酌造化追卷阿老臣須眉聖人識劍冠嶽嶽神峩峩明年二月下丹詔使持龍節臨牂柯山川莽茫極南徼古之荒裔雄包羅東連五溪西六詔三巴北望靑弯磨東來江水絕怒悍唐蒙一去空寒波我聞南徼畮百粵畜牧蕃碩嫺刀戈蠻夷獷俗自古爾時平那得生尉佗朝廷官人豈無意坐見萬里如旋螺要憐飛蓬入熛炭陰銷兵甲回天河先生沈毅富材略燕趙齊魯銘功多往者三吳一持節秋風八月生

嘉禾古聞循吏民可惜於公不得當如何甑生三歲廁軍幕黑髮無用慚羲蛾主人郤過嚴僕射恢張談笑無臼科高臺獨上望旌旗把酒躑躅當風哦明朝揚舲急東去白頭緑鬢行烟蘿清觴旨酒不得共夢中祖帳行當過他時功績勒金石下馬猶得懸崖磨

留別范大无錯范二中木范三秋門

林樾蕭森罨潄廬晚風涼意到襟裾盤飧却稱貧家味談笑都成策士書南徼新軍深駐日西征名馬半歸初草堂此會真難得江上明朝夢更虛

江氏山居同范大兄弟

繫船柳外愛清陰深愧山翁好客心紫蟹味兼尊酒重白蓮香與暮烟深徼時歌哭都無謂早歲關河空苦吟珍重主人醕朴意未妨頽語漫題襟

舟中二首畣陳子疇秀才

赤地熾熛炭高雲張炎曦遊子遠行邁憊矣吁何爲朱門習幽靜臺館臨清池

當午不能汗焉知征夫疲我家有庭宇高柯陰參差時時臥其下清風來相吹當境豈知好苦來方悟稀自從勞行役四序無甯期去冬十二月策馬渡江陲隄裂馬不墮一墮成沙泥念此心忐忑當暑冰在肌蒲柳入霜雪龍魚辭淪漪非願偶所畀誰能長絶咨

陳侯振奇人平生有大志茫茫人海中獨云我材異早年習關河詩書百廢棄作賦追屈平著論準賈誼高言得十九窺見靡一二兀然戴儒冠吁嗟乃欺世方今海宇平東南有萌肄豈無草閒人張口發高議夔龍爲冀士蕭曹爲胥隸一朝逢聖明畀汝翮與翅子何極騫騰風雲拓初意陳侯好詩書仰古求實義翛然歌一篇往往露真氣昨者贈我詩龍性不可彎賤子方遄征鬱伊滿天地回首望故園莽蒼攖吾慮江河來眼前骨肉在夢寐中年百無成甯當怨蕉萃

送東畏皇視兄疾海門

貧賤吾何說出門事事輕清宵念骨肉雙淚暗縱橫苦竹山中雨虛窗夢後聲吁嗟爾何事復共可憐情伯子老兼病朝朝望弟來喜從天外得對汝酒邊哀攬鬢秋情起軒眉海色開未須仍憶我江郭坐蒿萊

喜王丈至即送之揚州兼懷方先生

霜落秋林朔氣横巾車歲晚且孤征感時自下江山淚撫景難爲草木情西極風雲猶戰壘東流日夕更商聲淮南耄舊今仍健爲語深杯好暢傾

苦惜

燕雲荆樹氣如何解佩無人託素波車上猶聞秘書監人間早憶潁川歌荒荒烏鵲深林少獵獵旌旗落照多苦惜當時三戶老精靈西望亦滂沱

游勇行

江東有窮子早歲曾爲兵殺賊雖多不得賞太平散卒驅歸耕田廬蕩絶骨肉死商賈不習誰可營短衣數挽足無襪可憐日向街頭行夕陽慘淡照林木此

時肌腹空吞聲吁嗟此輩故鷙悍火酒肥肉乃壓情而況當時用彼力授以金鐵令殺人一朝偃武尚法律此輩何識氣頓馴使酒爭博亦細故論罪那得隕厥生何者邏吏騎馬過道旁見之意不平呼爲游卒叱縛送堂上一鞫頭顱傾嗚呼天下俱赤子入伍則卒出則民爾曹媚上亦多術乃以人肉博汝名翁歸張湯却遍地甯成郅都那足珍往者督部沈少保以猛爲治良可程遂有鄙夫竊意旨戈船小吏白骨横嗚呼戈船小吏白骨横我願大官日夕拂高鑑愼勿借之鱗甲爲蛟龍

屯田行

天下戍卒飢莫餔中山乃有屯田租屯田租多不到卒將軍倉高誰敢發卒謂將軍我良苦田場我場圃我圃一年辛苦一月食將軍大恩高如父將軍謂言爾不知爲爾積穀防爾飢誰令爾曹用不嗇將軍雖恩無可爲將軍官貴騎大馬將軍功高築大廈但知堂上狐貉人甯識北風飢凍者況今天子重將材將

軍乃爲宰相來。英布車服合都鸝。爾曹飢死胡有哉。奮臂大呼獨何妄。幕府寧爲對簿狀。今朝打鼓噪軍門。明日駢頭槀街上。

桂之華軒詩集卷二

泰興　朱銘盤　曼君

人日雜詩

百年幾人日。那得不思歸。自分同鴻雁。甘心仰蕨薇。荒城寒雨急。茅屋過人稀。坐覺成蕭瑟。燈花慘不輝。

城上高台迥。傳聞勝國爲。鳥巢乾雪墮。虵蛻晚風披。欲上看山色。無心贈好詩。

江流何太苦。日夕更東馳。

東海諸夷國。倭奴老不臣。公然薦藩服。况乃結彊鄰。下瀨戈船少。溟池水戰新。更思前代事。奇計獨何人。

當代推無兩。侯官太保宮。生能容杜密。没尚憶陳東。遺疏傳天下。精誠滿腹中。憐才有如彼。忠讜更誰同。

感激欲何已。蕭疏還自憐。受恩亦無那。彊笑爲誰妍。轉憶平生恨。長悲老父年。

吁嗟兒萬死。痛哭對江天。

寄范大

人生有何樂。骨肉是真歡。便共閉門臥。終勝衣錦還。遠遊兄半落。經歲獨江關。不信烹山酒。離情醉可删。

念汝衡門下。爲歡有歲時。書看令弟好。詩上老翁嬉。植拔能蘿薜。烹鮮且蛤蜊。日來賁春酒。肥牡更招誰。

水心亭宴集留別諸子

經年車馬滯江干。好友相當骨肉看。已快清尊開笑口。更令壯語激吾肝。春深碧樹陰虚閣。晝暖黄蜂上客冠。相約今朝須鬥健。蘭亭古已雜悲歡。

八桂初聞賀解鞍。更傳邊部有兵欄。大宛善馬談何易。東市朝衣事尚難。朔檄移營新拜表。扶風拱衛舊登壇。草間定見升平日。珍重瑤篇異候看。

與馬庶常

見說都人爭上書·嗟君鬱鬱意何如·甯知天上攀龍客·未勝山中下澤車·野曠衣冠驚鳥雀·時危鐘鼓走鶢鶋·商量更乞無人境·海甸防夷不可居·

留別分得飄字

楝子花如素霰飄·將離還與門于瓢·天明月落吾當去·臥聽東風枕上潮·

與季直无錯行抵如皋書寄中木兼送季直入都

明發扁舟下海陵·白狼回首見高稜·賢兄歸夢三更雨·念汝清詩十月冰·爲悔風塵憶茅屋·偶思骨肉怨行縢·素冠三月長安去·有客悲哀況可勝·

舟行聯句（倒押五物全韻）

晨曦逋滯霖·遼原痦蒙蔚·曼君 離尊祖臏太·朋簪盍孫尉·彼風激颮颮·張季直 晴漪散瀣汝·枕聲三老譨·扇勍五兩倔·馴禽尾沿緣·范肯堂 沉鱗震談嗽·披髮凌酆琅·眯眼慆垢拂·征役阻况脩·偃仰嗟以咈·季 顧念嘂腹腸·寧畏走硉硊·飲口鬃疑餅·叩臏槁想菀·曼 褐珠養不肥·弁玉淒忽黜·蹋跛肩辭鑱·猝察脛撿祻·

肯 跚跚履屩穿·望望岵屺屹·賈芘槃泣蘷·痛衰杖耘芴·季 昔窆吾悲防·令棬靈臯肸·眓霄崩雲鶱·泫條宰樹屹·盤也感斯摯·鑄乎遊可不·曼 仲米趣煎憂·歐鐔奮剸剌·疲領支遠勞·敖嬉制怒艴·身西心囧東·朝娛盱乃怫·肯 伏聞皇帝聖·下閔泉府汔·盂盤乍毛豐·鶱賈輩瞋迄·曼 詔邊謹士斷·餚殍減玉釳·雞鹿築塞牢·虓虎屯士仡·季 懸節新窮巖·規饞競理沕·宛馬萬諜馳·鬼刀四盤剧·隱衷抗辛有·茲患浮突厥·肯 切綦局孔午·熛炭熾矧欻·大車毳如荄·炎勢手可熨·瀕謀劌笑當橫行·噲語勿·曼 薪火燹爩熛·蓬累窘魁崛·寡嘍孤莫張·術道覨而詘·伊和羅武刖·懷管受威祓·季 蹇修焉可徠·珍髢自加鬅·欽鵶貞長離·留夷婢荒茀·肯 攬代騷衷紆·怨賦瘳痗弗·誓將買地肺·邢更艷天綍·若龜甘行淖·詎牛一蔽韍·曼 入穎把許瓢·封瓢棄炎歘·亮哉十年書·愈彼三百紱·迹與招隱往·口喚草太吃·季 饕粟長艙銷·賁雨破缸訖·怪思摹鼎劇·椎險勇埋掘·腦監楚晉摶·馥餕愈郊乞·肯 晚犬投啼呼·老烏墮陰鬱·箬閣半睡飴·板低衆頭屈·曼 生拙僕疑語·志違夢摟拂·啁弄桃土偶·慰諷紙泥佛·季 沒燭禪大月·軒蓬照塊物·肯

諸葛忠武畫象聯句

陳生嬉驩羅罍罇·曼 縑緗如雲開軒論·季 中間規摹天人尊·肯 峩冠修裳徵須鬚·曼 長吟覶時神龍潛·季 南岡滋蘥民攸瞻·肯 無錞于鍪旗韜旌·曼 風飛雲翻參炎精·季 攀吳連川基襄荊·肯 天乎亡劉侯忠殫·曼 侯精銷亡侯靈嘆·季 侯容悴哉吾摧肝·肯 吁今穹蒼昏鈞陳·曼 安能英高如侯臣·季 躬姬臏衡權吾真·肯

哀雙鳳聯句二十二韻 并敘

雙鳳如皋倡也·與許生有委身之誓·許貧不能如假母欲·過從遂簡·母既怒鳳不說他客·甚笞苦之·鳳竟以憂將死·囑曰·收我者許也·吾儕哀而爲之詩·

二月江南柳·曼 風條蜿綠蕪·枇杷門巷在·季 裾屐酒尊逋·無意逢花落·肯 何緣救草蘇·爲君數前事·曼 愴我鬱嘻吁·碧玉家原小·季 紅兒貌不殊·鳳饑梧粒瘦·肯 蟲蝕蕙根枯·絳樹離闌出·曼 青螺寶鏡摹·彈箏愁浪子·季 扶酒倚香奴·鬼卦

金錢卜·肯 歡情斗帳腴·纈雲方空曉·曼 璫月莫難敷·含睇羞團扇·季 緘盟結繡襦·郎來鸂鶒覺·肯 夢淺碧鸞扶·半臂宵寧冷·曼 雙飛願忽孤·繒綈窮贖蔡·季 毒冒獨棲盧·豈悔偷靈藥·肯 終難並鄂柎·隔簾牛女怨·曼 遞簡角張迂·彊笑成歌舞·季 華妝泫粉朱·縱搖雕玉佩·肯 未剖黑心符·宓枕惟遺植·曼 蘇臺誓托吳·露蓮秋後苦·季 霜鞠影邊癯·一病秦醫拙·肯 千行楚淚俱·名駒猶惜骨·曼 靈鳥竟辭筊·宛轉卷葹拔·季 淒涼杜宇呼·命殘留鈿合·肯 肌暖待襜褕·誰道城南艷·曼 能從陌上夫·百金豪客賵·季 九鼎美人軀·往者曾平視·肯 今來失彼姝·芙蓉慳晚墮·曼 蘅芷際春徂·錦瑟鴛絃盡·季 香泥燕壘無·欲銘羅韈塚·肯 更涕博山罏·滄海填精衞·曼 窮陰種稾吾·天涯感淪落·季 回首重踟躕·肯

岡嵛曉發

曉發岡嵛嶺·征車載夢西·海晴諸島出·林盡百村低·人渴吞殘雪·騾驚入潤泥·媿爲幕府客·騎吏亦將攜·

蓬萊閣

登州城上蓬萊閣·東控烟台北大沽·坐覺文章變天地·嘗聞人世有江湖·籌邊中旨憂方亟·說戰羣公口不孤·便竭東南萬民力·未應漢過不先胡

登州雜詩

骨肉愁無盡·因人吏入齊·殘年慣風雪·終日坐淒迷·但覺飢能飯·猶憎醉不泥·安知櫪中馬·爾亦解鳴嘶

登州城北島·云昔駐田横·壯士千年盡·寒冰十月生·陰霾思贅劍·灌莽想空營·坐短吾曹氣·憂來漫論兵

漢將推英布·荆尸寄莫敖·似聞中旨詰·翻惜諫官勞·雜柳紫長鈌·濃花倚戰袍·太平惟痛飲·餘事亦弓刀

連歲窮財賦·樓船幾處新·到今輕陸戍·胡不念庚申·將帥恩都渥·艱危意必親·未應廢邱甲·齊薊出豪民

書蓬萊閣壁

走也江國田野夫·爾來忽逐旃旆趨·北窮淮水東出吳·海上日共鯨鮫俱·海上女兒肌髮麤·嘔啞不解神索苦·西入登郡愁僻孤·但聞大風鳴雪珠·兀然獨上城北隅·閣台巃嵷百狀都·習聞大海水所瀦·今來但有嗟復吁·將軍騎吏豪酒徒·金印紫綬拳毛奴·狂發捉飲相叫呼·此樂亦謂天下無·嗚呼吾頹不可扶·願公臥睡但自娛·夜來夢見甘棠湖·沒首大醉凭玉膚·此樂吾得死亦殊

住久一首漫書屋壁

斗絕登州郡·千山向奉天·地雄須節鉞·氣冷習裘旃·海雨風成雪·河冰馬代船·南人甯慣此·住久亦脩然

天橋暮望

海上羈孤損客顏·晚憑馬背上雄關·遠岡勢抱爭歸閣·落日潮回欲動山·遙靄知非鄉樹色·惓遊仍傍大旗還·平生未識旌旆好·到此還應語帶蠻

登州風夜

通夕西風發·危哉大海船·無緣生羽翼·坐覺苦熬煎·對客慙詞賦·當春感歲年·家人聚燈火·應早卜歸舷

自蓬萊至福山道中作

村路含朝氣·陰霾喜暫晴·瘴雲兼海墨·遠雪借松明·不比從田相·還聞召董生·蒼茫向來意·爾我若爲情

野店晡停食·飯羹何大麤·因知民氣瘠·終喜霸風殊·敵愾疇無意·連城勢豈孤·徒聞倚兵力·高壘列蝥弧

西虜驚宮闕·文宗御代辰·坤輿萬國定·今上七年春·體大輕戎略·時平息將臣·要知明聖意·豈獨在甯人

水落冰横岸·隄傾路轉溪·村翁坐弄犬·稚女晚呼雞·行客空相羨·歸雲望更迷·翻思戍邊卒·風雪玉關西

消息

北來消息說休兵·夜視城頭太白明·豈惜黃金窮二庫·願聞丹詔慰蒼生·天南海瘴雲方動·關隴春回月暫清·喜極恩言召方叔·不應殿上叱横行

登燕台山

昔聞東國險·今日上燕台·地向山根盡·天從海底回·勒銘陋秦迹·乘馬壯齊材·薄暮樓船動·風煙晝角開

車行述感

竟夕西風雪又深·帷車將夢入寒林·瘴雲濃過之罘黑·海色寒窺大竹陰·地異江河難設險·時危將帥更殊心·儒生豈有功名意·矯首瓠棱慮轉侵

風肅平原萬木低·碧空東下雁行齊·誰令幕府從征馬·歸去江南唱大隄·客久廢書恒獨嘆·信來報死每宵啼·弟亡親老兼貧病·下潠何當坐把犁

遲舟不至賦示子青

隔年書到促還家。行李誰令滯海涯。晝聽番船吹觱篥。夜呼齊女撥琵琶。山窮地角天如蓋。寒入春中雪有花。便合與君狂中酒。枕邊猶得夢煙霞。

別人

北風吹大雪。爲爾苦留人。同有飄零感。難爲草木春。雲開方舉足。泥臥不生鱗。安得蓬蒿下。霜風共苦辛。

與朱璞臣才秀

往得先生白下書。聞君寒病實崎嶇。甯知此日紆征轡。猶得斯堂對酒觚。獨望風陰懸晚鶴。並時星彩失晨烏。更思買宅楊亭畔。竟歲江關事有無。

吳淞舟中書景奉懷張夫子二首

睡起茫茫夢有無。推篷江色帶菰蒲。春潮近海潺潺急。白鳥乘空暗暗徂。爭買樓船趨下瀨。甯聞徐守得黔夫。干戈浩蕩江湖遠。眼見風塵送小儒。

屈亡宋去二千年。漢水湘江浪拍天。不見先朝爭相國。猶聞懷古痛諸賢。武昌

形勝雄荊楚。弟子文章出管絃。往哲先師都不愧。故應此曲與誰傳。

將發金陵張道岷適自上海至爲留一日

夢聞推喚爲誰者。揉眼已驚窗日橫。巧合絕嘆非意及。少留轉更不勝情。蕭蕭北雁青天遠。習習南風江水生。淮海相望二千里。惟應孤月照雙明。

留別范觀察

去年今日謝公墩。野闊霜晴對瓦盆。樹盡江流仍左出。天長山勢欲東奔。登州一去空塵土。諸老重逢倘酒尊。更逐南風看海色。兼天波浪不堪論。

與陶籀

武昌書祖斯邕法。俗手雕鐫那得精。波畫要令存古意。圓方都不合常情。陶生爾出黃岡縣。一夕聲高白下城。此詣艱難要工力。無令邵栗獨成名。

舟抵燕台夜題旅壁

南歸無好興。浩蕩復東征。入海疑非我。辭舟得更生。風收山閣斂。雨過晚霄明。太息殘燈下。驚濤夢裏聲。

書燕台山亭

五年身逐大旗風。更過黃成覽海東。晝接風煙高閣靜。暮聞笳吹碧天空。正思往代田橫客。共結愁陰絕島中。彌節防秋須壯士。坐看抵掌策邊功。

新甸旅舍

昔過茲堂宿。西風夜雪深。片帆人渡海。五月綠成林。燈火如催夢。盤飧易感心。不能竦長劍。愁絕亦空吟。

野店午飯因書屋壁

西入蓬萊縣。亂山森插眉。馬蹄全託命。荒壁暫題詩。池淺魚驚客。林深雀哺兒。物情吾媿汝。飯罷更何之。

五十里埠

隔嶺聞村薄。晡飢忍乍安。馬知山店立。兒撥草窗看。丐沐泥盆溼。呼茶穄汁寒。

故園櫻樹大。朱實未應殘。

海色一首奉上所知

海色蒼蒼欲變秋。海波終古盡東流。晚來潮信通江水。樓上征人望去舟。別將旌旗深駐馬。南山父老盼騎牛。平生風義同嚴杜。射虎相從意未休。

蓬萊閣即事

日對蒼茫意覺伸。後來此景屬何人。夜聞海鳥聲如鬼。朝看青山氣若闉。病客時呼膽礬帖。酒人常笑吐車茵。不須更說田橫島。懷古悲歌實愴神。

水城

水城備倭奴。昔人以爲雄。今人議海防。但云樓船工。十萬泰西鐵。百萬滇南銅。格苗用干羽。堯舜誠愚蒙。登州濱大海。屹立陪京東。人云一戰艦。可以權厥中。鄙夫不解兵。但知歌變風。登樓獨縱眼。水日磨青紅。觸興聊發語。憤激非吾衷。仰視白鳥飛。俯看滄波空。茲世固有極。多言奚爲功。

寄侯一丈兼懷洪竹樓二兄

不見侯生今六年·東來有夢下吳天·逢人見說童孫好·高弟誰將筆法傳·知否老翁痡肺疾·故應兒子解耕田·洪家兄弟今何似·太息平生仲氏賢·

遊蓬萊閣下石洞作

飛樓跨山背·幽洞出其趺·潮落泥沙乾·邊海容牧馬·堆徑雜萬石·攢若棄敗瓦·承足斬半䃜·失據懸一瀉·仰觀壓人頭·怪壁剝丹赭·危勢樹辭斤·火容鐵出冶·逡巡那敢入·草長不可搼·石佛何年爲·或劓或刖者·恐有出世人·縋幽鑿深㢞·朝遊坐魚顚·暮歸宿虎下·又疑田橫士·魂氣颯原野·時時來一遊·哀歌涕盈把·壯士功不成·千載聲爲啞·

登州作

昨歲募兵今撤旅·瞥如風雨遣波濤·來時芋菽看高會·去日晁莊聽野號·不畏爾曹爲盜賊·可知主將有弓刀·關山阨塞旌旄重·見汝風雲擁戰袍·

登州

登州寡田地·業漁當農功·小舟不及丈·出入驚濤中·船頭蓬髮兒·船尾白首翁·赤日更不畏·項背成烏銅·波浪少人理·呼吸騰雷風·往往萬斛舟·一觸沈鮫宮·招魂哭中野·淚竭天帝聾·吁嗟生活難·有若趨火蟲·到此固已極·豈復更可窮·去年詔防海·募卒黃腄東·此曹頗亦至·謂當口食豐·峩峩爾都督·軀大心倥蒙·日啖富羊酒·不令汝腹充·日暮天地閉·昏鴉滿高空·此輩實氣數·雷霆無由攻·徙倚俯高楹·顧望心忡忡·對此發三嘆·無劍登空同·

登蓬萊閣寄懷馬庶常

高閣如人意·虛窗面面通·登臨思足下·望遠憶山東·向夕彗星大·論兵天下同·我曹無術略·坐看握𢏺弓·

有婦能偕老·無兒不足憂·好呼范當世·同棹水西舟·原草防回·碧山雲易變·秋·明年春色好·或作帝京遊·

吾愛張夫子·文章代所無·現當秋後返·從客白門隅·脫粟妻能飯·看雲母共扶·計應如此願·爲客定歡娛·

中宵

高閣中宵起看天·城頭擊柝響空煙·浮雲東出星芒大·缺月西當島際懸·久客能忘千里遠·新涼正得幾人眠·田橫一去精靈沒·快意高歌寶劍篇·

蓬萊閣題壁

漢武秦皇骨作灰·仙人無分入樓臺·何年此閣堂堂出·快意吾曹日日來·翠嶺百重天破碎·素波萬里月徘徊·誰令表海泱泱地·微管翻深孔氏哀·

頗聞

小隊旌旗曙出營·草場坐聽擊槍聲·飛丸百步金能陷·突火孤穿電忽明·開國由來重弓馬·簡師端爲伐鮫鯨·頗聞冒頓工鳴鏑·此器匈奴舊有名·

傍夕一首寄仲弟

傍夕涼風換袷衣·草蟲趯趯向燈飛·從來遠客驚秋早·况是家山到夢稀·見雨遙愁堂室破·無田更望稻粱肥·烹薇挽鹿關吾命·未必生平有釣磯·

高秋

高秋南望思無端·更俯長空百尺闌·海闊諸帆同散鶩·天窮孤月若燒丸·壯談形勝逢時易·細搆詩篇下筆難·謀國從來須老輩·惟應鷩鶴半空看·

登閣迥望愴然有感

坐滯山中對苦霖·偶扶危檻一高吟·漸知避謗題詩少·尙覺悲秋古意深·苦著豈聞能解渴·南風何事但吹襟·江南七月新涼好·憶否離人此際心·

與林秀才夜話

論兵說劍氣嶙峋·夜語環燈味轉親·終覺詩書多古意·暫忘爾我是離人·避檜雀叫風擢翼·濯海龍歸雨帶鱗·此際便思微中酒·故應欹枕葛天民·

得方先生肥上書奉懷二首

肥水園居好先生報我聞發書方喜笑觸舊感風雲于董皆新鬼黃陳已舊墳・頻年多吊逝何處覓歡欣・

東海秋多雨天風夜撼樓四更還獨起一寐若相讎坐閔蟲趨燭因思浪擲舟・無端往來意觸物不能收・

排悶偶賦

兩月開門看海天吟詩寫字亦翛然屢看友病增鄉思偶聽秋聲憶往年飢死更應方朔笑繁憂徒爲孝章憐男兒未合愁中老還想如澠酒百船・

與易雲題秉懷邱履平

雲題產南粵家世善彈琴此豈軍中樂空成人外心邱生能說劍與汝不孤音・太息都貧賤西風各苦吟・

送沈海秋歸無爲州

彭郎病返贛江頭汝更攜扶上海舟出入風濤殊可念飄零衣食不能休暫同

衞逖懸弓往終爲天平看菊留共有草堂歸興亟況君先骨待山邱・

書景述意

地迴臨高鳥看山戶不扃海濤廻岸白樹色蓋城青田塞知非昔坡祠或有靈・賞心更懷古又見桂華馨・

浩蕩

殘陽紅未已海水綠無情沙岸何年迹寒潮不盡聲看天心浩蕩觸物意縱橫・萬事懵騰裏聃周孰弟兄・

月

仰首看明月由來似我家閉門還伏枕擊柝與清笳漸覺飄桐葉翻憐負蕙花・何能附潮信一爲寄瑤華・

秋深

隱几開書卷臨窗點翠微蜻蜓雨前出蝙蝠月中飛衣漸秋深薄肌難客裏肥・江南螯蟹富堪笑不能歸・

雜詩

涼風振天地百物生慘陰但令年候暮豈傷遊子心整裝爲孤客譬若籠中禽・既乏武城畝終媿漢上吟瞻聞睇海嶠軫閨覩岑林哀我所殤季闔棺不聞音・同體乃異世生者彌眷忱・

萬歲若轉輪百年暫所際行樂當少年何能苦悲厲臨觴怪衡嘆著論驚賈涕・知非彭喬身胡若軍府繫慰懷纂茲圖向影疑獨醊謝彼小己羞遠引慕連惠・

屯軍東海濱振武備虜氛揚旌列平野炎炎若浮雲主將忠孝士諸吏桓桓群・張髂誇致楚閂廉述破郢寬云從勃績參言屬韓勛六合幸康泰無由致忠勤・忠勤豈不致休氓體吾君・

朝上蓬萊山東望海日出登臨非一晨驅憂少千術桂樹繁欲花榴枝茂已實・園叢罕栖螢草根有鳴蟀遺懷更相嬰力禦安可出想像無懷情願依陶生述・

登蓬萊閣懷履平淮上

乘風躡飛閣南望思淮陰念我所嘉彥悙悙以愁心本無馮公舉兼乏鞠武欽・髀隆信作圃精竭甘臥林桑金故殊絕盆歌胡見侵遙惟媞媞子床中呱呱音・朝覲有酸鼻夜聞少乾衾穹蒼惡賤士嚴霜先枯芩亮哉勿復道徒憂誰可任・聞君戒脂轄東欲遊青齊海隅既遼僻弧軍終歲稽敬陳軍中苦願言脫韁靮・延年徂洛陽猶嗟徒御悽仲宣從關右詞諫衷則暌豈謂人馬溢復恐眉睫低・淮流以爲酒得酒醉若泥相彼從軍行令茲涼風淒・

蘇文忠公祠

坡老祠堂遺像孤門前海水日東徂雙丸起伏成朝暮諸島陰晴或有無薦酹何因沽蜀酒迎神誰解舞巴歈人生只有還鄉樂願借先生風馬趨・

周彥升自海門至

深秋方病起欣子故鄉來知與楊生見因聞范大回寒雲齊客島落葉武皇臺・

從古青州地·登高合舉杯·

觀海有感

秋色帶幽燕·長波接奉天·感時思將帥·撫景重山川·通漢無天馬·當關有控弦·
寄言諸徼國·今上是周宣·

奉和周明經大兄寄人之作

靈風散綠見夫渠·睌睇甯知駐洛車·爲感魚鱗三歲字·却回鳳味十行書·長波
似鑑空閬影·短夢如煙不涇裾·淸夜沈沈星斗下·月娥孀獨意如何·
見語洪厓眼便青·當筵歌舞一時停·直須對面知劉徹·未惜行廚泥蔡經·留影
似嫌斜領細·圖眉長感赫蹏靈·蒼茫碧海曾無際·苦說西廂夜不扃·

早秋感賦

庭樹蕭蕭暗送涼·兼旬把卷據胡床·夜深漸覺重衾美·病去微聞淡飯香·遠島
藏雲迷紫翠·夕陽搖海變青黃·蓬萊信美非吾土·那得逢秋不憶鄉·

寄孫聖與秀才京師

日對旌旗厭說兵·書來苦道彗星明·公車未合徵郎顗·雪涕誰令慕賈生·三輔
風煙佳氣盛·五陵雲物日華淸·豎儒不分陳封事·願臥山中看太平·
往値侯官太保公·上書糾慝筆生風·長安有客阻哀盎·魯國何因得孔融·鷙鳥
不羈常帶鏇·山鷄有口却登籠·秖今結舌無言語·坐看漁人下釣筒·

送周大鍔歸省景州因到官新陽

八年控巒亞旄旟·誰惜龍淵虎氣虛·親老不辭南海尉·時平願秘伯山書·人歸
趙北迎征雁·秋入吳中有膾魚·今夕張鐙還共醉·更堪後夢逐君車·

傳聞一首

八月秋淸海水空·傳聞西下矗艨艟·北庭未改屠耆貴·東魯甯方季札通·列郡
朱旗官負弩·當關靺汯吏趨風·書生覽古思元壽·永想蒲陶昔借宮·

美人相鶴圖

蓬閬箕風振翰回·上仙不爲此禽哀·晝從魚媛悲王鼎·夜下嬴宮舞塤臺·隴語
轉憐鸚鵡慧·楚金微識鳳皇才·瑤池阿母能相引·願問嵩高刼簡灰·

宮怨

苦道深宮八月涼·齊紈取次閉空箱·秋風不是君王意·枉畫愁眉入鬢長·

瑤池曲

瑤池瀲瀲黃雲涇·夜半桃樽淚如粒·左旋月躔右旋危·十萬春星向東泣·對面
徒聞嚼曉冰·碧文長夢龍須靈·蝦蟆一蝕千霜兒·爭得丹壺夜不腥·縞羽微籌
下簾際·暗制西鵲共湔涕·榆翻桂覆海波空·忍爲湘竿惜羅袂·去鳳來鸞有異
同·花時憶拜朱絃風·一春偏刈蘿從竹·百刼仍忘蕙是叢·楚媛秦娥幾人在·微
燈那得輝窮海·穆謠不唱武棺灰·戟叟年年啼素彩·

奉和林秀才八月十五夜對雨之作

林生好酒醉不眠·深夜示我中秋篇·此時誰不念林壑·眼中大海非江天·癸酉
以還幾八月·大半行蹤若飄忽·可憐甲戌當此宵·父病兒啼酸在骨·（十六日爲先子諱日）

嗚呼此哀豈可窮·憂來忽若聞悲風·甯知野樹逢霜豔·徒見山花墮淚紅·林生
望月月何往·怨雨愁雲意淒爽·詞人好事語固奇·觸我淚深似潮長·生乎生乎
爾所知·人生只有歸可怡·堂堂萬戶封侯貴·何似田間酒一巵·

登州九日作示林秀才

九月九日天大風·起視大海白雪同·雄波高浪如此惡·誰能挂席凌長空·我居
山中一百日·夜吟往往聞伏龍·心知神物不可見·鯨鮫百萬俱丸蟲·秦皇漢武
豈不樂·高樓大觀臨海東·金棺下葬一千尺·荒荒萬歲無春冬·英雄作事有本
意·亦知海水非仙宮·阿房桂館旣絕壯·龍舟輕輅聊從容·後儒望古良不識·習
者腐豎信者蒙·感此便欲揮八極·舉首四顧鷹在籠·眼中吾子真我輩·醉歌夜
夜看青穹·無端哀樂坐何從·不來陽翟賈兒劉巨公·何況傑然二客如飛蓬·

邸將軍大刀歌

將軍名尊謙·沛人·數從淮軍破賊·多大功·余與共在府主吳公軍中·觀其刀

誠雄壯莫二·今將軍死矣·感事懷舊·爲賦此詩·

將軍大刀不可視·七尺練光拓秋水·一生斫得幾頭顱·無數血花大如指·沛中豪傑由來奇·將軍所向風草披·爲言此刀初買日·背有數字鎚去之·我思前人鑄此鐵·爐火深青慘不熱·霜鋒鍛出千人呼·殺氣淬成萬鬼咽·將軍得此氣益壯·突騎軍中取上將·于今老死芒碭間·我說此刀意悽愴·將軍愛我如弟昆·幾年同客信陵門·甯知過墓千行淚·不及當時一酒罇·憤來欲擲寶刀破·如此奇功亦無那·不然便與耕田夫·夜夜五更斬芻莝·

桂之華軒詩集卷三

泰興　朱銘盤　曼君

風懷九章

委地如雲鬢髮長·衆中誰似少年妝·未應薄暮低籠月·乍可輕雲但隔牆·欲語遲回仍暗卜·過來依約得微香·燕雛知傍誰家屋·不分隨風近畫梁·

月墮空江夜色寒·忍涼爲底近闌干·金楣夢去魂猶笑·珠唾飄來事更難·楚國名華知獨秀·小姑新壻郤偷看·蕙蘭生是湘濱草·隔着春波不易餐·

合有仙人拍我肩·不曾語盡便相憐·微聞花氣侵衣角·因甚飛蓬著眼邊·北部襟鞾渾約略·東廂鴛鶴暫纏綿·盈盈十五能長好·花底緜來是恨天·

爲話前塵似夢中·紫莖綠葉已成叢·西園公子時相見·南國佳人不易逢·繡被偎寒裁孔翠·黃金刻骨鑄飛龍·緘盟小疏分明記·細字觀書語最濃·

橘包時節帶微霜·斗室冬暄薄曳裳·小坐已珍襟角煖·暫離仍惜帽簷香·蟾屑㒳鎖銜私誓·蟬翼回燈愼薄妝·愛護餘溫難再得·推篷山翠見潯陽·

爲貪柳色大隄邊·抵死呼來不上船·啼鼓已成河漢隔·登樓惟見樹陰圓·眼拋珠淚全侵枕·心拜鐙神更擲錢·一夕西風霜氣緊·中衣仍是薄裝綿·

漢皋三宿睇青螺·觸眼驚魂可奈何·後笑暫期絃上月·收啼更惜去時波·層城路轉知門近·擁帨衾溫怪夢多·見說相尋渾不著·燕支山畔路嵯峨·

入骨相思不可名·逢人江上問歸舲·書來緩緩中泠路·人去雙雙大海萍·歲晚山冰分距背·風高晨霰束鞦韆·空波衣帶成千里·彊醉無方郤更醒·

生屬飛花已自傷·更堪如水偪年光·襟邊小月圓無準·殿角西風奏易涼·無分高牙開蜀郡·已拚腫目謝船郎·便摶黃土爲卿我·燒作雌鴛嗅不香·

燕台作

通夕舟船震蕩音·收帆失喜傍山岑·海濱五月鱘鰉美·野郭千家竹柏深·好友乍如初滿月·墜歡重問舊題襟·恭聞主將籌兵策·屬國風煙逼桂林·

珍髭如雲只自憐。更開倦眼睇戎旃。誰令渤海飛觴地。忽憶京華中酒天。主聖英謨歸將帥。時危猛士喜戈鋋。懷人感事蒼茫意。不待登樓已泫然。

題槐樹

當窗一樹槐。長夏喜森森。秋至攔紅日。翻令惱碧陰。有情惟此木。異候見人心。恩怨尋常事。當前太華岑。

朝鮮軍中喜履平至

昨到三韓日。聞君哭母歸。問人知客瘦。求夢惱眠稀。木脫諸山靜。秋高戰馬肥。縱因排旅病。喜極更沾衣。

與履平

三韓秋色遠冥冥。策馬西來晚帶星。尙喜隨身孤劍在。正堪對榻一燈靑。天寒草木邊聲急。風過魚龍海氣腥。記否淸涼山下住。夜深鐘鼓兩人聽。

贈張都督

王師橫海薄句驪。猛將先驅擁節麾。夾道萬人驚虎劍。度江片月照龍旗。元戎易理參能解。黃石兵書讀易知。幕府淸寒勞過問。高談今夕一伸眉。

朝鮮九日作

殊方九日蕭條極。欲問黃花無一枝。世事苦談有何益。淸尊相對不須持。珠厓已見非吾土。都護空聞老漢師。却道江山好秋色。爲誰扶病更題詩。

題林秀才畫

江南春好百花扶。三月燕山興未孤。轉眼行人折楊柳。回頭落日在蘼蕪。秋深旅病時高睡。夢入芳叢莫浪呼。一對林生好圖畫。欲忘寒色滿江湖。

旅病述感

旅病淹旬季。欲驅苦無門。恆感友朋意。時時來相存。秋風日以厲。落葉盈郊原。元鳥思昔壘。衆禽念故樊。常恐老母知。家書不敢言。顧此意不樂。瘠瘵勞其魂。有弟歲已冠。規當今年昏。不能舉秀才。念之中心煩。有妹在廣陵。家貧雖具論。

昨聞發肝病。氣咽幾不溫。人生有情性。所急在本根。百慮更相到。有若茂草蕃。把卷對昔賢。往往多艱屯。下士今得爾。已荷皇天恩。仲長言樂志。此事古所尊。百士一不得。隨遇倘可敎。

贈朝鮮鄭周溪留守與履平聯句

殊方爲客又驚秋。（邱履平心坦）國老相逢喜唱酬。已媿陳琳惟草檄。（曼君）苦從李廣覓封侯。雨晴太[illegible]千峯爽。（平）風帶[illegible]一夜愁。無分尊前看寶劍。（曼）憂時欲上管甯樓。（平）

王伯恭博士招飲不果寄示李蘇堂布衣

宵衾涼冷覺秋深。獨客何堪百慮侵。此際應知老居士。夜來曾醉菊花林。芳筵有約吾當往。赤日熏人遂不禁。飲啄從知有天意。歸來倦極更高吟。

書許觀察詩本

邱生來海上。示我故人詩。云昔飄零日。賴君衣食之。高門漢祭酒。好客鄭當時。此卷留天壤。千春儻可期。

畫梅爲葉禮丞大令作

孤山萬木雪鬅鬙。山下逋翁喚不譍。却怪古時一片月。照人銀海欲生冰。

君家老屋洞庭山。霜橘千林落照殷。何似買田種梅樹。好留淸蔭待君還。

此邦解種梅花樹。只有龍鍾趙侍郎。相約何時花下坐。小天蝌蚪落衣裳。

喜舍弟補學官弟子

老兄射策只空回。家弟欣聞舉秀才。回首先人翻欲涕。得書笑口暫能開。三韓旅病逢秋色。十月新寒戀酒杯。珍重故園好花樹。苦辛曾是昔人栽。

朝鮮金參判石菱爲其季弟索詩

石菱小宰前致詞。有弟今爲順安令。書來苦索賤子詩。願得箴言樂從政。我來此國百餘日。眼見閭閻苦與疾。牧民所貴用書生。要使春風去蕭瑟。海隅颯颯西風來。千山萬木秋聲摧。嗚呼天意常仁惻。今何不爲衆物哀。爾來旅病聊亦

可·薄醉吟懷暫揪簸·臥思好句贈遠人·却恐江山笑䰟硪·順安賢宰廉且慈·平生亦有風人詩·煩君細說龔黃傳·爲政風流今在茲·

送王秀才回合肥兼懷方王二先生

君家季父我所師·五年不見霜滿髭·爾來又聞懶不出·終日閉戶哦新詩·定遠夫子結鄰住·三日五日同尊罍·二老平生最愛我·道我文采非凡兒·今年射策成一蹶·從軍又出高句驪·江山雖好非吾土·倭人狙刺況可危·定遠明年政七十·暮春三月鶯花時·往者甲戌當此日·井南留客嘗新鮮·夐矣此會那可得·爲君口述還吁嘻·去年沿漢過皖國·心知二老當我思·欲往從之甚風雪·惜哉聚散如沙泥·往時意氣壓流輩·二老往往相勉規·煩君大略語二老·莊生甯作泥中龜·人生作吏行萬里·小大悉荷天子慈·傭書亦復到絕域·便如琳瑀安足奇·古人戒勿爲牛後·顧念此語中心悲·定遠按蜀有美政·長吏不說皇天知·世間曲直無平準·修梧擁腫同一灰·大軍駐此四百日·賢王感激臣民咨·新政一一法中國·强鄰不敢來覘窺·君歸持此告儕輩·二老目笑心則疑·九月十月海風急·大舸一夕趨江陲·回思賤子坐嘆息·得歸不得遙無期·

贈王伯恭

隋唐以來高句驪·士馬强富雄東陲·李氏有國五百載·爾來文弱空支持·去年兵變燒公室·千乘播越藏野茨·王師一到畔者得·八道胥荷皇天慈·天朝宰相宣帝化·新政徐徐規畫之·曰美曰德曰英法·惟王一一相摹規·效此則强不者弱·惟王奉行無紆遲·釜山雜島如奕棋·仁川之水清不滋·水深土厚產金鐵·羣賈萬里來覘窺·嗚呼聖王御天下·地力不盡守四夷·此論迂闊有何用·豎儒妄語罪當笞·王生經歲來此國·英聲卓犖賢王咨·隆以客卿筦樞要·安置妥貼平不陂·天子之吏仕藩國·古有此法無可疑·我從府主僦幕下·牋牘罕簡多甯期·時時從生一言笑·詩篇酒盞聊娛嬉·秋風西來送寒色·千山萬壑皴毛皮·此時有酒不須醉·仰視天月摩頸頤·祖宗手定三藩國·中山越南高句驪·中山已去

桂之華軒詩集　卷三　四

不可返·越南岌岌累卵危·安得天下嚴口禁·秘密不遺句驪知·

早晚

天下於今幾九州·縱如衛霍不能侯·蕭蕭木葉秋風下·浩浩青天江水流·杜甫乾坤空有宅·管甯遼海更無樓·征南老將兵威重·早晚邊氛合便收·

漫題示履平

夜夜床頭擊柝聲·朝朝窗裏見飛旌·韜鈐不分今來識·疎懶翻從久病成·放膽笑言因子在·小詩黯淡欲誰驚·看山相約同攜酒·明日重陽況雨晴·

阻風泊無爲州江口

逆風如泥客·未夕泊山莊·出地孤星大·連山野燒長·鄉遙驚歲晚·酒貴識年荒·籌策何人事·憂時漫慨慷·

寄懷范旡錯武昌兼懷令弟中木同年

黃鶴樓頭見月明·晴川閣下枕潮聲·我從徼外兵戈地·羨汝胸中山水情·病起翻令歸興減·囂文料是可憐生·京華三月逢君弟·回首笙歌涕泗橫·

朝鮮雜詩

王氣赫遼瀋·太宗奠神京·大兵臨其邑·朝鮮遂奉迎·聖祖及高宗·教化開文明·聖人豈愛士·俾爾知忠貞·事大天所佑·福祿其群生·蕃息其衆殖·百物豐以盈·至今三百載·有若投母嬰·忍如漢孝武·不問越鬥爭·八年秋七月·陪臣金及魚·報書於督部·神色慘不舒·督部誦其書·上言恕臣愚·下言國內變·縱火燒王廬·發矢及王蓋·君后藏菰蒲·冒死從宿衛·萬卒無一夫·微聞有主者·尊貴莫與俱·督部不敢斷·上之于天都·興宣大院君·康穆之從季·厥有子三人·一爲康穆嗣·爲父乃私情·爲臣實大義·如何緣衆怒·便思易王位·不在攝政年·作事何濡滯·智者當不然·人言一何熾·人言雖則爾·父老亦涕淚·王師橫海來·罪人唾手得·偉哉將軍功·天子賜顏色·宰相眷小邦·一一爲修飾·

桂之華軒詩集　卷三　五

互市則已矣練卒以爲德少伐豈不馴名爲王羽翼更恐芋菽窮鷙鳥不得食
眼見爪牙徒化爲豺虎賊前車豈不遠愚者昏不識
江左有伯叔生長于泰西伯者習其教其叔爲養兒相公收材畯浿勃敗鼓皮
相公嘉其才以伯撫句驪扶政及禦侮百事爾主持身爲天朝人北面臣事之
匪惟臣事之拜跪如西夷固知尾已才不若頑鈍奇迂儒抱春秋老死無人知
朝船迎潮生暮船迎潮落刺船雖云美不如爲官樂互市既有科遣吏主其橐
不知何姓名但聞才不惡王人使蠻夷取官于臺閣中朝固有體甯爲炫高爵
此論今不然儒冠賤如藿
興宣攝政時西虜來寇邊興宣驅孱卒一鼓摧中堅乃知克西虜不在鐵作船
如何貴人口畏之如帝天兵凶而戰危智者策萬全不見賫國碑興宣所礱鐫
大書戒子孫垂示千萬年厥志雖不成君子嘆其賢
一日發京華二日海水清四日登之罘七日辰韓城書生不習武熟知軍中情

昨者英虜使大舸來王京云奉其王教索地更前盟此虜實巴姓險猾如貍狌
側聞庚申變此虜爲蛟鯨孱王憎大計依倚王師名王師豈不武宰相心和平

贈徐明經

不謂三年別殊方却見君來從建業水猶帶楚江雲爲客顏同悴還家夢不分
仍憐禾黍薄無計謝從軍
已失英都護將軍恩到今語終一時嘆圖報意何深坐待風生翼終欣鳥識林
朱絃方在御念子德愔愔

靜安寺

柳侈花嬌佛見憂萬人宜夕騁清遊小車依約來丞相墨絰分明識晉侯已許
爲鳥喧大幕似聞隼失高秋安陽匝月尊中酒忍使羊狼按劍愁

奉和周大兄題事

對人苦道不相思却怪平生見面稀南去彩雲隨舄散北來明月棄人歸懸知
有夢縈香篆私願將身化舞衣不信徘徊雙孔雀獨能無意接翎飛
見畫私憐弱腕涼不曾識面亦知香故應錯點煩卿改拚作垂痕較淚長離思
何因關曉露苦心端爲怯秋霜酒闌一誦陶生賦如海風情未得狂

喜林怡菴至軍因聞官軍已臨越南

歲暮衝寒出依人如此難中年有白髮得酒見朱顏聞道安南境新開漢將壇
擁裘方病起喜極欲加餐
更說閫中帥防秋未點兵如何倚天塹不畏棄陰平天意存南服傾邊看去旌
期君待消息强醉快時晴

留別朝鮮士大夫

漢陽城闕激清笳英蕩乘邊久繫查暫許君房罷遠郡終防魋結苦長沙島人
殘落同兵氣虎士新霜拂劍花私憶西山好昆季傷心衞貢獨咨嗟

九州一道海波通風什依稀長邶鄘兩境姬熊商玉帛十朝冕輅視禽封漫疑
商奄非東土終慮吳牢責上供努力耆臣謀國是未應衆口賦蒙茸
驟聞龍節返中原祖軷千官咽國門幕府清宵殘蠟炬邦人招宴有金罇兼旬
病濕甘餐薏中歲離憂欲采蓀料信客裝虛縞帶小詩微響亦懃論

題朝鮮金小棠奭準韓齋雅集圖

眼中前輩去堂堂五十金生髩亦蒼莫唱前頭天寶曲金釵零落不成行
徐孔張王舊有名餘人才地並崢嶸當時已盛黃壚感零雨荒煙弔李生藕船
相對清尊意暫歡詩成涕淚忽汍瀾藕船孫子今寥落誰問西風葛帔寒

贈張豢戎

千峯黛色映琱戈人道將軍俠氣多觀海方思同地軸看星徑欲挽天河懸知
盤稍工騎馬自昔聞笳早善歌出塞王師近乘勝與君南望意如何

海外春寒殊劇漫題一首示履平

異域垂楊樹由來無二形如何三月暮猶惜一枝青脫葉聲喧地回風雪上欞

不因與朋好·誰復到郊坰·

感候怨別愴然有述

元菟城頭漢月高·登樓遊子看征袍·十年蠻府能騎馬·一夕狂名謝釣鼇·春雪凜人驚臂粟·寒柯摧茁縮拳毛·東風白袷江南路·此際何人憶我曹·

贈朝鮮具少年繹書

家世威名都護使·襟裾瀟灑少年場·文章知羨中朝貴·尊酒能留遠客嘗·坐久鄉人窺竹牖·日斜樹影滿山堂·平生却有題詩筆·恰對郎君未易狂·

朝鮮儒生李秉哲以詩見投報以此篇

李子輕華膴·端居惟養親·高歌送長日·花樹爛青春·久客嫺風土·論詩喜逸民·不能追世好·只是爲儒巾·

同履平登青龍山望北漢城有作

漢陽城東山嶽嶽·十峰五峰矗稜鍔·青龍襄首勢略平·病客中途氣已索·却嗟

竹木無春容·更恚家山成左約·意中林壑空渺茫·眼底歡娛翻棄閣·邱生足健氣亦豪·興來挾我遠山椒·依稀北漢城如斗·想像旌旗夜似潮·太宗當日天威重·元菟承恩先入貢·但詔藩封戒獸心·豈聞屬國輪銀甕·天恩此日都如昨·橫海戈船甚鷹鸇·烈士微聞蹈海心·詩人暫道看山樂·俯睇俄驚掠數鵰·回眸失喜橫孤鶴·迢遞關山意若何·邱生擊劍吾當歌·不須更到何峰頂·東望扶桑海氣多·

青邱篇

漢家將士勇且賢·元戎坐備青邱邊·出身楚國多君子·任俠三河最少年·英姿颯爽千人羨·凌厲冠裳輕褲襪·龍渥應知將略尊·位高但覺征夫戰·似虎甯成謝不如·比鷹郅尉猶慙見·威重由來孰敢方·少年族貴材更強·依稀舊餞留金僕·仿佛殘囊遺鐵槍·君不見李廣當時勇絕倫·前軍迷道涕滿巾·數奇况失將軍寵·結髮前功空自陳·祇今回首夷羌處·蕭蕭風雨愁殺人·

朝鮮柳中使小園聽士人雜歌

歌聲未作先打鼓·十聲百聲不可數·一人發響數人追·一人中間沐猴舞·時連復斷或大笑·應是歌間帶嘲語·小亭四月花飄搖·垂牆拂地千柳條·借問譯者頃何唱·但云哨哳同謳謠·豈知中有唐詩曲·散入蠻荒化歌曲·龜年蟠綽爾何人·漫對空絃嘆幽獨·衆中邱生亢好古·忽聞此言喜欲舞·但覺黃河眼底流·如聆劍閣宵中雨·白鳥簷前三五飛·野人歌罷醉還歸·座中聽曲成蕭瑟·歌者心中無是非·

和朝鮮黃鎮奎石然

玉垂八十老中樞·爲道黃公節槩殊·已分心情嘗木石·不煩坐臥在江湖·春花開落尋常見·漢水東南日夜徂·借問鬢髯成皓皛·未妨尊爲對紅膚·

龍女圖爲黃仲弢編修題

碣石高懸漢月彎·連峯萬騎却東還·何人夜下蒼龍背·拾得蓬萊左股山·

送汝乘雲謁帝閽·諸天曉色正微茫·西鱗不辨東鱗赤·知受金虵百道光·

贈黃叔庸

倦拂句驪馬上雲·今來當酒易成醺·蒼蒼極目惟寒色·往往清言到夜分·叔父方爲少司馬·詔書聽起越南軍·扶風暫得論經暇·矯首南荒不可云·

我家江委海之門·君縣甌王昔所屯·澤國幾城絕峯火·野人何屋長雞豚·鼓山落木懸清籟·楚水秋瀾想涕痕·見說虎文尚書節·已驚蠵動月氏魂·

三十同爲黑鬢時·更堪早歲並孤兒·安知眼際人如海·一讀君文淚過頤·兵法豈聞賢馬服·孝經坐欲惜顏推·陶山自古移家域·去問通明試一窺·

出朝鮮王城雨中作

崇禮門前細雨霏·不愁細雨濕征衣·祇憐久客人情厚·復恐他年到日稀·徼外山川存古道·眼中薪火嘆危機·東風吹得垂楊綠·誰遣楊花滿地飛·

送王考功歸省台州

眼前與子並離人，獨羨高堂有二親。布被宵長難別曙，枯腸酒入易爲春。苦追一第溫袁白，倦想雙田賀賤貧。雁宕天台天下絕，正思風雪阻嶙峋。

京洛前驪酒變痕，中原戰載百雲屯。朱鸞曲盡歌難轉，紫室星高手得捫。已悔空名持九物，祇應墜葉戀孤根。共燈談笑甯非樂，短景天涯怪月昏。

寄張仲明提軍金州兼懷張子翀明經幷寄周彥升校官長沙

多時弓劍耀邊霜，別隊雲中救楚王。回轡雙旌仍照海，懸軍三矢早歸房。征人頭易中年白，絕塞山從盛暑黃。武壯平生遺令在，要留堅骨報吾皇。

幾歲張生尺簡無，喜聞賓主最相娛。同爲遠客忘枯菀，坐論吾曹或嘆吁。節士幾人成儉博，清時或地著孫吳。周郎楚國愁卑濕，更恐淒涼飲興孤。

題畫

待詔天門午夜霜，退朝林月帶微黃。五山花草朦朧見，疑有朱鸞白鳳皇。紅梅水仙

羣帝朝天宴蕊珠，酒緣遺却赤珊瑚。戟郎取種方壺島，十萬春秋更不枯。紅梅

桂之華軒詩集　卷三　十

馬太夫人七十

聖清二百載，文筆在桐城。閩洛真儒氣，江淮節士名。貞風見樊衞，嘉頌及旄嬰。銀管書忠孝，今年歲在庚。

我義馬太僕，前史有輝光。諫草傳親澤，雲孫拜禮堂。丹青相禪替，弦吹各聲香。節槩男兒事，無因慕范滂。

父子歸神日，文宗癸甲年。皇慈勞軫節，蕘稚失瞻天。大義回金石，餘懷觸簡編。可知范史傳，最有少君賢。

偉絕湘陰序，能傳聘士文。吏繙都督集，如對岳家軍。華杞英靈在，盱眙忠節聞。惟餘青史筆，正氣欲干雲。

仲氏交情久，因聞叔子才。能譚天下事，新略越南回。昆弟經生業，冬春壽母杯。虞譚有慈教，今日養堂開。

信有芳馨遠，諸孫骨氣清。祖爲太丘長，爾慕魯諸生。毛羽今方茁，雲霄會發名。從來書籍滿，手指與雙楹。

薄仕無佳祿，三千波路長。高年娛骨肉，近海便舟航。春饌桃梅熟，秋盤稷稻香。喜聞楚萊子，畫像漢祠堂。

慷慨安危事，先姑有訓言。兩朝忠義傳，三命郡君門。高館青當戶，芳筵綠滿尊。堂階足春意，隨地是邱樊。

送江庶常兼懷王五丈

賢兄四十赴軍期，同住蓬萊閣子西。令弟今看除秘職，里翁料欲乞新題。病辭車蓋甘書帙，倦喜兵人奏鼓鼙。終感年時從府主，到今碑社滿青齊。

五丈平生眼獨青，肥干諸老末晨星。喜聞子姪親前輩，約嘆儒人寫座銘。理學從來尊氣節，貞廉要可挽風霆。海波九月平如掌，送子無妨睡酒瓶。

劉兵備招飲武庫

入門緣路盡垂楊，引水栽荷綠滿塘。五載軍中驚見此，三山天表坐相望。華堂

桂之華軒詩集　卷三　十一

驩宴尊如海，赤縣弢兵箭在房。泰始年中新武庫，苦思驍帥備兵涼。

示馬生彥循

一月常能十日風，海邊九月抵深冬。短林秋盡無棲鳥，怪壑宵吟有伏龍。弟子讀書沈夜漏，先生美睡忏晨鐘。將來爲買楊雄宅，與爾平分江上峯。

寄肯堂

旅順所居屋，俯聽大海波。始聞疑耳聵，又疑風霆過。主人閔曠獨，爲我營行窩。命吏督夫卒，架木劃坡陀。南人四五家，亦有雞鴨鵝。村老相愛敬，但知美冠鞾。騎馬六百日，足力不見多。三年救婦病，一病九跌蹉。問君有何懷，那能笑與歌。今年却移居，粗得營薜蘿。丈人附書至，其月婦病瘥。爾來稍發意，遂思大聲哦。丈人愛吾筆，但恨不共科。平生說張吳，餘人徒傞傞。火急鈔鈿字，十年載一駝。誓靈變此計，孤學世所訶。武昌七十翁，幽居當如何。

贈吳靜山

江縣如丸小，淸時寄著多。殘黎幸茅屋，崎客保山阿。楚產喉牙變，吳儂語笑和。
將家終好武，子弟識瑚戈。

小箭花門器，新師越騎營。少年習軍法，間道望公卿。此藝因時用，敷天享泰平。
百年神武觀，徒積魏時兵。

氣有千夫敵，軀無六尺强。去從軍府節，歸奉楚人觴。窮海春無綠，驚沙晚帶黃。
二遼邊塞地，從古少垂楊。

劉海峯贈汪寶書詩卷墨本寶書之孫菊坡乞題因憶往時所見姚郎中爲溫明叔侍郎平點左氏傳禮記等十餘種

零落海峯集，兵戈無處尋。遠名若流水，寸楮抵兼金。高弟詩才富，故家喬木深。
遺文懸絕學，望昔若爲心。

受業姚夫子，峩峩溫侍郎。殷勤如骨肉，親手賜丹黃。風氣咸同變，微言鄒魯長。
挽回有神力，太傅出湘鄉。

題畫

花開照江水，花落覆春隄。越女輕衫薄，吳兒短髮齊。臂寒才約釧，鬢重乍横笄。
生惜殘紅墜，紛紛上馬蹄。

旅順西有小城土人傳爲蘇武牧羊處云有唐人刻石在焉

馬渴人飢越數山，丹林綠草小舒顏。道邊誤信唐碑在，城上惟餘漢月彎。銅虎
徵兵闗海縣，黃金捧土置天關。龍拏虎鬥騰騰見，寂寞田翁一醉間。

桂之華軒詩集卷四

泰興 朱銘盤 曼君

爲馬太守李司馬雜題畫屏

僊眸老子說紛然，難問龍門司馬遷。誰料後來孫子貴，玄元皇帝領諸仙。老子

桂樹葱蘢幾萬春，常儀來後後無人。縱令月蝕蝦蟆死，不與人間斫作薪。吳剛

世間漂母知韓信，天上天孫識子儀。同是婦人具高眼，恨無人建女郎祠。郭子儀

神仙黃白事難論，竟有中篇八卷存。夜半王宮呼救火，千年丹鼎不重溫。淮南王安

大酒肥羊味太腴，那知責石養清癯。嶙峋本自成頭角，不待仙家勅勒符。黃初平

老翁藤杖與扶持，化作蒼龍亦可騎。騎向交州句漏縣，丹砂爐畔喚孫兒。葛仙翁

虎韡袍笏自稱臣，鬼使從聞爾策勳。見說終南青到海，那能有路上青雲。鍾馗

老守西京執戟郎，生嗤彭祖太頭長。如何激惱西王母，不把桃樽獻武皇。東方朔

日本花谿女史畫册

興能書法重中唐，始識倭奴接帶方。終有大朝烟墨氣，女兒畫手亦堂堂。

拂箋何時自寫生，一時諸態變陰晴。圖經不載花谿字，留取詞人攷異名。

送顧未航同年入秦因呈其尊人耀州刺史

耀州刺史官如雨，洛下書生筆有風。百置燕秦雙寂寞，七年綦履各西東。貧思
補吏求丹穴，醉欲題詩問碧空。下第情懷終不惡，未妨藩溷著書功。

中年昆季惜分翔，握手甯知意短長。佳婢聞當歸郭璞，生兒料可勝東方。懷人
西睇晨雲紫，犯暑東行夏木黃。苦憶水心亭上酒，深盃樹影落青蒼。

寄樊雲門

西山朝翠界秦雲，聽誦新篇憶使君。解褐一爲中著作，守官仍帶府參軍。如聞
諫草傳天下，合有生碑乞我文。百姝音書知不易，漢波長得碧沄沄。

天津送朱又笏同年入越并寄譚丈仲修

壬午同舉六明經，五有三年似曉星。南去西湖在懷袖，東回碣石繞窗櫺。過江

詩與千山秀出塞春無一草青子有戴兄官俸美買書勝致百娉婷

范二平生病更愁何嘗詩筆不能遒一時鼠變歌兼苦十里蟲聲夏入秋此會夜吟同蠟燭明朝海日送扁舟譚侯詩旨無人識四始才能不斷流

姚仲實以尊集見示敬題一詩

蘿塢姬傳一文律乾隆嘉慶兩通儒丈人弈業爲循吏令子雄篇照上都窮海風烟變毛髮穰山聲欬勝璣珠人間僞體紛紜出望古從知道有徒

贈龔兵備

四十專城舊有名懸知五十擁蜺旌紛綸治譜從西漢合沓高才動上京銅虎暫兼軍祭酒水衡平視大舟輕卽看軺轍經行處便有廉泉百丈清

不用淮南大小山公餘嘯詠足舒顏一門子弟星辰上萬里崑崙枕席閒爲惜荆王輕尺璧終思晉客寶雙環那知私喜藍田佐看了官書自掩關

贈李叟

久爲遼左羈棲客喜對江山厭鼓鼙人海萬端真蠛蠓平生一飽只鼯鼷悔思駟馬汧橋柱不薄郎官媚小妻早有幽憂今不解欲從李叟問刀圭

題肯堂照像寄肯堂

肯翁寄我赫蹏影賤子懸看瓜盧隅審君貌肥膚革緩料是病起毛髓枯水心亭上二十四日長眉遠丹肌膚黃鶴樓邊政三十氣充骨勁耐歌呼論文不眠僮僕怨絕學鋭討門戶孤武昌白頭財七品冀州脫手空三都君我尺牘互嘲弄商量便服利走趨季翁腹飽喜高論彥叟病嬾甘腐儒餘者羣子各南北有時一見在道塗吾黨爲學幾途轍丈人及我一治鑪天津對酒雹過眼南蘇望遠月邊湖古時軾轍說麟鳳君家罕兄真於菟我無楚丘卜臣妾安知方朔生龍豬令人感激想年少轉眼老醜成顛胡

贈姚仲實

世人結交安足論姚生于我有贈言姚生媞媞清且敦身是望溪侍郎之邑子湖南提刑第二孫道光名臣有列傳廉吏孫子爲清門東溟遺文往所誦怪浪湧出千鼉黿外如屈彊中平正法言法服見道根丈人儒術宰中縣嘉花異瑞騰郊村此皆明德所感召帝嘉爲令嫗黎元姚生三十好文學說經已入扶風藩章句細儒嘗文筆獨君健者詞飛翻老守家法亦已足況能大海窺渾渾天性質實過名譽又無說士淳于髡吳越男兒脫如子早聞千口相騰喧南蘇力城天東極地無春夏無寒溫草枯花竭山水惡有如坐井忘朝昏得君洗耳聽未有折箠捶裂老瓦盆賢兄令弟各健絕僕有一弟難方駕兩家人才懸高下此關人力非天恩鄙州江縣治僻左固陋往往墜籬樊命代先覺古無有安得東京才子停高軒

戲爲淮揚地名詩

晚江都張綺土甘泉又香羽儀徵前畯瑰寶應景光塗高郵傳遠道泰州都昌江東台觀麗中興化理長關山陽景閩物阜甯以康魚鹽城邑屬靈清河軌方

不聞安東節桃源誦軒皇

二十八宿詩詠軍旅

角弓陳宣雅亢龍戒皇羲氐資服神教房報偃鋒威心齋契至道尾大寧無規箕狼靈應伏斗弧聖人持牛乘散桃野女謁弭南詩虛禮拜大將危哉戢火辭室劍以蓄晦壁門有降夷奎光曜八野婁聞詔偃旗冒明九州稔昴降世家垂畢罕戢菟獮觜爪豐狼狸參伏雖在擄井閭蒙帝慈鬼方非殷歲柳塞有貳師星辰終開闔張軍待箠笞翼翼邊城將軫結將何爲

天幹詩詠史

甲觀集髦彥乙部紬秘書丙魏談術異丁雍恩怨殊戊尉扞漢裔已嫠憯莒都庚平始建國辛庚墮忠圖壬林種康樂癸已歌選徒

示仲雅二首

四放春官未足悲歸來兄弟飽論詩粗官思乞邊州刺報政望鐫大字碑盤谷

而今少深處濁河終古有淸時子能長句吾能和不用紛紜見子期

失學何顔吏著書强爲題目嚇癡愚私誇漫叟文章老追隼荆卿劍術踈齊鳥三年無翮翼蜀人五世有亭廬買山粗足吾當隱與爾舂陵手自耡

九月二十四日即事

狂歌不記在天涯亦有歡娛絢歲華小醉女兒生日酒親澆紅菊未開花書城班劣容增秩詩國壇高勝建牙不信聲名與官職從來只屬白公家

題畫

蓬萊見說化人居宮闕金銀世不如欲問王皇千萬壽誰繙本紀上淸書

美酒仙桃絶泥人麻姑不敢自嘗新相將贈與西王母留醉周王蟣蝨臣

碧海風高浪拍天無風海水滑于箋槎行不記何皇世疑是張騫鑿空年

寄肯堂

心恨大范無報書如垂長竿不得魚無魚猶當嚼園菜得書黃金比不如黃金

可成河可塞只有孏漫無計祛讀書寫字有日格以忙塞咎君欺余望君太酷當自勉通文堆牘行爬梳君當文淵波浪闊甯知泥淖揪大車發言高議咽腸胃那用鐘鼓祠爰居平生喜誦伯倫傳酒星在天不照余書來要說天六幕八荒日月爲瓜廬

生日

窮海春回未似春不成愁思細如塵年過秦氏鬅鬆婿詩寫湘靈渺渺人鶬有東南求好樹樓無西北接重闉懷仁輔義何人事却怪桐江只釣綸

三月一首

醉倚高臺聽暮笳朝看旌旆動龍蛇一秋海氣常連霧三月春風不見花見雁北來知代客問人南事抵還家爲君詠得江南好細雨輕寒燕子斜

百年

武侯日與庸人語韓信身兼噲等游稍勝空山親鹿豕未妨野老狎鳧鷗百年惟見天東轉萬手難令水北流白晒甘同陶飲酒猶當不效粲登樓

入山

貧極還思買一官小營園宅慰淸寒昔嗤平子歸田晚今信陶公乞食難憤想入山披短髮狂思追虜拍雕鞍范雎不死誰能料枉使虞卿夜挂冠

答人問旅順

君問南蘇歎壯游那知風物逼人愁晝中海氣晴翻雨晡後腥風夏變秋舟客仰魚穿涓水賈人挈婦出營州管甯不値公孫度誰識遼東有舊樓

得王謙丈書却寄

校弩臺顚漢月靈逍遙津上蜀山青騰牋寄讀休文賦小閣仍徵馬岌銘新論通玄上下卷舊抄細字十三經人間老輩卿雲見此叟神完眼似星

昔在淮南聖政初天淸地泰即華胥弘羊稍進緡錢計司馬能通諫獵書不信神州阻亭障如聞畏壘禁耕耡告公欲擬玄居釋萬緒牛毛不可梳

浩蕩山川寂寞行那知水濁復心淸不嘲屈子親山鬼爲失桓溫捉老兵梅有晚花容獨哂鳥無長咮暫高鳴中年安得辭哀樂說與常人笑又驚

漫興示弟

著書歲寫三千紙海月看經七十周畫作天龍殊誕漫夢爲周蝶亦翩躚何愁河渚車無蓋親對班揚右屬鞬二陸雙丁成故物老兄望爾一飛騫

舍弟南還應恩科省試

無計新塍署下農又來海上五春冬生兒料可雙宗武愛弟惟親一士龍六幕詔開王母宴千城歡拜紫泥封秋風鵰鶚扶雲起看汝飛騰羽翮濃

次韻答弟

漢朝司馬絶嶷然門有相如太史遷却怪吾宗人物少看人麈尾似神仙

平生艷說洛城春一屋東西住兩人淇竹衛蘭從古貴而今都作楗河薪

進少鷹鸇搏擊姿退無威鳳表鶚儀庾公北伐渾無用枉拜神君白石祠

呂公唐舉故無論。漢志叢殘無一存。邢用并州求老婢。也知越石勝桓溫。

故紙鑽研道可腴。便甘山澤不爲癯。傳呼揚馬驅潘陸。抵得蘭臺竹使符。

眼看戈戟不能持。露布如風未解騎。祇願生兒親紙筆。稍勝元亮五男兒。

身是周王蟣蝨臣。不隨造父不銘勳。只因不識西王母。錯喚桃花是絳雲。

白衣四十不爲郎。孤負羅敷寶髻長。若是身爲猿臂李。不令漢武說高皇。

詠史

死蒙感諡朽無名。咄叱庸奴醉夢身。敢儗涼州作袁紹。妄蘄元子召星人。冰霜不過春三月。冀壞安知帝化闇。鬼瞰高明天奪魄。習生青簡不須陳。

顯忠祠書壁

木底南蘇遠更疑。近思崇德駐兵時。一城碧血沙蟲魄。二帥彤弓虎豹旗。廢壘尙餘崇正礟。哀丘惟闕顯忠碑。當年全力防遼湏。追惜黃金塞漏卮。

題畫

揚州城下柳如烟。細水鱗鱗滑膩牋。填得新詞無唱處。教人恨煞柳屯田。

醉認西方漚鉢羅。珊瑚枝上玉交柯。可知璧月團欒夜。便有宮人得寶歌。

海上羈孤不解愁。三時風月似深秋。如何馬上看秋色。偏是征人未白頭。

一樣梅花冒雪開。此山偏得早春回。祇今大宙無南北。不望江南驛使來。

題龔芝麓尙書詩集贈龔文卿太守次題畫韻

宗伯文章絢紫烟。當時寫滿益州牋。百年公姓朱輪起。未羨南山二頃田。

開國才人盛綺羅。珊瑚翡翠發新柯。苦將徐庾平生意。度入新聲宛轉歌。

海水連天不洗愁。濯將詩筆寫高秋。王楊盧駱齊名姓。端賴龍門在上頭。

大暑如湯散帙開。微吟便得送涼回。知君四始爲家法。苦望因風健句來。

答文卿次前韻

裁看荒島聚人烟。便有吟情擘短牋。至竟江南好風景。船頭蓮葉碧田田。

玉府仙人被絳羅。酒終爛却幾樵柯。人間不見東方朔。愁絕梁鴻五噫歌。

不遺高雲爲盪愁。空山華髮注春秋。幾人闕下通黃老。驛路黃金絡馬頭。

鵰鶻秋高眼倦開。霜情風意日千回。書生說古無人信。却有空弮射虎來。

奉和座主通政使瑞安黃公六十生日次韻

丁甲秦鞭起蟄雷。要令神馬壓羣駘。彌天浩浩江河勢。慕古荒荒管葛才。偃臥豈無王室念。廢書徒爲昔人哀。長吟獨笑都無謂。一地春風自往來。

恭聞壯日馭征驂。異部同躔願不違。龍節朱幢迎日麗。騶車白服帶霜歸。棠花入詠題嘉樹。斗柄藏溫寶古衣。几杖自然有家法。不聞忠孝近危機。

秘郎顯職近中垣。衣有宮雲潋灩痕。給傳行爲臺大使。鋪墀跪進禹昌言。邊獠異俗繙新詠。魯士峩冠獻上樽。自古中年有哀樂。苦吟并欲愴心魂。

初政如春帝盛明。絲言萬里挾風行。諸公私議陳三表。一筍行看下百城。喜極鑾輿停輦受。猶聞便殿伏蒲爭。史家別有孫通傳。不廢當時魯二生。

雍部衣寇拜季長。西都經術重平當。繡衣行郡銜中詔。弩矢前驅引上襄。吳會

山川春爛漫。江東人物古微茫。停車一蕩輕揚俗。多少葵心向太陽。

天閶不隔九重雲。恭默原非帝倦勤。偏聽樂人歌聖德。未須霜簡奏風聞。春秋一卷行何用。蘭艾千叢望不分。屈賈從來非俊物。徒令萬口說高文。

謦叟廉貞挺歲寒。忠清義激不爲漫。中丞舊是西臺主。謁者今同置外官。肯就桓溫商出處。豈聞關樺有悲歡。平生諫草無人見。留與丹青異代看。

羣牧岐陽劍佩磨。憂天一老獨滂沱。思收的博雲間戍。欲挽昆侖塞上河。未肯低心法莊老。不無健句壓陰何。回思召對承明殿。親奉溫顏語最多。

史例紛綸襲伐侵。神州變局到如今。事同睨酒依然渴。病隔垣方不可鍼。齊婿仰冠惟獨笑。左徒聳劍只哀吟。誰知杖履東軒下。未敢瞻天一寸心。

扞城道誼故巍然。弟子南行述大賢。儘有經師裂三傳。終無魔法謗諸天。使君畫象經臺上。門義生碑芟舍前。翻怪子瞻少真氣。去官祇是欲逃禪。

但知出處與天宜。遑計椿萱甲子期。酒藏白編人物表。國工不語死生棋。一門

子姪騰驤早十卷封章箸錄遲縱是狂名驚九牧武皇不道處沖癡
賤子登門耳目新從游往往十淹旬親看草疏風生閣私慕論兵氣逼人餘事文章足沾丐解官屋室太清貧徑途乍轉風雲異無數花叢換好春

雜詩

南蘇城外海如天東出丸都路幾千早有遼東賢太守龍城不入慕容燕
崇德年中有駐旌後來寂寞只空營曾聞縣王巡撫議設登遼海上兵
百尺危臺列戍旗左軍右衞各分司甘州老將聲名在親布鉤陳捋素髭
淮南部曲有英名意氣如山總絕倫趙國兩賢如不死王渾王濬爾何人
築壘營臺尅日成老軍皮骨將聞名當年孝達陳封事只曉山東有丐兵
將貴金多不恤勞疲人鎮月有逋逃伍符尺籍通兵部府主何曾問馬曹
別將朱旗備盛秋幾人有夢不封侯誰憐碧月清霜夜無數征人望女牛
覘天畫地膽輪囷夜倚高樓太白明裁咲筵前一生蕤便思上殿說橫行

萬金神礮出西夷講館戎臺有礮師定見聖工通彀率志人一日中人眉
龍驤上將駐樓船萬鳥千花擁醉眠可惜不繙唐樂伎白公湖上住三年
少年南海弄潮兒轉眼高官得展眉莫怪人思廉恥將由來不值一羊皮
袴褶元戎是急裝古來枉笑武靈王若教破賊如吹葉司隸何難許鄧羌
千工萬指擁飛雲璆鐵銀鏤眼不分自有龜茲新樂部中流簫鼓夜深聞
三年金鼓帥臨戎韎注彤弧滿下風親爲健兒愛身手不令鳴鏑射飛鴻
行臺幕府置船官楫署巍巍赤縣看歲發金錢供作部元來江海不波瀾
武門下觀近高牙激電驚霆走鐵花泰始咸甯精甲仗一時萬口怨張華
武庫新成殺氣摧荆拖夷箭費通才馬隆不拜西平守誰辨當途朽杖來
一陳簿功萬人歡冗吏汚商戢戢看今日白衣妄男子明朝黃綬正員官
鋭頭豎子版軍司謁拜府公如小兒辨眼看人有青白由來蒙馬是臯皮
白玉山頭戰骨香鑱錢祭鬼太淒涼柳車馬革無消息多少生妻已下堂
髟宮道觀插天奇涼館崇臺耜水湄那有詩人題好句一間破屋顯忠祠
貴人厚祿有閑身約醉徵歌日日新祗道今生風雪少道中無復凍僵人
海澨瓦屋忽連雲私店官籬望不分今日匈奴猶未滅令人痛哭衞將軍
中駟笙簫立部歌儇兒纖步掣風過樓棚元有霓裳曲不許凡師譜介科
燕姬長髩玉釵橫齊女琵琶大道聲頳壁泥牀都草草冬郎太息對飛卿
陶侃當年督八州樗蒲戲具擲江流豬奴自有人間樂枉苦生公呪石頭
賽檜椎豚史有辭高官大舫競瑰奇從來此段蘇侯力不讓鍾山蔣帝祠
海艇家家插小旗打魚最遠入高驪惡風怪浪年年有最穩江南牧犢兒
十日黃沙五日風花枝三月不曾紅春蘭秋菊無人識白髮飄蕭七十翁
來見春風第六年欲歸偏少買山錢沃州太遠無心住滿意南山二頃田

上巳

馬踏沙隄細碎聲耳邊好鳥不時鳴垂楊稍似江南樹短草翻疑火後生何處

將軍蘭渚褉幾家思婦玉關情六年上巳看春色轉憶花間聽玉笙

左海

山河險阻國東門事過如雲一不存黃馘腐儒考沿革白頭老將辨營屯世無郭璞圖經讚客有羊公太息論西望青齊成右臂神州左海角亢尊

傳聞

歸對南風晚覺涼深春仍未脫裘裳心中何限蕭寥意水際初無荇藻香越騎新軍環北極丸都孔道出東方傳聞下詔車同軌夾路青松萬里長

山寺

荒殿殘喬木新僧是老兵壁無初祖偈碑有達官名山海窗中攬旌麾坐下平偶行歡喜地未欲學無生

馬健父以玉蝶梅一本見贈

玉蝶梅樹尺半長如李如桃如海棠健翁贈我破春悶翻令春色横窗光大花

如杯幾百朵·主何災變何禨祥·健翁告語太世法·心雖諾諾唯口倔彊·四十豈敢
望騰趠·眼見後輩皆軒驤·亦如此花小軀幹·供人娛玩陳几旁·賀花得我爲高
詠·勝我黯黮無文章·

書馬生文

郎君從我四年强·智慧如雲出藿行·年比桐城呼後學·人如扁鵲事長桑·別開
犬壤爲邾莒·收拾牛韋犒馬揚·破體紛紜難指計·張吳華髮是靈光·

高采堂以濬縣子貢墓楷葉一枝見贈

濬縣祠堂古先賢墓樹長·一柯雄衛土·片葉帶經香·高叟瞻宮宇·幽人贈馥芳·
何年闕里大地兩青蒼·

寄懷彥升二首

苦憶蓬萊共月明·冬同羹酒夏同冰·南蘇城外天連海·季札碑前雪滿塍·世上
馬牛遇莊叟·山中鸞鶴辨孫登·美遊枉得江山助·四十歸田爾獨能·

文學徵斯日·討論庭芝嘉樹長春根·九三九五遯貞吉·四十四年今抱孫·牛鬥
蝗鳴爲醒醉·月歸日入有寒溫·談天說海三千牘·燒盡都無一字存·

桂之華軒詩集　補遺

雜詩　甲戌分燈集

高天無纖雲·衆星粲可數·前溪有行人·時聞隔林語·清境感奇懷·美人在何許·
振衣揚清謳·憔悴中情阻·引領入空帷·終宵起容與·

人生不衣食·千古無匪人·黃金變爲土·跖蹻亦良民·哀哉名利客·機智多所營·
造物本無罪·人自喪其真·君看雲中鴈·高飛何冥冥·

即事　乙亥除餘集

清溪放棹去·十里菰蒲香·高樹滴殘雨·水禽嬉晚涼·微雲秋漠漠·山影遠蒼蒼·
爲問烟波客·詩情幾許長·

醉後口號　乙亥

人生不能飲·辜負好醽醁·飲酒不能醉·醒時空蹙蹙·狂語一豪驚·放歌八荒促·
不見謫仙人·一醉三百六·大筆生光芒·長空當詩屋·

都轉方公以二知堂詩集見賜并索余近稿賦詩爲謝兼呈禮園司馬

乙亥

廣陵名勝地·水木絕清華·山勢圍城堞·江聲過白沙·平山幾楊柳·官閣有梅花·
合待文章伯·擒豪落采霞·

昔者王司李·登臨賦冶春·可憐臺上月·曾照古詩人·世事催華髮·孤懷滿白蘋·
茫茫大江水·愁思若爲陳·

詞賦悲今日·文章忽古風·湖山歸大老·領袖屬明公·岸幘從容候·排箋慘淡中·
好將對雪句·詩向杜陵翁·

著作平生富·槃槃太史才·閒情繫魚鳥·灝氣失風雷·客路關河迥·秋風天地哀·
蒼茫無限意·爭向筆端來·

峩峩吳季子·文學亦吾師·猥向先生側·長吟賤子詩·憐才同骨肉·含笑動須眉·
自愧無標格·空勞說項斯·

平生知己者海內幾英賢鄴下劉公幹山中葛稚川九原悲宿草千里隔風烟
今日逢青眼中懷倍黯然
儒冠空岌岌竟日走風塵少作原無幾年來况苦貧壯懷消白搭佳日失青春
坐愧先人語兒郎小玉麟
書劍一無就閒吟空自憐敢將盈尺紙封上八騶前老輩稱詩佛諸君盡謫仙
清音願惠我傾耳聽朱弦

邊詞六言聯句 乙亥

漢月隨人千里 管樂 胡霜拂衣五更 才叔 鵰盤沙場秋黑 曼君 馬踏玉關磧平
方濬頤 子箴
莫道山西出將 箴 於今湘中有人 一自花門肇釁 許承恩 叔平 終教弱水通津
才
壯士弓鳴霹靂 才 將軍氣作虹霓 昨夜陰山飛度 曼 行到祁連向西 箴

信本碑能落雪 箴 敦煌隸可避風 戈壁明駝載水 叔 穹廬寒雁啄空 才
封侯不在年少 才 狂叫有時拍張 李陵台上草白 曼 明妃塚畔雲黃 箴
先子東歸日記 箴 富於西域見聞 恨我未曾出塞 叔 看人書劍從軍 才
十金買一壺酒 才 百金買五尺刀 帳外雪花掌大 曼 崖前冰筋鐵牢 箴
畏凍狼尾拭鼻 箴 示猛貂尾飾冠 車中門葉子戲 叔 問誰輸郤羅襴 才
日中已無醜虜 才 頭上自影曼胡 龍泉如鏡照影 曼 犀甲連環衛軀 箴
練兵不如練勇 箴 出關何時入關 夜夜藁砧相見 叔 蒲萄一醉開顏 才

消寒第二十一集用昌黎東都遇春韻聯句 乙亥

壯心老未已逢場强欲競 叔平 文字追古人後先此輝映 子箴 雄幹爭拓張殊態鬥明靚 曼君 體製各有程尤宜審聲病 才叔 推陳乃出新語險氣彌橫 叔 要憑方寸間瑩然若圓鏡 箴 瑤瑛絕纖瑕疇敢肆譏評 曼 譬之奏黃鐘鏗鏘足鳴盛 才 嗟余萬念寂收視兼反聽 叔 天花豔群槁鞭日豁昡瞑 箴 久陰忽放霽快若酒初醒 曼 造化誠多才日汲未嘗罄 才 履險當如夷大道本平正 叔 茫然入迷途危哉落深穽 箴 鐫鑱安足恃志士有本性 曼 物交頻見招心賞獨來聘 才 風噓百卉妍冰泮萬鱗泳 叔 可愛冬日暄無滓碧空淨 箴 陽和暢肢體熊鳥各伸經 曼 獻笑不及排情以自然迸 才 人生類摶沙暫離亦旋併 叔 雲龍互追逐誰鰍東野孟 箴 疎狂且賭健對酒欲中聖 曼 時序裘葛更歸思弓弩勁 才 况聞臘鼓催斗杓轉新令 叔 王郎在何許曰吾桑梓敬 謙齋往會館三日不至 箴 公讌追建安俳句薄長慶 曼 奇氣不可遏饜空仍受命 才 刻燭詩俄成輿酣漏未竟
叔

金州述別聯句 甲申

西風吹送幕庭寒 曼君 萬里驚秋客袂單 遼海無因悲遠戍 季直 燕雲有夢促征鞍 清笳一迸州門淚 邱履平 心坦 苦酒難平壯士肝 出塞王師近乘勝 曼 一時諸將自登壇 季

平津賓客幾人存 季 往事低徊僕射恩 豈謂生平託簪履 平 更煩涕泗到荃蓀 淒涼丹旐橫秋色 曼 零落青袍惜故痕 杖策何如歸隱好 季 迪維皇甫各山村
平

贈金州同知陳鶴洲士芸聯句

平生回首信陵門 曼君 于我渠渠夏屋存 刀壁似聞求故器 季直 風雲徒悔信招魂 金州司馬賢無對 曼 盛府賓僚事莫論 天壤皐牢成棄物 季 炊粱翦韭意何溫 曼

桂之華軒駢文

張謇書端

中華民國二十三年孟春泰興鄭餘慶堂刋印

桂之華軒文稿序

予未見曼君，先見曼君之文，曼君之文因禮園而達於予，猶[illegible]寶米齋曰：寶儉爲先生得一佳弟子，因出曼君上予書，予受[illegible]離塵絶俗，近今人士得未曾有。禮園曰：曼君以文爲贄，願列[illegible]乎予。欣然曰：盍招之來。未幾曼君來師予，有所作必乞予訂[illegible]文不患無才，患無氣；不患無格，患無骨。氣輔乎理，骨根乎情。過鍊傷氣，則理未足；過琢害骨，則情未真。去其幽隱怪僻，以返乎博大昌明，化其𡾰積堆垜，以入乎汪洋恣肆。子今者甫逾弱冠，心匠既巧，腹笥又便，由此進而愈上，烏能限其所至哉。予若子之年，媿弗及子，思之思之，宛然在目。今老矣，來日苦短，不得不勇於自課，以補蹉跎，而實則秪形其拙耳。願子學予之拙，勿學予之勇也。曼君曰：然則弟子舍駢體專攻散體可乎？曰：是又不然。文無定體，以達爲宗，六朝唐宋，豈能偏重？方矩圓規，殊途同軌。果兼衆長，斯爲作者。子其勉之。用弁簡端，以爲息壤。

光緒元年歲次乙亥定遠方濬頤子箴序

桂之華軒文集目錄

桂之華軒文集卷一

泰興　朱銘盤　曼君

泰伯廟碑

逑夫盤精西焓·屏燧木於桑根·觴委東徂·棄昆侖於荒表·登高邱而望遠海·暨亥不能闚大矩之閎·握地柱而執天衡·共工不能階撐犂之峻·聖人有以鎮天下之動·棵壤齊於山龍·聖人有以折天下之機·墮屜鈞於旒纊·太羹元酒·詢萬舌而知甘·大布麤絺·覆千肌而識美·自昔中衢浩詠·伊皇迴凝馭之尊·北面諏經·姚后降齊衡之貴·狼星返鉞·更悔讓於裯流·犢跡成墟·終潛姿於箕壤·甚裏發揮之代·元黃搏戰之辰·崇名迫於淸陽·間氣遁於素曜·靡不騰神處寂·斷丹墨之留蹤·羽響疑空·絕笙簧之采律·未有知常而知變·見始而見終·承天之心·繼人之志·浩乎江河之博·不足以爲大·巍乎泰華之雄·不足以爲高·如吳泰伯者也·自褘翟升裀於大野·遂蒙冰翼之徵·農師歸娶於廣都·仍致冬膏之瑞·指轅殊俗·淪輝於水弱之朝·俶迹單軍·振武於荒居之域·上穹於焉頫矚·下土由斯環望·山符濆契·冏光景於天都·羲矩農規·宿精靈於累牒·梁山羣軌·扶耆童而搆新巢·岐郭三霜·撫徽軫而張高韻·帝王之道備矣·天人之事在矣·由是測皇根於遠緒·玉粹金昭·攬王氣於中台·鳳翔雲躍·司空受節·甯參壁之心·西落開疆·暫鬱俘王之略·遂以五色比象·三辰旂旗·鞶厲斿纓·火龍黼黻·三十之數·方歸八百之基·攸屬于時·珠庭當蹕·宮中虛鴝鳥之祥·亂運其衰·河北痛射囊之主·月靈金氣·乘海水而橫流·亳閣殷功·逐風埃而掃地·微太王之聖·不能通帝命於方咨·微太伯之賢·曷以謝坤珍於垂握·江淮千里·分浥露於中罍·華雙蹤·改重昏於南裔·龍魚殷轔之囿·銅金苗茁之區·鞅犖嗜劍之鄉·卑溼夭男之土·絕包虛貢·皇鑪遺塊於將灰·枕江帶湖·帝槖灑涓於瀕涸·裸人拱揖·杳疑漏耳之遊·木豕紛拏·暫類重瞳之宅·神符梃籥·德翕甄陶·營規於駐杖之間·造坧於褰裳之下·廓牢籠於籩俎·八表元功·控嶮要於波瀾·一匡大國·道睽地

脊詎聞鐘鼓之兵路迴炎維不覩龍虵之戰夫其神聰隱慮承懷於撫器之年
馴德流光通節於號弓之歲洞庭右閉成九命於戎師斗宿旁潛歸三分於蒼
帝道高洗耳誼均墜黼遂使曹君介弟攀戶牖而升堂州來雲孫望邱山而踵
路孔子曰泰伯其可謂至德也已矣三以天下讓民無德而稱焉抑又聞之出
金奏而陳廣野則鱏馬趨聲抱元珠而叩重淵則龜龍赴照庚桑畏壘終致稌
禾柱史厲鄉還成雲物阜游命翳姚庭論馴獸之庸逐黿銷兵穆滿上控驪之
績單車南邁種霸略於荆湘被髮東行輸王風於濊貊飛龍在天大人造也尺
蠖之屈以求伸也有田一成有衆一旅足以修夏政光舊物矣二年成邑三年
成都足以稽皇圖披帝文矣況乎柄陶染之權撫尺寸之土農疇當坼勺波敵
江海之恩急景逢寒衣緼埒純狐之用公輸削墨準瘿腫於方衡歐冶治銅一
槎枒於清鏡河洛天府關隴神皋潁汝中原膠菑雄國永江廣漢界火域之襟
裳上黨飛狐露坤輿之肩背語其冠帶則山東出相山西出將龍變而雲蒸論

其風俗則大蒙之人崆峒之人濟鸐而淮橘至於味風玩藻清源芳塵鴻生摳
衣鉅儒振翼臨笙對管鄒魯之欬唾仍新寢典饋墳淹稷之翺翔未遠芳瑛駢
組推荆璞於殊瓌繡貝連絲尊和珠於最采非聖人之教其孰能與於斯乎國
家道合中天運隆下武通乾象之精執坤靈之寶聖祖以仁聲武誼開明堂而
朝諸侯高宗以景烈洪輝經兩儀而緯四象五年巡守滂甘雨於南天七校軒
騰駐非烟於江介寶書累閣惠馥分腴盛典連甍斟規酌矱皇帝欽承累洽虔
奉重熙皇綱攸在帝紘斯振臨軒案諜地經一臂之所通憑几舒函禹甸九陽
之所界接手貫皮之國尺咫為鄰犬種羊性之民烟火彌望景天測地張華色
奪而藏圖掣電追風騶衍詞窮而卷舌血湩當幣巨蒐有內面之名帶續矜華
朔傲有輪忱之象將使陪臣詣闕乞聖漢之藏書貉道歸誠化鄒人之忠敬夏
后清臺之上括地增條軒轅扆閣之間中經拓野文犀菌鶴俱為外府之珍俞
鹿歐蟬悉比中州之產豈直三江潮汐盡匝吳臺千宅絃詩共聞周禮烟塵旣

靜潤色方滋此州境屬維揚星分斗次今為劇郡昔號句吳往哲邈焉神靈斯
在升階七尺儼受社於侯封複閣重軒易宏規於草創冕裳樸陋如親采藥之
蹤榱桷丹青似覩文身之俗奉中尊於椒桂垂綬雲敷申上席於蘋蘩圓冠雨
集自魯人展惠寶遺壟於生王蜀漢通侯屹崇祠於私奠未有如斯之萬一者
也使河如帶長勒名於魯殿之前微禹其魚合空首於尼楹之下敢為銘曰
平壤言邁蒼梧不還龍虎八宇風雲九寰紐搖地痗石墜天瘝稱鱗躍水言羽
嗚山（其一）古公創霸伯子繩武稷苗載興姬曜當午回眷旁條紓神季主潛翼岐
孫懸規商土（其二）無聲窺隱何形通意機均往弩行虛載糒朱霞方軒照電喻轡
伯倡仲同弟歌昆吹（其三）倉皇綦帶顛倒衣裳陵都跨國犯露蒙霜裔江是宅近
淮為畺殊方纂組異俗聲香（其四）卜世三十卜年六百闔閭相員版圖以闢夫差
臣嚭梧宮不夕嘉彼延陵刊名麐冊（其五）邈矣教迹大哉神化似火忘冬如陽失
夜道絕諸蠻聲高中夏烈貳隨山功雙誨稼（其六）聖文洋溢皇路夷平戶競藏玉
家爭濯纓撫根感植飲源知清遂光神宇式續丹楹（其七）千族同書萬封一軌假
宮何年下佗誰士革陋稽籌勒勳停史望昔仿皇翹心仰止（其八）

勑建倉聖廟碑文

敘曰營都作鎮嘔夷入桑乾北流迴旆弢弧樞宿共黃星下燭窺天察地聖人
之扃戶也則奢龍東方大封西方處陽制陰帝者之雷霜也則皇直斬寇應龍
翼雨建國邑正方位治神明膺不若非策力不能訏少典之圖昭文章明貴賤
辨等列習威儀非文字不能勴自然之運然後皇王后辟競噓動於方句初哉
首基乃孳胎於庶品疄盼丹黔之氣傾陶橐而靡藏壙紘媪母之靈闢華離而
盡洩窮坤輿二億三萬許里累簡則泰華非崇自開天七千八十餘年積楮則
隸首難竟案倉聖名頡軒轅皇帝之左史也自弩羊啓后三台之配風從雲鳥
翔軍二壘之侅霧沸祇車倅轂彷皇於河水之濱旃冕企旒荒忽於哀霖之下
由是承圖探祕秉翰留姿百官以治萬民以察牒觚簡畢聲高史甲之盤律弗

鮮牌·光斂雍鴻之策·加以長君肇迹·仲氏駢蹤·造迦羅而制鶱瞿·號虱吒而名邪寐·月氏南邁·荒荒恆水之鄉·忉利平臨·簡簡屠頭之國·豈直六篇地典·但列內經二卷陰陽·惟存班志·春膠冬幹·推勁質於揮弓·濟麥鄗禾·賫相春於雍杵·八十問難·十二考音·貨狄舟船·胡曹冠冕·光搖殿陛·余裳則屏之旁·響駐淵雲倫磬岐簫之際·徒揚芳於一藝·祇飛名於寸能而已哉·赤文遞乳·綠字相繩·飛潛無可遁之形·俛仰無難昭之理·上盱高狀·孕旁帝而爲端·下督氏形·指山尻而朗說·闚陽精於充腹·日文懸輪廓之規·瞻闕影於辭絃·月體橢太陰之魄·工聲觸聽·遂呼蜀徼之流·可響疑真·用號崐崙之瀆·旆旌戢武·開保大於荆王·毛采羞神·足驚魂於鄭伯·萊莉藼薑·互律而雙鏞·耋耄耆耇·貫珠而共藻·令爲發號·亦署縣君·長屬鬱邑·並言正伯·布帛菽粟·戶藏而欲味·溫甘風雨露雷·日覩而難名·燥潤·是以平鄉神筆·規蟲迹以彫文·素臣纂言·準蝌形而削竹·巍巍乎蕩蕩乎·民無德而稱焉者矣·千畝輟耕之代·翔十五之殊文·六王銜璧之年·騰

七章之偉著·高窺熊載·墜聞蒐蜀郡之家·平揖轅邱·遁義出黃門之篋·河平大匠·振音於元尙新編·茂陵司空·揚藻於西州故訓·一百二章之續·扶風之蹟羼焉·十三萬餘之繁·汝南之觴斯委·魯經蒼傳·驗刀漆於垂零·美鼎桓銅·辨蛟鼉於方折·桑邱科斗·亳都仙人·金天鸞鳳之姿·丹陵神龜之迹·繽紛鐘鼎·製傳虎鼻之皇·沸卉鳥魚·源啓鳥銜之歲·六雄龍戰·彰麗狀於芝英·爐水虬潛·爚瑰姿於倒薤·泗濱通藝·門人灑翰於麒麟·熒惑藏炎·司馬濡豪於轉宿·抽枚勞計·填殳篆隸之名·磬竹窮揮·蛇鶴蟲蛟之體·探山得璞·而瓘璙瓛璵·等理而同鯤酌水賁烹而酸苦辛甘·異名而殊味·西酉戌亥·螽斯不能校生齒之繁·南朔東西·伶律不能一脣喉之響·在昔姒年織席·羲世裁冠·鹽祖夙沙·筮原農后·僉云肇造·並合升禋·豈夫神州文物·蕩海移岳之功·邃古聲香·經乾緯坤之力·鴻生茂德·陳籩豆而無堂·鼓篋摳衣·望宮牆而何路·光緒某年某月日·有詔令直省州縣·得建倉聖之廟·炎圖非遠·我皇凝指掌之聰·智人有靈·來者叶同文之矩·崇

輝億丈·徂中羨而邁從·更洪響四維·周虢通而回報·德非夫治隆·金運·天垂山地之徵·道協雲官·史倦招搖之紀·曷以契往聖訓·萬禩者乎·宗聖侯之奉廟·魏黃初之元年·杜下史之刊碑·隋開皇之六載·修堂豐宇·集彷彿於禎祥·就位來庭·駐揆瞻於遊蹈·諷籀書於九千·字學僮之律·方嚴攬封禮於七十家·金石之題有在·自中原猰㺄·赤縣虺虵·三古委塡於橫流·六籍沉淪於茂草·河汾絳帳不傳·侯岡之篇·[illegible]嶧青衿·罕識禾人[illegible]字·皇帝眷緇帷之闃寂·閔黔首之瞢愚四篇·啓照於學官·八體逮波於寓[illegible]人·奉律蒼姬·保氏之司·博士塡門·東漢石經之刻·忼龍牛犂·開編詳異畫之繁·襯池草監·運舌得求聲之誤·署犁犌而振博·僻文甯駭於亢倉·詢六峑以能呼·攬昔何疎於管子·田疇一畝·車涂一軌·律令一灑·衣冠一制·秦權嬴碑之體·讀之而可通·經幢貝丘之文·載之而可信若夫劉歆學奇於揚子·鋪藻采於周官·臨淄縋古於胡公·瘖權輿於隸祖·不玩其所習·而蔽所希聞·可以有通人矣·王次仲之所述·不云大翮之山·王子敬之

所長·不稱大鳥之足·同歸而殊塗·一致而百慮·可以暢皇風矣·功蓋大象·德播無垠·舟車所至·人力所通·豈使礱石虛銘·濡丹輟篆·況乎瑤琨篠簜·禹貢揚州之區·海鹽章銅·西漢淮南之國·建平元始之際·藝文沸渭而雲興·膠鬲海岱之間·儒林駢闐而踵出·徒恨岐陽晚石·靈修眷之而昕然·衡山今碑·明神顧之而不頷·晉內史補仲華之典·臣不敢知·沈初明表通天之臺·下情震蕩者也·銘曰·

壽邱毓帝·姬水開疆·似春中夾·如旭暾桑·黃丙浩浩·青戊茫茫·五晬六廓·北野南鄉·龍顏侈哆·四目靈光·嫣蹤雷誦·貳輅雞湘·神圖受𧶠·睿德歸倉·左史執簡·中宿曜芒·七緯遐祖·六書允荒·匪炎靈歎·異夏龍藏·天垂寶籙·代啓珠囊·齒脣喉舌·赤白青黃·萬派同軌·八紘一匡·仰維土撮·載溯河觴·葩間據翰·鐘際凝裳紆神躔次·眡目穹蒼·崐崙赤岸·鳥谷青羌·有文在手·自鳴於吭·皇娥少皡·昌僕高陽·戴肩帝嚳·履翼陶唐·滋涼茂德·高密蔥祥·輟而不舉·後嗣何望·自古在昔·周發殷湯·降及嬴后·亦越炎皇·史籀爰歷·博學凡將·南閣祭酒·黃門侍郎·灌輸

億頃委逮千霜八體璀錯五變低昂我皇神聖至教無方紓情涿野合契文昌倫榮鐘磬女媧笙簧棲靈築館薦馥升薌金革絲木珪琮琡璜顏生蜀國曾子華陽他他栗栗峨峨鍠鍠依稀陽武方弗利鄉大鴻拱揖左徹徬徨鼎文題杜鳥迹書堂如聞壁韻終挹波芳億齡萬代何毀何傷

翰林院檢討陳君墓表

觀夫浚城僻土處子發其遠聲曲陵曰阿大人揚夫靈氣若其揚絃邦家之彥命阻立年應瑒駿異之材位終庶子若我檢討陳君因茲可悼痛者歟君諱寶字百生江南東臺人也譬夫蕘矣涇縣割自堂陽孑焉東門並彼海曲蓋軒軺之所罕戾繆綏之所希聞曾祖萬鳳祖作賓國子生父智開廩膳生實有懿美見推邦壤並抱寶懷珍棲巖遁谷君幼負荷薪之戚長服教績之訓既爲諸生益有大志會粵寇熾煽江淮塗炭泰州徐君曉峯以兵備拜督辦下河團防之命卑溼之國利用舟師子弟之兵稍同邱甲由是內保疆圉外策江海庸君之

謀蓋以濟事敘功補贛榆縣儒學訓導既而欽差大臣副都御史項城袁公漕運總督盱眙吳公安徽巡撫徐溝喬公先後延召禮命在門或寄君轉輸或資君申討事重度支理艱祭酒闢穀於墿之室不曰私財公叔禺人之鄰匪無節士足以振厲感慨昭曜乎生者爲君中同治丁卯科舉人明年入都于時翰林侍講袁君保恆奉詔佐今大學士合肥李公擊撚逆任杜等於山東君從軍關右參謀下辨駕我騏䮫與子同襗蔫孺子之論將王孫滿之料兵既重習簿之談遽入黃祖之腹故得斷其股臂殲厥渠魁昔者曹驃騎之幕下實倚孔璋竇都尉之軍中端資班掾方之今日彼獨何人事平累功以知州分發湖北賞戴花翎明年中同治辛未科貢士改庶吉士十三年授翰林院檢討稽古之儁詔校祕書乙科之生得補文學遂乃發百家之籍究萬變之務濟代之略昭于列眉括地之形陳于掌上以光緒元年八月丁毋憂歸家服闋入都尋以四年八月十七日卒於京師館舍年四十有二以五年十二月二十一日葬於某所三世皆以君官贈奉政大夫妣贈宜人君娶王氏繼妻許氏女三人君撰百生文詩集若干卷遜茲枚叔闕下有上書之兒巽彼馬談河洛有能文之息天情開朗風神夷遠身長方朔眉秀季良有公孫之好儒有周仁之不泄料情度勢則魑魅鑑中慮敵制勝則羌戎席上篤嗜言易兼治春秋爾雅故訓說文小學並討議未終篇帙淪蕩曾不假之壽命俾竟尺寸直以次房入洛有去無還元伯黃泉千齡萬代皐門直對誰言太史之墳萬歲亭南有此故人之筆謹表

候選縣丞邱君繼妻朱孺人葬誌

孺人姓朱氏海州邱心坦履平繼妻也始履平亡其初妻無子有女才數歲家貧田屋薄陋母孺人春秋高履平既好讀書歌詩及擊劍用兵之術甚篤一爲軍部曲將不得意棄歸愈益銳力歌詩海州邊海僻邑士大夫率不好文學又多鹺商大賈上夸奢爭益輕笑履平無肯與女老儒朱翁九岩家貧有女獨視高履平以謂終當用詩名天下履平故高尚氣節其爲詩淒厲雄壯往者湘鄉

曾文正公嘗稱以爲忠勇過人而德清戴望子高及今武昌廉卿張先生皆嘉嘆以謂奇絕者也朱翁因遂以女與履平孺人之歸履平年十九歲矣履平乃益挾其詩遊東南名山川所至忘歸其客金陵也朱翁使女跨驢已徒步間關千里抵履平所至則余方從履平飲履平呼婦前拜余余望見孺人囧頤然福厚人也履平曰是故儒家女頗善擊劍然從吾苦矣既履平移客山陽日鬱鬱不得志年且四十未有子余從軍江浦又從軍山東或踰時不相見某年月聞履平生子甚喜一日得履平抵書報婦死矣書淒惻甚悲且乞爲文志其葬余故嘉履平有俠士之行顧私惜其剛烈卞急慮無以致門戶之和又動好以大義責婦人女子迂闊閎辯若鑿圓而內方持寒冰而詰熛炭者而今乃如此嗚呼豈非其命也歟悲夫孺人之歿以光緒七年四月三十日年二十有三以某月日葬於大伊山之麓子一人福銓女一人前妻生也

女罌甎銘

罌泰與朱銘盤曼君第二女也·銘盤客登州·一日晨起方沐·僕者持家書來·發視知罌死·初視書荒忽若不知所以置懷者·久之乃涕下·罌以光緒六年五月二十八日生·而以明年六月十二日死·死又以剛痙證·病不及一日·可謂遽矣·貧家無媼婢·婦人日躬炊爨浣濯之事·亟則臥小兒風中·兒啼求乳不得·益號急·外風薄·內風觸·乳滯·遂以發病·婦人女子倉卒不察·或遂取竈土丹砂黃金之屬凌雜鎭治·書來謂疣墳于腹以死·固其當也·一歲女誠不足爲深慟·顧爲人父迫家貧不能拊畜以至于殤·亦可悲已·銘曰·

汝何欣爲我女·二歲殤亦云苦·藏我銘告來者·

爲廬江公與黃詹事書

疇昔之日·盛聞直聲·執事鷹揚於上京·下走蒲伏於人海·承接寡路·但有瞻卬·頃者沂水道次·祇謁軒蓋·聆善論而如俶·殣勝懷而若歸·想道慕義·良足娛說者也·自別以來·鋒車北首·旣軫世路·益念賢者·攬彼數子·亦云佼佼·矧兒執事亮哉偉人·夫燭胥之珍·不靳曜於一武·覆廈之植·甯閟陰於寸牖·今茲官守吏氏所職·故亦足以昌儒術·暢皇風矣·長慶不才·蒙被詔命·昨自歷下·抵乎登州·規巡審都已畢·役自維譾薄·罔裨毫毛·又不獲與執事抗論世艱·經度便要·恐昧詩人羔羊之義·靡遁伐輻素食之剌·徒擁明友度遼之號·終遠楊僕橫海之勣·豈不爲當世笑哉·朔氣日厲·霜風戒寒·伏承與時褆福·不宣·

程君家傳

君諱澍·初名光洛·字宇灑·號澗西·江南廬江人也·廬江屬隸廬州·廬州山澤曠偉·控引四疆·道通七行省之地·號爲雄大劇郡·自古利用兵·民氣樸·忠材武人不相推下·獨廬江風氣稍巽懦·多力耕作·士夫之倫益循馴矣·咸豐同治之間·今相國李公旣用淮軍有大功·廬江吳公亦帥其邑黨驍武之人從李公·爲別將·而程君外甥劉君雲生海樓實從吳公軍中·籌策機務·劉君簡易朴直·貌而天者也·嘗從容謂銘盤·雲生不幸早孤·從寡母畜舅氏·得今壯大長育其子孫·惟吾舅恩德甚盛厚·敢請爲文·俾付其家·以永吾舅之令名·銘盤則敬應曰諾·劉君乃言曰·吾舅無兄弟·二十而父大川太學君卒·太學君旣治生業·起家如上農·舅益發奮儉節·躬孝養母孺人·歲時戚鄰相過從·疾病昏喪問視·當去留酒食厚薄·餽遺豐殺·必視母孺人指·及購售屋室竹木粟米䊮䅿牛馬雞豕微細一事一物毛髮之屬·亦請命·或里黨有緩急·不舉陰施與無有少吝·雲生又嘗聞先母言·舅少好食酒·或深醉·外王母輒大呵責·舅俯頸承戴·悚惕移時·輒喜笑如嬰兒也·自先子之沒·而吾母不能不就食於舅·雲生與諸姊妹財數歲耳·母食而子哺·兒櫛而女巾·朝盥夕簟·夏單襦而冬複褌·旣長旣大·皆爲姻昏·吾舅晨興宵憩·一絲一粒·必躬必飭·積歲而累年·吾母子安坐而享被之·無有幾微秋毫之艱勞於其心·天下之至恩也·君旣有孝友之行·又好施遺·坐是稍貧不給·重遭値世亂流離·轉徙愈用不自贍足·益日縱飲酒無算·遂發病·以咸豐九年六月終於家·以某年月日厝於城南之發蔭庵·又十二年而改葬於喬家冲先墳之兆·妻某氏·子孫若干人·大義之際·齊民勝於士夫·吾觀劉君述君行誼·未嘗不嘉與三歎·追念吾嚮者孤子危苦之會·且浩然隕涕者矣·

東援紀功之碑

皇帝履至尊而制六合·開明堂而朝諸侯·啓洪鑪以陶鑄域中·執敲朴以箠笞天下·故以春秋七十二國·非無魚爛之邦·西域三十六種·卽有操戈之釁·東漸於海·西被流沙·南踰丹徼·北拒元闕·靡不眷乃父子·若辟咡於几筵·肅爾君臣·儼冠裳於軒陛·服者懷德·貳者畏刑·德莫厚焉·刑莫威焉·惟我外臣朝鮮國王李熙·故康穆王之嗣·而王族李昰應之出也·長河異瀆·就軌靈源·若木旁條·承華中幹·魯啓方之卽阼·僅越八齡·晉周子之承藩·未逾十四·昰應義均叔父·分同負扆·太公雖貴·實在人臣·定陶私尊·猶然北面·始宏輔沖之體·終返共和之政·會司農絕餽·衛士阻饑·敢依中軍之名·輒就公徒之甲·伯棼利矢·幾徹王輈·欒盈凶徒·已乘君屋·又東倭虜使·並被虔劉·楚盜方甚於雲中·鄭師已入於宋

郭·昰應亡不越境·反不討賊·太史執簡·厥罪斯在·趙盾之志·疇原·霍光之形稍著·是以齊史一舌·不亮扞掫之心·秦士同喉·咸據無將之典·兵部尚書右都御史直隸總督張公王幾作牧·甸服視師·稱兵之事已聞·上變之書未至·陪臣魚允中金允植等方息徒馮翊·頓轡轘轅·召問端倪·因陳睿聽·昔者葵邱作誓·代無易樹之君·城濮觀兵·衞有復侯之辟·豈況舜咨肅宄·軒伐銷蚩·天威運而無方·神武征而不譓者乎·光緒八年七月某日·建威將軍廣東水師提督雲騎尉吳公等奉帝威靈·承天聖武·率舟師以踰海·壁陝險以據兵·越自水濱·翔於城下·昰應方授粲以迎使者·上謁以勞王人·門堦遽失於王親·武帳遂驚於漢詔·雍容就逮·拜跪授策·楚人滿道·不聞後車之呼·駒支成禽·寬彼朝位之責·遂乃乘機鼓勢·執訊獲醜·薀非種以甯良·植斬害馬以伸駿·步交臂屈膝·威儀仰於華風·女業男疇·惠被膏於諸產·當此之會·倭酋散卒不逾千人·始震蕩於漢旌·卽遲回於梁野·奄奄窮寇·喋喋黎元·楚國歸王·朝懸於廣·駕衞侯命·婞夕致於

魚軒·固曰臣勞·實昭上德·有詔晉公三等輕車都尉·寮佐將吏·增秩有差·嘉其伐也·漢犂絕幕·諸將皆侯·晉入齊師·三卿賜服·發轅解甲·曾不越乎二旬·馳譽宣威·豈虛煩於一矢·遂使孔門胡輂之士·寢問首陽·窮荒元菟之區·有同漢郡·萬枯方達·百廢庸興·是固文淵不能專名·楊僕無以獨貴者矣·公名長慶·字筱軒·江南廬江人也·淸規諧祜·雅量符遵·但發指於樊彭·惟驅馳於靳傅·若臂運指·論者歸焉·幕府僚佐將吏等並江淮豪杰·吳楚英靈·西漢雲龍·盛產豐沛·東吳驍桀·咸出龍舒·既宏帷幄之謀·良藉搏掎之力·若夫文慚班固·頌謝楊雲·曷用美賨憲之勳·勒充國之績·亦以侮非外至·變起內訌·謀人國家·事艱於伐畔·處人骨肉·體寓於存恩·方之楚滅春申·秦夷文信·顯晦之情匪一·逆順之勢乖焉·士卒等披練三千·超乘三百·與有勞苦·名不勝詳·其自吳公以下姓名並勒碑陰·俾此邦人·永懷聖德·於戲·滙汳霰霜之烈·匪自帝心·君臣父子之間·攸關國步·森堂陛而嚴儀衞·甯惟曜武於虎賁·結舊好而納行人·抑慮陰遭於蠆尾·曷哉藩服·罔替斯言·銘曰·

遼東外徼·陪都蔽衛·上下故鄣·箕檀往封·李氏撫壤·康穆蹇宗·他子果負·枝川波從·旦柄方還·義軍絕飼·腹心圖僚·蕭牆憂季·公適昭宮·稠規郊次·吳卒及郢·狄人入衞·趙穿構難·盾則何辭·南越內亂·嘉實倡之·危均見足·阻鄰去旗·帝命虎臣·士惟孔武·翔軍灞上·率彼淮浦·鉤膺鞗革·暢轂文茵·上宮適館·郊勞皇人·封車甚澤·斯騎如鱗·禮徵折俎·位當下卿·涉何宣詔·北地抽兵·懷露秦組·几陳漢纓·援無靈輒·鬬失彌明·夾戟登乘·蔥靈蔽容·衞隱億目·路翳萬瞳·樓船道咫·檻車策窮·回戈餘孽·授元諸凶·上將飛翻·東鄰蒲伏·退舍鷁行·伏江介宿·觸噤藩羝·鋌虛險鹿·鑒綬委虵·重錦往復·功懋懋賞·德懋懋官·介胄受詔·挾纊辭寒·閱千刺裨·功百誅蘭·良體遠瘠·善國來祥·羊牛雞犬·麻絲稻粱·鄭備他族·楚嚴猛狼·國瘈噬衆·外狡狙疆·理炳在古·義懲今王·流江足銘·燉煌可鐫·太宗昔詔豐碑三田·皇帝今聖·垂休萬年·式彼荒服·視此朝鮮·

桂之華軒文集卷二

焦尾閣遺稾敍

敍曰焦尾閣遺稾一卷黃巖王君弢甫母太淑人之所著也夫其高行殊懿羨蹤於隗妻大孝在躬方規於詩婦載彼志傳無煩覶縷抑聞詩書之言女德尙已大都要其行誼不及文辭蓋非能之寡而傳之者寡也僕誠鄙人頗覽前事觀夫扶風女弟安定嘉媛並皆盛擅詞章代稱高秀豈夫誄德緣情之製所可比倫麗辭逸思之篇此焉萬一盛德之積則修辭彌工韓子不云乎仁義之人其言藹如也嘉樹百尺陰暍逡其蔽阡幽蘭懷貞芳聲繇是千里如斯之指可得觀焉王君旣重有何恃之悲加彼手澤之痛奉持道路儼若對越大夫君子輒得覽觀茂製鉅文紛到沓至抑余又歎夫自昔才秀之倫往古清亮之節藝文三十六類旣乏於傳書列女十有八人並罕於遺簡豈非穀慙家訓逞昧先文若王君馳驅塵鞅之下眷心杯棬之內永謝世典咸漏之義終葆先人清酷之名後之讀者又可想焉感愴云爾

先祖母事述

先祖母姓何氏恩貢生蒼厓公孫而附貢生廷蘭公女也年十九歸先祖舜琴公二年而先祖卒先祖諱南薰以高才生有名且大起方是時吾家幾甚貧不可復支先曾祖教授生徒里中里中稱其長者有子三人長先祖次先叔祖次先本生祖湘浦公湘浦公於昆弟最幼去先祖卒二十二年而始生先君因以爲舜琴公後先祖母撫之不知其非己出也而先母之曾祖于先祖母之祖爲同母昆弟姑爲姑姪爲婦焉始先曾祖旣歲入日蹙不能贍衆口至以先叔祖爲其舅後迨先祖卒而先叔祖所後之家愈益貧大困夫婦塊然相守惸惸歸故家矣而先叔祖母殷性尤善怫數侵厲先祖母先祖母益下意承解之未嘗有誶言自先祖之卒家又益食口先祖母獨攜一女往往依母家母家不貧顧必爲人縫紉刺繡得食性尤廉親戚或餽米布雜錢物必爲操作完其直堅謝不少弛且纖悉必以奉舅姑無自私者女歸王氏則更往往依女一如依母家不孝嘗見蒼厓公分財物子孫書署其尾曰孫女五人人百千長卽先祖母也先祖母生富厚之門少習溫飽之業爲人婦一旦卒然遇不測之痛勞苦堅忍拊成弱息竟以如此先君不諱先一日呼兒立床前執手而告之曰吾與若幸讀書得一諸生皆先人之德不可忘嗚呼痛哉自湘浦公爲人鉤稽田穀得償先父得補學官弟子教授歲得數十千錢先祖母乃不復依女家然猶以爲雖篤老不可坐食浣紉雜作未嘗不助自爲婦至老與男子言雖卑幼未嘗出戶外言未嘗色作食未嘗先飽自先曾祖先曾祖母與族鄰言必曰孝也一衣數十年數年而敝一履一扇數暑終身未嘗有一褻其卒也未嘗有幾微疾病之痛實以咸豐十一年六月十四日年八十矣去先祖之卒且五十九年是時不孝且十歲今年逾三十名爲讀書冠帶之士起居動靜之際乃一端不可以告吾先人歲時歸其家聞諸父母或談笑說先祖母平生孤子煢苦之狀浩然有

太息者當是時輒悚然愧感面赤立起自責如不可一日處乎人世者矣先祖母節孝之行得旌如例不孝敢以所聞於先父者涕泣敍次於篇幸當世君子能文章者表暴焉不孝孫銘盤謹述

趙惠人海左金石錄敍

朝鮮襟帶東裔代承大藩英儒俊人更昌迭熾固以秉訓往聖依光淸時前史所載極微遐土嚮風慕義之儔無足方也夫官司之紀總轄於史書私論之行散條於金石當世則榮沒則已焉非夫斤斤邃古之士勤勤討昔之倫曷以總羣貝於指掌彙衆畸於數閡朝鮮兵曹判書趙君甯夏字惠人康穆太妃之兄子也世爲勳輔少秉嘉稱自其弱年奉使上國駐輪薊邑徘徊晉將之碑觀禮成均睇矚周宣之鼓由是慨然歸而纂錄始泰安之元祀終勝國之季年地不越疆數乃累百揆其懇博可爲難能者矣余旣不獲辭惠人之請因爲述其大凡亦欲使縫掖之彥抑志於郯子雲鳥之言鄒魯之生愧心於荆人邱索之雅

云爾

饒州詩徵敍

觀夫豹論不朽惟遠述於臧孫尼慨無徵恆眷懷於亳典固以遊弋之地君子弗忘邱墓之區昔人攸戀故夫鄒魯喻説動指於岱東西京方言輒舉於華岳論橘實則蜀漢美其鄉植語剝棗則燕秦珍其土宜況於蹤軌前修景徽往烈者乎饒州維揚剖域楚國東偏按其山川則有九英鄱陽之壯考其人物則有番君仲公之賢若此之類都都而然邑邑而有靡足異矣抑孟子有言曰聞柳下惠之風鄙夫寬薄夫敦聞伯夷者則頑夫廉懦夫有立志他日又曰予未得爲孔子徒也予私淑諸人此在賢聖德道感發百世固然焉即至風節小異之士鄉黨自好之倫單語隻詞流逮身後亦使者耇述而太息士夫論而嘻吁豈況取精用宏秉道核藝誦廊廟之什則魏邴訏謨觀山水之篇則陶謝騖服雖其短長時異工拙偶殊或此鵠彼鳧或君黃我赤要其膏腴來者沾丐後生人

習所親家珍所秘則未嘗不異歸方朔奇歸蘇秦望古之彥良曰不然是用疚心於拘墟馳情於淵海乾嘉而還詩道大替材智之士逞其私能冠帶之徒俱置一集於是上自都會下逮郡縣競搜往製務爲繁多此雖意等炫珍事均衣繡顧其撫柯思本觀瀾尋源亦有君子之心非徒文士之見且使仁人孝子之輩覩其高曾之言懷貞抱義之夫感其忠亮之語故曰智者見之謂之智仁者見之謂之仁豈不皦然可信乎哉浮梁侯君雅好詩書最耆纂輯嘗取饒州自唐以來之詩都爲十卷夫先王之貴詩蓋不惟其詞云爾僕嘗論之以爲比興之旨諷諭之用自唐以還寂若絕響如使世有復古之材陶冶性情屏絕華飾衛壞之詠亦勝武陵滄浪之歌足暗粲植稱是而言則夫閭里善良邦黨翹秀鮮功罕德求稱方來第欲託夫吟嘯晨夕之辭贈答几筵之作譬若以飛蓬之細競疾於高雲一舟之微孤行於巨海也豈不盭哉

七返

吳國男子頓車鄞舟傫然隻遊處乎旃旃之下志怫氣鬱肌若腊豕鼻閡藏芬胃實暮化目懸膏雲足閡廬舍蓋塊然以病者於是越客聞而造焉曰方今天清地明晝晦衡平災厲逋亡動植遂生士農賈工靡不順情主人何爲而不甯乎主人曰僕誠憊神志蕩忽莫知所云願有以起吾也客曰觀夫三吳之區海江河湖而大江滋益利也勢渾渾而若奔厥祖自岷腹荆胸楚蓋爲千里者四五而張知乎海門自裕道衍霸雲興龍奮之主累武弁力不歸於一人今日乃有列艫布卒魚魚鱗鱗端委上下數千其旌將率之所述御則躍機激火驚聲迴軸旃動纏移甲露蛟伏雖使唐蒙桑櫓楊僕司權愕眙累日且舌卷氣縮斯亦制亂殛宄之倉扁也主人能彊起觀之乎主人曰僕朝夕見之未之欲也

客曰吳淞之滑北喻之罘析津西晛諸虜東賊搏桑之根巨艦若陵踰百其羣蔽漣鄣波動輪殷轔升烟噓霧天爲一雲猛士織皮冠虎目鋮意度火不空驚丸不左注靜若孟置動若霆怒十之則千變一之則駢步頓之則山立發之則

鱗赴萬膏億脂積晝累暮人嫺智巧士牢握據將以係渠醜俘虜王盪二星之大恥振天策之威芒主人其聞而樂之歟主人曰若此之論任奇尚口者類能斷斷道之非所望於客也

客曰僕聞周文一怒天下以栗秦皇案劍虎視六合以鄉所云江海威雄之師其恆迹也至如皇赫斯震命將南徂雲沸雨涌萬麾千旗父老子弟頓首崩角士忘其策農忘其耡車不得銜軨騎不得尾趨詔虜之檄聲罪致誅欲使曲頸大豕承嚏貔貙高爵豐祿之徒面墨而背汗仰日而閡睫獨寤而陰吁嗟峨之詞故亦足以壯大矣主人能起而讀之乎主人曰僕聞大廈之高非一木能持長河之流豈一手能障樊噲之勇不能抗乎季布惟晉有材不能拂乎魏絳厥語雖壯未欲覩也

客曰僕有客自南來者爲僕述兵事此可以告乎主人曰可哉客曰王師戾止建壘於邊命成發歙翔乎虜前一鼓夷嶮塹再鼓收旌旃三鼓氣發騰趠羆虎

奮勢遂以萬乎虜元鄭伯肉袒許男啣璧吴子就於甬東衞侯歸於請室崩角稽顙斬乞恩澤跂行喙息天王所錫若此者豈未足以方媯帝邁殷高乎主人曰信如客言疆場之事未艾也

客曰不然僕聞上帝好生神武不殺故明辟守在於四裔聖皇不窮於宄猾高祖利虜賫而見欺平城孝武啓宇而引弓爲獷猰今則一渠柔脳百城解觟如使楚趙爲之綏頳韓魏爲之乞哀强齊戴猷中山奉卮此數國者怵夷吾之略韓懲竊生之債濟於是天子乃命酈生陸賈之儔馮軾而下之比于下執事於萬斯年貝齒不怠此自三古嬴劉以來所未有也主人其願聞乎主人曰突如之利君子所危重幣甘辭先王懼之卽有之僕未敢信焉

客曰竊觀主人丹赤之色浸於眉頤語則甚口中則隊乎若怫騰乎若怡僕吏爲主人易萬一之説設夏幠之詞藉如陛下詔都護之守吏廢河東之官司連兵海表敺奴逐夷抗命之嵎虎臣臧之得趙佗之土不足以大漢得肅愼之矢不足以威周其君是惡其萌何讎於是乃拔姦植忠剖符折珪爾桓爾躬恩大於輿戚體光於召戎足使曹衞感晉須句戴魯百傳不替萬季無斁豈非張傳之流結軾而願聞青病之將秉旄而樂覩者乎主人曰若此則幸甚然而犬羊之衆蹢躅之性未可遠恃者也

客曰僕聞尼甫有言長國家務財用則志士憤歎賢人椎膺故孝文郤千里而倉粟溢甯王返祇貢而天下以平陛下穆然廓炎世之徃德慨然眷姬圖之永清遂乃起道德之士根柢熊昊枝討中古屏放非族極志騶魯布衣冠帛躬烈瘁苦於是乃欣焉發詔垂制命稷司嗇俞夔典樂咨殳與令攷工勅文命驅不若起孔聖使糾姦拜季路專擊摶於是四海之内有田有桑者老給於體腹嬰稚免於夭殤窮遐極遠軍旅之事聖人不以諭天下臣吏不以陳帝皇虎豹伏藪蛟螭沉江風雨四序厤絲黍糧豕牛鶩鷄蕃孳豐良此雖伊姚之代靡得踰也主人曰聞客斯語雖復談天之侶述海之倫顧聞昔者枚叔有言要言眇道

渙乎樂聽令僕不脅有采薪之憂體貌劵憊耳目荒冥得子之論若測淵而獲元拂霧而窺青雖然周游之聖好辯之賢繩踵嗣武窮累世年曾不能握分寸之柄持毫毛之權以若吾儕智遜於仲舒材絀於賈誼口訥於東方生顧欲悍肰爲儒人之談蒙賢者之刺僕請與子棲心長林陸沈市朝之間端默澄慮以覩夫九寰於是客起而謝曰僕謹奉君子之教

周彥昇朝鮮紀事詩敍

皇年嬰暴混兮慘黷之辰帝歲逢咨殺哉戰疑之運自軒庖之聖不能窮其誰何三五之智無以塞其坎竇欲使十日並出掩太陽之精百僞朋興翳真人之宇於是時也蔑道義上智巧强陵弱衆暴寡九垓八埏重足一迹樂成宣曲之輩權高乎侯王雕題窮髮之區道迫於尺咫豈不壯夫霰涕志士雷歎人思觸胸戶願奮首斯亦自古在昔以來莫二之變故者矣皇朝盛京之東是曰朝鮮世爲外臣閟祀三百光緒八年六月既有王宮之變皇帝震怒命將徂征設智發機罪人就組世所稱興宣大院君李昰應者也昰應罪狀論報安置不遣於是天子乃命相臣畫機宜設方略卵翼下國俾底丕平厥德懋焉於是周子在琳瑀之列躬帷幄之事比事爲賦最得十篇余嘗聞古人之爲歌詩不爲其纂言紀事而已要其有遠量高識託諷諭之指博論壯詞出什伯之上自夫營洛道替河洲之篇興焉薄伐威張六月之詩遂出後有作者未之毫髮易也抑余又聞康穆卽世嗣王纘統維時軍國大政實總昰應十有餘載虜不侵疆在昔皤叟柄國姒圖因而阜昌公孫破錡姬祚賴以七百始蒙投杼之謗終灑捉髮之寃功垂鼎鐘聲流萬億自今方之故亦有幸有不幸者歟且夫詩不云乎亂匪降自天生自婦人其在傳曰女德無極婦怨無終襄王不從卒罹其毒斯固王者之藥石有位之龜鑒矣嚮使昰應燭厲階之徃蹤懲狄后之僨轍愼選淸淑充王後宮方當内蒙禔祉之休外席無上之貴祁奚請老午也之恩不衰觸讋去官舒祺之寵益固不習乎此而身爲軍府之囚罪在斐隸之籍雖使萬口

陳情千首崩角倍駟茌轂救衛侯之辜磬竹輪波訟鮑宣之枉不能使朝日而暮出東流而西迴也嗚呼悲夫

周君題畫詩叙

聖清開國七十二載曰惟康熙五十四年寰海綏安英乂輩出當此之時通州處士山茨范君實以儒人教授鄉里斯盛纂錄並工丹青動拂起於雲雷纖末成於草樹往以溫岐商山之詠附意爲圖貽贈儕輩案所署字實爲彥昇遷轉之間入於梁氏梁生稟惠在幼留意命豪會負博錢持償勝者譬夫金椀玉几迺塊礫於沙埃駝蹄熊蹯遂釜鬻於臺牧昇墜之際頗不傷慼吾友周子家祿清量閎淵峻材仰岳少慕任昉之誼遂乃自字彥昇昔者漢世名賢多稱曼倩晚周公族輒字子家竊比老彭何其篤也嘗緣劉楨伏枕之日因得孔融嘉賓之歡或奉玆圖驚走相告失喜起視坐致霍然類獲越人之方如飲秦緩之藥返金其主物歸有我頃嘗語僕信若可奇遂乃緣以綈繒疊之題躞乞羣言於

右簡綴已製於下方蓋意悲夫鄒魯法言之儒河洛述古之彥亡精韋籍槁項蓽門心惕夫五十之年情冀夫沒世之下孤顧冥想誠以可嗟是以達人務於及時通士委於寂寞今范君爲圖之歲財逾乎百霜彥昇誰何之人難諳於遺耇豈非道乖旒淑理昧滋材揜燭乘之遐輝閟黃鍾之遙響抑夫行潦微潤不能滋累陌之禾隻繭孤抽靡以成千絲之網於彼乎於此乎君子何以稱焉且余又觀夫溫岐之詩心極瘏痛之艱體冒霜月之苦吾與周子同爲旅人展覽斯圖都如躬蹈置簡牘於衢路委斯胥於蹄輪願欲懷陳王定文之心慕彥章豹留之語已知不可矧於他人世有尙功之徒任智之士述古昔稱聖賢附庸高名緣飾儒術文謝鄒客冀譽梁王賦慙司馬求通楊監則何怪農夫豐慔之計力桑紬於見卿靚女帷房之姿市門優於刺繡者也

觀畫蘭記

蘭之爲植稟靜而不寂含幽而能芳是以君子齊貞潔士均質豈夫綴華藻上侈冶之夫之所訢也故僕竊觀夫當世之彥方體同嫫母行貳齊女迺益陽慕閑野冒尙沖漠媿已荃蓀之卉託躬懷馨之姿何其緣飾謬計者歟與諸周子有所善者曰蕙厥姓朱氏早有耆蘭之性故遂假物自名蕙既濯濯焉良媛者也至垂長裾曳輕屣撫弦嘯竹用色事人蓋已傷焉顧且獨念昔人椒蘭之辭中慨浮湛溷濁之酷永慮孤禽棲柯之艱故以睎晨霜而興吁對夕露而啓歎端處默搆寫蘭自芳淮南子云木葉落長年悲以彼靚女在閨感候中惜與夫士之俛頸蓬室伏几彌年抱娟川而野居懷照闕而靡貢者豈有二也余既從周子聞蕙之人覩蕙之筆因遂廣周子之述況而論之以暴其隱畫凡十六紙偃者仰者臥者立者參者獨者拔者萎者萌者達者葉折而根露者任毫制體靡有重格夫人事之變蓋匪特其大者而已一人之手一日之作而賦形不同爲態各異是以高識之賢居雲霓之上不忘深淵之中怵被繡之危則思衣褐之樂故自古稱蘭之貴以爲在彼空谷無人自芳蓋其自芳云爾

謝朝鮮國王賜藥物牋

右醫院三品官李基徹以下官病狀入啓伏蒙頒賜藥物謹奉牋陳謝者下官文非陳阮才遠陽皋猥以下走庸姿給事將軍幕府浮湛戲下對遠志以猶慙迢遞親闈緘當歸而虛寄蕭蕭蒲質憪憪薪憂殿下軫此微躬惠之良劑傳來教語如聞秦稷之鈞天啓覽嘉珍似獲淮王之仙藥豈云未達遽白使人匪曰敢辭益深私慶謹牋

謝朝鮮國王賜物牋

右中使某等奉傳教令頒賜參帛牋丸等物謹奉牋陳謝者丹苗素甲用異溫涼綌絺綈研綾質分疎密黃吉貝之液足供軍書靳渴吻之精可治中熱殿下垂塵羈旅加禮王師際芳歲之告終簡多儀而用錫珍茲靈植意感土膏諦彼素絲心慙寒女輝輝片玉會稽有斷節之柯粒粒圓珠長安有喘春之畜藐焉遠客固珍賻眡矧在賢王躬參疾苦某等夙從車騎謬屬賓僚譬侍宴於曹王瓜

李遜厚・方受恩・於趙國・絲布・甦深・謹陵

葛君墓誌銘

光緒十年三月某日吾友葛君卒於鄞縣寓舍春秋三十有六嗚呼痛哉零霜六月異殺菽而可悲大海千尋非沉珠而可泣楊仲武二十有九毀璧摧柯高羽真二十有六委姿彫彩若其隱暉蓬戶無楊惲之貴門繭足修途尠公理之廣宅義均悼往事甚切胸君諱桐字青伯江南通州人也欒郤慶伯或云代有公侯沛國譙人莫能詳其本末家之不造我生不辰謂天蓋高不敢不跼悲夫悲夫應奉爲童之日已聞暗記之名馬嚴十三之年便曉諸經之義逮於冠歲篤嗜金石臨淄古隧識胡公之棺銘漢禁耆銅知威公之故器由是旁通二篆俯貫八分垂墨疑雲點豪驚漆華山石刻無過邯鄲之書魯相碑陰僉讓曜奴之筆同治之季始得交遊於時君年二十有三光景將升風標垂遠余嘗語君曰是爲九層之臺起於累土千里之行始於足下其後四年君旅於鄞余乃塊

然浮湛戎幕竝勃海登之罘跨浿水越故塞車顛頓馬足隤曠望乎東夷矣子雲筆札君卿唇舌我思其賢君雙其美故得秦國之中樗里爲智新豐之土弭生爲最生平若此可以觀焉曹東阿之祖應氏登邙坂而摧腸何僕射之贈茂先臨層城而感物況余徘徊九皋之內慷慨歧路之際孟公太守尺牘罕來少卿足下惠書不至人材蕭落遽聞子雅之喪朋舊彫摧卽愴巨卿之變以某年月日歸葬於某原噫嘻悲夫劉不識無子之痛親覩於生前潘安仁寡婦之篇何知於身後種十里之樹荒忽難期過五步之墳蒼茫何日遂使荆州之誄長誦榮陽蕭永之銘空懸周代乃爲銘曰

毛羽振曜蘭茗翩風伊我彥士煒哉其同自昔之英不秀不實不幸短命君子涕出萬塵同埃百情一哀山庭風月灞岸池臺徂東贊戎去君萬里不見陵書竟聞沼死臨豪欷歔旁皇昔車宜官書盡東武文盧何處長松幾年石馬藏我此辭庶諗來者

爲盧江公與朝鮮國王遺牋

朝鮮大王殿下李參判回曾奉函一牋聞其航海東還爾者計當達聽臨訣襄首懸系何窮某官蒲柳之姿未秋先隕同年命之相促亦人事之云然也頃自孟春逮于四月咯血癰脹兹以閉中加波路顛勞風露冒觸焦慮沈想至有今狀旣口絕於水漿追冀功于大藥管生名籍已叅治鬼之班趙簡餘魂無復鈞天之望到今月二十一日竟以不起豈非天乎區區之身奄忽何惜獨恨中原多故外患日滋不能執鞭弭以周旋奉簡書而行邁瞻堯無日旣坐負於明時戌甫不終更永慚於隆眷人生到此復何言哉至如部署駐防三營各事宜已密令某官等謹受訖仰賴聲靈必能料簡伏願殿下當旰輟食未明求衣重農桑以官人愼銓衡而檢吏生聚教訓兵且加强衣布冠帛國將日闢長沙邊粤世奉于漢靈莒子鄰吳代綏于周版豈不休哉餘生殘息伏枕酸嘶伏惟殿下亮察下情不宣

桂之華軒文集卷三

爲淮軍寮佐祭盧江公文

年月日故吏門生等謹以清酌庶羞之奠致祭於府主盧江吳公之靈曰嗚呼我公廉忠之師德以道植禮以仁規績在中原旁流九夷其生其忽疇爲致之胡攀轅之弗駐而斜光其莫追神化所宰孰能以回嗚呼哀哉惟公清操亮節遭逢聖明蕭曹丙魏舉懿揚清德騰趠於億口聲鱗眗於百城固將振騄驥若雲黿屠犬羊猶鯢鯨於以曜殷武之奮撻張天漢之英聲彼穹不弔奪我老成斯固帝震於朝萌咨於塗載覺驚而發歎冠帶由斯嘻吁非夫雅雅故吏莘莘賓徒惟告哀於小己祇述恩於一夫就如劉楨應璩枚叔鄒陽陳留阮瑀京兆田郎彌復眷其弟畜恩兼川長道睍易禮昜成圭璋疇昔之日東征以旋祖車軷騎闐河塞淵雖寒暑之乖節庶醫藥之可全壽命遽促彼蒼者天嗚呼哀哉蔬肴空潔樽酒徒溫昔之列坐欣欣討論今也寂寞瞻望空軒圖几盈册公所

披繙刀劍在壁公手所捫哀哀公子載季載昆伏地號哭不聞公言旌麾暫別有書相存如當此訣永痛厚坤返神何域歸形何原信冥靈之難接將恆感於前恩尙饗

祭盧江公文

維光緒十年六月某日銘盤謹以清酌庶羞之奠致祭于府主盧江公之靈曰嗚呼自我依公丁年之春歲胡爾邁今維甲申中更八年曰吳曰齊威稜所懾覃乎九夷九夷膴膴神京所藩保壘備狡公有忠言匪言不忠惟命不辰百勩一皓疇則與親公有忠言一再而四頗聞矧公溫溫喜事公朝語我吾不謂苦不聞李廣涕泣幕府公夕語我我爲子知子爲我傳我靈以嬉謂公戲語不謂其真不謂今日公爲陳人公之所苦鬱肝以煎終以此絕疇致其然公往善病輒曰當死謂公惡病不謂至此昔之謾語今來目前位不滿德甯非天年羽書南至西虜闚壘公靈而知慨當以慷已卯之秋上書糾吏我與張君將顚而躓

文繡既去徵公且危蜂蠆有毒公實拔之伏枕作書書成嗟吁慰我誄我薦侯于盧我惟公誼若暑于陰坐不知感後乃思今仳仳小生胡以酬公送公于家臨其幽宮其生則榮其沒則哀矧公大智了然去來纍纍籩俎芳醑盈尊公不能食惻愴何言嗚呼哀哉尙饗

哀盧江公文

銘盤旣以牲牢羞酌之奠致祭於盧江吳公之靈而益痛之以文曰夫天有不可信而理有乖乎常孰謂展顏之聖而可以久蒼蒼之松柏而不隕乎雪霜以余從公馳驅周行蓋八年之久其所聞戰勝攻取之略摧鋒陷堅之方或猶二三君子所可翹足以相望至如淸介之節純忠之腸詩書之光愛士若不及疾惡則急於探湯此在東阿侯官諸老先生猶且頡頏而不能過而奚以論夫當時之良然公竟以此見忤而不振而其苦心篤慮鬱紆而膠葛周浹而旁皇其於人也如夏飲之得水冬飲之得湯故聞者且悚然以感豈身被者翻豪髮而

可忘今則已矣士之特行獨立矯然自異於羣者疇與託心志而同芬芳公去不顧棄我蒼茫浩海波其東逝靈彷彿而何鄉尙饗

平山圖銘

東南地缺勞哉媧后之鑪西北高樓憯哉齊女之曲是以淪漣之側有抱信之徵生景山之前有容與之王子雖夫鄭士翱翔之作儒人謂其奔詞陶生綦帶之篇來者議其瑕璺曾何足累彼盛德引爲已病者乎平山圖者製於太歲在辰之載實爲考功王君所藏夫揚州江淮之間一都會也南馳北走則漲海雁門撲地沸天則廛閈歌吹悽焉過客多有弋林釣渚之悲渺矣平山非有華岳河墳之壯陽生大弟乃獨眷於靑岑之阿子卿足下顧不忘於河梁之水豈非以素波越渚夷光之所凝軒朝旭城隅秦女此焉曳履舜華留矚帳中之誤影恆徵嘉樹棲情竹下之餘芳未絕重以去鵝獨邁往蝶孤征關河無期風雲不感鸞床夢怖明星昇墜之間鳳咮書還碧海浮沈之表十爲二五竟併合而不

能睫在目端乃辨形而不可遂使對風中之薄翼長想輕雲種海畔之孤桑還成染淚昔之當溪共影臨岫分華隔座怨遙界屏恨遠輕鸞寶鳳彌懸象於疑真珮斷香飄終摧懷於靡盡乃爲銘曰

從風贈馥在鏡將容洛川一帶高邱百重芳景睽睇幽岑駐胸判芍殊漆獻瑙疑漢秋屋非春冬衾遠旦命翰知愁臨圖聞歎蒼蒼蕪城可人懸情暫招詎轉側喚無聲永成渺渺不那盈盈

南菁書院記

東南行省吳中最爲大區郡縣諸生督學乃其祭酒剸司橫序則緌纓視若父兄比秩疊臣則冠蓋親於昆季足以丹青名物弦吹聲香達文囿之句萌拓詞場之扃戶自昔升堂講學著錄或至萬人本郡授經徒衆因而成市況乎颺天衢之元化宣皇路之清風鋪禮闈之殊芬聳庠門之高譽軒軺所至瓌林駢衍而來遊麾節暫臨瑋士仿皇而不去研藝業者羣奉教於民宗言經緯者咸折

中於夫子而仁朋德侶不聞弛擔之區方領圓冠未有懸輪之宅今兵部侍郎瑞安黃公祇承簡命校士南邦眷穆若以翹心潤斷如而改耀錘爐出鍔譬巧冶之鑄干將途術揚材甚王良之御騄驥欣騰姿之逾邁閔執策之無棲嗟攬往之成淵惜緘縢之何託遂乃經營奉入散稷嗣之黃金俶落權輿分江陰之竹木東閣大學士恪靖侯湘陰左公視師南服澄清之轡同聞作牧揚州禮樂之塗遂遠郤穀元帥痡瘵詩書平津相臣流連儒術語其聞望則泰岱之於華嵩論其交驩則荃蓀之於蘭茝鐘鏞比律並鏗闕里之堂桂柏方陰雙沐杏壇之雨眷如林之子姪析周軌之壼飧義高田相之門恩甚晏嬰之府以光緒八年四月始凡造屋八十餘間用功二百餘日用錢二萬餘千因宋朱子記子游祠堂之言命曰南菁書院昔太史公稱子游吳人今常熟虞山之上蓋有子游墓云若乃海門連宇炎漢毗陵之故皋江水環襟典午暨陽之曩邑由是觀泉嶹燥攬雲物以來祥命斧催斤對河山而裁秀闢精廬於中壤綴鄰牖於旁寮擢樓於曠閡之庭導圃於淋離之域佗佗拾級足闊侃於皋比軫軫聯巢實波濤於圓海八窗籠曜卽盛圖書五步平場匪無麟翼胞人幹吏供都講之斯胥假沐陳休奉大師之節度蓋秋羽春干之則已惠於襟裳而佩賢戴哲之衷彌光於籩俎議以漢高密鄭君宋新安朱子並祀於後堂而左公爲題講舍之版廣斯指焉漢宋分流學術愈雜明堂禘祫詞繁於相杭之薪性道天人味減於交輪之水言象數或伸傳而黜經論道學或援儒而歸釋軒埋旋接戈矛起於立談几席逢迎甲盾成於杯酒非夫鑒明任照物靡細而可遺衡石從程質無輕而不墜曷以包含衆祕陶鑄羣模洗纓濁世之叢挹藻芳風之宇者乎王考城之月奉旋姚仇覽之聲蜀文翁之官僮不讓京師之彥嘉晨高會總巖岫於扶欄暇日清遊送涓滓於駐杖春中往爋喜贈蒼姿季札豐楙還通盛藹是使荀卿教迹淪漣於淹稷之間太守學臺光景於豫章之地

泰興縣慶雲寺照潭和尚身塔銘

和尙俗姓曹氏江南泰州人也淮海之隅有同貧國平陽遠胄今爲庶門年十黍發願剃度因受具戒智顗在梁經如宿習僧伽入楚困于緇流二十三爲壽勝寺主僧後三年爲慶雲寺主僧凡崇飾佛壁一區佛閣五區成就戒弟子二百許人和尙早通正教本絕世機泊焉浮沈非其嗜好雖復聲靈里閈足域邦壤纓冕罕逢銘勒未遠要是精進爲力殊異人羣者也以光緒六年九月十二日滅度于寺中越六年其弟子用慈華禪契成再傳弟子權平共荼毗之敬造身塔于寺西之原端甫靈骨常依安國之壇不空碑銘卽在大興之寺銘曰

祁祁潭公晏晏穹異賀跋金象天台銀地崇殿飾宇窮熒極煌寶階三道琉璃五光上座示珠南堂悟箭華冠不成過車豈見未盈四百遽超六塵藻此靈塔尉其嗣人

恭送座主少司馬黃公述職入都序

敘曰自孫宏應制詩書高異等之材元始命官郡國右宗師之教所以經緯五

業·陶獎羣倫·濡染忠清·紛綸辯奧·軒軺繇其光·路冠帶此焉宏訓·豈夫論臧徐之傳·徒盛萬人·揚州郡之生·惟云千乘·法清人貴·揖高譽於武昌·嗚管陳鐘·駕往名於東郡而已哉·鹽銅金錫·春秋吳望之區·篠簜羽毛·淮海揚州之國·永惟禮化·彌眷宸懷·恆簡重臣·敷兹鴻藻·同光之代·海宇初平·使節相承·不常厥守·夫子以才賢崇任·絃吹名邦·將插羽瓊條·延英珠樹·其間高遷峻望·近臣專對之班·旋拜夏卿·溫詔三留之地·貳尊麟鳳·論者以爲華資·參法鵙鳩·當世期其條奏·夫匠成翹秀·蕩汰積埃·崇化厲賢·勸學修禮·闡云文德之序·抑亦太平之原·今萬國大同·八荒一軌·江湖襟帶·犬戎處若伊川·南服金湯·獯鬻視猶北土·重吳方厚·產貪賈之所必趨·揚州輕心·往詰之所未備·非夫軒揚義府·韓祭酒之清風·幹棟儒林·曹郢城之通識·曷以眂權知重·植圭求景者乎·南州纓弁·咸推郭賀之風·東海襟裾·頗述蕭生之概·謂公精誠照日·直節干雲·論竇憲有登翼王室之功·發張猛以擅盟匈奴之罪·參廷議則曰各從其志·推轂士則曰能

在臣右·起雲中之守·知魏尚之能軍·憫楚國之危·信包胥之可將·佞臣當殛·悚危聽於游魂·邦汋請除·扶頹犁於司寇·凡諸故實·得之流聞·蓋將藻繪丹青·雕鐫竹帛·豈夫北海摳衣之士·所敢高窺·西河奉袂之生·此焉抗語·若夫講堂既考·威儀盛於魯鄒·禮容不僭·諸生親於子姪·杜元凱之左氏·包國子之漢書·郅君章之直心·丙京兆之清行·靡不琢磨懲倦·鏡燭忘疲·越軌惇師·騰銘老德·在昔文懿·譬曉皎譽長安·無量建端·振音上國·方之今日·彼有慚色·且管子不云乎·埴之在埏也·惟陶之所爲·金之在鑪也·恣冶之所鑄·弟子受命·豈不然歟·張旜容裔·高車遲回·賦柳而來·及瓜將去·遂使學官僮子·攀車轍以翹心·相圍門人·呵旌旗而凝矚·圖道斌之像·甯足酬深·建翟酺之碑·未云罄感·如使豫州疆理·天眷滋隆·河北典軍·皇情有屬·封公去冀·竟聞再牧之年·李君到官·終慰德音之想·求姦破柱·豪右寒心·擁節宣風·車師抱足·單車即泣·海波與圓沼俱平·杖鉞所臨·甘雨共大雲偕潤·其或辨稽九伐·總宰六師·方將整飭貔劉·芟夷害

馬·拔任安於小吏·識卿子於末將·周之司馬·爲佐王平國之官·古之大臣·有以人事君之道·將使魏絳之禽樂·祚右手慙其無功·甘茂之拔宜陽·私金增其厚賚·陸囁水慄·盆稽首於中國聖人·撓酒橫刀·不寄笑於上書男子

馬貞烈女之銘

同治十二年月日·某官某等狀白大府·列稱某所居金匱縣民馬廷燦妻范物故·一女在幼·約婚包息·范妹施·夫死爲寡·有桑中之行·茨牆之辱·燦大瞢·露持女屬施食宿·辭刺·從施依居·女舊范霞卿許·霞卿子金乞施·啓已得薄女·歡施果厲·誶如金所請·夜女眠臥·迫睹金至·登便呼叫·金掇溼絮·拔塞女口·持搏枝梧·益提衾蒙冒女頭·加鄰頸上·須臾氣絕·霞卿施更乃妄語廷燦·若息私露吞藥以死·他或議尸面眼口鼻·實非自藥以死·燦包驚聞大痛·走白長吏·發棺之日·尸赫若怒·掖下都赤·餘絮在口·施金並伏·夫施爲從母·實有吹沫漂山之心·金爲男子·乃忘中夜燃蒸之語·某等伏惟樂羊貞配·有操刀之英風·韓憑令妻·

有高飛之厲唱·方之今日·彼難專美·於是大府感白·列狀上請旌閭之詔·事下郡縣·父老邑子·萬口嗟歎·爲築墓於無錫縣錫山之下·而前刑部尚書吳縣潘公立石墓上·孝婦之塚·在東海之高原·曹娥之碑·臨上虞之江·介足使邯鄲驛路·長泣枯桑·漆室霜冬·不零貞木·銘曰·

薑之質·絕鑱鐫·吁兹美·雙其賢·皎素月·咽流川·口爲古·萬歲年·攬景烈·雲在天·刊穹石·倅彤編·

積頣廬記

費子既以不舍鍥榜其齋·復名其廬曰積頣之廬·而命僕爲之記·夫費子何乃好孫卿之言若此者乎·孫卿之言曰·積土成山·而風雨興·積水成淵·而蛟龍生·積善成德·而神明自得·聖心循焉·大哉乎·此無異我孔子之言也·孔子之于學·博以文·約以禮·循循然至於大道·云爾·孫卿學聖人之道·不謂不深·且久·値賢王三爲祭酒于齊·不可謂不榮·卒乃爲令不終·至于閒放·可不謂天乎哉·今之

君子之于學也操數寸之管求所謂利澤天下之事日皇皇而無窮彼既已得其志並世又無若鄧衍田駢公孫龍之徒異趣而破其道者以彼其意豈不謂乘風雲而上天且無若古所云也余知交多有治孫卿書而費子尢篤費子通詁訓善文章不爲迂大閎辯之論而多有心得讀其文亦足以見其志之所存

朱氏宗譜敘

敘曰銘盤所錄宗譜得皇言一卷世錄一卷祠墓一卷閨範一卷世表七十九卷凡都爲八十三卷自衰周之季國亡族散人自爲生渙然靡有統紀於是周官小史奠繫世辨昭穆之法寖以墮廢魏晉而降有九品中正之司上自族望下逮卑姓雜譜並藏於官蓋二百有餘年之間至唐而不衰五代以還蕩然無復什一矣宋歐陽蘇氏始以高望魁儒興復古制爲來者宗尙豈非三代良法美意不絕如髮之明證者歟吾宗自晚宋之世始著籍此邦迄於明季未有系牒崇正元年冬先僉憲府君既罷職以歸乃始爲朱氏宗譜而敘之曰邑中舊

姓吾宗最先至蓋自宋迄今五百餘年間爲世計十八葉他姓未之有也第自寶明府君而上世代不可考長老相傳遷自鍾離今亦無所據聚廬而居地名朱家巷說者謂蜀岡脈盡處當宋寶祐間祖塋有靈芝之祥載在邑乘歷世以仕顯者宋則徽猷閣侍制元則辟舉凡十人國朝則長史少宰諸公此後簪紱漸寥寥矣大都其人愿愨纖嗇自力穡而外無論徵逐攫拾一切鬭雞走狗鮮衣怒馬諸豪奢之習既門風所未曾有而性荏苒不難爲人茹閒與里中有所較計往往得解而止無敢徵勝近乃稍稍有一二越尺幅而競錐刀者然其耆老諳讓子弟不少假借而子弟唯唯卽胸懷可否迄不敢有所牴牾尙餘未散之樸云小子馮猶憶幼時侍先參知府君爲言先世醕德庶幾懷葛之民乎出先大父參知府君所纂宗圖授之而念宗譜未具以爲缺然屬小子異日張戶當成祖若父所未竟迨先參知棄養時小子馮尙浮沈諸生間越十年而後通籍羈紲王程其間凡三十年無暇執筆供役今年戊辰以撫閩無狀落職家居自惟髮如此種種矣歲月幾何蒲柳早衰儻日復一日前人蹤跡漸就湮滅先參知有靈謂析薪不克負荷何於是與弟一善一湋一陽共爲編次十三世以上一準先大父所授圖十三世以下則一陽遍考臚列藉手爲多其遷出者若靖江若如皋若南京其先世各載於圖今仍其舊而後此圖所未載者姑俟異日在南京者四川參議貞又職方郎中潤身在靖江者近有孝廉士烈方待對公車又山東平山衞有翰臣者登萬歷甲戌進士自言出吾宗而前世未有考此皆自他有耀者也譜既成小子馮竊惟先世之遺澤綦遠已邑囂爾江靡僻壤吾宗田廬尢號瘠土然世世鳩宗於是中更三朝改革凡再見而村墟如故墳墓如故家食先德人服先疇未有河濟之綿葛中野之蔽樗者以至於今貲殖未拓而食指日繁且跕嗶之業較前增培卽如小子馮樸樕無似猥被國恩謬塵華貫忝竊節鉞夫非奉遺訓蒙末庇以至是爲我子若孫者憑堂構之遺毋爲東門之侈紹家庭之跡毋爲伯石之汰遡岷崙之擘脈而念葛藟之庇根

毋爲秦越之相視參辰之不相能庶永永無替乎粵稽唐太宗綜天下譜牒退新門進舊望膏粱寒素合一百九十三姓千八百九十一家而吾朱氏與首稱焉號爲甲族非一日矣自今以往家駒種麟袞袞競爽鬱張戶之琳琅錯登朝之瓌寶以生色簡編垂蔭弈葉使里諶穠棲之豐年而世傳鈎策之華閥是在後之人哉抑是編之所不載者緖往而既墜派佚而莫收者何可一二數也卽是編之所載者面目不相識名字不相聞者又何可一二數也夫孰非先人之一體而至於是銓次之餘蓋不能不三歎焉是編成而人知率祖因人知敦族歲時相存也緩急相收也善敗相勸也計世且益昌而嗣是按圖論世者且益覈小子馮實庶幾望之其後百六十八年昌遠君等爲宏八公支譜是爲乾隆乙卯譜至今凡四修又二年士美君等爲宏九公支譜是爲嘉慶丁巳譜至今凡四修又七年聲振君等爲宏五公支譜是爲嘉慶甲子譜至今凡三修又二十二年香南君等爲宏一公支譜是爲道光丙戌譜香南君去僉憲府君垂二

百年。而宏一公支子孫又最繁盛甲他支。頋乃搜輯遺墜。犂然勒成一書。其功力可不謂懇懇乎哉。宏一公從父昆弟以宏行者最二十人。凡五人之後有譜。其不甚著者爲宏十二公支亦有譜。又達五公支子孫僅百人。散處城南十許里間。自言爲清湘兩公苗。有縣官租劵可信。譜成於嘉慶道光間。在香南君先

自國家定著籍之例。雜姓卑族。冀望幸進。爭爲世譜。以愚官吏。而一二著籍遠古之門。負恃舊族。非詣新貫。或乃一宗之裔。彼軒此輊。相詼笑。而鄉里知讀論語孝經之徒。又自謂通曉譜學。私心喜怒。以爲進退。夫譜牒之掌。後世既無有專官。國家登進材彥。又益屏去漢魏以來族望之習。且吾宗自始遷到今。仕宦無至一品階者。迨皇朝二百四十餘年之間。未嘗有三品之官。頋清名厚譽。往往流聞鄉里。數傳而不泯。豈非以長世之德所及者遠歟。淺儒愚老。乃至造述神異。厚誣往古。纓綾巾卷之倫。熟聽而不疑。斷斷而固然。右稱名爵而左言道德。抑亦通人君子所難知者矣。香南君既爲道光丙戌譜。越二十五年。其子

輅君復踵爲之。是爲咸豐甲寅譜。大抵宏一公支。齒最衆。冠帶亦較盛。人善其所私學。以繩墨子弟。途稍稍雜矣。小子銘盤竊惟先僉憲府君功績著於當時。蒙謗失職。頋念忠節。不遂自暴。乃退而修孝友之行。宏禮讓之教。揚述祖德。收卹宗黨。此與夫子孝友爲政之指何異焉。昔魏晉之代。家重譜牒。過江以後。淪亡者十九。僉憲生丁勝國之季。竊觀其意。烏知不感慨時變。大懼淪墜先德。爲子孫百世長久之計耶。僉憲所爲譜凡二卷。甚簡古可法。後益煩近矣。往昔治經著論之士。多研究譜學。若劉知幾鄭樵之倫。言之尤最詳核。而宋王荆公元戴帥初明歸熙甫氏及黃梨洲頋甯人姚姬傳諸賢所爲譜。詳略或不同。要皆無戾於古。竊獨私怪吾縣近數十年以來。風氣不爲甚樸。人士向學者不爲不日新月盛。獨於茲事大率倜然簡易。不以爲非是。矧銘盤少失學。中更奔走。卒卒無日月之閒。得潛究問學。卽欲萬一古人。何可得耶。抑嘗竊窺僉憲之意。拳拳於墜緒佚派。輒慨然歎息。則夫後之分爲錄紀。各相畛域。非僉憲之意可知也。今取乾隆以來諸分譜并合如舊。凡計存口大要五千許人。富者或擁累千金。而貧者至終歲頋一金不可得。輾轉他縣。以餬其口。賢者恂恂於鄉里。其不肖者至攫拾搏擊。雞鳴而不已。此又非先人所大痛者哉。光緒十三年七月十二日。

南阡志銘

志曰。出泰興縣城南門。直財一里曰旃檀庵南原也。有朱氏五塚。並南東嚮。最東爲先祖贈大夫縣學生諱南薰。厥配何宜人。西爲叔祖諱德薰。厥配殷。又西爲先本生祖諱蘭薰。厥配陳。又西爲先府君贈大夫附貢生諱光魁。配何宜人並合葬。又西陪葬爲亡弟盉也。於是銘盤及弟盂從弟功等五人。並以幽室靈阻。虞千齡之下有淪佚之歎。爰迺循李氏記三墳之故。於光緒十四年某月日刻石墓下。俾百世子孫具知之。銘曰。

戲懿祖。早就亡。母稟節。厲肅莊。及仲叔。封同岡。考舉秀。淪不揚。盉十四。爲中殤。

次三系。縱百霜。地則縮。天何量。告遠者。幸不傷。

清故署荆門州知州知府用湖北候補同知吳君志

君諱寶儉。字禮園。江南泰興縣人也。曾祖諱文運。祖諱士珪。贈光祿大夫。父諱存義。吏部左侍郎。君幼挺殊姿。博綜世典。文詩賦頌。尤所精暢。少侍厥考。有聲輦下。周攬滇黔。衍歷二浙。鉅儒承風。彥士接履。先遭父喪。有絕水之痛。既憤兄仇。無反兵之志。以郎中改官同知。分隸湖北。時逾星紀。凡一權荆門州牧。三筦釐務。姦豪亡去。商賈從市。於是湖廣總督卞公湖北巡撫彭公薦君廉能。有詔補同知。後以知府用。嘉其材也。君匱於貲產。尤好施與。親戚待其舉火。友朋卬其存活。論文辭之美。則方駕曹劉。言政術之良。則經綸豹產。不幸奄疾。以光緒十二年七月壬子。卒於武昌寓舍。春秋四十。嗚呼痛哉。妻王氏。息守訓。以明年十二月。伏奉君柩。返葬於本縣東門外姚家莊之原。石馬銜悲。霜禽含慘。孝泉流而不涸。風樹響而如泣。

清贈朝議大夫李君誌銘

君諱源本·字松亭·江南懷甯人·太學生·以咸豐元年九月二十一日卒·配梁氏·以光緒十四年十一月初一卒·年八十·以其年某月日合葬懷甯縣城北四里回回營之原·祖傳德·父萬年·子三人·長延佐·次延佑·並早卒·次延祜·補用同知直隸州·兩世皆以延祜官·累贈朝議大夫·妣皆贈恭人·孫二人·年籛·年筠·延祜出·以年籛後延佐·爲之銘曰·

李出大理·皋陶孫·散處睆國今禮門·厥先五世同篡飧·鄧叟完白象鵠儔·君遊其庭聲則抽·耽樂孝弟輕產疇·南遊吳會從如鱗·起人飢渴無疏親·頌義在口故若新·火燔其文黯不揚·下痛玄淵上青蒼·厥配媞媞大國梁·如桓于宣寵於詩·出入堂室嫺所治·笄櫛紳佩饘羹飴·脫簪施珥耆且仁·戚鄙來赴涕集巾·我銘其壙告萬春·匪子僞彥懿曷彰·匪文不死譽曷長·我肝獨愧無文章·

爲張提軍上朝鮮國王牋

朝鮮大王殿下·某官昔從使節·上謁華宮·仰奉嚴襟·過蒙曲眷·軍人靡戌甫之詠·戎士息徂東之嗟·迴翔彌年·便蕃盛惠·其後中原用武·上軍班師·猥從故提督兆有吳公左右朱旗·翼衛青社·無子蒲復郢之績·遽躋于崇班·乏嚴助浮海之功·遂膺于高賞·既愧下走·且悲吳公·德盛而位虛·功高而命促·爲可痛也·頃自乙酉之歲·振旅西旋·故提督因積瘁之軀·處廣斥之域·遂己觸馬援之病瘴·患班超之金夷·謝去兵符·返彼初服·不謂儵忽遽焉澌亡·以光緒十三年閏四月初三日卒·閭巷奔問·既輟於春歌·將卒聞聲·彌躔於涕泗·念其昔擐甲冑·懸滯名邦·親奉橐鞬·馳驅當轂·異滎陽之深壁·甚雲中之受戈·甄厥前勞·規蒙永眷·敢陳大略·上瀆明聰·非有覬望之懷·爲彼子孫之利·比聞殿下宏敷善教·益廣盛明·國阜人熙·邇安遠肅·雖復分躔殊部·終是瞻德依仁·朝歌升堂之恩·未均此切·元長受弓之感·甯喻其深·伏惟覽啓增懷·撫端軫慮·臨封瞻戀·不任下情·謹牋·

桂之華軒文集卷四

顯忠祠碑

述夫飛龍戰野·其血玄黃·月靈在東·厥魄生死·一則土崩瓦解·一則東征西怨·避溼就燥者·或去商朝姬·風翻雲飛者·或朝纍夕相·亦有戴戴介士·斤斤將軍·雍丘斬於李由·鉅鹿隕於蘇角·田橫之客·盡於海島之中·欒氏之臣·殲於短垣之下·直節動天地·英聲激河海·故以勸感孝之頌·齊永平之元年·樹比干之碑·魏太和之甲歲·上以追揚忠孝·下以顯融臣軌·豈況宙合符量·稽古太宗·日月昭明·於皇世祖·昭示史法·曰若高宗·何有吠堯之犬·與刑天同誅·逐日之父·與后羿共殛·京觀十仞·不別於貞詖·燎火一原·莫區於蘭艾者哉·顯忠祠者·祀皇贈左都督故明登州鎮總兵官遼東黃龍·及游擊李惟鸞·部將項祚臨·樊化龍·張大祿·尙可義·在今盛京金州旅順之島·旅順東走遼瀕·西浮登萊·漢度高驪之師·魏有遼東之役·因利乘便·悉趨茲道·是以勝國置爲東土·太宗規爲左海·

並扼此喉吭·爭茲股臂·於時聖德既博·萬邦惟懷·李氏望款·類鄭伯之逆師·降人崩角·邁呂輿之上節·崇德七年六月己卯·命貝勒岳託·德格類·率右翼·冷格里·左翼·伊爾登·昂阿喇·及石廷柱·孔有德·耿仲明等·甲卒萬人·取明旅順·遂以翼月甲辰攻下其地·實明崇正六年七月也·先是孔耿來歸·道出龍境·大見斫刺·落其牙距·以斯二憾·厲我衆士·亟肆以敝之·多方以誤之·故得破其高壘·不藉牛燧之功·拔其堅墉·無煩蟻附之力·龍既伏劍·鸞亦隕首·一軍如墨·闔門同盡·連尹沈尸於郯土·狼瞫捐屬於彭衙·漢骸胥積於睢流·楚儼晨駢於木表·皇情載軫·贈卹有加·都督之官·仍沿明號·漢帝之恩·趙將甯譬·其恩晉皇之眷葛侯·未均此德·乾隆四十一年二月庚戌·有詔俞大學士九卿等明代殉難諸臣三千六百餘人專謚通謚·及應列入忠義祠之議·於是龍謚忠烈·惟鸞謚烈愍·其餘四人·並從祠祀·須勒祠額·題曰顯忠·故夫君子聞磬·則思死封疆之臣·王者式竈·所以厲勇士之節·非夫孔量絕我·堯仁如天·豈得道絕於曩·編澤醲於

百聖如我高宗者也。靈廟荒頓，今爲平場，其地舊有水軍，故罕民落，互市既廣，夷舟日衆，楚旌齊羽，翻飛於戶牖之間，越艓吳艎，鱗次於堂陛之下，國家控制遼遜，始駐海師，有舟楫之官，有軍器之監，可以保疆設險，可以夸翟威戎。曾不歲年，蕃爲廛市，於是懷古軼蕩之士，攬代偉異之儒，瞻戀堂宇，曠睇山海，悲夫朱氏之季，帝咨萌忍，忠臣戟腕，志士雷憤，或有百疏不答，沈軀境上，孤軍自淪，膏血原草，明有十敗，我有十勝，益以嘆神策英略，絶前邁今，非夫秦亡漢興之語所可比倫，湖清社鳴之徵，此焉髣髴。某官等伏惟魏朝掾史，立范府君之碑，晉代上公，修張子房之廟，所以景行刊烈，徽管申嘆。若乃路窮徑絶，不感風雲奮首觸胸，終効割裂，固宜遺芳遠概，奮乎百世。逐乃別建堂宇，增施丹漆，庭階戶席，筐筥錡釜，二仲之吉薦，饗斯堂，仰對於皇靈，俯通於元感，雖復刻木爲信遺像陳茫，入廟瞻逵，精靈綿邈，要使魯人結慕於展惠，秦士凝痛於子車。宏風闡道，千齡萬代。銘曰：

萊隈東直，勃澥西規，明倚左臂，皇命前旗。齊趙宗鎮，弇禹偏師。斗絶島城，奘哉別旅。搉叛甚鷹，搏凶逾虎。識昧青黃，智昏龍鼠。二帥歸國，兩師疲人。西南備我東北乘闉。太白門歲，龍尾伏辰。遼東忠壯，躬膺別將。矢盡道窮，印存軀喪。軫不函元，孟無槥葬。李侯空弧，兵危身孤。荆卿湛族，要離焚孥。死不纓絶，沒而銜須。尙侯桓桓，平南之族。亮瑾二天，跖禽異腹。始託文龍，嗣分廣鹿。裨貳貂戎，百身一忠。生則毅將，魂爲鬼雄。名昭皇册，神駐靈宫。靈宫伊何，在海之涘。冠帶仿偟，纓綏萃止。節感魁人，神悲虎士。太歲在寅，六月爲且。臣爲此詞，以揚帝謨，以訊代人搢紳大夫。

與顧舍人書

聘者足下奉別而還，卽以十七日抵天津，又十二日乃至旅順。塵軌眯眼，波路蕩魄，痡瘁之狀，豈可說哉。侵晨維舟，仍覩軍壘，家弟相見，彊爲喜笑。入則夫婦相慰，出則友朋相溫。稍營几案，便置書筆，日爲程格，以自令督。所撰集西漢已來四裔朝獻事，便已累帙，今須手寫，更付庸史，日可十數紙，裁計文二千許耳。所居室屋，截板爲蓋，牆則土石相積，最畏滯雨，甚或傾壞，小亦衆漏若矢著人牀几，或然燭數起，移牀就燥，櫓滴財止，中響仍奏，若此之夕，歲幸不月覯，覯乃在夏秋間耳。門距海水僅三五十步，繚牆五尺，裁及人鼻，舟船出入，堂上皆見，船旗誰某，久亦辨之。往七八歲時，始見江水，私謂奇絶。今茲所見，乃更倍萬，故以夐覽八表，感慨古人，以爲此堯以來青州之故區也。漢伐朝鮮，魏討公孫淵，唐太宗伐高麗，趨平壤，入鴨水，並取塗茲域，成彼雄閥。明漢兵若雷風，摧敵若拉朽，何其壯歟！足下日有好友塵事，蕭簡規可流覽百氏，廣其野獲，隱觀當時，以啓洞識，若僕屛跡窮裔之外，放意草木之域，騶卒對語，泥塗爲侶，地無冠帶，何有士夫，山無林木，何有禽鳥，井泥一斗，何有瀹茗之歡，海魚怖人，何有魴鯉之美，霧風腥鼻，高詠何區，朽石如泥，摩厓無所，以此自構，坐損而已。自夏以往，風力日甚，冬晝出門，更患膚裂，有何可喜而來此乎？夢璞計南還，未杭入秦，塗

路可念，買婢事幸更申告之。卒卒不宣。

新阡志銘

光緒十四年十二月二十日，銘盤及弟銘盂伏奉先繼母蔡宜人之柩葬於泰興縣城南新阡之兆，從遺令也。其日從弟銘功等三人亦奉叔父嶺梅君葬於其左。明年，銘盂婦鄭氏卒，因右祔焉。依形家之說，並乾首巽趾，去旃檀庵南阡之塋凡百有餘步，俾靈無恫焉。乃遂伐石爲志，系之辭曰：

出縣闉直南，繡原如鱗，吾毋安此，可以娛厥神。昔唐有二李子曰陽冰、季卿，述其先墓，到今一千有幾春，兒之不才，乃敢望古人。上告日月星，下告淵淪，何千萬年無劚耕。

與周校官書

彥昇足下：不共言矧忽彌五載，星辰殊躔，關河異部，上同日月，下同波潮，何有毛髮之神，棄其痡痗，循誦惠簡及五言詩三篇，如魯生說經，言有故覽其體

貌考彼情響故可貳配曩士俯晛今彥足下謂吾文發端甚遠舉足千里優俳之說要諸故訓吾亦謂足下聲氣簡動若河伯靜波噫氣收聽潛意中轉彌可矜也假令足下生順康之朝在冠帶之列得不令尙書屏氣開府流響太倉節其繁聲宜興鐲其英藻何有流宕千里之外浮濊什伯之間韜心斂志跼乾蹐坤如今茲者乎都下材彥之士往往而有知足下者十裁四五名實之理固無可言益以歎力田力桑古人譏爲拙士終日不獲國人鄙其賤工非偶然也憂悲繁興炮灼精氣若銘盤近年以來殆百無好趣婦孕不育比己四五妻子紛然去國千里門對渤海日聞潮汐舟船飄飛風雲千變仲夏五月乃見青草大暑若火無一陰樹如此之日若彼江南魚稻之國竹下烟月之地瓜李如陵荷芰如海清池在前涼風在後顧不美歟書旨灼然見望甚至比與家弟商論累夕了無善計足下幸自料量若楊雲之宅足得一區公理之田裁供酒秫便可謝棄人務歸爲中農不者則嘗述田須無去國之說誦柳下惠直道之辭爲足下雍容焉抵仲弢編修書已如來指乞便改定墓事如何慘怵不欲詳聽邦之大夫何以處之銘盤白

與黃侍講書

中弢足下頃出都門不復走白垂發之晨師駕臨送溫言煦煦若對子弟學績陋薄既乖明教又無當時之榮仰慰百一上眡下眙無可自解比以孟夏晦夕始氏所次中更波濤塵日之苦又無朋舊懽遇之樂念彼鄉國江湖之美而處濱海廣斥之域遠違英彥文酒之儔但有老兵對語之日若斯之類殆不足爲吾賢說矣周君彥昇天下奇士校量材業賢我百倍身客異部婦墓見發此人何僭乃爲神慭昨氏五言詩三篇固以情會相違百志怫鬱周賈所以貢憤孝若所以見誨今之學人多尙口耳因利乘便自致霄漢聞一知幾輒儗顏回體中何如便爲祕書顧我彥昇乃令若此豈不異哉足下俯攬流品博知世彥取彼撰錄刊布當世誠所頂戴小史過書名貫並異恐遂流衍見惑來者謹謄詩牘寄上左右幸便抵書勒正還其槀草京師霪潦河決永定旬月未殺穀賈騰踊大夫君子如何如何

清故候選訓導何君之誄

君姓何氏字杏衫又字小谷江南泰興縣人余祖冊之兄子又先冊之從父弟也生有殊稟博誦彊覽齠歲孤露苦自振厲文藻煒密長老驚歎中同治庚午科副榜貢生其後連試連放竟以光緒十四年某月日卒於本縣里舍縣士僻左江濟風氣簡樸冠帶之士家善私聞進退子姪不欲紛紜誦說慕思往古獨君槩然遠覽以謂良玉在石白沙在泥古之君子蓋有詘身奴僮之侶穢名商賈之列奮迹汚泥之中發聲蓬蒿之下用是提挈後進宏獎志士等輕輪之驅坂甚渴夫之從飲加斂容盧己詘尊狥卑隻論之善言必出口一字之長幡然北面謙謙君子大易所美非夫通人我之域握善敗之符鮮不隨波從風同流合世者也若余備諸甥之列在弟子之錄追維舊恩彌以痛悼爲之辭曰

天鼓八風此融彼釁義則當坎仁惟應震官書斯張古聖攸信魯修禮樂齊習僄勁曰余鄙縣代遠干戈江送餘潤海通微波士惟葆樸俗以養和自古在昔先民孔多孺子惠者討其姓名諷其觚畢吹其簫笙衆晛孺子蠅噓𪁺鳴君曰孺子心開魂清感此奮揚積朝累夕就于通人第其玄白徵君激揚因十得百繞柱萬趨修不及尺我別舅氏在亥之冬城樹發發水波淙淙禮有卒哭形無再逢述哀緘涕以告厥封

周仲璞哀辭

光緒十七年七月十九日余從冊弟乙酉舉人泰興周君仲璞諱維申卒於金州寓公馬氏教授館舍年三十有二嗚呼哀哉馬氏循曲禮殯友之文弟子守寢門哭師之訓附身之具既周以飭其年九月君伯兄子熙持棺南徂將歸靈於先墳之阿君天資亮特年齒壯盛方營心九垓舉足千里苗而不秀仲尼歎之綜其生平蓋有數美徒行異部勞均臣虜節甘約旨以奉二親一美也親賢

取友訕躬卑文疾惡若湯從善甚渴二美也甄討載籍流覽方藝有一不寤引爲大恥三美也笑閔濁世睇眄往修思自樹立以闓世典四美也夫寤寐有得足貺於神明精誠所至嘗開於金石若君氣高雯漢而運阻立年才感風雲而名終鄉舉遂使慈父有卜夏之痛寡妻抱杞殖之悲藐是諸孤出則靡至嗚呼哀哉爲之詞曰

莊生有言身名孰親惟名是赴乃煎厥身君氣方熯若華在春若決大水其無涯津如何弗通天塞其塗一朝大別神嘻鬼吁君病之始趣君南徂醫云法絕不云斯須君之遘閔病加於憂小人甚口謂同伯牛顚倒白黑縱橫戟矛君今大寤聽諸悠悠從母昆弟惟四三人獨君年少又有二親今覩沈酷呼天不仁君雖奄忽其鬼必神知我與君徵心無窮昔之譚讌茫如飄風宵暝晝寢神與君通作此哀詞告君幽宮

斷指生傳

光緒中安徽巡撫以降人李兆受毆斃命婦事上聞兆受遂誅死先是咸豐中兆受以窮賊挈衆來歸擁兵滁泗之間觀兩端自保滁泗數百里中士庶往往被其毒害乃不可勝計而滁州斷指生爲尤異者生姓侯氏名度字謹之晚又自號隘民家世庶族少有馴孝之行嘗受書法於蘇州葛翁葛翁死無子其墓在清河去滁州六七百里生歲歲徒步自滁州往祭之益推究筆法銳心篆隸之學其論書專欲尊尚古法劃絕一切可喜之見以爲古人事事必有本祖不可以意爲矣兆受雖傻傻武人乎然陽尊禮儒士聞君名則召君爲題所居堂榜既不許卽益遣其黨誣君他罪逼請之不可且殺汝卒不聽乃斫君右手一大指以去學政某公聞之曰嗚呼此獨行之士吾不可不旌異之會按試其州乃以君斷指事令諸生賦焉又牓其堂曰一節千秋之堂君因自號斷指生云

論曰余方冠時識君君五六十歲矣屈年輩與余交謂余終當有文章之名幸爲傳其人余嘉君有節士之風多爲海內士夫好奇節者述之且君非獨能用一行自著也好善嫉惡發自天性數嘗面折人人或規議之君曰然吾褊甚不能忍奈何因又自號隘民也

義丐傳

吾縣人有甲詣官堂皇告其婦者縣令讀其狀曰婦爲人傭織盜人絹大辱門戶請出婦令許諾甲又曰身將以婦予乞人令方計不許甲則已馳從官舍門外曳一乞人至曰以畀若乞人曰吾一人乞食且不飽安用婦甲益固予之乞人乃逡巡呼婦與俱去去至北門外厲壇旁敗屋中積十數日方婦從乞人去也母家議以錢贖婦歸以乞人望直甚過持不決甲聞大愧恨乃自從乞人議贖直乞人大責甲曰若好夫婦若告彼盜絹事直捕風耳今既悔大幸卽持去我十數日乞食饋若婦與饋姑姊妹等矣有毛髮點若婦者厲有鬼必擊我

朱生曰吾弟仲雅從里中來說丐事頗詳密恨不憶其名焉弟言里中無能嘉其行者又輕薄兒相謂曰若妄言耳今世安得有此人有之卽柳下惠何以異丐何能爲此丐何能爲此余悲夫風俗衰薄乃至不信道義之行使在二漢魏晉之世守令旌其門矣

考功王君秋鐙課詩圖後敘

伊夫荆臺饗魯仍返大屈之弓晉師熸虞終收垂棘之器斯乃專務詐力無當神感若其忠憤所激朔野有沸地之泉孝思所凝寒波有騰冰之鯉況乃昭融簡翰流衍撰錄語其高秀則蘅蕙轉於光風論其賢明則組紃流於懿軌豈有從風霏藹任運波蕩霾名塵壒之下的然口耳之際譬彼蜉羽亮同朝露者哉余以光緒壬午之歲遊乎侍郎黃公之門侍郎有箸錄弟子曰考功黃巖王君厥名彥威字曰弢父其先實名禹堂用渠城爲字蓋舉秀勺年計廉冠歲聞一可以知二拔十此焉得五嘗取先母夫人之製勒爲秋鐙課詩之圖故以上闢懿光下示來葉遂乃挾持左右晨夕覽誦類銜棬而霣涕甚撫欿而述哀鴻生鉅儒大夫君子故以鑒其精誠昌之詩頌其時侍郎仲兄比部卣薌黃公及翰

林院庶吉士侯官仲愈楊君·皆當時所稱賅通閎儒也·並耆友若珙璧·扇善若風霆·傳賞茲圖·許爲揚贊·天不佑德·二君淪徂·考功亦以齊期之喪·請急南邁·夫蕭葛之感·且以三秋爲言·參商之辰·動以終古·是喻況乃金石同性·人鬼殊路者乎·考功既除服還府·追覽往昔·一以感慨逝賢·一以瞻戀墜簡·悲夫·聖善之妣·墳奧之訓·昔傾耳而聞·今凝匡而無覩·且又惠班之息·遽亡于典訓之篇·師母之兒·頓失於授經之本·如考功者·可以悲焉·時移歲變·言哀已殺·調求故物·曾無衰情·會有中書舍人閩縣蘇龕鄭君·用疏通之材·在清顯之路·閎篇異製·紛綸輦下·已而從考功之求·爲先文之敍·命豪未終·穆然疇昔·蓋舍人與楊君吉士同爲州人·兼有媚特·弔哭既卒·理其遺文·考功亡圖·獨入鄭氏·行坐相保·殆逾十年·以爲手寫之文·寶于齒髮·口誦之製·溫于餅罌·固乃人子之微心·庶士之細願·至如臺卿之字·易曰邠卿·虞茂之名·改稱虞預·雖復聲從風遠·終是文與事乖·或主客相對而連晝·不知簡牘交陳而累歲·未寤·一朝豁然洞若破塞·乃使祊田遽歸於魯人·寶龜遂返于臧氏·其爲慶幸·可勝言哉·是圖自辛未已來·先後題名之士·幾近百人·徵蒐之勤·殆爲莫二·私獨異夫纖微之物·不沈霾於風淪·文字之精·卒配珍於鼎罍·則夫昔之仁人孝子·危身棄軀·卒以感皇穹之矜慈·被靈祇之援拔·垂光金石·勒名靑簡者·爲大可信也·

邱履平墓志銘

同治光緒之間·中原兵事大定·於是重臣碩將·則幷力合智·以謀海上之事·蓋其始湘鄉曾太傅用縣人爲兵·謂之湘軍·其後相國李公所部有大功·爲淮軍·淮軍名淮北人·而廬州諸屬縣·乃十人以九·然方淮軍之先·桐城有馬三俊·命之廬江·有吳廷香蘭軒·宿遷有臧紆靑牧庵·並以儒人提挈鄉兵·數破走悍賊·而紆靑所將有虎兵之目·宿遷古彭城·東連海州·北走齊魯·民氣剛勁·材武·故徐海之民往往多可用·不者且去爲盜·而吾友邱君履平數嘗爲余言之·蓋君嘗提徐海間奇材健兒數百人·從故編修靈璧錫嶸張君擊賊關隴間·既張君戰死·而數百人者亦遂紛紜四走·有如雲飛蓬散·不可復合·若邱君爲尤可悲云·始君以兵賊長短之策干曾太傅徐州軍門·一見語大合·而幕下計君棠及張編修以君又能爲詩·尤重君·其挈君入秦也·令以布衣爲五百人將·既連勝·乃使將千人·君之爲將·剗去故習·破斥崖岸邊幅·一以恩誼浸灌死士·又能痛自磨刮·委己於瘁·嘗以所部兵搏賊數萬於虎牢·追斬數百里·其後賊乃望旗以走·蓋君尤善簡討士卒·其步伐擊制器械碉堡之法·一以戚元敬茅元儀氏爲師·而火器爲後·張編修之死也·諸營皆沒·獨君所將能人人殊死戰·竟以不動·然君雖以失帥棄軍南歸·而曾太傅終以爲可用·其後卒因太傅得入廬江吳武壯公軍·君之議兵·知寒飢恤勞苦·重百金之士·貞信若金石·以謂爲火器之用·借資於物·足令人人失自强之道·勝則烏聚獸幷·其敗也乃至風靡波蕩·此與驅血肉之體·以就洪鑪之燎·何以異·然是時中國數有備夷之事·益大購泰西火器·及習其軍法·以爲鄉者戈矛刀劍之屬·卑之不足用·若君躬出入戰陳之間·獨偏意尊尙古法·雖其用未嘗大躁於時·冏猶爲絕學者歟·君生平行義多有可取·其視朋友尤甚篤·愛士如其性命·救危急困·不以自損爲悔·故所至人多樂與相親·然年少意得之·夫聞君迂闊閎論·或頗非笑君·或輕君卑官寠人陵厲之·君一以爲顯晦所遭·不足復計也·君姓邱氏·諱心坦·江南海州人·其先實山陽人·國初有檢討象隨·君高祖·自君曾祖移貫海州·曁君祖父並隱德不仕·君初以軍功擢至副將·敍棄去·入貲爲候選縣丞·竟以縣丞終·實光緒十七年十一月某日·卒於天津縣大沽口海神之祠·年五十有五·明年三月·君從弟心澄來迎君喪·將歸葬於先墳之兆·妻劉氏·朱氏·朱氏·前朱氏之卒·余爲之志·所謂邱君繼妻朱孺人者·子三人·福銓·福漢·福彪並幼·福銓前朱氏生·女一人·適士族·君既卒·福銓傫然奉君遺詩來·乞爲刪定君之詩·余向爲朱孺人志·已昌言之·悲君有文武之資·終其身乃坎坷孤飄·無一得心遂意之遇·而世乃有身未嘗履帷幕之間·幸得蒙上賞·而握旌麾者·項領相望也·倘所謂運數

尸之者耶·殆不然耶·爲之銘曰·

西漢募兵·郡國少年·曾李師之·厥功茂焉·梁楚之間·古產壯士·一人奮梃·萬夫躍起·奇材劍客·君合其雄·轂隕輻折·散如飄風·主將既傾·君又大困·纖兒爪孺·笑君迂論·君長於余·詘體相師·願以遺集·付余定之·君身既亡·詩則奚補·千紙萬縑·不澤黃土·平生嘲謔·今則爲真·勒山置水·何救陳人·君行甚高·不怨不售·書之昭明·用告大宙·

與譚仲脩書

仲脩一丈足下·曩在江南·始與足下書問往復·其後稅駕武昌·又從吳公禮園備聞風義·以爲足下方從武城莒父之政·規子產門豹之績·未皇討議文章之事也·去官教授·起乎何年·入楚返越·以何本末·今年朱君又笏以都試來京師·乃從聞之·朱君齒學並進·大異少年·奇光騰紙·玄言竟席·殆亦足下忘年之友矣·因彼南返·贈以小詩·其卒章之亂·乃頗及足下·今之詩人·多尚僞體·假使叔

敖更生·中郎不死·楚優雖巧·荆王安有寢邱之封·虎賁雖佞·孔融必無接席之語·如足下濯纓童冠之歲·纂懿比興之林·遂使六義黯而更新·四始絕而復續·不亦偉乎·又文章之體·多同俳優·新進少年·競尚口耳·曾不討究原本·坐訟身心·其人或略辨蒼雅·凡將·裁聞扶風·高密·便思巧爲緣飾·輒欲俯睨羣流·若京師有一二前輩·以文事自許·觀其體骨·乃無異常·製大都情響餒匱·驂服牴午·諷詠乖違·續采凡薄·述問對近語·亦復初哉首基·紀都邑方言·輒謂瓴甋服匿·凡諸癥病·應手而出·要其師法·非崇氣體·末盛類彼·尺帛方繪·寸雲遂同纖絲·裁傳徵響·自昔子桓發歎·昭明騰譏·豈況今茲·能無太息者歟·承足下六十之年·方勤殖學·有衛貢之知二·有蘧叟之進德·可以總事賚策·可以禮堂寫書·特恨星宿分躔·州部異鎭·接履寡路·撰几無晨·俯仰瞻戀·以爲敞罔·銘盤近頗撰錄二晉及南北八朝故事·規爲會要·續徐博士之書·其體例乃一依博士之舊·邊海左僻·士人又寡·據几抑首·得失自領而已·因朱君奉述盛指·欲垂覽鄙文·謹錄上數首·惟賜教定·銘盤再拜·

祭邱瓊章先生文

維光緒十八年某月日·門下士朱銘盤謹以清酌庶羞之奠·致祭於文林郎山東即用知縣先師南豐邱公瓊章之靈曰·賤子之生·頗負世謗·高冠長鐔·與俗異尚·前有雙侯·驚其童文·方吳詔亮·名起如雲·侍郎斤斤·掀之塗淖·偉其文詞·若駭虎豹·遂以鄉舉·出乎公門·年盛意銳·謂當飆翥·癸丙庚壬·春官四放·遨於諸侯·訑訑言狀·旄丘誕節·謁公無期·遽悲異路·舉斝酹之·悲公在院·送人宰縣·白服俄霜·驟車乍嚴·悲公入齊·北征哦詩·修仁客喻·金鹿哀辭·悲公晻徂·託棺沙門·愧匪宋玉·招其師魂·悲公直道·古之矜者·感重須無·慨深柳下·凡諸梗概·得之流聞·淚來若雨·追其私恩·昔有稽紹·受辟成都·服其舉吏·萬口嗟無·又有許孜·師事孔沖·送喪還郡·行爲儒宗·情則並前·誼乃慙古·蕭繁艾叢·荃獨愁苦·大海東注·與江通波·傳芭成禮·以當九歌·尚饗·

桂之華軒文集卷五

李君墓前石碑

懷甯李君萬年字雲峯以道光二十年十二月八日卒葬本縣城北十里埠又五十二年爲光緒十八年第三孫補用知府延祜以君遷窆於縣西分龍嶺用形家言艮首坤趾以第一孫延佐左祔焉君生有孝友之行推產之美收卹宗族存問鄉黨日若不及其他軼行尤多延祜晚生不能盡知大父事稍述一二俾書於墳前之石使子孫有考焉辭曰

李君第三孫與余友善爲布衣弟昆述其先祖以謂不可及絕嘆無言中庸之德民鮮久矣聞諸孔門雖有飛文麗藻信舌奮筆厥旨不能宣古人尙庸行今人高奇節卑之無甚高論豈知孝敬爲吉德文藝爲其輔道義爲之根若君名不出閭里非有賢孫孝息疇能窺本原我爲此詞以告李氏世世孫子以謁于厚坤

寫幽思賦

歲在玄默之陽月次朱明之季穹荒荒而無雲曜晶晶而燔地蓋火正司辰棼賓奉契物假大以宣平皇處臺而休吏主人方收擊神明調和口鼻笑今閔古區物以類乃浩然嘆曰悲夫昔皇之愚黔首也區之州部郡縣閑之詩書禮樂鈞以青紫黃墨網以臺省府閣后發口以尊典臣屈形以仰若被漢嫚而號儒嬰辛刵而褰謂昌騎項以激忠賀鋸顱而抱恪匪拜娰與赓姚疇皇軒以鱗躍蒙跧踶於茅下承先廬之遠芬修弧檄於手指規仰弋於懸雲朝鉤故於歆略夕討波乎揚文吁小人之行險旣連謁而連放無蘭筋之露奇又不遘乎欸相畢居悲吟禁思懲望伏臘命於支子妻孥竄於海上是海也澔溯灢漫奔騰滂漾古名沓渚之隈今號旅順之島直金衛之西南綿度遼之波道土斥鹻以谷寒地春終而無草萌仰海以爲粻者賀元而薦稻逴詢俗以咨吁對揚越之侈淫喜茲壤之未鑿思架構乎豐林策余騎於敦邱將俛攬於奔流帝王以之設險謀臣俾倪而籌僞元封之命將壯樓船之寡儔置詭機以晳虜映斬送於王頭閔右渠之區露負嚴城以抗天託赤心於諸相卒膏草於野田外臣之號不嗣王險之祀忽焉公孫起於郡吏衍三系而逮淵受侯印而不拜誅吳使而媚曹終冠犬之鞠告値狼顧之奮刀彼首鼠之曹據豈三遼之長王遭雲擾而竊娛詎越佗之是況帝有錫於溫人宣多闕而遽睨嘉甯原之清風雖三賢其疇尙異煬皇之好武將甘心於句驪部十二之軍道建南蘇之麾旗中臨敵而請詔郛垂拔而屢稽內則土崩瓦解輿僨舟覆翻勞神於辟畺忘沈膠與折輻受降王於軍門獻俘於太廟勅嚴裝於軍期方吳溺而仍笑神武鬱其龍奮排羣謨以徂東發萊隈以颿海指箕壤以過宮吳艘蘿其若陵士怒沸而澮空皇懸橐而兩箙勣手鉞而監戎野無重合之旅城無再溥之墉雖刻銘於爪士實秉機於帝聰州蓋遼於邦眅匪跨封而寶土憫蠕喙之睽靈故中方與命虎寫蜀材以飭船勒耆臣而取虜怪纖曾之蠢蠢賀逃威於塗鼓眇金山而夐睇美

唐驍之如雨拔絳州於募徒卒鑴崖乎天山偉三城之立下詔嘉功而載驩獨將則所向摧朽共功則𧈢威失師故蕭曹秦越而同惆周召肺腑而見疑平陽別將而累伐成紀左次而失期若此之倫不可殫思俯金井之清冽思鴻臚之遐情誰某鐫於茲石魂氣散於靈英今攬昔而發慨審方來之何名夫操翰而述意甯祈免於耡耕憬徵響之浮宙嘉尼父之所營德不建而名不立又何譏乎虧成我升茲山言睨羣垤蓋有勝國之所經營驍帥之所宅穴其地乃草木披離岡巘綿綴魚鹵豐於軍資嶮陘岨於斗絕憾將忽其斬門帳下糾而喋血辟昧愆於偶棋士弊忠於舌折緊星門而雲崩雖萬口其何說竟坐棄於天闕憤士談而氣結聖哉神乎我太宗之受命而帝也貴降虜於後車視宗臣而授節蓋算神於晉帝度博乎漢皇步闡至而國宜都項纏歸而封射陽覩夫崇德之下此城也則豈特我武維揚侵于之疆而已必將慰父老拊金夷除苛政綏朕師自我天覆嫗以吹之乃用發詔命率經野置州將不移軌師不番休固乃

纂嚴則扞圉軍期則鍛矛崇以上階武號賚以牧苑屯田時清剟於兵略將貴遠於戈鋋將無盛而不弊豈今窳而昔堅歷祀二百而迄乎茲年聖人以無已用兵國家以備豫無患詔龍驤以飭材督荆尸於組練直萬於蒙衝艫艬製百於艅艎飛雲起櫌鋤而授鉞何猛毅之紛紜錄公喜而主諾聖皇俞而云云麾旄戾止旌旗龍文涼臺開館綺纚糾紛私邸戲旅封澤汾沄極日歌與月舞訊高穹而莫聞此齊氏所以禁於屯邸殷人所以刑於酣醺也可不儆懼乎舟卿掌於舟船水衡尸於軍器集巧工而督程因威戎而鞏備刳膏血以灌戹塞儒人之陋議憤南軍之前輿躬鑽舟而翦翅曾不肆夫市朝翻拜恩於舉吏於是人民坌集市闠絡連家致異部之產戶有直突之烟晉戎駢哃漢胡相先趙女盛於容飾齊姬亮於歌絃何墒士之僻左不日月而飆然昔之南蘇廢縣蒼巖故郛木底安復懷化來蘇慭方志之迮錯閱十口而瀕無又有朱旂白羽百勝之兵並海置戍負山植營剗曾厓而設衛或闢谷而增京組連巖以帶障若飛

蛇之胎驚冰裂趾而仍督炎龜坼而勒程卒頑鈍以苟飽何明恥之心生有冒死以爲刼乃駢頭乎軍門將靡共苦之志士有惡上之言嫥陳威而張武又奚湔乎煩寃我徂南望言睇東萊祖龍之所凝蹕武皇之所裴徊燕齊方士之宅化人金銀之臺主招諛而自蒙下構虛以餌祿或邂逅以攖誅有養榮於高足痛此人之諡愚曾不齒乎翔鵠指曾雲而西睇悼危邦於箕封吁孱王之寘御蹈赧惠之往蹤雞晨而商精晦雉鳴而殷道凶外則虎視逐逐國則狐裘蒙茸匪王靈之不逮疲百牢之是供犧牲陳於二境杼軸竭於司農皮之不存毛將焉附周子命於諸卿衞燬宏于大布庶盲視而痿輿在王衷之一怒其北則天之析津國之南戶持節都督之本封司州刺史之屬部府公則總統州兵別將則分開軍府校射則馬若龍程力則士如虎論兵而孫武舌撟敍閱而青病色士暨乎墨子之鉤距名船魏公之霹車爲器田單火攻之材徐承舟師之帥韋豫州之英驍張長史之辯智陳平陰謀之異能陸賈下佗之侻議皆收英攬豪

區門部類厚滑嘉魚此飽爾醉若乃華門圭竇之士槁項黃馘之儒幼諷尉律之字長誦學官之書考典則孟堅子駿飛文則揚雲相如或欲升高邱以望遠海或思臨岷崙而釣巨魚蓋逸氣陵於常輩高情配於皇初曾不得與乎數子焉蓋天下之所尙固殊矣古之志士有視天晝地招魂哀郢者抑又何居乎闔蓬竇以處默據案几而優游揖三古於黝漠網百氏於玄幽或孤嘆以獨剟何解人之予求閉高議於腸肺乍啓脣以仍收昔陳王之生貴且居疷而私憂剟旅士之細微寘浮沇於堯日託靜思於文紘蕩繁淒於清瑟感候產以褮懷匪庶華而柔實其爲春也則思夫江南草長雜華綴丹黃鳥哹響元羽振翰百芬敷於林色衆羞薦於俎盤駘蕩思以流詠行履紛其迎歡左孺右稚送溫知寒若夫日永仲夏陶陶體安俯滑漪以送矚養停雲以凝觀寘前瓜而後李喜潄寒於石齒連詩招於玄暉琴歌邀於周子洗仲路之北聲陋雅哀之小己忽大宙之返令仰高天之露激撫江縣之砥壤東皋戴其可升賀暘澤之順敍數秋

茨之數膡米斛直於三十耆加額而孺騰雖堯年與舜代曾未足以喻其嘉徵也於是元冥司威天收地闔萬植告功水吐火納乃講老易詠國風召管輅速孔融呼劉伶謁揚雄究玄言乎所極剖儒墨之異同頌酒德之本始像文章之聖工第古材之品目攬天人之端終四序眇而禪換娛樂繩而不窮神不叛於理物雖顚沛而帝通丁驩娛而因有躬劬疲而念茲彌年歲而不返告靈表而無辭往睪季之我問戒歲辰以爲期既一門之待飽又無田以植葵買園廬於讖夢詠茅形於謳詩呼老兵以讎對接傖荒之話談禮護軍之門士謁浮屠之鬼龕懼裂壞乎聖幅類嵇公之不堪幡孔思之行素尼訓睨於我甘懲險怪以取貴俗駭震以讎貪齊大鳥而歲伏鄭小駟而御騖物幸蹇其何怪士墜昇而匪慙言念故人東西朔南張叟頤志於養舍周生瞻戀於白華范伯韜精於公府張季嬰歡於耘瓜或七十而疑年或四十而言老平生師友之故恩端居飛揚之襟抱昔感於朝挈暮提今唱於長波遠道睽彼英儁騰茲遙想莊舃發於

越聲尼父眷於闕黨信萬族之齊懷詎凡情之末廣寤億類之一致何部區而分曹生出於人主之口殁聽於文士之毫或虎用而鼠棄有先笑而後號孰膠膠而如晦嚋鶴音而聞高信在物之名棵若九牛之寸毛悲夫昔者金章紫綬之貴士龍軒鳳附之人豪侍中詔誥之顯職祕書史官之英髦或口銜憲制筆司讖褒立朝堂而逑典若波淪之滔滔痛代人之受柄何私鉗之可逃由是觀之人學義而得師玉爲璋而侯琢故克己詔於顏生修身嚴於方朔古之哲人型于先覺至乎蘇季抵掌而動趙于髡絕纓而貴齊蔡澤片說而搖應范雎立談而感稽朝負薪而被褐夕對組以臨珪今則諸侯無客辯士無師師無孫卿鬼谷弟無韓非李斯百家之學絕一聖之道熙封君有時而牛馭待詔不免於腹飢故五穀不熟不如乎荑稗雖有鎡基不如乎乘時信此言也顧嫥嫥其焉爲

關天君行闕之碑

桂之華軒文集　卷五　五

敍曰漢諸儒剌六經王制厥昭羣祀之名晉內史錄古文武成惟曰百神予相其後太一最貴置於壽宮神君秦鬼有神禮于將軍杜主其神有言語飲食祕書不授於代人其類有諸布九臣祠官不領於侯國扶風郊祀之志龍門封禪之書並致嘲譏無煩陳著若夫帝重華之大理皋陶爲司獄之神陶唐氏之火官閼伯居商邱之土臺駘宣於汾澤實金天之帝孫實沈應於參躔冏高辛之季子祀太伯於吳郡祠老子於賴鄉議功則萬邦惟懷校德則百世勿替亦有馳馭龍虎嘯咤風雲非侯非王無年無紀壽張臨濟蚩尤並造於神堂江左吳興羽項仍留於祗殿至夫曲逆獻侯之鴻閥殁爲淮水之靈楚相伍員之戎功祀於博平之縣秣稜尉東京毅魄南朝署蔣帝之神城陽王西漢高勛東晉建臨淄之廟黃陵左姒王治水奉祠於蜀漢年中翁仲爲秦皇將兵鑄像於司馬門外生則銘旂勒鼎殁則蕩患扞菑木有異勛昭於當年神功龐於百世出雲見怪不足狀其神靈畏衆服民無以賅其變化袞龍法服備帝者黃屋之儀折俎加籩視尼父褒成之秩由京師而迄萬國胥建於神殿靈宮自天子以至庶人必備於齊明盛服如漢前將軍漢壽壯繆亭侯者也案晉著作郎陳壽蜀志侯姓關氏諱某字雲長本字長生河東解人也原其受姓關龍逢建讜於昏朝語其旁枝關伊喜延芳於周季世表靁蕩譜牒波淪河東神堯之故都解縣解梁之廢邑昔則號爲劇土漢則少有名人久鬱而申極乎杪碁惟侯稟山川之媼富挺宇宙之殊靈傳說應箕宿而生酇侯感昴精而降百六鍾運數値龍蛇五百應期身爲閎散功躋上將而德配於闕里先師位終人臣而貴極於太上無位聖哉神乎不可知也袁彥伯三國名臣之贊事異于荒邈之年班孟堅十八通侯之銘語系於皇朝之典如侯功在遠古而上澤流杳冥之間言幽異則疑於干令升之搜神述靈蹤則類於祖台之之志怪述聖之經安在事鬼之道不存綜後方前厥有義例以爲昭烈劉宗之裔曾無通籍之名涿郡禦侮之年未有君臣之義分營區部非若亞夫節制之兵絕旨同甘無逾魯將吮癰之愛

桂之華軒文集　卷五　六

乃精貫日月恩洽波淪扞城嚴于公侯翼衛堅于頒護先主周旋節鉞出入欹嶇甚沸湯之擬雪霜危衝風之當脫葉非侯之力疇濟艱難操盾拔主以顯功名則漢高之樊噲也雲擾之世多昧正閏之名螫戟之夫輒以金帛爲利故以三齊辯士知有韓王漢王護軍同於賈儈惟侯高識冠絕羣流以身許君百死無二曹公網羅英俊溢極優隆口舌銜於憲章車服擬於九五鳥則擇木魯叟不事於衛侯臣無二心狐偃名在於重耳定節立謀千載一遇則光武之馬援也三古命將惟詔六卿季世軍官專惟武用力牧棄爲蟲簡六韜視爲塵言遽欲毀議孫武低昂翦服惟侯聲震天下兵冠諸侯指麾而楚漢動搖舉足而隗劉輕重出則摧破强虜入則造次儒生穆如清風載流諷詠孝友之德敦於詩書則宣王之張仲吉甫也且夫火德告謝羣雄蓬興號帝稱王跨州連部昭烈裁辭履席甫攬英豪商賈之富儉於一成縣尉之官卑於牧正惟侯有梁統推帥之義有僖負羈徵之精有平仲事君之忠有子産敬上之節卒能摧蕩凶逆

開建神都。祀高配天。不失舊物。冠名諸將之上。紀閎中興之編。又少康之女艾季杼也。天不佑德。以忠隕身。臣主倉皇。公姓衰替。雖沈名於簡諜。實流神於中區。逮至隋年。肇建祠廟。有宋崇甯之代。始勅署於真君。勝朝永樂之年。乃備禋於中秋。萬歷季歲。增奉崇名。曰三界伏魔大帝神威遠鎮天尊關聖帝君。從道籙也。顏子淵爲三天司真。晉文公爲水官司命。臧洪授北斗天門之亭長。庚亮拜太帝中衞之將軍。義取神書。無關典制。列聖道治區宇。百神効靈。秩祀之儀。有加往典。乾隆三十八年三月己丑。制曰。朕惟關帝歷代尊崇。逮經國朝。尤昭靈貺。前於順治元年。勅封忠義神武關聖大帝。至康熙雍正年間。復爵晉所生。澤延世裔。典禮優隆。朕式展明禋。以神原謚壯繆。未孚定論。爰飭禮官易謚神勇。是皆考行定名。俾彰義烈。若夫靈威默相。屢荷嘉庥。宜備懿稱。益昭美報。可加封忠義神武靈佑關聖大帝。其官建祠宇。秩在祀典者。並依新號敬謹設立神牌。大哉聖言。至哉神道。上靈斯眷。嘉貺屢臻。嘉慶中有震懾逆匪林清之功。道光中有殲擒張格爾逆黨之異。載在實錄。昭示萬年。益以歎漢之白石神堂。晉之赤松靈宇。宋彭城之白狼壇廟。齊義鄉之長風鄧神。猥隆法食之名。無當奉常之典。豈如侯之離名策府。流潤大宙。皇王后辟。合周公之釋文。大行大名。符太公之謚法。子思謂發强剛毅。天下至誠。子輿謂至大至剛。塞乎天地。其侯之謂歟。行省一十有八。郡縣千有餘區。並以二仲之良。申茲薦報。盛京奉天府金州旅順島者。備海之險。畺水衡之行署。文有左右光祿之秩。武有車驃將軍之班。掾屬有諸曹參軍之官。部曲有騎督戍主之列。咸以禮有舉而莫廢。神有格而如臨。是用規建神祠。開通庭宇。東漢逕西之故郡。公孫文懿之舊封。昔沈淪於當塗。今鉤連於左海。王師如雨。非無高皇雲龍之英。南海爲畺。足陋周王攻同之士。翩靈旂而晝下。常巡夫綿嶠長波。瞻將星以夜懸。俯照乎凶夷小羯。庶憑顯曜。高翼威雄。兵氣以之飛揚。凱吹於焉盪闔。才非張昶。謬製於華山堂闕之銘。文謝陸機。乍騰於高祖功臣之頌。是知曹東阿述素王之禮。必推擻於

今皇辟元。卿作老氏之碑。實歸恩於天子。系以銘曰。

炎精四百。皇運中微。東井匿曜。南頓潛輝。費亭爓灼。揚粵飄飛。劉宗下墜。虎將前旂。其一 桓起布衣。超通降牘。忠拔堅墉。雲扶顛轂。關實元功。恩惟骨肉。名首五臣。精感二牧。其二 臣維攀翼。帝則潛龍。管蕭定冊。耿鄧摧凶。文儒雅詠。驍帥推鋒。萬夫之敵。千頃之胸。其三 戲悼隕身。壽評國士。韓耿雙蹤。望閎貳軌。忠咽江潮。誠開玉壘。華杞如生。先軫不死。其四 倉皇置史。草昧營都。書文寥闕。實錄荒蕪。雲頹庸蜀。日黯夔巫。遂痛皇抱。載歎炎圖。其五 冊府屢朝。侯封三系。輿位侍中。統連帝壻。參議爵堂。綿縈甲第。燎火方揚。貞金共敝。其六 季漢之英。江山炳靈。電飛敵慴。虎烈時驚。生丁皇會。徂落星精。昭昭神感。千祀垂聲。其七 絕地通天。事人事鬼。申巀崧山。相趨箕尾。澤流下人。精感皇扆。蓬箻時陳。衣冠古偉。其八 爾神予佑。曰若聖皇。屢崇顯號。載勒典章。武成尙父。鍾山蔣王。未齊上秩。甯配升香。其九 邑邑靈宮。都都神殿。芳湑春陳。嘉殽秋薦。日次上丁。禮規釋奠。制命陳儀。重臣北面。其十 古之軍祭。秋獮春蒐。周祠馬祖。漢禮蚩尤。惟神孔武。厥聲長流。吳艎魯戟。楚練秦矛。十一 德濟海湑。風清碣石。漢旅前縱。隋兵往迹。青部如畺。嵎夷堯宅。地攬東枝。大隆左腋。十二 威戎夸翟。稱干比戈。皇威震熻。神聽誰何。庭宇晝肅。硎俎晨羅。雲雷闔闢。劍佩磋磨。十三 竦閣干霄。危樓入漢。功溢區中。神臨霄半。飲福嬉娛。雅歌豈衎。淪漣東徂。芳馨不斷。十四

朱氏宗祠述頌之碑

朱氏之先。厥祖凡四。一爲宋微子啓子公子朱之後。一爲陸終第五子邾俠之後。二爲拓跋魏族渴燭渾氏。可渾朱氏改姓朱氏之後。獨邾俠之後最盛。大有沛國。丹陽。永城。吳城。吳郡。錢塘。義陽。丹陽。太康。諸望凡九族。吾宗長老皆言其先出沛國。然特無載牒可證。獨吾祖僉憲府君所爲朱氏世表。有曰。宋贈御史中丞府君爲始遷泰輿之祖。謹案府君諱寶明。宋淮南西路定遠縣人。當高宗之初。以參謀軍事棄官渡江。買疇治宅。遂爲縣人。凡二十八傳以迄于今。蓋自

中丞以後十五傳至明崇正元年始有合食之祠其後迭廢迭興不常厥盛盛則戒事之辰子孫冠帶父先子後秩然有序不盛則牲瘠酒酸拜起雜沓鬼神咈焉不享蓋始皆有程法可依據後亦寖變寖廢焉光緒十有三年冬銘盤爲朱氏宗譜既成益念上世懿德醇行闕焉無紀且身粗曉文章獨遺忘先德不爲勒記大不敬又五年乃始爲述頌之碑而敘之曰吾宗始著籍此縣爲冠帶之族蓋自宋以來爲京朝官者有御史中丞一人殿閣待制一人左丞相一人尚書一人侍郎一人郎中二人員外郎一人拜中書不就一人行人編修庶吉士各一人六部觀政二人國子助教典籍教習翰林院待詔兵馬指揮詹事主簿禮部儒官等十人爲行省郡縣官者有宣撫使一人鹽運使一人都元帥一人都總管一人諸路總管三人宣諭使一人巡撫一人左右參政參議二人按察司二人布政司一人分巡道一人知府二人提舉一人同知三人推官二人知州七人知縣九人監督州同通判州判縣丞州吏目衛經歷布政司理問縣

尉按察司知事府經歷主簿教諭學正訓導巡檢大使檢校等一百七人又三品大將軍一人校尉一人衛指揮僉事一人乾淸門漢侍衛一人都司一人營衛守備千總把總外委等十六人爲武官辟舉十四人舉博學宏詞科一人舉賢良一人進士六人舉人十二人武科進士一人武科舉人六人諸生三百二人諸生重遊泮水二人爲科目之士府僚有王府總管紀善長史公府學錄元帥府檢校各一人其由府僚召見賜官及御書一人武官賜孔雀藍翎二人死事贈將軍一人祀鄉賢一人著書可傳十二人勒名明史二人通志二人郡州縣志四十八人書名旌善亭二人受子孫贈官二十九人以富人爲糧長六人其以從軍改龍門千戶金齒鳳陽懷遠甯遠鎭東三萬等衛軍籍七人皆在明世寄籍沐公府及通州大興等五人四在明世一在百年之間又明以來遷浙江二人金陵儀徵各一人靖江通州各七人如皋十二人山東大興揚州陽湖雲南各一人皆勒在世譜嗚呼一人之身七八百年之間而枝裔散處六七行省大者無慮數千人小亦數百瑰瑋俊異特出之士殆皆不可勝紀可不謂極盛乎哉自古賢人君子身榮名顯則必有鐘鼎之銘祠堂之頌以謂先祖之德其傳于後乃益無窮也其並世聽聞者亦遂羣焉拱手推服信乎其德之大且遠而其文章又足以光大顯禄之則其推本於仁人孝子之心爲斷不誣焉且又使邦之賢大夫得行其族正族約之法以輔飭善治彌縫政教以返乎三古聚民之風宗法既定而門無私爭義田有常賚而子弟無頗辟卽亦先王之隆治而神靈之所灑然而喜乎泰興之置縣自南唐始其由異縣遷著此土以吾宗爲最先而戶口尤衆今則幾萬人矣往與宗老數公歎息而言悼生齒之日增懼祖訓之易墜以爲天祚我宗必將有忠信果毅之夫身榮名顯慨然動于心遂以振拔而保持之者其非儒人之空言焉無疑也昔方侍郎議吳郡范氏義田計口授糧俾愚者怠于作業因以爲非義其論誠美矣彼獨非吾祖子孫而令其若此若范氏固亦未可輕議也哉既以語宗老乃揚述先德而爲之頌

曰

中丞斤斤文經武韜從軍衛主攉戎江皋遭世屯蹇志沈波濤蓋有天幸身爲宗髦宋御史中丞諱實明宣撫搴材有聞無紀仲公抱貞慶流厥子芝寵告徵神娛萌喜實有篇章如曰止止宋宣撫使諱佑一弟諱佑二總管亮特作鎭于揚保州禦寇厥閥用光帝頒政制曰余汝臧卒爲良牧身榮民康元揚州路總管諱正晉處士狷儔沈默有恪孝弟於門德隆位薄有息蒸馴述先如昨勒漢故民方古天爵明處士諱克歆鎭國孔武明之虎臣書庸巴蜀隕身全闔單騎沈敵塗草膏輪皇贈都使垂聲萬春明贈鎭國將軍諱顯忠長史瑰文耽幽娛寂高望陶疏匪沮伊溺忠懷閔皇和而不激帝嘉旌堂世儒奉覲明秦王府長史諱觀侍郎雋異鐵基晦農遂登薦板剖符大封詔武太宰朝堂寅恭遭喪痛絕行爲門宗明吏部左侍郎諱觀贈公孺親剖疇析哺子弟溫凉六親甘苦厥宗以昌君實張戶是生參知蹈其前武明贈右參政諱述沛參知媞媞儒風煦時推爍就湮守玄抱雌萬口誦善公讓不怡孝友之則儒人所師明贈右參政諱述磨翁孤

鶱醋德不曜。晚遯荒江。形賀影弔。循牆讓耕。謙宏內劭。代嘉其風。先咷後笑。明處士諱管
校公承樸。受榮不違。淳心質行。絕俗偃機。卓有鄉譽。邱園道肥。有子致孝。扞城帝畿。明贈指揮諱校兵馬指揮諱倫
僉都錚然。忤璫下吏。靖海表庸。萌謳士記。終憒蠅樊。遂同蕉領。玉改宗沈。行歌坐淚。明右僉都御史諱一漲
助教通雅。薦膺大科。世典淪蕩。官書誰何。追懷鴻筆。馳想鑾坡。書揮寶翰。晨鳴瑤珂。博學宏詞國子助教諱嶷
敷公淸華。和中以介。雍容膠橫。柳淸伯隘。寢古忘年。齊懷靑芥。孟輿不云。學如荑稗。明諸生諱數慶
行人貞白。臺使之模。戒擾却饋。風淸上都。知生知卒。陶生同符。名德方顯。中道云徂。行人司行人諱黨
慶遠吏能。在官淸潔。摘伏發奸。雄摧豪折。百務騰功。萬口惜別。實有私文。追銘芳烈。慶遠知府諱鸞
樗巢潛學。老注春秋。杜門冥想。孤懷寡儔。弦詩獨慰。古聲以抽。歷紀二十。神隨天遊。孝廉諱人特
萊翁名耆。究心儀制。極論鄉飮。援古茲契。王禮是昭。餘風不敝。實惟翁功。通堙決滯。諸生諱班尹
明經老德。邑子所尊。任卹是務。孝友在門。漢輿厥吏。幹聲飛軒。惠猛不害。慶流子孫。鄉貢諱鎬四漢輿兵備道諱偉業

子惟雋材。孫則幼惠。詩語驚人。基爾三世。振翁討幽。癖古專詣。書亡題存。十口紀歲。諸生諱毓葉子諸生諱淩雲諸生諱藻鏡
明經篤孝。奉亡若生。伏臘拜墓。痛哭失聲。疾風飄雨。神淒魂淸。餘善丐衆。嘉會元亨。鄉貢諱二希
州佐淸風。流澤邦壤。旌門勒珉。昭融吾黨。輔公嬰嬉。膏潤滋廣。餔及窮門。道弛禁網。州同諱禹九州同諱益友
摩河壯邁。退息漢陰。長枕大被。風暄家林。懷遠經論。滔辯漑今。弟子著錄。載傳雅音。訓導諱宜彥懷遠訓導諱國琰
太學篤誠。痛親道謝。屏膳累晨。摧腸終夜。銜棬涕零。披書淚下。終身孺子。古賢未跨。諸生諱之璪
明經馴德。百年一規。閉戶愛鼎。升堂供脂。曾輿請徹。老萊嬉兒。題名貞石。淸風焉追。恩貢生諱金詔
祕郎雅篇。伯仲彥謂。季挺麗才。討古是侶。老抱孔經。歌風情抒。兄弟怡天。笙簧牡[illegible]。編修諱靑選弟進士諱天榮鄉貢諱皋選
監州雋健。蓄意高文。馳情漭瀁。淸言吐雲。山水是好。悼道無羣。聲動相國。勒詩有芬。直隸州判諱景純
孝廉禁方。今之倉扁。閎儒是嘉。題君上選。匪藝足矜。悼才不展。有斐雅文。淵淵淸辯。孝廉諱景范
贈郎在約。拯危後軀。儒林尙誼。敦風橫敷。俗漓甚水。君溫若鑪。名在方志。後賢用吁。贈儒林郎諱兆成諱樹桂
曾父樂貧。殆庶淵憲。覿爻甄圖。遯世无悶。羣仲循循。日暄風燠。淸德代師。詔我敦艮。諸生諱樹穀諱樹恆諱樹豐諱俊升諱穎升
廣文行篤。在官承顏。晞翁劬學。爲章班班。有弟博物。著書鍼瘝。厥聲不姚。後嗣何攀。泰州學政諱鴻國子生諱向春鳴春
騎尉肫仁。忘軀起毋。卑僚有聲。頌懿在口。月翁博懷。探藝如藪。徵響纖賫。蕩靈十九。武略騎尉諱班處士諱溶
奉直無祿。苗秀不華。宣尼斯嘆。君子用嗟。遺文發篋。秋禾春葩。固嬰曾痛。晚暮時斜。贈大夫諸生諱南薰
工考勵淸。勲勲敦族。繕治神堂。宗靈有肅。重惠知歸。近道若谷。仰惟潔鮮。禮云盟獨。贈大夫諱蘭薰
淸苑宰縣。省繇惠黎。公事解職。荷戈邊鞾。朝臨馬竄。夕備白題。厥有雄製。稿草是稽。淸苑知縣諱腹松
詹僚幼聰。帝經爰究。規配中藏。擊帨獨繡。縣佐慨慷。救災弭寇。旌閭匪誣。揚芳豈陋。贈簿諱芝香縣丞諱思廉
府君卓苦。壯乃得師。報恩舉吏。心喪比兒。重繭千里。返櫬歸尸。潔白在性。芳馨自持。贈大夫諸生諱光魁
滋叟苦吟。王孟是祖。晚嘉徵生。搴柯獨取。詩法昭融。仍規襲矩。地志不彰。刊名世譜。縣丞諱廷蘭
文林早惠。下帷邃經。五放不起。觸藻遺馨。羣士若雨。子姪亭亭。遠有佳譽。延芳戶庭。孝廉諱文焯弟諸生諱文炌

晨老席貧。耽志小學。却饋忍飢。居邱抱慤。厥弟厲行。馴風照倬。莊云貌天。匪繇般斲。諸生諱辰燦弟諸生諱文燦
主簿博士。異材同趨。崇風右義。後勞忘劬。溫逮徵細。寒人用蘇。里老述歎。今士則無。主簿諱文灝訓導諱連城

桂之華軒文集卷六

柳西草堂記

柳西草堂在海門直東若干里曰長樂之鄉其中有俊人焉曰孝廉通州張君厥字季直又曰處默含道韜文茲焉游止通州江海之國張宗孝友之緒陶季直止足之雅君羨其蹤沈處默處士之林君雙其懿登高能賦不爲大夫行年四十身在季子其爲虞樂何以加焉夫術業無盡功力有程是以衞賜方於顏生顓師比於卜夏聖軌賢迹非所敢同至如孝標自儗敬通謂有三同四異以余方於季子蓋亦同異皦然粗舉大綱以當談笑季子出身壠畝家爲寒門噓枯吹生仰於代彥僕單蔭衰薄門無從政祖文父筆裁見彫摧名師佳朋遭逢壯日此一同也季子偉文閎製照郡騰州明經孝廉匪顏伊伯朝士望而捧手里賢就而乞論僕小才鄙什彷彿大賢猥同邦州遽齒世喙顏謝潘陸連類而言此二同也季子負俗孩年不爲里擇浮湛壚旆之下論議帷帳之內西曹祭

酒諮議參軍流連賓僚激昂府主僕雁行兄齒首尾十年對案裁書聚火寫檄此三同也著錄武昌之門盡通賀瑒之業上書侯官之府幾蹈正平之危氣壯神高曾無悔嘆名滿千里謗亦隨之此四同也季子家有敝廬可蔽風雨野有下潠足供酒稷一歸不出堅若邱山招隱之篇不日則月僕一椽一壠什二不嘗妻兒紛然留滯窮海朝對門士夕呼老兵眷望端居報我夢寐此一異也季子上有老父兄祿千鍾老萊斑連之衣少君挽車之役昔聞此語今見此人僕霜露摧心遺書在矚闔門計口菽粟無情此二異也季子軒車所適多有通人跧伏鄉邦匪無忠信芳草十步賢士百里足以陳述高議激碭心神僕東走二逵地如裸國發言建論暄寒在心翻悔平生猥知文字此三異也同異之數在於偶然君子之行貴於守素若僕兄狀又有甚焉何足攖抱觸懷申吁啓嘆第以王風蕭葛詩人慨於三年粟里停雲貞士睇於八表兄僕於季子情好有加類銅山之於洛鍾甚鍼鋒之於磁石送襟贈抱又何異乎昔者司馬琴室王融絢其華篇新渝茅齋延年留其高贊季子之舍乃無吾文足使窈窕私吁淵祇發喟季子處陵藪而懷夷老佇蘭林而眷幽人亮有高情鑒茲徵愫上堂置酒中廚烹鮮左顧孺人右顧稚子激流植援問農督桑無戚戚之懷有俯仰之樂豈知仲舉掃室匪無登車之心黃門郊居終有西征之賦

弔孫聖與文

光緒壬辰春余以都試入京師兵部吳君彥復示余所爲詩有哭孫聖與一篇聖與蓋從前出使日本大臣黎公庶昌爲記室比黎公代人至其人故善聖與及是乃大何聖與既辭歸中路湮鬱雷憤乃遂投身海中以死死後日本人有善聖與者或爲祠祀之聖與安徽來安人諱點初字子與以拔貢生官直隸州州判嘗從興化劉先生學爲高第弟子好友當世知名能文章之士余雖無似亦其友之一人也因爲文以弔之曰

嗚呼聖與弱余數年余以弟畜徐行不先今之世宙若風鼓塵孰爲賤貴孰符

孰麟聖與不察乃隕厥身早事劉公循循學道胡不自珍視軀猶草境往遡昔淚來瀉今招魂何路蒼波沈沈有母有妻有子提提養堂渺蹟寡婦空閨左徙俄終魯連匪假氣高行危蕩魂淵下精感殊族廟以祠君焉如老友宣哀斯文

陳百生遺集敘

檢討陳君既卒之明年余從其家得所爲文詩若干首其詩凡都爲四卷往者甲乙之際余與君同在揚州兩人相善也殆無三日不爲詩一日呼余及蔣太璞同遊平山堂余墮騎破額君亦陟陂陀下墜幾摧傷足趾明日乃各爲詩相嘲笑以爲絕樂君於詩慕其鄉先生吳野人布衣之風顧不銳意刻深遭逢兵革身在帷幕之中故指陳時事若仲掌而數其文野人不能及也既爲進士入翰林翰林名爲侍從文學之臣所爲文乃益和平夷懌無有殊絕者君好博觀廣覽其廷試嘗引鶡冠子語幾左置丙科方君別余去揚州入都也抵書報余程文及室屋車馬僕賃諸細事甚悉所至多有詩詩未嘗不及余蓋君論事喜

跌宕昭朗爛然一陳利害於前而無所蔆蔽其爲詩殆未嘗不然其平日與余共賞文字或有所推奉訾鄙兩人意指又往往多同雖相違覆無大改焉顧君頗好深沈之思其顔色乃望與淺人無異意其才略誠若不可度量者歟造物生此人又不令一試其用豈不悲哉君卒之歲余府主廬江吳武壯公嘉君之文以賻賵之眥命余爲刊布之今距吳公之卒又九年矣君家在東臺去吾縣幾二百里家又無張戶之子久不相通問獨其詩日陳於余前時時得諷誦之與面對若無以異焉爲尤可悲也光緒十八年七月初九日

歸來軒遺集敘

秦東門之故壤漢臨朐之舊封淮南二邱之曾孫湘鄉相公之府吏其材有文武之質不邁於雲起龍驤其沒以五十之年遽痛於寡妻弱息歸歟之願若盲士之求元珠飛騰之心甚弋夫之篡高鳥足令志士短氣朋舊摧肝玩諷遺文流連雅故此之不痛孰則可哀沒而不稱爲善何望余既取邱君履平遺詩四百三十七篇勒爲四卷於是平生故人讀而歎息咸以君生有昭質不假羽毛沒爲故民無聞金石獨其英光烈采昭曜簡編苦孝危忠激昂諷詠居有孝章盛年之嘆行有孟堅幽通之思入有季路啜飲之艱出有平子愁望之慨有妻如敬通之婦挈鼓懸幡有子如王霸之兒蓬頭歷齒茅屋蓬戶居無一椽下澤濮田耕無尺地乃能夷猶烟月捭闔風雷開張國士之風跌宕人豪之氣篤者朋好尤善文章儒林則劉洼任戴之英儔文學則杜夏黃劉之偉士奇材劍客淮南王帳下之豪方伎雜流范秘書傳中之輩嘗遊臧貊識其大人比其還也賦詩盈篋且君之信友一務吐誠疾惡若風說士甚肉是以三更府主再入兵間上賞其忠下感其誼文淵可邀二帝平仲能事百君史餡用秉直爲懷公孫以惠人爲學吾聞古語今見於君昔則親接容光今則追哀往故建鄴駐車之日揚子對酒之宵討秦碣於之罘之山慕漢功於元菟之野從莊生而說劍呼馬服以論兵日月幾何音塵不嗣海有東逝之水日無西廻之光君家海上相

去或二千里而遙僕滯周南著書非五百年之作撫今悼往聊復寫之

曹君墓誌銘

今年正月二日吾婦諗余曰吾一昔夢衰麻拜吾父吾父其死乎余發占夢書視之如是無凶兆者又十餘日婦之弟手書報余曰大人不幸以今年某月日棄孤子卒之先無有疾病其日沐浴談笑以逝蓋君絕篤於倫理於庶人之孝無所不盡其視儻然利祿若潔衣之畏泥淖少孤養於繼祖母既壯大肫然孝養不爲章章昭祿繼祖母有所者求雖甚難致至鬻賣他衣物以給夫婦奉匜承盤視頤所向或微忤指則悚惕恐恐益謹俟意解歡笑乃敢去平生未嘗議人愆過有不合卽微言解譬俟涮洗乃益親愛其喻人孝弟廉正若出天性然里中士人與君相知者殆無一不謂君長者要亦莫能名其人也性尤絕介雖親昆弟未嘗意有求取或至數日不能有一錢君則獨貰薄酒自酌披書徵諷婦子怡然相對卒未嘗見有可憐之容彼其意豈知有勞神焦思以求利祿之徒之爲者哉是故不易幾也君姓曹氏字子勤江南泰興人縣學生員祖金鯉景山宮官學教習父怡歲貢生君以光緒十八年正月四日卒年六十有四以其年某月日葬於縣南某原先墳之兆妻葉氏子二人國琮國琛女三人皆適士族孫一人炳孫女一人誌君墓者君長女夫同縣朱銘盤銘盤挈妻子外遊與君絕闊遠往者君抵書諷歸惜余牽率於人事益委詞謝君君之行灼然於鄉里近學官徐君以行端志潔旌君門余聞之以爲近古郡縣中正之爲且坎坎以喜不麼君澹然以往也銘曰

一士稟介爲縣宗馴行潔矩今不逢厥聲闃邇靡遠縱夫姜妻桓息禮恭女夫述行哀摧胸匪右厥戚惟心從鐫石配謳千春冬八月爲壯辰在龍

朝鮮平壤城箕子廟碑

荒荒嬗步復者天地之心洋洋造功大哉聖人之道啓于殊建宣父苞其殷仁伊墨分塗輿叟眩其百里窮地亙世故夷叔有造天之聲黜桀尊湯故大人爲

偶道之首有天地然後有萬物有父子然後有君臣語君臣則乾上坤下皆有級威語萬物則方足員顱皆有血氣建邦分土何必黃帝九州翼子誅孫何必夏王萬國且夫陶居成市羌有前規燻穴爲君匪無曩典况乎聖人之後吾君之子配天之主七葉實有卵翼之恩東方之夷九名固無犬羊之酷太陽迴照萬植緜其昌蘇甘雨滂垂百情此焉震蕩遂使禮樂射御蔚爲中畿蒲姑商奄衛我東土上有翼戴王靈之后下有北學中國之儒孔子曰君子居之何陋之有若此者厥惟箕子乎案晉司馬彪云箕子名胥餘服虔杜預以爲紂之庶兄馬融王肅以爲紂之諸父蓋靈河別派帝幹旁柯比熊枝爲昌意靑陽方姬緒爲文昭季穆國則河南沃土爵則五等崇封貴爲太師密爲宗室懿親國老無與二焉逡巡煬國方騰象玉之波扶翼酣王卒覆共旒之緒撫弦激響不能蕩太白之羞負石沈軀曷以欒狄童之猶由是隻輪于邁被髮東徂以爲檀君王儉之故城神堯營州之外徼析津當次箕宿臨躔其地爲冽水汕水神明之區

其人有嵎夷藍夷賓門之典故朝鮮地志以爲箕子所都曰平壤城今屬平安道卽檀君始都也檀君建國在伊耆戊辰之年箕子開都當武王辛卯之歲邂逅龍興之會遭逢絕德之皇並綿緒千春騰光累諜非偶然也明德之裔必有達人有功於民報之百世漢延壽元祀實鏽倉頡之碑晉太康十年始勒太公之表展大夫之遺壟生王輸樵禁之科叔梁父之靈宮弟子下豐筵之拜司州鄴縣有西門故令之祠東郡長垣有卞人仲路之廟公孫子產新野奉其神堂國相伍員東燕造其靈宇豈有建邦置社辟土經疆語文德無異太伯開基校戎功有若無餘啓霸且夫靑邱攢木陋逾龍子之鄉九津擢天瘠甚鳥田之產傳系四十一世祚引於姒裔姬苗分國二十一都地幠於句吳于越如使矢弓告瑞偃王不神六蓼沈宗庭堅斬祀則是疑聖人爲大盜信畏壘有穰年楚產自隔華風杞子廿淪夷禮君子之澤豈若是乎平壤箕子廟者在城中曰里仁坊蓋前古之所建攷其支裔是姓鮮于代有賜官守其廟祀李氏有國因循前規隆以崇禋待之賓禮而祠後有箕子墓其旁有古木一本井田一區皆傳爲箕子所遺云據中都之名壤面大聖之崇山扼牧丹之危峰臨九疇之特閣八條聖制萬撓秝而恆新四宅神區百堯年而不變丹楹藻棁恍瞻於重屋曩規山龍華蟲似仰於黼冠舊制加此邦纓冕七十之服仲尼累姓君王行潦之宗河海語其道德卽曰東方聖人聞其姓名如諱私門考妣自昔一成一旅初哉首基成邑成都皇王后辟得兵民而膺帝讖無假尺寸之階起石紐而握皇圖不藉勸進之力雖復規模殊幅終是德潤同科况夫造次經綸倉皇裁割禮湮諸野典失諏夷一隅自爲商聲五行倡其絕學以視古公介息兄弟營家少康幼男君臣就國一則繫恩枝幹一則受策朝堂欣憂之理皦然順逆之情可覩而朴高王李尙署外臣元菟樂浪僅云下國長沙鄰於南粤頗苦邊兵中人界於荆夷恆縣戍旅遂使笙簧歇滅晙吳季之神聰簡畢沈淪隔宋人之耆宿偉文不嗣終輪於微子祠堂帝翰難通卽晦於比干遺墓春秋二仲不領祠官去

來千年無聞太祝不亦閔儒之所遺慨君子之所喟歎下官昔從軍旅親謁崇祠旣覽疇圖仰思聖詠嘉此邦柔謹之俗追往賢寬略之令犧牲陳於二境終奉皇周虎狼下其外城不臣秦帝君子之教嗚呼遠矣爲之銘曰

於昭箕聖玄王之昆鉞棱杪劒旆曜晚昏枋尸烝拂茅禀宗藩晦明龍戰顚沛皇根我徂震維言紱東土方姒裎行比姚鹿侶越騶昌嬴邁熊張楚至教方蒸王風非阻岷祛左俗主挺盛明規儀殷服沿琯商聲孽文襲軌韜璧誅牲世潤雲露代濟忠貞普天率土靖共述職象譯騰章鴻臚攷式今王媞媞依仁歸德崇墉言訓姦截域非后何戴非聖孰親非禮奚久君君臣臣父父子子千齡萬春禮有增秋廟無寒禋終返堯垓懸遵亥里受吏天朝陳圖太史蹟典奉常升經博士聖喟無聞我徵宋子

張夫人家傳

夫人諱某廬江姚氏生而廩孤露養於姑母張氏隨中從姊妹奉事姑母與

己母無異．姑毋因絕憐愛之．告於姚氏宗人．以夫人字其季子．季子諱應魁．累官補用副將．以傷亡．贈建威將軍．今沂州通判光照．季昆所後叔父也．建威君年十餘歲．即從湘淮軍行擊賊吳楚．以同治三年卒於軍中．夫人聞．因堅誓斷水米不肯復食飲．積三四日．有天幸以得不絕．內外親黨又益表裏萬方譬慰．乃強許不死．然自是日財一再食．若竟日不一食．無如常飯者．冀用此自煎毀．以絕張氏．家故席貧．田廬薄陋．先是建威君諸兄弟子姪．多耕農爲事．或頗遠在兵間．太夫人既篤老．又晚多羸病．委家事諸婦．諸婦男女衆盛．門內百務凌亂．各有營作．獨夫人日在姑左右．溫寒飽飢．窺意順欲．諸長姒竊造次驗視之．終未嘗一失毛髮．時暘景風之辰．或從太夫人娛戲庭中．雜述兒時事爲笑樂．太夫人尤絕嘉憫之．嘗語人曰．好兒不若好婦．自吾有此婦．殆不知有痛痛之苦．又謂諸婦曰．汝曹但委我季妹．更勿復措意．蓋出于太夫人之口者多如此．禮孔門弟子記四十九篇．中內則一篇．最言婦事舅姑之禮．其曰．如事父母云

云．語尤絕深．至今世女子內父母．外舅姑者衆矣．固亦有仁賢淑孝之性．發於自然．動合於古人．如夫人者耶．豈可謂非家門之祥也．夫人既以光照爲建威君後．益拊愛有恩．光照自兒時已父事建威．既爲主後．益不知非夫人子也．夫人以光緒十一年七月卒．年四十有四．其貞孝之行得旌如故事．又四年．光照用諸生承廕受賜官．

述曰．余與季昆之兄仲明提軍少相友善也．因得善季昆．又從季昆兄弟得聞夫人行事．季昆欲不死其親．命余爲家傳以諗來者．嗚呼．如夫人之行之心．固乃灑然無意於不朽．曾無所假力于余文矣．余又可不答其孝子之意乎哉．

王母節孝之碑

吾宗二十二系有貞妻孝婦．明經何公之孫．茂才之子．厥年十九．嬪於朱門．實我王母．公說嫗喜．九親有賀．言四年而寡．春秋八十．以卒家亡．其尊同治五載．得旌於禮部．蒙被帝恩．光緒十八．用孫婦讓封．贈爲宜人．伏維王母令類淋穀．體躬備．身順事我王考．孝養二君．與古比倫．觀閔處凶．拊提孤子．合冥感神．歷世三葉．父誦子襲．推母之仁．有善不禄．愧天怍地．有靈如淪．諸孫私議．願勒貞石．垂著萬春．

告墓文

光緒十七年．不孝銘盤以軍功得贈祖父．父並爲奉直大夫．祖妣．妣並爲宜人．乃以黃紙別錄制誥之文．使從弟銘功用清酌庶羞之品．焚黃謹告於墓．其辭曰．嗚呼．維我王考．葫德不秀．堂有輿親．窆無淵壽．府君介節．諸生以終．憲標方迹．路菽同風．微生晚出．不覩王考．過庭有言．禮探書討．時則曹曹．他日念之．去國萬里．霜淒露悲．一命之榮．涓波如海．恩逮九淵．感深年載．爰命支子．陳薌薦芬．庶通靈爽．鑒茲微心．尚饗．

武昌張先生講堂屏風上壽詩敘

先生之生．太歲在未．入此歲來．年政七十．先生官不過七品．舉不過孝廉．出無

揚憚朱輪之榮．入無公理廣宅之樂．孤學獨行．非有弟子數千．冥心單思．非有撰錄百卷．靜則三古揖讓．奉手俛眉．動則一門嬉娛．呼孫詔息．故以據几獨覽．覩川內營．低昂百齡．晦明千晝．雖有金璧在後．珪組寘前．非子聘其閎詞．蔡澤飛其眇說．我心匪席．我心匪石．不可卷也．匑可轉也．先生厥生之初．海宇康定．後乃桀盜蜂起．中原蕩沸．然且羣士奮興．異人輩起．帷幕之士．不絕於弦誦之聲．棘矜之夫．不忘于鄒嶧之教．先生委虵節下．出入轅間．苟志於仁．顛沛斯在．若贈太傅湘鄉曾文正公．贈總督益陽胡文忠公．並命代先覺．淸時閎儒．俱得仰奉師資．術循甄冶．譬彼顏氏．聞一有知十之聰．方彼衞賜．告往有悟來之哲．其爲道也如彼．其爲學也如此．既而聞道有得．若聚水成淵．奮厲無前．儼積顚爲里．由是羣流景邁．鱗介赴於蛟龍．方軌風趨．御士謀於造父．其時曾公初奠三吳．方恢儒術．以爲君子務其遠大．小人務其細近．遂開建講舍．博選大師．或以淬勵躬修．或以掞張文藻．上秉道法．大人豈倡於游言．下奉規繩．華士非騰

于枝說今則燥髮之子乳臭之兒甫覩鄭君裁知許愼便已抄撮小集專欲誹詆前儒孔子有云吾猶及史之闕文也有馬者借人乘之撫今而追昔啜醨而思醅豈不泫然至可閔痛者歟先生嫥一之志不忘于心壯老之功不訾于素以謂二十八篇之冊實史記之濫觴三百十篇之詩乃總集之祖本魯史出入都爲約劑官書禮說紛紜悉是儒流私議總其旨趣並爲詞章義理散于空虛事物由其同異雖復文居道右終乃道爲文輿夫末覩叔敖而盧營儀度其情乖也不居莊嶽而空爲齊語其聲左也舍情何以足志離聲何以足言去志與言文將焉附蓋嬴劉以降纂言之家亦疇不循此通塗遵玆閔轍以余觀于夫子實以追配往賢自非知人必驚斯語或乃譏孟輿爲阿好謂董生爲大愚豈非洞庭張樂淵鱗聞而深潛東門考鐘海鳥驚而不饗安其所習蔽所希聞者乎時流之學以閎肆爲名先生之業以積累爲務是以其爲人也寂寞守德不揚芳而飛文清靜游神匪信舌而奮筆蓋智若㝹倩而去其詼嘲泊如揚雲而

參之矜特是以庠序後進綏緌少年道從風翔學與時赴或乃謂侯芭奇字精于其師王嘉史才賢于其父若先生抱玄衡門之內處默長林之下縣令不執弟子之禮郡守不致羊酒之奉羣卿不修揖客之敬將相不避正堂之舍一顯一晦理有固然若夫侍郎明操于解難秘書喻譏于賓戲平子昭務於應間亭伯解玄于達旨胡老樂賤而釋誨孝若陸沈而抵疑上則慹天下乃愼世猶且襲恬憺之貌陳沖束之譚進違顏生殆庶之風退乖尼父浮雲之旨矯矯先生又安用此語哉

通政使瑞安黃公予告歸第詩敍

通政使瑞安黃公起家秀孝射策高第選補文學遂佐秘書出入清顯迴翔省闥凡四持使節一掌兵部以抗論軍事左補今職自神聖開國求進讜言官民上書悉繇通政比于中朝謁者西漢公車其後海宇清平天下無事堯舜都俞其上皋夔坐論乎下吏民白事一皆禁絕通政所掌揭帖題本而已職務簡曠掾史宂惰臺主或以家爲府令史至請急不對見聞習熟以爲固然公之到官振厲奮發有直退之格有考課之令僚畏吏驚以爲大異昔卞尙書之在上省用軌正當官王侍中之居門下以謹實蒙譽方之今日彼難私美既而移書稱疾本官就第以道自進不可則止可以夏秋讀書冬春射獵男唯女俞伯歌季舞坐禮堂之上則寫書滿前釋玄居之篇則門人並侍語非解難而旨遠于揚雲地不陸沈而疑深于孝若顯晦不一轍彼此不一時難進易退公之志乎且夫處朝堂之上則經綸長世居淵林之間則歌詠聖化或以佐天子而理物或以勒本朝之一經公昔起秘郎轉補洗馬再遷庶子遂領宮僚入爲中書侍郎出爲夏官司馬封事密啓殆無虛月督學之役辭對便殿命汝納言在遠猶邇於是都人喧傳士夫走賀以爲汲黯長者公實當之勝之直指公實任之故以猛虎在山藜藿不食蓬生麻中不扶而梃上以彌縫政術其次激勵風概則聖人之教也已而羣策羣力百緒赴理一弛一張六轡在手相則中外都督將則

儀同開府度遼橫海並爲六郡少年征鎭安平多有三品軍號左賢右戚因時而見珍崇武尙文應機而合節則以儒者之道勞而少功道謀之言雖成不遂又聖人之旨也公仰窺天心中察人事退則繾綣恩禮進則浮湛道德嬰兒之依慈母可資親而事君巨魚之赴大海乃跼天而蹐地君子之道忠臣之志何其遠歟往從屨杖習聞嘉言揚子雲之弟子略傳其古文魯申公之門人稍受其詩故豈得不顯融德量昭襮性情建之上乾下坤告諸大夫君子使夫緌綏藻德哲士應聲廣忠讜之風信清明之氣庶朱游汲孺之往蹟不獨表于西京劉畋曹志之嘉聲非專鳴于晉世公盛德在躬遠名若浼區區諸生之願要非公之所樂聞也

桂之華軒文集卷七

朝鮮王城同人醵壽林怡盦四十敍

歲星在龍之次吾友孩命之年越逮今茲厥紀四十既以軍事無曠公家有程蒙露犯霜踰溟度渤詢其揆日實在中途於是幕府賓客僚佐之倫十有餘人敬以卮酒壽君長年且慰勞苦朱生遂乃進而稱曰夫違莚之植含貞則榮伏淵之鱗潛志則樂是以大體無躁切之節正樂無不平之聲眇道微旨君子上焉惟君抱靜爲懷秉沖成性本無忤於世网良有契於中和季路緼衣不聞扼腕之嘆王子異國都無登樓之篇此其一也家驪戶荆墨客以之代譽豹革鼉羽華士於焉求稱揣彼癥瘕有同顳一君賦頌之製惟用自娛學問之功欿若不及是以三都遲出不識太冲之才魯殿未觀豈信延壽之筆謙謙之德又其一也車魚之士爭榮於諸侯儀錯之徒論兵於人國自謂英詞博識駕侶陵儔君和同其間若衝風之過聽浮湛其際等秋雲之去胥斂響如鐘守口甚括淵

默之懿又其一也衿裾富於早時焘鬱盛於軒冕人知展惠卽曰和風士述不疑俱爲長者君惟抱相接㒺或爾虞陋祜穆之虛聲鄙耳餘之壯意狎不勝敬又其一也最斯數善有萃其躬凡在羣賢僉曰當合夫朋友之職不著則古人引爲己慙是用抽簡進毫陳言貢意庶使岳恆增峻淵久茲深五十之年彌晉衛瑗之德六十之歲益守宣尼之言薰祓何窮芳馨靡斁同時周君彥昇在鄒枚之列范子旡錯處江漢之交咸有名篇藻君盛美周既耆飲過石不辭范並工文善刀自蔽方君指趣差足權衡僕則陳中尉之度河船人疑其懷寶趙簡子之御客巧者哂其賤工要其巧拙偶乖怫悅遂異者也昔人覩豔色之麗歸而醜其本容驚偉材之琦返而燒其往作立年方至進學何期益用徘徊君我之間踟躕翰墨之會者焉

前四川按察使定遠方先生七十敍

大哉文字天地練以爲言盛哉辭章聖哲倚以詔後固乃席珍流響木鐸應聲精義彌繁垂則愈遠語其昭麗則日月齊光論其貞堅則喬彭慙壽況夫卷阿吉士之作平仲仁人之言得不並福若兄受祥如止雖復季直往烈不聞東武之書敬仲端居無復梁帝之勅要其坐鎭風俗彈壓材賢馳騁陵武跨躐遷冏自非準經稟雅以立則好學深思而通徵曷以紘山川之清音藻時序之芳潤昔齊士推高於伏叟東都歎仰於桓榮昇墜偶乖衷懷共服者也夫子幼齡殊異中歲飛翻美政懿庸給于黔庶金石之業語焉不詳至其承命按蜀惠澤在人民氓樂其寬和長吏怪其政簡當此之時天子方下詔以誘直言旁求以啓賢路常因召對詢及老臣嘉桓寬鹽鐵之材壯綺季衣冠之偉故知驚風迴䨓非元化之初心餘露修雲實滋材之本意由斯感激益用咨嗟抱義懷忠如鐫似勒夫晉衞之業騰高伐於鼎鐘隨光之倫貞嘉議於山澤明晦之情不一聲稱之遠有同在昔二漢之世材彥奮興揚雲振奇於解嘲東方託情於客難枚叔揚芳於詞賦班生姚美於二都嚴忌投策於當時敬通垂名於來葉此數子

者官非宰相爵非通侯類皆晨雲而夕泥暮淵而朝鄒然皆偉詞宏筆照古騰今鋪張人主之閎休恢拓無前之盛軌餘楮零簡旁逮羣公雖使高光之功文武之烈韓張英彭之閥竇馬耿鄧之材揮霍風雲之威澄清江海之力不得不假其毫翰託其吹噓是知處長林之間酬主上之德如彼衢歌壤頌尚乃千春萬年豈況夫子躬前修之能樹不朽之業中書邱遲之解職不獻於責功之詩司馬園令之端居非構於封禪之草者乎簪紱之後秉以謙冲清明之躬重以問學琴瑟書策日居月諸而平生故人已辭于廷尉門下賓客罕接于任安今昔之間抗墜之際愚者感而咨歎通士覩而昕然思夫疇昔之日上壽淮南自命風雅者接武於軒墀號稱才畯者踐塵於堂席揆彼意志惟在陳謏豈知竹柏之姿不浮湛于枯菀璆琳之質匪貴賤於霄泥是以犧經美其邱園毛詩嘉其澗谷大夫君子咸曰尚哉銘盤既以驚下之質奉教於尹公復以俯仰之資受恩於趙氏身心丏被固非一端企仰之願無窮藻績之能有盡誠不若宋玉

麗賦稟左徒之風侯邑高文蹤蜀郡之學要其聞講扶風之第受業劉巘之門歷時最深窺指尤切餘人之述未足校明顧乃從樓船之旆旌圓橫海之戈櫓眷懷几席搖蕩心神至夫登山臨水之篇睇景述情之製原本雅頌極意師承則何嘗不潤色川原指撝動植方諸凡作或謂過之豈非崑山零石都無碔砆之材涇水徵淪悉是澄淸之色高睇遐矚又足自豪者焉來歲季春之月景良之辰惟我夫子年政七十他諸懿美固不待陳是用述天爲言推本爲義上極化育之理中驗賢聖之訓下及有朋之賞歎旁攷餘子之平生庶幾坐券耆年有符保合至夫軒車林藪之別蕭艾椒蘭之詞則浮雲之喻久服尼甫之教被纁之戒無易莊生之言明達之儒必能辨之非小子所敢論焉

王丈菊人七十敘

神皋並海天官牛女之經於越開疆東漢永甯之縣語其毛產則紵廡禾稻勒典於史書論其山川則天台委羽騰名於道笈自邦君伐木太守貢蘲真人藏

景於蕭年侍御受鐫於牝季埏埴既廣珠璧斯衆家成犨涗戶攻輪輻弦詩之雅介於都人耕讓之禮蒸於魯彥雖復錢唐劇郡越州大區此叢冠蓋彼工商賈以云節概或未伯仲者焉王氏自開國以還多有懿德翟公父祖世居下蔡揚雲先人故家蜀郡往行馳於邦壤遐風垂於在茲鶴鳴九皋高而可聞風雨如晦喈喈而不已敻乎王公何其嚼然高厲者歟夫木饑水毀之理實原本於陰陽傷農病末之驗固孳胎於經術故夫二十六卷衛韓候歲之書九而十之管相聚珍之要山淵博而獸魚往四夫富而仁義歸自軒皇以降墳素所紀未有迹窮紘極勢振王侯利百乎齊秦氣高乎張邳如今日者矣公往以壯者三十之歲受太公六十之傳何君令子早爲蜀商朱公長男雅聞父術遂乃朝筮王孫之卦夕覽儒氏之策犀角棗栗遠賢於千戶之侯玉勒陽皋旁獵於百家之製夫其幼稟純質學有令稱受大義於先師擢殊材於曹黨璽璽之理良以可觀是以丙氏貰貸之日不去文學白丹貨殖之年必根仁智其後倉皇避盜犇走趣山彭脩有護父之名李充有遞衣之節趨闈躬養挽車輪而甘勞撫床切情對病孤而失寐高嚳之直略貳於君房分財之數遂繁於卜式故得妻賢姜令子同班掾州里贈譽黨塾流美少君華首恆感於先姑之言潘尼屬文必述於家祖之訓非夫公之道周帷闥禮洽堂階豈得高行流聞英風迢遞挂名夫世典之冊曜光夫代彥之林者乎夫趙士尚氣謂有武靈之風薊域鷙悍或曰故秦之俗列在方志籍其大凡豈可偏聽往辭斷爲近習今台州民俗朴儉人士秀文著於官書宬爲令典世之從政曾不念茲謬舉馴風方彼獷士且夫上有良牧則黔黎遵軌里有善人則稂莠革化今銀艾寡色風草轄響使夫述盜牛之語徒媿心於田翁論還豕之仁輒推名於鄉老規時之士所爲發嗟而興吁者也公既以踳駁之後獲享甯期耆老之年棲心息壤谿復流連水木嘯詠陽秋追往嬰懷揹今規遠糜竺之家既落仲弓之息俄奇諸郎並噪於當

時長君尤善於下走入則公幹之筆振藻海隅出則楊生之文高視都下自喉舌高望省掖魁人藏室瑰儒郎署琦士京兆杜季雅之輩陳留劉桓公之徒靡不捧手承風推襟將意證嘉誨於早日歸盛善於丈人若夫蘀落淺材區霜郛說甯足揚芬百一騰暉尺咫長君弢甫虞衡猥承庭教下求鄙文將乞常少之書歸頌彭喬之紀是用推整俗之券究爲善之符仰告綏纓俯喻芒布按其詞筆匪日可存亦欲令高堂進瑟之晝流覽而稱觴裒衣介酒之朋誦言而揹手者也

爲易布政壽座主前湖南巡撫劉公韞齋八十敘

國家德通上靈運鍾下武體隆紹接贊窮登邁文宗用緝熙之業廓軒包之規穆宗以徇齊之聖開宣光之軌其間踴奮山谷飆飛風雲斤斤孔雅躭躭宏策效足於駿人騰名於皇錄若斯諸賢未易更僕至如御史丞相第用醋謹九卿中郎專以長者斯又至人無爲之運聖帝張弛之道其有修身喻鼓鐘行己類愛鼎奉職若治田芟惡等驅疾楚人載路爭覩於諸梁荊老行疇俱歌於孫叔

且猶遺彈世喙見譏鄉校坐曾輿以殺人告樂羊以縱敵抑又君子之所憤惋志士之所感槩者歟天文井鬼之區禹貢梁州之域蒙樂背峙蘭滄左帶夫子秉醇懿之姿挺峻茂之德自爾少日已譽聖童出其餘力足跨羣輩及乎迴翔輦轂騰踔天衢職清事秘綜機典密老氏臧室承明著作並以探斁得叁絕馬欲步既更擢拜遂貳侍中有王商之敦厚有地餘之經術由是軒軺溯漢藩節臨湘徬徉神禹之山睇矚媯皇之野遭逢盛眷寵百於王傅賈生宣布皇風體貴於楚人唐勒蓋文宗以日月臨下夫子以心膂奉君故以拜爲太中不滿於一歲甄補大郡無煩於四遷自爾以還諸盜蝟出羣策奮武婁歲大定其後夫子以九卿顯望巡撫湘部巡撫始於東晉湘部兼於荆牧鑒革金軛高車弩矢郭君再至子產殖我昔者景完石刻公方表頌並沈卑寮乂闕盛美猶心戴口誦騰爾踔遠豈況善教懋政若我夫子者也牂柯貧國苗民逆命賴轉饟之功成摶掎之力大夫君子到今猶稱豈我小言所能私美者乎且夫秉道不變王

良失驅車之巧時事並異張儀無執戟之望故莊叟負悟於被繡揚雲寄嘲於懷符令史密爾於斯文中郎述旨於釋誨故夫高鳥之性不忘於曾雲之顛潛鱗之心不釋於泄淵之下獨處者易遂衆集者難同也若乃揆時度務又可略覩者矣開闢既遠機械日廣上乘其運下奮其智陋堯版之四宅狹殷圖之九有且夫虎嘯而冽風龍興而致雲天地自然之感也穆者駿而造父生孔好龍而劉累出帝者提福之符也才非異等要留滯於漢年道匪變通終泥蟠於晉世豈況夫子習昇隆之運參毀譽之致味端居之樂抽隱機之條何有不一致鼠龍齊論元皓者哉某往以著錄之士鼓篋於洛陽既以部曲之將參軍於下辨申之以道德重之以昏姻眷仰生平殆難覼縷要若宏農無財物之奉東海絕田宅之計官極旄鉞而居如中人學窮載籍而退若在野或乃中軍枉路造中叔之門令尹到官謁門氏之宅教令因而隆替功閥由斯輕重何必擁旄建節厠劉陶之間登壇授鉞在青病之右始能敷福祉於黔庶揚芳風於無前者乎今年三月之吉夫子八十之辰蓋聖清受命二百七十有一年又今上皇帝親政之初紀也昔在漢世若華容胡廣躋台鼎之尊南陽樊重揚閭井之譽並登此壽騰美世典以予觀於夫子賢於二子遠矣

通州張季直孝廉之父潤之處士七十敘

述夫粲粲門子廣徵絳趺之篇娓娓嬰兒萊子斑連之服故以孝莫大於嚴父福莫盛於老壽若夫中涓白首之日建爲郎中仲翁賜告之年受爲少傅陸生流連於好時曼倩委蛇於東海並優游娛道子姪如林若是等倫難可逢覯故夫過武城之畮輒追羡於瓜畦登南山之椒或馳欣於橋木至如伊尹高齒太公大年張衷方朔之父壽倍於百齡安期海上之生數半於千歲北山道者之紀西天寶掌之算雖事多遜遠語近荒淪要亦人子之所樂聞吾儕之所恆述矧夫躬令懿之上德體祓禧之往驗焦氏云其受福劉向謂爲享榮如吾張公者乎英宗遐胄累牒增書仲顯於周老傳於晉釋之建忠於苑狩子高振威於

京兆迄以紛綸難用次第自公上世代著此州孝弟以赴漢科耕田以歌堯歲公之少日備準往風以謂成都揚氏之祖世業於田壚南陽樊重之門代專於農畝中更饑毀失我坻墉鄭生之居無衣顏歟之家晚食率乃致產陶邑起家曲阿待火及於六親全活滿於百輩大中之息親見於爲龍陶生之兒無慙於求火行路稱其長者州壤推其馴風道盛澤厚又豈偶然者歟且夫賢人百里忠信十室善類鱗從菶士革面豈況此州並大海之涘席疏野之風重互市以來民性趨利入粟爲郡縣胥良宰或乃同陽由之曲法類梗陽之成賄古有側行瓛席造丈人之廬效羊行酒過高士之里至欲屏車騎脫簪紱徒步請謁如弟子焉今此等輩曾不念茲要如吾公散趙溫之糧析王丹之產述八務之訓分四經之業六十之歲無常伯之尊七十之年無復陶之號顧其茂德良譽振邇姚遠足使者老聞而加額士大慕而奉手綺里之居商洛尊爲山翁孫卿之在齊國推爲祭酒由是此陳曲禮彼歌小雅國老之稱既洽眉壽之頌興焉何

有不衎喜暢志愉豫適情者哉始公以坎壈之歲持金隻遊會有船人貧且羸婦登棄所挾拯彼危痛甚梁高之載穀逾張仲之推財終能翕哀鷺於垂分隄溝水于方邁夫躬蹈艱苦親被顛沛且猶鬻任卹之風慕好施之雅其爲德量固宜若斯遠乎朋酒斯饗稱壽之故風兕觵其觩頌福之令典加與令子孝廉季公有問學之誼處著錄之次習聞梗概伏願推揚又里閈曹耦行觴奉爵多有禱頌獨銘盤夙苦行役久吏留滯不獲㩲韝鄭堂之上奉酒陳車之下雖復遺豪鋪牘陳述盛美究其區區之忱未可百一盡爾

爲宋少保壽合肥相國七十敘

敘曰經邦論道莫大乎三公分土肇州莫尊乎都會所以權衡百職控御萬方甄緯陰陽牢籠區宇是以周之召伯鄭伯常爲卿士之官晉之丞相太宰恆領荆揚二牧我朝上稽成憲近準曩規今之總督軍務古之都督軍事不帶郡國所以專督監之權不兼中秘所以嚴宮府之限至如神皋重鎮赤縣大區兵刑

選舉鹽鐵民政轉餫輸粟度支尙書之所司宣防澮災河隄使者之所掌重譯琛貝職儷通於鴻臚五校舟航事乃兼於都水理大物博千梁百柱身綰六印腰懸四綬非有博陽憂邊之計管蕭匹亞之材配宗阿衡之風參德儒宗之望曷以仰麗靈緯俯措山河建廣大之規養清靜之福惟今欽差大臣太子太傅大學士直隸總督肅毅伯李公爲體之矣公經綸夷險勒在方略猶告訏謨載在册府勤勞忠順則上合皇心德教光華則滂潤八表固以主臣一體公侯親於腹心山川九埏任昧介於枕席雖令吉甫作頌不能寫其清風孟堅爲銘無以賅其亮伐要其忠勤謀國剬扐調時上懸三光下謐四海拯橫流撲燎火而天下不震其勞夷神嶽塞洪河而天下不驚其力豈非神機默運匪以焜赫爲功明鑒中含唯以康救爲務若斯之理可得而言夫儒冠韋帶之士多是古而非今員顱方足之民每樂成而畏始自海禁大弛萬邦會同三十六國足陋班超之圖八十一州有甚鄒衍之說虎咥龍鬥陰疑陽戰指遼於元淵理繁於棼

縷公坐運遠略高攬羣材自强則知人任人變通則可大可久持節之使道倍於護夷中郎舟檝之官職重於水衡都尉凡夫文字言語食貨軍政左行右曳蒼頡二兄之書提官隗㨨白狼四言之詠珍物怪產含塗之所陳宛距鐵拖荆夷之所寶靡不㪺彼良窳歸我陶冶使夫懷方之職法周而爲文翟胥之司先南而暨朔由是銜勒在我風塵不驚動如川流靜如孟置此則公之智也有德之世柔能制剛聖人之兵征而不戰是以光武報臧宮之詔志在息人季布折舞陽之詞謂其謾語何可引票騎以爲辭援北地而自壯公澄慮所及專務甯民政美於葛侯賜深於仲父譬齒牙之於飲食習忘其甘鹹若動植之受雷風陰蒙其散潤由是天清地謐恆盛於名物詩書夏長春生常寶於左飡右粥上輔堯舜恥一夫非唐虞之民下濟蒼生登衆人於仁壽之宇此又公之仁也公總制百郡兼押諸蕃非掌禁旅而機要於護軍不領尙書而務繁於總錄是以中旨垂問或命散騎侍中征鎭上書或遣參軍長史鋒車暫莅詔書絡繹而頻

臨軒蓋方旋奏記駢闐而交集莫不就宗臣而決策仰元老而折中典籤爲之神疲胥史由其腕脫公應機立斷不取道謀當官而行無煩野獲同季路之片言可折侔董相之春秋決事識高萬物而不眩雷霆力舉千鈞而不動聲色此又公之勇也公三德具備百祿在躬本官則禮絕百僚加崇則班高六傅論其寵眷則畢公保釐於東郊語其聲稱則太保留詩於陝右可以對揚顯命勒鼎晉祠俯謁靈祇銘鐘衞廟庶乎顯微交格嘉賴無窮上與日月同恆下與河岱並壽昔者於皇姬代時則有太師齊侯亦越漢京時則有陽武丞相並累佐四葉算逾百年矧公氣稟五精道周四國七十未老如暾日之初中八千爲春儷修川之方至方將佐命垂統輔翼成化帝則受軒后之神筴冠名七十二皇臣則比邵公之耆年得壽百八十歲咸有一德享於天心邦人大夫請事斯語

周彥升之母黃太孺人七十敘

述夫東周爪士懟幾父於陳饔西伯使臣宣𨘢忱於諗母是以虞思奧方爲太

守遽返餘姚華敬則財補安平吏求常侍賈獲之遺鄭寇道有扶車泰貞之走蠻中州有孝子古之順孫馴息動性任天固有服㜮㘓之衣甘藜藿之食矧夫蜀郡揚子祖宅汾隅魯人顏淵襲田郭外宜黍宜稻淮海陽鳥之區作之脫之禮書雞鳴之典覽其堂上則有平仲楹書出其外門則有戶牖車轍孫事王母童年或擷於冬芹婦奉君姑嬪則已昭於晨管蓋庶人之孝莫大於分地用天而君子之朋莫善於稱仁稱弟由是推明發之恉述聖善之風儷清范母之規配名鈕媼之贊古之君子不敢辭也僕有肩隨之友寔曰周君彥升往以王妣八十之年命爲子孫侑酒之頌迄於今歲蓋逾一星母媼之年又已七十追依故事更督余文別求范張推陳古誼僕聞進退者檥易之訓素行者孔氏之軌周子昔爲侯客跋履山川甘胞寘於道塗佩帨繞於寤夢夕奉手教朝展鼉軨子則上堂問安母則拊牀詔息以爲緜上題門之士母子偕居霸陵椎髻之家夫妻共逸太原王霸之兒子無怍於蓬頭扶風班氏之家孫有挺於童角六親

五服固聞雅道相傳一姓九宗悉是芳風流譽語其戚黨則有蕭琛李頣之英舉其朋僚則有荀爽賈彪之美麻縷絲絮足資於夏凊冬溫黍稷稻粱行比於仁漿義粟地當僻左無江淮輕心之風門臨海澨有淪漣寫情之樂以覘登山臨水賦離人之篇舍舟升車求飛蓬之聞其爲得失不已顯乎夫知止知足殆辱茲焉不居守玄守雌養生於是有主周子穀梁之學放弗范甯緯算之精頡頏庾詵四聲音韵則方駕沈劉校治圖書則低昂孔到四分三統劉歆李梵之疇俗志地書裴秀圖稱之體曰邊灑翰效臺卿決錄之書域外裁詩仿王氏尒朱之傳煒文鴻筆人言阿士更生瑰製崇篇衆謂儀同再出顧其韜精韞藻望若鄙夫樸貌天情卽同孺子非夫欽承祖訓仰奉慈規安能齊昇隊於同塵攬晦明於一致出則四子講德入則對案奉觴居則古人爲徒行則野老是侶沖融夷漠若今日者乎因思夫弱年之友無逾四人今君與張季沈精於鄉邦僕與范生傭書於異部動靜之端匪一問學之途同焉然范則楚人萊子堂有二親張則陳氏元方上有老父君之慈母抑又大年是則歆羡之理甚褐父之睍酒觴距躍之懷逾弋人之睇高鳥者也

劉一山之祖母八十壽敍

吳中並海之國曰海門直隸廳海門魁琦之儒曰周君彥升父周君之弟子曰一山劉子一山之祖母曰陸氏太君以今年壬辰登壽八十其月辛亥其日戊辰其土揚州之域有魚稻酒稷之供其宗內則之風有棗栗飴蜜之饋其門之黨有伯叔甥舅姑姊娣姪祈年之觴其孫之朋有陳郡東海潁川吳興文學之彥蓋劉子依祖爲命太君抱孫如兒懿德景風著於邦壤者矣夫爍暑沍寒天運也暮岸朝谷地道也揆諸人事亦有其端是以鮮民寄痛於雅篇貞臣竭肱於百六誼士鼓憤於荒野孤嫠方衷於漯泉故以蔚宗昭其甄圖延壽勤其撰錄炳然方策未爲誣也且夫桓少君之高行班惠姬之馴風趙娥以烈亮明資袁倫以貞操樹軌始見述於孫子終燿香於史書於曲禮爲毋誑之言於孝經

爲庶人之孝劉子遜詞卑語搏心陳衷求友於先生之朋徵言於千里之外殆亦有古人之意乎古之幽閑植表端操流蹤旣績管彤亦明圖篆則夫勃海鮑氏之婦有提甕之劬齊里守肉之鄰有束蘊之請病姑之側欒黶記其親嘗鄰母之門江水覩其朝汲永興丁氏一時營於四喪吳興婦人期年成於七墓王妻枯骨有棺器之恩陳穰寒人有收養之澤苟無懿德安有芳稱緊惟太君實綜厥美覿於周君尺牘劉子書辭以爲門蔭中衰田園晚落兩世孀獨一孫僳然方之武平處門犍爲李族宗元卿之庶姓劉長盛之望宗彼旌誼於順孫此積恩於腹子教之射御書數導之宣慈惠和詔以東西朔南之行區以夏秋冬春之役有田百畝可以剖味分甘有椽一廛可以障風蓋雨太君流連光景慨想年時亦豈不眷仰先姑追懷君子雖復宅非高第其孫不除宮僚家裁寒門其嗣不署郡吏養堂上壽非有章綬表榮里老陳詩非有詔書旌義否泰之理其致一也僕於周君有投漆之驩於劉子有盍簪之雅居同鄉里則宜闡揚懿

光·名能文辭·又宜表章貞晦·持此數義·安可無言·可以附地志之官書·入劉宗之家牒·上以顯融祖澤·下以昭示曾玄·則夫今之潤色宣徽·鋪陳禔福·亦猶大雲高纛·裁瞻膚寸之容·靈瀆東趨·始覯盈觴之注者焉·

馬太夫人七十敘

桐城馬氏·自明中葉以來·爲冠帶之族·自其始遷祖以下三四世·卽皆己有清德懋學·照耀閭黨·其後有太僕卿孟禎·當明萬歷天啓之間·用亮忠大節·不容於朝堂·天下志士人人慨之·余嘗與太僕遠孫健甫質甫昆季雅相知友·得見其家譜如此·已又讀健甫父徵君之遺文·及桐城方京卿宗誠存之所爲馬徵君傳·益感慨忠節·若升堂而親奉其手·徵君實以咸豐四年·痛父見害·復仇畢命賊中者矣·是時健甫才數歲·見虜于賊·不可得蹤跡始末·而質甫益提幼獨健甫兄莪園才十六歲·奉母太夫人以出入于難·頓苦艱瘁·所經歷殆皆不可言說·而太夫人又益痛絕·堅誓百方·忍自毀決·卒皆蒙有天幸·得以不害·今三十四五年·太夫人年且七十矣·健甫嘗爲余言·自先君之殂·其後十餘年·而又有先兄之變·今母氏幸健·問甚善·往者體中或小極·卽頗大苦·終不令用醫藥自救·至子孫伏請·乃強許·先是太夫人始歸徵君·徵君父都水君·母方太夫人嘗相謂曰·此婦故嫻順·又頗識義理·他日必能處吾馬氏之變·余往又從健甫得視莪園遺詩·徵聞其將兵時事·直節盛概·多當世纓緌介胄之士所希有·信夫君子之澤·其長且厚·固以如此也·而健甫兄弟·又並用材績薦舉·至郡縣堂上官·奉母僦居三千餘里之外·朝夕勤懇·柔色頤養·而諸孫五六人·則益皆秀異挺出·嶄然若將大絕於常器者·藉使太夫人向者激於一時之痛·無以如都水君之言·則一慷慨烈婦人之事之名耳·視夫今日之事·其難與易·豈不相萬乎哉·余頃爲健甫言·讀晉書虞潭母孫氏傳·以爲孫平生行義·與太夫人大略相類·由今思之·虞氏在吳晉之際·富厚名閥·甲于江表·馬氏當都水君父子十餘人殉節以來·艱苦往往多有過之·若其訓子忠節·爲當時所稱·與夫拜章綏

亨大年之慶·則固方古莫二者矣·

桂之華軒文集卷八

孝子費君碑

君諱洪周姓費氏魯大夫之食邑著於春秋費長翁之儒宗顯於漢氏公枝侯幹散布諸州今爲江南通州人也君代力農裔僑居海門家貧有母賃直給養分酒賜饌義不獨飽趙盾之肉必以遺親鄭伯之羹未嘗濡口主人察狀别饋其家嫗歡孺騰耕作有倍熊翁廉直獨有士風郭氏奉親必用己力母老白首篤疾彌年甲往丙返傭格無廢夜寒須火抱趾取煖浣腧滌器勤兼私奴撫癢抑疴動合典禮歲踰二紀情無晩倦不幸奄忽以道光某年月日卒遺令櫜葬獨取棺直賃田畀母母衰嬰痛尋亦淪隕母卒之歲所居被火衆物蕩盡母主不壞真感上契靈祇動容可謂庸德之行庸言之謹不肅而成不學而性之君子者也於是邑子周家祿劉桂馨等以君事狀列上諸府蒙被詔書旌君孝子篤行董氏之宅表於歷陽顯親左尉之門榜於諸暨校行比德何必舊聞爲之

詩曰

君顯祖名易宗貽遹述爲漢庸鳳除相銀艾蹤褘輔蜀雲風從流遐冑代力農鬲有客匡爲傭區寒煖衛春冬膳芳潔醴清醲損口悅充慈供感疇輩致敬共報十百穠不凶出繭足入嬰容累星紀戚無悰結死慕割生逢反風火靈幢幢今之人母主饔父借帚誶以詘縣不督州如聾有君子擢腸胸穆一行風四封王文殊滕曇恭無今昔昭三雍

白華書塾記

海門人士敦風崇教既綠小雅景行之誼立孝子費君之祠耆孺推風纓綏申歎於是近地結屋開建學館不置勸學從事無煩儒林祭酒遂乃百家一師十三就業詩不云乎孝子不匱永錫爾類費君沈名齊人食力下走所事獨有一母所願不過一金豈悟美報騰於方茲崇禮衍於來葉鐫名學官之版勒狀地志之書使夫家言高閎更生人曰騖路不遠如今日者也晉之江惇東晳並有刊碑梁之劉峻劉訏俱傳私諡此人迴翔臺寺歷典州郡門生列顯職朋舊盈數州生與鍾磬比響沒與黼繡方麗校賌論地今古懸絕且費君身不立横校名不通州府耆里大去長爲陳人犍爲袞門更無五尺乃流風景烈奮乎百世名實之理又豈誣焉學館工竟署曰白華孝子潔白之義大夫嘉樹之歎學人罄潔之慕國風勿翦之愛遙情遠喻照後騰今凡爲某屋如干間用錢如干萬用功如干日課士之格悉依常典四部諸籍次第閣置其人士名姓錢物諸簿並勒碑陰副在别版

名宦張君祠堂碑

名宦張君祠堂泰興縣人爲故令張君建别廟也君以道光二十八年到官五年而轉在江甯洪秀全陷江甯君與上元知縣劉君同纓俱死劉君先嘗爲泰興知縣在君後稱績不及君乃君與劉君後卒同死於官泰興先後遂有兩前令爲死節吏可矜也君始到官察民好以細事鬩訟胥徒鉤連爲姦利士氣朊然野樸又諸鄙有田磽鹵相傳不可治及孤寡六疾不能自存甚衆君因事立政若循病而投藥期年無不馴變卒亦未嘗爲民病會遭大水君益帥縣誼士及屬吏出財穀爲賑又躬區列版簿持舟分餔凡數十百所所教遣卽無敢豪髮私利不如君指者由是凡縣界十數萬人皆以得活君益用賑財募民夫築江隄百二十里江勢自武昌以東近蜿蜒北趨故邊江諸縣多南漲而北蝕獨此縣後雖水無大苦又枝港十餘皆君所濬治諸孔子廟先賢祠堂收養孤幼之館經君修置以十數益衆碎不可記獨君所築隄堰功力甚盛大及識拔諸生子弟多醇謹端士各能以君教教其閭里風俗因以大變自君去後縣父老言好官必曰張君張君後有數四墨吏多爬梳積金錢或遂身死家滅然方盛時百姓往往被其毒害因益追念君君自言爲縣無他能曰吾於欺於倦不敢不痛自劃割而已君爲人長身偉貌微須髯其坐堂皇及私居燕處並未嘗見矧至他言動多斬斬中方幅非曾子所謂身帥而民從之君子者與何其聲

之大以遠也君既卒之三十年縣故民試用教諭周之瑋等三十六人附貢生
于春煦等十有八人先後列君政狀上諸府禮部以聞得從祀名宦如故事而
別爲廟於北城之善化鋪爲二仲祠饗之堂君先去官時嘗有生祠在城西七
里幷此爲二祠焉君諱行澍字瀚門河南祥符縣人家世冠帶以舉人起家爲
縣令其家在祥符縣馬府坑子一人方杰優貢生居貧爲端士能文章有父風
系以詩曰
自君之卒垂四十年名在人口疇令其然君昔當官不爲章襮人見心肝如昏
見燭吏虎民鼠百縣一規稂莠不薙人無甯期百廢緒興不需不蹶一目不張
君汗以䶵後之替者人人自賢亦有猛吏樹威笞鞭愚者瞢瞢以寬爲惠豺鳴
狐行窮陰不霽凡此等輩皆君罪人君軀可贖秦當百身我爲一民不識君面
如誦古書產碑豹傳崇祠翼翼孔宮之西庶有遠譽卜冉雙齊

清故廣東水師提督廬江吳武壯公墓誌銘

公諱長慶字筱軒姓吳氏江南廬江人也廬江屬於揚州漢晉之大郡吳氏出
於泰伯公侯之子孫魏之西河守齊名孫武漢之廣平侯龍驤四七昔則銀艾
襲軌繼則冠帶流蹤始爲涇人改著今縣周訪曾祖安城移於尋陽閻纘名家
河南盛於安漢曾祖定邦祖鳴盛並縣學生員贈建威將軍南城羊氏以清德
世家河東王門以儒史修訓縣人號爲長德州壤推其馴風父廷香孝廉方正
優貢生贈四品卿銜建威將軍方正之目盛於程收杜吏明經之生貴於袁良
龔遂粵寇犯縣實舉義旅南平內史首討石冰揚州秀才遂斬錢璯縣城再陷
義不反顧柔之隕於桓賊贈以九卿高貴周虓死於太原策以三品軍號賜官
立廟儒者爲榮公少試學官好覽經術既嬰大故代領父兵邵平北之遺軍歸
於令子陶府君之部曲統於弱息詞求父喪窮日累月截髮爲誓剺膚自刑終
獲先軫之元卒反灌孟之櫬服闋襲父爵雲騎尉隸安徽巡撫部六郡良家之
材羽林孤兒之號授兵畫策衆以爲能咸豐六年八月攻下縣城剷除憝逆泣
血斷纓之所剸兵仇人之胸推鋒先驅捷書屢至又先後用桃鎮護城花子岡
等功擢守備加都司銜賞戴孔雀藍翎換花翎五品校尉職比鷹揚拆衝四品
將軍秩視廣威積弩耀首之飾方於散騎右貂附蟬之儀續於武臣赤幘可謂
騏驥萬里此其展軨層臺五丈茲焉撮土高勛殊閥願有述焉同治元年太傅
曾文正公今大學士李公命公別置一營從攻上海司馬祐裁臨軍陳特置四
部牙門諸葛喬始嗣干戈便給精兵五百虹橋之捷陷陣摧堅連下七十城坐
破百餘壁進官遊擊轉守廬江遊擊領護之高官廬江淮南之舊縣既而回戈
南渡搴旗東邁用江淮之卒通吳越之道勾吳名將用兵之地宛然東晉武臣
破虜之區斯在公之威略何必古人錄前後楓涇西塘千窰平湖等功進秩副
將蘭子雲以天監軍閥官至雲麾領州徐嗣徽以巴蜀戰功位爲東宮右率於
時嘉興一郡據爲僞州比於索虜滑臺慕容大峴旌旗渾渾荆揚梁益之兵崇
墉言言漢水方城之固公激勵猛士身爲前行流血及屨未絕鼓音交矢於胸

虜傷吾足既而天槍西指下有破軍大滑流空地有積骨遂乃破姚襄於伊水
禽李勢於成都角弓其觩戎車孔博論功校閥公爲優焉有詔嘉獎以總兵記
名給勇號力勇巴圖魯免騎射都督之號晉有總統諸軍勇爵之名漢有揚威
白虎坐則赤幢曲蓋行則官騎親兵府公上其英驍詔書美其策略豈止北地
都尉擢守新平建威將軍起於督護而已也四年上克蘇浙閩二府二縣四鎮
等功以提鎮記名五年轉從北征進統親兵慶字二軍用轉戰皖鄂豫齊四省
功賞穿黃馬褂給勇號瑚敦巴圖魯正一品封典北征之役淮部甚盛蔣欽周
泰咸出九江羅憲滕脩並產揚部泰州方急琰旃有不救之嫌吳國初平渾濬
有校功之奏公當樹而立策馬而前不言部將之勞惟曰上軍之力平陽侯之
戎閥盡屬於韓王符離侯之軍功並歸於票騎故得關中建督加服侍中輔國
爲營賜衣一襲太常光祿征西祖父之封紫綬金章臨賀太君之贈名號顯爵
埒於四部大人軍賞高官優於庶長上造中原大定放馬歸牛公獨領舊軍作

鎮西楚亡命阻險劇逾太末之區菰葑逃亡危甚海陵之縣會他軍潰卒仇其主人類東瀛乞活之師似安陽芊菽之衆公應時解散不籟而溫斬其豪渠無氷而栗大府入告詔軍功加三級嘉其能也賞級因於秦制得服劉氏之冠增位盛於魏朝上同三司之禮九年移駐揚郡旋丁毋憂用軍營舊制穿孝百日桓竟陵之解職不聽終喪顧領軍之居憂遽起視事漢制不敢遂服晉令惟許遣甯既而移壘循江建塢置壁嚴於淮口三壘壯於朱雀浮橋費減勞賸吏誦民悅六合民變公往解圍召止魁人釋其從脅平浩亹之調役減山陰之米布吏歎於室氓歌於野光緒元年補直隸正定鎮總兵官二府交奏仍留還屯平東宋哲別戍於華陰常侍華侯留營於霸上三江震澤淮海揚州沿於江海達於淮泗聲名若此可以觀焉至如甯國之獄漢胡紛紜勾吳信巫臣之詞匈奴受李緒之教蜀師用其左道鄰人行其妖言兩造不備五辭不聽卒能區分黑白剖擘晉戎蠻人負漢輪以黃龍一雙李脫妖書律以大逆不道徵公秉直民將苦之於其返也送者盈路羊征南之居荆部沒爲諱名唐儒宗之在幽州生爲刊石濬治水道督勸農桑貧給耕牛歉貸糧種修六疾之館建講學之堂官不絕書士無虛記故以殊勳騰聽甚和季之奏張光往績昭然逾元常之表季直六年進浙江提督其年調補廣東水師提督仍幫辦山東海防漢中太守召見東堂荆州督軍入朝正月手畫山谷口陳事機故得假節東征監青徐之軍事服領南邁號樓船之上將窮成山而望碣石並勃海而過黃腄經營未終且有後命朝鮮卑濕貧國嗣主杪碁酣王兵交父子之間患生觸蠻之地公率是戎旅進壁王城再宿而禽呂嘉尅日而甯楚子由是大車凝軫皇周有戍許之兵旟節翻風漢朝有長沙之旅王人最貴禮崇於鎮蠻護軍臺使親兼威重於綏夷都尉固以黔夫爲守燕人祭其北門李牧爲將匈奴不敢近塞帶方倭國通好如初元菟樂浪比漢內郡皇代無其故事史策少其邊功足以存銘太常薦功清廟者矣論功行賞予三等輕車都尉世職奉車駙馬爲朝請之官關內

關中在鄉亭之次蜎蜎蠋野徂東三年悠悠旆旌去國萬里有詔振旅星言夙駕西征東怨家咨戶歎詣闕請留不蒙詔可肓上膏下秦醫於是旋歸實沈臺駘子產徒爲博物不幸奄疾以光緒十年閏五月二十一日薨於金州軍次春秋五十有六有詔賜卹予謚武壯史館立傳功所建祠給一子六部主事從優制也以其年月日遷葬本縣某鄉之原其後朝鮮國王李熙及浙江安徽山東巡撫各表請立廟詔並許焉司馬遺墓在於三時高原賀婁故憤葬於苑川本縣譙國梁郡並有神堂漢水峴山匪無別廟蜀漢丞相叢祠滿於蠻中伏波將軍私祭盈於南服豈直劉向蘇武以父任爲郎張軌鄧攸以賜官顯代夫人余氏早歲遷神先從大夜溫嶠亡婦不及大封鄭袤先妻從聞別葬夫人王氏肅恭成性溫靜表儀琚瑀珩璜巾褵組紃公子保德縣學生員襲父爵雲騎尉兼三等輕車都尉卹廕六品正員官保初兵部車駕司行走主事哀哀孝子圝圝棘人咸有父風足爲令器孫二人萊孫麗孫並當提幼早見峥嶸知爲鄭公之孫無忝鎮惡之祖惠吉善慶信而有徵公體貌矜嚴風神爾雅被服必於儒者論說必本仁義有卞旰之孝有耿恭之忠有公綽之廉有馮異之讓陳金於廡不以入家投醪於酒不以私厚言易則會稽伍振重儒則齊相曹侯英俊資其吹噓族姓待以溫飽聞其捐館路人亦爲神傷追其遺風百年可以隕涕公孫少正輿詞稱其愛人國相晏嬰當世善其久敬今之從政無以方也在軍三十年用財累千萬成都私宅甯聞八百之桑郵城舊居未有一篋之寶持以入地可質坤靈用以傳家是爲孝子銘曰

西河弟子商山隱人河南作守長沙亡秦陳留廉吏南皮宮賓德門布蹤芳風襲趾禮堂祖孫詩庭父予訪卒撫輿遜終堅起孝惟卞息勇實灌夫遂下郎壘進屯慈湖左懸金僕右畫山圖楚國君子漢朝羽林府公嘉績邑子歸心函首告墓撫弦沈音磔楚膊吳排閩搤越燕秦載綏衛齊薄伐勳在旂常班崇節鉞廉過季札清逾胡威廊金不入羌馬空歸食同下卒桁無留衣經歷關河流連

淮海·戶識重旄·人知葛鎧·欒社如林·唐碑有待·居無縢御·坐有文儒·蓋公正舍·五侯中廚大夫是矩·羣帥爲模·羣帥紜紜·我公抑抑·在醜不爭·抱玄斯式·人信援車·帝嘉祜德·東髮戎旅·致身官公·周親惠暨·九族恩同·十雙薄殖·一畝卑宮·貂蟬甯貴·鐘鼎非堅·雅聲電遠·溫風春宣·無弦韵逸·不續華妍·南周揚越·東澮九夷·神明奉式·慈惠稱師·揚水無怨·行枚有詩·令妻孝嬰·故人門義·在喪言哀·臨幽隕淚·武庫當門·祁連象地·昔開幕府·雍容周行·今銘玄石·寤寐笙簧·綿綿此志·代代無忘·

答孫東父書

張孝廉書至·損辱惠告·過賜垂謝·循誦三四·以爲兢惶·府君昔臨鄗州·徵生方在稚歲·仰聞稱績·疑爲古人·承轉大州·累典劇部·都都有頌·邑邑有碑·徒以身爲寒人·未修民敬·故以采其輿誦·宛游寢丘之封·瞻其高車·如過公孫之里·位不滿德·降年不融·使夫故民有失母之哀·門義有心喪之服·國家褒賜·臣吏勒在秘書·如我府君·可無銘饗·鄗州人士各發·乃誠·非有阿私·不爲虛美·且以竟陵行狀·未盡平生·始興上書·不賅本末·豈可復承獎藉·謬許風規·足下廉吏之苗·吾公之子·方當蓄林木以挺名節·振鱗翼以邁高衢·願節盛哀·足弘至道·弦詩金石·方聞億載之聲·名江海波潮·竊有無窮之愛·護塗路有局·公私方滋·不遂面白·良增於邑·伏承動定不宣·

感逝銘

故縣學生從叔父諱廷蘭字滋圃·故縣學生李公諱晉字秋丞·故大使徐公諱兆鴻字葤齋·故縣學生儀徵劉公諱蘊輝字玉生·故縣學生曹公諱克成字子勤·故署湖北荆門州知州吳公寶倹字禮園·故四川按察使定遠方公諱濬頤字子箴·故翰林院檢討東臺陳公諱寶字百生·故戶部主事高郵董君諱對廷字策三·故太子少保兵部尚書合肥張靖達公字振軒·故廣東水師提督盧江吳武壯公字筱軒·故太子太保兵部尚書兩江總督侯官沈文肅公字幼丹·故翰林院庶吉士通州馬君諱毓鋆字勿庵·通州葛君諱桐字青伯·右一十四君·皆徵生年時被服恩誼者也·或乃識賀循於童齔·偉應詹於弱冠·拔李含於寒門·甄楊方於陋族·若嘉澍潤草·惠風振柯·投困鱗乎清流·縱勁羽乎遙野·豈直豫州有吹生之惠·司隸有容接之雅·若其調護險阻·湔訟讒謗·力逾九虎·功隆起痿·使夫太行化青松之道·素絲慶返素之日·豈非情兼伯叔·道稟雷風者歟·昔人感賜炙之微·惠記免奴之纖·恩彼皆九等下表·六品冗輩·何有君子·不能凝懷·故夫庾信有感舊之銘·高允有徵士之頌·若余四十之歲·無稽古之榮·飽食之軀·無博弈之善·念彼諸老·抑又慚焉·故以寫其感慨·禒之文筆·以昭達情志·抑揚悲哀·人各一首·凡得十四篇云爾·

溫溫叔父·處脂若冰·排俗慕古·落蔗葆丞·撫頂賞惠·序賦騰稱·翹心駒足·結願麟徵·便便先師·多喻疆誨·鑄之罏埏·紉我蓀佩·時短心長·道滋年退·過墓言哀·廢書述對·祁祁李叟·槃阿是營·大人靈氣·泰音無聲·耽墓圖詠·遺割時榮·等我子姪·寵之吹笙·晏晏大使·志掖晚進·如燧解冬·似涓廣潤·口詔世典·手授筆陣·厥聲不颺·道實可信·煦煦曹父·獨行之儒·爲息擇對·無褌有襦·訓我貞介·刊遺華腴·好德樂道·邦壞是模·斤斤吳公·吹枯起涸·假服羽毛·抑情彫削·運阻中年·名昇體落·汇漢湯湯·流恩可託·穆穆按使·弘道博文·綈繡土木·鉤鑴雷雲·曰鑒在晦·懲膏近焚·老戒恥殆·傳其師聞·秩秩檢討·學高意下·天骨豐鶱·溫情陶寫·激弦噓簧·騰風踔雅·忘年爲朋·期我董賈·媞媞董子·醇風煦時·屏落世耀·高曾爲師·聲匪蓬問·文承前規·有口噓我·俾也可思·翼翼靖達·古之陶劉·專征交廣·恩流數州·說士如渴·伸善若抽·在萬爲一·在藥則瘳·明明武壯·躬膺節將·發藻書林·騰名代望·羣流趨風·諸生慕量·在目不忘·遙年結佝·桓桓文肅·搴材自天·曜崇照下·運涸神淵·方皇奏記·割刈波連·沒有餘潤·結感如綿·簡簡馬君·雁行議齒·飡善如躬·覩枉若己·驅風樊蠅·引輪方軌·凝惑述哀·連縑百紙·峨峨葛生·交自布衣·猶昆比仲·慕往義歸·門隨身熄·聲期翰飛·輟豪濡痛·在情不違·

謝龔太守惠物啓

使至奉惠肫肉蒸鶩冬筍南橘四事一臠最貴遠同主壻之名公膳貳珍不慮饔人之易製從梁典便中甘菹來自揚州甯聞變枳總茲嘉貺足禯溫情某食粟無功致鮭乏術何年作郡奉盤肉於桓公幾日讀書昏氉毛於壯武方諳罄竹幸非蜀客之愚身不學仙差曉華胎之味謹啓

書溫州老婦

乙酉丙戌間瑞安黃叔庸爲余言同治十三年某月日穆宗皇帝上賓遺詔頒下郡縣有瑞安老婦聞遺詔哭數日夜不止竟以死朱生曰吁嗟悲夫人能弘道何有貴賤魯穆公年老太子幼漆室女倚柱而嘯鄰人驚其悲武王伐紂會盟津會者諸侯八百國伯夷叔齊不食周粟餓死于首陽之山屈原諫楚懷王不寤投汨羅之淵以死本朝吳御史可讀上疏請立穆宗皇帝嗣子以尸爲諫卒以大寤聖后此人皆婞意壹志如有不得已于其中故乃倜然爲之而無所

疑戀顧惜韓子謂一國天下非之而不顧者鮮矣又況窮天地亘萬世而不顧者哉從古小人多不樂推人之美一聞瑰意烈行或遂譏議之以謂險怪取譽不合于中庸其怐怐守繩尺者或又訾以爲僞儒天下事安用僞儒嗚呼是真無與於是非之心之尤者哉

蝨隱園賦

合肥王謙齋先生有小園余爲之賦

若夫九江屬縣東京侯國之區淮南大邦中朝揚州之治三國吳魏之疆五代漢胡之地人兼齊魯𨡎風士帶并涼健氣値殺皇之中興挺魁人於三事於是望淵濯鱗睨霄振翅名充於帶郡領州狀闐於臺府局吏亦有梁朝貴游江左才地風動牋符雲翻表議笑嵇康於泥蟠怪龔玄於不至豈知天山逸民少無宦情陳留有文貞處士襄平有崇虛先生閣無太守揚宣之畫象門無刺史桓溫之通名遂乃泥塗自穢草萊孤營冬春夏秋風雨晦明鄙夫沈約郊居之年積望於台鉉潘令面城之日溝危於永平自名以蝨詮伏爲生劉子覩雞而寤憚莊叟呼牛而不驚其人也太原晉陽之別派琅邪臨沂之大宗門顯於齊梁世譜位極于文武官公徐苗則世爲博士周訪則累葉江東亦既騰名臺使飛曜人叢行議上於公府秀才策于郎中然且隱文翳藻抱質含沖仲長公理之良田背穹山而構屋蜀郡楊雄之祖宅臨汾水而環宮遼塵壒以端居敞修園而散慮粗有林亭聊相部署鄘東田之百一方陶園之殆庶人無萬里之心家無十上之疏冏非若勁禽之棲卑柯穹鱗之居沮洳蓋自肅肅顯祖𨗴𨗴往賢寤入廟之被𩋾甘對岫而臨泉勝牽船以爲宅願買山而無錢於是經營十畝酌斟百年名增飾而崇麗財充席而容筵是以水則方鏡徵宏山則比拳校憮臺及丈而已崇戶平眉而須俯雖非裴第頡頏金谷比數視夫霍氏大將軍之池臺司馬會稽王之東府蕭竟陵之後園韋黃門之私圃震一朝於華榮不及稔而焦土是以誠取精與用物遂守玄而抱雌牆不薙草屋不翦茨奴無桓伊

善相滕無樂正玄妻爾乃蒓菘莧韭絺綌羔麑國風詠以旨蓄曲臺修而爲儀暇則讀書誦典詔子命孫子則授經有述孫則賜硯有言或命秬以授梿亦堤流而督藩至乃幕府停輶旄節過禮堂之下舍人迴駕軒車交學館之門雖題銘而不覯終蒙被而何論豈知田光少年燭武壯齒嚴安之上書一車陳琳之飛牋六紙揚州秀才之義兵洛陽賈生之才子說杜弢而生還呵王如而不死終焉憩豐林釣淺水翕道門遁世軌忘去渫而辭卑會長生以久視故夫劉伶以中酒長年留侯以徵病得仙況無營於代務又七十而可傳纏華鳥於寤夢流風雲于歌篇客難駕辭擬諸東方朔揮霍高議比於魯仲連蓋神龍不可爲騶服怪瑋不可爲雕鐫雖睎之而若近有詣之而鬱然爾其留滯異國瞻望停雲我思夫子載謦其芬有陳書而再拜亦勒詩以云云思夫吳建威淮南之軍門方大夫江都之別墅賓客則陳徐應劉氣誼則君我爾汝元暉之連句侵晨馬卿之工篇邁侶今則琴館春涼吹臺晝楚一翁北斗之南一臺富春之渚感

舊之銘如干編年之詩幾許是知膏煎蘭而易銷木全天而可壽玩時華而綿繡相宣娛天籟而笙鏞交奏齊士以安步當車宋彥以不貪爲富悟在萬於齊莊雖九夷而豈陋

復顧耀州書

晴谷年丈左右往秋仰奉教言猥以昔時同異之談形乎善謔重垂獎藉溢乎常分若持綈繡而被土木染丹青而績糞壤何其隆哉銘盤戶蔭畢陋非有德門人物之雅少壯失學未若丈人三篋之富隻身依人哀樂非己豈如君子素處之娛行年四十龍賭不知宵望閎儒分經之日行潦之于河海凡鱗之于龜龍殆不可同年以語矣卑辱奧渫日以不堪常思發憤勒成一書以蠲所恥是以含垢忍辱不去泥中而生旣褊心又多芒刺觸目卽乖傾耳便午辰起戌臥都與古人爲緣外則百金之家一命之士禮命不接苞苴不通若此之類不可說也吾黨諸子翰飛鱗振殆皆一時之嶲各有千里之想年旣壯大志亦乖異

離合生于貴賤親疏起于勞逸黑白殺于風塵學述迕于憎好同里共井而中若冰炭地醜德齊而陰相奴虜此最可痛也至如甫除秘職輒乃居儗封君裁辨凡將便欲蕩除閩洛君子犯誼處士邪說又不足道矣門戶殊途南北異軌比入京師爊灼郵甚華名之徒往往在目觀其矜論飆發偉詞衡起若馬鄭屬鞬而退師班揚斂戈而奉轡求其文筆乃無異常手故知假羽毛於齊人蒙虎皮于晉馬第欲斳勝儕輩非爲抗心古賢吾黨二三子雖爲聲譽不及此人猶幸不坐吾貶議也此皆平日所深鄙笑每引鏡照面重裘爲喻益願丈人第其妍惡往時周子彥升最耆鄙文而指摘尤酷令規寫所箸雜製二本一寄周子一陳耀州魯人斬桐以爲良琴楚王剝圭以爲椷柲持道喻器足爲雅談承轉在醴泉比方試守昔李充以家貧求除剡令葛洪以出丹請補句漏丈人崇懷高致未亞往賢矧處有威鳳來儀之美行有鷹鸇搏擊之用然醴泉雍州故壤漢志舊俗姬德嬴弊事在主者庶幾嘉蓮兩穗郡上石圖畫賛生碑吾承文事規茲品狀且慕流聞便當自求邊州乞公教格亦望官錢足以買田宅資力足以蓄圖書不必借說文於太常貸歔廡于皋氏小人升斗之計飲河足腹之願亮足副也承重勒玉篇及文詩集皆盛德大業至所仰奉何時得讀爲幸臨書於邑伏承動定有福不宣銘盤再拜

造石佛像銘

清光緒十九年太歲癸巳三月二十四日泰興朱銘盤奉爲亡祖父母亡父母及亡弟監盃亡女嚣之亡姪孝提造此石佛像一區伏願一切咸同斯福銘曰

漢后通寂晉皇圖形露濡十地曜郛九經天堂寶國魂依魄甯四大千佛萬震億星福祿歡喜蓮華亭亭

桂之華軒文集卷九

答顧未杭書

未杭足下得去年六月十五日告尺一之牘情有千里承到北地贍戀養舍有家人父子之樂有笙竽倡詠之驩挈羅敷以登樓命中婦以奏瑟俯吟仰嘯不必門有朱輪秋軫春醪不必庭生桂樹加大人清高惟有匹絹官廚朝夕但有美酒視僕竄身窮海寄孥東荒愉怫相懸何異萬里又承買蜀婢許用見餉新安之致奴子阮姑之留胡婢古今流聞以爲佳故重損來教遂隳前盟荀偃改于載書張儀欺于六里小君之志則可仲路之言安在况僕稽之聖典內言閾於外門準之曲臺夫人廢於大饗有如皦日邱明恥之如使鄰中有新城之奴司州有夫餘之口幸念魯叟貳過之訓重致梁楚百金之聲不至令顏生懷譏季布騰諷也又承與賢兄並勒家集及注尊製華原風土詩百篇昔曹允恭能記目錄之文顏孔歸自爲父集之敍了無偉異亦蒙華名校之吾賢彼方慙色

向令伯魚贊尼父之曲禮曾元寫子輿之孝經孟堅草漢書于班椽之前子長勒史記於太史之側其爲盛美乃足多也君之兄弟乃復俛然似之芝蘭叢于庭階子弟列于左右所以追芳蹤於萊子蹈嘉議于高曾者殆無踰于此獨怪足下單車入秦之日抗手西邁之辰慨然寤歎以爲敝网豈知高雲之下乃有沮洳甘薺之外更生荼葉如賤子者乎休璉陳苦懷于侍郎文通致五短于交友叔庠夸青山于從事鴻動告還郡于大弟私願不遂中心臧之足下念此可以莞爾也敬承動定安止不宣銘盤頓首

謝范无錯啓

某啓伏蒙以夫人書帖見餉謹奉啓陳謝者偉語驚人弘詞配古中郎爲父故善八分太冲爲兄遂工銘讚猥以劉盧族望鷄苦通家入馬季長之後堂覩衛夫人之法帖期之聖學乃簿錄之餘波臨以至人見大方之秋水玩詞尙象起白雲滄海之心置座鐫銘寤太元法言之指欲酬雜佩婦豈陳玢規𢘋苞甚息非道韞惟使閨中小學奉如女史之箴竈下胡奴日誦洞簫之賦謹啓

登州魯仲連祠堂碑

魯連先生體自然之姿守不詘之道甄經究緯而不干世主理糾釋紛而退處冲廓功均九鼎無龍蛇之詩智踰萬夫有蟬蛻之節可謂高操挺乎日月颷情邁乎風雹蓋大人之閎經高士之變概周秦之際無其比也夫其淵量廣博瑰詞滂瀁若升高漢而睨元淵坐嘉蔭而閲負擔聾昭相萬愉怫二致抑又楚人耦耕之徒大隱在市之侶蓋將履華宮若山林御赤芾猶麋鹿其視萬乘之威主三軍之元帥殆將玩嬰兒於股掌叱褐士於車下巍乎奧乎不可測已若乃魯國枝庶公侯子孫或則文王之昭或爲武王之穆故有詩書之訓禮樂之則宗師仲尼憲章二祖故以著籙儒流列名諸子有夷叔之淸有務光之節有衛贛之辨有臧武之智世遠虞夏不爲臣僕坐無先師不爲顏回閔有陰濟區宇之心哀閔天下之志悲夫影纓振履紆綬結璽充耳無聞瞖目不覩辟若對夏

蟲而論凌氷之寒持蜉蝣而語松喬之壽遂游戲人代揮霍風雷蓋勇足以振太山智足以周豪末故乃洞天人之秘奧辨皇王之同異且三代之起由來久矣或以七聖重光或以三后襲武高耨而曾穫父斲而子丹尺寸之功要諸龐首毫毛素業期諸百歲並仁灌嘉澍誼動警霆滂澤滲九淵義功提四海故得蒙皇穹之垂命受戎夏之謳獄福流苗裔光昭孔經今秦據戎落之士挾虎狼之毒睥睨中國窺竊龜鼎一旦開明堂而朝九牧執鞭朴以笞天下將剗棄聖典烹滅冠帶使鄒魯不傳弦誦之聲後生不聞周孔之說是以發憤飆論激昂詭辭嗡吭大國制命上將百戰百勝而不費一兵一縱一横而世無我對先生之道固若是乎故建威將軍廬江吳公以光緒五年九月持節督山東軍事周覽東垂弭蓋中牟觀大海之斗峴悼戎備之不設既經營鎭戍申戒軍曲將以振大漢之撻伐講威戎之武事爰於登州之左始建先生之祠以謂今之山東古之齊魯可以北走燕趙南馳荆揚東薄靑營西通梁衛其民舒緩闊達其俗

夸奢虛詐·又膠東高密·並海爲國·黠戎悍夷·繡居都邑·雖復不覩野祭·終是漸毅儒風·故到鎭之日·下令綱紀·厚經生之廩·重祆教之罰·謁先賢之墓·申耆老之敬·欲令革變衰俗·振厲士氣·使人有高慕伯叔之心·戸懷微管左衽之歎·歸趣禮樂·遵軌忠孝·公之徽·尙有可觀焉·銘曰·

仿皇淄密·翱瞻故齊·峩峩先生·高騫遠栖·儒言造次·淸風提攜·目閔圭組·氣干霄霓·羣雄並興·士練口舌·犀首張儀·孰爲工拙·子輿晝轅·孫卿淹轍·先生之風·道與儒通·作之不已·終爲聖工·素書十四·勒名漢志·九牛寸豪·太倉纖稗·持告齊人·穠張高致·扞道折戎·逃芳遁餌·於穆建威·國之光煒·孔武有潰·慕賢不違·東海之濟·先生所歸·不有靈宇·何循高徽·

四裔朝獻長編敘

竊聞職方掌天下之地圖·禹貢布九州之山水·是以六合以外·棄焉不論·一物不知·汗出於顙·故僧祐有薩婆之傳·裴矩有西域之圖·梁秘閣有婆羅門之書·宋段國有吐谷渾之記·並代瑋延閣·世秘藏室·若夫夏后御曆·于夷內賓·周王披圖·肅愼貽矢·交南白雉之薦·追貌貔皮之貢·皆延頸聖膏·沐浴皇澤·非關內外之辭·固無祝史之媿·然非誼主都俞於太極之廷·明牧謨謀於爵堂之上·文德曜乎玄淵·威雄震乎聾俗·則豈能寤其酣魂糟魄·開其獸嗜禽心·被忠信於爪牙·馴拜跪於角翼·姚皇無司空之武·遠苗不能革音·姬世無薄壘之軍·崇人靡以崩角·故知舞干爲相濟之義·修教爲得半之功·故洪川奔而淵無不首之鱗·勁風披而野無不拜之草·春生而百昌昭蘇·秋栗而千芳零落·衰則木蠹而蟲出·盛則馬逸而蠅從·豈非虐老獸心·横生鳥視·貴貨根於性命·譎誑包乎窺息·是以昔之聖辟·不爲藩籬·比其衰也·晉人闢萊而居戎·秦氏置郡以絕虜·自謂冠帶之屬·引弓之民·各爲主臣·不相德怨·約既不固·志又張皇·或乃利其屈伏之名·美其回面之語·張擅之使未返·赤白之丸已至·至有朝臣夕虜·父寇子賓·兄將而弟俘·夫犯而妻順·豈知盛美不可名·襲軒堯非能立致·古籍無緣盡

信·臣諫不謂皆忠·是以六典有蕃國世見之文·太保有不利遠物之諷·違道用濟·則吾未聞·若夫因緣自利·上下攸同·聞蒲萄則開大宛之國·覩犀甲則建朱崖之郡·致生口則許扶餘通關·牧牛馬則聽匈奴合市·遂奉贄鴻臚·上籍典屬·外則校尉護之·內則官邸所舍·莫不蔵蘖簡編·紛綸表議·尋朝覲之例·厥凡數端·柴燎助祭·從封嶽瀆·宗廟陪祀·爲吉禮之屬·大喪奉慰·拜謁山陵·告赴國哀·爲凶禮之屬·遣軍助討·請兵伐叛·告師奏捷·納款陳誓·壁門受降·爲軍禮之屬·君后躬朝·子弟宿衞·俊秀入學·扈從車駕·遣使起居·元正大朝·冬至小會·展賀嘉禮·即位請册·報謝寵授·立儲傳國·改建邦名·求賜國姓·爲嘉禮之屬·又貢之爲物·一爲土地·二爲方物·三爲典籍·四爲俘獲·皆因事立制·隨流而名·代變痡洪·事目益廣·至有鉤連商賈·巧猾姦利·毀壞亭舍·陵厲臺傳·由是決蟻穴而潰大河·逸星燧而炎崐岡·往事昭曜·不可勝數也·大凡交際之間·利一而害九·彼我之際·福晦而眚昭·尉佗箕踞而見陸生·罽賓絕遠而剽漢使·烏珠恚變於故璽·莎車懟奪於都護·噈鳴鏑以射父·屠太守以祠天·餘無持其兩端·且鞮謂其兒子·喜則龍衾孔甲·怒則豕啼貝丘·谿壑非珠璣可闐·火炎豈勺波能熄·弱則君臣之國·彊則兄弟之邦·是以飄滑封親晉之王·猗㐌蒙單于之號·苻健剖茅於襄國·慕廆胙土於遼東·弋仲爲高陵郡公·元海實盧奴縣伯·其後乃狼顧京洛·猘吠皇王·指江左爲嵎夷·呼元明爲睿衍·雖復治有隆殺·聖別上中·終知犬羊之心·不可被以冠帶·蹄齧之性·非當革以鐘鼓·故南越朝滅而夜郎夕朝·且蘭今誅而滇吏明至·蒲陶借館·匈奴破碎之年·烏丸來王·三郡彫枯之歲·故得名王稽首·比於內臣·大酋折節·過於漢舊·向使五帝不以龍鳥爲營衞·三王不以六韜爲兵法·則豈能內暘谷於東裔·通王母於西極·故萬夫之長·可以觀政·行潦洞酌·可以昭信·尋其舊典·亦有足觀·今錄自漢元年以來·至于明季·凡二十五朝朝獻故事·通爲若干事·昔梁有天監職貢之圖·唐有入朝首領之記·宋有雀峽列國入貢之篇·明有吳氏西洋朝貢之錄·並專紀本朝·不賅前古·今此

總集義主閎張冏以明帝皇之至尊示夷戎之難御若朽索之控八駿譬一繩之綴萬石弛張在於威德濊濡繫於政道畏壘可以穰歲荒宅可以成都豈況巍巍大聖之朝必有喁喁慕義之美司徒司馬各有司存疆場之事一彼一此殷鑒不遠在於夏后前車未終來軫方急大夫君子庶幾覽觀焉

弔古骼文

光緒十八年淮軍將士於金州東南百二十里沙谷堆築造壘壁掊地得髑髏一枚大如斗魁中貫矢鏃有異常製蓋古戰士効命邊城者也倉皇棄置覆諸淺土不復施棺槥悲此壯士身爲挺節之雄沒無三泉之葬遭遇凡猥無朱林還祔之禮鮮惠連哀薦之文名沈身霾足用永歎是用睎古累悼敬爲弔之詞曰

訏靑壤之龐幠亮神皋之左肩山嵽霓以姌嫋波沸渭夫涇川帶碣石而樹鎭門東胡而鉤緣胎元封而振武換夏戎乎千年有扳荒而柎版抑朝略而晡捐擲萬命以徇寸髑髏闐乎坑淵纍京觀而平嶽何蕡甤而薰全瑋介夫之沸卉羽皓霜之利鋋襲犀合之壽鎧志組超而檻堅當交綏而踠旆醲冬霜乎暑天灑淒風以膚剕允處哀而勝旃或君子之甚出失手弓而罵焉臣掀淖而仍屾表木下以俛然此人憤其激曜踊挺殳而陷前面冒矢以橫野睺攢鏃而丹阡諮漢雄與魏烈痡晉閔與隋煬意致節乎明杪殆翼趙而忠唐昔藁土而失錮掩桐棺以倉皇系王頸而怫素奔修夜以蔽暘諏年籍與軍閥蒐贈詔與誄章無墳前之刻石將古存而今亡豈文鄙而莫顯抑倘儳而不皇理若茲其難痡亶哀古而淋浪往聖皇之在御頒月令乎州邦中埋胔以掩骼謂循俟而歸藏悼此靈之連嶁既沈軀而嬰災黜忠節而賥朗翻題裂而和摧木柴虒而斷柎樧紛颸以飄灰無新槥之返瘞魂痛令乎魄哀告明靈其展笑莊大去而何懷願昇雲爲參伐天狼刑乎帝臺入山鷟爲雄伯閑餐虎而淸垓雖霾聲而豈慰愉天澄而宇開覽吾辭而反欷靈憲憲兮去來

桂之華軒賦

余家自天啓中營宅於縣南城之鉞街歲逾二百年相襲凡十世余所居宅五間其東有桂樹一本先大夫所手植也余以同治十三年遭父喪明年樹亦萎謝追惟君子手澤之義韓宣嘉樹之歎因以名其軒而爲賦以寫之賦曰

大江之朔海陵之隈唐保大之遺縣吳全都之一坏古少名人比於河東小縣區淪海角譬之中原飛埃厥土應典而白壤其俗儉嗇而重財若夫淵秀高士淸辯通才鸞鳳振響於常羽蘭茝擢英於叢萊天道無門養之以福意落莫於金璣情蕭寥於耳目平通開第而門無朱輪蜀郡爲郎而身無丹轂太尉有行田之牛阮氏有襮陽之服貽孫則仲華經書分子惟仲長敝屋歌斯哭斯聚族於斯顏生處巷而不陋張老拜手而頌之肅肅我祖文章之師當天啓之中葉有神君之生碑再臨大郡一爲憲司海奸慴其軍號閩氓營其私祠既而投珪謝組下扃垂帷或閉關而藝菜亦課農而拔葵於是薄營林圃少有臺池側屋飛軒敬游隱居之策蒔華漉酒陶公南山之詩遂孫承而曾襲有東益而西虧淺房鱗細低戶眉垂庭方界格巷曲剖碁或陸氏弟昆對處兩頭之屋或謝家娣姒平分一樹之枝或父子異居孝廉有當時之諺或舅甥不別魏公無應宅之奇若乃少微含真怡心養神不恤蟻牛之鬬自置蟣虱之臣子雲之先四世陳氏之譜數人守蕭廬而不拓抱遺書而獨親自我高而迄祖乃禰考以逮身於穆府君淸風高致瓢飲水而不憂波投錢而愈厲一生湫隘之居十葉五經之笥鐲殆於杪暮之年安趾於淸貧之地其居也狹於五步之樓小於十笏之寺方牽船而四無淪漣比小幄而旁無車騎開北戶而畏寒近瀾藩而掩鼻酒鐺茶竈擠壁排檽書几經窗依尻駢臂醒謳夢囈夜互答於連房犢布中牏晝紛綸於庭次賓來而一榻橫陳父出而羣兒遨戲亦有四時之花百年之木紫薇璀錯以垂軒丹杏敷蒨而纈目右繽駢乎桃華左鮮扁乎天竹雜草鉤連衆英交屬槐椮金而夏零橘鑄漆而冬熟我君乃考第英華流連芳馥徙彼桂樹

之柯植根小庭之曲初茁葉而中青既覆陰而堆綠善開九月之花戲比一囊之粟思郗生之射策掇其高枝想淮南之山阿配其野服因已郁毓紛庭馨芬溢谷綴之連縷足充椒蕙之緗劑以名餔宛吸桃花之粥無何而天荒地變石壞梁傾素冠有鬮鬮之痛莪蒿有哀哀之聲皋魚則淚濡風樹晏宗則涕濕書楹如日如年恨蜉蝣之不死在辰在巳痛龍蛇之無情此花於是萎素質雕疎英脫茂葉拜纖莖才子耄而墮髮壯士老而亡精屈子魂遙洲渚之木蘭並落嵇公化去小園之修竹無名爾其靈魄晶空繁霜布皓海棠弄色於垣陰黃鞠搖姿於衆草橙未熟而已垂橘初丸而尙早悼此樹之渺然嬰煩憂而如擣棘人摶摶勞心慱慱思夫曳履浩歌之日扶杖訓詩之晨暄庭戴曝署簟清塵袷衣親背魯酒溫脣喜清秋之獨美撫嘉樹而逡巡幾日扶闌睇高鴻而送遠有時當戶速鷗鳥而爲賓入則公騑而傴說出則粟義而粲仁嘗余小子獨爲鮮民以年則姜氏一門伯淮爲甲校貲則陳留諸阮仲容最貧況乎士衡士龍少

漣洳於縗絰君苗君胄壯瘠羨於耕緡幸符懷於下瀷終不懟於寒人言題素書仾余仲子諗酷戀於山阿思經營夫廬里詔植援而代坦命激流而引沚開居之願信於潘岳黃門歸田之心亟於張衡平子楊大夫不爲給事譬渤澥之失雙梟王子淵徒責髥奴如秋風之吹馬耳則何不求齊爾之車遊梅真之市濯游童之纖纓循輿公之逸軌彼夫洛陽秦堉四十爲太守侍中江左荀郎三十爲監軍刺史釋之減產於彌年馮唐遷官於暮齒乃昇隧之乖違非斯人之臧否故東方述志而解嘲揚惲低昂而獨喜則是軒也雖非楊夫子之饋堂陸大中之好時寬馴候以任天亦抱禧而揖祉者也

節孝待徵錄敘

桐城方節母姚夫人既以從子致祥心齋官太原參將貤贈二品夫人其嗣子晉齋縣尉則述夫人行事以乞文於當世通人閎儒蓋亦已有年於是總集方京卿存之已下二十四人之作爲一卷爲方來彤史之本以諗於銘盤銘盤故與心齋爲拜親之友知心齋有叔母賢明媞媞人也其後與桐城馬兵備健父相善健父之母壽也余爲其文言平生嘉懿之行甚至蓋健父之母爲心齋從姑故心齋與健父爲中表昆弟心齋之叔母與健父之母爲嫂姑焉桐城方姚馬氏並高姓淸族匪獨士君子爲彬彬可觀矣乃其女子亦高秀挺異殊絕於他縣若夫人之志之行忍死以全宗遘危而衷禮倉猝而不失於度卒以奠亡者之體魄永生人之家祚使方氏之宗危而不亡而已亦躬被其聲焉豈可謂非卓潔之操哉其於往史之所記安有二哉今夫人方就養江甯而心齋遠官太原往余與心齋相從心齋輒爲余言叔母之恩恨已方貧賤不能仰報也後乃卒讓封以榮夫人若心齋者可謂賢子弟卽又以見夫人之恩之不可忘也

桂之華軒文集　補遺

方氏夢園書畫錄敘（乙亥）

昔愷之嗜奇、縑楮畢致、悳父攬古、金石斯萃、觀其寄思匪局、紆情必遐、綺豔之製、弗膺乎我衷、豪素之託、迺愜乎沈慮、故其言罕近韻、詞發生趣、意匠是契、爰宏篆籀之規、太古以養、能悅山水之性、覯哉昔人、蠶乎岌矣、夫子學徹郎韋、精研鍾索、胸次絕曠、神妙歸其毫顛、纖微必緻、華鳥媚其腕右、少實觥異、夙性翰札、何臧何游、不廢乎六藝、斯寢斯饋、身之者卌年、搜羅既勤、繞獵遂博、上自六代、迄乎近人、鑒賞之富、甲于江左、每當初旭散暝、夕烟霽空、清琴罷張、春醪輟撫、時雨灑潤之曩、停雲懷人之天、披帙流覽、則奇芬忽生、抱牘雒誦、則幽趣可挹、駸駸乎其韻深、其旨渺矣、夫因好卽物、達人所難、明辨悉當、大雅匪易、夫子抱通靈之才、鏡瑩澈之智、朗鑒在遠、清言益多、弁以論說、次十卷之日、濳發伏采、成一家之書、踵古式于藝圃、趨前規于墨林、洵可謂心手交暢、華實竝茂者已、銘盤謬以陋質、瞻茲鉅觀、徒駭望洋之奇、靡極游夏之贊、三宿以臥、五中俱膺、雖使涼情沁懷、浣孤月于林際、幽響獨結、逕好風于水涯、奚以易此樂哉、用是抽毫翟之思、陳俯俯之言、附諸簡端、用誌忭悅、若夫羲獻之軒輊、吳曹之低昂、揮拂之靈妙、觚挫之矯異、清論高議、娓娓炎炎、後有讀者、可景然悟也、

與張季直昆季致袁慰廷函（甲申）

別後僅奉一書、悶知司馬勞苦功高、日不暇給也、筱公內調金州、以東事付司馬、並舉副營而與之、竊想司馬讀書雖淺、更事雖少、而筱公以三代世交、肫然相信、由食客而委員、由委員而營務處、由營務處而管帶副營、首尾不過三載、今筱公處萬不得已之境、僅挈千五百人退守遼海、而以中東全局爲司馬立功名富貴之基、溯往念來、當必有感知遇之恩、深臨事之懼者、及先後見諸行事、及所行函牘、不禁驚疑駭笑、而爲司馬悲恨於無窮也、司馬初來、能爲激昂慷慨之談、且謙抑自下、頗知向學、以爲是有造之士、此僕等貿然相交之始、迨

司馬因銘盤一言之微、而得會辦營務處之號、委札裁下、銜燈煌煌然、迎謁東撫、言行不掩、心已稍稍異之、然猶以少年氣盛、不耐職事、需以歲月、或有進境也、東援事起、適際無人、謇遂與司馬偕行、彼時司馬意氣益張、然遇事尚能奮厲、不顧情面、節而取之、茲猶足多、曾不意一旦反復、夸誕謬戾、至如今日所聞見者也、凡諸無據、如自上申報、以弋虛名、詭設同文館、以穢物聽等事、尚不足以折司馬之心、姑不說、請卽僕等所躬被者論之、一營務處常事耳、南北兩洋漕河沿海道府州縣、往往有營務處之名也、僕等與司馬雖非舊識、要是貧賤之交、而往春初見、雖謅謅作公孫子陽見馬文淵之狀、一再規諷、不少愧悔、此一可笑、謇今昔猶是一人耳、而老師先生某翁某兄之稱、愈變愈奇、不解其故、此二可笑、詧司筱公支應所、司馬既有領款、應具領結、詧因司馬問領結格式、遵卽開寫、輒斥爲何物支應所、敢爾誕妄、不知所謂誕妄者何在、勿論公事矣、詧於司馬平昔交情何如、而出此面孔、此三可笑、顧此猶尋常世態也、司馬今貴人、不足以爲輕重、更卽有關于司馬品行心術者論之、司馬所謂營務處、分統三營之營務處也、會辦朝鮮防務、會孝亭辦也、公牘具在、文理昭然、而司馬札封稱欽差北洋大臣會辦朝鮮防務總理營務處、將不屑於此間歟、則不應受事、將以此愚瞽東人歟、則東人不盡無知、將竊借北洋以欺人歟、則人不可欺、言官劾左寶貴者、列其妄稱欽差欽命字樣、不知司馬此舉與左寶貴何異、此其一、營務處是差事、而官則同知、五品耳、於鎭將用札、於州縣用札、等而上之、將道員兼營務處者、於實缺提鎭亦當用札耶、在司馬之意、豈不謂關防須自北洋、便用北洋體制、彼州縣檢簿之印、無一不須自禮部、將亦與禮部一體耶、事例乖繆、此其一、既爲孝亭會辦、同見國王、便當孝亭居左、一應公事、便當會孝亭銜、而事事任性、妄自尊大、威福在我、陵蔑一切、致使將領寒心、士卒怨涕、司馬將謂勢力可以懾人、權詐可以處事耶、不學無術、此其一、內地職官、惟實缺出則張蓋、若營務處營官、從未見有用之者、乾嘉間冊使東臨、國王迓

以肩輿曾被詔旨申飭事載朝鮮大事考例而司馬居然乘輿張蓋製五色馬旂呵殿出入平時建兵船黃龍大旂不知自處何地置孝亭何地置國家體制於何地此其一副營是筱公二十載坐營方檄司馬接管之日欷歔嗟嘆徧謁賓僚慰廷是三世交情吾所識拔必不負吾必不改吾章程而司馬接管後初次來函便較論海防教練各費吞吐其辭意謂筱公曾藉以冒領浮支使之驚覺恐懼乎不知海防費二千兩金州朝鮮各得其半係有明文教練費早於去冬十月截止鼎鐺有耳豈不聞之且筱公故人舊部從者實多用度日絀而其津貼司馬動二三百四五百不等即司馬到營之始僕役口糧亦照差官發給今恩誼所在略不顧義利之辨略不省此其一筱公以副營畀司馬有舉賢自代衣鉢相傳之意受人知者雖其人之一事一物亦須顧惜而司馬自矜家世輒譁然謂是區區何足奇便統此六營亦玷先人夫子孫當思祖父所以榮當時而福後人者兢業已紹其休不應蹈君家公路本初四世三公之陋說且由

桂之華軒文集　補遺　三

司馬之說則令叔祖端敏公令堂叔文誠公進士也尊公及令堂叔子九觀察舉人也司馬何以并不能博一秀才玷有先於此大於此者何不此之恥而漫爲夸說使人轉笑筱公付託之非易一人而如此焉司馬謂其尚有良心乎此其一販烟有誅宿娼有禁司馬所曾律以殺人刑人者而烟膏鬻自三軍府則容隱之官妓三名聚宿三軍府則躬與之不知何以對所殺所刑之人而無愧此其一教練新建營會辦朝鮮防務司馬所得預者軍事耳此外朝鮮一切政事豈應越俎而尹泰駿之被褫歸第李祖淵之解去兵符司馬公然爲之關說張敬夫所購湖桑必不値一萬四千金此種弊竇人人所曉司馬公然爲之主持司馬今日方謂憑我一言何事不辦以此自鳴得意曾不顧有識之嗤於其後此其一筱公於北洋三十餘年之舊部也孝亭亦三十餘年之舊部司馬於北洋輾轉因緣而竊承其呼吸者裁年餘耳司馬嘗爲僕等說李某忌文誠公先公事憤恨不已今何以裁得其一札公牘私函便一則曰稟北洋再則曰稟

北洋豈昔所謂怨者今已修好耶抑挾北洋之虛聲以籠罩一切耶抑前所云者不過因李某方冒天下之不韙而姑假此說以附清議之末耶是皆不可況北洋未必能吞噬天下之人天下之人亦未必盡如司馬之皈心委命於北洋不能愚人而徒自露其先後不侔之迹此其一茅少笙紀雨農之二人者司馬曾親爲僕等言其輕躁貪鄙販貨挾妓之狀且述二人酗酒辱罵筱公語斥其病狂喪心當時意司馬誠知人誠能於筱公有昔賢待府主之義今何以比而暱之所聞司馬之議論且如出茅紀二人之口此其一僕等與司馬相識今三年矣以司馬往日之爲人疑其不應出此以司馬今日之行事恐其不止如此試爲溯其源則司馬胸中旣恃家世又謂二十許人作營務處營官姓名見知於一能辦洋務之宰相是曠古未有之事又有虛憍者浮慍者圓熟者庸惡陋劣者左之右之頌功述德務求合乎司馬之所樂而司馬亦遂志得意滿趾高氣揚而不顧蹈於不義試爲窮其流則司馬旣與尹泰駿等換帖矣必益聯絡

桂之華軒文集　補遺　四

朝鮮之中使外務衙門張皇體面高掌遠蹠使孝亭不安而退必用兼併之術揚此抑彼輕此重彼使筱公舊人互相不安而退必借北洋以干預朝鮮一切用人行政之權必交歡閔氏俾國王專奏力薦希圖防務商務之柄必以取重於國王者因取重於北洋希作海關道凡此之說未免近於逆臆然欲檄總兵劉朝貴爲提調分明是鬧標分明是制郭春華是何體制而飾其詞曰以符體制此次國王來函無一不稱曰袁會辦而孝亭轉似在牽連得書之例此得謂非司馬心思力量手眼之所搆耶今僕等於司馬隔若秦越亦何樂嘵嘵然竊念當時交誼實不忍徒引鬧於知人之咎而坐視其沈迷故痛切言之冀大聲疾呼以寤司馬或者謂司馬見此訊必大怒大罵必來見筱公辭差必以訊併入浮言之例哀稟北洋以箝將來之口而益堅北洋之信或謂司馬雖大怒大罵然必故事含宏謙詞謝過指天誓日以明無他是二者意司馬必不出此亦不必出此司馬誠試思所說有虛者否有不是者否願司馬息心靜氣一月不

出門。將前勸讀之呻吟語。近思錄。格言聯璧諸書。字字細看。事事引鏡。勿謂天下人皆愚。勿謂天下人皆弱。脚踏實地。痛改前非。以副令叔祖令堂叔及尊公之令名。以副筱公之知遇。則一切吉祥善事隨其後矣。此訊不照平日稱謂而稱司馬。司馬自思何以至此。若果能復三年前之面目。自當仍率三年前之交情。氣與詞涌。不覺刺刺。聽不聽司馬自酌。

桂之華軒文集終

覆瓿漫存

（清）劉法曾　撰

《覆瓿漫存》六卷，清劉法曾撰，據上海圖書館藏民國十二年鉛印本影印。

劉法曾有《外史蒙求》，已著録。

本書由泰和陳伯鶚編訂，卷首劉法曾照相，王貽牟題辭，吴同甲等序，一九二二年劉法曾自序。卷一《心白散體文存》，主要爲論文，卷二《心白儷體文存》，含賦、序、記、贊、頌等多種文體，卷三《心白古體詩存》，卷四《心白近體詩存》，卷五《心白詞存》，卷六《心白雜存》，主要爲隨筆，亦有聯語等。劉法曾學有專攻，長於史學，撰有《清史纂要》、《外史蒙求》等，本書卷一文存有多篇史學論文，有作專門考證如《景教源流考》、《黄太冲今水經補訂》，亦有史論類論述賈誼、張良、黄石公等的多篇文章。卷六雜存隨筆則廣及四部，亦有涉及時事如戊戌變法等，具史料價值。自序言其『於舊學既僅涉藩籬，於新學曾未窺涯涘』，惟『詩古文辭，一生心血所在』，可見對其詩文頗重視，詩歌各篇亦常見佳作，如《京口歸舟書所見》：『一篋吟箋一葉舟，一痕晴漲碧於油。平蕪遠樹皆紅豆，化作江南千種愁。』

（周　忠）

覆瓿漫抄 陳伯鶚署

覆瓿漫抄六卷

江右泰和
陳伯鶚署
耑

心白先生玉照

陳伯鷃題

題辭

心白先生大箸告成名曰覆瓿漫存敬賦二律以博一粲

康叟已陳迹陳翁亦草萊（謂伯山硯香兩先生）百年一回首繼起見君才健筆千軍掃英辭六代開名山留片席可得共追陪

太息滄桑變斯文不可留英賢焚筆硯將弁擁戈矛獨喜雕龍裔言思吐鳳儔昔人如有作覆瓿亦千秋

同里王貽牟笠農甫

覆瓿漫存　題辭　一

上海有文商業公司代印

序

光緒五年己卯同甲為先王母節孝陳太夫人乞詩於心白先生賜擬古五章表揚慈範詁體漢魏之際樹骨訓典之區發潛闡幽詞意深厚信今傳後將於此詩是賴四十餘年來感頌未嘗一日忘時同甲因同學友人引與先生偶或會文先生早為文場元帥同甲如烏合應募未足相從也承不棄許訂交未幾同甲倖竊科第先生則以閎才碩學久著聲江淮間又十年戊子始舉於鄉同邑被舉者為袁爽生徵君計偕入都相見歡然握手誦途中倡和所作詩樂甚徵君私謂同甲曰心白先生今之袁簡齋甌齋孑也不但交學其於世事無不洞徹通曉同甲日至郎合闈兩先生敍諉必竟日或及夜分歷數科皆然先生運不得志於有司屢薦不一售又不肯以他途進故其他綸蓄不獲見止見於詩文庚子後感傷時事無意進取辛亥以還館歙浦老弟子家著書自遣邇歲歸來所為詩猶時傳於海上明年七十稿始付印香山句云莫怪氣麤言語大新排十五卷詩成先生況兼有文辭與雜著其尤足壯也已癸亥季春如小弟吳同甲拜序

序

繄古日來名家詩集刊行傳世美不勝搜克踵厥後者有同案劉君心白吾邑名孝廉也髫齡時受業於二先鮑伯竹泉公之門五經均全卷背誦幼學即能文天資穎敏有非人所能及者竹泉公甚契之許曰必成偉器同治辛未歲年甫十七巳古學兼獸經受知于彭久餘宗師嗣後每逢歲科試經古正場疊次冠軍遂食餼是學譽益噪及門文學士年多英俊壯歲館于邗上鹺生亦僑寓于揚朝夕過從二益備受生平著作等身無一不膾炙人口近出其散文駢文古近體詩樂府倚聲雜箸六種付梓問世雖非全豹亦足以窺見一斑從此名世壽世良無愧色戴記所謂七十曰老而傳者信有徵已爰不揣譾陋樂得而為之序

民國十一年壬戌夏正皋月望後五日

案愚弟畢肇嶸半盲道人權忠謹敘 時年七十有二

自序

余薄命人也以外境言少遭洪楊之亂避地鄉村中遘清室之衰強鄰環逼晚逢改革之變到處兵戈以內境言少溺苦於帖括中奔走於衣食晚迭遇夫死喪以故於舊學既僅涉藩籬於新學曾未窺涯涘尚何足云箸述惟是詩古文辭一生心血所在丁茲國粹淪亡餘年無幾未忍付之蟲蝕鼠齧飄風飛煙強顏付梓念揚雄傳有言恐後人用覆醬瓿也命之曰覆瓿漫存云爾壬戌年秋仲泰縣劉法曾心白甫自敘於調琴閱經之室

心白散體文存

泰和陳伯鶚嶧侯編訂
從子榮甲校

壽夭辨

自尚書洪範五福首壽六極首凶短折於是乎天下後世莫不貴壽而賤夭雖然壽夭有理亦有數理可憑數難憑從古五帝三王暨殷三宗功德既崇年齡斯茂此宜壽而得壽者也自時厥後立王耽樂是從運祚遂促此宜夭而得夭者也皆理之可憑者也顏子深潛純粹幾於聖人然三十餘而卒此不宜夭而夭者也盜跖暴戾恣睢肝人之肉然竟考終此不宜壽而得壽者也皆數之難憑者也然而古今之局消長之機往往理不勝數而數常勝理以故壽夭之可憑者恒少而難憑者恒多後之人不明斯義其不肖者妄以冥頑不靈是非倒置譏訕造物而其賢者又或叛爲一死生齊彭殤之說寓牢騷於曠達要之皆不達於壽夭可憑之本原而因以不達於壽夭難憑之通變者耳抑鄙意尤有進焉者軀體之壽有窮聲聞之壽無窮世俗位尊金多者流僥倖爵祿無譽無刺貌似炎炎赫赫其實尸居餘氣生質虛存生理早朽則雖壽謂之夭可若夫亮特英絕之士或官不稱其才才不竟其用究也旃檀之馥過後彌香賢達之稱論定愈確則雖夭謂之壽亦可然則世之所謂壽者不過百年吾之所壽者可至千百年百年之壽夭或屈於一時之數而偶以假小人千百年之壽夭必伸夫萬古之理而專以畀君子有智者起將偷生視息與小人爭百年壽乎抑修身立命與君子爭千百年壽乎必不待辨而自明矣是故壽夭之辨既明而後不宜夭而夭者可以無憾亦不宜壽而壽者可以無幸並天

下後世之觀夫不宜壽而壽不宜夭而夭者可以無惑

賈誼論

烏虖君臣遇合之際豈非命哉昔之論賈生者每以誼也有王佐才不知自愛急於求用哭泣自傷卒夭天年爲賈生惜且以孝文知誼有王佐才顧不能早用誼疏棄遠方致誼抱異懷奇鬱鬱而沒爲文帝惜爲是說者誠善識古人乎然以鄙意斷之則非特不知生並不知帝直不知命者也生一洛陽少年帝以吳公薦故召爲博士超遷大夫法令更定列侯就國頗采其說中間雖見踈遂然而宣室召問夜半前席治安奏策大臣免刑帝之使傅愛子未始非老其才以俟他日意也不得以不早用生爲帝惜生負曠世逸才遭孝文有道主訐謨辰告傾倒而出其議分王諸藩也若逆睹有七國畔逆之孽其請豫敎太子也若早料有孝景刻深之禍崇識

瑋論並切時務雖身奉藩輔而心繫廷闕一再上疏豫至計蓋其待帝甚厚而自待亦不薄也不得以急於求用爲生惜若夫年僅三十有三而卒則不惟帝所不料卽生亦復不自料者耳世徒以生弔湘纍作鵩賦哭墜馬種種不祥一若自知其不壽者要之修短在天謂生實自取焉豈其然耶且吾讀太史公班氏兩書而歎命之不易知也孝文帝最好文而賈生不能致位宰相終以夭死孝武帝最好武而李將軍不能致身通侯迄用自剄悲夫悲夫莫非命也論語有云亡之命矣夫大學有云見賢而不能舉舉而不能先命也莊子有云求其故而不得者命也論語大學聖賢書也莊子學仙佛者之所祖也然則聖賢仙佛皆無如命何矣知斯三說者乃可以與論賈生

漢惠帝論

食魚者獺魚見獺而不游噬鳥者鶻鳥見鶻而不動是非魚鳥之不能游不能動殆爲鶻獺之勢所偪耳間讀漢孝惠帝紀爰擲帙喟曰嗟乎帝固有爲之資遭呂后所偪而不得遂其志事爲可哀也雖然將遂無責於帝也乎曰否否今夫天下者高皇帝之天下也帝既受之后卽不得而專之后既專之帝愈當思所以保之保之奈何使帝爲英明之辟彊武之主也正宜於此勵精圖治奮發有爲誓遠色而屏聲期長年而遠祚庶幾后懾焉乎若勃輩人人藉以自壯焉則趙王戚夫人之冤可雪并彭越淮陰侯之寃可蓋而帝亦不至短齡速殂恣母后之猖獗矣奈帝計不出此委政弗聽徒有爲君之名而無爲君之實故與匈奴和親而辱國體后意也卽帝罪也立甥女爲配而乖倫序后意也亦卽帝罪也賜齊王鴆卮而傷親藩后意也皆卽帝罪也極至運盡野雞禍延蒼狗百代下苟深文論帝固

不獨謂自促當依之命貽后以殺子之名抑且可云養成軹道之災坐帝以殺母之罪嗚呼噫嘻史稱帝仁柔愚謂柔誠有之仁則未也且夫地各有宜夫豈一端道各有當不容一致蓋飲酒近婦自戕之策用之而是者千古來一信陵君用之而非者千古來一漢惠帝

張良大索十日弗得論

荆卿劍漸離筑張良椎三者皆期於死始皇始皇不可死宜三子之俱死耳然而荆卿死漸離死乃張良獨得不死者此其中有天數焉有人事焉何則荆高誅而良幸生數之出於偶然者殆無足論若夫以人事言荆逼殿上高迫座中危急存亡間不容髮其視張良之徘徊徜徉於道旁始則爲蒼鷹之下擊電掣霆震既則效黃鵠之高舉飆馳雲引者情地迥懸未可相提而並道也抑愚更有一說存焉秦滅六國韓最無罪義人俠家敗

天同憤良又五葉位韓宰相門生故吏親戚知舊充溢宇內其中安保無一二朱家郭解輩流客邠卿於壁內旅子胥於蘆中者嘻吁祖龍雖極三十六載之久求良我知其斷乎難得何論十日乎不然良豈恃其婦人女子之貌若野史小說爲改服易飾之舉耶亦豈習與黃石赤松輩游近神仙荒幻有藏形隱身之術耶且夫良雖故與滄海君善然爾時尚未聞海外遐方敢悍然爲中國逋逃主也嗚呼如前之說以良之賢未必出此如後之說以良之時亦未必有此然則大索十日之故居可思已大抵命世之主佐王之臣着冥右助匪人可殲鴻門不能死高帝而謂區區博浪足以死留侯與必不然矣是則雖人事卽謂之天數也亦宜

黃石公論

圯上進履夜半授書之事世或詫爲神仙鬼怪而蘇氏則斷以爲秦時隱

君子流以愚觀之皆不謂然夫遷夙號良史初非喜談幽怪若晉史雜采小說比而其所稱黃石公者始則倨傲鮮腆既則鄭重遷延終則杳冥誕幻太奇而不近情有首而未見尾種種皆異隱人行徑商山綺皓桃源人家西河竇公不聞有是故吾意留侯世家中所謂黃石公亦猶司馬相如賦中所謂亡是公均假託之言也或疑良曷爲必假託黃石公哉不知良故累世韓人其從沛公也始不過一羇旅之臣耳分不深則交必不親交不親則說必不聽說不聽則功必不成功不成則讎必不報良欲擇一術焉以堅英辟之信而因竊計彼漢高者芒碭紫雲之氣當道白蛇之哭素好侈談珍怪以爲一代瑞應而且秦儀縱橫託之鬼谷涉廣發難託之狐鳴戰國後餘習秦漢間風尚往往如此可類推也用是尤而效之造爲穀城黃石之說其必謂書乃太公兵法也而後帝用其法而不惑其必謂讀此爲王者師也而後帝奉爲師而不疑良之深心妙用殆有可意揣者不然使當日實有公其人則他日良功成辟穀直當徑從黃石游矣奚必別求赤松子乎赤松黃石兩說互異其爲假託不辨自明嗟乎良始欲成就功名故假託爲黃石以堅主之聽良終欲保全功名又假託爲赤松以避主之誅智勇深沈於此可見然則讀史至張良傳者其亦當知寓言十九也歟

朱虛侯論

朱虛侯其曹阿瞞之先聲而用之得其正者乎阿瞞挾天子以令諸侯而用之於篡竊國柄卒爲漢季人臣中之奸者朱虛亦挾太后以令諸呂用之於制伏外戚卒爲漢初宗藩中之賢者是雖所用有異故人品心術亦因之各殊要其以挾爲令一也顧獻帝孱主耳曹瞞欲挾之則竟挾之矣

若呂后者賦性凶狡乘權恣睢美人也可使爲彘雌雉也儼然化雄其於朱虛侯不啻孺子畜不亦難夫其爲挾哉乃后以孺子畜養侯者侯卽故爲孺子之態以玩弄后觀夫軍法行酒之請一孺子之憨戲也非種必鋤之歌一孺子之俳謠也以深心大力之作用隱於諸笑兒嬉之中而太后不覺墮其謀而諸呂不覺失其勢而內外大臣親藩由是知呂氏之不足畏而漢家之大有人奇哉侯乎誠可謂有氣識者矣嗚乎人固有不易知事常有未可料高帝嘗謂安劉必勃陸生復云將相交驩而豈意諸呂之亂平之者宿將絳侯上相曲逆侯而妙於用挾以克操乎平亂本者則惟一年方小子之朱虛侯

燕惠王使騎刦代樂毅論

夏侯太初謂樂毅不下齊卽墨莒兩城爲幾於湯武蘇子瞻亦謂王道宜

大用不宜小用毅此舉爲行王道之過擬毅於王道且躋之湯武其說殊爲不倫方氏斥之當已愚謂樂毅豈獨不能語王者之道也抑並不能及伯者奚以言之昔諸葛生平自比管樂管仲伯者也諸葛出處進退雖頗有三代之風然是時天下三分要亦偏伯之國之佐也乃者葵邱之會叛者九國桓公未嘗疑管仲而使隰朋賓須無輩代之也街亭之役馬謖喪師後主亦未聞疑諸葛而使費禕董允等代之也何居乎毅之一生始則見疑於昭王以致讒言入而封爵之命下皇恐拜書以死自誓繼則見疑於惠王以致反間行而騎劫之代至倉皇奔趙客死異鄉乎且夫惠王之爲君即不逮齊桓猶庶幾蜀之後主也田單之外間又不敵豎刁易牙開方黃皓之內讒也然而不疑者若彼疑者若此畢生終始不疑者若彼兩主先後見疑者若此燕之寡恩固不足責然毋亦樂毅之爲人智謀足以嫺兵略誠信不足以結主知哉由是言之惠王之疑騎劫之代燕之不幸也亦毅之所召也抑又思之秦之得專力於六國也由齊君王后之媚秦而君王后得歸於齊王也由田單之復齊田單之得復齊也由騎劫之代將騎劫之得代將也由樂毅之見疑天必將使六王并於秦以故事勢展轉相因而至此然則燕使劫代毅將其與魏疑信陵使人代之而飲酒近婦長城自壞趙疑李牧使人代之而君虜國滅邯鄲爲墟一耳皆秦有天下之漸耳皆天耳君子觀於戰國將終之局且不暇爲燕之君臣惠王樂毅悲也

西漢河間王東漢東平王合論

今之人有言曰英雄造時勢時勢亦造英雄顧時勢造英雄猶易英雄造時勢實難余謂炎祺之河間東平兩王其眞能造時勢之英雄也歟且夫

經術之荒也火於秦刀筆酤酒於高惠黃老於文景蓋舉世不知聖人之經爲何物也久矣河間獨能奮起於漢家四傳之後矯矯拔出於十三人膏粱驕稚之中毅然以搜羅古經啟誘後學爲己任用克造成西漢數百年經術之時代烏虖何其偉也雖然經術至西漢之季抑又有不足貴者自匡張孔馬輩出傅會經術以媚當時之權戚固己之榮祿西都人士靡然從風陵夷及於新莽之世假飾經術以牢籠士心一時上書頌莽功德者方領矩步之士至數十百人蓋風俗之敝而節義之衰也又久矣光武中興始則疲於兵戈既乃溺於圖讖其於哀平以來陋劣之社會未之或改也東平以貴冑皇族居家獨能勇於爲善在道德上注意遂造成東京數百年來志節相高行誼相尙之時局以上補西京之缺點烏虖又何其偉也君子之立身爲學也不貴乎隨人步趨與俗遷移而貴乎有高尙之目的獨立之思想破除前代積重難返之弊而自成一朝嶄然維新之派如是之謂破壞如是之謂自由如是之謂造時勢之英雄俗儒不察僅僅以兩漢賢王目河間東平其亦淺之測丈夫矣若乃宣元以降之經生桓靈之間之志士則均爲時勢所造之英雄而隱隱受間接之教育於河間東平者皆不貴可勿論

揚州北城訪菊記

何花不佳必菊乎何地無菊必城乎何城無菊必北乎何菊不可以購致必訪乎愛菊人曰唯唯否否今夫桃杏牡丹之屬非不艷也然大都宜綺羅宜韶稚余寒賤而遲暮者故於菊宜南陽甘谷東陽范村古既有之今亦當爾顧他土嘉種遠莫致之余揚人也在揚言揚故於城宜揚之城中半寓公鹺商所居頗少隙壤足以蒔菊即間有獵嗜菊名者僅亦羅數品

植諸盆盎與俗英雜厠不惟不廣且不雅故於北城宜菊花之隱逸者也召而致之價而購之彭澤君在千載上吃吃笑人已故於訪宜時則涼秋九月關河欲霜客有履予之即者曰今之時菊天也子與我菊人也獨安所得菊地乎余應之曰無已其北城可於是御薄棉躡輕屐出闉之北迤邐少折而西則見野水曲抱籬落蕭疎已隱隱乎含菊意少焉園林在望微聞菊香殘陽明滅遙睹菊影既而園主人啟榫芭延客入則菊之性情顏色與夫品格風趣無不可得而覩焉余爲心領神會久之已而歎曰斯菊之地獨非當日寓公鹺商綺羅韶稚所居亭臺池館雜樹桃杏牡丹之屬者乎當其歌童舞女狎客昵友香車寶馬一時坌集何其盛哉初不意數十年後吾與子乃祇見此菊香菊影洎菊之性情顏色品格風趣竟一旦清冷若此而吾兩人欲於訪菊之暇進園丁野叟諏某亭臺某池館之遺跡某寓公鹺商某綺羅韶稚之名氏則或知或不知知之又或詳或不詳蓋中更兵燹陵谷遷改垣礎頹壞姓字蕪沒俯仰之間而已不可彷彿矣客不能答余亦興盡信步歸來泚筆爲記

書魏源康熙戡定臺灣記重定臺灣記乾隆三定臺灣記後

魏氏源以楚南大儒湛深經濟掌故之學箸述滿家惟海國圖志與記前世武功之書最有聲於時余曾受其所謂圖志讀之已慨與今中外交涉狀序異情移類舛午不盡相合而於其所記武功者迄未暇一覽也光緒中日本和議成之明歲乃假而觀焉至康熙洎乾隆間平臺灣諸記則屢誦屢廢幾不能終帙既卒篇爰喟然而稱曰嗚乎余於此三記尚何言尚何言余聞居中葉而欲上闚開國之迹者厥有數端蓋耳得之故老之口目遇之河山之形手接之圖史之編三者雖殊其致一也余嘗悲歐陽子

登高望清流之關求皇甫暉姚鳳就禽之所乃百年之間漠然徒見山高而水清欲問其事而遺老皆無在者吁何言之愴與顧歐陽子生丁盛宋去藝祖未遠惟時契丹已微金元尚遙淮左右郡邑悉無恙父老雖已零落而猶獲履其山川不徒恃案其圖籍優游太平升峰臨流是雖可悲而未爲可悲之甚耳若夫歲紀三百載世更六七朝當時耆舊渺難問矣而又奉其城郭人民委爲犬羊腥羶窟巢斯則併其川原亦不可得而涉即涉焉亦恐徒增黍離之痛桑海之感無已計惟是圖籍所遺少供憑弔資攷鏡云迺試一再尋而繹之抑似頗揭廣洋深箐之險阨塞幽阻與夫良將猛士之勞經營慘淡用以示夫地之可寶定之匪易事則已蹶而復振方靖而旋沸文則連編而複簡煩詞而互說謂庶幾哉後人鑒茲艱危愼固封守扞禦外侮傳之靡窮夫豈料事竟不如人意且其事已遂雖復內爲忠臣傑士深規鑄錯勤思返璧外爲士人義民弗忍彼虐未忘我恩似乎布告與國申明大義乘機恢復時哉時哉然而逆料當事者之必不出此徒使雨窗鐙夕臨風披卷覺陳篇故簡皆呈憔悴可憐之色而行間紙上恍聞嗚咽憤歎之聲茲其足悲殆有較歐陽子百倍而且不忍宣諸烟墨者乎嗟乎凡若此者晚唐河湟久失而再閱貞觀政要之錄南渡湖山歌舞而更檢東京夢華之篇我思古人千載同恨揆厥情事亮皆然已即如余今所讀諸記其亦是已嗚乎余於此三記尚何言尚何言

咸豐以來中興將帥贊有引

瑞安孫方伯衣言著有曾文正畫象贊依其體推廣爲之詞曰

花縣故粵寇老巢而其間亦生一豪糧運克繼厥功最高蓮幕多材盡湘之髦于嗟乎戡亂之根本惟公獨操駱文忠外俠武內儒文始作宰繼治軍

終以水死廬江之濱而湘兵之翗議實惟君剏平大憝於戲誰勛江忠烈果毅其本衷乃共生平似但務德不務功但重知人不輕即戎大度似汾陽小心過隆中卒之中興論庸無與比隆斯所以享侯封斯之謂賢相公曾文正滿將舊視漢帥勇烈惟金田之變滿漢同怯雖然賴有塔公其恥一雪君不見弓槍負矛竿叟塔忠武羅羅山賓賓學子耳胡以處周張出臆起且立功疆場者半其門下士雖大業未藏五十而死然吾謂諸將中體用兼備者無逾於此羅忠節謂世祿家無佳子而公起珂鄉謂文墨士不足用而公官玉堂卒也爲鶴樓鸚洲地大吏之良猗歟賢哉胡益陽胡文忠力振三湘軍覈三河口君子六千相從斷首亦可謂忠義林節烈轂李忠武厥名爲多厥功亦多就中最偉桐皖操戈不然吾恐安慶之復猶蹉跎多忠勇賢昆季四兩封兩蹟文正猶有憾甫功成而逝獨公至光緒中猶坐鎭於

石城之地然而以此論公壽略其大徒狃其細公有奇壽可以與雨花一臺並垂萬世曾忠襄舟師之勛炳若日星吾姑不復贅評獨高其不畏强禦慴伏夷情力排羣議壹意孤行已矣乎老成願彼後生身立朝廷嶽嶽錚錚竊比於我老彭彭剛直威慴東南及西北甫婚即行無戀色殪我良將咄回紇劉忠壯諸勛臣疆吏之家多富而公獨一貧仰屋其子孫亦多竊貲郎厠剡牘而公後乃無人濫食朝祿世以此爲公悲哭吾以此愈公歎服至於平浙靖隴之伐載諸史氏之錄吾不必畫蛇足左文襄

陸費子豫墓志銘

君諱棨字子豫浙江嘉興府之桐鄉人本姓費自其先德有諱祥者哀其外家陸氏無嗣因以一身兼承其祧是爲由費繼陸之初祖五傳而至諱錫者乃始以陸費爲複姓若是者其受氏之由也錫成順治辛丑進士仕山東平原縣歿祠名宦又三傳而至諱熙者舉雍正朝賢良方正官至山東武定知州其第三子墀用乾隆中召試舉人丙戌賜進士二甲第一累官至禮部左侍郎總纂四庫全書最勤且久墀之第三子元鑛宰天津祀名宦元鑛生瑔以後兄墜起家嘉慶戊辰副貢積官爲湖南巡撫厥爲君祖瑔生宲議叙通判分發江蘇厥爲君考若是者其先世之閥也君既生華閥春秋榜殆其家故物又少禀異才綺齡游於庠意文學侍從操券可待乃以遭赭寇故一切棄去槖筆從戎幕獲官兩淮鹽場大使歷攝豐利呂四栟茶場事所至皆有聲其他鉅公大僚幕府重要之職尤非君莫辦辟召相踵接若是者其仕履之階也方君之任豐利呂四也既卓赫有名績矣而其在栟茶爲尤著范隄之修也君實倡其議躬其役時督兩江者爲左文襄重其事而並欲以驗君之才也乃親臨視工不覺稱善者再迄

至今閱二十餘稔如光緒丙申及今歲皆有海嘯災他處或至壞民田廬身命而栟茶等場獨不爲凶害僉謂非君當日核實興辦之力不及此栟茶舊有南沙書院久廢圮君葺而新之捐廉俸月課其士之秀者由是弦誦琅然人材蔚起號海濱鄒魯君之屢辟巨公大僚幕也大抵以君服官兩淮有年於鹺務掌故沿革利弊研究最精熟故僉倚之治案牘如左右手而君生平經世之術要以隄防河渠諸大政爲最有心得其邀上游識拔也亦於此爲多揚屬運河隄工一切修守機宜君固頗勤擘畫嗣鄭州決口開局清江浦時議展張福口引河開陳家集新河並疏浚吳城七堡以下至順清河一帶舊黃河諸務麻集衆咸瞠眙贊畫其間從容就理工蕆後代河員擬上稟奏各牘讀之者謂端緒秩然與康熙朝張靳輩名臣治河奏議相頡頏云君以一鹾官而累爲當代偉人所知疆臣中如左文

襄曾忠襄李文忠監司中如龐際雲徐文達黃祖絡俱異目相視不以風塵末吏見待而爾時同官亦各低頭斂手自以才地弗及君遠甚淮南北諸父老往往道君之軼事稱誦其治績嘖嘖不去口顧君以某年某月某日生以某年某月某日卒享年四十有九雖三權揚篆頻頻治鹺於大伊山等處而迄未眞除雖膺𨰻枝之懋賞擢知縣之升階叙五品頂戴加四品封典而迄未一日擁民社雖身後刊有紅杏碧梧山房詩集而其一生經濟之學蓄諸心而未宣之墨宣之墨而未行之世者迄難稱君之志事而昭昭大顯高門而卑官上才而中壽厚積而薄露爲可喟已配閔氏舊門淑媛有林下風居家貧而能仁其族媚丁世亂而能治其壼政凡所以不使君有內顧憂而得專其力於仕學者半夫人力也後君數年卒君始生長次兩子皆夭中男垓余弟子也廩膳生工詩古文詞彌精淮壖鹺政

迭爲都轉使者上客近官花𨰻三品銜分省補用同知亦可謂能世君之術業而光大充美之者矣兩孫爾仍爾佺殤存一女孫歲乙巳垓將奉君與夫人之柩葬於浙而以兩殤孫祔爲余與君雅故能窺君志行之萬一具狀以窆幽之文請余誦其狀而感焉嗟乎君之儒學非不逮君家侍郎公也君之吏才非有以甚異於君家巡撫公也一則遭世之隆平而易於發舒一則丁世之喪亂而艱於進取時有遇有不遇故也皆天也然君晚際中興景運一二將相大吏猶知重儒術故君得以風流文采粉飾吏治炤映長淮而今更非其時矣余始獲登君之堂與君飲酒賦詩而喜既也拊君之棺叙君之詩閔君中道淪沒而悲中則見君之哲嗣嶄然露頭角而又喜近復念君之門祚兩孫玉雪可愛次第摧謝而又悲茲者銘君之墓俯仰君之身世不遇時而要猶爲遇時也益爲之且喜且悲蓋悲喜之念迭起環至於十數寒暑間而予年冉冉亦已五十髮星星數莖白矣以名位論其尙足銘君乎哉以交誼論其尙忍不銘君乎哉敬作銘曰

是儒林循吏之子孫綽有其家風而隱於鹺官生既著吏聲於江淮間歿則歸葬於禾中之原一子表表而封崇二品兩孫折不育而祔埋瓦棺雖然苟明德之有後終佑啓夫雲礽我銘俟之貞石不刊

重修揚州北門關帝廟碑

世運遞變者也人心不變者也今天下關廟之建外洎日本南洋新加坡等處靡不畢舉豈不以忠誠武義之槪人心所向無遠而弗届不言而皆同而况揚之邦川陸舟輦之所輳冠蓋文物之所萃者乎揚郡舊城北門之有關廟蓋肇自明中葉嗣後屢經葺治赭寇之亂富將軍明阿駐軍斯土曾集貲大修迄茲又數十稔星霜變易風雨摧剝堂廡非舊而祀典自

羊豕升易太牢規制又復更新是烏可以不再修余既奉天子命筦鹺茲土義無容辭用首捐廉爲僚屬倡而守土官自二千石以下亦各分任仔肩鳩工庀材由秋徂冬而斯役告蕆蕆之日郡人士以刊石之文請爰竭誠詣廟躬親周閱見有殿若後殿者各一以棲神也廳一以爲春秋祭官吏祗集之所也廟之貌貴崇懼其庳陋也門之狹隘者高之揚之俗尙侈欲其儉朴也樓若臺之靡麗者平之或張或弛既敕既備余顧而歎曰是眞足以妥壯繆之靈而稱馨香之典也已雖然竊有感焉慨夫世變之來日新月異而未有紀極當富將軍修葺之年赭寇披猖固勝代叛建斯廟之人所不及料屆今重修之秋强敵環伺則又富將軍爾時所不及料其如是之甚者也惟夫國家之事得人爲要誠仗壯繆威靈海内幸獲一二忠誠武義之士如壯繆者宙合之局終必有濟壯繆丁漢之頹深明春秋

大義以力拒吳魏今人苟有大豪傑者出當裔虜之驕恣講求經世實學以大雪國恥時勢雖殊其揆一也然則斯廟之修匪徒取供安侑昭示肸蠁抑將使舟輦所輳冠蓋所萃之倫瞻拜而徘徊感奮而興起也哉余是以碑揚羣北門之廟而并附着斯義於篇以詔彼有志之君子

景教源流攷

景教即波斯火教也波斯之初以薪燃火驚爲瓶獲立廟塔以祀之猶是中夏古先報本反始義也一說太陽眞火所出波斯本太陽教爰引申其名義爲火教也曷爲乎以景名教或謂以景教碑中景宿告祥懸景日以破暗府二語名之也愚意不然南方丙丁火位景教當原作丙教唐避諱故假景代丙也景教碑奈何唐德宗建中二年大秦寺僧景淨所述世謂景教流行中國碑者此也其流行中國奈何前乎此者太宗貞觀十二年

大秦人阿羅本將經像來獻敕於義寧坊造大秦寺一所度僧二十一人也不止此也高宗時崇阿羅本爲鎮國大法王仍令諸州各置景寺元宗天寶四年七月敕波斯經教自大秦傳習而來兩京諸道波斯寺並宜改爲大秦寺此景教入中國在唐代始末之源流也然而謂唐以前中土初無景教愚又不謂然也据徐鉉新增祆字入說文本於顧野王玉篇祆音呵憐切注爲祆神則六朝時已有景教也据宋敏求東京記載甯遠坊有祆神廟注引四夷朝貢圖云康國有神名祆畢國有火祆祠或云石勒時立此則晉時已有景教也等而上之据杜預注左傳次且之社曰睢水次有祆神則晉以前又早有景教也顧此第探景教之源殊未逮景教之流也景教之流奈何則一爲回教一爲天主耶穌教也其爲回教奈何景教碑文云常然眞寂戢影眞威亭午昇眞眞常之道占青雲而載眞經於眞字繁稱不殺而今回教禮拜之寺額曰清眞又曰眞教其證一也其爲天主耶穌教又奈何景教碑辭首言十字中稱七日復謂室女誕聖於大秦今洋教最崇十字架與七日安息禮又或塑耶穌童女瑪利亞像種種脗合其證二也抑歐人艾儒略作西學一卷實援唐碑以自伸其說根据確鑿其證三也且回教推爾撒爲聖人洋教推耶穌爲聖人而唐世景教所貢之像爲三一妙身无元眞主阿羅訶不獨爾撒之生準回教經距穆罕默德六百年之說正與耶穌並世而竊疑爾撒耶穌阿羅訶並爲一音即是一人亦即同出一教無分彼此其證四也由斯言之回回之與耶穌天主其教異流而同源也由斯言之景教爲回回耶穌天主之源而回回耶穌天主又爲景教之流也景教盛於唐而彼土固非即始於唐猶回回耶穌天主教遞爲衰盛以至於今而彼土實則脫胎於景教也何以知其盛

於唐景教碑外唐品官有祆正段氏酉陽雜俎言祆者彌不一而足班班然可攷也雖然景教獨無源而耶穌天主獨無流乎曰有之也詳味景教碑語似摭拾佛氏之唾餘揣襲身毒之規範而天主本教總名曰克力斯頓者迄今日而又復演爲三派則一曰加特力教一曰額利教一曰婆羅特士頓教也然則是攷之作所依据者何書蓋出於錢氏民景教攷杭氏士駿景教續攷錢氏大昕跋景教碑尾者居其大半而中間輒疏以己見要不敢苟同於杭氏混天方於大秦錢氏誤耶穌爲穆罕默德也

黃太冲今水經補訂

黃太冲今水經一卷係乾隆中開四庫館由浙江巡撫采進本其爲書前則從水之下流誌其末後則據水之發源紀其本其爲體例則用今之水道不用古之水道抑皆用今之地名不用古之地名其成書之時則在明

之季年我朝之初其著書之人則黃其氏宗羲其名太冲其字梨洲其別號也是書名似襲酈氏水經注而實則不盡用其例雅贍有法簡要不枝是其所長惟夫表用直不用旁行不便尋檢水有分條又有合條未歸畫一又言河源則仍沿元史之誤言灤水等則仍承明一統志之訛尟克知新言東表長白山所出諸水率多彷彿言西域嘉峪關以外之流尤屬傳聞弗能指實是其所短輿地爲當今學術之要而水道更爲輿地專門之要補而訂之是烏容已蒙讀是書夙曾卒業蓄意治之因循未果謹粗陳其凡例如左以俟有道是正庶藉資理董云

一司馬史記班固漢書其表之旁行邪上者以便人考求也矧川浸縈紆勢本環匝違其體焉斯弗肖已茲擬從史漢例補訂

一行水金鑑水道提綱箸撰者其學術雖未必逮黃氏之淵雅顧其書

則頗嚴整無疵垢條目分合之間不可不亟講也茲擬參金鑑提綱例改訂

一自康熙尋獲黃河眞源以後此事始有定論蒙元篤什所稱殆椎輪唖餘已至若北方諸水近今官私各書踵事加詳尤可依據茲擬遵欽定皇朝通攷畿輔通志河源紀略等書改訂

一自準回悉隸版圖吉黑各立行省攬關東之宇馳域外之觀通識之儒如戶闥焉烏有因陋就簡言之不詳者歟况俄部虎眈邊防扼要尺流寸涔動關至計茲擬釆欽定西域圖志盛京通志黑龍江外紀諸書補訂

一近時外則五大洲分圖合圖內則二十行省分圖合圖各有成帙特精本少耳然地圖之精否視乎水道矧乃水道專書顧竟可無圖耶茲擬用開方測繪法翻補

一外洋如歐洲之多惱河佛拉嘎河來因河非洲之尼羅河庚哥河奈遮河北美洲之密士失必河米蘇利河南美洲之阿馬森河俄利那哥河奧洲之抹力河皆廣川巨浸不異中土江漢前古之士所未聞今時之局所必審也勿畏其難勿斥曰夸詳攷博訪學在四夷茲擬譯西國最新地學書摹西國最精水道圖翻補

心白儷體文存

泰和陳伯鶠嚼侯編訂
從子榮甲校

雪美人賦 有引

雪至潔也雪而美人又至艷也顧乃成於厮養兒童之手棄於街巷泥淖之中吁可傷矣爲之賦以傷之

兜羅棉手輭玉樓肩滴粉面姣搓酥胸姸栩栩欲活飄飄若仙瑤砌一角晶屏半邊始其玉屑瓊蕤堆軒積墀全空色相未露丰儀何來妙手巧揑嬌姿剪水爲骨揉冰作肌白雲梳髻蒼烟掃眉霧重黛溼風狂鬢欹默不苟笑娟何來遲月娥伴處霜女偎時爾乃僮掃情慵兒裝力弱有如處子腰支瘦削手掬和水足踐帶泥又如孀嫠縞素悲啻刻畫唐突修其皓頸悄如宮嬪望君引領倖色揣稱泫其睒目悽如思婦怨夫辭沐簾衣旁映暝色遮護隱若洛妃羅韈微步簷鋏上懸飆響觸激暗疑湘靈瑤瑟獨擊僵立莓磴枯坐梅帳霍家小玉懨懨病狀玉葉墮屢琪花下重許氏飛瓊翩翩舞容莫不窈窕玲瓏神工畫工無言亦好有色皆空煎茶品逸詠絮才豐宜住瑤島或棲璇宮乃侮賤走亦欺頑童街衢之側濁淖之叢見此粲者胡爲泥中無何旭日高懸消融可憐不綵雲散非紫玉烟冰般風貌水樣流年空思姤嫿頓失嬋娟餘清淨地還太虛天艷質去也芳姿杳然强中後約相逢臘前

木芙蓉賦 有引

花之美顏色而開最晏者其芙蓉乎厥品之高不蘭若厥性之淡不菊若然而遠水暱岸怯風波也辭暑就秋避炎熱也俟命君子運暮美人均有取焉是烏可以不賦

衣薦紅兮蓋蝕翠羌有花兮獨自異與君子兮代興較靜女兮尤媚遙而盼之不粉胡膩近而卽之非酒胡醉容與徘徊不能棄置問諸水濱斯乃木蓮秋後始綻霜餘更鮮疑錦疑繡江邊湖邊蘅杜莽其交錯黃紅紛其變遷苟其一日而三摩抄兮將必旁見側出其嫿姸倘未九秋而百草逝兮猶難嫣含粲吐其嬋娟於焉寄木末支卿栗立西風送殘日愛其葉低近秀葩麗能幽孤根靜託芳華善留非蓮似蓮當秋不秋抱絕艷而晚出兮悽若商婦之遇江州雖陸居而傍水兮詭若張融之牽岸舟慰素節兮蕭瑟呈紅姿兮婉柔已途窮兮日暮仍放誕兮風流爲之凝神屢看矯首四望孰製爲裳孰織爲帳孰爛映夫城郭孰横陳乎屏障罙罙寂寥渺渺惆悵杳雲日邊桃露天上爾獨何辜朱顏頹放雅質清姿騷心淑狀縱不怨夫春風終可憐夫秋樣歌曰我本秋士耽芙蓉兮我有春人肖芙蓉兮鏡裏科名臉邊丰容兮其迹則異其實則同兮忽焉歲晏芙蓉已紅兮郤顧茲花寄感無窮兮

秋懷賦

大火流天宇秋夜迢遞風颼飀坐幽院凭危樓觸新感起古愁併外物之萬象激中心之百憂故秋祗一序懷乃千緒猶憶瓜果空庭髫年綺齡傍砌搜蟀偎簾撲螢蓮心戲露竹杪猜星偏寵惹諸兄之妒曼吟乞大母而聽曾幾何時鬢毛換青悵日月之不淹愴親知之遞零若夫靈隱峯頭明聖湖上香山句留玉局跌宕喜我重來烟水無恙暗蟬咽枝明鷺踏浪俯聞菱謳仰答樵唱傷勝游之不再眷清景而惆悵昔者騷有屈子賦惟長卿司馬史法杜陵詩情一代横絕千秋知名卷攤長案燈挑短檠冷蟾流

餤寒蛩唧聲古人不見感何由平其或車笠死友糟糠故婦生芻奠罷嫁衣施久湮玆素節之三悼彼黃泉之九均衰欷於芳草等搖落於疎柳笛入孤心箏彈怨手荒鼙怕經空房怯守他如京國知舊江鄉上才談書說劍接席銜杯倏焉契闊不復追陪南涉嶺嶠東浮蓬萊無書寄到有夢飛來涼風天末白露水湄每溯墜歡思心徘徊下有雲英未嫁商婦將老腰因愁瘦眉爲歡掃袖倚寒多扇捐涼早暱枕低幃輕紈細縞攬影事兮成塵臉清淚兮盈抱渺渺相思綿綿遠道春風復秋風顏色那長好已焉哉秋夢如烟秋情可憐修名不立歲華幾遷劍琴到處絲竹中年半生江海滿目山川將睡不睡之夕欲寒未寒之天杳莫知其秋來懷裏懷到秋邊彼夫秋辭漢代秋悲楚賢感秋張翰思秋茂先梁帝以秋雲旨託江郎以秋月意傳黃御史秋色藻麗宋學士秋河句妍人心兮不同安能喻我秋

懷之篇

蠟淚賦

鐙花似笑燭淚如啼唇邊蓄媚心上含悽一席之上一宵之中而悲懽不齊則見乍融旋冰將斷復續串串流珠行行攢玉迸露抛彈零星暈粟三點兩點縱橫一滴一痕慘酷宜承金雁之盤莫汚繡鴛之褥丹霞雨瀉紅蘭風亂蜀帝鵑血飄灑璀燦綠桂堆阜翠膏滴河湘妃竹斑彈射滂沱芳園秉殘華闉凝積羊公峴山重來惋惜火城微傾金蓮欲流賈生漢廷一往悲愁嗟嗟何夜不燭何燭不明有燭必淚有淚必盈然特犧樵其崖略猶未細譜夫閨情爾乃長門增成綴彼隋珠屏敞秋冷簾深夜徂望翠華兮不來緊紅淚兮沾濡宛河滿兮愁孟恍拔山兮怨虞若夫璇閨金屋傳自漢宮見銅荷之滴瀝試金剪之玲瓏通德掩袂之狀夜來唾壺之中想汎瀾兮在昔還彷彿兮相同下有合歡炤室香樺滿堂銀河不曉玉人始妝曾幾何年天各一方君去關塞妾留江鄉封點點於綃帕熒熒於裀牀睹鳳髓之旁溢增鼠思以永傷何况中年哀樂芳夕別離丹心的的紅豆枝枝已情波兮欲活似恨海兮靡涯化作光明燭此物最相思但見淚痕溼綿綿無絕期悵眼中兮筵角同溶溶以垂垂已而人散酒闌夜深花睡觸阮籍之幽懷動唐衢之哀思乃相與對玉筯叩銀盤爲歌以申意其歌曰脈脈情如醉盈盈痕滿地寂寂銅龍喔喔雞天明一灑窮途淚

臨邛酤酒賦

卓文君既奔相如隨之返成都故鄉於時王孫靳其奩裝徒見四壁之立不名一錢於囊山眉豈眞療飢滑肌未堪充腸日益憔悴乃用自傷對文君曰卿爲琴感鳳皇乃至甘受此淒涼僕已裘典鷫鷞更何從謀彼資糧

計將安出涕淚交相文君前曰嗟哉長卿何其憊歟謂駕駟馬謂乘高車車既烏有馬亦子虛妾卽强欲與君洗盞更酌舉杯相於然而對酒不樂頻聞欷歔謀酒無所枉事躊躇似此咄咄失志安能鬱鬱久居爲今之計請挈君著書飄妾輕裾辭君敝廬返妾舊居逝聯袂而攜手俱爲臨邛之如爰抵臨邛風景歷歷鐵山延袤火井騰燄獨相如者貧居悠悠旅食寂寂雖有親戚而同疏逖舊日臨邛之邑令兮既羞面與覿當時臨邛之坐客兮復無顏告糴將望臨邛富人門而彈鋏兮已歎世情如蜀道之巇抑仰臨邛市儈食而吹簫兮又恐此恥非巴江可滌窮無復之更何所事風流放誕天才奇異且侶麴秀才未逢楊得意與其臥牛衣何如著犢鼻與其千金賦手歲不售何如百錢杖頭日可冀因相與就壺觴生涯逐錐刀微利酒陣酒兵酒籌酒肆酒國卽是蠶叢酒家何妨娥翠水村山郭之間

桃竹橦花之地偶酒旗兮飄香便酒人兮覔醉昔者酈生謁高皇帝嘗諱
其儒冠稱酒徒今也相如傲卓文君獨不可賣其車騎充酒器乎酤者紛
紛千百爲羣斟酌終日往來若雲已而人散春社天斜夕曛相如於是收
帘歛斝迴向文君而云曰鄙人慕前哲之書劍誦先王之典墳雖無過人
之才希世之勳然視彼鄒枚東方輩頗欲以偏師攻其軍奈何朝受灌夫
之罵暮遭醉尉之醯甲則竹葉三斗乙則梨花一斤斯亦已矣乃更波及
巾幗連汗釵裙于嗟之子得無傷遇人之不淑而重悼託業之無文文君
方在壚側斯語忽聞徐舒蓉面且悲且欣曰妾聞販鹽者鬲舉於有殷賣
漿者尚夢於渭濱即今漢家諸臣開國懋建功勳顧其間以屠狗升者奮
迹於擅曛以販繒進者起家於帛繡亦何異乎染綠醅色流紅友芬以餬
予口聊樂我員且君勿謂妾生長朱門艷裹香薰但知畫眉黛不習勞骨

筋也長卿休矣尚其趁此人靜宵分君舉一觴以慰妾妾飛一盞以酬君
由是愈將乞靈懽伯資生索郎脫略靑袍黯澹紅妝琉璃盌脆琥珀鍾芳
醲鮮米汁滴瀝糟牀十客五客三觴兩觴酒如人而味美地因酒而名香
數酒錢兮宛如女姹折酒券兮即同媼王而惟睹夫酒氣蒸餘尚帶高文
之光燄微聞夫酒酣歌者半雜碎佩之丁當臨卭人有識者或指於道途
曰是麗而腴者固卓氏之閨姝也彼文而儒者又王孫之女夫也作此狡
獪辱在泥塗必有說也羌胡爲乎王孫聞之慚與悔俱不得已予以貲財
分之僮奴命香車兮油壁重迎歸自酒壚

玫瑰花賦

穀雨才過楝風後江南正是花時候吳孃顏色豔於花天遣花香與消受
爾其夏景初延日高尚眠隔紅樓兮人喚窺茜帳兮娉婷夢惝恍其猶怯
聲嬌婉兮遞傳微醒開眼强起扶肩出玉花之榻上到寶奩之鏡邊冒雲
鬟而仍膩壓霞腮而已蔫呼來提籠買去抛錢眞珠名好紫玉姿妍襯鉛
華以逾素奪朱顏而失鮮十朶五朶堪愛堪憐芬馨雙髻風韻半天逌有
賓之懷袖之裏綴諸領巾之旁薰鳳皇之羅帕襲鴛鴦之繡囊粱宮石榴
之裙帶漢殿蒲桃之錦裳既依樣以偷色還乞靈而匂香偎衫位裄傍釧
安箱隔夜神醉經年意長涎嫌龍俗臍較麝芳芬風敵蕙馥露欺薔俄延
曼立蕩逸飄揚或且酒釀千日茶點百沸煮醬新奇佐羹珍貴餅餡藉芳
餻甑沐氣配製多時經營煞費每居舊懽來初宿醒醒未嘉秀色兮勸餐
閔調飢兮持慰亦復淸沁齒牙潤霑腸胃濃似郎情甜如妾味歌曰釆得
徘徊花歸來餉余美餉之助媚妝錫名花阿紫如花人聞而答歌曰釆花
勿釆枝釆枝有刺傷郎手食花勿食蒂食蒂有葺妨郎口願郎知愛惜此

香此色他花否請郎試思量此香此色何人有生憎小字喚離孃阿儂已
是傷離久

秋海棠賦 有序

余所居北墻下有秋海棠數叢內子所手蒔也花時晚浴初起曳薄羅
衫移低几坐其旁一摘再摘擷其芬者插書齋膽瓶中薦則納以犀盒
藉爲膏脣之飾風景幽勝殊可愛念悼傷後不復花今年稍有生意西
風送涼嬌紅燦呈睹物懷人聊爲賦之詞曰

秋色朝爽秋情夕深有花垂垂在墻之陰風翻茜背雨顫黃心障粉面而
如怯暈紅妝而不禁辭阿嬌之金屋上誰家之玉簪羌對子之酸態忽動
余之悲吟爾其小石疏砌底垣曲闌搖月扇兮嫌薄鞾雲羅兮訝單於時
金鳳將謝牽牛已殘黃菊之朶猶孕紫萸之葩未攢此花於是睇楚步

珊珊腸悄斷淚倫彈瓣四出兮㝠玉鬟一團兮簇檀避幽院之朝旭耐空階之早寒能勿揹秋質以私語擷夕芳而細看疇昔之年嫣紅宛然玉瓶小供粉盒私鑴搴素手兮忘冷膏朱唇兮耀鮮倏彩雲兮化雨俄紫玉兮成煙剩娟柔兮葉外抱羞澀兮苔邊斜陽滿地西風一天豔情縷縷幽恨綿綿眷人面兮花似悵我心兮子憐昔爲思婦之魄今成怨夫之篇惜荒涼於晚豔託悽惻於冰絃歌曰涼雨滴瑤階清淚瀉鉛水幽壤想卿卿望夫亦如此又歌曰秋花兮自開春人兮不來願將花上露一灑向泉臺

曹子建賦洛神賦 并序

按子建洛神賦說者謂感甄后事作故舊名曰感甄後乃易爲洛神矧唐李義山詩一則曰宓妃愁坐芝田館用盡陳王八斗才再則曰君王不得爲天子半爲當時賦洛神似子建之得罪於丕實緣斯賦職爲厲階愚謂不然試爲靜味賦詞大抵芬芳悱惻愛君憂國寓言十九觀其卒有云雖潛處於太陰長寄心於君王嗚呼情見夫詞已暇本斯旨聊爲賦之以爲東阿王雪誣並爲袁家婦湔垢云其詞曰

淚灑毫尖愁添恨添帝閽已隔京闕重瞻乃者紅箋擘斑管拈借彼美以抒懷抱冀我皇之霽威嚴試觀錦字珠篇大有豆萁隱憾若論綺思瑤想絕無瓜李微嫌殆略同千餅黃金天寵乞迴陳后渾不似微瑕白璧風情惜誤陶潛昔者子建才邁儔侶擅八斗之詞華與五官相齟齬若中路兮棄妻如幽閨兮怨女欲賦角弓什恐惹讒讒欲歌尺布謠嫌傷酸楚於是觸緒成悽含愁不語疏求自試終嗟閶闔原表上通親誰念飄零雁序一自言違北闕祗應偕白馬哀吟者番歸到東藩未免歎牽牛獨處搖搖心旌悠悠羽旆伊闕之間轘轅之外迢遙一水兮見瀠洄俯仰千秋兮遑

狡獪念嬋媛而姽嫿兮繄何蓉裳而蕙帶也想莊姝以妙曼兮又何芝軒而華蓋也維予今者筮等狐睽占殊交泰言歸於洛憐謫居僻似瀟湘羌爾有神亮靈爽擬於嵩太則見顏儕碧玉貌伍青琴翩爾遙集珊然惠臨朝日昇初十丈之雲霞絢采仙風吹下九天之環珮鏗金既鴻龍兮態接復松菊兮姿尋目惝怳以眩轉口咿唔而哦吟遠渚徐來算容曜更無儕偶微波擬託奈神光半雜陽陰伊結想兮焉窮旋揣色兮逾媚已穠纖兮得衷還修短兮合意抗瓊瑹與華琚綴明珠以金翠肩腰項頸兮歷歷耀奇髻眉眸靨兮一一呈異披羅衣而踐文履是何神女便娟翳修袖而揚輕袿或者水仙游戲此蓋純構虛詞本非實事鄭交甫漢皋紀遇寓旨遙深宋大夫巫峽摛文巵言偶寄者已夫何讕言交作謗語相侵謂鍾情兮不淺由屬意兮素深溯玉鏤金帶之留尚縉眷夫零脂剩粉玩珠贈佩答之事幾彷彿乎墮珥遺簪則一觀於神駭精移忽若有感情悅心蕩殊不自禁語頗近於猥褻詞孔多乎麗淫知不惟刼脅縱酒之讎此事竟同紾臂並難引平視磨塼之例厥咎猶出無心又烏睹茲賦也繼軌楚客係懷魏文纏緜悽悒側豔芳芬蘅皋芝田一莖蓀蘭茝之紛紛也椒塗桂旗一荔蘿蓉茇之紜紜也無良媒以接歡即中情不察之殷殷哀盛年之莫當即修名不立之勤勤大都香草美人珥筆效賢王忠愛不是惜花御史褰糠弔逸女餘薰若有人兮知於巖之畔者那輸山鬼瞻彼洛矣恐凌波微步者郎是湘君爰爲之歌曰匏瓜處幽房芙蕖波中央之子渺無匹靈修胡獨忘含羞解玉佩蓄愛獻明璫惟有三閭氏知余最斷腸餘韻未歇深情信芳悼彼淑美蒙此謗傷一歌兮嗚咽再歌兮抑揚又歌曰殘箋臨得十三行繡虎才空洛水涼惆悵黃初賦成後奇冤終古抱陳王

曹相國張飲後園與吏舍歌呼相和賦 以聞吏歌呼與相應和爲韻

維漢孝惠帝朝平陽侯曹參者指口宜飲用心不紛以上相貴與下吏羣觴飲飛月歌聲遏雲絕非巽日朱虛苗除非種自是當時綠野花伴微醺不圖刀筆生涯俚曲得郢中雪和別具鹽梅才調醉吟教天下風聞夫其用黃老家言致青齊國治促舍人治道路之裝待後相以獄市爲寄約三者遵先帝規畫一者守前賢意懷故園於沛上風歌猶有餘音築精舍於府中日飲何妨遺事值此花香靜領料無喝道之人知應木訥相安惟有行冰之吏屢舞傞傞有聲自他豈燕市悲歌之地如衞邦羣飲之多大聲胡爲乎來也小吏皆末如之何乃羣誇金谷芳華合請呼車以往冀一警玉山頹倒聊懲側弁之戕笑若曹解履留髡敢作比鄰之鬧詎我公推襟送抱猶爲出戶而歌假使斥其放誕示以除驅謂首濡爲沉酗謂耳熱爲

豪麤謂酣嬉淋漓爲誤公事謂激昂慷慨爲非吾徒則將鞭撻從事禁戒與俱祗容老子閒情三杯浮白那許諸君痛飲一曲歌烏獨不聞丞相車前唾茵議罪豈欲學功臣殿上擊劍歎呼又或寂若不聞默而無語既隔形骸渾忘齟齬本非主而非賓自爲我而爲汝鸞鳳聲莫漫嘯歌牛馬走別成伴侶就令一堂清燕自饒觴詠於公卿略同兩部鳴蛙何羨謳吟於牧圉壹任彼餘音靡靡栗鹿爭鳴幾傷夫大度休休委蛇虛與乃者敬伯情長言依後堂玉斝更酌瓊筵特張絲竹何必鼓旗各當有把酒問天之雅有拔劍斫地之狂對酒當歌省識人生行樂有誤必顧分明國事平章不孤汝輩風流琴尊互答忍祕爾音天籟金玉其相竟相酬贈聲滿三徑從吏愕驚相公高興趣入侍而笞子窋此意可與發明避正堂而舍蓋公前事遙相印證金叵落看予傾倒但期職守法遵玉唾壺爲爾敲殘肯惜氣求聲應然而不務深文專掩細過幕賓既日涉醉鄉府史亦惟登酒座苟師其意賡颺何損於昇平倘襲其名嘯詠適滋於叢脞故百姓載謳清靜在申韓殊愧此歌抑千秋高論陰陽止丙魏相屬而和

司馬相如善爲文而遲賦 以故所作少而善於皐爲韻

文壓枚工人傳蘭慕儕平子兮十年異思王兮七步漢殿則凌雲高賞帝願同時茂陵則病雨閑居天教作賦百日而麗詞甫就特緩心裁一朝之典冊相需允資掌故昔者長卿才絕儔侶成都乃其鄉關文園斯其出處千金價重眞堪賣賦爲生四壁家徒惟以富文自許陋馳檄飛書之用來豈人間溯封章諫獵而還游於帝所然而宇宙苞括今古綜錯宜夫佳篇之林列胡以奇藻之寥落識鳳片羽封禪文已出搜羅窺豹一斑大人試空驚沈博除烏有子虛而外祇覺無多自哀秦難蜀之餘不聞有作豈其

業擅千秋精務八表颯風雨兮狂揮剗霜烟而漸杳知遇更無狗監文詞之呵護難常飄零宛共鷄裘文字之銷磨遂渺殆如與五公子難當年散佚已多亦若遺平陵侯書後世流傳絕少良由魚貫列字蟲雕琢詞日鍛月淬而爲此勞神苦思以出之例以琴心三年而曲方成調擬諸酒味千日之醉乃大奇儼讓他賈誼升堂上人不欲倘遇彼鄒陽在座俟我乎而於是催任銅鉢穿矢鐵硯匪萬言可日試似三都以紀鍊倏爾睡心千仞兮通靈渙然而興手一枝兮忘倦笑彼文君之作合翩何姍姍來遲等諸武事之將兵無取多多益善其善也殊卓卓其遲也姑徐徐雖淹滯兮微憾終瑰奇兮孰如雅供溫麗文章當壚滌器隱兆遭逢遲暮駟馬高車此免官而數歲幽棲始賦梁王池館況奉召而一篇給札盛傳天子林於土有花磚展步蘭署簪毫久噪文壇之譽夙推文陣之豪欣逢化日舒遲形

廷授簡喜荷自天稱善丹詔嘉褒豈徒希大漢規模自許超枚而軼馬直欲以小臣著作上方拜禹而颺臯

飛將軍賦 以匈奴號廣曰飛將軍爲韻

龍門題品猨臂儀容細柳堪掩大樹莫蹤維名將之武怒靖敵軍之橫縱獵向山中久著盛名於射虎來眞天上威推豪氣之如龍羨頭銜標三字胡天交稱籍籍時羽檄正羣飛瀚海難定匈匈當炎漢統有夫區宇獨匈奴數寇夫邊隅虎節分道而四出狼烽相望於九衢無論五利將軍非將材天闕之飛升詐也試問貳師將軍降虜後陰山之飛度誰乎坐令毛豐冒頓翼長單于任憑强敵射雕生心飛鏑安得點兵縱鴿借力飛奴迺有李將軍者馬邑摧堅龍堆戢暴系良家而軍國攸資不刁斗而軍戎無課雖復出塞屢彫夫翎翮多所失亡當陛不假以羽毛惜其衰耄然而賢王

侈口以歎沓闒氏動色而驚告如斯英勇論材稀並世之人宜有芳聲故李換當時之號赫赫隆稱非非幻想旅信翰如人偏鳥像是豈飛頭之國界絕窮荒亮非著翅之流術誣新莽蓋借天際之眞仙用寄風流之宏獎罕譬而喻比鸛鵝爲陣於御翮無翼能翔陋鴻鵠安知夫勝廣由是譽噪邊庭聲馳胡羯上溯偏裨下逮兵卒四方爭奉夫羽儀萬口儼成爲碑碣橫海伏波而外飛舉騰軒焉支甌脫之間飛揚飄忽飛布於長安九重之聽睹天子奇焉飛傳於成紀三世之交親國人皆曰豈不以李廣者雅嫻韜略茂建聲威殊業光乎玉塞大名震夫金微雖吶吶如木雞之養到而桓桓如蒼鷹之正饑不整部行捷走兮飛廉彷彿愛操弓矢善射兮飛衛依稀隨衛長平南北漠奔馳笑雀鷂何堪將將與程不識東西宮頏頡似燕勞各自飛飛且夫天驕之悍日逐之强尙或低頭推戴斂手褒揚寒毛

宛效彼雌伏戢翼罔敢爲鴟張奈何身後則頸飛血雨生前則顚飛鬢霜飛凶符小過之占胡兒偪廹飛垂協明夷之筮醉尉猖狂數奇至此人之云亡竟無侯相班超萬里而肉慚飛食轉讓奴材李蔡一鳴而羽得飛將雖然萬戶之遭原嗇百戰之名自芬緬經世之宏烈繹史公之舊文若楊樓船范度遼韋儔相較殆懸殊天壤彼張桓侯岳少保名字安知非興起風聞後世軍書飛而多警海水飛而告氛不禁極睇邊月迴瞻隴雲獨曠代而相感想偉人之茂勳聞鼓鼙而思古帥臣或者山西兮將重出幸廊廟非無高皇帝定看壇上兮驚一軍

綠葉成陰子滿枝賦 以題爲韻

杜樊川浪迹飄蕭豔思婉縟四百八寺關心二十四橋託足掌中腰細無人留下燕裙心上淚濃有客燒殘蠟燭乃者領刺史之冰銜訪佳人之芳

躅十年舊約虛惜花御史之情一絕新詩續香草美人之曲懊惱秋期辜負媒少葉紅淒凉春夢荒唐事多蕉綠爾其紅雨稀踈碧烟稠疊莫睹香心全迷笑靨飄零兮難駐芳華落寞兮不堪酬接彩雲易散絃管千場夢雨齊飛綺羅一霎自是好花結子別燕辭鶯其如碧樹無情啼蜂怨蝶轉眼風流欻絕都無剩粉零香傷心春事蕭條但有粗枝大葉回憶初剪紫豔乍發紅榮榴裁裙小杏約衫輕金鶯啼而曲送寶馬踏而香迎流水賦燕支之色歌座喧馬足之聲豆蔻梢頭此際分明二月枇杷樹底有人依約三生拋蓮子兮我心悄通眉語隔桃花兮人面遽訂目成感舊傷今低徊不禁綠雲擾擾綠霧沈沈綠野之風光陡換綠窗之消息徒尋悵攀折於他人綠章未乞怨滂沱於彼美綠酒孤斟依稀空翠一庭搖將醉眼根觸香螺十斛潑到愁心定知碧玉妝成易減傾城顏色便把黃金費盡難

留逝水光陰既午轉兮陰濃又丁香兮恨起榴以多而損顏梅以酸而妨齒三千桃熟歲華二八瓜分年紀一年容易花有歎聲來日大難樹猶如此舊時門巷寂無鸚母窺簾何處園亭賸有燕雛掠水誰寄相思紅豆一別玉人可知獨立蒼苔重來游子春去兮太怱怱花開兮非緩緩綠幺曲兮聽正闌綠曲欄兮憑已懶但覺恨逐子多夢隨花短遲我筵開湯餅麥壠風清問卿錢乞洗兒榆街烟暖詠質七實三之句南國虛生拚一摘再摘而歸東君不管絕似綠珠墜後石大夫樓上人非記曾紅粉迴時李司徒座中客滿徒悵玉簫吹晚珠簾卷遲酒旗山郭禪榻鬢絲多情無情之感傷春傷別之詞子離離而雨後陰冉冉而天涯無可奈何名花落去相逢恨不嫁杏前期不知絮果萍因可有來生會合爲憶桃夭李媚都成隔世丰姿李清照吟到海棠綠肥已憐紅瘦杜秋娘歌殘金縷無花休折空枝已焉哉感莫感於別離悲莫悲於遲暮兒落魄兮半生倏韶華兮一度風光纏綣未免有情春事蹉跎不如歸去金藏嬌於何屋嗟予實自誤平生鐵鑄錯於此州自昔早同斯感遇莫漫眠琴綠蔭品司空典雅之詩還效泛櫂綠波擬江令銷魂之賦

恨鰣魚多骨賦 以淵材五恨此居其一爲韻

饞慳大嚼備責小鮮于嗟下箸太息登筵藏皮裏而紛若皺眉端而愀然是何天骨森開多多易辦那禁風懷棖觸恨恨難全誰云鰣出以時觀我偏艱頤朶轉覺魚非所欲對君眞悔臨淵豈不以鰣魚者味腴且滑色潔以暟似鯿稍大謂鰽相猜山堂肆考誌其美廣州三鬣名亦賑早夏江頭蘆荀青時掉尾富春山足櫻桃紅候張顒固應品傲鱸鄉任菰菜蒓羹之未若久已味登燕騎共荔枝盧橘以呈材無如刺刺不休格格難吐較黹

鯁兮還多紛牛毛兮莫數鉤牙棘吻竊所未甘搜毫剔芒亦殊辛苦略比箭頭攢簇刻露勻排宛同綿裏藏針零星密聚儼效鋒交撐鈹魚腸劍進於王僚幾疑曲本如鉤鯖味雜調夫侯五然而未有貶詞莫生異論斷無別種能雙高出常羞者萬允宜開懷侑樽努力加飯取佐辛盤卵飯豈珠玉膾金齏縱嫌丁枕乙腸究屬瑜尋瑕寸儘有涎垂局外效門客之歌魚從無怨起盤中續江郎之賦恨咄咄淵材投箸而起逸趣橫生奇情可喜怪此中森角芒欺老饕乏牙齒祝汝骨能銷白管教俊味完全嗟予骨換無丹辜負芳鱗肥美竟與東坡同恨奈何奈何不圖南有嘉魚如此如此對酒欷歔狂呼老漁舍魚未忍沒骨何如徒令舉箸則恒惴惴下咽必姑徐徐豈骨醉欲報前生喉扼遇昭儀之武胡骨鯁偏饒水族頭銜標參政之魚累老夫沾溉鬚髯猿遜蚊刺惹稚子捫探喉舌曲甚蝎居要之骨之多兮固非宜鰣之美兮自共知惟名士別存奢望斯乃公若有憾詞由來僕本恨人低徊不少轉歎魚非知我缺陷如斯不禁愛極恨生似卿狂兮趺宕安得有肉無骨如人意兮貪癡蓋蟹鳌之撐拒如戈未必形容盡致亦蝦鬚之蹶張似戟猶難肩背望其大抵古今來補恨艱難天下事類多缺失大則宋代遼金元小若曾公尊棠橘而是魚也亦復棘刺賦姿芒鋒抱質江瑤柱多食動氣此可匹儕河豚魚大毒蘊肝同堪憤嫉是知鼈有裙兮鵝有掌漫思生四以著雙譬猶狗去脊而狼去腸難保竟百無失一也

戈直哉傷寒指歸序

曩哲有語不爲良相則爲良醫蒙始惑焉既乃豁悟夫易曰保合太和詩云永錫難老書言變理陰陽禮謂參贊化育豎夫緩識二豎和稱四姬若

斯之類咸在前典活國活人亮同一軌顧自古義烟銷末學雲起相懵國是醫戲人命二者相似衰於魯衛之政羣言龐定若爭滕薛之長試爲比附依類指陳盡致厥有傅會東垣之書鋪演景岳之說既未審荊公言平生無人薓亦活到今日又弗覽大令帖新婦服地黃似大減眠食遂乃補陰益陽如塗塗附上命中性不解解之卒使元氣擁閼病機淹滯是蓍苓與硊䲹同功歸芎偕堇烏等效則悝鞅之術也復有奉丹溪若圭臬倚河間爲導師傳燈箸錄苦蘗參和尙之禪本草釋名大黃樹將軍之幟將使四序不備有秋肅而少春溫五德偏枯存義正而廢仁育甚至生氣蕭索已游於無何有之鄉蘧言囂爭猶執夫陰不足之論則申韓之過也若夫不善爲脈以情度病許允宗曰多物以幸功蘇子瞻曰學醫者人費方處乎不寒不熱逿問君臣經昧乎孰陰孰陽囫圇子母倘令生前作諡合贈胡中庸之名吾知肘後懸方此即蘇模棱之手則黃老之流也下則視神察毫既少微解望色辨脈亦覺粗通乃竟大言不怍自詡小道可觀帶下痺醫公然隨俗爲變皮膚腠理骨髓私詑無藝弗精究也乏龍宮之禁方祇兔野之廣獲但博口舌易夸獨憐肺腑難語則蘇張之亞也直哉戈君感此憤歎思欲廓淸謂有一篇可祛諸弊則如傷寒論者權輿夫炎代箸撰於長沙維彼黃經岐問此闖其庭戶惜哉王注成箋未涉其堂奧於是討幽旨闡秘思燃脂宵書弄墨晨寫實事求是竊比於河王虛衷察微遠紹乎漢學其間精擘古文讀書十年旁證今病易藁幾度蓋雖左太冲之門庭藩溷皆著紙筆韓吏部之爬梳剔抉作爲文章有其過之無間然矣論者每謂醫者意也因意變通藥者瀹也隨證疏瀹顧乃癖嗜故籍倡設高論是猶房琯車戰卒覆唐軍安石官禮且禍宋祉不知學古乃有獲見

於高宗之命作相須讀書聞諸藝祖之語必欲訾詆古法從事俗工則是季世密勿轉勝伊旦近代平章高軼丙魏不亦傎乎何其戾也特如僕者慣拈斑管西抹東塗遠想靈蘭南途北轍猥荷襟傾枉索弁語作虎鹿形而學華佗不過兒嬉呼牛馬走使傳倉意安知神妙徒以斯道有眞是非良醫無幸生死矧茲編者論病及國原診知政義通儒門詞極馴雅用是不辭喤引莫罄稱贊先聖人重賴後學者君爲輔仲景之功臣門外漢强作個中人我似識伯休之女子

陸費子豫碧梧紅杏山房詩序

過江名士著姓莫若謝王有唐詩人起家半由丞尉良以門高則耳濡目染其識閎也官閒則性逸情疏其天瀋也然而哀絲豪竹銷磨聲伎之場據案參衙迷悶簿書之窟抑獨何哉難言之矣乃有家居浙水門對瓶山稽其世德黃香典東觀祕書牒厥宗華陶侃作南荊都督弱不好弄生即耽吟伏挺名噪無雙何準行居第五每當雙槳湖頭鴛影鴦影一笻樓角烟情雨情長水塘幽落帆亭古梅花訪道人之墓香蘭弔蘇小之墳未嘗不吮毫散珠探懷出錦睎古馳抱離今騁才綺篇秀句禾中稱焉已而詞高七步聲劈一鼚登茂才科應賢書舉方謂龍魚擘翅定乘弱水而嬉天馬行空直躡强臺以上殿前作賦杜甫作審言替人座際談經員俶是半千孫子而無如斯時也魯詩歌泮水人來漢史記太山賊起先生賭黃巾之如麻憐靑袍之似草爰負劍以從軍遂磨盾以製檄於是一編鹽鐵十載揚州鶴影飄蕭騷心鬱勃春風明月愛杜牧之辭工積雪飛霜謂張融之賦好其間紀行役叙亂離東塗西抹烟墨紛馳北轍南帆風波飽歷拳拳憂國悁悁懷鄉聞者疑五噫之梁鴻讀者歎七哀之王粲且夫高風坐

嘯成猎羣嗤作吏便廢中散攸慨一官一集詞場能幾抗行八韻八叉朝籍大都不挂以先生高掌遠蹠濡迹匡時大府傾襟名賢倒屣理平準而孔桑乏術競說推袁治河渠而汲鄭無功又思借寇宜乎倥偬損此歗歌而顧苦志敲銅倫閑刻燭衙齋官閣恒支篘以成吟水驛山郵亦搖鞭而得句短詠則眉毫欲落長言則口吻生花未嘗一日忘其所好也僕與先生吏隱途分朋歡分隔徒以皇甫善左思之賦命傅郎君子瞻喜秦觀之詞許題玉貌溯交訂夫韋弦本以詩爲噧矢猶憶徐榻留賓之日謝庭課子之天杏塢春多梧軒秋早時聽晚雁或玩新鶯代謀一字之安躊躇竟夕爲賞半篇之俊嗟異崇朝此景此情如昨如夢茲者重檢巾箱蠹蝕殘箋之字再來門館蛛纏吟榻之絲人琴俱亡鄰笛孤裊幸嗣君之繼起示殘客以遺編曾游白傅隄邊依然言笑如過黄公壚下再接平生展玩吉

光之羽不辭喤引之言嗚呼俗吏幾人清詞麗句浮生一世短夢輕塵劇憐知已無多零落風騷同調且喜詩人有後好聽雛鳳清聲

送成述周同年之官粵東序

廣絕交論僕方續劉峻之篇能移我情君乃是成連之裔夫其安宜幼產承黄散門風建業僑棲愛青谿烟水玫瑰移植生便離根瓊玖空懷未由投李當是時匪特不忍元度抑亦未識眞卿也無何歌鹿鳴而來同吟西笑跂龍門之上偕賦北征津門一見下馬如虹京國三從將鬗作藺語其豪宕會稽王霞舉軒軒擬厥繽繇彭澤令雲停靄靄每屆選夢東堂摛毫南省白袍立鵠入固舒雁以成行紫陌嘶驄出亦文魚之逐隊一旦方干不第羅隱無名遺愁之文山積書空之字㢠起而君方康了未諱安飲墨水三升坦率自如羞頂名經千佛謂江湖已分可恣清狂借毦毵爲名且謀醉飽變太常之屈聲爲郿陽之暴謔閧嘲花樣朗詠芙蓉落落然忘在京塵中孫山外焉加以天性多情國風好色作鞠躬之樹不許魔侵得解語之花喜邀人賞猶憶中江待牓之天子夜聞箏之夕時則娥媌靡曼對住銅街佳俠含光分巢綺巷先施過而金錢雨擲蓮香出而蜂蝶雲隨占春色於鏡湖號風流之藪澤然而李端誰氏耳食嶺池史鳳何家目迷屏洞心惝恍而無主足趦趄而不前君乃都知錄事熟諳萬豔頭銜勝業平康雅練三唐掌故於是繁欽集上代籌約指之銀文胄篇中替結同心之縷海名歡喜必教隊影於情波天是華鬘不使向隅於色界往往華燈欲曉而娛光之縹渺猶明流管將終而輭語之嚶嚀未已衛音狄濫吳說妖浮酒滿一襟香盈兩袖有是哉斯樂令人忘死使君於此不凡茲者入長卿之貲棄班生之筆飛雙鳧之舃臨五羊之城雖花田旖旎四序長春而

炎海蒼茫六時皆熱春言迢遞未免踟躕所幸賢哉大婦迎來桃葉以隨身問取小名奪得機絲之妍手將使勤添半臂支持瘴嶺風烟對畫雙眉消遣垂簾晝日先生自合時宜夫子豈長貧賤君眞得所僕更請前夫鄉里衆矣而億貌千形劉季何以最親盧綰年家夥矣而九州四海香山何以獨昵微之豈非萍因絮化具有前緣能無桃洞花看頻商後約奈何交才四五年別遽六千里未獲送之南浦春草春波空勞時因北風相思相憶從此綺夢雲散隊懽雨絕即復東浮浛瀣北首燕路而重來小市剎高誰是酒人再上旗亭王李已無詩侶棠棣桂楫舟同王子何年竹濫絲哀坐無車公不樂興言及此傷如之何嘻君行矣聞說此鄉多寶明德須崇倘眞有女如珠好音迅報

金子羲思古後圖序

歸昔西園騷雅曾獲馬卿之章高西園鳳翰藏有司馬相如印後山魁俊亦寶燕后之琢文後山得趙倢伃印是皆綏纓上流金石佳種播諸菽林用爲譚柄雖然昭陽飫水妖蠱實啄皇孫臨邛遠山放誕見訶君子古之人也吾無取焉若迺楚國同姓蘭臺史臣先世紈扇擣衣諸作固夐軼夆綈之凶裘及身賓戲典引等篇復奚減封禪之姼麗斯則炎祺瑰寶儒人瑋英句其手澤堪爲心賞者已迺有臚青先生子羲曾甫西浙才賢東淘翰宦蟹鄉蝦市偶暇日以裴裒鳳翥鸞翔認扶風之欵識文曰班固之印於焉售以刀布韞諸櫝笥謂此一行也得班生何異登仙記賦兩都文發幽情有云思古爰是取義斷章徵題索繪赤文綠簡古僑呴嘍之碑錦軸牙籤貴儷雒陽之紙傳鈔者苦手胝睇視者詫眼福如斯珍弆亦有歲年無何山陰會散右軍則陳迹空成鄂渚唫多崔顥則上頭已滿又況劫換滄桑世輕辭藻安昌魯論竟見燒薪孝

元漢璽猶鬪抵地斯文將隊嗣武何人則又有留薌先生者即子羲君世守家珍雅耽國粹浼何水部詩孫乞鄭都官叔問賡續前徽流傳副墨㝉邀周昉水英爲宏漢京侶西賓之詔東主舊德闕懷如孟堅之紹叔皮楹書接踵一時瀞內奇傑並箸鴻篇座中殘客兼示牛走君是金張世胄與兩漢本有夙因我慚欿向後人訂七錄無能爲役強曰俳體志其顛末斯畫斯詩斯人斯物願永寶存祝長壽耇云爾

項籍論

余讀太史公項羽本紀贊竊歎其所以罪籍者至矣因念睇東城之廢墟弔西楚之精爽起籍九泉亮亦驩辯然而寄幽抱攄偉談殆又不妨替憤王鳴寃與舊史異議請作易地之觀快發驚天之論可乎今夫兩雄相角天下匈匈一老爲俘俎上岌岌奇貨可居斯其會也乃者項伯一語而輒罷張良再請而遂歸豈眞屈於即若翁之言蓋不忍爲殺人父之暴然則杯羹分我之詞擁篲迎門之舉籍而得志有是事歟若乃遴賓鴻於吳下窺祖龍於越中始則攜手偕行繼而掩口相愛雁不分飛鴒能急難卒也埙歇篪代鼎扛山拔飄零書劍學萬人敵竟成叱咤風雲俾三世將有後即至舞劍相蔽在人已顯有貳心然而縱斧不聞在我亦終無翦翼是知戀戀轅釜明明頡羹封兄子以小侯累君王之大度使籍當之必不出此論者每謂亞父一賢足抗三傑胡爲始也昧昧於鴻門之燕既也急急於鴻溝之割鱗批罔納猴沐徒笑不知觀過知仁絜長較短草具雖墮於反間葅醢弗果於誅戮若必議刓印之難封遠遜於解衣之易贈將一則背發彭城尙得狐死而邱枕一則腰斬長樂竟嗟鳥盡而弓藏且喜且憐疇得疇失論者又謂喑嗚嘆咤千人皆廢似乎英傑之氣多未免兒女之情

薄顧何以垓下聞歌已成楚些帳中起舞尙有虞兮乎然即此蒼涼駿骨竟得隨身婉轉娥眉猶能共命可想夫羽翼難動愴愛子於我心耳眼皆非委幸姬於人手宮中牽制羗欲立如意而不能地下唏噓亦同此奈何之頻喚使蒼犬之妖不來問野雞之禍曷極彼何人斯嘅其歎矣至若義薄高雲精感舊雨生前面目扁舟謝亭長之情歿後頭顱一劍付故人之手又較之停驂沛上因父老請乃復豐聞語沙中懼反側多而封齒者以彼則齷齪以此則磊落夐乎卓越莫可同語焉持茲五倫之大評彼一世之雄可以代招魂九閼使烏江之水不流可以試登高一呼使戲馬之臺生色矣抑吾於此尤有感焉昔者一成一旅夏少康卒以中興三戰三北齊敬仲終看定霸是故屈伸爲易義要言勝負乃兵家常事令籍也擁八千之子弟捲土重來指百二之河山背城一決吾意淮陰方夷於前黥布

旋反於後功狗之屬散於外人謀之變亟於內鼓行而西雲集響應楚弓已失而復得漢鼎雖安而又危事未可知在此行也惜哉重瞳輕於一死悲夫

送鄧稚庵重之宣城小引

宣城爲南州之名郡有北樓之偉觀元暉挹秀於前太白標奇於後兩水雙橋三唐六代洎乎有宋則聖俞繡厥弓衣迄於我朝則愚山振其領袖可稱詩國奚翅畫城心嚮往之未能赴也吾友鄧子稚庵天懷鞠淡風調蘭幽文采映乎霞綺襟懷澄乎江練而阮籍白眼不可一世陶潛素心空盼三益往往每對俗吏以扇自遮長恨名山無錢可買落落然恒不自得焉歲乙酉膺明府某公之聘聞其烟嵐繞郭雲石排衙旣僥古賢兼及時彥遂喚小奚輕馱行李言尋大阮去佐栽花有勝情勝具不嗟行路之難爲好水好山早已出門而笑自是葭蒼露白迻書剖尺柳往雪來得詩盈寸出所著虎尾集若干首浣露而誦問天可攝一吟口香三日目刮歡喜贊歎曷能已已夫虎頭作畫此子宜置邱壑龍門著史其人早涉山川謂足攄寫幽情發揮遐想而况訟庭牒少惟白雲往來賓幕禮疏與青山拱揖高齋露坐邀二三朋輩唱酬敬亭秋佳想千百年前人物人生行樂何必鱸鄉我輩登臨不輸羊峴君之游可謂樂矣君之詩可以傳矣僕羨極妬生才逢又別留之不可贈之以言秋風時起剛深潘岳之悲春水方生又作汪倫之送棖觸禮經尙左之揖眷懷詩人阻右之道死婦九泉生友千里能勿爲之落顔貌摧肯肝哉子行矣勉旃自愛正當春草以送君何以報之會有木瓜之投我

是歲光緒乙酉室人鄧殁稚庵之堂姊也時稚庵之族叔子衡方佐甯

國府某守幕心白記

重修泰州上眞觀記

出州北門而東可十數武有上眞觀焉邑人所稱查氏故第者也金缸二等昔時宰相之家瑤圃一區今日仙人之府志乘靡著故老或稱蔣山精舍舒王所居蘭渚招提內史攸宅於古有之理亦堪信初觀頗荒廢門尤傾欹垣蝕若疥塗危疑棧秋水齧岸幾不容趾春泥滑街動坊傾足星閃屋脊風摽檐角一修再修迄未觀改乃越鵰蟀偶道其地閈閎巍然牆宇奐若隙地爰拓旋馬已容城濠適通跳魚時睹頓呈今妍全洗昔陋此中有人早心識之會廹塵冗未入瞻覿庚寅杪秋風日淸朗單子介余造乎其室階級坡陀秩秩修整榱梲宋桷森森坒駢面南五楹厥制瑋麗丹碧圖繪金銀宮闕偓佺之屬欲笑欲語神采具足不異生者前爲殿一亦復軒塏對堞遙睇炊烟四靑臨河近俛衣帶一碧戍角晨咽漁歌夕咿勞者耳之輒發悽想出殿旁歷是爲道院丹房繚環黃冠憩息雜蒔花竹將以招鶴間插松枝預謀代麈幽構靈棲此焉不遠游覽旣周少覺疲頓道者揖入手貌奇古瀹茗供客元談娓娓出籤授讀淸音琅琅就詢顚末用述梗概先是有熏修者日夫巳氏蹤縮類句枯腊訝鬼客非盧杞亦作藍面時無馬周高聳鳶肩賣瓦充食呼烟當霞蹲局其中多歷年所行路嗟惜奈何徒喚仁和許公來宰是邑褰帷停睨色然而駭乃呼使前因益詫歎是何蟲豸亦厠羽客遂如鷹鶻不啻距脫士庶顯賀神靈幽怡遂遴廟祝屬諸王君俾合餘燼徐圖興修於斯時也系出王陽作金乏術訣乞呂祖鍊汞稀方爲山九仞觀者神沮王君毅然靡有餒却以一誠感召衆力擎檀越雲起布施雨集八瓊之室九琳之堂閬風翠水紫府淸都赤手再造

彈指涌見可謂堅固不息有志竟成者已淮南桂老女几菊榮落成屆期合尖有日瓊岌儲錄金臺妥神更馳丹符廣致墨客鶴樓崔灝都已詩題鵝池右軍或仿經寫麗什芳翰左右焜燿披械芬流展紙怪發胡更痂嗜波及下走辭不獲已退而搜枯惟是參同三卷旨昧伯陽道德五千說惜李耳徒据聞見排比以文書成歸之强命曰記云爾

單翰坡青鐙雜記跋

近今小說每乖大雅指厥瑕纇類區二端粤自搜神製記幽怪著錄自時而降實繁有徒至乃魑魅行間鬼多於車載綏綏紙上狐奇於祠叢荒誕一也亦有考證故籍徵引舊聞恒近耳食卒之心得測蠡窺豹皆前人之唾餘販鼠賣蛙或他書所已見稗竊二也翰坡先生芹宮前輩蒲水通學多識前言喜語新事在漢文之禊門下已驚其秀才洎衛武之年座側猶

勤於篇籍往往晝接賓客或餉以新語夜課生徒輒參之舊文凡夫古意今情朝章野錄包舉萬有釐訂四册命之曰青鐙雜記書成余受而讀之詫其蠲剔二病奄函衆長一珠記事幾如腋集千狐狐粲助明不知毫秃幾兎心乎愛矣跋以歸之噫嘻手編已竟先生祇分餘力於治經掌故攸關後世將据此本以證史

浴佛贊

佛本無身於何有塵佛本無塵何浴之云然而佛道儗象方龍定法非法說空非空諸天西竺四月南風醍醐灌頂卍字澆胸附子調黃都粲糝綠鬱金如霞隆邱似玉安息同馨清泉相續劫灰凈洗妙相具足我聞佛典自選佛場八功德水在極樂方四大海水於毛孔藏水哉水哉何如五香

千佛名經頌

科名佛名本來殊例一爲出世一乃入世如是張倬云何以故俛而深思仰而徐悟我思其初白袍鵠立有如乞食鉢衣各執我思其既紅燭蠟燒有如作偈樹鏡分標我思卷納優加薦拔有如苦海漸登慈筏我思榜開紛報元魁有如凡夫頓證如來佛法解脫最是便宜席帽永離解脫可知佛家因緣其說匪差勒帛不加因緣非耶飲燕餐櫻曲江亭中池爲七寶水即八功走馬看花長安道上個個莊嚴人人妙相張倬頂禮爲經中人我今頂禮爲經外人我聞釋迦華言能仁越阿彌陀無量壽臻爇一瓣香宏願敬陳願此經內諸佛等倫以菩提種見宰官身大慈大悲利物利民俾仁且壽千秋萬春

節孝曾母陳太夫人七𣬈晉一壽序 代粤東高明麥嚴見作

蓋聞人生宜康寧富貴以壽特冠乎箕疇婦德在貞靜幽閒惟節尤光夫

彤史是以宋姬高義而言洪算則未臻蔡女遐齡而語芳操則不足美哉有憾兼者綦難求其臺萊比年松竹齊節蚤著黔婁之謚慘慘孤標終賡黃髮之詩婆婆老福大都緜歷曠期指不多僂恭維節孝曾母陳太夫人毓秀清門專華右族祖庭既承明傃直任周家太史之官舅季並儒雅知名膺漢代茂材之詔然且莊姝協度綢直褆躬鍾禮郝法夙講習於閨幃謝秀王風久播聞於閭里其女教之嫻有如此者既而以有嬀之淑妟適子輿之賢裔嘉耦曰妃祥女入門雖復大母尊章重闈健在諸姑伯叔一室多人迺能上事高堂旁和築里無非無議必敬必誠梅蘇韮芼調瀡瀡而得宜蘿屋荊釵處荒寒而自若其婦職之修有如此者且夫不遭盤錯烏顯貞操非遘艱危曷徵奇節使　太夫人習禮明詩安常處順亦僅庸庸巾幗汎汎閨幨已耳乃者㯫磓遠涉榷算親操偶

由章貢上游徑指贛灘中渡時値檣風四起潮雪横飛以楚子反僮甚之軀兼徐偃王瞻焉之目適因溲溺惝怳忘身竟逐波濤逡巡滅頂當　太夫人突聞茲耗痛欲自裁金錢屢卜山夫之相望正深采石俄沈河伯之不仁至此拚爲冢上樹號連枝不作人間艸名獨活嗣以族姻敦勸耆舊慰存謂夫堂有白頭家多黃口宜曉輕重庶全始終由是集蓼求辛將荼鞠子洊歷四十三齡之久守義空帷每逢一百六十之辰輿哀哭墓其通明大義有如此者至於訓誨後昆提攜小弱母兼師職兒讀父書始肄青編赤簡之文從渭陽而受教繼治烏傑白圭之業向贛石以貿遷莫不漸豐羽毛嶄露頭角更有阮修婚費不煩借助於羣流韜玉嫁衣早已豫籌於十指卒看娶嫁都完得壻駕上頭之騎婦姑相愛背人敲對手之棋其撫育遺孤有如此者然而篋少餘貲田惟數畝打頭之屋小於蝸食指則人繁若鯽欲析居則流離瑣尾不待多年將合爨而貧困纒身大難來日頼　太夫人隻手支撐殫心擘畫晨先雞起夕後烏眠織錦庚庚排日理線鍼之課鳴機乙乙終宵聞紡績之聲用能稍就寬舒弗虞空匱廚竈無斷炊之事鄉鄰少乞米之書復於近年特營廣夏供親戚之情話便族姻之往來將見十笏團欒吉祥自止一門敬讓和氣旁流非止庇身匪同容膝其甘勤苦而恩周族黨也有如此者加以天性聰明夙懷望善不讀岐黃之牒不諳靈素之經不知朱劉等輩爲何人不[illegible]巢褚遺書爲何帙然於育嬰各訣保赤諸方生即洞明老逾篤嗜每遇鄰兒呱泣村童染痌謁醫苦秦緩之遲臨市藥畏韓康之高價　太夫人則風雷道阻聞聲即來霜露疾深經診必較四鄰悉免於夭殤一介不取其酬報其精藝術而澤及里閭也有如此者綜斯數媺集於一身宜乎蔗境回甘萱姿忘老永膺

多祜迭兆嘉祥子舍芝生羨榮封兮九品孫枝瓞衍看蔚起兮三珠舞綵承顏含飴繞膝祿祉備矣閭閈稱之而且鄉大夫與先生有合詞之請渥蒙　大總統及內部下綽楔之旌四字褒揚千秋傳信彼古有表桓嫠之行爲前史所豔稱築巴婦之臺由至尊而特詔者以　太夫人儗之前輝後光有加無愧今者過古稀之算近祝延之期稱觴正釆鞠東籬花開壽客拂席迎獻桃西母座滿羣仙巾帨方懸琅璈競奏念錫良與難弟嚼侯辛卯科調簾薦卷後隨歷數任襄辦閱卷書啟文牘等事有歐蘇文字之知忝孔李通家之誼招延官閣頻邀徐孺清談覶縷家庭飫聽女嬃懿範茲雖珠海潛蹤難向澄江稱慶迺荷懷人千里索我一言寶婺之麗煙霄固盡人所皆仰芳型之儕冰雪尤舉世所稀能敢不端牘練眞摛毫紀實訊傳贛省頌序魯宮謹脩四駢六儷之辭詳陳福履願由八秩九旬而進洊陟期頤謹序

徐瀛伯暨聘妻周氏合葬墓碣

蓋聞惟聖識鬼神之狀在經崇女子之貞是故魯人祔葬尼父善之閔魂無依也許字斧纓周官載之明身有繫也然則誓合窆爲乖禮斥嫁殤爲戾情瑣瑣毛吹拘拘目論陋哉言乎置之可耳同里茂才徐子瀛伯名步洲者於予爲中表行在昔執弟子禮忝附葭莩相倚如玉每呈篇藻唾字皆珠余色然愕貽異其材秀也已而風歌魯泮多士從公日照秦樓使君有婦緣邑幕中人適愛蓮後裔既甲其卷軸又申以昏姻色絲八字便是赤繩花筆一支還爲紅葉識駿足爲無雙國士許狀頭於第一仙姝蓋郎長沙周君薌石所產愛女淑媛者焉淑媛生而媕孍長益端嫺湘娥謝嫮楚妃慚婉掃眉儕於儒素纖爪付之女紅嘉耦允稱好逑待詠無何荏苒春暉姑恩曲短迢遙秋諾士吉期愆迨朱琴之重鼓又黃槐之正忙方期

桂苑此去攀蟾庶見華堂親來奠雁豈謂璧人看殺玉樓告成射雉遲臨離鸞遽奏哀哉龔子竟夭天年達奚泉明生爲輓唱（臨卒自爲輓聯）茂陵之雨病不起少微之星光忽沈文采飄零孝友湮沒爾時徐稔婦賢周哀女弱諸僕戒媼不使聞也詎意雅鬟洩語鸚母學言泣血突下夫兩紅鸞魂幾化爲烟碧遂乃藏鸞絲於枕畔位鳩碗於闈中午粒辭餐晨衾罷起蓋匪第古井誓心已自分泉台攜手矣惟是一寸丹心雖拚就死雙親華髮終戀所生不得不草卷施而暫甦藥獨活以權呼然從此孤生之桐婆娑意盡自煎之桂脂膊膏銷肺慣病而嫌香眉長愁而却黛斑竹一簣愛河之淚已乾白柰半簪銀漢之波漸冷猶復銜羞囑母忍喘牽爺背鏡詞嬌扶牀語澀自揣香桃骨郎君而共瘦願言就木骸公子以同歸生未共牢沒希同穴不亦貞乎何其愴與果也紂絶陰天圓成好夢坤靈扇牒證到幽宮

春雲冉冉江南之芳魄飛還（淑媛沒後其從父客白下夢來訣別且告已歸瀛伯）秋風蕭蕭淮左之玉棺吹到迎雙桴成嘉禮詠三星作殯歌於時觀者萬人道旁咸歎賢哉兩家堂上謂憐才也表節也鑒其志之堅也達於禮之變也惟茲一舉四善備焉自是九泉雙魂妥已獨念法曾忽忽中歲哀樂無端媞媞後生狂簡有造私冀斷機勸學藉成樂羊之賢何圖采苢未吟竟共伯牛而逝雖地下蘭香終歸張碩而人間宋玉翻哭景差薤曲蒿謳蟬嫣翰墨芝焚蕙歎蕭瑟平生未免纏緜能無惆悵嗟嗟莽莽之原摶摶之土埋我俊民及彼女士陵谷胡年暮夜焉旦合珏連珠長扃永閟烏乎哀哉瀛伯生某年某月某日卒某年某月某日淑媛生某年某月某日卒某年某月某日窆以某辰某時葬於某鄉某原所冀墓樹青蒼都成連理野花殷白並作交跗踵青陵來蛺蝶之魂燒黃土幻鴛鴦之瓦生生世世婦婦夫夫員石不磨方來可驗定知千齡萬代不隨明遠以城蕪或者一槨雙棺更致惠連之墓祭

王无生哀辭

嗚呼无生曾幾何時易裘爲絺而我无生閴寥曷之嗚呼无生憶昔星期相覿依依而今无生千秋永辭嗚呼无生幽宧瑋姿揮手免册抗心雞碑嗚呼无生駢文散詞江鮑高揖歐韓徑希嗚呼无生東瀛西陲畫革諳曉段名樵迫嗚呼无生厥學如斯緊志則奚俗人或懵惟我夙悃嗚呼无生甫試省闈唾棄若遺橐筆一枝滬江之湄鼓吹文明感憤淋漓嗚呼无生其志胡豐其遇胡奇亂兵沸糜黨人柄持朝石莫郭五季依稀怨李恩牛三唐等夷東北金微西南三危政府庭羸要失事機嗚呼无生凡此種種肝傷腎摧獨夜永歎多憂匙怡嗚呼无生坐是悒悒病不可治時局日非

祝宗死祈嗚呼无生子願不違從此人天御風遨嬉嗚呼无生我哀靡涯論詩說賦逝當語誰嗚呼无生九京勿悽他生再作丈夫男兒吐氣揚眉爲國宣威嗚呼无生此外奚悲媞媞孀閨習禮明詩婉婉嬰娩扶牀侍幃以此思哀哀僅其私亮子不屑覶縷胡爲

戈生葵北哀辭

烏虖昊穹生人談何易兮才能妍精尤難事兮嗟哉戈生胡自厲兮佗佗矜矜其進銳兮剛經柔史排日肄兮沈詩任筆申旦味兮猶以爲未足更窮九流與六藝兮書屏近禊蘭亭嗣兮醫法炎世椿庭繼兮（生父工醫精長沙學）年少不廉後生可畏兮維生之初來始童蒙兮綠鬢青瞳執經從兮我睨而笑謂其舅王融兮（謂王孝芸）是非常兒超然不同兮俄賡鸞噦衿佩雍雍兮俄膺鶚薦聲名隆隆兮愈益齋莊被厭躬兮懸古爲城晝夜攻兮幾萃文陣

推伯雄兮去年婦亡長簟空兮今年毒暑如蒸烘兮生既悼傷憂懷萬重兮又重以修業勿輟躬兮人匪金石安能扞此多鋒兮嘔出心肝一病終兮（嘔以血沒）臨當綿惙殊從容兮詳詔親舊音響喁兮人間萬事靡攖吾衷兮翳維縹緗賚志無窮兮願言予季紹兄風兮亮此拳拳慰幽宮兮嗚呼生二十二齡兮始成此材病六十六日兮遽敗此質成何其淹兮敗何其急詩書誰付兮孝友疇屬（生無子女）問天寂寂兮問地默默豈眞天上作記兮定須昌谷地下修文兮將侶顏卜使果實然兮差快心曲如其不爾兮此恨胡極忝文字緣兮以文字哭十年師弟兮盡此一幅嗚呼哀哉

謝許肖仙餉茶菊啟

馬卿消渴賜茗無緣騷客離憂餐英正想乃者歸從天目雨前乍擷釆自城頭（浙菊以城頭爲上品）霜後未變空谷之足音跫然開門則手此持贈雲腴一割

便喚樵青而煎露華盈掬可傲衣白之送從此滌煩有具耐久成交或鬬旗槍亦偕瓶枕王大夫之水厄足供軒渠庾開府之金精借資調攝倘竟神清秋水許作詩人氣和春風同號壽客君之賜也感何如之

京口中冷泉亭銘 有序

詩毛傳謂作器能銘山川能說可以爲大夫然晉宋之際任職者多放浪嘯詠山水間而官事曠廢是知必本末咸備始可謂淑人君子者矣中冷泉向沈京口江中今涸出懼不可恃也王可莊師適守鎮會歲旱既綏集流離𡉏用大和乃召工於泉四阿築石隄䧙其隄蛇蛇如也且於隄之顚建亭覘其亭翼翼如也亭內祠龍神備不雨奔禱窺其旨勤勤懇懇如也太守擬親作記旋移蘇郡遽歸道山揚州梅花書院都講韓先生與太守雅稱同德交最歡感流風餘韻之存爲條其搆亭始末冀有能掞張潤色之者法故太守門人也不敢以不文謝拈筆濡涕謹狂詞曰

潯江東邁直走浮玉有泉淵渟竄乎山足味褒陸羽魂伴郭璞朝海暮田今陵昨谷既沉於波亦漸於陸雖漸於陸安知不復其奈俗吏靡可以告王公堂堂實守是邦泉名第一人號無雙江光山色閒駐旌幢悅若有感召匠通斤長隄亙虹高甍次鱗名勝所宅而敢任湮豈惟名勝兼妥龍神肥蟻爲災暍來幾春庶幾肸蠁用蘇我民鎮民蘇矣公去吳矣飛傳噩音公竟殂矣昔人銘鶴不知鶴壽今我銘亭不知公壽岱頹梁壞雲袍掩袖然而公壽胡不可知亭圮有時泉枯有時于嗟公澤無時無之見亭見公甘棠在茲飲泉飲德誰能勿思凛霜炎燹罔蝕斯詞

筆銘

使汝之毫白變黑使我之髮黑變白禿盡汝毫禿我髮

銅墨盒銘

銅有臭墨有香用之以著文章可以遺臭可以流芳

謝金佩香校書贈西法寫眞箋

芳囊贈卿才吟叩叩繪幀貽我忽喚眞眞睇遠誰思眉長孰畫凝妝卻坐微彎蠻舞之纖腰皓捥輕舒倘著繁歌之約指側聽絞綃如聞碎佩還嗅鳳紙似有奇香由此望從月帳定驚翩其來遲倘教位向烟屛何日呼之欲下（予前有香囊約指之贈）

再謝佩香貽寫眞箋

重來申浦一訪丁孃更展眉圖親勞手付姿仍昔媚態較前腴未減情歡爲郎瘦損似留顏色待我成名豐容盛鬋在周昉之屛前病骨唏粧異崔

徽之卷裡但雙珠合珏頻對情人將單枕孤幃愈愁蕩子裙留空住襟想
曷勝

覆瓿漫存卷二終

心白古體詩存

泰和陳伯鷃瞬侯編訂
從子榮甲校

五古

大雨行

溽暑滿大地赤脚中庭中始焉殷其雷少焉凄以風巨點若星墜奔注從虛空但聞吼怒聲不辨西與東頗疑銀河瀉牛女逃蒼穹又疑海波翻蛟螭走龍宮雲壓屋頂黑電飛天口紅樹頂噤鳥雀牀角藏兒童檐溜亂人耳彼此驚癡聾屋漏敗人意盆盎羅房櫳得志蛙閣閣失勢蝿嗡嗡木拔報村子棟折號鄰翁半刼冷棋局一震傾酒筒聊爲大雨行狂歌猶未終須臾日復出亭外掛殘虹

花草歎

花如勢利交貧家少含笑草如耐久朋貧家依舊到當其富貴時草絀而花優嗜花如嗜客見艸如見讎及其貧賤來花去而草留花兮已恩負草兮轉欲酬嗟嗟此草賢於豫讓所以騷人蘅蕪高尙

舟行卽景

船頭爺剌篙舵尾孃炊釜啼笑一艙中三五小兒女來舟遇去舟各各話鄉土風急布帆飽怱遽暫難駐漸遠漸不聞以手代口語惟見烟水中雙影亂汀渚

擬淵明貧士

西風拂庭樹生意日以微矧彼孤寒士畢生志願違倏忽歲云暮未免嗟無衣固不要贏餘安能長寒飢念此心惻惻起視鴻雁飛

卻怪北門客賦詩稱艱難上可相憐閔士無自慨歎內問何長策焉用慕高官綠酒既已熟素琴殊可彈東籬苟能辦南山飢亦安

牢騷固非是曠達仍未然惟其中不足所以矯情焉捐除名士氣眞味悟粥饘貧中有所得貧外有可傳正恐南面王不易吾青氈

我讀聖人書甚解每不求惟於固窮篇詠歎三夷猶當時陳蔡閒七日炊烟收仲氏乃慍見魯叟終无尤始知素王勇迥邁雄冠儔願言陳此義一砭筋骨柔

子雲草元人晚號莽大夫華生友管子蟠然附當塗中郎少孤貧後因董伏辜數子若長困品節知不汙旨哉窮餓中保全多少儒

富誠無盡期窮亦有等差肯退一步想中心恒怡怡况乃儻來物性中本無斯辛苦覬其有徒爲習所移榮叟不可作持此將質誰

亂乃世之變志士當悲愁貧爲儒之常達人故無求終日計衣食未必遂所謀終身赴道義此願定能酬君子隨事樂亦復隨事憂樂者樂斗室憂者憂橫流憂樂倘不悖庶幾企前修

擬昌黎秋懷

商飆從西來吹我蝦鬚箔簾外金井桐錚然一葉躍微植竟何識似與秋有約感此凋謝景惻悒心緒惡一葉焉足感全樹此其朔先幾天藉示生意日遭剝憂來齊終華突兀不可削

風荷値炎節朱華冒碧梗獨撑孤日光下罩萬魚影收歛忽屆期敗裂誰復整精神自消亡匪在涼雨打不如紅蕣姿景促思轉永高壽詎卽福末途故宜懍物情衰過時臣節頹晚景

莊姜悼風淒班姬歎飆涼豈必悵恩遇自然哀景光堂堂丈夫軀紛紛兒女腸嗟貧復慨賤徘徊不能忘未必松菊品弗如桃李芳安在蓏蕵味必遜櫻荀長亂離世運變窮餓儒分常纖夫念斗室碩士懷明堂怨非所宜怨愴惋徒神傷

蠅聲淆白黑蟁嘴噆膏血奄倏秋意至且喜此輩滅牀帷稍安爽天宇已淒切尙覺殘喘延猶虞死灰烈願言果誅殺勿再假炎熱業霏涼雨絲更糝淸霜屑庶振嚴肅威無惑姑息說

禾麻盡秋穫田隴劇空曠大抵秋冬歛豫爲春夏放於此得道心悠然會物狀遜志成進修退步遂高尙收攝過易檢存養志難蕩老說寶雌下義詮戒龍亢大地嗜欲場師天免眞喪

喧喧蜂蝶鬧乃在春花枝啾啾螿蟀冷不嫌秋草衰炎涼靡同好臭味各有宜衆人趨假勢君子感眞知勿復道此語此語恐傷時

采菱曲

采菱復采菱菱根雜菰葑秋來倘不采辜負春時種自權小瓜皮阿姊挈妹共咿嘔歎聲響雙槳烟波弄郤入亂流心呼妹停控送憨癡訊因由嬌羞語瞞衆不見雙鴛鴦交頸正無縫恐爲讓船分驚醒同心夢

燭蛾引

一雨夏氣淸秉燭夜堂坐飛蛾來赴明見明不見火始焉繞三匝與火相右左終竟意未饜直向火中裹須臾蠟花爆化作燼灰墮旁觀冷眼誰寂寞空齎我剔䬼救已遲太息憐么麼因思天地內名利牛韁鏁捷足競先得藏機測殊叵小智眞大愚濃福卽奇禍止飢嗜漏脯身滅腹徒果豈無天仙人雲中覷庸瑣挼手嗟末由深心知不可感此謝微蟲如君世方夥

題陸費頌坡兩癯圖 有序

歸在光緒癸卯陸費頌陔僑居揚州曾倩桐城張君小齋繪小影媵以瘦梅一株顏之曰兩癯圖徵題於予爲賦五古一章旋以圖須未得神似庋置高閣波萍浪蹟尒又同滯滬江頌陔既重作此圖潢池甫蕆復索余詩髭斷腸枯江郎才盡仍目前詩書之幅尾煙墨䤪新雪泥證舊因緣文字用誌前塵余因之有感焉頌陔初作是圖春秋才三十一元瑜書記翩翩足樂維時余齒亦祇四十有七書劍中年壯心未已乃忽忽十數寒暑頌陔之年已與余昔日之年相近哀樂傷人非復當年張緒而余更落拓加甚桑榆遲莫皤然一六十翁矣今我故吾已足動無窮之感喟而況此十餘鷗蟀中時事變遷波譎雲詭目今視昔茫茫百端由今思後更不知滄海桑田之變態幾許質之頌陔其亦同此伊鬱否耶時在甲寅花朝後五日

陸生茶經裔乃有飯顆瘦圖須倩畫師滕以一枝秀或疑清癯姿結伴宜豐厚譬如雛鳳小必依𡡒梧茂云何丹青手故作此悠謬欲肖天骨挺苦與冰幹門冰濟水和同塗附塗輻輳虬身雖得朋鳶肩愈形陋烏知天下事道同業斯就鐘須蒲鯨撞鼓必桐魚扣孔子交程生蓋傾便邂逅朝恩監汾陽師潰竟顛覆品性相沆瀣是爲宗韓富地望苟鉏鋙將若漢田竇畫師曉茲意下筆袪雜糅斯人配斯花殷勤設良遘我更演其旨名理替參透謂以瘦相嘲猶以儒相詬儒既未可戲瘦亦奚足疚生本擅詩才往往著佳構沈瘦雅韻多島瘦清音奏轉笑輕俗體采錯復金鏤生實妙書法峭折師篆籀柳骨瘦益奇顏筋瘦乃皺紛紛墨豬奴詎屑挂齒咮生行爲達官瘠已黔庶救削瓜皋再逢植鰭尹重覯彼肉食者鄙疲氓恐瘠瘦生或慕名士神骨貴夷姤昭略態清狂仲翔節疏漏穀伯與笨伯徒爾縟膚媵矧在生與梅將毋有故舊梅花吳道人禾中古名宿而生桑梓在曠代馨香觮東閣哦官梅誰繼水部後而生客揚州風流前度又一樹一放翁葩語劍南繡而生固同姓遙遙溯華冑尚書說命篇和羹紀績懋而生佐鹺綱筴政頗研究脂膏殊不染清虛自能漱於瘦見經綸與梅同味臭此子曳青袍彼姝招縞袖兩賢諒不戹兩美何巧湊大笑指癯鶴人梅一齊壽

七古

春日漫成

花落隨風去萬刼茫茫不能返舊柯人生一失所坐令堂堂白日空蹉跎來日苦少去日多昔時新婦今時婆佞晨攬鏡忽長喟白髮一根夫如何

對月有懷

娟娟中天月南北了不隔我有雙美人一在海南一燕北迢迢三處看月色安得將身化爲月飛向玉貌蛾眉側一訴相思正愁絕月既不可化相思不可刪美人兮美人借問何時春風吹汝還

乙未九月十六日大雪紀異用廬陵晏太尉西園賀雪歌韻

歐公昔爲賀雪行高詠西園敞檐冰我今吟成弔雪歌僵臥白屋憂禍萌太歲乙未節重九方繫萸囊辟災刑越後七日雲色晦收斂種麥催耕氓是時未交元冥序誰禱素霰攄丹誠慈然龍公作游戲騷騷屑屑瓦上聽頓使軒墀埒瑤砌盡幻河山儕玉清琪花飄瞥大於掌自晨及昏殊未停奇變無獨更有偶彷彿歲首春雷鳴（是年正月聞雷）彤雉祥桑能啟聖天意或者驚彤庭街頭小兒不解事搓酥團粉堆素瓊豈知父老睹茲象眴衡睇宇流歎聲邊徼寒衣兄未送哀時念遠悲淚零姑作奇語破公涕君等勿笑

狂書生蒭鶉賜秦帝正醉靈霄寶殿疑慵登巽二縢六無紀律曷怪紛紛如亂兵

丙申春戲無爲帶巾篇

昨日解一帶今日遺一巾云何多失亡乃在今年春或謂闕運數或勸歛心神我獨仰天吃吃笑君等無爲瑣瑣陳麟洲小水有時漏金甌大物且復掄持較書生裳衣玩未抵微露兼輕塵何況丈夫生世間不可失者惟此身昂藏七尺委權貴下羞妻孥上宗親自餘儻來浮名利楚弓塞馬胡足論零還碎佩日用需其細已甚無比倫清明節後邗水濱糟牀滴瀝醅熟新與子斜踏落花去陶陶三杯樂天眞

野燒用昌黎陸渾山火韻

離離野草何其繁春來侵階復依垣卑者下隰高者原荒隴古壙及廢園

迤邐綠縟侔雲屯道旁萋萋迎王孫曾入謝夢銷江魂誰知秉畀炎火燔初疑扶桑紅朝暾迴光倒映爭天黿又疑火烈摧昆侖玉石拉雜須臾焚莫非地示出自坤游行九垓周八垠前駕赤驎後朱轓靈風飄搖颶花旛火弓火彈隨錦韃叢祠曠野降至尊示顯神異求祭膰冀供朝饔偕夕飧不然祝融相讎怨靡有端緒亂繙紛席卷地似無膚臀太息竟刈蘭當門誰其幸者衛車轅當時靑葱無一存難認屐齒裙腰痕不可嚮邇矧可捫野鳥啾啾野獸蹲伎伎翟翟兎鹿奔遑論羣狼與孤猿殃及天池憂溟鯤霄路俛視愁鵬鵾一一潛伏而高騫妖鷹飛電張目煖歛翼下顧莫救援葵能衛足葛庇根疇於枯荄加平反若阽焦原止其跟安得猛雨來傾盆施以噀酒反風恩可憐小草空銜寃我觀野燒發狂言惝怳不樂停酒樽方今海波如沸翻滋蔓日久焉塞源往來酬接儕嫌婚陰謀寇讎陽第昆此也吹篪彼和塤將爲蠶食爲狼吞賢者昭昭愚昏昏如燕處堂鷁處褌蒿目芸生心懣煩焦頭爛額終黎元儗排閶闔叫九閽一將燎原之害論貢此芻蕘於臨軒九閽遙遙徒囂喧且學昌黎歌陸渾

入室狼

入室狼來何方兒童睹之驚且狂婦女睹之走且僵主母再拜問主父引狼入室誠何故但云弭耳狼帖服投之以食飽其欲聊取安靜暫無事免入荒崖浪追逐主母欷歔返向壁狼子野心非我族野心非族翻覆多鉤爪鋸牙那可畜主言投食暫相安一朝食盡攫人肉古來多少引狼人畢竟到頭果狼腹悔已遲前車覆後車師

袁君滄生令景宵以書來作歌答之

我年三十交袁子歎爲磊落雄奇士我非揚雄強好賦君乃張華工說史

雲龍追逐數載餘兩人聯襟登鄉書從此海天京國路客中花下動相於大江東去出吳淞別館妖姿各一逢烏帽閒沽碧桃露鈿車時接落梅風驅車直北下長安往往兼旬酒不乾貂裘半敝春三月脫輿櫻桃未怕寒此語知君不忍聞此景於今曾幾春漸看綠鬢添新雪無處朱樓覓舊人今年我更遨京洛當日酒徒並零落賸有汪倫道氣深（謂汪作舟）一種風情迥非昨况復棋枰感百端慷慨悲歌行路難歸裝留得芙蓉劍不遇知音不肯彈其奈知音頗寂寥客窗夢聽雨瀟瀟夢裏忘君在山縣依然江館可憐宵八叉我已溫岐老百里君偏士元小漫將尺寸較升沈彼此心情都恈悼恈悼心情暫一置叩扉人賫君書至上說鄉園別後情下言江海年時事本爲療愁愈覺愁淸尊獨夜難消憂急寫君前贈我箋長歌當哭馳庚郵荒城冷衙甌海濱虎嘯山風猨叫雲吏散客稀微月上此歌一讀一

傷神

可憐曲

美人三五二八時珍珠身價瓊瑤姿自疑生是姮娥侶抵死不嫁輕薄兒年復一年朱顏老青青門外多苔草回頭卻顧鄰舍娃厮養商人亦殊好悔時已晚羨徒然且別作計消華年房櫳靜掩闌干倚對鏡徘徊亦可憐

贈李子卿

我生無聞漸老醜望氣東來謁李叟一見偏驚詣道深初談便覺宅心厚要知先生非腐儒怪怪奇奇無不有示我倭邦大蠶種顆以晶鏡巨如斗告我美洲佳木棉間關移植到園藪四出賑飢活人衆淮徐齊魯隻身走歸來鄉里稱善人周比族姻羣額手今年狂潦壞途徑泥沒足脛萍挂肘先生歲晚更鳩工指揮不怕霜風吼山僧敬且憐先生邀入招提慰以酒酒半諗我以鴻篇顏曰荒談謙傴僂我受讀之皆格言言言如出聖賢口可惜先生老海壖但福田氓與村婦倘使居高升廟廊立德言功三不朽人生不論隱與仕言行總宜合符紐坐言起行如先生肉食於今幾人否吾曹日日談修身靜對茲編顏忸怩

詠懷古蹟五首 並敍

在昔變邦右尹能誦祈招周雅詩人痛陳殷鑒香山樂府之篇叟述秦皇漢武玉谿詠史諸什多言馬嵬隋宮大都蓴談既往垂戒方來段彼先車用懲後軫而況宮觀崇侈興作頻仍廿召土孽木妖罔顧金飢水毀者乎汎覽千禩犆成五篇憑弔荒朝規模曚誦若夫章華楚制虒祁晉造館娃吳築華屋燕居銅雀當塗之臺閒居拓跋之寺芳塵冰井石虎之所徘徊結綺臨春叔寶于焉瞻眺下逮劉王花塢艷播嶺南孟蜀

青城爭傳劍外覆轍相望史編同慨本非求備均可類推云爾

上有三百餘里不得見之天日下有三十六年不得見之美人中則帷藏利觜長距虎視六合之一身一身起居能幾何閣道山閟紛嵯峨既可以建五丈旗復可以坐萬人多人言轀輬車何如阿房宮煙斜霧橫焚椒蘭誰料鮑魚之臭飄腥風我道阿房宮不及桃源洞桑麻雞犬故依然那似帷帳鐘鼓都一夢噫吁嘻不恨重瞳火燒三月紅不恨靈藥難求滄海東秖恨一千年後樊川賦寂寞無人奏祖龍 秦阿房宮

窮邊直到西海西求仙復抵東海東武皇雄心殊未已乃更用之土木丹青中昨日起柏梁今日起建章明日起明光雕墻峻宇苦不足又起五柞兼長楊海內虛耗愛子仆甲帳珠簾事非故茂陵玉盌尚不保何況生時所居處所居處久成塵極目望空汾雲古來漢武竟如此後來漢武聞不聞 漢長楊五柞

我家吳陵隷揚州去阿麼死幾千秋有人爲指放螢苑曾照君王淸夜游夜游正不煩秉燭爛熳秋星徧山谷生炤君王好頸顱沒炤君王好魂魄廿四虹橋今已荒三千殿腳空斷腸惟有多情冷燐火飛飛猶傍舊雷塘雷塘路昏鴉晚勸君歡樂須知返請君鑑戒不在遠君不見放螢苑 隋螢苑

高高驪山湯湯溫泉天寶之初美人花妍驪山高高溫泉湯湯天寶之季離宮草荒盛者何故衰何因可憐秖爲楊太眞馬嵬坡下骨已涼會唱山前水尚溫水之溫兮春溶溶唐之亂兮紛重重兩京雖復元氣失藩鎮奄宦相始終告行人不須洗此亦李家一禍水 唐驪山溫泉

汴梁城邊趙宋年平地築山犖雲烟上淸寶籙底用冊居此便算蓬萊仙是時花石釆東南花計枝條石計擔晉唐書畫商周鼎表識黃封日再三

五國城萬壽峰東北始東北終艮之時義大矣哉思之思之淚如瀉刼火全歸塞上沙篆文猶認宣和瓦歌艮嶽詔萬世毋崇宮館毋侈器幣亭池毋巧花竹毋麗苟一於此必獲戾嗚乎前有道君宋皇帝宋艮嶽

送春曲

楊柳垂絲綠漸肥榆莢作錢旋又飛長安游子正寂寞還從客館脫春衣春衣葳減身輕極衣上斑斑酒痕溼惜春連日醉模糊彷彿有人酒壚側壚側何人貌最華翩翩煖雪和朝霞當筵笑撥箜篌唱十壺五壺傾梨花歌聲從風酒氣霧蕩漾春心杳無據囀徧珍珠一串喉春光不肯須臾住春光欲住不得住游子欲去不得去出門莽莽但黃沙卻送春歸向何處

門前柳

勸爲杯中酒勿爲門前柳一杯復一杯酒苦留人住一枝復一枝柳緊催人去去去復去去從此即長路路旁亦有柳千條不是當時故鄉樹可惜金杯空照淚自君出矣何曾醉陌頭柳色年年齊幾時柳邊歸馬嘶

新燕篇

涎涎燕巢在長安城西面弱體便娟翡翠輕嬌喉宛轉眞珠顫長安許史最豪華藻井桂楣光采眩出手紛抛金彈圓纏頭頓覺冰綃賤此時燕子正雛齡俏影翩鴻驚瞥見飛上玳梁歌一聲等閒教把紅絲嫋紅絲雖嫋不堅牢依然翠羽從風翱杏花簾下身長寄楊柳莊前尾慣交江城才士京城客潭水深情渺千尺紅襟曉幕暫徘徊丹心密意生憐惜一番憐惜幾番凝春蠶作繭將成絲鳳友鶯媒浪猜測此意還應燕子知燕子知之不能說于飛鎮日相頏頡拚將軟語代清謳半是呢喃半嗚咽燕兮燕兮愼自保莫逐春華顛頓老他日升君白玉堂回頭卻憶長安道

丹陽弔張忠武

哥舒潼關兵不變兩京曷由遭凋瘵少保朱仙師不還唾手燕雲收河山憶昔潢池盜披猖白門巢穴紛羣狼赫然長城屏東南桓桓獨有張睢陽將軍半壁擎殘破直抵聊城城下坐朝誓軍門太眞哭夜聽刁斗條侯臥醜虜深心老我師獸困鹿鋌猶能支豺牙宓厲終難拔螳臂撐當竟不辭將軍抝怒志愈奮風雲龍虎開奇陣先主連營矢弗移蘄王擊鼓惟知進豈圖一朝時勢更轉餉空勞溯漢京監軍朝恩頻掣肘小兒趙括不知兵千貔萬螻縱橫至倉皇光弼靴刀試三尺頭顱一腔血可憐熱灑雲陽地烽烟從此及三吳財賦銷亡士女痡借得契丹回紇力甫能恢復奮輿圖書生感此發長歎陽九百六非常難徙薪曲突豈無人天意分明定焦爛於今痛定還思痛成敗回頭都一夢曲阿湖水聲嗚嗚猶爲公與蒼生慟

錫山謠

桂席出京口遠向江南征篷窗日枯坐編詩紀水程雲陽及毘陵喧寂既迭更就中麗且佳乃在無錫城無錫之城何所有上有高高錫山明下有盈盈慧泉清即茲山水幽絕處可抗瓊睇攄瑤情何况重重好樓閣橫谿跨流飛朱甍十里五里勢連續後者若送前者迎閣中梳頭疑麗華綠雲照波鷗鳧驚閣外畫船訝蝴蝶深深欸欸穿花輕舵尾踏搖誰家娘滿頭茉莉香風生香風生晚潮平呼與應皆吳聲可憐三尺纖柔艣捉搦春葱都有情

中秋日登吳山絕頂放歌

坡公中秋夜曾登妙高臺長謠水調歌臨風一快哉維公五馬官杭年往往亦道西湖賢惜當凉月團圓夕未吟把酒吳山篇年在丑月在酉北轍

旋南飄走距公之去歲八百有人來此踏苔石其時秋色正平分左江右湖樂何極但見兩條素練飛夏后雙龍今不歸又如延津雌雄劍白光搖搖逼人面千巖萬壑兕圍束滿目蒼茫都一綫高呼伍大夫靈魂渺何處琳宮紺宇此間在勸君莫逐濤來去卻笑金主亮立馬想殊妄第一峯頭故自佳宮車乃妄揚州帳我正慷慨悲二子旁有陸生爲余指此中特遲三日期天意遂完一朝史我道康王貪湖山抵死弗寄二勝環南渡根本亦已薄數傳強與支衰孱矧値平原用兵後度宗荒耽秋壑頑征戰匆使人主曉歌舞祇宜丞相閒正如瘵夫更遭癘精澌氣盡難復還潮生潮落偶然耳天豈有意助伯顏且談且待月魄吐其奈斜風吹急雨戴笠支笻更下山西興髣髴聞鐘鼓

節孝曾母陳太夫人七一之祝

西江曾賓谷家有羅賢母穀人祭酒吳文字擅駢偶徵文及壽序稱頌不去口既云母齡修復言母德厚（均見有正味齋駢文集中）何圖賢母陳踵興百年後詎惟珂鄉同姓氏合符紐年同福亦同節更峻山斗今歲七旬一初度値秋九令弟陳太邱（謂嶰侯兄）書史竝能手我昔客滬江昕夕周旋久書來索我詩將以爲母壽齒衰才已盡下筆顏忸怩捜索吟腸枯勉強奏一首相期八九十羅陳齊不朽（賓谷太夫人壽至八十外）道阻愧稱觥詩成聊覆瓿

集玉谿生句作長歌

謝家離別正淒涼不信年華有斷腸直道相思了無益古來才命兩相妨昔年曾是江南客冶葉倡條徧相識湘瑟秦簫自有情江魚朔雁長相憶春風舉國裁宮錦水文簟上珊瑚枕犀辟塵埃玉辟寒蝶銜花蕊蜂銜粉劉郎已恨蓬山遠遠路應悲春晼晚紫蘭香徑與招魂見我強羞頻顧影

迴廊四合掩寂寞東來西去人情薄清露偏知桂葉濃風波不信菱枝弱微生盡戀人間樂嫦娥應悔偷靈藥未妨惆悵是清狂玉桃竊得憐方朔微雲未接過來遲楚雨含情皆有託水精如意玉連環綵樹轉鐙珠錯落八字宮眉捧額黃九龍呵護玉蓮房小憐玉體橫陳夜荀令熏鑪更換香繡被猶堆越鄂君錦瑟驚弦破夢頻萼綠華來無定所毛延壽畫欲通神相見時難別亦難不敢公然子細看蠟照半籠金翡翠碧城十二玉闌干鳳女顛狂成久別玉璫緘札何由達聞聲不見隔飛烟歸去定知還向月我爲傷春心自醉斑竹嶺邊無限淚不勞君勸石榴花願得化爲紅綬帶不是花迷客自迷深知身在情長在眞珠密字芙蓉篇重吟細把眞無奈世間花葉不相倫濟河水清黃河渾爲憑何遜休聯句網得西施別贈人

戊午五月廿三日作

去年五月廿三日我挈全家返我宅我妻雖已隔幽穴佳兒佳婦待我側今年五月廿三日我坐空堂歎岑寂依然重五節過眼不見一雙人繞膝也知在世無多時或者將來聚泉室其如目前身未死孰問寒煖扶衰疾黃梅酸雨更惱人蕉牖苔階等閒滴悽然不寐到天曙助我老淚枕稜溼

覆瓿漫存卷三終

心白近體詩存上

泰和陳伯鶚嚼侯編訂
從子榮甲校

絕句

題白頭烏便面

花裏一頭霜花知應斷腸看花人寄語休負少年場

聞絡緯有感

夜起步空庭絡緯響牆角非無經綸志秋風惜已作

感魏武帝事

奠酒死澆喬太尉捐金生贖蔡文姬由來薄俗輕朋友到底奸雄是可兒

過打魚灣弔柳敬亭

臣朔詼諧類優戲君卿唇舌動公侯而今打槳魚灣過烟水蕭蕭蘆荻秋

詠淮陰侯事

萬人守護言終驗三族誅夷禍旋聞持問青烏葬師輩如何解說此君墳

鳳仙花

翠葉紅葩兩兩羅仙都鳳闕比如何誰知衰謝秋風裏留與他人染指多

仙女鎮途中作

柿林小冷葉先紅蕎麥收場野漸空黃犢白頭相對夢迷藏喧笑數兒童

冬日題小金山

淡晴樓閣淡烟峯一角紅牆一杵鐘三兩枝梅千萬竹綠雲香雪過殘冬

詠橙菊

階前黃菊嬌宜晚几上芳橙色韻秋任爾霜華苦摧折世間黃種自長留

仿洪北江詠史諸絕

莫歎清貧守硯田書生坎壈合身纏不觀粟麥悲天降倉聖當時作字年

子姒姬嬴總帝家五臣苗裔遞榮華凄涼六蓼無人祀半爲庭堅面削瓜

共道山經語欠眞奇思翻與古爲新安知萬國塗山會不有虬髯鷹準人

骨鍊筋磨百不安奇窮始耐雪霜寒輕將甲授乘軒客一笑千秋事本難

擬憑醢婦老英雄此語沙場痛略同尙有海容高士蹈魯連遭際未爲窮

掃盡先王滅盡儒祖龍叛局異前模最憐子女皆强死慘禍家庭古亦無

闊達高皇儉太宗孝宣吏治武邊功此皆獨步千春處靑史寥寥見四雄

相如亦解建功勳王忌妻嬌太不羣愛病耽閒無別意半緣武帝半文君

牽制優柔少斷機漢家大德自元微二疏輔導非無罪賴是當年及早歸

書接九賓深聲折夜眠一榻恣詼嘲休將成敗論劉蜀等是雲泥重故交

賈君羞掩赤帷中廣漢殷勤設缿筩讀徧兩京循吏傳一言賅蔽在情通

不怨王孱罪女嬌金蓮玉樹惜南朝美人嫁得英雄壻羨煞江東大小喬

石崇和嶠自堪憐鑽李持籌也號賢難怪魯褒苛刻論當今之世信惟錢

誰揮玉手說元虛誰把珠量聘麗姝一樣美人名士死排牆得似墜樓無

運甓投樗戒養尊清風高節柳當門不同司馬朝人物奇絕陶家兩祖孫

耽色逃禪駱共邱臨春同泰等荒楸遺蹤六代堪千古獨有昭明一選樓

儀同鷹犬雞開府名器偏加物類身知否漢廷翻傲汝羊頭羊胃尙爲人

記破無愁天子家天元帝也少愁嗟天臺高柱塵寰隔一任楊飛地上花

强極翻成速亂亡儂將隋代比秦皇東西周併北南混胡亥分明即晉王

唐家宮闈最難言韋武楊張萃一門豈悟盛時衣鉢在巢王妃子早承恩

國運千牛挽不回我因甘露事徘徊沈寃那獨王涯抱訓注諸君盡可哀

畢竟詩人具性情國亡故主意猶縈不須追第羅昭諫金榜無名史有名
鄭縈任圜是可兒自知忝竊自狐疑詎知近世朝堂上安穩鋪陳沒字碑
花見羞看化刼塵藥牽機又送吟身綠章亂世天公乞莫產才人與美人
十三君内郭柴賢兵變陳橋太惘然自是香孩兒有福碧翁不暇世宗憐
遼去金來元復終慶元學禁接熙豐邊疆虜與朝廷黨一例纏綿一代中
書生豈復係河山趙宋興亡獨有關昔日量江今叩馬依稀報應似循環
仁義從來機巧輸閑披前史一噫吁至元入主中原日七匠巍然冠九儒
定鼎南都僅再傳薊門北去渺如烟誰知苦瓠龍蟠業留唱他年燕子箋
萬壽山頭落照微初明奏表意依依大都無識無英斷愈是憂勤事愈非

題蔣素琴校書背面搊琴圖

不名珠玉不名金小字生來雅配琴底事背人彈切切要他離相去求音

雲和斜抱暗含羞鸚鵡頻呼不轉頭肩若削成腰若素相君之背亦風流
一絃一柱感華年霧鬢風鬟劇可憐難怪畫中人絕代畫師親遇李龍眠李石湖筆
指尖微露七條絲揣影摹聲費審思想象溫柔家法在多應譜出竹山詞
道大無如陳太邱騷情幽賞表同儔美人風貌才人筆廣博詩囊一例收戲陳維之
魔女諸天意態殊楞嚴十種各形模前塵影事分明記曾識春風正面圖前得校書西法小影今一星終矣
年來臣里小逡巡老我何曾一問津今日從君窺畫本佳人彷彿在東鄰遲歲香巢僑棲吾泰
廣陵散絕子期非側調么絃衆賞歸不是迴身慳碧玉世間識曲本來稀

崔灝清題滿著行裙腰袖角字微茫遙知萬歲千秋後又一簪花張憶孃
哀時感事病秋居綺語銷鋤中歲餘聊成二百八十字再爲馮婦下前車

丁酉冬淡生之浙江景甯任

本求吳女得燕孃卻舍珠江向括蒼宦况客愁君自笑飽收山水入詩囊淡生新納燕姬由粵東開平令改官
計車矮屋十年同酒陣歌場往事空他日故人相訪處越山南去海甌東

京口歸舟書所見

閏年夏似晚秋天倚看篷窗景物妍同向風前各飄泊落花飛絮兩相憐
一篋吟箋一葉舟一痕晴漲碧於油平蕪遠樹皆紅豆化作江南千種愁

西湖雜詠有引

東南山水餘杭稱冠原其佳勝明湖萃焉未能拋去白傳之所長吟

何日飛來緇徒於焉永歎勝蹟靈淵由來舊已京國文戰失利竟北
生徒踏槐牽卒以南踐暑猶勁塵鞅多迫雖神往焉未能造也紫瀾
閔君屬與主人舊有姻誼請爲導師篙檝既呼肴核亦備柳汀花塢
歷歷入目櫂謳隄唱琅琅入耳懷人在夢謝亭邊洗愁於銷金鍋裏
卓午解纜日匿而歸計茲游也固晷刻有窮而崖略已睹不有篇什
焉志名勝濡毫伸紙爰得十首履所未到姑俟異日

行行步出湧金門一帶濃青輭翠痕未要扁舟徧遊去遙看烟水已銷魂
艇子灣頭喚總宜船名碧玻璃劃槳雙枝長年爲指雷峯塔可惜殷紅夕照
遲雷峯
沿隄楊柳夾松栟此路前通印月潭最愛迴廊千百轉荷花開過尙紅酣三潭

丞相祠堂南面開報功崇德有餘哀依稀挾卷分曹日曾仰衡雲一面來左文襄祠

撼山曾比岳家軍翁仲無言對夕曛祇爲胸羅宋朝史欷歔怕見鄂王墳岳墓

偶偕艾艾期期客來訪鶯鶯燕燕靈蘇小小青俱不見一坏旁列萬山屏蘇小墳小青墓時同游有時君口吃

五色千頭聚策堂玉泉今已是濠梁遊人幾個知魚樂此意還應問惠莊玉泉

至竟孤山倚姓林梅花香淡證禪心一聲喝罷雙聲應莫是當年鶴在陰孤山

悤悤餘景不遑游且向湖亭一望收點綴香山居士語與君約略話金牛湖心亭

儂家亦有小西湖到此眞成見大巫儗把詩存鴻雪迹他時補作浙游圖

冬晚釀雪

六花飛舞喜耕夫未免行人怨載途還是便農還便客天公於此費躊躇

泥美人

禪心沾絮又重迷妙相莊嚴合品題添個比肩人最好太常夫壻醉如泥

雪美人

姑射仙人綽約姿揉冰作骨玉爲肌煎茶風味荒寒甚鄉入溫柔恐不宜

六十自述有序

近人自壽之篇喜爲七言律體往往多浮詞少眞味非複沓即率易甚不欲效顰也惟春在堂集中每以絕句自寫眞摯無比予往來於心久灰今年冬馬齒六十家國滄桑精神枯槁等身著撰都無覆瓿之文蒿目河山儘有碎壺之痛曲園之文學聲華遭遇自問殆一切無能爲役尙何敢瑣瑣陳詞冀後之人作年譜讀耶第以半生幻夢未忍付之雲過風飄灰飛泡滅聊借詩以存之祇用自憐不求人和所謂傷心人別有懷抱也時在甲寅十月

卯年亥月賦牀璋彈指於今六十霜慚愧星家談八字葦陰謬說格朝陽星士謂予生命爲六陰朝陽格其實金寒水冷所以窮愁潦倒者坐此差幸金清水秀稍有一知半解者亦賴此

當時南北起兵戎捻有張任髮有洪避地全家寄鄉僻呱呱啼笑雜村童避兵居城北上溪莊

阿翁粉署直燕都母氏提攜日與俱記得一燈懷抱裡夜闌開卷指之無家大人供職農曹先母潘恭人親課

五齡上學苦牙牽六歲稍知鑑略鈔堪痛七齡萱樹隕嬰兒失母業中拋

深荷含飴大母憐晝隨餐飯夜隨眠白楊先墓今成拱回首慈恩泣涕漣謂先祖妣黃太恭人

黃巾青犢漸潛形荏苒韶光十一齡合璧聯珠新氣象夜隨太父起觀星咸豐辛酉秋八月朔日月合璧五星聯珠自是各路名城克復

丙夜溫經似呂蒙丁年嗜賦類揚雄雕龍家世雕蟲技蠹食蠅鑽故紙中

重闈目盼采芹詩果踐橋門博士師一領青衿遲五稔不曾親當綵衣披十四歲考取佾舞生先大父期望甚殷迨同治辛未入學大父已棄養不及見矣

近見板橋思乳母遠聞班固憶先姑平生遭遇還相似著意扶危更煦枯乳母周幼受扶侍姑母徐長被撫揭

多田足穀不如初剖豆分瓜漸析居從此一身憂患墮依人橐筆曳征裾

逢人定把項斯談（同治己巳家分析）叔度汪汪風雅耽詞賦蘭成蕭瑟甚因公名譽滿江南（黃漱蘭師視學江蘇愛予詞賦游揚恒不去口自是聲名日起）

一囊書劍客澄江柔史剛經位綺窗夢裏君山眉黛色白頭縈繞未能降（瑞安師調予肄業江陰南菁書院交游文酒之樂一時稱盛）

勛業巍峨節府開太冲傲骨也憐才依稀挾卷風簷日曾仰衡雲一面來（光緒壬午左文襄會考優貢副取第五）

槐黃七度秣陵游遭際于鱗與弇州賞我金罍浮菊句盛筵許赴鹿鳴秋（戊子秋李若農王可莊兩師典試江南予以詩被賞獲雋）

瓣香門下說南豐十八登瀛學士同惆悵荒莊將卅載氍毹衰鶴愧羊公（房師曾右輿皖南循吏屢分校秋闈是科同門得十八人）

舸鞺來往逐征鑣哀樂長安景兩饒花藥濃春龍爪寺風沙殘雪虎坊橋

李膺內直侍慈甯捧出香薰貝葉經教學先臣天祿校至今衣袖有餘馨（若農師直南書房孝欽后命校刊佛經師以分屬諸門人法亦與其役）

江淹袁粲結同儔夏統汪倫亦俊流齊向春申江上去邀人昔昔醉朱樓（謂江建霞袁淡生夏虎臣汪作舟諸同年）

西子名湖在古杭千秋隄柳白蘇香也曾料理清游事酒滿羅襟詩滿囊（己丑秋客杭城）

淮王雞犬競升仙獨我蹉跎滯日邊應是潘楊無宿分蓬山望見又風旋（己丑甲午兩膺春闈房薦爲伯寅尚書蓉浦副憲所駁放）

漸覺斑斑鬢有痕忍看瀛海沸波翻可憐落魄揚州客伊鬱頻年擬罪言（中日日俄之役時余在揚州）

昌黎知我勝期牙篇什才呈便嘆嗟今日山頹兼斗落綠楊城角弔梅花（韓叔起師主講梅花書院相知最深）

劉尹迂拘程尉苛偏于賤子最情多胡公院裏名猶在關帝祠前石不磨（劉德甫州牧試胡公書院屢拔予前列程雨亭都轉屬予作關帝廟碑）

蘭摧玉折魯諸生矯矯戈徐蔓草盈稍喜陸郎才福好漢廷聲價動公卿（戈人哲徐步洲陸貴陔皆弟子）

吞刀吐火國妖興糜爛京津衍亂繩此後劉蕡甘下第不堪重應計車徵（自戊戌後不復赴春官）

贊化祠中三載淹仙幢佛鼓境清嚴當時贏得邦人譽桃李門生秀孝兼（典郡城贊化宮義學三載張丁二生郡縣試各第一張旋秋捷）

五十三年歲不居倦游暫欲計歸與兩株濯濯靈和柳張緒王恭最起予（仲堪慕徐兩生絕慧）

橫流花樣日翻新停廢科名罷出身半世嘔肝成底事溫岐真悔作詞人

遙領東淘都講銜不曾真箇挂征帆蟹鄉蝦市今番補飽飫蓉塘海味鹹（丙午丁未間爲海安鳳山校長）

趨庭燈味溯兒年望斷泥金進士箋虛負才名虧祿養鮮民長恨抱終天（光緒壬寅先君見背）

朱絃兩度斷瑤琴取次編成錦瑟吟潘令秋風新病起故衣殘藥總酸心（初娶鄧氏復繼娶汪均歿）

嗷嗷女小並兒孅瑣瑣齏薪及米鹽聊返家園領鄉校小西湖畔偶蹤潛（戊申己酉任泰城中學監督兼教育會長）

三徑貧慳莫戀陶生來薄命合薪勞纔依岳埠安家食又向邗江聽客濤

庚戌春中校事罷仍赴揚

謳耗倉皇殞兩宮委裘何處覓元公黨人在外親藩內水火訌爭國運終

隆裕橋山逐落暉端康續命主宮闈悲涼國破家亡後兩字虛名擁太妃

舊時黃浦舊青樓二十年前我舊游舊識佳人零落盡重來北里當西州

壬子後均客滬上

避地逡巡集衆仙滬南倏見起烽烟龍華一路桃花血子讞相看也惘然

謂癸丑二次革命之舉

已嘆生兒不象賢兄聞豚犬壑溝塡西河不學東門學嬾續傷心賦一篇

謂長次兩兒夭歿

舊學凋殘故國墟華顛青简苦相於前生莫是秋螢化垂死餘光尙炤書

近任中華書局編輯事務

曾讀吾宗自敘來後賢容甫亦堪哀描成前哲壺盧樣留作他年墓志材

古人如劉孝標近人如汪容甫俱有自序之作

六十後續自述

傷心怕說丙辰年雙渡春江趁船船客路窮冬遭蹇運瑤琴斷到第三絃

丙辰春偕內人赴滬冬月又病歿

佳兒佳婦賦于飛才出青廬換素衣扶櫬歸來剛半載雙雙七日墮危機

熹兒內子次第暴卒於七日內

三徑荒涼十畝災歲闌避債竟無臺春申浦上多財賈更報銅山一夕頹

書局折閱予卸事歸家

旁惟弱女與痴男愈老情形愈不堪茹蘗餐茶應到死何曾蔗境肯回甘

前悼亡悼鄭

嫁衣隨分十年過强被檀郎換茜羅誰道怱怱才一著重泉帶入卻如何

去年今日病相如刻刻煩卿護起居太息今年儂轉健此生留命作鰥魚

弱女離孃百事違燈前膝下悵依依今生汝母無從見好向他年著母衣

續悼亡悼汪

雖屬兒嬉自饒天趣

歸余十八正韶齡尙帶童心見性靈里曲山歌隨意唱枕棱妝次泥郎聽

戊子省捷誕長兒

書生少達每多窮難得門闌好事同儂忝科名卿抱子此時家運喜興隆

卿素好游有西人風然家事料理故自井井有條

漸操井臼罄蘋藻未覺嬉游廢米薪一舍一田躬料檢裙釵才地勝男人

京華滬瀆又邗溝奔走名場賦遠游家計經營行篋理寄書偏不寫閨愁

即此見卿之俠氣

愛婿卿卿時復有家人嗃嗃也曾占終看瞋喜咸依禮大體無傷畧小嫌

數日前還病榻前扶持調護苦憂煎湯飴茗藥俱親進今日思量倍可憐

體健何嘗惹病魔呻吟時少笑時多何圖七日怱怱疾便遣穠華付逝波

慚予平昔讀醫經病後心情苦不靈昧卻良方付庸手是儂無識汝無齡

前婦鄭孺人之喪予先一年病幾殆

前度婦殂余適病者番景狀復依稀此生合是鰥魚命長累閨人替禍機

我病繁言身後事豈知卿逝片詞無總由奇變生倉猝料得雖卿亦不虞

屢擬仿西洋法照相因循未果

尸堂揭白本徒然西法傳神誤往來似恐不才增悼念免敎留影惹纏綿

日者魂歸訂日辰巫言皆假那曾眞卻輸往日盧生語預識卿爲短命人

昔松月山人推命云卿難逾四十

今春一櫂纖金閶歸述三吳錦物詳語笑分明人已杳綺羅空贈女兒箱春杪有蘇垣之行爲采購次女嫁衣

明年四十計平頭約赴江南更汎舟惆悵豪談成幻話仙宮佛土遽神游

忌日巧鄰光祖妣生辰早我一昕昏他時記念應容易茗碗薰爐與奠魂大毋黃太恭人九月十九日卒予十月十一日生卿先予一日

燕語頻將好比稱回思口纖轉堪憑盛開好比花摧雨好比狂風更滅鐙卿每語稍多必時稱好比云云

廿載牛衣共五更睡醒每喚兩三聲近來渾忘卿仙去夢裡時時錯喚卿

準擬衰翁交健婦誰知皓首送青裙前途衰病何人侍婢媼奚能及得君

景升兒子均豚犬何止淵明責栗梨眼底身旁無可語自悲晚景獨淒其

慰卿一語告卿知憂患殘軀百不支生意蕭條生趣短泉臺相見沒多時

覆瓿漫存卷四上終

心白近體詩存下

泰和陳伯鶡嚼侯編訂
從子榮甲校

五律

遇夏虎臣京口

歲事偪殘臘翻爲江上行忽逢蓬島客言在蒜山城分隔慚懷舊時艱畏論兵素冠風雪裏握手爲平生

歸舟

凍日淡高天西風下水船暫歸疑在客漸老畏逢年岸腳見殘雪樹頭生晚烟前村沽薄酒小醉不成眠

袁升伯假申笏山詩集感詠

同爲邗水客君有笏山詩一卷聊相假三更獨自披律存唐白體古近宋黃思吟罷吾惆悵才流要盛時

壬寅清明書感兼追懷袁淡生

垂楊古城郭插柳幾門扉薄俗詞人賤中年舊侶稀索居銷冷節孤館脫春衣彈指江湖事回頭光景違

自君之逝矣三載及茲辰墓道草云宿客途花自春修文誰料子談藝更何人雞酒無由奠臨風涕滿巾

常州有懷乾嘉諸老

羣鳥方嘈雜焉容孤鳳皇句臚傳魏國宰相忌賓王聲滿雲司內膏流日觀旁讀書期適用底事玉爲堂孫淵如星衍

詞翰三洪後先生彌絕倫一生焚草志萬里荷戈身環玦逢明主機燈憶

老親文辭兼攷證雙擅更何人 洪稚存亮吉

山舘渺何處夫容今已秋遺篇一露浣終古尙風流綺逸王楊匹清新庾鮑儔江河原不廢未可笑前修 楊蓉裳芳燦

不挂廟堂籍偏羞郊島窮竟能師白也更見出黃童今我錢塘去觀潮鼉緒東會持前後句再與問蛟宮 黃仲則景仁

五人墓

拜罷要離冢還從此墓過義聲歸市井雄鬼壯山河坏土尋芳草生祠付逝波可憐九千歲輸與五人多

與成述周別

白下丹陽地名流半寄家古人今寂寞夫子獨英華三試不登第一官將種花幾行能吏傳遲爾墨痕加

知有因緣在相逢我共君花叢同燕笑棘院逐龍雲此後朋歡少當前吏隱分鯉魚風信起牋札莫辭勤

仿杜老游何將軍山林詩詠上海靜安寺路風景

東聽淞潮客羈游更向西低巾避藤架高屐破苔蹊林密啼時鳥村遥鬧午雞吾生清興足旅泊似幽棲

夏午梅肥節春中梗泛人雨流無積潦風起不飛塵雲物齊供眼烟光欲繞身祇差山一角便抵畫圖陳

草樹雜桑麻存眞盡去華朝開隄吠犢暮見舍歸鴉路轉迎疎柳窗虛入落花平康在何許隔斷管絃譁

躍馬少年場回頭三十霜是間猶曠野隨處有荒莊廬舍驚新築田塍憶昔長漫言浮世事即此小滄桑

忍料中原土翻供外族居翠鈿胡女帽金綫貴人裾往往聯衣袂時時走鈿車執鞭雙御者意氣盛何如

雁聲

除卻南飛雁人間無此聲已秋猶萬里爲客况孤征以我聞悽響因之傷遠情稻粱謀不易識字誤平生

海安春感

兩載還家術羈游復在茲春光歸草色客感起花時挽日心雖壯臨風鬢已絲平蕪空目極吾道欲何之

海安爲袁淡生舊游處愴然賦

我友袁臨汝當時此結廬數椽間田舍四壁足圖書奄忽隨元化蒼涼訪故居河山眞渺矣懷舊一欷歔

揚州北城訪菊

索居歡趣尠出戶欲如何見說東籬菊還從北郭過秋深憐伴少節晚怨霜多寂寞紅橋路當年自綺羅

辛亥三月晦日

小柄初攜扇輕綿乍試衣春於今日盡煖較去年微花底陪鶯坐簾前等燕歸明知衰謝甚未免惜芳菲

客中冬夜

霜氣蕭天高西風銳似刀冬心劇蕭瑟歲事欲周遭客况同雞助鄉心逐雁毛四方多凍餒不敢怨薪勞

七言律詩

計偕北上留別故鄉諸親友

多感親知設綺筵驪駒唱徹未揮鞭鶯花故里紅無賴烟草離亭綠可憐準備江湖作寒食好憑絲竹度中年他時游子燕臺路遠訊平安錦字箋

泊舟金山同淡生作

且對金山度此宵百花酒遣百花朝（閏二月十二日）春帆細數東西舫古事追懷南北朝明月照江和夢溼峭風吹海挾腥飄茶鐺韻歇淸談罷郭璞墳前響夜潮

到京

二十日程搖短轡三千里路到長安眼中風物全然異身上春衣陡覺單紫陌朝天驚擾擾黃埃匝地苦漫漫燕臺卻上向南指有客懷人應倚闌

都門雜感

不能屠狗愛悲謌閒向長安市上過燕趙如今佳麗少金元回首刼灰多

冠裳儀赫嘶驄馬鈴鐸聲喧健駱駝惆悵向來簪組客一場棋局易消磨

借問誰爲碣石宮至今渾不辨西東新來人士魚趨壑久住公卿鳥在籠幾個靑雲能念舊相看白髮半成翁黑貂易敝黃金少珠桂眞難作寓公

春暮登陶然亭

晚春春事憐飄零與客扶杖登危亭藤花紫暈開作雪柳絮白團飛似星南郭平視沙漠漠西山迴望烟冥冥風光如此亦殊絕祗覺鬢減當時靑

贈夏虎臣太史同年即以識別

靑袍綠鬢綺羅年名籍公然注木天夫婦閨房小京兆詞臣官職古神仙相期傳野鹽梅業豈獨甘泉羽獵篇不敢雲泥形迹判感君風義最纏綿

天津道中書感

津門烟柳碧千絲候舫停軒十日遲旅況眞成三度夢歸裝賸有一囊詩中年祇辨閒哀樂百歲能禁幾別離賭醉評芳儕侶長安回望盡堪思

輭沙晴樹大沽濱飛盡桃花不見春蝦市帶腥紅敵血蜃樓噓氣白團銀江湖久客輕滄海書劍長貧誤美人檢點靑袍歎非計生將綠酒換緇塵

此地當時羽檄忙三邊百道詔勤王浮雲事去朱仙鎭落照人登廣武場變海成田天意幻沈沙折戟土花蒼北門鎖鑰今誰領覆轍依稀定未忘

由來才薄宜身賤末要蹉跎念不平權當九河尋古蹟底須萬里問前程更無醬瓿供他日但有鹽車了此生越石家風甘愧殺那能起舞效雞鳴

三月望夜號舍題壁

擲筆臨風一快哉成功自慶酒三杯讓他李賀心肝嘔（鄰號李君）還我劉蕡面目來顧影如鷄棲矮屋此身非駿負高臺蘇秦自倚家無嫂放膽貂裘落拓回

懷淡生

我試金門君綰銅升沈雖異別離同美人迢遞在天末往事依稀如夢中比舍荒燈殘角夜故鄉寒食紙錢風（是日淸明節）惟應一片團圝月分照宣南與浙東（時令景甯縣）

自錫山至姑蘇光景幽絕

平生書劍半闗河更向吳門取次過驛路有橋皆白石船窗無水不靑波稻花飽露香千頃桑葉眠雲綠一窩知道金閶城偪近耳邊聽喚阿孃多

杉靑閘感朱翁子事

杉靑古閘認前頭徑挂雲帆到秀州村嫗尙能談往事牧童猶是學樵謳紅顏決絕下堂去白髮將牢覆水收辜負鴛鴦好湖景漢家夫婦不風流

到杭州（三首）

虎林門外泊輕艭到此人間萬景降千載異聞搜鷲嶺一條佳氣望鼉江
客因南渡悲陳迹天爲西湖鬧是邦回首趙家乾淨土幾番憑弔向船窗
半里人家一里橋沿城來往木蘭橈空懷鉄弩君王射留得金鍋士女銷
蟋蟀秋園太悽緊蝦蟆更鼓尙喧囂祇應韓岳英靈在夜夜來看江上潮
襆被悤悤笑我擕家傳壯志愧聞雞一琴一劍來江北聽水聽風到浙西
名字幾時纔雁塔人生何處不鴻泥分明記取年時事白下秋高矮屋低
是行爲送陸生省試

辛卯春送淡生之金陵

袁子買舟呼長年行將放槳江之邊臨岐走送意不樂縮屋稱貞殊可憐
六朝芳草舊京地二月小桃輕暖天知君此去有所眷爲謠桃葉桃根篇

晚春即景因寄淡生

自起開窗嬾更眠日光猶罨曉餘烟雨過濃綠有新色風起飛花無定妍
輕暖節催三月暮舊游人各一方天玉溪苦說多情客惟占紅樓珠箔篇
綺恨幽悰無著時一雙蝴蝶上青枝風懷夢遠留詩證霜鬢痕微被鏡知
畹晚剩憐春到尾淸孤怕見月如眉江城笛裏傳梅落可擬裁箋寄所思

漫詠

不是篷窗便客窗近年蹤跡少鄉邦舊交逝與官參半新狀貧偕老得雙
獨夜愁深直抵海平生才盡已同江掞天心事封侯夢齒長時艱取次降

乙未春暮雜感

塌來京國見紅霏潦倒江淮綠又肥游子韶光同是客中年急景去如飛
兵戈亂後愁行路詩卷叢中坐掩扉四十一回春屢送迴腸盪骨似今稀
長安曾賦感春詩朋舊傳鈔艷冶詞溝水東西輕話別海天南北極相思

蓬山渺渺迷三島板橋年年借一枝不是看花心緖嬾嫣紅開到藥殘時
哀時愴事淚橫襟那復尋常景物吟南國繁華歸小刼東皇割棄豈初心
流鶯久住渾無補杜宇催歸更不禁花發爭來花落去紛紛蜂蝶負恩深
暮鴉飛繞大隄濱觸起高堂有老親日下喧聞黃甲客風塵難慰白頭人
半生牢落飄萍影百里艱難負米身怕見芳暉幽草色靑袍獨立暗傷神
濃春盡日未鐘宵是我莊盆舊鼓朝十載稠桑人不見幾篇長簟句無聊
杏林及第知何日柳陌封侯夢更遙慚愧書生親翦紙楝花風裏替魂招
迴望江南春可憐一花一葉總纏緜夭桃崔護成今日垂柳君平憶往年
浮世惹情情惹恨勝游疑夢夢疑烟濃陰靑子當前樣容易歡場即海田
搔頭把酒酹斜陽眼底青春又一場芳草連天君去路落花如雨我愁鄉
蒼茫襟抱無窮感蕭瑟衣衫有賸香白日跳丸輕薄甚綺羅銷盡畫偏長

從茲歲月儘如流炎夏須臾更懍秋四序逢春皆閏位百年乘夜合淸游
小窗細讀人間世大地原包海外州十二會中富環轉繁華須惜不須憂

得洪韻松濤自東瀛成述周守正自粤中來書各題一律其後

麻衣雪色走天東韻松丁艱奪情留東萬里丹山小鳳同挈嗣君住使館故國松雲樓獄白
原籍新安客窗海日射波紅生逢盛代同文化采到倭奴異域風屈紒單衫多
美艷未應頴士怨飄蓬
飛到瑤華粵海天香風拂拂帶花田細論瘴嶺艱難况尙憶長安語笑年
已丑庚寅壬辰三同計車蒋宧已辜金馬志炎方賴有玉人憐於秦淮水榭納一姬偕行何當什襲
巾箱內每一相思誦一篇

王孝芸以書抵余客次賦此酬之

憶識君纔總角年蒼茫歲月屢推遷仲華渺渺游三島鄧敬齋恪元度沈沈入

九泉（許官仙桂南）遺我兩身稱後死看人幾輩著先鞭東風忽慢吹書至急寫巴詞答蜀牋

北望長安馬不行那緣旅費那緣兵謀生計拙邉憂國濟世才疏懶逐名

況値及門新感逝（戊子葵北人哲）可堪遠道更孤征遙憐紅藥豐台路辜負汪倫送我情（客歲都門別汪竹溪比部時琛訂重來之約其意甚般）

一琴一劍一襟塵廿四橋頭再種因楊柳低徊亡國樹木蘭惆悵護紗人

浮生是客還爲客失路逢春不算春子敬青氈良有味儒冠敢怨誤吾身

澄波千頃浩汪汪回首師門叔度黃（前少司馬漱蘭夫子）記受陶甄曾最渥藉傳衣鉢倍難忘當筵不舞慚慵鶴束脯粗陳笑瘦羊今日戴彭俱老大此身無分報安昌（孝芸亦曾受知漱師）

滬江東去浙西頭也復清游共冶游至竟烟波懷白舫（己丑秋客杭州覽西泠名勝）於今雨夢落朱樓蘇墳馮墓詩俱有灼淚濤牋贈未休持傲老成夸後進阿儂身世故風流

狂心豪興總凋殘尚有些些意未闌盛世差堪容擊柝衰親未免盼彈冠

如斯寂寂虀鹽老太覺荒荒醬瓿寒癡願無多天倘遂五湖深處一儒官

自將晚景豫安排未必能然略遣懷兒命學醫供老病婦教逃佛伴清齋

補求切要書盈架添種蕭疏竹半階月夕花晨杯在手一杯便可葬形骸

大都哀有樂全無謝傅中年語尙誣以我憂來自排遣勸君貧裏且歡娛

休攻廷尉三長史速辦商瞿五丈夫（孝芸四十無兒）碩果晨星當愛惜相期各各白髭鬚

袁濬生自都返里箋來通問馳詩先答（十首）

一封書對暮霞開有客初從帝里來雲物粗安將毋意風塵偏困出羣才

久棲日下應增戀似說人間盡可哀酸雨昏鐙孤館夕爲君展讀屢徘徊

五陵千騎玉驄肥親見朝天去若飛豈謂出山終小草可憐醫國只當歸

諸公衰衰謀誠善萬事茫茫恐漸非猶羨新亭舊時淚秋風吹上晉臣衣

自我追維致寇端沙蟲兔氣黑雲漫發兵垂白良非願扞敵倉黃本大難

閫外兕無方虎寄朝中儘有李牛彈湘淮父老何人在好向西州哭謝安

稍喜吾宗志國讎升卿未肯棄涼州不甘鐵鑄將成錯竟儗金完已缺甌

瑯琊南轉海波西不夜城頭策馬蹄叔度丰裁從昔挹次公聲價豈今低

板屋唱喧番女口寶刀光閃虜臣頭忠奸形迹憑誰辨蝸譖蠅讒迄未休

時危到處驚風鶴道定隨緣踏雪泥轉恐北窗今日夢天飄瀛水雜征鼙（時黃錫朋葆年令山東萊陽淡生訪之）

莽莽蠻烟瘴樹邊刺船何處訪成連風平宦海無波浪雨足公田有歲年

長恨鱗鴻稀北道近聞犬鷄盡南天此鄉如許珠孃福陸賈新來又著鞭（時成述周挈眷之粵東陸春江師新簡高廉道）

劉昆善舞官旋失（我山）吳札榮歸子又殂（棣仙）大抵世緣等蕉鹿本來宦味遜蓴鱸

戰爭擾擾猶天地出處區區况我徒解事癡兒推夏統（虎臣）彈琴看鬢耐征途

百廿人偕赴鹿筵武功詩冠晚唐篇宮袍遲染神君柳官燭閒燒幕府蓮

近郭波光搖雀舫舊鄉山色夢龍眠獨憐蕭瑟珠簾路辜負淮南節度賢（時姚叔節同年客揚州運幕）

孤山山下萼華身曾與逋仙證夙因寶瑟生塵原寂寞鈿車流影尙丰神

渡迎桃葉知何日門掩枇杷又幾春零落墜歡存此豸天台腸斷再來人

天路崎嶇那可行飄搖身世兩無情百年故紙何時出一局殘棋未易贏

解脫除非仙離俗牢騷翻厭客談兵西風獵獵儂歸矣萬丈愁城就子傾

哭王可莊仁堪師

飛來噩耗自吳中五馬翩翩返帝宮齡壽未登官政歲師年甫四十餘姓名虛注
御屏風今夏制府卓薦詔獎侯王玉殿傾心素士女金閶淚眼紅眞見蛇年厄賢者
時癸巳年百花頭上幾人終洪文卿少司馬陳冠生翰撰皆殿試第一人今次第謝世
堂堂通德八閩家累葉簪纓甲第華共仰世臣指喬木師先世曾官至布政定知宰
相屬梅花洞簫作誄驚恩遽鄰笛聞音想歎嗟料得同懷西掖客也應聆
訊淚如麻師弟旭莊仁東在京供職中翰
金鰲頂上盛名馳玉蝀橋邊儤直時師直上書房有年宮省詩篇艷元九都門書
法寶羲之師書法紙貴一時三年太守移雙郡師初守潤州繼調吳門四海門生禮一師師屢司文
柄凡一為督學四典秋試兜率逍遙餘憾少獨憐蒼赤不勝悲

桐材已分尾焦痕晚遇中郎荷拔掄謬賞蛟龍有奇氣法戊子闈藝師云有奇氣轉慚
羊鶴負深恩長安絲竹堂前宴已丑庚寅入都蒙師兩招觀劇京口旌旗水上村秋初爪洲謁師
行次回首門牆成夢寐景差何處賦招魂

遙哭黃瑞安體芳師

飛來噩耗自南天木壞山頹意愴然知已名場從此絕李仲約王可莊曾右與黃松泉諸師
相繼殂逝偉人史册故應傳朝端帝羨蘇壞子林下羣推阮籍賢喆嗣仲弢學士從子叔鏞
太史皆有俊才宗澤渡河陸家祭料當易簀尚纏綿忠義根天性偶談及時事慷慨太息
森然三樹起甌東獨向蓬池斫鱠紅師世儒昆季三人成進士惟師入翰林天子屢將才子
目詞臣早有大臣風駢儷之才並時無兩在詞館時數上封事論文似鑒全無障嫉惡如讎總
為公一種愛憐噓植感閩吳秦魯萬音同屢典秋試人才稱盛
六官杜牧本知兵一疏胡銓最得名師由江蘇還朝擢少司馬旋因劾合肥相被議鐫級爛額焦頭

今日事批鱗逆耳古人情納言臺省褒狂直歸老溪山荷寵榮補官通政兩權副憲
予告返里想見護持優禮渥朝廷原自識眞卿
鯫生國士荷殊恩飲食栽培雅意存督學吾鄉於法有國士知掬南菁書院首調肄業一跌已經
下第長安兩次悔蟲技乙酉選拔法未獲預再傳仍許傍龍門可莊夫子出師門下庭前羊鶴私衷愧
趨謁拳拳訓誨致足感也江上鰣魚往事論以恨鰣魚多骨賦最受知惆悵酬知向何處時艱身賤
倍銷魂

哭袁潛生同年衙二十首

越中噩耗遠飛來天地無情喪此才驚極一身渾似木感深萬念頓成灰
最憐與我同風調肯信斯人赴夜臺半世交知幾重夢沈思往事總堪哀
已亥九月十六日病二十三日歿十月初三日得電音時余正返泰城
憶否風檐乍識荊迂辛短李竟齊名雕蟲我愧摛詞碎揮麈君偏說史精

同向大賢門下出爭鈔小紙洛中盈翟公庭巷深談處握手論交記得清
黃漱蘭王益吾兩師督學吾鄉時淡生以史論余以賦累試高等浪得時名因論交於翟筠卿丈處
秋風拂拂動蘋茫水調高歌唱大江盬事喧傳桃葉渡餘香歸帶木蘭艭
拊躬已踏槐花七附尾叨榮桂樹雙明日眞長共臨汝等閒譽滿梓桑邦
戊子秋闈同捷時余赴舉已七次矣
從此雲龍迹倍稠飲醪投黍喻綢繆路才百里居嫌遠別不三旬札互酬
淡生初居海安鎮去泰水程百餘里
各貢性情淪世故每參仙佛證儒修粲花談論桃花紙俗蠹庸蟫不敢鎪
水汎螺舟陸控驄計車來往幾番同驚沙莽莽金臺北駭浪滔滔碧海東
鐙火久衢游眺月滄溟三島臥聽風悲愉情事分明在十載渾如一夕中
亦有閒情續賦篇江城花月浩無邊獨誇娟潤雙鬟秀同閱楞嚴十種禪

酒氣歌塵人似玉釵聲鬢影夢如烟祇今箱篋羅襟角賸淚遺香認往年
紀申江事
魚龍曼衍百千場走徧銅街南北坊忘却春愁旅京國有人風貌妒安陽
櫻桃引客彎彎巷箏笛留仙曲曲房豔絕景和堂裏事邀朋爛醉看丁香
紀都門事
無奈軒車苦太遲故交多作出林枝金門迢遞無消息銕硯磨鑽有歲時
公奮孤軍鳴鼓進僕廿三北掩旗馳昔爲蛩駏今勞燕分手茫茫蹤跡離
甲午淡生留京余以資盡南歸
扶桑旭日掩妖霞兵敗狐駘萬女髽邊塞生降聞衛律朝廷前席待長沙
求賢詔下西京切荐士書陳北海華攬轡澄清知有意里門光采見登車
乙未中東役詔中外荐賢廖仲山侍郎以淡生舉有才兼文武學貫中西之語

朝覲龍顏謁至尊夕飛鳧舄下天門醜夷事小民生重儒吏心慈國脈存
兩浙盡頭恩似謫萬山深處縣疑村旁人惋惜卑棲旨元結陽城詎所論
初謂入都必大用及引見僅授知縣又選浙江景甯瘠缺在萬山中人意其觖望而淡生夷然
此時仙令東行裝此日劉邕正苦瘡枉叩雙扉通數語誰知一面即千霜
書來未改貧交舊訃至俄聞國士亡五十六言相餞句轉憐風義太悽涼
丙申冬赴浙適余病瘡枉存數語贈以二絕而別到官後兩次書來通訊
悽聞僕從與朋儕草草衔齋斂病骸楚壁竟無天可問豐城豈是地能埋
母妻子共輪流哭學識才偏命運乖悔不白頭鄰舍結冷吟閒話掩扉柴
少達多窮信匪虛才人何竟不齟齬官因求近翻成遠家竟無田剩有書
短壽誰猜三國瑾凝情眞累六朝輿君猶如此儂安望焚硯燒琴結習除
初選粵之開平因告近選今職又家本中貲近更耗費殆盡

昏鐙寒雨撲疏寮入夢何嘗見一宵無路更逢柯古使有書難寄秣陵遙
傷心知己人間絕屈指芳朋地下饒子細思量倍惆悵是君有幸我無聊
想見離羣就一官雄豪心性慘難歡樂羊積謗叢三篋洗馬清愁渺百端
近年鄧稚庵李極仙相次殂謝淡生所眷之吳壤林韻梅並所納姬亦逝
妝閣曉無蛾可畫山城夜有虎來看建安疾疫休相怪暗裏摧傷肺與肝
旅櫬蕭蕭歸骨遲素車白馬待奔馳羊碑清淚山民灑鴻雪殘痕海月知
未攜眷之景甯任闔浙間夏秋大疫
新冢誓澆三步酒舊交賸有一囊詩官閒見說幽蘭愛香影靈旗可尚隨
景甯蘭種佳衙內羅列盆花甚夥
逐漸凋零同歲生尋春紫陌若爲情何圖冠冕南州客也復聯翩東岱行
亂世多才天亦忌中年學道竟無成須裁六合傷心賦作記修文亦要卿

浮生浪說百年身眨眼清游迹已陳無限黃壚供感舊剎那碧海見生塵
戊子同榜殂謝將半江建霞學使亦今冬下世
同眠尚憶聞雞夜非福翻憐得馬人六尺遺孤三寸稿他時終不任沉淪
淡生著述有飄蓬錄子二人
滿眼悠悠劇可憐蛇神蜍志兩無緣故人强半成新鬼來日將何遣暮年
擬把餘生交濁酒還思摯誼續幽泉祇愁鸞馭難尋覓不住三清定四禪
用曹蜍李志及牛鬼蛇神事
平生愛我撚吟毫長慶婁江妄見褒索句情深滄海夢寄詞響答廣陵濤
依然月吐千山秀不見風流一代豪今日驢鳴和淚寫撫棺聊復當三號
淡生有仿四更山吐月詩五首

丙午新歲感詠

後死空令見事多劍南悽旬每吟哦兒時耳熟髮回捻晚歲心驚英德俄
舊學未通新可想少年爭貴老如何蹉跎兩兩憐身世等是難揮返日戈

海安鳳山即景

七里三塘此最偏山居幽景足天然漁舟對艤層潭下雀語分巢高樹巔
入牖綠光佳麥秀出墻紅影小桃妍未妨權作仙源想黃髮垂髫盡可憐

丁未中夏效藥名體

荏苒時光剛半夏菖蒲九節石傍肥溪頭細蛤將成粉樹底新蟬漸脫衣
破故紙中難獨活不留行後便當歸蹉跎垂老無名異太息從前遠志違

寒柝

生涯彷彿灞陵亭斷續悽清未少停窮巷踏殘千戶月嚴城敲碎五更星
霜濃門掩人初定斗轉燈昏酒半醒莫起抱關卑賤感披書客坐冷氈聽

送人赴省試

七度曾爲白下游西風送客又扁舟馬聽刁斗猶思戰人到中年倍感秋
北固江聲縈遠夢南朝史事入孤愁殷勤爲我尋陳迹可有詩存舊酒樓

邗上喜晤金陵顧席珍 賜儒 同年

秦淮新柳正絲絲邗上春濃豆蔻時傾蓋故人驄馬遠過江名士虎頭癡
滄波南北同爲客溝水東西各有思衣袂京塵多少事花痕酒夢幾人知

西園觀菊口占

傲骨從來不入時況兼時居懍霜期開當晚節惟宜隱生是名花可惜遲
飲酒閒情紛賦詠信陵彭澤兩迷離餘年擬作孤芳伴獨恨囊無三徑資

陸生希儒以二律見贈依韻和之

身本冬烘一輩儔謬升講席萃羣流西何敢擬談經夏通國虛傳誨弈秋
新學豈能諳笛倍舊文祇解述韓歐識途老馬相推重慚對斑騅與紫騮
新詩忽枉百餘字有倡安能無以酬世界斷資人武勇邊陲方苦敵虔劉
五旬吾已嗟衰老萬國君當快壯游抗遜機雲家法在從知才子即通侯

擬遺悲懷十六首

鰥居領略事千端和淚和愁共一歎茗酒荒涼供客少線鍼瑣屑倩人難
空牀伏枕醒憐獨幽院吹燈影怕單亞字更偕誰倚徧祇應閑煞畫闌干
自撥爐香自煮茶索居風味似山家孤生儂是梧桐樹短命卿爲木槿花
幾度夜闌看北斗一場春夢付南華由來形影相酬答不獨東籬處士嗟
已憐憔悴嫁蕭郎況復飄零命不長垂死祇安荊布分平生未妒綺羅香
青鳥有約營新壙白鳥無知繞舊牀三十年華八齡女旁人聽也淚沾裳
似失嚴聞耐久朋清談誰與共蘭燈皈依倘證無生佛塊獨眞成有髮僧

對月臨風長自恨升天入地兩難憑牛衣臥尙非常策薄命如斯得未曾
惆悵芳魂不可招醉眠醒起總無聊因謀超度延僧衆爲避猜嫌遣婢嬌
一夕竟成生死別半生長向病愁銷淒清忽憶年時事未到秋風鬢早凋
等是晶屏翠幌幽自無人在便生愁聊憑獸鐶空房守漸惹蛛絲滿鏡稠
感逝況逢三月暮定情剛記一星周相思正是腸千斷燕子雙雙入畫樓
香火渾難叩夙因頭銜自署一窮民瑣談細想皆成讖遺照相看尙若賓
蟲唧錯疑當戶織鼠啾遙認在牀呻諸姑姊妹分明在眼底蒼涼少此人
女兒箱篋忍重開觸撥閒情倍可哀此日絕無親手疊當初還說稱身裁
舊拖裙處生新草能記鞋蹤仗碧苔絮語不堪聽阿母嫁衣回憶幾時來
悶坐空堂展轉思便從此夕溯當時淸饒屢笑東方肉淡素曾嫌北地脂
泉下望夫應化石人間贈婦孰通詞劉蕡下第歸來日慰藉今朝更有誰

兩途渾忘隔幽明但覺長離事可驚年盡尙憂賒藥債春來先怕賣花聲
侵晨茗碗呼童奠隔歲蘭膏遣婢傾果是達觀盆不鼓莫憑讕語信莊生
玉棺長掩訊沈沈棺外塵堆一寸深眠食出門誰更問夢魂入夜杳難尋
舊時爨嫗談恩分新徙鄰娃誤語音我與相如正相反一般孤負白頭吟
眼穿一第抵封侯名未成時命已休閱古方書知藥誤憶君顏貌對花愁
三冬尙倚雙垂袖五夜仍縫百結裘十二年中多少事無端拉雜上心頭
悔殺從前井臼抛入門偏笑入宮爻他生眉史添毫譜獨夜心經浣手鈔
胆小恐難奔月桂情孤容易感星匏樂羊機杼依然在勸學何人續故交
忍撫浮詞著綺文家常言訴夜臺聞世間何必猶餘我此事不知輪到君
魚鑰近偕囊劍佩蝶裙閑共紙錢焚琴難典卻書難賣慚愧埋香未有墳
悍婦誠堪傲孝標平生自許勝南朝短緣結髮纔猶在長恨扶頭酒不銷

愛讀楚騷知不吉悶觀齊物破無聊祝卿且自升仙緩尙冀重逢仿玉簫
競賭鸞膠續故弦鳩媒催賦好逑篇其如京兆慵拈筆豈是名流靳入錢
耳畔卿戎聲久寂眼前孫楚墨將研不因他日樞書計經案繩床學昔賢

春暮京邸述歡憶別觸緒成吟得十二首

說到相思已黯然相思况值暮春天濛濛衣袂沙如雨渺渺樓臺路隔烟
夢裏容顏花在鏡客中歲月箭辭弦聊將悲笑年時事寫向唐濤十錦箋
記得妝樓初見時一錢抛擲爲西施繞梁嬌囀韓娥韻隔燭遙呈趙后姿
但覺娟娟惟此豸從教粥粥賤羣雌四條絃索鍾情處便是春蠶自縛絲
金孃偏厭縷金裙淡素衣裳自出羣粉汚卻嫌唐虢國豐容竦動漢昭君
清歌朗朗當筵唱細語喁喁促座聞一種柔情兼秀骨祇應惆悵杜司勳
赤繩代乞繫條條朋輩殷勤怕寂寥爲感佳人難再得不教虛度可憐宵
自嫌清綺才殊欠未免纏緜福易消見說端陽剛七日宮砂重染幸非遙
從此貪痴百念生愛河水闊若爲清溫香去後縈如許幽調來時畫不成
季隗果教能待我孟光何必定非卿低聲密指柔鄉祝久遠平安副好名
裊裊簾旌曲曲房爐烟影裏著檀郎熏衣理鬢潛虛院響屧飄裙度畫廊
姊餉花來窺晚鏡婢持茗至瀹春槍歡邊瑣屑皆詩料萬劫千生未許忘
無奈相如頗倦游歸裝摒擋上歸舟小名合德拚牢記大願淵明待緩酬
海月江雲千里別梅霖榴火一天愁心知屏角含悽送不忍逡巡更轉頭
咿啞孤櫂徑飛還還後何曾片刻閒妝閣自臨黃歇浦聖湖偏訪白香山
風荷畢竟輸顏色水月分明見佩環偶指林家一峰秀依稀霧鬢與烟鬟
窮冬促節鎭相催椒酒桃符春意回閑把舊歡心上篆懶傾新歲掌中杯
天涯遠思隨芳草景物關情換落梅不爲功名爲風月半篙柔碧過江來

枇杷門巷是耶非重叩當時了鳥扉憶昔狂歡眞艸艸隔年相見倍依依
得卿聊慰長途寂怪我胡連短札稀最是背人私地問可曾顚悴減容輝
棖觸驪駒又在門各呼珍重各銷魂眼前舊別添新別身上啼痕界粉痕
自古有情皆有恨可堪無淚更無言悲愁强作歡娛說預訂他時酒一尊
東海揚帆北道車誰令兩度客京華六時最苦黃昏到一集能甘白璧瑕
浪迹自疑身似絮合眸還認貌如花洛神巫女荒唐甚此什荒唐定有加

棖觸八首 有引

憮寫閨幨無如疑雨後來壇席多扇遺風然而太褻傷浮過眞近俚欲擅清新藻思端推閱歷根因鄙人來往春申流連子夜隊歡成藪追憶爲篇約得棖觸八吟聊步次回一集固知西江放誕難免泥犂之訶竊比東澤清狂藉償綺語之債云爾

檀几橫安寶鏡陳屜窗蛤帳了無塵閒中授我梳頭訣遠處摹卿展步神
櫻口試茶憐病渴葱纖剝果勸嘗新迷香九曲前人擬若比纏棉尚未眞

妝閣

綺羅絃管廣場開彩飾烘霞響沸雷後至忽傳仙子到先聲特遣侍兒來
牌揩蠣粉書三字琴撥鵾絃奏一回最是曲終人散後噥噥叮囑意難猜

歌樓

芳草成茵十里遙美人詞客互招邀手扶鬘侍遨山閣目炫眉圖鬬海潮
斜日亭臺鴉鬢閃暖風衢陌馬蹄嬌鈿車歸路迎涼月燈點如星爛九霄

芳園

紅氍毹上畫衣裳曼衍魚龍角觝忙綵筆淋漓書矮紙繡裙綷縩上迴廊
近偎情話香肩煖代掐宮商玉指涼贏得萬人擡首望碧玻璃碗貯瓊漿

劇館

人影衣香暈一樓高燒銀炬照金甌歌詞揀熟投郎好罰盞憐寃怒姊糾
紈扇影遮言附耳玉釵光溜笑低頭明知身分宜矜重强爲歡情半晌留

綺筵

重幃鉤戞玉丁當袒服橫陳換睡妝乍似面羞還似醉不聞鼻息但聞香
柔腰徐展舒春困翠眼微醒怯曙光有限綢繆無限意蔫花墮枕囑收藏

繡榻

水珍陸錯敞瓊筵數見翻教恨不鮮舊識南州佳麗選新聯西域賈胡緣
蒲桃釀煖醺紅玉酥酪漿寒膩白氈鬢影燈光憑借問者般風味可堪憐

番肆

情場閱遍總成癡第一銷魂是別時延片刻都稱幸事說重逢已費相思
防嚴命婢登舟送情摯呼傭擔物遺回首朱樓歡愛地晚江如夢雨如絲

別船

續擬遣悲懷二首

生來介介寡交游每向閨房締應求不分短緣相繼續共誰長夜話綢繆
繩牀經案聊終老遺挂流芳盡惹愁身世蕭條知己絕他時無與諡黔婁
奇冷申江得未曾牛衣瑟縮體疑冰弟頻煮藥終無效婦共敲棋竟不能
鄉信淹遲歸路梘旅懷悽對影堂燈白頭癡念嗟難斷後會稠桑冀有徵

覆瓿漫存卷四下終

心白詞存

泰和陳伯鶡嶠侯編訂
從子榮甲校

浣谿紗 臥病

掩卻房櫳擁著衾了無個事靜悄悄吹來涼笛隔牆音 半榻藥烟縈病枕一簾花月照愁襟海棠開後到而今

好事近 夏閨

幽院白蓮風新浴侍兒扶起小扇輕裙低几泥蕭郎談鬼 晚妝卸後怕花蔫自汲井華水後月今宵輪指替天孫先喜

清平樂 秋雨

綠窗人靜點滴蒼苔徑風颭疏燈紅不定記得倚衾同聽 梧桐葉上催涼聲聲和徹寒蛩又是去年秋到去年人到何方

三字令 索居感多絲鬢蕭瑟倚闌賦之

閒徙倚小窗東又秋風風復雨響梧桐蟀吟階螢照幌思無窮 人不見見征鴻尺書空銚更黯一燈紅篆香添樽酒減病愁中

醉落魄 掩關養痾不覺半載涼風報秋悵觸而賦

酒慵吟悄一絲鬢雪催年少病來翻惹垂楊笑說道腰身多事和儂較 冰紈斜把雲和抱碧紗窗下彈悽調垂簾儗避秋風耗葉葉聲聲秋已尋人到

虞美人 丁亥三月晦日

無聊似醉還非醉一種悽涼意斷腸時節斷腸花惆悵杜鵑紅裏送春華 文窗窈窕輕紗護舊日梳頭處而今堆黑半窗塵何況窗前剛鬢掃眉

人

太常引

滿城高髻百眉長只是臥匡牀濃睡殢溫香渾不遣當關報霜 玉郎相等侍兒呼起催赴綺羅場夢醒已殘陽何況尚瞢騰未妝

采桑子

明知未作君家婦酒薄衣單與妾無干局外何妨袖手看 沈思卻怪君家婦問煖噓寒漠不相關試揣芳心可自安

憶漢月 閨情

長羨隔墻芳媛閒理綠窗金綫新來名譽噪鍼神一霎國中傳徧 獨居深自念儂也有繡床紈扇鴛鴦自譜亦何難祇恐日斜人倦

蝶戀花

輕薄兒郎來見侮驄馬驕嘶認作平康女自保幽貞堅不許隔簾擲與鴛鴦杼 還約蘭閨諸伴侶贈珮投珠努力將他拒儗合羣花驅一纛同袍千萬休猜妒

釵頭鳳 迷藏

鬟低髽鞋輕挪等閑悄轉屏山躲重尋覓無消息泥人私問個儂蹤跡急急急 瑤階邐離梁過微聞嬌喘脣櫻顆衣香接裙聲曳闌干同倚花枝無力欹欹欹

喝火令 憶墜歡寄淡生

枕暱香才近幃低燭半昏渠儂俱是過來人也算楞嚴十種證徧綺禪身 寶髻留鬟影單衫浣酒痕回頭事事總消魂只恐重來只恐鬢成潘只恐枇杷花底迷了舊時門

滿江紅 賦階下老少年

擬遣西風訊何術丰容如此悔讀徧仙經道訣未繙花史今日歸來三徑認丹砂句漏君懷裏轉憐他江上老蘆根頭霜矣　娟妍貌奚堪以漂淪感何須起洗浮詞豔語從新譬比烈士暮年心血熱忠臣老去丹誠矢笑紛紛騷客說徐娘非知己

解佩令 倒叠朱竹垞韻自題西法小影

白頭期望青琴知遇算沈思一未酬恩分自檢頭顱已非復杜脂何粉再蹉跎五旬期近　也拈詩筆也嫻詞拍寫春人百眉千鬢今日圖中但餘得豔愁嬌恨報江郎漸成才盡

齊天樂 揚州教場有柳一株西風蕩搖悽惻可念

涼雲池館清霜節絲絲做成悽緊瘦不勝嬌疏還怯舞一幀秋娘小影繁華轉瞬便笛引魂飛酒催夢醒見說章臺便無攀折自幽冷　鶯花二三芳月也曾聲價好驄馬驕嘶烟畫難濃風扶倦起誰料如斯晚景斜陽伴頸怕慘碧皴黃斷紅同盡遙夜驚飛倦鴉棲怎穩

前調 冬蕉

清霜時節濃陰減當初那知如此易去青旗捐殘翠扇贏得荒寒敗紙飄零身世伴衰蠹凋墻黯螢枯几一卷相思絕憐心緒尚難死　空階更無依倚况遙天半破涼雨疑洗一角餘烟五更殘夢仍自喧爭未已風流漫記漸翦燭西窗舊人盡矣誰抱幽貞獨支深雪裏

前調 蓮心

平生怕受人憐詡憐儂又還憐汝久住江湖飽經風露爭怪肝腸不苦好花無主慣結局空房釀成淒楚菱角雞頭問渠可解此幽愫　幾番鴛鴦

打去正雙棲夢穩空辜情緒轉賽連環尖逾捲舌蓄怨含悲如許枯池涼雨算未要秋知絕無人咀一卷芭蕉認三生儔侶

前調 蘋絲

翠蓋已憐零落矣紅衣又看愁死七孔文犀一彎胭玉剩汝秋魂煞尾相思未已有萬縷涼痕千頭密理惆悵佳人冰甌那忍雪纖指　已斷仍連何似似逐臣懷主棄妻戀子弱未勝鍼瘦難作綫不合時宜如此柔情若水便寸截冰刀才平更起九曲迴腸算纏綿難比

賀新涼 與鄧稚庵談詞

與子垂髫友儘追游小西湖畔大東橋口踏月銜霜無賴甚還更談詩呼酒渾見慣韓娥陳后姓一種風情猶殢眼恁蹉跎都到中年後思往事怕回首　當時連襼掎裳偶枉低徊花初葉晚茗餘香後幾個青雲騰踔去幾個黃爐凋朽總難再從容携手只我和君憔悴在各南帆北轍成狂走飄泊恨兩俱有

前調

忽聚蕪城首撫年時紅英綻藥青錢浮藕說劍論兵悲歎罷話到絃巢管藪便滾滾懸河辯口苦引時流排古調僕搖頭噤齘惟稱否心得處各人有　骨高未可詞粗醜總須兼紅牙鈸板詞場斯壽竹屋梅溪姑莫道前輩吾鄉低首挈杯犂墳澆黃九荔擬挺毫峰調墨水替蘇辛置驛通秦柳才退減但珍帚

前調 慰王先生遇盜

王子寬幽抱請因君先論外盜次談吾盜試自如今追既往而治而咸而道驚莽莽邊氛見告門闥洞開堂奧闖任擒余手足餐余腦美哉國竟貧槁　回看幾隊烏紗帽也紛紛竊權攫貨從而尤效那管民脂兼國帑都

儘貪囊一飽眞算是綠林同調醋大青氈成底物幸不逢其大逢其小休悵惋且爲笑

金縷曲 題陳維之鴉片烟館畫扇

泡影年華促算何堪陰房鬼火自家求速醅酒婦人閒寄託併此眞成鼎足誰寫向詩仙小幅半榻茶烟孤館月更旁邊添個平頭僕翻互詑幽清福 追維滄海橫流局竇於斯丸泥塊土權輿落俶多少兵戎和物命禍水妖脂貽毒渾抵得龍漦孤服秋屋數椽宵客滿聽漏聲冷答嗚嗚竹猶仿佛沙場哭

水龍吟 白蓮次吳穀人祭酒韻

是誰微步淩波半鉤羅襪明珠墜銀璫玉珮作去成幽靚紅妝淨洗一鷺烟棲雙魚雪映漸催秋意惹放翁吟到香初過雨拌盡日枯筇倚 迤邐銀塘十里渺橫波晚風吹起看花人至訊花何在但疑空水霧縠雲涼冰裳露冷更添寒泪待鴛鴦化去白頭長共宿鷗鄉裏

前調 眞珠蘭

似珠不似眞珠嬌黃瑟瑟偎人顫寶髻斜簪銀絲細裊態濃香遠簾外風微靑莖搖曳露華零亂傍瑤釵側畔垂垂欲墮依前被鴉鬟罥 疑是深閨粉面泪偷彈新痕低濺花叢灑到無端又惹麴塵濃染幾番錯認桂子先秋落來成串更玉葱翦去疏枝冷葉賺人腸斷

金縷曲 白菊

晚圃瑤英疊倩誰分幽花珠露疏枝晶月似笑黃金成底事徒爾玷汙秋節渾不稱泉明孤潔慢怪寂寥顏色素算傍人籬下衣原白聊寄傲守娟逸 西風瑟瑟簾波揭記悽涼偷彈粉泪淡粧輕別今日徘徊霜院裏彷

彿丰姿清絕更飛繞冷香瓊蝶十載江湖窮杜牧怕盈頭插處都成雪爭忍向玉階折

月下笛 天气乍秋微涼生夕蛩聲絮壁倚枕以吟

破榻支秋疏鐙媚夕乍涼窗戶曼音幽語亂愁多少深訴悽悽切切牆陰下慣愛傍苔花柱礎恨驚回好夢枕根尋覓更無尋處 重賦潘郎句總不見年時聽蛩儔侶孤吟已苦又添簾外涼雨西風院落傷情甚故把那商聲送聚怕向曙檢腰圍帶眼潛移幾許

憶舊游 本意

記單衫褪繡低髻包羅送客留髡一種堪憐意似鏡描黛影巾揾啼痕趁閒吏商閒課檽眼賭同搊况笑淺談深燈涼酒煖茶熟香溫 銷魂向空訊在落葉江南第幾山村空指梢頭月算自卿之去辜負黃昏剗盡數株紅豆不種舊情根但賸有斜陽依稀尙炤當日門

覆瓿漫存卷五終

心白雜存上

泰和陳伯騶嶰侯編訂
從子榮甲校

隨筆

今世官廳用陽歷而民間仍多沿用陰歷客或詢古有此例否余戲應之曰周十二月卜假謂之十月周三月絳老人謂之正月可見周用周正晉自用夏正也

詩疏謂古公言其年世久古孟子注遂云太王之本號余意不然夏商以前諸侯未有自號爲某公者若謂後人追號則后稷公劉並稱大雅系皆在亶父前何以不古之而獨古亶父耶愚意公亶父三字連正與公劉公叔公非一例古公亶父猶言昔公亶父耳後見大名崔武承（述）豐鎬考信錄已有此說可謂先得我心

論語期月而已可也案期月帀一月也朱子中庸不能期月守也已如此解正與三年久暫相對成文攝相三月魯國大治即已可之一證若四書中訓周年者期可已矣爲期之喪期下皆不加月期下加月所以別於期年之期朱注謂周一歲之月於中庸注顯相矛盾恐無此解

左氏莊公二十二年陳公子完與顓孫奔齊顓孫自齊來奔此顓孫當卽子張所自出以其始奔魯之祖爲氏耳

幼時讀左至絳縣人或年長矣作一句讀心竊疑之偶閱近人經說內一條云或字句絕蓋史失其名猶云某某也確甚

今俗婦孺噴嚔每謂有人私地說我疑極猥誕實則本詩邶風願言則嚔鄭箋曰嚔今俗人云人道我

今人姓氏有兩字者往往單稱一字如端木則直曰端上官則直曰上諸如此類不一而足孜馬遷方朔自古已然然古皆雜去上一字今多節去下一字猶小異也惟宋世歐陽永叔同輩以歐九呼之則似今稱之權輿已又今時朋友相見稱字多連姓及字中上一字案此亦有所本左氏定四年傳王若曰晉重謂重耳也昭二年傳莒展之不立謂展輿也則此風在春秋早有之匪今斯今振古如茲矣

古文酉字作丣故留栁等字皆因之得聲後人以此字類丣作酉別之其義隱矣又尙書昧谷本作丣谷或作栁谷

俗呼身有黑子曰誌案史記高祖本紀曰左股有七十二黑子張守節正義云許北人呼爲黶子吳楚謂之誌誌記也此誌字所出

幼女曰嬰幼男曰兒今則不分男女皆名以嬰兒矣罵奴曰臧罵婢曰獲今則不別奴婢均目以臧獲矣

案前漢書郊祀志云長陵女子以乳死見神於先後宛若世遂以宛若爲妯娌通稱不知孟康曰兄弟妻相謂先後宛若字也師古亦曰先音蘇見反後音胡搆反古謂之娣姒今關中俗呼爲先後吳楚俗呼之爲妯娌然則先後乃妯娌通號宛若乃此女子之妯娌耑名也今不呼先後而槪曰宛若誤已

汪容甫（中）廣陵曲江證可謂日月斬新然其說要非無本也吳薗次揚州鼓吹調序云廣陵濤在城東利津門之南庚申秋官河水涸下露二泉其水上湧瀾翻不竭謂之曰濤信有然已七發云八月之望觀濤於廣陵之曲江即此地也容甫蓋祖其意而疏通證明之

朝野僉載記唐時徐彥伯爲文多求新奇如以芻狗爲卉犬竹馬爲篠驂

之類大抵皆好杜撰替代字耳攷漢元后傳曰王禁好酒色多取傍妻謂妾也宋陸游著家世舊聞注云先世以來於諸庶母皆稱支婆然則此風之熾前倡後和豈曰無人

世俗謂待爲等廣韻等多改切蓋古音本與待近也宋人詩中有用之者陸游句云父老年年等駕迴路德延句云等蟀潛籬畔

人知王子安滕王閣序落霞一聯胎息開府矣不知層巒一聯亦原本頭陀寺碑層軒延袤上出雲霓飛閣逶迤下臨無地也又昌黎祭十二郎文汝沒吾不知日汝病吾不知年窆不臨其棺葬不憑其穴云云亦似本中郎胡夫人哀讚曰目不臨此氣絶兮手不親夫含飯陳衣衾而不省兮合綆縮而不見駢散名家遞相祖襲古今往往如此

偶閱說部云潘文恭傳相（世恩）係麒麟降生疑爲附會不足信也頃讀文恭自箸年譜首一條卽載曰先大父貢湖公夢一麒麟墮地化爲嬰兒旣覺聞呱呱聲訊之曰男也名之曰世輔小字麟足見巍科者輔生非偶然小說稗官亦非盡鑿空

慧業文人口頭語也不知實沿南史之誤案南史謝靈運傳孟顗事佛精懇而爲靈運所輕嘗謂顗曰得道應須慧業文人升天當在靈運前佛當在靈運後夫以慧業文人斷句將所謂升天成佛者屬之誰乎後閱宋書文人作丈人乃恍然悟宋書本不誤而南史因字體相似傳寫致誤後人又承南史之誤而相仍不攺也再攷丈人長老之稱六朝人稱方外每用此號

清國禮僚屬相見輒以打跧爲敬攷後漢書云高句驪在遼東之東千里跪拜曳一脚則此禮自東京時已然

西洋通商以來詭狀殊形奇技淫巧見者輒謂得未曾有暇攷班范兩書覺所稱述頗有與今合者謹摘錄之罽賓國以金銀爲錢文爲騎馬幕爲人面安息國亦以銀爲錢文獨爲王面幕爲夫人面非今之所謂洋錢乎大秦國以石爲城郭列置郵亭皆堊塈之案堊白土也塈飾也非今之所謂洋房乎又云置三十六將皆會議國事非今之所謂議政院乎又云其王無有常人皆簡立賢者國中災異及風雨不時輒廢而更立受放者甘黜不怨非今之所謂民主國乎西域多種蒲陶諸果栗弋國其土水美故蒲陶酒特有名非今之所謂洋酒乎大秦國又有細布或言水羊毳野蠶繭所作非今之所謂洋呢洋絨嗶嘰羽毛乎至大宛國其人皆深目多須頓善賈市爭分銖貴女子女子所言丈夫乃決正則今西洋形貌風俗正與此等姑紀於此以諗大雅

荀子非相篇仲尼面如蒙倛注方相也其首蒙茸故曰蒙倛又韓愈曰四目爲方相兩目爲倛說雖可通究嫌穿鑿案螃蜞蟹名古音相通之字形亦可通蒙倛當卽螃蜞猶今世云蟹殼樣耳

漢書劉向傳附楚元王後中有云謀排車騎將軍高許史氏侍中者高字前無所承師古又失注讀者疑焉攷高史高也史丹傳云史恭三子高曾元曾元皆以外屬舊恩封侯高侍中貴幸以發舉反者大司馬霍禹功封樂陵侯宣帝疾病拜高爲大司馬車騎將軍領尚書事則車騎將軍高爲史高無疑

萬鍾知泰州以儒雅飾吏治州之蠹弊悉除此見於宋史者也周麟之字茂振海陵人紹興十五年進士官至同知樞密院事著有海陵集二十三卷此見於

欽定四庫全書總目提要者也州志名宦文苑諸門皆失載

吾州陳泗源厚燿先生以經學天算受知

聖祖故

國史列入儒林傳州志降居文苑似未甚諳史例又列女者列其德言容工而紀之也義如列朝列爵之列非節烈之烈比亦非節烈之烈可賅前史若文姬改嫁董祀道韞天壤王郎並登列傳班班可證志乃多取鄉里

與

旌之媼羅列充數濫隘二病俱不能免

嘉定錢竹汀先生大昕學問淹貫爲乾嘉碩儒其所著恒言錄將街談巷議一一攷求其元本門分類別流播藝林余暇嘗檢閱覺偶有未盡者輒妄補之以比於歐史拾遺之例焉常語類一火引南史通典舊唐書木蘭詩可謂備矣愚謂夥頤見史記陳勝世家火當與夥字通老小引後漢書魏志其實似原本於孟子反其旄倪注旄老人也倪小兒也單字類替引宋書盧陵王義眞傳及北史陳元康傳案木蘭詩亦云從此替爺征疊字類因循引文子及淮南子案漢書馮奉世傳亦云大馮君小馮君兄弟繼踵相因循擡舉引白樂天詩而元微之詩亦云寄語東風好擡舉親屬稱謂類親戚引左傳孟子史記曲禮而戰國策亦云富貴則親戚畏懼貨財類財利引淮南氾論訓而史記管晏列傳亦云分財利多自與居處器用類笆籬引史記索隱然笆籬字實始於白樂天詩旁織笆籬護文翰類草藁引史記屈原傳而論語裨諶草創之已爲草藁之濫觴諸如此類不可枚舉

孟子雖孝子慈孫注指愛其祖考言蒙案內則慈以旨甘則慈亦可訓孝

孝慈分繫子孫殆因慈孝義通故變文成說耳以慈爲愛不若徑以慈爲孝解字較捷

蒲留仙松齡聊齋誌異一書河間紀文達昀頗譏之然小倉山房詩中有神山引一篇卽叙粉蜨事且注云康熙某某歲簡齋去蒲僅及百年見聞較近必有所本此外如姊妹易嫁大力將軍等亦均見宅書知當日幽憤成帙如龍門之謗史則有之洸洋自恣如黍園之寓言則未必盡然也

隨園老人告存詩未到雞鳴我尚愁初疑與到語耳後攷三國志載朱建平者善相人夏侯盛剌兗州年四十九十二月上旬得疾念建平前言自分必死豫作遺令至下旬轉差三十日日昃設酒曰明年雞鳴年便五十建平之戒眞必過矣疾動夜半遂卒方知其暗中使事也

袁子才枚詩話謂孟子今也不然師行而糧食節全用韻文其實四書用韻者尙不止此學庸自戴記中抽出此例尤多如大學物有本末節始與矣韻其本亂節否與有韻曾子曰節視與指韻故諺有之曰節惡與碩韻外本內末節末與奪韻是故君子有大道節得與失韻中庸故君子居易以俟命節命與幸韻故天之生物節篤與覆韻夫孝者節志與事韻踐其位節尊與親生存韻文武之政節策與息韻故爲政在人節人與身仁韻故君子不可以不脩身節身與親人天韻脩身則道立節立與惑韻怨與眩韻歸與畏韻齊明盛服節色與德韻試與事韻來與能韻危與時韻果能此道矣節明與強韻質諸鬼神而無疑節天與人韻仲尼祖述堯舜節武與土韻辟如天地之無不持載節行與明韻肫肫其仁節仁與淵天韻衣錦尚絅節章與亡韻相在爾室節敬與信韻奏假無言節勸與鉞韻不顯惟德節刑與平韻此類皆是

童蒙四子書句讀有萬不可蒙混者孟子我非愛其財是句絕宜句而易之以羊也是半句宜讀暴其民是句絕宜句甚是半句宜讀卒之東郭墦間是句絕宜句之祭者是半句宜讀人莫大焉亡親戚君臣上下是一句焉字下不宜用讀論語君子無衆寡無小大無敢慢是一句寡字大字下均不宜用讀至佛肸召朱注晉大夫趙氏之中牟宰也是一句夫字下更無用讀之理今之讀者往往反是

漢書趙充國傳充國振旅而還所善浩星賜迎說歸國鄧氏注浩星姓賜名也愚案孟子有浩生不害生星形聲並近浩星疑即浩生存以俟攷

曾文正公頗薄攷据然生平於小學甚精暇時披誦雜著中有言字義者輒用引申以誌仰止公謂土之高且大者曰墳援詩墳首周禮墳燭列子墳如並三墳五典爲證皆主高大立義案高大二義實足括墳之蘊左傳之祭地地墳言高也尒疋之墳大防言大也就高大推之則又有肥義故書禹貢白墳黑墳等類大都言土肥者近是公又謂冢訓大徧引冢子冢婦冢卿冢宰冢君冢土案尒疋釋山山頂冢詩小雅山冢崒崩則冢亦似兼有高大二義公又謂張湯傳之乾沒爲無故而沒入人財物潘岳傳之乾沒爲無故而取高爵厚祿案以無故訓乾最爲得解徵之鄙俗語無故相對欣忭曰乾笑無故予人脯脡曰乾脩不獨乾愁乾死徵諸韓愈詩也公又謂史記厤書曰疇人子弟承上文言明於厤算之人阮芸臺作疇人傳竟專指算學家言殊爲失攷案書傳曰疇類也左傳杜注曰並畔曰疇然則疇即等類之稱乃文達以顓屬厤算近羅氏茗香復箸爲續疇人傳承譌襲謬亦賢智之過已公又謂家人猶言庶人博攷漢書通鑑柳文可謂確矣案後世自平民從軍者稱爲良家子亦謂軍戍多由罪讁此獨起

淸白民家耳與家人義正相發明文正雜箸中甲乙條網羅宏富幾無漏義惟漢世戊已校尉官則似有居西域中央及職屯田二義非概以紀數也老成不作存以俟質諸洞徹雅故者

詩豳風七月篇六月食鬱及薁毛傳鬱棣屬也薁蘡薁陸璣疏鬱樹高五六尺實大如李色正赤食之甘蘡薁者亦是鬱類而小別晉宮閣銘云華林園有車下李三百一十四株薁李一株車下李即鬱薁李即薁二者相類而同時熟法案如傳疏所云有可疑者數端焉毛指鬱爲棣除司馬相如賦隱夫鬱棣外其餘礙無塙證即逸周書載夏食鬱亦未明言鬱即棣可疑一且即信鬱是棣而棣爲棠棣或作唐棣或作常棣雖尒疋分析箸之然大抵文字通叚實是一種棣有郁李之名薁郁同是鬱薁僅詳一物不分兩類陸疏縱約略云小別然與下句葵菽一蔬一穀顯區二品文義不配且本文及字亦無著可疑二此詩葵菽瓜壺雜陳篇什然要非穀即菜有關小民日用以故不嫌備舉若徒區區一李果中至賤迺亦連文複義語轉繁於宅端是聖人軫念民依之意少流連風景之情多可疑三晉銘車下李不必定是鬱陸氏强指釋經近於望文生義可疑四愚惟讀經貴有心得無取依傍傳疏蓋鬱當即黍也何以知之說文秬黑黍也本作鬯或從禾作秬又書洛誥以秬鬯二卣傳秬鬯黑黍香酒也古書字每傳寫譌誤安知鬱與矩鬯非以形似而誤乎古文聲義皆可通叚葽秀幽秀以聲近而相叚又安知秬鬯鬱鬯不以義近而相叚乎鬱非矩鬯之誤當即秬之叚二者必居一於是矣矧曲禮黍曰薌合薌古香字故矩鬯從鬯有香義秬叚鬱亦正因香義益明顯已至薁直櫻桃耳非止若古解經家

郭注尒疋常棣言子如櫻桃可食陸疏小雅常棣言小如櫻桃正白亦非止若後世宅書顏氏急就篇注言子俗呼爲山櫻桃周密齊民要術言實似櫻桃麥時熟也緣尒疋楔荊桃注今櫻桃是荊櫻聲似櫻薁則形聲並似矣又唐韻古音讀薁作奥叶下菽棗稻爲一韻是薁奥聲近桃奥則聲亦不遠矣韓非子稱哀公賜孔子桃與黍孔子先飯黍後啗桃月令稱天子乃以雛嘗黍羞以含桃正謂此也或疑月令仲夏此獨六月何是不知月令就天子論舉熟之最早者此詩通民間論舉熟之大概言又月令周秦間書地近關洛得風雨之和不若豳偏西北地氣苦寒故先後小有參差也如此則與下句葵菽例正相同而黍與桃並薦亦可見重粟而非爲貴多品焉不然豳土高涼最宜種黍而菽之亨則曰七月稻之獲則曰十月宅穀非所專產者尚从詳而此獨略僅於下節黍稷重穋句綜括之元

公博物多藝恐不若是疏也偶誦邠詩有見輒書至與毛陸異義所不暇顧且所立之新義有當經旨與否亦均不暇恤云

子張子名申詳每疑父子何不同氏偶覽宅編謂申即顓孫字合音猶何不爲盍類說頗奇確

曲端爲張魏公所殺後人冤之然全謝山先生祖望結琦亭集有曲端論歷數其有十罪而惜魏公之不能著其愆以啟來世之詆可爲奇瓶允協之至因撮錄於左方以當攷史全論大旨謂端任事以來性頗怯戰婁室自龍門渡河曲方逭王璞潰鄭驤唐重死同州再破再敗端無一旅之赴而誤張嚴於鳳翔使輿尸罪一擅斬劉延亮罪二聞鳳翔長安議恢復欲撓其功擅斬鳳翔將劉彥希罪三又殺長安將張宗罪四王庶制置六路端不受命八公原之戰飛書指諸帥會兵而逍遙淯化罪五以金人過河散渭南義兵罪六席貢以師會庶端又阻之罪七延安之急不救庶來奔反奪其印符謀殺之罪八使部將併王璞軍罪九兼帥鄜州而不救罪十其間祗清泥嶺一捷而功又出吳玠然則誤關隴事端爲禍首迨魏公以中樞開府倚其宿將以百口保之使爲都統制所以湔洗之者至矣然而李彥仙困陝州不救吳玠戰彭原又不救皆以幕府檄促之而遷延不至聽其或死或敗者如咋也使論兵法專殺固誅失律亦誅慢令固誅負恩亦誅端所堪平反者果安在耶周氏涉筆又言魏公咨端方略端言見兵八十萬須斬半方得半用信斯言也雖杜郵之戮不足以蔽其辜矣至史家采稗官附會之談續入通鑑謂魏公嘗詐張端旗以懾敵尤誣妄之甚者婁室孤軍恣行三輔未曾一挫於端則其旗固不足畏使果畏之富平之役端以轉運在軍婁室不懼也自是三戰於和尚原一戰於箭筈關一

戰於仙人關皆吳玠也再戰於金州皆王彥也一戰於饒風關則吳王合軍也二將皆萬人敵誰肯冒端名哉吾謂魏公下車即當暴端罪誅之以示不用命之罰乃隱忍欲收其後效及其戮也又不能著彼應得之罪而於區區文字間誣其指斥更坐以謀反之名責以部下張中孚趙彬之叛是則端所不受也求其罪而不當反令死者有辭來者訟寃是則魏公之失也已嗟乎魏公蒙謗於陝中以曲端其蒙謗於淮上也以劉光世不知不殺端陝中軍令不肅不罷光世淮上兵氣不揚若淮上之敗以失人陝中之敗以輕敵則魏公之才之短豈安世端之人之賢哉法案明人以岳少保比端而每極斥魏公　本朝楊蛙庵槃點軍縱鴿賦亦沿其餘波皆文人而疏於攷古者得全氏此論當爽然失已

林四孃事一見於蒲留仙聊齋志異再見於林西仲林四孃記三見於曹

雪芹紅樓夢而所紀實各各不同紅樓夢標題爲娩孋將軍與聊齋稱出恒王府宮人不異第一則著其生前殉戰一則言其沒後不貞爲兩歧耳若林記則謂四孃故莆田人明崇禎間父爲江寗府庫官逋帑下獄四孃與表兄某悉力營救同臥起半載實無私情出獄而疑不釋四孃恚因投繯死所言較詳別爲一解要之小說家多附會不能攷定其孰眞孰僞也

左傳亥有二首六身下二如身是其日數余謂此即後世以馬紀數目之濫觴

賈充營外所遇搜神記之流亞也賈后宮中之事飛燕傳之支派也猥褻妖妄皆非史法

宋羅泌路史未免好奇　本朝馬驌繹史太覺貪多然三代時逸聞祕典賴此二書搜羅略盡

墨子一書爲今西學權輿因讀而條摘之以資參攷

法儀篇云今天下無大小國皆天之邑也人無幼長貴賤皆天之臣也此以莫不犓羊豢犬豬絜爲酒醴粢盛以敬事天案此即西洋天主敎之旨

節葬篇云棺三寸足以朽體衣衾三領足以覆惡及其葬也下毋及泉上毋通臭壟若參耕之畝則止矣案此與西洋葬法亦略相近

經上篇云體分於兼也　平同高也　同長以㐲（古文正字）相盡也　中同長也　日中正南也　直參也　圜一中同長也　方柱隅四讙（讙疑維字）也　倍爲二也　有間中也　閒不及旁也　力刑（同形）之所以奮也　同重體合類　異二體不合不類

經下篇云物一髀也說在俱一　惟是均之絕不說在所均　臨鑑而立景到（印影倒字）多而若少說在寡區　鑑位（古位立通）量一小而易一大而㐲說在中之　外內使殷美說在使鑑團景　景不從說在改爲　一少於二而多於五說在建住　景二說在重　非半弗新（當與斫斷義同）則不動說在端　景到在午有端與景長說在端　景迎日說在摶　㐲而不可擔說在摶　景之小大說在地㐲遠近　有指二而不可逃說在以二絫

經說上篇云力重之謂下與重奮也　圜規寫攴也方矩見久也　倍二尺與尺但去一端是無同也　有閒謂夾之者也閒謂夾者也　法意規員三也俱可以爲法　同二名一實　重同也不外於兼　體同也俱處於室　合同也有以同　類同也異二必異　二也不連屬　不體也不同所　不合也不有同不類也

經說下篇云若牛馬四足惟是當牛馬數牛數馬則牛馬二數牛馬則牛馬一若數指指五而五一長　景光至景亡若在盡古息景二光夾一光

一光者景也景光之下煦若射下者之人也高高者之人也下足敝下光故成景於上首敝上光故成景於下在遠近有端與於光故景庫內也景日之光反燭人則景在日與人之間景木拖景短大木正景長小大小於木則景大於木非獨小也　遠近臨正鑒（至）無所處而不中縣摶也案此以上四條即今西洋算學重學力學光學之類

大取篇云於所體之中而權輕重之謂權　小圜之圜與大圜之圜同

備城門篇云以木大圍長二尺四分而早鑿之置炭火亓中而合幕之而以藉車

備穴篇云戶爲環壘石外埻高七尺加堞亓上勿爲陛與石以縣陛上下出入具鑪橐橐以牛皮鑪有兩缻以橋鼓之百十每亓熏四十什然炭杜之滿鑪而蓋之毋今氣出

太平御覽引墨子語云神機陰開剞劂無迹人巧之妙也案此以上四條與今西洋重心割圜火器瀫機諸說亦同

今委巷之說有所謂暗九者婦孺每逢其年惴惴焉懼有災苦案此亦有所本內經靈樞陰陽二十五人篇云凡年忌上下之人大忌常加七歲十六歲二十五歲三十四歲四十三歲五十二歲六十一歲皆人之大忌不可不自安也感則病行失則憂矣當此之時無爲姦事是謂年忌以上所云蓋今語暗九之濫觴

案班書古今人表別字如嫘祖作絫祖嫫母作悔母伶倫作泠淪簡狄作簡逿臯陶作咎繇妹喜作末嬉契作卨鯀作鮌仲忽作中曶伯冏作伯䍐又太師摯等八人列之商周間亦是別解與大注異

一半兒俚曲也然以之詠閨幨每多雋語前人陳克明有美人八詠其春

夢云梨花雲繞錦香亭蛺蝶春融輭玉屏花外鳥啼三四聲悄魂驚一半兒昏迷一半兒醒春困云鎖窗人靜日初曛寶鼎香銷火尚溫斜倚繡牀深閉門眼昏昏一半兒微開一半兒盹春妝云自將楊柳品題人笑撚花枝比較春輸與海棠三四分再偷勻一半兒胭脂一半兒粉春愁云厭聽喜鵲語雕檐怕見楊花撲繡簾鍼管急忙還倒拈兩眉尖一半兒凝舒一半兒斂春醉云海棠紅暈雨渦圓楊柳纖腰半晌偏笑倚玉奴嬌欲眠粉郎前一半兒支吾一半兒軟春繡云綠窗時有唾絨黏銀甲頻將彩綫撏刺到鳳皇心自嫌按蔥纖一半兒端詳一半兒掩春夜云柳棉撲檻晚風輕花影橫窗淡月明翠被麝蘭薰夢醒最關情一半兒溫和一半兒冷春情云自調花露染霜毫一種芳心沒處描殘紙寫殘三四遭絮叨叨一半兒連眞一半兒草均不愧淫思古意也

吾泰州治大堂楹聯類多陳陳相因其自撰者亦皆假手幕僚率塡浮詞罕有新色惟於近時劉許二公吾有取焉劉德甫州牧汝賢河南獲嘉人由舉人大挑知縣權州篆公廉執法慈惠愛民眞能得子產遺意者署聯云我本老書生來自田間艱苦備嘗情僞盡知不怕斯民爲鬼蜮爾皆好百姓過茲堂下奸猾必究虛誣反坐須知此地有神羊許子舒州牧之軫浙江錢塘人叔祖乃來暨叔緣仲先生道身俱先後知州事公復權篆一年有奇以調補澄江卸任去亦署聯云治譜說傳家八十年宦轍相仍三度春泥留雪爪官書催換縣五百日俸錢多愧一庭秋月鑒冰心

家人輓聯最艱著筆吾泰陳繡堂先生琥哭兄云眼前昆季無多那堪白髮盈頭獨對棠華揮老淚膝下功名未遂惟願青鐙勵志終標藥榜慰先靈緣兄無嗣以其子爲嗣故也沈痛之言不假雕飾王子勤先生廣業哭

女云千里去家山慰翁媼年衰強作歡顏辭膝下一官隨浙水歎女兒命短不堪往事憶生前悱惻入情亦豈多讓

鄧稚庵巽自宣城歸述女子有工詞者其蜨戀花閨思云簾外金鈴吹忽動細雨千絲織得愁無縫看到春歸春忍送膽瓶自折殘枝供欲訴離懷誰與共瘦盡桐花苦憶桐花鳳雙鬟漸疏釵漸重宵來可有同心夢案此詞雖似脫胎王桐花然在綠窗紅袖中亦可謂淸音孤裊已

郡尊何公金壽與督學黃漱蘭體芳先生爲莫逆交何卒於官黃正按試淮安輓以聯云作宦共江南記冬月維舟花下淸談陪水部思君在淮上正秋風隕擇笛中哀韻動山陽又何官諫垣時數上封事與先生同以伉直聞故又輓以聯云淸愼勤萬口成碑即今宦橐蕭然剩有西臺留諫草詩書畫一朝絕筆令我征帆到此不堪東閣弔官梅工穩貼切中出之言

亦必傳之作也

左文襄公於咸同間過泰山集唐五七言詩題聯云我本楚狂人五嶽尋山不辭遠地猶鄒氏邑萬方多難此登臨天造地設巧不可階

曾劼剛襲侯（紀澤）以使法蘭西著績宣勞中外不墜家聲光緒庚寅以少司農薨於位卿尹將裨輓聯哀悼其間佳者殆不勝收姑錄其尤以貺羣美文如大銀臺黃漱蘭師云有此佳使臣萬國方知天節貴眞堪續名父一官惜以地卿終肅括宏深一覽山小武如前提督軍門今臺灣撫軍劉省三爵帥（銘傳）云外吏愧麤官不敢哭君身太賤中朝失元老可憐憂國淚遙彈謙挹得體亦復抱負不凡也

泰邑夏子猷明經（嘉謨）爲退庵先生（荃）之喆嗣少嘗學詞賦於程曉菘大令（祥棟）故所作多膾炙人口身後無子箸述飄零有人傳其秣陵雜詩數

句才藻煥發一往情深斷楮零牋但滴水可知大海矣桃葉渡云欲借微波通一語有人風骨似王郎莫愁湖云不信此湖名字好西風愁殺采蓮人

庚寅之年自春徂秋曾惠敏既以戶部侍郎殂於燕北彭剛直又以兵部尚書卒於楚南及於仲冬曾忠襄更薨逝杜石淪亡至三至再江邦人士感痛尤深輓聯佳者甚夥姑擇其尤錄之陳廉訪（湜）云輔國失三賢去大司馬少司農才數月易名足千古合胡文忠左文襄爲一人文言紀實貼切不浮馬大令（光勛）云侯伯同懷前古少江天十月大星沈亦頗肅括

閨閣中能詩者率皆拈紅翦翠嘲月批風求其風格遒上氣韻沈雄吾見罕矣惟眞州張椒雲先生（集馨）遺室某氏過歌風臺云擊筑歌風韻最哀白雲終古傍高臺半生戎馬劍三尺滿目河山酒一杯父老渾忘天子貴英雄猶念故鄉來弓藏鳥盡嗟何及想到韓彭惜將才音節清蒼不類綺羅人語

金陵風景向以秦淮爲最然輕煙淡粉已無復舊院風流加以笨柳粗花徒玷水光山色惟莫愁湖去城市遠夏秋之交殘花守紅疏柳曳翠頗饒幽趣湖上楹聯佳者極夥記全椒薛慰農（時雨）觀察聯云山溫水輭風月長存阿誰打槳淸游倩小伎新絃翻一曲齊梁樂府局冷棋枯英雄何在有客登樓閒眺仰宗臣遺像壓千秋常沐勛名激昂豁麗兼而有之少婦堂前斯爲巨擘已

有湘中產起家軍旅而作令江淮者秉性倜張頗不洽於人口或嘲以聯云乃公以馬上得之楚人沐猴而冠耳用史語帖切異常可謂天造地設

白門胡園在聚寶門內九兒巷側主人爲織造吏飭闍者任人游覽且伺

應茗果不索值園極宏敞水足蓮芰菱藕陸饒梧柳松桂芝楠藻井飾以聯語尤多佳句如琴彈夜月龍魂冷劍擊秋風鬼膽粗一簾疏雨飄兒柰滿架凉雲扁豆花左花右竹自昭穆春鵲秋猿相友朋淸逸之音卓然可誦平臺東壁懸包安吳（世臣）雜申椒以佩指湘漢而游聯字作北魏體殊瑰偉遒古

集成語作聯有極工者吾鄉康伯山（發祥）壽某羽士云自是君身有仙骨何如此地學長生或贈某幕賓云上馬殺賊下馬作露布左手持螯右手把酒杯渾脫自然眞如己出

黃漱蘭師（體芳）督學吾鄉所命題皆裁對精工不可枚舉其最奇者如試某郡童生適三邑同一日公即命首題三日被袗衣鼓琴飯疏食飲水好馳馬試劍旋命次題三則富貴不能淫三句也豈文本天成妙手偶得耶

恐彭芸楣飽覺生不得專美於前已

牙牌靈數一書不知何人所箸往往觸機其應如響就生平親歷所最奇驗者錄之同治戊辰歲試時黃錫朋（葆年）姻丈屢蹶童軍得一課有黃楊厄閏之語意甚不樂後入場適坐閏字號遂以第一補弟子員光緒庚寅在都會試諸同人占此課三揲皆中平余曰此必夏虎臣（寅官）中矣蓋其占有二月春分八月秋語夏在春秋之中故中夏也已而榜發果然辛卯南闈鄉試王峻生（煊）場前占課中有守約施博語是科題爲桓公九合諸侯一節王遽依博約立主意竟獲中式甲午會試同試者占得君子善變語顏彬甫（文炳）大譁笑自命必中余戲之曰君誤記易君子豹變係文蔚非文炳斯占果靈其在楊脊亭（蔚）乎楊果高捷又是科管石卿（得泉）自占得一課云停停穩穩落落寞寞淺水長流新竹解籜方疑訖莫釋間余爲

解曰淺水長流君之名也新竹籜君之姓也況曰解籜則管而官矣又奚疑管莞然不以爲信俄而捷音至

光緒中葉倭氛日熾我師征討失利轉而議和蓋朝廷以息民爲意乃不得已之苦心也當時淸議頗歸咎於柄國諸臣至有作爲聯語以致誚者錄其極工者云宰相合肥天下瘦尙書常熟世間荒輕薄之口何所不至然而銖兩悉敵正不可謂非的對已

上元夏子俊（埏）箸篆枚堂詩存古體學溫飛卿頗傷纖仄近體亦多破碎小題如荷綳蕉紙蝸篆蚓笛之類連篇累帙實乖大雅惟七言絕句數首則殊標淸麗錄而存之以誌吉光片羽如淀海雜詩云禁門垂柳蘸波輕一鏡雲浮萬葉平如水車聲朝乍散鷺鷥見慣不曾驚魚竿嫋嫋颭花南風外疏鐘大樹庵萬木陰濃天一碧夕陽紅意上蝦䑳裹湖水滿外湖流菱葉荷花一色秋知有詞臣新退直吟聲吹落近光樓御道西偏御馬場亂蟬高柳晚風涼玉花洗罷霜蹄迅碧眼材官試急裝場門高牖瀉輕波衣帶迤通扇子河菡萏千枝香似海石橋東畔水聲多參差樓觀鎖煙鬟白塔穿雲衆綠環仙仗曉排秧水外至尊祈雨玉泉山官堤塵淨曉煙開萬馬無聲蹴踏來如意門高魚鑰啟相公親草詔書回西南門外九衢寬酒閣茶寮入畫看盛世不知宮使貴販葱賣餠盡中官華貴高寒想見當時水木明瑟之趣又冒雨出元武門口占云東風颯颯雨絲絲湖外山痕剩一眉不辨行來多少路濟烟遮斷蔣侯祠湖光攬雨接天靑咫尺鍾山不露形祇有窺魚雙白鷺拍波飛過綠楊汀紫荷斑斑荻芽碎紅零落櫻桃花更無人處聽田水懊惱方塘兩部蛙布裘衝雨度長隄滑滑愁看沒骭泥正是田家香飯熟棗花林外一聲雞亦復妙寫石頭城北晚春況

陰景象

張文端公（英）恆產瑣言於田事纖悉畢詳正所謂資生乃立品之原不得疑其鄙聰訓齋語於交道誥戒綦切正所謂遠佞爲親賢之本不得疑其隘

偶於小說中見一劍銘云朵鐵鍊鍔質剛性柔斂鍔於匣得氣之秋用則佐汝取封侯不用則爲我斬盡天下不義丈夫頭語頗奇偉

三習一弊疏是何等學識南游記是何等襟抱孫文定公（嘉淦）眞不愧名儒名臣也視今之摭拾時務以爲奏疏流連風物以作游記者上下相懸殆有天淵之別

方靈皋侍郎（苞）古文家允爲正宗然錢竹汀（大昕）則議其情詞之偏勝袁簡齋（枚）則惜其才力之太薄平心論之錢專精攷据袁馳騖才氣其於桐

城宗派由歸唐學韓歐之旨均似未達宜乎其交嘲互誚也曾文正公聖哲畫像記以方與姚（鼐）並稱斯爲不刊之論

國朝名人格言有足備警省者彙錄數則用當書紳由穠華而進於澹泊由澹泊而進於恐懼（邵大業思過圖序）上焉者得學之樂而爲之其次審學之益而不敢怠（白允謙學說）外有所增內必有所損外有所取內必有所棄（徐旭旦澹泊明志論）士必有一變至道之基而後有百折不回之氣（趙青藜變化氣質論）惟知父子君臣之道而動於惡故人之罪視禽獸爲有加惟動於惡而猶知之故人之性視禽獸爲可反（方苞原人）宋之季也而感應篇出焉明之季也而功過格出焉故曰易之興也其於中古乎作易者其有憂患乎（陸隴其功行錄序）欲知孔顏之樂須知世俗之憂胸無世俗之所以憂便是孔顏之所以樂（季仲孚答門人問學）善或未必蒙福惡或未必罹禍安知已之所謂善非即天之所謂惡（同上）古之聖賢求易於人事故多憂患戒懼之詞後之儒者求易於空虛故多高深窈妙之論（錢大昕與程秀才書）經濟有補實用掌故有資文獻（汪家禧予陳扶雅書）文之敷榮暢遂其言藹如者有仁之意焉優游不迫動中規矩者有禮之容焉明重大舉紀綱鉤元達奧無之不入者有知之用焉發潛德之幽光誅奸諛於既死字足挾秋霜辭足感金石者則非信與義而孰與之存焉（張望文解）大奸能爲大忠之文至拙能襲至巧之論（魏禧文論）文以少而盛以多而衰（顧炎武論文）獨學無友則孤陋寡聞久處一方則習染不覺（顧炎武與人書）喜怒哀樂愛惡欲王道之源父子君臣夫婦兄弟朋友王道之綱源深則流遠綱舉則目張（俞長城王霸辨）樸者天地之始氣在物爲萌在時爲春在人爲嬰孩在國爲將興之候奢者天地之終氣在物爲茂在時爲秋在人爲老多慾在國爲將亡之候古之賢君雖貴爲天子富有四海存心若赤子處身如農夫殿陛

如田舍海內如室家衣食如貧士（唐甄尚樸）非常之策陳湯不奏於公卿度外之功班超不謀於從事（顧炎武菰中隨筆）易曰裕父之蠱往見吝以爲其人雖死而不出於我之爲嗚呼此張禹之所以亡漢李林甫之所以亡唐也（同上日知錄）哀平可變而爲東京五代可變而爲宋知天下無不可變之風俗（同上）繁縟甚必至於傷財操切甚必至於害民（同上）士大夫之無恥是謂國恥（同上）防其乃逸乃諺之萌引之有物有恒之域（同上）大臣家事之豐約關於政化之隆汙（同上）富者田連阡陌貧者至無立錐遂使游民日衆強暴橫行有王者起田制必當變師儒不以孝弟忠信造士而相率爲浮文以壞亂其心術學校必當變取士不以實行而專以藝文不足以得賢才科舉必當變自一命以下至雜流俱命自朝廷雖舜禹爲選司無以知人銓法必當變職事相牽制有才能不得展舒官制必當變入仕後無論賢不肖一概資格序轉賢者壅於上達不肖者優游取當位資格必當變養兵以病民而兵不足用軍政必當變一州之土物自足以養生民而使西北必仰給於東南賦法必當變士人不知法令他日無以守官掾史世其家得以因緣爲奸吏胥必當變（張履祥備忘錄論治）官多則人才不足必濫取以備員祿薄則難以養廉必詭利以欺人朝廷與士人兩失之道也（同上）惟能勤而後能儉勤則清明之氣勝物莫投其所好故不與儉期而儉至不勤則晏逸之志勝物得進爲之主故不與奢期而奢至（徐乾學勤政殿說）或爲百世之人或爲天下之人或爲鄉國之人其劣者爲一室之人七尺之人至於最劣則爲不具之人異類之人（張爾岐辨志）性也命也天也夫子所罕言而今之君子所恒言也出處去就辭受取予之辨孔孟所恒言而今之君子所罕言也（顧炎武與人論學書）但求名物不論聖道如終年寢饋於門廡之間無復知有堂室（紀元國史儒林

傳序）求儒者之道於文章訓詁中則可欲以文章訓詁盡儒者之道則不可（茅星來近思錄註序）黃陶庵先生館某當事家每日備閱章疏抄報故爲文皆切實不浮（陳宏謀寄張墨莊書）其在政教則不能是訓是行以近天子之光而所司者籩豆之事其在學術則不能知類通達以幾大學之道而所習者佔畢之文（顧炎武日知錄）今日人情有三反曰彌謙彌僞彌親彌汎彌奢彌吝（同上）巧召殺忮召殺嗇召殺（同上）江南之士輕薄奢淫梁陳諸帝遺風也河北之人鬬很劫殺安史諸凶餘化也（同上）綜核可除蒙蔽必至苛察權謀可開昏塞必流機詐曠達可破拘攣必敗名檢清靜可息囂競必廢人事報應可示勸懲必涉矯誣修養可拯嗜慾必啟貪倖緣業可寬忿怨必怠修爲（張爾岐學言）極敝之法得良人爲之亦不至大厲至良之法使奸人行之亦足以爲害（張履祥備忘錄）天下無不入情之君子天下無不溺情之小人太近情者不能入道不近情者不能得道（魏祥雜說）淮南子曰知性之情者不務性之所無以爲近性也知命之情者不憂命之所無奈何安命也郭象注莊子曰生之所無以爲者分外物也知之所無奈何者命表事也語俱微妙（閻若璩潛邱劄記）伊尹太公之徒時時積誠爲世請命泰伯箕子所至處處風教必因之移（楊名時程功錄）存心處事當與古人較得失不可與今人絜短長（閻循觀困勉齋私記）觀書如交友久與之習必有薰染（同上）春秋賢大夫各國人材國勢無不籌度胸中故必能識周天下全勢方可以治一國（同上）不善人胸中必先有所蔽然後顯有所恃隱有所怯破其所恃懾其所怯不敢不服然不如開其所蔽（潘諮常語）孔子以受杖罪曾子曾子以喪明罪子夏孝慈而過猶罪進德其有涯乎（吳詢逸語）非紀衣食不能薄富貴非薄富貴不能紀衣食（同上）西北之財在不能開其源東南之財在不能節其流（蔡新經筵講義）成材之道舍經術無由治經之方

惟實得有用（齊召南進呈經史說）欲兵之精不如省兵而增糧欲官之廉不如省官而增俸（陸世儀論治）宰相近天子令近民故天下之治權始於宰相終於縣令（閻若璩潛邱劄記論治）三代以官爲制事之司故其制簡而清後世以官爲賞人之物故其制繁而亂（陸世儀論官制）東京士習之純爲西漢所釀而成有明士氣之盛爲宋學所蘊而發（程晉芳讀漢書書後）衰世法制禁令無殊盛世而不能爲治者法意不相孚名實不相副上下相蒙苟且成俗故也（潘耒上某學士書）廨有十年之吏堂無百日之官官生吏熟吏智官愚綫索在下百弊叢興（王命岳請定京官久任疏）任事與專擅有義利之分協恭與黨援有公私之別（蔣攸銛疏）得庸相百不若得救時之相一（林路張居正論）吏治之敝始於大臣無進退辭讓之大節終於小臣無奉公守法之小心（熊文舉勸忠崇讓疏）官場陋習上下衙門終日忙迫究竟實在及民者少官有事於民而民反不之知由以文告爲了事也民所望於官而官又不之知由有吏胥爲中阻也（陳宏謀與各屬論治）朱文正在政府一以崇節儉奬廉清爲本停貢停捐四方有以言利至者輒力格之（韓振書朱文正任戶部事）六朝風氣論者以爲浮薄然核其實有後世不可及數事曰尊嚴家諱矜尚門地愼重婚姻區別流品主持清議（楊繩武六朝論）古之婦學必由禮以通詩今之婦學轉因詩而敗禮（章學誠婦學）天之予人福澤有如卮者有如鍾者但知愛惜則一卮之福取之不盡恣意狼藉則盈鍾之福一覆立竭（王命岳家訓）歸妹以兌少女從震長男悅而動進不以漸爲六禮未備奔則爲妾之象漸六爻皆取象於鴻爲昏禮用雁之象（毛奇齡昏禮廟見說）信無稽之說至於逾年月而不葬徇拘忌之失至於將入棺而不臨惑之至也（蔡世遠喪葬解）孔子集大成立人極綱常之道無不賅備乃反不如佛回天主諸教所及之廣蓋精者惟中州清淑之地始能行習粗者則殊俗異地皆得而範圍之（趙翼

（天主敎）工匠技能之巧實邁前古議論夸詐迂怪亦爲異端之尤國家節取
其藝事而禁傳其學術俱有深意（四庫全書提要西學）汰之使少治之極嚴厚其糧
餉重其賞罰則養一兵得收一兵之用（陳廣中養兵論）刑人之道有三不可以怒
不可以疑不可以遽刑以怒氣平則悔刑以疑情見則悔刑以遽時久則
悔（魏世傚杵米說）救火之政一曰徇火令二曰斷火巷三曰撤火屋四曰嚴火罰（毛奇齡杭州治火議）
清初顧亭林先生理學經濟卓越一代即以詩論亦復沈雄悲壯稱其志
氣非模山水鏤花鳥者可匹全篇若長看白日下蕪城又見孤槎海上橫
感慨河山追失計艱難戎馬發深情崩車斷鏃周千畝蔓草枯楊漢二京
今日大梁非舊國夷門愁殺老侯嬴散句若天地存肝膽江山閱鬢華哲
士有懷多述酒英流無事且明農世事粗諳身已老古音方奏客誰聽中

年早已傷哀樂死日方能定是非所謂光焰萬丈洵可寶也
或題純陽祖師醉像聯云憐小子窮盡窮光還有甚生計想起那萬兩黃
金竟欲借公一指看先生醉來醉去到是個良法賸得此半壺白酒何不
豁他三拳語雖俚而奇妙
有閨秀周慧娟者愛書成癖繡餘妝暇常以琴詠自娛家居村郭之間闢
草軒一楹自製聯云翰墨因緣斯世何妨都作友綺綦拘束此生自恨不
爲男亦可云放誕風流已
黃山谷語云人歲衣十匹日飯兩盂而終歲薾然疲役此何理耶藉曰男
女婚嫁則渠儂隨地自有衣食分所謂誕置之隘巷牛羊腓字之其不應
餓溝壑者天不能殺也今蹙眉終日正爲百草憂春雨耳青山綠水江湖
之樂何尚有不足嘆乎案先生此數語不但風雅實緊爲熱中人及日坐

愁城者痛下鍼砭
李後主作紅羅亭四面栽紅梅花自製豔曲歌之韓熙載和詞云桃李休
誇爛熳已輸了東風一半時淮南地蓋已歸周也又後主宮中染碧夕露
於中庭爲露所染其色尤好名天水碧亦爲宋有天下之兆惟後主雖不
知君人之道而詞藻則實哀艷絕儔觀昭惠周后殂主花辰月夕無不傷
懷書靈筵手巾云浮生苦憔悴壯歲失嬋娟手汗遺香漬眉痕染黛煙書
琵琶背云侁自肩如削難勝數縷條天香留鳳尾餘煖在檀槽觸物牽情
悽惋特甚攷後主自稱鴛央寺主稱周后爲愛語香風榜所居曰錦洞天
每夜懸大寶珠光照一室
邇來士夫見外侮日深人才不振多議廢棄時文崇尚西學案制舉文自
明迄今上者闡明義理次亦驅使才華皆非講求根柢不辦故經綸開濟

之士亦間出其間自承學者揣摩剽竊束書卷而不觀置興廢於不問專
以爲敲門之具捷徑之階而其道始敝已腐爛空疏之作姑不具論登其
一二笑柄以供茶餘酒畔捧腹之資明安福張鰲山督學江北試徐州以
晉人有馮婦者善搏虎爲題一生曰嗟乎馮婦一婦人也而能搏虎不惟
搏也而又善搏焉夫搏院者何扼其吭斬其頭剝其皮投於五味之中而
食之也豈不美哉崇禎中呂匪庵督學河南試杞縣以故爲淵敺魚者獺
也爲題一生曰一魚曰獺來矣衆魚皆曰獺來矣又其甚者一士作夫婦
之愚兩節題文中有云夫至大也而婦能載之婦至小也而夫能破之夫
者上察下也婦者下察上也上察下察鳶飛魚躍之象也一時傳者皆爲
絕倒足見匪今斯今振古如茲矣
吾鄉王子勤先生監司閩中入闈監試時於內簾得一佳卷將擬呈薦篇

中用三熊四熊典共疑其出處質之先生先生笑曰此卷置之另薦可也緣書經畢命篇有一二熊羆之士語必舊文中偶引之此生不解出典誤作三熊四熊其信手鈔襲紕繆不通已可概見相與一笑而罷後又聞家大人述京師金臺書院內以管夷吾舉於士題課士一卷典麗矞皇將置前列祗以篇末束比三薰三沐對以九騷九刁不審所出用是猶豫因召此生問之則以屬對未得姑借俗語中十個鬍子九個騷十個鬍髯九個刁塞責也太學諸公爲之鬨堂按九騷九刁三熊四熊巧不可階眞成確對已

晚近以還都知錄事半皆沒字之碑即一時墜鞭解珮者亦均偷香授枕外風雅闃如焉惟然一二傭中佼佼愈可珍已梅雪字無瑕詠新月云纖纖一痕影浮雲半掩之風磨兼雨洗自有月圓時繡雲字倩珠云豆花香細月微明小院新涼絡緯鳴猶憶夜深渾未睡一燈籬角捕秋聲金玉蟾云一心何敢負卿卿直把相思了此生塡海補天還易事只愁鐵鑄錯難成愛愛寄某云未將福慧幾生修略解吟哦亦可羞寄語薄情郎記取數行墨迹代儂收周慧娟云屈曲城南路未睽再行半里是儂家綠楊堤畔雙溪繞認取紅棠一樹花鄒綺紅云閑來小步玉欄東飄拂衣香立晚風偏欲消愁消不盡夕陽都作可憐紅亭亭采蓮曲云采蓮復采蓮纖掩嬌無力妾貌如花妍妾心不可識朱素芳如夢令云簾外春光如醉簾底人兒憔悴蹙損小蛾眉一寸柔腸碾碎無謂無謂燕子替儂勸慰梁溪鄒伯翔贈朱姬素芳柳長春云佛殿焚香紅亭寫韻翩翩曾見驚鴻影斜陽吹冷一枝簫知音可許中郎聽一樣孤懷十分幽恨傷春同抱懨懨病可憐情重不勝嬌東風薄了桃花命番禺徐生贈湯姬蕉林云緘書昨已倩鱗

鴻滿擬西窗話舊衷不意輕帆剛欲挂病魔徂過石尤風記否當年月下時雙攜素手步階遲縱然未訂三生約合向春風折舊枝零香碎粉可見一斑已

申江寶樹衚衕花小寶者雛妓中之秀也丙申春以痘殞有客悼以詩云有個紅兒賽洛川問年三五月同圓如何天不容奇豔一現曇花劇可憐慘殺痧神與痘神來纏淸淨女兒身春申多少閒花草偏是名花萎早春一坏黃土掩香邱埋玉深深動客愁此後枇杷門巷過不堪重問舊妝樓此妓風貌可知此客亦風情不薄已

滬江游客間著佳篇如某悼秋篇題詞云方期琴瑟百年諧誰料中分愴鏡釵堪惜一枝京兆筆蛾眉罷畫寫悲懷寂寞空屏晚雨過含情無奈一鐙何傷心蠟炬拋殘淚不及黃門淚點多又無題云瀟湘庭院晚風涼掐徧闌干繞曲廊寂寂苔階移月影深深綺閣鎖春光鬟邊替拾胭脂朶臂上曾沾粉澤香雲雨巫山原是夢還從夢裏細思量蔫地相逢粉砌東臉霞微暈杏花紅濃歡未肯人前露幽會難禁月下風繡出碧蓮雙蒂並綰來彩結兩心同愛河明識終須竭且喜漁郎筏暫通才說相親又說離別何容易見何遲一雙屈戍輕捫夜六扇文紗悄掩時笑看柳眉橫淺黛狂假杏頰乞香脂前歡回首都成幻贏得千迴百轉思

聖代即今多雨露唐人詩句也近人集以他句爲大門楹聯者最夥如衆仙同日詠霓裳故鄉無此好湖山先生有道出羲皇等類各有意致並皆佳妙茲復得數聯可與爲敵者吾泰錢犀庵閣學自坊局降編修者凡三次京邸宅門集句聯云聖代即今多雨露謫居猶得住蓬萊泰州同仁堂爲地方紳董辦公之所大門舊有聯云聖代即今多雨露諸君何以答昇

平俱覺切實不浮丙午丁未間余承乏海安鳳山學堂堂長山旁玉山禪院僧某嗜阿芙蓉嘗戲贈以聯云聖代即今多雨露老僧相伴有烟霞雖涉諧謔亦頗自謂工巧

覆瓿漫存卷六上終

心白雜存下

泰和陳伯鶚嶠侯編訂

從子榮甲校

隨筆

唐詩三百首集句予屢鈔之已續有所得又難割愛如集白香山句云江州司馬青衫濕梨園子弟白髮新集少陵秋興句云一臥滄江驚歲晚千家山郭靜朝暉均不煩繩削而自合至贈某名士遊焦山句云冠蓋滿京華斯人獨憔悴江山留勝迹我輩復登臨感慨淋漓刺某戚畹宦達官者云可憐光采生門戶未有涓埃答聖朝風諷微婉若夫集合唐人七言句以刺醫者云新鬼煩冤舊鬼哭他生未卜此生休點綴唐人五言句以刺醫者云不明財主棄多故病人疏善戲謔兮彌形雋永此外則天廟聯云六宮粉黛無顏色萬國衣冠拜冕旒壯麗無匹某酒肆對云勸君更進一杯酒與爾同消萬古愁卷舒自然予留滯海安琴絃兩斷侘傺無聊亦有所集如云訪舊半爲鬼空山不見人四角凝白日盪胸生層雲夕陽無限好日暮欲何之晚年惟好靜死別已吞聲漸與骨肉遠閒依農圃鄰徒言樹桃李相憶采芙蓉將家就魚麥把酒話桑麻池月漸東上秋色從西來竹露滴清響松月生夜涼殘鐘廣陵樹初日郢門山白髮悲花落青樓自管絃聖朝無闕事老病有孤舟芳草已云暮仙桃正發花夕陽度西嶺明月出天山出門搔白首故國見青山即此羨閒逸無家問死生由來征戰地獨有宦游人有弟皆分散生兒不象賢陰陽割昏曉往來成古今中宵勞夢想昔年逢太平自云良家子嫁與弄潮兒鄉心新歲切壯志逐年衰故國三千里山林二十年歸來視幼女前不見古人君言不得意我亦卑

家清生小幽燕客同是長千人吾愛孟夫子空憶謝將軍幾時杯重把一樹碧無情遙憐小兒女還掩故園扉文章憎命達寂寞養殘生蠟照半籠金翡翠蜻蜓飛上玉搔頭猶似霓裳羽衣舞臥看牽牛織女星聖主恩深漢文帝神妙獨數江都王將軍得名二十載後宮佳麗三千人嗟哉吾黨二三子安得廣廈千萬間刻意傷春復傷別人生由命非由他欲往城南望城北便下襄陽向洛陽少小雖非投筆吏落花猶似墜樓人且欲近尋彭澤宰至今猶憶李將軍闔門令尹誰能識丞相祠堂何處尋雪膚花貌參差是珠箔銀屏迤邐開妝罷低聲問夫壻含情凝睇謝君王楓葉荻花秋瑟瑟天陰雨黑聲啾啾緩歌慢舞凝絲竹感時撫事增惋傷四絃一聲如裂帛千呼萬喚始出來惟見江心秋月白忽如一夜春風來明眸皓齒今何在冰簟銀牀夢不成天上人間會相見志士幽人莫怨嗟兒童相見

不相識閒坐悲君亦自悲風吹仙袂飄飄舉臥後清宵細細長絳裙珠袖兩寂寞粗沙大石相磨治似訴平生不得志每逢佳節倍思親惟將遲暮供多病只是當時已惘然天長地遠魂飛苦時難年荒事業空猶抱琵琶半遮面終日坎壈纏其身孔明廟前有老柏長安水邊多麗人長風萬里送秋雁當時七夕笑牽牛終是聖明天子事就中雲幕椒房親夢爲遠別啼難喚心怯空房不忍歸少陵野老吞聲哭洛陽女兒對門居世事蹉跎成白首人間亦自有丹邱回樂峰前沙似雪仙人掌上雨初晴鴻雁不堪愁裏聽杜鵑休向耳邊啼

或作江兒水曲云願化青鸞鏡妝台暮復朝把翠眉兒照見蒼山掃絳唇兒照見朱櫻小綠鬟兒照見紅釵褭照見低顰淺笑鏡角簾腰貪把傾城看飽風流綺麗口頰生香洵豔曲也有寒士眤一妓枕上作蜨戀花詞贈之云春酣寶帳芙蓉暖花氣微薰好夢嫌宵短小語牀頭情款款十分嬌媚三分懶鬢亂釵橫渾不管勾卻相思贏得魂銷斷搜索空囊今夕伴何時再把香羅緩妓固憐才者愀然問故即私以纏頭贈之竟娶以歸

篝江詞客者不知何許人有紅豆寇薄倖詩摘鈔於後周素秋眤長白徐公子徐死姬爲行服營佛事紀以詩曰素服營齋事事愁美人心死水雲秋徐君冢樹青如許日暮風吹燕子樓胡阿素稚年弱質淡服靚妝有閒閣風一洗冶葉倡條之習紀以詩曰不將脂粉涴清姿不學輕狂唱竹枝微笑倚人花下立閒拈團扇記新詩宮荷珠齒長矣然工法曲酒酣後大有潯陽江上之感紀以詩曰新歌一曲怨清商頓老琵琶獨擅場我亦揚州杜書記天涯憔悴爲秋孃董月喜與余交語不及褻所贈纏頭又甚薄而依依有情臨別時紅淚闌干紀以詩曰別淚斑斑雜酒痕遠情深恨兩

無言一帆送我寒潮去夢入蘭閨有斷魂褚金福有名章臺間於余一見卽垂青每談詩文至夜分招者紅箋紛至弗顧也紀以詩曰絕代丰姿豔壓花窮途嬌脥愧相加美人心性才人骨每夕談詩到月斜張鳳珠三分憨態一點靈心與之定情時風光最旖旎紀以詩曰削肩媚眼楚宮腰天許生成絕代嬌曾記畫橋西畔醉黃金十萬買春宵吳蘭卿舉止嫻雅特工愁善病別後天涯人遠未免有情紀以詩曰三千里外飄萍去十二時中結轖來寄語玉人須自愛夜深花徑莫徘徊汪蟾輝丰格清皎稱其小字離索以後相思頗深紀以詩曰初度相逢尚憶不嫩凉天氣近中秋憑欄共玩西樓月殘夜疏簾未下鈎

天南遯叟王韜才名夙噪著述甚繁蠡豹所存詩詞爲最如感事云海上潮聲日夜流浮雲廢壘古今愁重洋門戶關全局萬頃風濤接上游浩蕩

東南開互市轉輸西北共徵求朝廷自爲蒼生計竟出和戎第一籌蒼茫水國滯春寒黯鱷消餘宴海瀾閭里共欣兵氣靜江山始歎霸才難殷憂柰室何時已痛哭伊川此見端遠近帆檣胡賈集一城斗大枕奔湍烽火當年話刼灰金銀氣溢便爲災中朝魏絳紆謨畫窮海樓蘭積忌猜但出羈縻原下策能肩憂患始眞才於今籌國詎容誤爛額焦頭盡可哀海疆患氣未全舒此後豈能防守疏應有重臣膺管籥早來絕域會舟車土風誰補鑾彝志波畢今登貨殖書千萬漏卮何日塞空談國計急邊儲頭顱三十未成名爲見艱難阻壯行重到故山餘涕淚喜從老友話平生文章憂患兵戈感身世悲涼兒女情輸與忘機海鷗鳥東西來往自尋盟紀遊杜拉山云今朝縱目陟烟巒景物殊方詎異觀故國河山消戰刼邊隅草木入春寒林間鳥自鳴幽谷水急魚難上釣竿趁步沿溪尋去路不辭欹

仄獨迴盤披榛便識非通徑陷淖幾驚作半人到此已難尋退步慚余隨處值迷津悔於藤葛求容足終拔泥塗肯辱身本是探幽翻蹈險卻猜山鬼故予瞋眞濟勝憐無腰脚健尋幽陡覺心胸開泉聲若共石鬭激嵐影時與雲徘徊眼前已覺九霄近脚底忽送千峰來天悅羈人出奇境鄉園不見空生哀自題影像云九萬滄溟擲此身誰憐海外一逋臣形容不覺隨年改面目翻嫌非我眞尚戴頭顱思報國猶餘肝膽肯輸人昂藏七尺終何用空對斜曛獨愴神安得空山證夙因避人無地且依人有生已受形骸累到死難忘骨肉親異國山川同日月中原天地正風塵可憐獨立蒼茫裏撫卷聊看見在身七年孤負故鄉春到眼風光客裏新兩戒山川分北極一州疆域限南輪殊方花月離人淚異域衣冠獨客身何日淞濱容小隱幅巾更爲寫垂綸讀家書云一從客粵念江南六載思鄉淚未乾

今日擲身滄海外粵東轉作故鄉看昨涉名園慰旅情正將秀句答山靈家書寄到愁千斛一片詩腸化涕零類均沈詞怫鬱獨師杜陵至於搓脂揉粉之篇則如代所思別後云別君薊門西思君灞陵道天涯送行人無情是芳草可惜芳時別偏逢舊識人應憐今日意淚下溼羅巾使酒休狂態封侯及早歸殷勤重屬付莫負少年時軍中異苦樂眠食愼自保一語達君知寄書且宜早秦淮紀事云年年簫管泣秋風丁字簾前燕影空偶見隔河小兒女鬟花簪得可憐紅薄陰遊女晚來稀妙相庵前樹四圍疏柳陰中剛瞥睹不知微雨溼秋衣來訪隨園日已昏從前羅綺渺無存風流雲散難追憶月掛烟蘿淡有痕秦淮韵事半成烟人影衣香爲惘然我是年來銷綺夢忍彈別曲聽么絃寄任素琴云一臥文窗病轉深江郎苦要費沈吟東風蝴蝶渾無著南國芳蘭別有心不是酒邊燈下見卻於花

底夢中尋綠珠碧玉難摹儗小字原來稱素琴記曾入洛駐羊車仙侶相邀訪狹斜清絕似冰還似玉邈然非霧亦非花上書甘分同蘇子作賦何須定謝家翠幌紅窗夜來事明朝回望卽天涯手札瑤華每誤傳傷心豈獨爲嬋娟海邊忽失珊瑚網亭角空回書畫船子建文章誇後雋希眞風貌似當年輕顰淺笑溫存語國士何嘗不受憐自白下貽某女士云倘憶前番握手時未行先欲問歸期最憐離別牽紅袖反怨功名鎖翠眉乘月輕帆偏獵獵和烟裊柳尙絲絲金錢長夜休頻卜爲有檀郎絕妙詞新寒幾日襲簾幃旅思紛然願總違劣有心情連日醉祇餘魂夢昨宵歸夜深愁聽百蟲語月落驚聞獨雁飛只恐晚涼花下坐露寒風峭透羅衣疏簾隔斷一谿烟長鬢叢眉絕可憐碧玉工愁偏此日泥金寫帖是何年詩題桐葉人雙笑被冷蘆花客獨眠細雨黃花無賴甚殘鐙明滅短窗邊追感

往事云記否去年同乞巧海天閒話說相思花嬌月媚稱三絶酒渴詩狂又一時慟哭玉樓眞見召深悲金屋已無期由來世事都如此曷禁當筵淚滿巵和瘦腰生飲寶樹軒贈湘娥校書云休文雅意更何加招我尋芳過謝家入座清談憑筆墨當筵陋習洗箏琶牡丹色是羣花冠柳絮吟成絶調誇敢不鬱金裙下拜恕儂醉態已欹斜清平樂有憶云憑闌獨自芳草縈愁思空揾羅巾清淚漬說與相思誰寄當時燕子窗紗如今飛絮飛花耐得春離秋別人生多少年華洞仙歌感舊游兩闋云秋風凉矣又黄昏庭院今夜雙星渡河漢記前時悄地鏡約香盟終不信竟有而今分散朱闌圍十二何處卿家渺渺雲山夢魂斷纖月度墻來一半流光倘照見那人悽怨料此際香閨寂無人怕紅袖單衣淚珠偷滿嚦螿四壁又沈沈更轉如此星辰有誰伴算庭虚潑水燭冷搖花還儘我一縷離魂先斷羅

衣寒惻惻心怯歸眠風露中宵幾曾慣負了好時光可惜樓高望不見天涯人遠記並影雕欄說心傷怎抵得而今零星幽怨紅牙鐵板眞乃兼擅其長

余賦命既蹇薄禀性亦復好靜嘗讀後漢書有味乎馬少游仲長統之言常用諷誦今錄於左馬之言曰士生一世但取衣食裁足乘下澤車御欵段馬爲郡掾吏守墳墓鄉里稱善人斯可矣致求贏餘但自苦耳仲之言曰使居有良田廣宅背山臨流溝池環市竹木周布場圃築前果園樹後舟車足以代步涉之難使令足以息四體之役養親有兼珍之膳妻孥無苦身之勞良朋萃止則陳酒肴以娛之嘉時吉日則烹羔豚以奉之躕躇畦苑遊戲平林濯清水追凉風釣游鯉弋高鴻諷於舞雩之下詠歸高堂之上安神閨房思老氏之元虛呼吸精和求至人之彷彿與達者數子論道講書俯仰二儀錯綜人物彈南風之雅操發清商之妙曲逍遙一世之上睥睨天地之間不受當時之責永保性命之期如是則可以陵霄漢出宇宙之外矣豈羡夫入帝王之門哉若乃邊讓之言曰招宓妃命湘娥齊倡列鄭女羅揚激楚之清宮展新聲而長歌繁手超於北里妙舞麗於陽阿金石類聚絲竹羣分被輕袿曳華文羅衣飄飄組綺繽紛縱輕軀以迅赴若孤鵠之失羣振華袂以逶迤若遊龍之登雲其詞非不豔也然而溺已曹景宗之言曰我昔在鄉里馳快馬如飛與年少輩數十騎拓弓弦作霹靂聲箭作餓鴟叫馳平澤中逐麞射之飲其血食其胃甜如甘露漿波羅蜜覺耳後風生鼻端火出此樂令人忘死今來揚州作貴人動轉不得路行開車幔小人輒言不可閉置車中如三日新婦悆此邑邑使人氣盡其詞非不豪也然而夸已惟白香山有一絶曰人生待富貴爲樂當幾時

不如貧賤日隨分開愁眉宋人亦有言曰髮短心長生人通患石火易過河清難俟如欲住世出世須是知機息機造化權還之造化兒孫福付之兒孫尋花問月兩兩三三置酒焚香魚魚雅雅詩不大工奕不必勝凡事只求日減此心直與天遊不守庚申都忘甲子此亦塵世丹邱震旦淨土云云之兩說也則實獲我心矣

余雖不喜紅樓夢詩不欲妄爲附會而續紅樓夢中轉多佳語爰集鈔之如卷一有云一片青苔白石毫無半點飛塵四面玉宇瓊樓高插九霄雲漢卷二有云癡情怨女紅粉埋香薄倖情郎緇衣托鉢余一人棄其瑕而錄其瑜以觀後效爾熙鳳勉其新而革其舊用贖前愆卷三有云栽培心上地涵養性中天卷四有云釋道之明心見性即吾儒之克已復禮釋道之坐靜參元即吾儒之正心誠意釋道之定慧即吾之愼獨戒愼乎其所

不睹恐懼乎其所不聞就是至捷的路徑人一能之己百之人十能之己千之就是極盡的工夫非禮勿視非禮勿聽非禮勿言非禮勿動就是絕妙的口訣卷五有云號絳果堪餐秀色名珠未許近鮫人又靈河孤負三生願湘館悽凉再世人卷六有云兕我于歸日當卿屬纊時焚巾憐妹苦托鉢痛郎癡紅葉句休賦白頭吟敢辭悠悠生死恨只我兩人知卷八有云瀟湘妃子悲聯再世之緣芙蓉女兒喜踐三生之約綿舊盟於碧落愧無月老牽絲奉新使於黃泉再覓冰人執斧惟願六禮早成雖千里而何憚但使一生志遂縱萬死其奚辭此後尙祈問寒問煖奉彼堂上二人將來更望鼓瑟鼓琴聯我一牀三好卷九有云苔痕上階綠草色入簾青滿庭芳九天閶闔開宮殿萬國衣冠拜冕旒朝天子卷十二有云苦海無邊回頭是岸卷十六有云但行好事莫問前程卷二十三有云總因求美玉

反致失名花便許終完璧何能掩舊瑕卷二十四有云黛展雯開爭看柳明花媚釵橫釧褪莫教鶯妒鵑啼佳人死香消玉滅魂飄矣佳人生花又重開月又明佳人去芳魂一點歸何處佳人來卻喜珠從合浦回佳人死仙郎寂寞空閨裏佳人生依舊花前締昔盟佳人去斷送楊花無氣力佳人來一朵芙蓉並蒂開卷二十五有云幸無精衛銜塡海賴有媧皇煉補天重圓鏡傳飄零粉繼碁鐙搖淺淡紅倩女魂眞離後合漢宮人訝是耶非斷魂縹渺未多時又被春風吹上枝縱入紅塵消俗態曇葩祗樹比芳妍卷二十六有云久罷深宮閙掃妝珠冠鳳帔又輝煌新膏乍沐身何幸舊地重來意轉傷芳名曾錫大觀園今值中秋昔上元花迎隔世人含笑人對重榮花贈言彩鸞憶駕歸三島丹鳳重乘下九霄家因國慶家才慶月以人圓月倍圓卷二十八有云仙乎仙乎善哉善哉卷三十有云願天下才子佳人世世生生永作有情之物度人間癡男怨女夫夫婦婦同登不散之場再休提緣慳命慳但請看人圓月圓必要隨時隨事積至誠存大德以結天心後世子孫方能永保富貴不然專恃着人謀必致慮結於此此禍深於彼已零璣碎綺美不勝收一結尤爲曲終奏雅絕大見識甚有意議爲前書所未曾夢見

錢塘汪小蘊女史陳雲伯先生冢婦也著有自然好學齋詩鈔以詠史之篇爲最如讀晉書雜詠云高貴公亡常道生晉王豎子竟成名登臨廣武思劉項哭殺疏狂阮步兵叔子輕裘幕府開殘碑峴首後人哀可憐夷甫深源輩但學從容少將才一片降旗出石頭君王從此不知愁雉裘焚後無餘事閒駕羊車內苑遊奄奄孱主居神器烈烈南風隕國家文帝常嗤此間樂乃孫亦解問蝦蟆玩世諸賢曠達心醉鄉日月共浮沉如何鑽核

持籌客也把高名附竹林同室兵戈手自操平陽帝子換青袍早知石馬犧牛繼仲達何須大討曹雙鵝出地洛陽空一馬浮江又化龍不肯低頭事劉石晉元猶勝宋高宗座上無絃有素琴門前五柳綠陰陰誰憐采菊東籬叟獨抱夷齊一片心又其他詠史詩云少伯藏弓識禍機五湖歸去遂幽棲功名脫屣眞千古未必當年更相齊逐鹿羣豪戰血紅高皇提劍定關中尉佗臣漢田橫死一樣英雄志不同豐鎬貽謀八百春傷心九鼎竟歸秦如何六國重興日不立東周一後人李斯殘刻佐秦皇六籍灰飛國亦亡若使當年爲逐客不悲黃犬向咸陽諸作皆論古有識出之女子尤難也

光緒戊戌政變京朝官羅黨禍被誅者實煩有徒若徐致靖陳寶箴父子則株連且一家矣或嘲以對聯云徐稺鉤黨陳仲矯廉不孝罪深孽重不

自殞滅禍延顯考康了識成粱壞歌驗小臣末學新進罔識忌諱干冒宸嚴一用訃喪文頭一用殿試策尾天造地設之作乃又有人撰一聯云龍比奇刑岳于慘戮其人已往君又何尤魂魄如有靈應愧正學先生矢口問成王安在漢廷黨錮唐代淸流振古如斯今也再見國家正多事莫學子胥相國留眼看越寇飛來工力悉敵感喟遙深所謂彼亦一是非此亦一是非也俟諸百世庶幾論定乎

宋羅大經鶴林玉露云余家深山之中每春夏之交苔蘚盈階落英滿地門無剝啄花影參差禽聲上下午睡初足旋汲山泉拾松枝煮苦茗啜之隨意讀周易國風左氏傳離騷太史公書及陶杜詩韓蘇文若干篇從容步山徑撫松枝與麛犢共偃息於長林豐草間坐弄淸泉漱齒濯足既歸北窗下則山妻稚子作筍蕨供麥飯欣然一飽弄筆窗間隨意大小作數

十字展所藏法帖墨迹畫卷縱觀之興吟小草或玉露一兩段再啜苦茗一杯出步溪邊邂逅園翁澗友問桑麻說秔稻量晴較雨探節數時相與劇談一晌歸而倚杖柴門之下則夕陽在山紫綠萬狀變幻頃刻可悅人目牛背笛聲兩兩歸來而月印前溪矣又周公瑾癸辛雜識云飽食緩行初睡覺一甌新茗侍兒煎脫巾斜倚繩牀臥風送水聲來耳邊裴晉公詩也相對蒲團意味長主人與客兩相忘須臾客去主人睡一半西窗無夕陽陸放翁詩也老讀文章與已闌須知養病不如閒竹牀瓦枕虛堂上臥看江南雨後山呂滎陽詩也紙屏石枕竹方牀手倦拋書午夢長睡起莞然成獨笑數聲漁笛在滄浪蔡持正詩也余習懶成癖每暑晝必須偃息客有嘲孝先者輒哦此以自解讀此兩則覺天際眞人相去不遠

綃不遮攔牀上蝶最難消遺袖中魚舒銕雲位有憶句也扇影衣香三里霧風廊水榭百枝簫張南山維屏虎邱句也由來名士皆耽隱未有佳人不讀書王漁洋士正即事句也說當圓處珠能語情到柔時水不如楊雪蕉慶琛豔情句也爲憐春事驅花蝨欲斷情緣殺藕絲浙江汪孝廉詠殺句也綽約新嬌生眼底侵尋舊事上眉尖宋人題壁句也長垂玉筋殘妝臉肯爲金釵露指尖無名氏句也曉泥詩愁宵泥笛內通人影外通花應笠湖時良闌干句也不多幾步鞋先褪才欲褰裳帶已鬆荷珠桂珠女仙降箕句也數詩在香匳中可稱絕調

浙江人金養齋其恕爲螺靑吳瀾太守介弟著有倚雲樓古今體詩摘其言情諸麗篇鈔之如夏閨云鍼線慵拈晝漏遲閑扶小婢數花枝幾回笑撲雙蝴蝶折斷湘妃扇不知婁城云野店停驂春酒香十三兒女巧梳妝琵琶烟柳相思曲不是離人也斷腸上海云評花啜茗競風流麗水台登

最上頭對面嬌娃不相識拋來茉莉打成球白菊云渾身縞素露瓊姿瞥見幽芳繫遠思記得西風門巷裡有人樓上卷簾絲春暮即景云花落無人管春心淡若烟一雙新燕子低語畫簾前雅雲書來中藏蓮桂以詩報之云離愁萬斛個中藏珍重琅函紙半張領略桂圓蓮子意分明甘苦倩儂嘗王夔齡色藝雙絕金閶畫舫之冠也悅少年某出金自贖將從以終身焉某之父不許因僦屋居而怒猶未釋欲訟厥子齡懼某之獲罪於父也吞金死爰詩以哀之云憶昔隹公子尋春到若耶美人眞似玉畫舫即爲家羞舞章台柳願開連理花尊前歌一曲心事託琵琶欲嫁王孫去商量倚畫欄怕教春寂寞愛殺月團圞妾自黃金贖郎須靑眼看有家歸未得相對笑啼難爲作雙飛燕香巢才壘成難消白頭怨忍戀畫眉情玉鏡慵重對金環了此生粉消釵墮處可惜貌傾城芳魂仙去後憑弔亦酸心

風雨不須妬佩環何處尋海棠圖畫在秋雨夜珠沉夙有憐花癖蕉窗付
短吟詞如碎花陰抹胸云紅羅尺幅鴛鴦繡結束香生袖深與玉人親定
芳心嬌汗臙脂透芙蓉帳裏悉消受輕按郎知否鬬角幾曾寬近日圍來
怎奈腰肢瘦相見歡春夜云懷人悄對孤檠綠窗明已是杜鵑枝上月三
更錦衾獨消紅燭夜悽清難覓當年欹枕墮釵聲試帖如寒燈思舊事云
揚州留舊迹獨夜走相思事過情猶豔燈寒夢也遲短檠霜落候孤館月
明時顧影愁千疊傷春鬢幾絲江湖曾載酒風雨慣題詩伴我吟窗想撩
人畫角悲青山仍是昔紅袖悵何之爲甚花頻結家書未有期多情卻似
總無情云誰解多情苦翻教別緒縈早知終有別卻好似無情紅燭猶垂
淚青山枉締盟纏綿千萬態懊惱兩三聲感舊同心牒含冤薄倖名綺懷
花裏豔幽怨酒邊生離恨天難補相思地不平仍成仙與佛此境乃分明

遙指紅樓是妾家云隱約紅樓在君須記妾家遙憐春一色指點路三叉
玉手纖如畫珠簾認莫差人難通絮語門尚掩桃花巧借春蔥露高凌夕
照斜多情勞粉黛隔水護烟霞翠袖回頭斂雕欄對面遮巫山同是夢夢
醒渺天涯細玩姻緣盡是魔云詩酒兼愁病云魔或未然那堪經細玩最
苦是姻緣無我皆身外撩人到眼前難降情種種未了債年年變相紛如
許癡懷枉自憐三生同幻境一字悟眞詮設想超塵俗書名異佛仙香山
工解脫靜裏輒參禪其他斷句如夢當好處終須醒花到殘時最可憐故
人無一字佳節已重陽楊柳枝頭花似雪杜鵑聲裏雨如絲一簾新綠天
然畫滿地殘紅無限詩生成駿骨難諧俗學畫蛾眉不入時寒食清明愁
裏過山風江雨客中聽風雨河山悲戰伐親朋生死費疑猜座上雲鬟嬰
母綠（原注小校書好衣綠）盤中風味女兒紅（雉皋萊菔之小者名曰女兒紅）何處琵琶彈落雁今宵
河漢會牽牛春秋佳日縈懷抱風雨深宵入夢魂痛哭難忘天下事牢騷
怕讀古人書古畫堪娛名士目好花合上美人頭十日春寒人似水一簾
花醉雨如烟清麗芊綿皆可玩誦

同里趙丈漁亭明經（琡）或傳其詩文多滑稽玩世語乃觀晉甎室集所存
殊多謹嚴雅飭之作其題家大人細嚼梅花讀漢書圖五言古尤遒勁可
誦此外風情游戲之篇略登一臠以知全鼎如效六憶詩用邵青門集中
體云憶見時羞澀紅雙暈低鬟嚲簾波拂袖鏗琴韻嬰哥點不言煎茶向
誰問憶行時纖步踏空廊月淡蘚留迹風輕花讓香小立渾無俚憑闌如
有望憶坐時支頤態嫣然棋弄樹雞子詩題雙鯉牋燕婧聊復爾顰眉祇
自憐憶眠時洞房靄蘭麝移鐙眼倦開對鏡妝徐卸似怨懽歸遲寸陰惜
良夜詠夏蟲蠅云雅愛逐腥羶胡爲遽集此讒言君子憎弔客名士喜蚤

云茵褥易滋長衷袒難搜索仿諸葛七擒笑豫讓三躍蛇云啟蟄隨蛟龍
潛蹤利水草鄭人詫爲妖季子呼曰嫂蛣云臭似海濱逐鐙疑魑魅媳胡
不蛻爲蟬離垢而獨立揚州春恨詞云烏畫角又黃昏獵獵旌旂十二
門認是竹西歌吹路悄無人迹最銷魂湖光瀲灩凈于揩細柳新蒲綠上
階羅綺香消絃管歇更無船過小秦淮脫去金貂醉一場春風滿店柳花
香酒徒老我狂如昨不見當時王二孃又有贈云淸尊載舫白門秋一笑
重逢水上樓雲髻半偏休怪懶阿儂生小怕梳頭俱妙

王壬秋（闓運）善諧民國初入都修史撰二聯云民猶是也國猶是也總而
言之統而言之男女平權公說公有理婆說婆有理陰陽合曆你過你的
年我過我的年

廋辭

四書類

好孝廉羞作儒學 舉善而敎不能

有滅明者 自成也

二卵棄將 苟有過

喁喁 語小

彌留 疾之已甚

巢許買山 費而隱

分明魯國征駪使錯認唐家伯虎公 執圭節

癡頑老子 道之不明也

吾少也賤 丘未達

觀察侍御 合外內之道也

德行言語政事文學 夫子之設科也

使公子彭生乘公 車同軌

此天下所稀聞古今所未有也 謂武盡美矣

斗爲帝車 上天之載

假王 信如君不君

傳臚 前以三鼎

不韋獻姬於莊襄王 授之以政

身後卹典 故推恩

密奏君王 惟上知 解鈴

免蕭太傅爲庶人 民望之

虞山尚書 夫如是 解鈴

詑 八口之家

宰予晝寢 困而不學

祖孫 父父子子

雞初鳴咸盥漱櫛縰笄總拂髦冠緌纓端韠紳搢笏 內則父子

哀公十六年四月己丑 孔子時其亡也

再斯可矣 不待三

今日俸錢過十萬 夫微之顯 解鈴

廣文先生 爲士師

元成宗 故大德

燕王噲 子之君

宮人有子 幸而得之

立六國後 良不可

過殷墟 至於子都

謝堂燕飛入百姓家 曠安宅而弗居

太公擁篲 親迎

五伐六伐 十一征

名花傾國兩相歡 人悅之好色富貴

憐恤兵卒而驕於士夫 小弁親之過大者也

少連 東夷之人也

入貲爲官 捐階

世說 天下之言

龍逐客令 信斯言也
孤松 大夫一位
遺秉滯穗 則寡取之
壽竊其節而先往賊殺之 如仮去
後堂絲竹 禹之聲
謝傅東山 居之安
鴟夷 載胥及溺
良金鑄范 以追蠡 解鈴
桃李冬熟 不祥之實
太元經 草莽之臣
丑初未初 彼一時此一時也

酷似其舅 丹朱之不肖舜之子亦不肖
自行束修以上 師摯之始
孔明 仲尼日月也
潮之州大海在其南鱷魚朝發而夕至也 文公與之處
紅袖雙垂歌舞場 於戲 解鈴
下詔改革舊政 其命維新
各種尺牘 盡信書
祕戲錢 以幣交
無隔宿饑 夜氣不足以存
篤行字見中庸何處 二之中四之下也
第一字十一第二字也十一 土地

羣經類

離騷 其辭屈
西法煤氣鐙 地中有火明夷
三五而闕 盈不可久也
閃 同人于門
擬文賦 大陸既作
大臣生前一切處分 卒乃復
一出祁山 初征自葛
昔日兒童皆長大 舊爲小人
柔而立愿而恭 德二三
小婦前行大婦隨 月之從星

張顛醉後草書狂 飲酒濡首
梁紅玉劾蘄王失機李香君辭阮翦贈嫁 平康正直
赤烏流火 至於王屋
如夫人者六人 既庶且多
蓮幕 作賓於王家
子謂公冶長兩節 昏姻孔云
門人葬回 顏之厚矣
久困京曹 職思其外
齊和帝中興二年 天監在下
郭子儀壻 汾王之甥
有爲者亦若是 顏如舜英

殷二月周三月 今茲之正
吾語子游 聽我囂囂
終南何有 于嗟乎騶虞
朱門草沒大功坊 逐荒徐宅
張良得太公兵法 獲齊國書
周有八士 子同生
赦罪自擬斬之重大罪犯以外 絞小而輕
曾晳問有餘 參之肉其足食乎
佾生 不如進也
問青蚨云何爲寶 子以母貴母以子貴
藺相如歸趙 璧則猶是也

古百粵地 分爲二廣
現任御史 在官言官
求芻弗得 走而不趨
宣姜 爲伋也妻者
五兩 其數七
布政巡檢衙門胥吏 大司徒小司徒
翰林院修撰行釋褐禮 始加元服
殤鬼投生 冥幼也降下也
秦康公作渭陽詩 謂我舅者
獨坐幽篁裏 維入於林中
漢武帝秋風辭 彼汾一曲

雜謎類

既非烏啼又非馬嘶 其言不雅馴
削髮除煩腦 髡心最歡
天下諸狐盡帶令 楚之同姓也
口訴寃抑 是謂無狀之狀
呼兒烹鯉魚 其中有信
寄肱飛車 御風而行
臣視今日之事可爲流涕者二 雙淚落君前
十二月終立春 青陽偏歲除
綵勝 買絲繡作平原君
笑問誰家美少年 兒童相見不相識

擬庾開府詩 酬和他淸新
捉月 圍住廣寒宮
娶同姓 夫人只一家
元旦閱時憲書 今日爲頭看
其涸也可立而待也 幾何原本
下第而歸 不得中行士 繫鈴
且向百花頭上開 會元
魯文公 申生
齊風 姜詩
積薪 高柴
武斷鄉曲 莊綦

其聲發以厲 樂毅

結綠 宋玉

殷二百周三百 員半千

素絲良馬 綿駒

長山 谷永

宋人楚人戰於蕭魚宋師敗績 公輸子

楚江 原涉

孤山鶴 林放

司香尉 芳官

二三子 五兒

攻其無備 襲人

芳草無情賴此點綴 山坡羊

白雲無盡時 天長

文通送別 江浦

長庚入懷 星子

飢民渡江 南豐

屢豐年 常熟

浮家 萍鄉

一騎紅塵 埃及丹馬

曹操固一世之雄也 英吉利

錯薪車乘 連翹

巾 烏頭

離心離德 辛夷

繼之以怒 阿子

湯沐死而蟣蝨弔 蚤休

矢著于盾 射干

萬人死盡一身存 獨活

君家婦難爲 姑惡

中國字外國字 文孫

辟 半臂

從來突厥與匈奴禽獸安能識父乎焉得頭顱綏成雪將軍大樹有稱呼

前胡 知母 何首烏 無名異

儒流翻效虜衣冠帖括詞章盡廢殘麟閣功臣原有數豈惟李廣再逢難

墨者夷之 不識可以繼此而得見乎 不考文 仕

漢元皇后已堪哀柄國南風愈下材最羨芙蓉歌太液傾陽朝士總難儕

王凰姐 賈政 王夫人 葵官

越水夷光微賤日吳軍公瑾戰爭宵鈞徒唱此傳家世分付寒流上下潮

浣溪紗 滿江紅 漁歌子 浪淘沙

聯語

世傳老子德徽此日仙游函谷去
家有長庚才調他時供奉翰林來 晚李石泉堅太翁
維賢人厄辰巳年十里綠楊城風範共悲耆舊盡
有令子擅丁卯譽一株丹桂樹天葩終爲俊英香 晚許蘭汀蓉鑑之太翁
祖德述伊川拘謹半生愧我殊多遺行在
朋歡共邗水又弱一个因君未免客心危 晚程檻泉芹時同客揚城
卌二人小大從公才地如君私幸有光芹水伴
三百日籍咸繼逝老天孤我從茲無復竹林游 晚袁升伯登庸爲淡生之族姪與余辛未年同入學
去舅家假館時已過十年喜弟居然擷芹藻
與吾母同產者又弱一个因公轉益痛萱花 晚潘瞻衡舅氏庚辰辛巳在舅家授諸中表讀今仲華弟已入學矣
風雅得自阿兄王夫人春月能談最喜彌甥陪宴飲
儉勤刑於吾舅潘騎省秋風追悼倘因令子減哀情 晚潘舅妗王安人妗氏星湄女弟解文字生二子希吉已補弟子員最愛法每過必留飯
上游倚重遠到方期豈料人間攙捧天上樓成蹤跡梗葭霜憶從千里越吟夜月泉臺成永別
中落蕭條相憐同病況逢我踏槐花君思蒓菜悲歌馳薤露悽絕數聲楚些秋風江水與招魂 晚楊馨山桂芬時以縣丞需次浙江
伯玉行年才四九齡長材未展以鹺官終記日來楊裊茶烟共商時務簾垂花雨或闘新詩平生晏晏笑言一霎都教化春夢
仲景去今已二千載上藥難求非醫者咎幸身後甘留棠舍遺愛在民譽雋芹宮克家有子他日森森頭角重泉應許慰秋魂 晚陸費子豫燮

公道在羣黎看蔽芾森千歲甘棠長留北皖
私恩虛一見擬瓣香薰數行遺札敬爲南豐 晚曾右輿師師官皖卓著循聲以非罪降教職返江右法自受知後迄未一見僅中惟存遺札
萱樹播慈儀中閨福德允矣無加況傳七秩康强四子五經口授親教孫輩誦
芝蘭森令嗣浮世科名已云盛事更羨一門才俊六詩三筆膝前難得雅人多 晚陳維之母某孺人
先生年華纔四十耳然爲一代名狀元爲三天老師傅爲數省賢主司爲兩郡循良太守至今全活雁鴻遺愛長懷鳩集德
不才春夢有數重焉記於里中瞻公貌於坊間買公書於榜上受公知於都下聆公訓誨惟恨髲髿羊鶴賞音空負鹿鳴詩 晚王可莊師師由殿撰久直上齋充貴州江南廣東諸試差外擢鎮江知府歲飢存活甚衆調守吳中尋卒有族人流寓吾泰故法總角時得覘丰采己丑庚寅在都兩蒙招飲席間猶擊節法戊子闈中試帖不置
受上將名相及今南皮尚書知於籌餉事最精數平生絕大膚功在鎮南一戰
遺賢季文孫遞執北面弟子禮訂翰墨緣尤久愴臨沒猶揮手筆贈硯北七言 晚王梧園德昌王官粵東鹺尹法越之役有功弟與孫皆相從受學卒前一日猶手寫聯見贈
先生歸也返蓬島東瀛自茲耆舊典型大江濱綜潤揚二州有幾學者仰之如泰山北斗惟悵修名遲暮小子輩愧湜籍羣彥有成 晚韓叔起師
嗟來日大難丁茲厄運得上壽如翁在牖下別親故考終尚算文人有福
訂忘年交誼申以昏姻憐下才若走想末路步先生風矩竊憂爲役無能 晚單翰坡丈賓鑾
袖有隔年書尚說越山如許好
襟盈思舊淚可憐邗水不能深
瑣瑣田舍郎不死乃獨喪我元龍數攀桂於十年以前同譜都亡屈指惟予存碩果
區區郡縣秩太卑何足爲君展驥如斷梗兮一去不返舊詩

成識傷心此客竟飄蓬
記前塵影事賭酒尋芳追維曩時迹彷彿南皮從今後京國江城每過舊
游處處俱深鄰笛感　論碩學宏才涵天蓋地雖曰同歲生誓廿北面覺
縱未封圻台省試持公論人人應起將聾悲
道學吾弗知但就目前而觀是奇才是儒吏是出羣人豪乃竟二千里路
卅九華齡以孤客死以一命終天意信難窺獨何堪老母衰姑孀妻弱子
交情他勿論惟覺心折已久我畏友我同年我平生知己兄經十數載
來幾重夢影在寸丹中在尺素上風流悲頓謝更與誰談詩讀曲說劍評
花（右俱晚袁淡生同年衛）
北上幾番同酒賦琴歌京國周旋宛如昨日　東亭一爲別珠光劍氣泉
台沉閟長此千秋　在姚叔節榜諸同年中獨歎公於絕學無弗窺探而

誰料止於此　自吳仲懿輩化異物後已信天待才人不甚愛惜今又重
之以君（右二聯俱晚汪作舟同年濟）
二豎子爲災噩耗傳來遽安排此日生芻他年冢樹　五家鄰近接春晉
輟後忍酬對半生畫草三月烟花（晚徐人繼裕江都人工畫山水）
農經黃問並有發明獨其治東漢學孜孜尤勤他時壽託棗梨方伎千秋
堪採掇　中子少男遽傷殂謝君亦抱西明痛悒悒成疾一旦歌聞蒿薤
交游兩世倍淒清（晚戈直哉醫士）
與不肖同庚甥舅相憐遽聞棄世歸眞曷禁感蕭選所云既痛逝者行自
念　有象賢二子弟昆競爽從此克家濟美惟願師魯論之孝無改父道
爲難能
種河陽一縣花留重陽一句詩舊學淵源爭傳門閥　到中年五四歲入

今年廿四日新春帳臥竟赴泉宮（右二聯俱晚潘鑑秋母舅）
遠有令祖近有名父同產有賢弟昆鼎族蟬嫣以君雁塔巍科益善家風
繼述　少爲詞客長爲清郎將來爲良太守噩音驛報豈獨雞壇迴溯深
悲舊雨凋零（晚王石逸比部貽典）
兩世紀羣交每從子舍清談多君儒吏風流直追漢掾　數年蘇季別忽
接庚郵噩耗悵我朋儕星散空作秦號（晚王治臣）
薄命歎書生賢子克家纔可閉門身便死
知交憐我輩朋歡逝水無多末路淚空彈（晚顏章甫）
數年來黃浦周旋堪憐小住有緣師若弟論心海國　兩行淚白頭渾洒
轉幸餘生無幾我與爾聚首泉臺
春初八日來親寫秘密書函豈知未及兼旬而至於此　別後半年有許

多悲酸情事乃又重添衰淚繼之以君（二聯俱晚陸費碩陵）
三月正當三十日　他生未卜此生休（晚鄧元配孺人）
一葬翁兩嫁女亘如賓祭瑣若宅田皆井井有條女有男才閫內似斯佳
婦少　四旬身八日病尙解坐談猶詢家政忽沈沈長逝妻先夫沒人間
交與阿儂愁（晚注繼配孺人）
向傳經乎未之逮昫著史乎我無能與古爲徒有七子建安五言大歷
子驥高矣遠莫追伯龍貧矣窮斯濫從吾所好是一篇酒德數卷文心（自製
聯）
地有鳳形式學與山競爭（海安鳳山學堂聯）
遇酒逢花且歡喜感時撫事增惋傷　何處武陵容子驥傳家文事悔雕
龍

特艱轉喜身常賤歲晚惟憐道未聞　老去溫經聊存古意客來談藝藉啟新知
一廬風雨無多地萬事烟雲總聽天　邊事願歌兵馬洗家聲甘守伯龍貧　聊將豪縱壓憂患孰謂老大多悲傷　傷心人別有懷抱一肚皮不合時宜　客來棋局見衝突老去醫方知改良　繞庭飛花據亂世臨水禿樹頑固人以上皆自撰聯
教學觀摩師弟平等送迎疏懶主賓自由學堂撰聯
廿年病肺也知未必長齡悔春初挈汝雙槳南來祇今黃浦羈魂垂死有靈應向重泉依阿姊　三度畫眉豈料又成短夢慘歲暮抛予一棺北返自揣白頭老物餘生無幾先行數步等衰翁輓繼室汪孺人

覆瓿漫存卷六下終